KB205586

이 획기적인 연구는 한국 기독교의 발전을 다룬 책 중에서 가장 좋은 책이다. 옥 교수는 개신교 선교사와 한국 종교 간의 초기 만남을 추적하고, 세계 기독교 연구를 새롭고 더 깊은 방향으로 인도한다. 이 책은 필독서다.

**Dana L. Robert** | **보스턴 대학교 석좌교수**

이 책은 지난 한 세대 동안 등장한 한국 개신교에 관한 연구 중에서 가장 포괄적이고 중요한 기여다. 옥 교수는 1세대 한국 기독교인에 대한 기존의 학문적인 담론에 도전하고, 초기 한국 개신교인들이 문화적 만남의 과정에서 직면하는 신학과 종교적 실천의 복잡한 논쟁점들에 대한 해결책을 스스로 발견하기 위해서 어떻게 노력했는지를 보여준다. 이 책은 앞으로 오랫동안 한국 교회사에서 중요한 자료가 될 것이다.

**James H. Grayson** | **쉐필드 대학교 명예교수**

이 놀라운 책을 통해 옥 교수는 내한 선교사에 대한 전형적인 이해를 초월하고, 개신교가 한국의 전통 종교와 어떻게 의미 있게 만났는지를 깊이 있게 탐구한다. 나는 이 책을 한국 기독교사에 관심을 가진 사람들뿐만 아니라 한국적 영성, 전통 종교, 종교 간의 대화에 관심을 가진 학자와 학생들에게 강력히 추천한다.

**노영찬** | **조지메이슨 대학교 교수**

한국 기독교사에 대한 통찰력 있는 이 탁월한 연구서는 한국 근대사, 다문화 간 상호작용, 세계 기독교 연구에 관심을 가진 자에게 필독서다.

**Joseph Tse-Hei Lee** | **뉴욕페이스 대학교 교수**

"개신교와 한국 종교 문화 간의 초기 만남에 대한 역사는 문화 제국주의를 넘어 문화 교류의 관점에서 쓰여야 한다"고 주장하는 옥 교수는 그런 작업의 모델을 한국 사례에서 제시하지만, 이는 지난 150년간 아시아와 아프리카에서 기독교가 획기적으로 성장한 것에 대한 역사적 관점만이 아니라 지난 2000년간 교회사를 보는 관점에 대한 모델이기도 하다. 곧 우리가 아주 다른 상황에서 반복해서 발견하는 "수직적 초월인 기독교의 보편성 원리와 수평적 적응인 문화화 원리의 창조적 조화"가 그것이다.

**John Wilson** | Books & Culture **편집장**

# The Making of Korean Christianity

Sung-Deuk Oak

# 한국 기독교 형성사

한국 종교와
개신교의 만남
1876-1910

옥성득

새물결플러스

UCLA에 한국기독교 석좌교수직을 만들어 주신

임동순 장로님과 임미자 권사님께

이 책을 바칩니다.

차례

## 머리말

한국 개신교는 오랫동안 양적 급성장과 신학적 보수주의라는 두 가지 특성으로만 알려졌다. 그래서 문외한도 "한국교회는 왜 폭발적으로 성장하는가?"라는 질문을 던졌고 좀 더 관심을 가진 자는 "한국 개신교는 왜 그렇게 보수적인가?"라고 질문했다. 첫 미국 선교사인 알렌 의사가 1884년에 서울에 도착한 이래 1910년 한일합방까지 한 세대 동안, 일제 식민지 통치기의 한 세대 동안, 그리고 1953년 휴전 이후 두 세대 동안의 남북 분단 시기에 미국 복음주의는 이 두 가지 특성을 만든 원동력으로 이해되었다. 1900년에 한국 개신교에는 벌써 25,000명 이상의 교인이 있었고 1910년에는 교인이 10만 명으로 급증했으며 1990년에는 한국 기독교가 800만 명의 교세를 자랑했다. 그 결과 미국 복음주의의 영향을 받은 근본주의적인 한국 기독교가 단순하게 급성장해왔다는 단선적인 이미지가 지배했고 역사서들도 이를 재생산했다.

지난 두 세대 동안 한국교회는 보수파와 자유파로 양분되어 상호 대화와 협력이나 자기 성찰 대신 분쟁과 비난으로 일관하면서, 초기 한국 기독교사를 현재주의적 입장에서 이용했다. 보수파는 그들의 정당성을 확보하기 위해서 초기 개척 선교사들이 매우 보수적이라는 이미지를 만들었다. 그들은 선교의 성과를 보여주는 선교사들의 보고서나 선교 자금을 모금하기 위한 선전용 책자를 문자 그대로 받아들였다. 사실 일부 선교사들은 한국 종교에 대한 기독교의 승리주의를 찬양했다. 보수적인 신학자들과 대형 교회 목회자들도 동일한 수사법을 사용하면서 보수적인 한국교회가 1970-90년대처럼 미래에도 지속적으로 성장할 것이라는 잘못된 일률성의 관점에서 21세기를 예측하고 교세 확장과 해외 선교에 투자하면서 타종교나 신세대 문화에 대해 포용적인 태도를 지닌 새로운 신학 연구를 억제하고 과거 역사를 신학적 헤게모니를 강화하는 기제로 사용했다. 반면 자유주의나 다원주의 측에서는 2세대 근본주의 선교사들과 그 한국인 제자들에 대한 나쁜 기억 때문에 초기 선교사들을 서구형 기독교를 이식하면서 한국의 전통 종교 문화를 파괴한 배타주의자요 오리엔탈리즘으로 무장한 문화 제국주의자라고 비판했다. 이들의 비생산적인 분쟁을 지켜보던 외부 학자들은 따라서 한국 개신교 역사에 관심을 기울이지 않았는데, 이는 그 역사가 단순한 확장사요 자기 신학이 없는 지루한 이야기에 불과하다고 여겼기 때문이었다.

이 책은 한국 기독교 역사가 단순하고 무미건조한 직선적 궤적을 그려왔다는 역사적 이해에 도전하고 새로운 초기 한국교회의 이미지를 발굴하려고 시도한다. 1세대 한국 기독교인들이 항일 독립운동과 근대 문명화에 기여하였듯이 유연한 타종교 신학을 가지고 토착적인 기독교를 창출했다는 것이 이 책의 주 논지다. 이 역사적 유산은 한국교회가 종교 문화적으로 민감하고 성서적으로 건전한 정체성을 가질 때 영적으로 건강한 교인들과 함께 성장하면서 사회적 적합성도 확보할 수 있다는 사실을 증거한다. 창조적 소수로서 국가와 민족의 희망과 대안으로 떠올랐던 초기 한국교회의 역동성과 신학적 창조력이야말로 지난 20년 이상 정체하고 쇠퇴하면서 희망을 잃은 한국 개신교가 발굴하고 성찰해야 할 영적 유산이 아닐 수 없다.

기독교는 한 문화권에서 다른 문화권으로 번역되는 번역성을 특징으로 한다. 이 책은 19세기 말 20세기 초 앵글로색슨(미국, 영국, 캐나다, 호주) 기독교가 한국에서 중국 기독교와 한문 문서를 이용하여 한국종교와 만나 접촉점을 찾고 대화하면서 한국 문화에 접목되어 새로운 한국적 기독교라는 신품종을 만든 통합의 역사를 탐구한다. 이 책은 고문서실에서 잠자던 초기 선교사들의 문서와 한국 기독교인들의 신문 기사 등 일차 자료를 바탕으로 영미 기독교가 태평양을 횡단하여 한국으로 전파된 전래사(傳來史)를 기술할 뿐만 아니라, 중국의 토양에서 두 세대 이상 시행착오를 거치면서 자라고 적응한 중국 개신교의 선교 이론, 선교 방법, 전도문서와 신학서들이 황해와 만주를 건너 새로 형성되던 한국 기독교에 어떤 영향을 주었는지 그 수용사(受容史)와 교섭사(交涉史)도 조사한다. 하지만 이 책의 주요 관심사는 세 번째 통합인 미국-중국 기독교와 한국 종교 문화 속에 있던 친화적인 요소들 사이의 융합을 통한 토착적 한국 개신교의 창출사(創出史)에 있다. 이 미국-중국-한국의 지리 문화적 삼중 통합은, 조선(대한제국)이 주권을 상실해 가던 1900년대에 독특한 유형의 한국적 기독교를 창출했다. 정치적 민족주의와 문명적 근대성과 더불어 종교문화적 토착성은 초기 한국 기독교의 3중 요소를 형성하였고 기독교로 하여금 한국 사회의 필요에 부응하는 신종교로 급성장하도록 이끌었다. 김치에 밥을 먹고 도포에 갓을 쓴 선도인들이 만든 평양 예수교회는 버터 바른 빵을 먹고 양복을 입던 미국 뉴요커들이 만든 프레즈비테리언처치와 달랐다. 삼겹줄처럼 강력한 미중한의 삼중 요소의 통합은 한국인의 주도성과 영성과 신학적 창조성으로 만들어졌다. 이 책은 선교사와 한국인의 협동 작업을 강조하지만 한국인의 역할을 비중 있게 추적할 것이다. 이 책은 한국 기독교 형성 과정에 나타난 기독교의 번역성과 현지화의 독특성에 초점을 맞추면서 동시에 그 종교 문화적 토착성을 가진 한국 기독교가 세계 기독교의 보편성과 다양성에 기여하는 길을 찾으려고 한다.

젊은 북미 선교사들은 샤머니즘, 유교, 불교, 도교, 동학, 대중 종교가 혼재하는 다양한 한국 종교들을 대할 때 중국의 노련한 선교사들의 비교종교학과 선교신학에 영향을 받으면서 타자인 한국의 이방 종교들을 기독교로 대체하려던 초기의 과격한 목표를 수정했다. 대안으로 채택한 온건한 접근 방식은 그들이 선교지에서 20년 이상 현지 종교 문화를 연구하고 서구 기독교와 한국 종교의 관계에 대한 한국 기독교인들의 해석을 참고하면서 성찰하고 토론하고 논쟁한 결과 도달한 길이었다. 무관심한 양반이나 재빠르게 반응하는 기회주의적인 대중 양자 모두에게 균형 있게 응답하는 동시에 빠르게 변화하는 종교 시장에서 경쟁력을 갖추기 위해 복음주의 선교사들은 한국 종교에 있는 기독교와 유기적으로 동질적인 요소들과 협상하거나 이를 수용하는 실용주의자의 열린 태도를 가졌다. 그들의 복음주의 선교 신학은 한국 종교들에 대해 그리스도의 최종성과 우월성을 견지했지만 그 종교의 추종자들이 기독교 복음에 관심을 갖고 만날 수 있는 접촉점을 조심스럽게 연구하고 제시했다. 이는 일방적 교리로 타자를 배제하는 태도가 아니라 동아시아에서는 현지인과 현지 문화에 대한 예의가 중요하다는 것을 배운 결과였다. 현지 경험을 통해 성숙해진 선교사들이 타문화에 대한 감수성과 온건한 성취론을 결합하자 20세기 초 유교 이데올로기가 해체되고 나라가 망하는 근대성과 식민성, 민족국가성과 초국가성이 상호 작용하던 역공간(閾空間, liminal space)에서 한국 기독교인은 토착적 기독교를 창출하는 프로젝트에 협력하고 앞장섰다. 북미 기독교와 그 선교 사업은 근대 한국 종교 문화와 사회에 큰 영향을 미쳤지만, 역으로 보면 한국 문화와 영성이 영미 개신교 선교사의 사역을 채찍질하고 신학적 사고에도 일정한 영향을 주었다. 한국에서 서구 기독교 확장의 다른 면은 한국 기독교의 토착화였고 다수 선교사들도 그 한국적 기독교를 고향으로 삼아 종신토록 일하다가 그 품에 안겨 죽었다.

선교사들과 한국인 지도자들은 개신교를 한국인의 영적 열망과 예언적 갈망을 성취하는 종교로 제시했으며, 기독교에 의한 한국 종교의 성취는 기독교에 의한 유대교의 성취와 유사하다고 선언했다. 1898년 개화 운동이 절정에 이르고 많은 유학자들이 서구 문명과 기독교에 관심을 가질 때, 「그리스도신문」은 유교와 기독교의 상호 의존적 표리 관계를 밝은 봄의 아름다운 나무에 비유했다. 햇빛이 있어야 나무가 무성해지지만 나무가 있어야 열매를 맺을 수 있다. 이 신문은 전통적인 종교에 있는 메마른 가지는 전지를 해야 하지만, 유교라는 나무가 있어야 봄의 광채가 반영되듯이 유교와 기독교는 상호의존적 관계에 있다고 묘사했다. 다른 비유를 들자면 선교사들과 한국인 지도자들은 뉴욕, 시카고, 내쉬빌, 토론토에서 자란 과목을 화분에 담아서 기선에 싣고 태평양을 건너 한국 땅에 이식하거나 뉴잉글랜드에서 수확한 복음의 씨를 서울 거리에 마구 뿌리지도 않았다. 그들은 중국 한문 문화권에서 잘 적응된 앵글로색슨-중국 기독교의 나무에서 충실한 접수(椄穗)를 가지고 와서 한국 종교라는 대목(臺木)에 접목했고, 그 결과 새로운 한국 기독교라는 좋은 나무가 성장했다. 전통 종교의 기독교적 성취라는 보편적인 성서적 모델은 한국에서 현지화된 형태를 취했고 한국적 기독교라는 신품종은 우주적 세계 기독교의 다양성을 풍성하게 만들었다.

이 책은 1세대 북미 선교사들과 한국인 개신교인의 이미지를 한국 종교 문화를 파괴한 근본주의자에서 성취론으로 기독교 토착화의 길을 연 온건한 복음주의자로 바꾸려고 한다. 건국 설화인 단군신화에 등장하는 불교와 샤머니즘이 혼합된 삼일신으로부터 원시 유일신 개념을 도출한 예에서 보듯이, 그들은 한국의 종교 문화에서 '복음에 대한 준비'를 찾고 그런 '접촉점'을 전도에 사용했다. 20세기 초 성취론은 시대적 한계인 문화 제국주의, 곧 영적 제국주의에서 완전히 자유롭지는 않았지만 당시 다른 종교에 대한 가장 자유로운 타종교 선교 신학이었다. 한국 초기 교회는 19세기 말, 20세기 초에 발달한 이 성취론을 주류 신학으로 수용하면서 더 일찍 개신교 선교가 시작되고 시행착오를 거친 중국이나 일본보다 토착화의 길로 더 신속하게 나아갈 수 있었다. 대표적인 1세대 북미 선교사들과 한국 개신교인들은 당시 기독교계에서 가장 진보적인 근대 선교 종교 신학을 수용한 개방적이고 포용적인 자들이었다. 제1차 세계대전 직전 제국주의 전성기(1880-1914)에 주류 북미 선교사들이 타문화권인 한국에서 이룬 독특한 기독교 토착화에 대한 구체적인 사례 연구를 통해 당시 복음주의 주류 교단인 장로회와 감리회 선교사들의 역할에 대한 기존의 평가와 해석에 의문을 제기하고 문화 제국주의, 백인 우월주의, 종교적 승리주의 이면에 있던 또 다른 역사를 발굴할 때 우리는 좀 더 역사의 풍성함과 다양성을 맛볼 수 있을 것이다.

기독교는 아시아 선교에서 제사, 정령숭배, 우상숭배, 조혼제 등과 같은 많은 갈등점을 만났다. 그러나 근대 독립 국가 건설이라는 국가 의제로 인해 제기된 계몽운동이나 항일독립운동의 맥락에서 유일신 사상, 천년왕국설, 인륜 도덕, 본토어 보급 등과 같은 사상과 운동에서 의기투합하는 접촉점을 찾았다. 이 책은 이러한 갈등점과 함께 접촉점을 토론한다. 한국 종교에서 발견한 이러한 타자성에 대한 배제와 관용의 조합과 공존은 한국 토양에서 서양 종교와 동양 종교의 경계에 걸쳐 지속적인 협상의 여지를 주었고 한국 토양에 뿌리를 내리는 토착적인 개신교를 형성했다.

끝으로 이 책의 주 논지와 연구 결과는 기독교의 세계화가 기독교의 지역화 및 다양화와 함께 진행되고, 기독교 선교의 진정성은 다양한 형태의 지역 기독교들 사이의 그물망 동역자 의식을 필요로 하며, 그러한 지속적인 우정과 상호 부조의 총체적 모습으로서의 세계 기독교는 기독교 신앙에 대한 확신과 더불어 타종교 문화에 대한 열린 마음을 장려한다는 점을 확증한다. 한국 기독교의 창출은 기독교의 세계화와 지역화의 좋은 예이며, 한국이 경험한 최초의 근대성은 동양의 기초로부터 서구의 수용을 용이하게 하는 기독교 근대성이었음을 보여준다.

이 책은 서론, 7개 장과 결론으로 구성되어 있다. 서론은 개신교와 한국 종교 사이의 첫 만남에 대한 지난 120년간의 자의적 해석을 역사적으로 재검토한다. 기존의 양극화된 해석들은 풍성한 사료들을 꼼꼼히 검토하면서 오솔길이나 샛길이나 높은 산길까지 천천히 걷고 음미하는 가운데 전체 강의 흐름을 전망하는 대신 누군가가 미리 포장해놓은 짐 속에 있던 안내서에 의존해서 넓은 길을 주마간산 식으로 달려갔다고 비판한다.

눈썰미가 있는 독자는 첫 세 장이 제1부를 이루면서 삼위일체의 한국적 이해를 다룬다는 사실을 눈치 챌 것이다. 1장은 하나님론이고, 2장은 십자가 이미지를 통한 기독론이며, 3장은 성령론이다. 1장은 하ᄂᆞ님이라는 용어가 어떻게 신조어로 정착해가는지를 추적한 개념어의 계보학 연구다. 이 장은 한국 기독교의 교리적 측면을 드러낼 것이다. 또한 1장은 기독교 문서를 다룬 6장과 함께 초기 한국 개신교를 지식인의 종교라는 관점에서 접근한다. 한국 개신교가 장구한 한국 종교사를 어떻게 이해하고 수용할 것인지도 중요한 주제다. 내가 1991년에 신학교를 졸업할 때 쓴 첫 논문이 용어 문제였고 이후 단군신화, 중국 용어 문제와 관련해서 추가 논문들을 썼는데 나는 이번 글로 이 주제에 대한 나의 30년 공부를 총정리했다.

2장은 한국인이 이해한 십자가의 이미지를 통해 발전해 나간 메시아상과 천년왕국상을 조사한다. 세 개의 중요한 관찰 대상은 십자가, 정감록의 예언, 십자기다. 교회 마당에 세워진 높은 깃대에 게양한 붉은 십자기를 통해 우리는 한국 개신교의 정치적, 물질적, 사회적 욕망을 확인할 수 있다. 이 장은 위기에 처한 민중 종교로서의 기독교의 정치성을 다루는 장이다. 이 장은 영어 책에 처음으로 들어갔고 다른 학자들이 논의하지 않는 주제다. 한국의 종교적 천재들이 씨름한 종말론 예언의 성취에 대한 해석들은 추가 토론 주제다.

3장에서는 샤머니즘과 개신교, 무교의 질병 개념과 서양의 세균론, 치병굿과 선교사들의 축귀 담론 간의 갈등과 협상을 토론한다. 이 장은 특별히 여성 종교로서의 한국 기독교의 영적·심리적 측면을 검토한다. 여기서는 샤머니즘에 대한 선교사의 입장 변화와 기독교가 지속적으로 실천한 축귀 의례를 강조할 것이다. 이 글의 초고를 2005년에 시카고에서 열린 아시아학회

(AAS)에서 논문으로 발표했을 때 한국 샤머니즘 연구의 대가인 뉴욕 자연사 박물관의 켄달(Laurel Kendall) 교수가 중요한 논문이라며 출판을 권해서 나는 이 글을 인류학 학술지 *Asian Ethnology* 2010년 7월호에 실었다. 이 장은 인류학과 민속학 전공자들의 매서운 비평을 받아 많이 수정한 글이다.

이어지는 4-7장은 1부의 보이지 않는 한국 기독교의 신학적 측면과 달리 물질적 기독교의 측면인 의례, 예배당, 서적을 다룬다. 4장은 제사 문제를 다룸으로써 십계명 구조와 유사하게 1부의 하나님과 5-6장의 물질계를 다루는 부분을 이어주는 조상을 거론한다. 4-6장도 인쇄된 텍스트뿐만 아니라 오감으로 느낄 수 있는 의례, 건물, 찬송, 책의 잉크 냄새 등이 가지는 상징과 이미지의 중요성을 고려한다. 7장은 이전 6개 장에서 형성된 한국 개신교가 사경회와 부흥회를 통해 꽃이 피는 모습에 관한 것이다.

4장은 제사를 금지한 중국 개신교의 영향을 받은 한국 개신교가 제사를 지속적으로 금지하면서도 대안 의례로 창출한 추도회를 토착화의 전형적인 사례로 제시한다. 4장이 다루는 제사는 유교 의례로 유교의 가족 인류학, 구원론, 윤리학의 영역에서 기독교의 대응을 검토한다. 이 장은 "초기 한국 개신교와 제사문제", 「동방학지」 125(2004년 9월)를 재수정, 보완해서 실었다.

5장은 1910년까지 건축된 교회 예배당이 가지는 공간 신학을 다룬다. 이 부분은 원래 영어 책에 들어가야 하는 장이었지만 지면 부족으로 빠졌는데 한글판에서 추가했다. 2008년 「동방학지」에 발표했던 논문인 "초기 한국 개신교 예배당의 발전과정과 특성, 1896-1912"에서 오류를 수정하고 보완했다. 예배당의 양식과 외부, 내부 특징에서 우리는 교회의 지리적 확산과 더불어 공간에 구형화된 토착적인 기독교 건축학을 눈으로 볼 수 있을 것이다.

6장에서는 한문 서적과 한글로 번역된 전도문서와 찬송가를 통해 초기 한국 기독교가 전달한 메시지를 분석한다. 6하 원칙에서 서론이 '누가'(선교사의 정체성)를 다루고, 2장이 '언제'(19세기말 20세기 초의 정치 사회적 상황)를 기술하고, 5장이 '어디서'(서울, 평양, 선천, 전주, 원산 등에 건축된 예배당)를 묘사하고, 또한 5장이 '어떻게'(선교 방법: 네비어스 방법과 기독교 문명론)를 토론한다면, 1장(하느님 담론)과 더불어 6장은 '무엇을'(한국교회가 전한 메시지인 기독교 복음과 서구 기독교 문명론과 타종교에 대한 변증론)이 분석할 주제다. 이 장에서는 한글 문서의 배타적 태도와 달리 유교에 대한 성취론적 입장에 섰던 한문 기독교 문서들을 집중 분석함으로써 그 원자료인 중국 기독교의 영향, 독자층인 양반 지식인층, 특히 한성감옥의 전직 고위 관리들의 개종 동기와 그들의 신학 사상을 확인한다. 내가 2005년에 쓴 논문 "Chinese Tracts and Early Korean Protestantism"을 수정해서 영어 책에 넣었고, 이 한글판에서 대폭 보완했다.

7장은 1900년대에 전개된 사경회와 부흥운동 기간에 만들어진 새벽기도회를 다룬다. 이곳에서는 선도의 새벽기도를 교회 안으로 가지고 와서 기독교 의례로 만든 평양 선도인 길선주에 초점을 두고, 다른 학자들과 달리 민간 도교인 선도가 한국 복음주의 영성 형성에 미친 영향을 강조한다. 부흥운동이 한국 근본주의의 출발점이었다고 해석하는 최근 진보 진영의 주장이나 '조선의 예루살렘 평양'을 외치면서 기독교 풍수설로 무장하고 정복주의를 외치는 보수 진영의 주장은 이 장의 논의를 통해 반성적 검토가 필요하다. 개인적 영성과 사회적 영성이 만나는 자리에 새벽기도회가 있었다. 이 장은 "평양대부흥과 길선주 영성의 도교적 영향", 「한국기독교와 역사」 25(2006년 9월)를 수정한 글이다.

각 장이 주로 토론한 한국 종교는 다음과 같다. 1장이 샤머니즘과 유교에 초점을 두었다면, 2장은 동학과 민속 종교, 3장은 불교와 도교가 혼합된 무교를 집중적으로 논의했다. 4장에서는 기독교가 신유교의 강고한 가족 제도에 직면했을 때 제사를 금지하고 대결한 정책의 본질을 파악하면서 개신교가 지닌 변혁의 힘을 강조했다. 유교 제사에 대해 선을 긋는 과정이나 추도회를 창출하는 과정은 개신교 복음주의와 조선 신유교 사이에 발생한 심각한 갈등과 타협의 양상을 잘 보여준다. 5장은 예배당 건축과 풍수 문제와 주물숭배를 다룬다. 6장에서는 유교와 불교를 일부 다루었다. 7장은 주로 민간 도교인 선도와 기독교의 합류를 기술했다. 그만큼 기독교는 다양한 한국 종교들과 만나 씨름하면서 수용할 수 있는 요소는 기독교화하여 수용하고 핍박이나 비난이 있더라도 기독교 정체성을 훼손하는 요소는 과감히 배척했다.

이 책에 싣지 못한 두 개의 중요한 주제와 논문이 있다. 처첩제를 다룬 "초기 한국교회의 일부다처제 논쟁", 「한국기독교와 역사」(2002년 2월)는 수정해서 넣고 싶었으나 지면이 허락하지 않아 다음 기회를 기약한다. 원래 영어 책 원고에는 타종교 신학 자체를 다루는 논문이 있었으나 편집자의 제의로 생략했는데 이번에도 넣지 못했다. 그것은 참고문헌처럼 "A Genealogy of Protestant Theologies of Religions in Korea, 1876-1910: Protestantism as the Religion of Civilization and Fulfillment"(2016)로 발표되었었다. 이는 이미 7장에서 토착화한 한국 개신교가 한국인의 삶을 풍성하게 하는 상황에서 이론적 측면으로 되돌아가서 논의하는 것은 크게 필요하지 않다고 보았기 때문이다.

책 제목에 있는 기독교는 개신교의 뜻이다. 동아시아 개념사에서 기독교는 통칭과 개신교(예수교) 두 개의 뜻으로 사용되어왔다. 1915년에 존스는 *The Rise of the Church in Korea*를 썼으나, 나는 한국에서 성장한 교회가 아니라 한국화된 기독교의 형성을 논한다. 1929년에 백낙준은 초기 한국 개신교 선교회들의 역사인 *A History of the Protestant Missions in Korea*를 출간했으나, 나는 선교사들만 아니라 한국인 기독교인의 능동성(agency)과 한국 기독교의 혼종성에 관심이 있기 때문에 한국 기독교 형성사를 쓴다.

형성(making)은 근대성, 식민성, 다층성을 전제하지만, 이 책에서는 기독교에서 말하는 유비될 수 없는 아름다운 창조(creation)의 의미도 가진다. 창조는 역사의 시작과 되어져 가는 과정(성육신, 십자가형)과 변형의 종말(부활과 천년왕국)을 포괄하는 용어다. 이 책이 다루는 1910년까지 만들어진 제1세대 한국 기독교는 하나님 보시기에 매우 좋은 독특한 정체성을 지닌 새 공동체였다.

## 감사의 글

이 책은 내가 2002년에 쓴 박사논문을 확장 보완해서 발간한 전문학술서인 *The Making of Korean Christianity*(Baylor University Press, 2013)를 다시 한글로 번역하고 대폭 보완한 개정판이다. 나는 이 한글판이 나오기까지의 역사를 정리하면서, 지난 25년간 도와주신 분들에게 사의를 표하려고 한다.

세계 기독교사 학계의 세계적 석학인 데이나 로버트(Dana Lee Robert) 교수가 내 보스턴 대학교 신학대학원 박사과정과 논문의 지도교수가 된 것은 내 인생에서 큰 복이었다. 그녀는 원고를 장별로 받아 행간까지 읽으면서 수정하고 논평해주었다. 이후 로버트 교수는 내가 부교수가 될 때까지 나의 든든한 도덕적 후원자요 추천인이 되어주었다. 내가 보스턴에서 박사과정을 밟은 1994-2001년 기간은 세기말 세기초의 격변기였다. 1984년 전후로 기독교는 서반구에서 남반구로 그 무게 중심이 이동했는데, 그 1000년 만의 변동을 연구하기 시작한 소수의 역사학자 중에 데이나가 있었고 그녀는 곧 그 분야의 선두주자가 되었다. 그래서 나는 박사과정 처음부터 '세계 기독교'라는 새 현상을 주목하는 학자들의 글을 읽게 되었고 한국에서 개인적으로 공부한 성서 번역사가 기독교사를 번역의 관점에서 볼 수 있도록 연결시켜주었다. 1989년에 후쿠야마의 『역사의 종말』은 공산주의 몰락 이후 신인류를 예상했으나, 1996년 헌팅턴의 『문명의 충돌』이 출판되면서 미국은 타자에 대한 십자군적 홀로코스트를 지지하는 이라크전쟁을 일으켰다. 초기 개신교와 한국 성리학의 만남을 오랫동안 연구하신 보스턴 대학교의 정재식(鄭載植) 교수님은 수업에서 문명과 종교 간의 공존과 통합을 강조했다. 나는 퓨

자선재단(Pew Charitable Foundation)의 박사논문 연구비를 지원받아 미국과 한국의 여러 도서관과 고문서실을 방문하고 자료를 수집했다. 논문은 초기 개신교 선교사들의 타종교관과 한국 개신교의 토착화를 주제로 삼았다. 나는 작성한 논문이 너무 길어서 줄이는 데 한 학기를 보내고 2002년 1월에 졸업했다.

나는 그 논문으로 UCLA 한국학연구소(소장 John Duncan 교수)가 운영하고 헨리루스 재단(Henry Luce Foundation)이 지원하는 한국기독교 프로그램(운영자 Robert E. Buswell, Jr. 교수)의 박사후과정에 지원했고 9월부터 거기서 일하게 되었다. 미국선교학학회(American Society of Missiology)는 내 박사논문을 책으로 출판하기로 선정했다. 그러나 나는 다른 연구 프로젝트와 UCLA 동아시아학과 방문 조교수로 강의를 해야 했기 때문에 논문을 수정할 여유가 없었고, 첫 영어 책을 출판할 기회를 잃었다. 이어 2년 동안 나는 온누리교회(담임목사 하용조)의 지원으로 UCLA 한국학연구소 연구원 겸 동아시아학과의 방문 조교수로 강의하면서 연구했고, 4-5년 차에는 전임강사로 가르쳤다.

전임강사 기간 중 내 목표는 UCLA '한국기독교 석좌교수'직을 만들기 위한 기금을 모금하는 것이었다. 나는 나성영락교회 림형천 목사님의 도움으로 임동순 장로님과 임미자 권사님을 만나 그 필요성을 설명하고 기부를 부탁했다. 두 분은 정성껏 1백만 달러를 학교에 기부했고, 세계적인 불교학자 버스웰과 한국사의 대가 던컨 교수의 노력으로 석좌교수직이 만들어졌다. 1년간 공개 채용과정을 거쳐 2007년 9월에 나는 그 첫 자리에 임명되었다. 조교수에게 석좌교수 직명을 주는 경우가 없었으므로 나는 석좌학자(Dongsoon Im and Mija Im Scholar of Korean Christianity)가 되었다. 이 책을 지난 12년간 석좌교수로 연구에 집중할 수 있도록 자리를 만들어주신 임동순 장로님과 임미자 권사님께 바친다.

나는 조교수가 된 지 4년 만에 부교수가 되는 테뉴어 심사를 받았다. 유수한 대학출판부에서 영어 학술서를 출판하는 것이 필수 조건이었기 때문에 박사논문과는 달리 일반 학자들을 대상으로 종교학이나 한국학의 언어로 출판하도록 학위 논문을 수정해야 했다. 영어 책의 초고를 대폭 수정할 때 이 책이 고려대학교 국제한국학연구소(ICKS) 한국학 영문 학술서적 시리즈에 선정되어 연구비를 지원받았다. 소장으로 도와주신 불교학자 조성택(趙性澤) 교수님과 여러 편집위원들께 감사드린다.

한국 기독교사에 대한 박사논문이나 책을 쓰려면 여러 도서관과 고문서실을 방문해서 사서의 도움을 받거나 자료 제공을 받아야 한다. 다음 기관과 그곳 사서들의 전문적인 도움에 감사한다. 미국의 장로회역사협회(Presbyterian Historical Society, Philadelphia, PA), 연합감리교회역사센터(United Methodist Historical Center, Drew University, Madison, NJ), 프린스턴 신학교 도서관(Princeton Theological Seminary Library, Princeton, NJ), 유니언신학교 버크도서관(Union Theological Seminary Burke Library, Columbia University, New York, NY), 예일 대학교 신학원 데이미션도서관(Day Mission Library, Yale Divinity School, New Haven, CN), 맥코믹 신학교 도서관(McCormick Theological Seminary, Chicago, IL), 하버드 대학교 옌칭도서관(Yenching Library, Harvard University, Cambridge, MA), 뉴욕공립도서관(New York Public Library, New York), 미국성서공회(American Bible Society Archives, New York, NY), 미네소타 대학교 카우츠패밀리 YMCA 고문서실(Kautz Family YMCA Archives, University of Minnesota, Minneapolis, MN), 랭캐스터역사협회(Lancaster Historical Society, Lancaster, PA)., 헤이즈대통령센터(Rutherford B. Hayes Presidential Center, Fremont, OH), 영국의 옥스퍼드 대학교 보들레이언도서관(Bodleian Libraries of Oxford University, Oxford, UK), 영국성서공회(British and Foreign Bible Society), 한국의 장로회신학대학교 도서관, 연세대학교 도서관, 한국기독교역사연구소. 지금은 돌아가신 프린스턴 신학교 루스 재단 석좌교수를 역임하신 마페트(Samuel Hugh Moffett) 박사님과 사모님이신

아일린 마페트 부인(Eileen Flower Moffett)은 소장하고 있던 귀중한 사진과 자료를 사용하도록 허락해주었다.

고려대 한국학 시리즈는 하와이 대학교 출판부에서 출판하기로 예정되어 있었으나, 그 대신 칼빈 대학교 네이걸세계기독교연구소(Nagel Institute for the Study of World Christianity)의 소장 카펜터(Joel Carpenter) 교수와 베일러 대학교 출판부 편집장 뉴먼(Carey C. Newman) 박사가 공동으로 출범시킨 '세계 기독교 시리즈'에 제1권으로 선정되는 영예를 얻어 새로 출판 계약을 했다. 이로써 나는 2011년 가을에 부교수로 임명되면서 임동순 임미자 한국기독교 석좌교수(endowed chair)가 되었다. 책의 최종 원고를 다듬어야 할 때 마침 '세계 지식의 이동'을 연구하는 독일 보쿰 루르 대학교의 캐테 함부르거 콜레그(Käte Hamburger Kolleg) 센터에 연구원으로 초청해준 한국학의 에거트(Marion Eggert) 교수님께 깊이 감사드린다. 독일에서의 8개월은 안식과 회복의 복된 기간이었다. 마침내 2013년에 *The Making of Korea: The Protestant Encounters with Korean Religions, 1876-1914*가 출판되었다. 내가 1984년에 한국 기독교사 공부를 시작한 지 30년 만에 나온 결실이었다.

나는 이 책으로 두 개의 상을 받았다. 2013년에 미국 복음주의 잡지인 *Christianity Today* 자매지로 기독교 최대 서평지인 *Books and Culture: A Christian Review*(Chicago)의 편집장 윌슨(John Wilson)이 이 책을 '올해의 책'(Book of the Year)으로 선정해주었다. 미국 독자들이 읽기 어려운 책을 1등으로 올려주어서 나로서는 큰 명예였다. 한국인 1세로서 영어로 세계 기독교 연구에 기여한 점을 가상히 여기고 격려해주어서 나는 이 상을 감사히 받았다. 이듬해에는 이 책이 *International Bulletin of Missionary Studies*(New Haven)가 선정한 "선교학 연구를 위한 2013년의 탁월한 책 15권 Fifteen Outstanding Books of 2013 for Mission Studies"에 들어갔다.

이후 다음과 같은 여러 학술지에서 서평을 써준 여러 교수들과 학자들에게 감사드린다. *Africanus Journal, Anglican and Episcopal History, Asian Christian Review, Journal of Asian Religions, Journal of Korean Religions, Journal of Korean Studies, International Bulletin of Missionary Studies, Interpretation, Korean Studies, Sungkyun Journal of East Asian Studies, Themelios.* 책 뒤표지에 이들의 추천과 서평의 일부를 옮겼다.

나는 한국인 독자를 위해서 내 영어 책을 곧 바로 번역해서 출판하려고 했으나 다른 여러 연구 프로젝트 때문에 빨리 진행시키지 못했다. 그 책을 번역하는 대신 처음부터 한글 대중서로 쓴 『첫 사건으로 본 초대 한국 교회사』(짓다, 2016)와 『다시 쓰는 초대 한국 교회사』(새물결플러스, 2016)로 한국 독자들의 요구는 어느 정도 만족시킨 듯하다. 두 책에 대한 성원에 감사드린다. 이 책의 번역에 두 명의 후배가 고맙게도 시간을 내어 도와주었다. 2014-15년에 서론과 1장의 초역은 서울대 법대 출신으로 SFC 후배인 안재엽 미국 변호사가 맡았고, 3장과 6장의 초역은 서울대 영문과 후배인 풀러신학교 박사과정의 권한준 목사가 맡았다. 그러나 초고를 놓고 내가 다시 번역, 수정, 보완했기 때문에 모든 문장의 표현은 내 글이요 내 책임이다. 나머지 부분은 내가 번역하고 썼다.

매끄럽지 못한 본문을 다듬어 멋지게 편집·출판해준 새물결플러스의 대표 김요한 목사, 편집부와 디자인팀 직원들에게 감사한다. 하나님 나라와 한국 기독교 지성계의 복원을 위해서 애쓰는 출판사의 수고와 인내가 열매 맺기를 기대한다. 표지 그림을 제공해 준 온천제일교회 박환규 장로님께 감사드린다.

2019년 12월

회갑을 맞이하며

옥성득

# 약어표

| | |
|---|---|
| ABS | American Bible Society |
| *AH* | *Assembly Herald* |
| AISMA | American InterSeminary Missionary Alliance |
| *AR* | *Annual Report* |
| BCK | Bible Committee of Korea |
| BFBS | British and Foreign Bible Society |
| BFM | Board of Foreign Missions |
| BFMPCUSA | Board of Foreign Missions of the Presbyterian Church in the USA |
| *BSR* | *Bible Society Record* |
| *BW* | *Bible in the World* |
| *CA* | *Christian Advocate* |
| *CHA* | *Church at Home and Abroad* |
| *CMJ* | *China Medical Journal* |
| *CR* | *Chinese Recorder and Missionary Journal* |
| CRKM | Correspondence and Reports of the Korea Mission, BFMPCUSA |
| *EAJT* | *East Asian Journal of Theology* |
| ECFMPCUS | Executive Committee of Foreign Missions of the Presbyterian Church, USA |
| EMC | Ecumenical Methodist Conference |
| *FM* | *Foreign Missionary* |
| FMCNA | Foreign Missions Conference of North America |
| *GAL* | *Gospel in All Lands* |
| *HWF* | *Heathen Woman's Friend* |
| *IBMR* | *International Bulletin of Missionary Research* |
| IKCH | Institute for Korean Church History |
| *IRM* | *International Review of Mission* |
| *JAMA* | *Journal of American Medical Association* |
| *JRKMC* | Journal and Report of the Korea Mission Conference of the MEC, South |
| KACMEC | Korea Annual Conference of the Methodist Episcopal Church |
| *KF* | *Korea Field* |

| | |
|---|---|
| *KM* | *Korea Methodist* |
| *KMF* | *Korea Mission Field* |
| KMMEC | Korea Mission of the Methodist Episcopal Church |
| KMMECS | Korea Mission of the Methodist Episcopal Church, South |
| KMPCUSA | Korea Mission of the Presbyterian Church of the USA |
| *KR* | *Korean Repository* |
| KRTS | Korean Religious Tract Society |
| *KRv* | *Korea Review* |
| MEC | Methodist Episcopal Church |
| MECS | Methodist Episcopal Church, South |
| MFiles | Missionary Files, Correspondence of the Board of Foreign Missions of the MEC, Methodist Historical Center, Madison, N.J. |
| *MQR* | *Methodist Quarterly Review* |
| *MR* | *Missionary Review* |
| *MRW* | *Missionary Review of the World* |
| MSMEC | Missionary Society of the Methodist Episcopal Church |
| MSMECS | Missionary Society of the Methodist Episcopal Church, South |
| *OMAR* | *Official Minutes of the Annual Meeting of the Korea Mission of the MEC* |
| *OMR* | *Official Minutes and Reports of the Annual Session of Korea Mission Conference of the MEC* |
| PCUS | Presbyterian Church of the United States |
| PCUSA | Presbyterian Church of the United States of America |
| *QR* | *Quarterly Report of the National Bible Society of Scotland* |
| *RGC* | *Records of the General Conference of the Protestant Missionaries in China* |
| SVM | Student Volunteer Movement for Foreign Missions |
| *TKB* | *Transactions of the Korea Branch of the Royal Asiatic Society* |
| *UMHC* | *United Methodist Historical Center* |
| *UPMR* | *Missionary Record of the United Presbyterian Church of Scotland* |
| WFMS | Woman's Foreign Missionary Society, the Methodist Episcopal Church |
| WFMSP | Woman's Foreign Missionary Society of the Presbyterian Church, USA |
| WFMSS | Woman's Missionary Society of the Methodist Episcopal Church, South |
| *WMA* | *Woman's Missionary Advocate* |
| WMC | World Missionary Conference |
| *WMF* | *Woman's Missionary Friend* |
| *WWFE* | *Woman's Work in the Far East* |
| *WWM* | *World Wide Missions* |
| *WWW* | *Woman's Work for Woman* |

# 이미지(사진, 그림, 지도 표, 도표) 목록

## 1. 사진 목록

### 제1장



### 제2장



### 제5장

## 2. 그림 목록



## 3. 지도 목록

## 4. 표 목록



## 5. 도표 목록

# 서론

## 경쟁하는 담론들

기독교가 세상에 모습을 드러내었을 때, 기독교는 온 세계의 공동 소유이면서도 동양적인 양식을 가지고 있었고 순전히 동양적인 종교로서 번성하여 최고로 완성된 상태에 있었다. 나는 일본·중국·한국의 사상가들을 통해서 동양인의 사고는 기독교의 모든 부분을 이해하는 데 어려움이 없을 뿐만 아니라 그들에게는 놀라울 정도로 기독교가 단순하다는 사실을 확신하게 되었다. 또한 다른 지역에서처럼 동양인이 기독교를 수용하는 데 장애물이 있다면 그것은 기독교 자체에 있는 것이 아니라 기독교의 바깥 부분을 둘러싸고 있는 물질주의 때문이다. "서구인들이 기독교를 이해하지 못하고 기독교를 그들 상호 간의 차이점과 적개심을 통해 드러내며 또 그들의 정치적 관점과 국가적 야망을 조장하기 위한 수단으로 이용해야 한다고 고집함으로써 기독교를 증명한다는 사실"이 문제다. 그리고 동양인 스스로가 기독교를 이미 이해했음에도 불구하고 서양인이 동양적인 메시지를 동양인에게 설명하려고 하는 부적절함이 또 하나의 장애물이다.

윌리엄 샌즈, 1930년[1]

1 William F. Sands, *Undiplomatic Memories: The Far East, 1896-1904* (New York: Whittlesey House, 1930), 83. Sands(1874-1946)는 가톨릭 신자로 일본에서 1896-98년 외교관으로 일한 후 고종 황제의 외교 고문으로 5년간(1899-1904) 일했다.

1885년 4월 5일 부활절 주일 오후 3시에 미국 북감리회 목사 아펜젤러(Henry Gerhard Appenzeller. 亞篇薛羅, 1858-1902) 부부는 미국 북장로회 첫 목회 선교사인 언더우드(Horace Grant Underwood, 元德愚, 1859-1917) 목사와 함께 작은 개항장인 제물포에 도착했다. 아펜젤러는 자신이 발을 디딘 땅이 '아직 인간의 손이 닿지 않은 대지'인 황무지라고 믿었다. 독신인 언더우드는 바로 서울로 갔으나 아펜젤러는 갑신정변 후 정세가 불안한 서울에 첫 아이를 임신한 아내와 함께 들어오는 것이 바람직하지 않다는 미국 공사 포크(G. C. Foulk, 1856-93)의 말에 따라 일단 나가사키로 돌아가서 정세가 호전되기를 기다리기로 결정했다. 9일 밤 대불호텔에서 일본행 기선을 기다리던 아펜젤러는 뉴욕 선교본부에 보고서를 쓰면서 다음과 같은 기도문으로 보고서를 마무리했다. "우리는 부활절에 이곳에 도착했습니다. 이날 사망의 빗장을 산산이 깨뜨리시고 부활하신 주께서 이 나라 백성들을 얽매고 있는 굴레를 끊으시고 그들에게 하나님의 자녀가 누리는 빛과 자유를 허락해 주옵소서."[2] 27세의 아펜젤러는 이교도의 우상숭배라는 흑암의 동굴에서 노예로 살아온 한국인에게 기독교의 자유의 빛을 전할 도구로 자신이 선택되었다고 생각했다.

2 Henry G. Appenzeller, "Our Mission in Korea," *GAL* (July 1885): 328; *Annual Report of the Missionary Society of the Methodist Episcopal Church* (New York: MSMEC, 1885), 237.

초기 개신교 선교사들이 한국과 한국 종교에 대해 전형적으로 가졌던 이런 부정적인 이미지와 태도는 서울에 1885년 5월과 6월에 도착한 스크랜턴(William Benton Scranton, 施蘭敦, 1856-1922) 의사 가족에 이어 아펜젤러 가족이 그해 7월 말 정동에 도착한 후 한국인의 샤머니즘 정령 신앙을 처음 접했을 때 잘 드러났다.[3] 1886년에 배재학당의 터를 파던 한국인 인부들은 땅 속에 깃들어 있는 귀신과 정령을 무척 두려워했다. 그곳에는 1592년 임진왜란 당시에 심은 커다란 느릅나무가 있었는데 번개를 맞아 부러진 나무를 어느 누구도 감히 치우려고 나서지 않았다. 이는 그들이 그 나무에 강한 정령인 목신이 산다고 믿었기 때문이었다. 하지만 아펜젤러는 이 신목(神木)을 도끼로 찍어서 태워버렸고 또 땅 아래 묻혀 있던 비석도 치웠다. 아펜젤러는 부정도 타지 않았고 아무런 탈도 없었다. 이 사건을 통해서 그는 자신이 옳았을 뿐만 아니라 미국의 신이 한국의 신보다 강하다는 사실을 증명했다고 믿었다. 아펜젤러와 샤머니즘 간의 첫 힘 대결의 결과로 한국인 인부들은 귀신에 대한 두려움을 덜 수 있었다. 이후 서울의 선교사 거주 지역은 '귀신이 얼씬도 못하는' 영역이 되었다. 아펜젤러는 "서울 서소문 근처의 정동 지역을 '작은 미국'으로 만들" 생각이었다.[4] 8세기에 게르만 민족의 사도 성 보니파시오(St. Boniface, 675-754) 선교사가 우레의 신 토르(Thor, 망치를 든 천둥번개와 폭풍과 힘의 신)를 위한 영험한 신목인 참나무(Donar's Oak)를 도끼로 내려치고 무사하자 수많은 개종자가 나왔듯이, 전통적인 '미신'을 파괴하고 그것을 기독교와 기독교 문명으로 대체하는 것이 아펜젤러의 첫 선교 방법이자 정책이었다.

---

3 William E. Griffis, *A Modern Pioneer in Korea: Henry G. Appenzeller* (New York: Revell, 1912), 239-240.

4 Ibid. 101.

따라서 지난 두 세대 동안 여러 한국의 신학자들이나 사학자들이 탈식민주의 입장에서 다음과 같이 주장한 것은 이상한 일이 아니다. 초기의 북미 개신교 선교사들은 근본주의자나 보수적 복음주의자들로서 백인 우월 인종주의, 기독교 승리주의, 문화 제국주의(기독교 문명론), 영육 이분법의 기계적 세계관 등의 이념으로 무장하고서 한국의 전통 종교 문화를 파괴하고 이를 정복하여 기독교로 바꾸기 위해 십자군 운동을 벌였다. 또한 초기 선교사들은 천년왕국전재림설의 일종인 임박한 재림과 7년 환란설의 시나리오를 가진 세대주의를 신봉하면서 "이 세대에 세계를 복음화하자"(The evangelization of the world in this generation)는 슬로건을 내세운 열광주의자로서, 한국 종교를 미신과 우상숭배로 규정하고 열등한 한국 문화를 고등한 서구 문화로 대체하려고 했다. 1980년 광주민주화운동 이후 민중신학은 확산되는 반미주의 흐름을 타고 미국 선교사들을 성인(聖人)으로 묘사하던 관행과 친미 성향의 보수적인 교회들을 비판하고 나섰다.

한편 1970년대 미국의 수정주의 역사가들은 인권 운동의 여파와 베트남전쟁에 대한 환멸 속에서 과거 제국주의의 전성기였던 1880-1914년의 미국의 팽창주의 대외 정책 및 그와 결탁한 기독교 선교 사업을 맹렬하게 비판했다.[5] 사실 당시 미국 선교사들은 진보주의자나 복음주의자에 상관없이 아시아와 아프리카의 '이교'를 정복하려고 노력했다. 사회 진화론으로 무장한 새로운 앵글로색슨 제국주의가 '백인의 짐'을 지고 아시아와

5 1960년대까지 미국의 해외선교운동에 대한 주류 해석은 종교적 요소가 미국 문명—민주주의, 개인의 권리, 자원봉사협회, 사회적·경제적으로 자유로운 사업—의 확산이라는 '민족적 선교'를 강화하고 발현시켰다고 보았다. 참고 R. P. Beaver ed., *To Advance the Gospel: Selections from the Writings of Rufus Anderson* (Grand Rapids: Eerdmans, 1967), Introduction.

아프리카의 '열등한' 종족과 종교들을 향해 진군했다. 슐레진저 2세(1917-2007)가 1974년에 발표한 "선교 사업과 제국주의 이론"이라는 도발적인 논문에서 주장했듯이 '명백한 운명'이라는 명목하에 추진된 미국 기독교의 동아시아 해외 선교라는 무례하고, 오만하고, 야심찬 사업은 미국 제국주의의 일부분으로 작동했다.[6] 또 허치슨(1930-2005)이 제시한 약간 어감이 다른 해석을 빌리자면 선교 사업은 기껏해야 정치적 제국주의에 대한 '도덕적 등가물'에 지나지 않았다. 선교 사업은 서양식 기독교를 아시아 토양에 이식했다. '기독교 문명'이라는 이름의 복음이 병원, 학교, 인쇄소와 같은 기구를 통해서 서구의 기술, 교육, 사상을 보급했다.[7]

미국 수정주의 학파와 한국의 민주화 과정의 영향으로 한국의 보수적인 복음주의자, 토착화신학자, 민중신학자, 민족주의 교회사가, 탈식민주의자 등 다양한 학자 군(群)들이 초기 선교사들과 초기 한국인 기독교인들을 근본주의자로 묘사했다. 곧 그들은 청교도적 도덕주의자, 현실도피적인 전천년왕국론자, 타종교에 대해 완고한 배타주의자로 규정되었다. 복음주의자들은 자신의 보수적인 정통성을 정당화하고 유지하기 위해, 그리고 자유주의자들은 보수적인 주류 교단들을 비판하기 위해 초기 선교사와 기독교인들의 신학적 정체성을 근본주의로 해석했다.[8]

---

6 Arthur M. Schlesinger Jr., "The Missionary Enterprise and Theories of Imperialism," John K. Fairbank ed., *The Missionary Enterprise in China and America* (Cambridge: Harvard University Press, 1974), 360.

7 William R. Hutchison, *Errand to the World: American Protestant Thought and Foreign Missions* (Chicago: University of Chicago Press, 1987) 124; Idem, "Evangelization and Civilization: Protestant Missionary Motivation in the Imperialist Era," Martin E. Marty ed., *Missions and Ecumenical Expressions* (Munich: K. G. Saur, 1993), 91-124; David. J. Bosch, *Transforming Mission: Paradigm Shifts in Theology of Mission* (Maryknoll: Orbis Books, 1992), 298-302; Timothy Yates, *Christian Mission in the Twentieth Century* (Cambridge: Cambridge University Press, 1994), 7-33.

8 백낙준의 예일 대학교 박사학위논문(1927, 지도교수 Kenneth S. Latourette)은 "개척 선교

1945년 한국이 일본 식민 지배에서 36년 만에 해방되었을 때 소련군은 북한을, 미군은 남한을 점령했다. 미군정 통치 3년(1945-48) 동안 한국어에 능한 미국 선교사들은 통역인이나 고문으로 일했다. 한국 전쟁 기간(1950-53) 중에는 많은 한국인 교회 지도자들이 살해되거나 사망했고 개신교회는 신사참배 문제로 분열되었다. 공산주의 체제를 채택한 북한을 떠나 남한으로 망명한 상당수의 기독교 목사들은 남한에 피난민으로 구성된 회중을 형성했다. 이들은 보수주의와 지역주의 색채를 강화함으로써, 그리고 일부 미국 선교사들은 미국 교회로부터의 원조를 바탕으로 세력 확장에 영향력을 행사함으로써 남한의 교회 재건 과정을 복잡하게 만들었다. 전후의 한국교회는 협력·지도력·정체성의 부재와 외부의 개입으로 분열되고 약화되었다.

**미국 선교사에 대한 진보와 보수 신학의 판에 박힌 평가**

한국의 민족주의는 영미 선교사들에 대한 부정적인 이미지를 강화시켰다. 전성천(全聖天, 1913-2007)은 1955년 박사학위 논문에서 초기 미국 장로교 선교사들의 편협하고 제한적인 신학이 한국교회 분열의 배경으로 작용했다고 비판했다.[9] 1940년 서울에 반선교사와 반근본주의 기치를 내세우고 신정통주의에 기반을 둔 조선신학교를 설립한 김재준(金在俊, 1901-87) 목사는 1952년 당시 대다수를 차지했던 보수적인 장로교회와의 관계를 끊고 전성천의 주장을 반복하면서 선교사로부터 독립된 자주적 신학 교육을

---

사들의 복음주의: 그들의 연합 정신, 사회사업, 토착화 노력"을 긍정적으로 평가했다. 참고 George L. Paik, *The History of Protestant Missions in Korea, 1832-1910* (Pyeng Yang: Union Christian College Press, 1929), 149-155.

9 Sungchun Chun, "Schism and Unity in the Protestant Churches of Korea" (Ph. D., Yale University, 1955).

추구했다. "19세기 말엽의 프린스턴 출신들이 한국의 初代 宣教師로 나오게 되어 그 正統主義 神學의 沒落 直前의 몸부림을 이 한국에 이식하고 철의 장막으로 둘러막아 50년을 보호 육성한 것이 곧 한국 장로교회의 正統主義 王國인 것이다."[10] 지난 70년간 자유주의 신학자들은 김재준의 입장을 따르면서 초기 개신교의 풍부한 유산을 외면했다.

1960년대에 등장한 토착화신학 주창자들은 한국 종교 유산의 가치를 인식하기 시작했다. 하지만 그들은 한국 기독교의 토착화를 시도하는 선구자로 자처하고 초기 선교사와 초기 한국 기독교인을 배타적 근본주의자라고 비난함으로써 한국교회 전통과는 결별했다. 일부 진보 신학자들과 역사학자들은 제2차 바티칸 공의회(1962-65), 폴 틸리히의 문화 신학, 세계교회협의회(WCC)의 선교 신학, 아시아 신학으로부터 영감을 받아 전통 종교들이 기독교의 성공에 필수적인 조건이라고 보면서 한국 종교에 대해 긍정적으로 접근했다. 이들은 기독교 복음과 한국 종교의 특정 개념이나 의례와의 연속성을 재평가함으로써 한국적인 기독교 신학을 창출하려고 노력했다. 그들은 선교사들의 근본주의 유산을 고수하던 보수 세력으로부터 떠나 자신들의 신학적 정체성을 차별화하려고 노력했다. 서구 기독교의 한국적 토착화를 주장하던 신학자들은 한국 개신교 신학의 율법주의적인 성격과 타종교에 대한 전투적인 태도가 미국 선교사를 통해서 수입된 근본주의로부터 기원했다고 주장했다. 류동식(柳東植, 1922-)은 기독교 복음과 한국 종교 문화 간의 유기적 관계와 한국 종교의 주체성을 모색하면서 보수적인 근본주의가 한국 종교를 배제하고 적대시한 배타주의를 비판했다.[11]

---

10 김재준, "한국기독교장로회의 역사적 의의", 「십자군」 25(1956): 35.

11 류동식, 『한국 종교와 기독교』(대한기독교서회, 1965); "한국교회의 토착화 유형과 신학", 「신학논단」(1980년 7월): 2-22; 『한국 신학의 광맥』(전망사, 1982).

신학의 탈서구화 논의는 자유주의자들과 다원주의자들 사이에 유행했다. 1984년 한국 개신교 100주년 대회에서 감리회신학교의 변선환(邊鮮煥, 1927-95)은 "타종교를 악마화하거나 저주하는 종교적 제국주의나 배타주의뿐만 아니라 타종교를 복음의 준비(*praeparatio evangelica*)로 여기는 성취론 역시 버려야 한다"고 주장했다.[12] 그는 교회 밖에도 구원이 있다고 주장한 종교다원주의자로서 선불교에 관심을 기울이면서 한국교회에 자리 잡은 선교사들이 전해준 수입품인 근본주의와 배타적 기독론을 공격의 표적으로 삼았다.

민중신학 역시 1970년대부터 강한 반선교사적인 입장을 유지했다. 민중신학자들은 스스로를 고난 받는 민중과 동일시하고 민중을 해방하기 위해서 정치 사회적 불의와 싸웠다. 그들은 초기 선교사들이 서구 기독교 문명의 신을 소개하면서 한국인과 오랜 세월을 같이해온 한국의 신들을 죽였다고 주장했다. 서남동(徐南同, 1918-84)은 한국의 선교 역사를 서구 기독교 왕국의 확장사로 보고 기독교와 한국 전통 문화의 관계가 상호배타적이고 적대적이었기 때문에 기독교가 한국 문화와 한국 사회 속에서 기독교 왕국이라는 울타리 안에 갇혀 있다고 주장했다.[13] 주재용(朱在鏞, 1933-)은 한국 초기 개신교회는 1901년부터 1933년까지 선교사들의 제국주의 신학 아래 '바벨론 포로'기를 보냈다고 해석했다.[14] 한국 신학과 선교사 신학 간의 이분법은 김경재(金京宰, 1940-)의 글에서도 계속되었다. 김경재는 19세기 말에서 20세기 초의 보수적 정통주의 선교사들은 한국의 문화적 토양을 단순히 생명력이 없을 뿐 아니라 독초가 무성하게 자라는 황폐한 불모

12 변선환, "타종교와 신학", 「신학사상」(1984년 겨울): 695; Idem, "Other Religions and Theology," *East Asian Journal of Theology* (1985): 327-353.

13 서남동, 『民衆新學의 探求』(한길사, 1984), 73.

14 주재용, 『한국 그리스도교 신학사』(대한기독교서회, 1998), 96-100.

지로 보았다고 말했다. 그는 초기 선교사들의 신학을 근본주의적 보수주의, 전투적 반지성주의, 몰역사적 종말론, 반문화주의로 과감하게 규정하고 한국 주류 장로교회가 이와 유사한 근본주의를 물려받았다고 주장했다.[15]

한편 보수주의 신학자들은 자신들의 근본주의를 강화하고 신학적 혁신을 차단하기 위해서 초기 선교사들의 신학을 배타적인 근본주의로 옹호하고 이를 신신학과 이단을 배격하는 정통적 입장으로 삼았다. 보수 정통주의 신학의 대부인 박형룡(朴亨龍, 1897-1978)은 1935년 『基督教近代神學 難題選評』에서 정립한 정통과 비정통의 이분법적 입장을 견지했다. 그는 30년 후인 1964년에도 자신의 숙원은 서구 선교사들이 80년 전에 가지고 온 바로 그 신학을 다음 세대에게 전달해주는 것이라고 밝혔다.[16] 박형룡은 1910년 에든버러 세계선교사대회에서 "비기독교 종교들에 관한 선교적 메시지"라는 주제를 다룬 제4분과 위원회를 시초로 자유주의자들이 비기독교인들과 타협하게 되었다고 추정하고 그 위원회의 성취론을 비난했다. 박형룡은 "기독교가 이교를 대하는 적절한 태도는 타협이 아니라 정복"이라고 천명했다.[17] 그는 1935년에 출간한 앞의 책을 40년 후 증보재판으로 출간하면서 "비기독 종교와 악에 관해서는 '완성'과 '발효'보다 '정복'과 '파괴'라는 문자를 사용하는 것이 절대적으로 옳을 것"이라고 거듭 주장했다.[18] 이후 대한예수교장로회총회신학교(총신) 교수들은 박형룡의 이 공식을 유지했다. 1966년에 하비 콘(Harvie M. Conn, 1933-99)은 초기 한국 교회사는 보수적 복음주의의 역사이며 초기에 신학을 이끈 사람들은 강력한 보

---

15 Kyoungjae Kim, *Christianity and the Encounter of Asian Religions* (Zoetermeer, Netherlands: Uitgeverji Boekencentrum, 1995), 121.

16 박형룡, 『교의신학』(은성문화사, 1964), 서론.

17 박형룡, "이교에 대한 타협 문제", 「신학지남」(1966년 9월): 5.

18 박형룡, 『基督教現代神學 難題選評』(은성문화사, 1975), 362.

수주의자들이었다고 주장했다.[19] 콘은 '보수주의'라는 용어를 기독교와 자유주의를 이분법적으로 대립시킨 메이첸(1881-1937)으로부터 차용했으므로[20] 콘이 말하는 '보수주의'는 '근본주의'를 의미했다. 박용규(朴容奎, 1955-)도 같은 입장에서 초기 선교사들이 보수적 성경주의와 부흥주의를 형성하는 데 기여했다고 변호했다.[21]

민족주의 교회사 학자들도 초기 선교사들의 신학이 근본주의였다고 보는 진부한 해석을 동일하게 수용했다. 백낙준(白樂濬, 1895-1985)의 선교사관을 비판하고 민족교회 사관을 제창한 민경배(閔慶培, 1934-)는 초기 선교사들이 근본주의자들이었다는 해석을 보편화시켰다. 박정희 정권의 민족주의와 유신 독재가 고조되던 시절에 민경배는 민족 교회론에 입각하여 초기 선교사들이 장로회의 경건주의 복음주의자들과 감리회의 부흥주의자들로 구성되어 있었다고 정의하고 그들이 한국 기독교를 서구화했다고 비판했다.[22] 이후 민경배는 초기 선교사들이 신학적 빈곤, 빈약한 교회론, 개인주의적인 구원론, 비정치적 정적(靜寂)주의, 반지성주의, 이원론적 신앙이라는 부정적인 특징을 보인다고 지적했는데[23] 이에 대해 제시한 근거 자료는 빈약하다. 이만열(李萬烈, 1938-)은 19세기 말부터 20세기 초에 일어났던 한국의 반기독교 사건들을 연구하면서 양대인(洋大人)으로 불린 미국 선교사들이 사회정치적 지위를 남용했고 인종적 우월감의 소유자로서 서

19 Harvie M. Conn, "Studies in the Theology of the Korean Presbyterian Church: An Historical Outline, Part I & II," *Westminster Theological Journal* (November 1966 to May 1967): 24-25.

20 J. Gresham Machen, *Christianity and Liberalism* (Grand Rapids, MI: Eerdmans, 1956).

21 Yonggyu Park, "Korean Presbyterianism and Biblical Authority: The Role of Scripture in the Shaping of Korean Presbyterianism 1918-1954" (Ph. D., Trinity Evangelical Divinity School, 1991), 248-251.

22 민경배, "한국 초대 교회와 서구화의 문제", 「기독교사상」(1971년 12월): 44-50; 민경배, 『한국 민족교회 형성사론』(연세대출판부, 1974), 31-35.

23 민경배, 『한국기독교회사』(연세대출판부, 1994), 149.

구 문화를 이식하고 일본 제국주의와 협력했다고 비판했다.[24] 이덕주(李德周, 1952-)는 초기 장로교 선교사들의 복음주의 신학을 근본주의로 단순화했다. 이덕주는 초기 선교사들의 폐쇄적인 보호주의가 한국 기독교인들의 독자적인 신학 생산력을 감소시켰기 때문에 선교사들의 신학에만 의존하게 되는 결과가 초래되었다고 말했다.[25] 군부 독재 정권에서 민주 정권으로 교체되는 시기였던 1970년대 초부터 1990년대 초까지 주로 활동한 이들 2세대 교회사가들은 반제국주의적 민족주의 사관과 반정부적 민중 사관에 강한 영향을 받았으며 민족과 민중의 관점에서 초기 한국 교회사를 이해했다. 그들의 민족주의는 초기 선교사들을 영적 제국주의자요 친일적인 기독교를 형성한 장본인으로 비판했다.[26]

1980년대 민중 담론은 반선교사 담론과 결합되어 초기 선교사들을 공격했다. 선교사들의 식민성을 향한 기존의 반서구 비평 위에 세워진 반선교사 담론은 1980년 5월 광주항쟁 이후 고조된 반미주의와 더불어 유물론적 마르크스주의 사상 및 북한의 김일성 주체사상에 영향을 받은 운동권 학생들과 좌파 작가와 학자들 사이에 확대되었다. 예를 들어 노대준은 1907년 대부흥운동을 일본 식민지 상황에서 한국교회를 비정치화하고 종교 환원주의로 돌리려 했던 미국 보수주의 선교사들의 계획이라고 해석했다.[27] 교회사 학계에서도 반미주의가 영향을 미쳤다.

---

24 이만열, "한국 기독교와 초기 선교사", 「빛과 소금」(1987년 12월): 112-124; "한국 기독교와 미국의 영향", 「한국과 미국」(경남대학교 극동문제연구소, 1988): 65-116; 『한국기독교와 민족의식』(지식산업사, 1991), 391-393.

25 이덕주, "초기 내한 선교사들의 신앙과 신학", 「한국기독교와 역사」(1997년 2월): 59; "한국 기독교와 근본주의: 한국 교회사적 입장", 한국 교회사학회 편, 『한국 기독교 사상』(연세대 출판부, 1998), 24-29.

26 이장식, "한국 교회사의 제 문제", 「한국기독교사 연구회 소식」(1985): 5-6; 김홍수, "교회사 서술 방법의 새로운 시각", 「한국기독교사 연구회 소식」 24(1989): 6-10.

27 노대준, "1907년 개신교 대부흥운동의 역사적 성격", 「한국기독교사 연구」(1989): 14-15.

푸코(Michel Foucault), 사이드(Edward Said), 코마로프(John Comaroff) 등의 연구를 따라 1990년대부터 한국에서 탈식민주의를 소개한 학자들은, 영미 선교사들은 오리엔탈리즘과 기독교 문명 우위론의 관점에서 한국 종교를 '원시적'이며 열등한 것으로 보고 파괴한 문화 제국주의자였다고 주장하는 논문들을 학술지에 싣기 시작했다. 고조되는 종교문화 다원주의 분위기 속에서 한국 기독교가 가진 타종교에 대한 배타적인 태도가 비판의 대상이 되었다. 정진홍(鄭鎭弘, 1937-)은 선교사들의 기계적 육체관, 이원론적인 인간관, 오리엔탈리즘적인 인식, 문화적 제국주의를 비판했다.[28] 류대영(柳大永, 1960-)은 미국 선교사들이 20세기 초 한국 토양에 "복음주의-부흥운동 형태의 미국 개신교를 이식"하기 위해 노력했다고 단정했다.[29] 그는 1919년 브라운(Arthur J. Brown, 1856-1963) 총무가 초기 선교사들을 '특별히 보수적'이며 '청교도적'인 유형으로 규정한 평가를 그대로 수용하고 선교사들이 종교적 근본주의, 윤리적 엄격주의를 한국인들에게 강요했다고 주장했다. 류대영은 브라운 총무가 한국 기독교인을 보수적인 미국 선교사들의 복제물이라고 주장한 것에 동의했다. 그는 선교사들의 한국 종교에 대한 이해에서 서구 기독교 중심의 오리엔탈리즘이 지배했다고 보았다.

---

28 Chinhong Chung, "Early Protestant Medical Missions and the Epitome of Human Body in Late Nineteenth Century Korea: Concerning Problems of Environment," Yun-Shik Chang et als. eds., *Korea Between Tradition and Modernity: Selected Papers from the Fourth Pacific and Asian Conference on Korean Studies* (Vancouver: Institute for Asian Research, University of British Columbia, 2000), 308-316; Yunseong Kim, "Protestant Missions as Cultural Imperialism in Early Modern Korea: Hegemony and Its Discontents," *Korea Journal* (Winter 1999): 205-234.

29 Daeyoung Ryu, "The Origin and Characteristics of Evangelical Protestantism in Korea at the Turn of the Twentieth Century," *Church History* (June 2008): 372.

### 브라운 패러다임의 문제

외국 선교사들의 부정적인 측면에 대한 포스트-콜로니얼 담화에 타당성이 많지만 그 일방적이고 부정적인 비판은 브라운의 편견적 언명에 기초한다는 점에서 재고할 필요가 있다. 앞에서 언급한 대다수의 학자들은 1895년부터 1929년까지 미국 북장로회 해외선교부 총무로 일한 브라운 박사가 1919년에 발간한 책에서 주한 선교사들에 대해 언급한 평가를 인용했다. 그 평가는 지난 두 세대에 걸쳐 무비판적으로 지나치게 자주 사용되었다. 그 결과 브라운은 한국에 온 초기 미국 선교사들과 한국교회에 대한 고정관념을 만든 장본인이 되었다. 그는 "한국의 문호 개방 이후 첫 사반세기 동안 입국한 선교사들의 전형은 청교도 유형의 남자"라고 못 박았다. 그들은 안식일을 엄격히 성수했고, 춤과 흡연과 음주와 카드놀이를 죄악시했으며, 성경 고등비평과 자유주의 신학을 이단으로 여기고, 종말론에서는 그리스도의 천년왕국전재림설의 입장을 견지했다고 서술했다. 그는 "미국과 영국의 대다수 복음주의 교회에서는 보수주의자와 자유주의자가 평화롭게 공존하고 함께 협력하는 법을 배웠다. 그러나 한국에서는 '근대적인 시각'을 가진 소수의 인물들이 험난한 길을 가야 했다. 특히 장로회 선교회 소속 선교사들이 그러했다"고 덧붙였다.[30] 브라운 자신도 이 말이 지난 한 세기 동안 반복적으로 인용되면서 초기 선교사와 한국교회를 평가하는 하나의 패러다임이나 틀로 자리 잡을 줄은 몰랐을 것이다.

브라운의 주장은 이 책이 다루려는 문제의 핵심을 요약한다. 브라운은 신설할 연합 기독교 대학의 위치에 관해 대부분의 주한 장로회 선교사들, 특히 평양 선교사들과 10년 이상 의견을 달리했다. 1911년 일본 총독

---

30 Arthur J. Brown, *The Mastery of the Far East: The Story of Korea's Transformation and Japan's Rise to Supremacy in the Orient* (New York: C. Scribner's Sons, 1919), 540.

부의 사립학교 교육령에 따라 선교학교를 조정하는 문제에서도 그는 학교 인가를 포기하더라도 성경 과목과 채플을 유지하려는 평양 선교사들과 충돌했다. 브라운은 기독교 교육에 대해 좀 더 자유주의적이고 근대적인 방향으로 입장을 수정하면서 평양 선교사들이 배타적이고 비협조적인 태도를 고집한다고 비판했다.[31] 그의 관할하에 있던 미국 북장로회 선교사들의 대다수, 그리고 미국 남장로회와 호주 장로회의 선교사들은 교양 있는 사회 지도자를 양성하는 대학을 세속적인 서울에 설립하는 안에 반대하고 개신교의 중심지인 평양에 교인 자녀들을 대상으로 교회 지도자를 양성하는 기독교 대학을 설립할 것을 주장했다. 이 '대학 문제'와 관련해 10여 년간 격렬한 논쟁을 벌이면서 브라운은 한국 선교사들에 대한 평가를 수정했다. 그는 1901년과 1909년 두 차례 한국을 방문했을 때에는 주한 선교사들의 자질을 칭찬했으나 1919년 책에서는 그들의 배타주의와 보수주의를 비난했다.[32]

---

31 Donald N. Clark, *Living Dangerously in Korea: The Western Experience 1900–1950* (Norwalk, CT: EastBridge, 2003), 128-133. Brown 총무와 선교부는 한국 선교회의 2/3를 차지한 William Baird, Samuel Moffett, James Adams, William Reynolds로 대변되는 평양-대구-전주 선교사 그룹이 아니라 Underwood-Avison으로 대변되는 서울의 소수파를 지지했다. 감리회 선교사들도 연합 대학의 위치로 서울을 선호했다. 대학 문제는 "선교회의 사안 결정권이 뉴욕 선교부와 한국 선교회 중 누구에게 있는가?"라는 문제로 장기 논쟁에 들어갔다. 곧 "한국 선교회 대다수의 결의를 뉴욕 선교부가 파기할 수 있는가?"가 관건이었다. 대다수 한국 선교사들은 평양 연합 대학 안을 지지했고 이를 여러 차례 결의했다. 그들은 기구주의를 조장할 세속적인 대형 대학을 서울에 설립하는 안에 반대했다. 참고. *Presentation of Difficulties Arisen in the Chosen Mission, Presbyterian Church, U. S. A. Because of a Lack of Definition between the Foreign Board and itself concerning their Mutual Responsibilities in the Administration of Field Work* (New York: BFMPCUSA, 1919).

32 1901년과 1909년에 한국을 방문한 Brown 총무는 당시 주한 선교사들이 보여준 좋은 전도 기회 앞에서의 지혜로운 정책과 중단 없는 열심을 칭찬하고, 교회 성장의 긍정적 측면을 옹호했다. 1901년에는 평양에 대학을 설립하는 안을 지지했다. 참고 A. J. Brown, *Report of a Visitation of the Korea Mission of the Presbyterian Board of Foreign Missions* (New York: BFMPCUSA, 1902); *Report on a Second Visit to China, Japan, and Korea* (New York: BFMPCUSA, 1909).

브라운은 초기 내한 선교사들을 청교도적 도덕주의자, 보수적 전천년 왕국설 지지자, 완고한 배타주의자로 단순화시켜 묘사하면서 이 때문에 한국의 첫 세대 기독교인들이 선교사들의 전형적인 특징들—현실 도피, 뜨거운 전도열, 엄격한 안식일 준수, 완고한 교리적 신념, 성경의 문자적 수용, 기존 교리와 일치하지 않는 새로운 신학에 대한 융통성 없는 반대—을 자연스럽게 재생산했다고 주장했다. 브라운의 주장이 사실이라면 초기 한국교회는 '매우 보수적'인 미국 장로교회의 복제물이었고, 유불선무 등 한국 전통 종교를 적으로 배척했을 것이다. 대부분의 한국 역사학자들과 선교 역사가들은 지난 60여 년간 브라운의 풍자를 무비판적으로 수용했고, 그 결과 1세대 선교사들과 초기 한국 개신교인들에 대한 부정적인 인식을 확산시켰다.

따라서 이제 우리는 다음과 같은 핵심적인 질문을 물어보아야 한다. "한국 개신교란 무엇인가?", "누가 한국 개신교를 만들었는가?", "과연 1세대 선교사들은 근본주의자들이었고 초기 한국 개신교인들은 그들의 복사판이었는가?" 보수주의-자유주의라는 이분법적 관점이나, 탈식민주의 학자들이 반복적으로 사용한 '보수적 근본주의'나 '문화적 제국주의'라는 개념은 1세대 선교사와 한국 기독교인의 다층적인 신학과 신앙을 제대로 설명하지 못한다. 마페트(Samuel H. Moffett, 馬三樂, 1916-2015)가 1990년에 한 말을 빌리면 초기 선교사들은 20세기 미국교회를 자유주의 대 보수주의, 근대주의 대 근본주의라는 전투적인 두 진영으로 찢어놓았던 분열적·논쟁적 근본주의에 속한 자들이 아니라 19세기 말 복음주의자라는 말이 가진 최상의 의미로서의 복음주의자들이었다.[33] 그동안 한국의 종교사학은 대체

33 Samuel H. Moffett, "The Life and Thought of Samuel Austin Moffett, His Children's Memories," In *Conference for the Centennial of Samuel A. Moffett's Arrival in Korea* (Seoul: Presbyterian Theological College and Seminary, 1990).

로 현재 시점에서 과거를 해석하는 역사적 현재주의의 색안경을 벗지 못했다. 이로 인해 "20세기 초의 놀라울 정도로 풍요로운 세계가 탈식민주의 범주라는 프로크루스테스의 철 침대에 맞추어지고 있다."[34] 우리는 탈식민주의 관점을 존중하되 그 이론이 파생한 단선적 초기 개신교의 이해는 수정해야 한다. 초기 한국 기독교 연구에서 종교적 언어와 상징을 회복하는 한편 '포스트-모던'의 상대주의를 극복하고 '포스트-콜로니얼'의 허무주의적 초연함과 기억 상실을 피하는 것이 역사가의 과제다.

## 2. 초기 선교사들의 한국 종교 이해

제주도 해안에서 파선했다가 조선에서 13년을 보낸 후 극적으로 탈출하여 본국으로 돌아간 네덜란드 상인 하멜(Hendrik Hamel, 1630-92)은 1668년에 『스페르베르호의 불행한 항해 일지』(*Journal van de Ongeluckige Voyage van't Jacht de Sperwer*)를 출판했다.[35] 유럽어로 한국을 소개한 첫 책인 하멜의 이 표류기는 여러 차례 재판이 나왔고 18세기가 시작될 무렵 영어, 독일어, 프랑스어로 번역되었다. 1885년 그리피스(1843-1928)는 이 책을 『불운한 항해와 한국 해안에서 파선한 이야기, 1653-1667』(*Narrative of an Unlucky Voyage and Shipwreck on the Coast of Corea, 1653-1667*)라는 제목으로 다시 소개했다. 하멜은 이 책에

34 Kenneth M. Wells, "The Failings of Success: The Problem of Religious Meaning in Modern Korean Historiography," *Korean Histories* (2009): 60.

35 Hamel은 네덜란드동인도회사 화물선 스페르베르(종달새) 호의 회계였다. 1653년 일본으로 가던 도중 36명의 선원을 실은 배가 제주도 해안에서 파선했다. 한국에서 13년을 머문 후 Hamel과 일행 7명은 1666년에 일본으로 탈출했다. Hamel은 임금을 받기 위해 한국에서의 경험을 보고서 형식으로 출판했다. 따라서 네덜란드어로 나온 초판은 한국과 한국인을 부정적으로 그렸다. 그가 네덜란드개혁교회의 하이델베르크 교리문답(Heidelberg Catechism, 1563)으로 교육을 받은 기독교인이었을 가능성이 있다.

서 다음과 같이 대담하게 증언했다. “한국인은 종교를 거의 가지고 있지 않다. [중략] 한국인은 설교나 신비에 대해 아는 바가 없고 종교에 관한 논쟁도 하지 않는다.”[36] 한국에 종교가 없다는 하멜의 발언은 이후 한국을 다녀간 유럽인과 미국인들의 여행기에서 금언처럼 등장하였고 많은 학자들도 이를 당연하게 받아들였다.[37]

‘종교적 진공 상태’라는 인식 때문에 초기 미국 선교사들은 그 공간을 정치적 제국주의의 도덕적 등가물인 영적인 기독교 제국주의로 채우려는 유혹에 굴복한 것이었을까? 앞서 언급한 방식의 해석이 지난 60여 년간 학계를 지배해왔기 때문에 이 질문은 엄밀하게 연구할 필요가 있다. 이 책은 그 주장에 대한 반증을 제시한다. 곧 북미 선교사들이 한국 종교에 대해 초기에 보여준 인상적인 반응과 이후 수정된 반응이라는 변화 과정을 연구하면 그들이 온건한 복음주의적 선교신학을 가지고 있었음을 알게 된다. 초기의 전통 종교에 대한 무시와 파괴, 기독교로 대체한다는 개념이 상호 갈등 지점을 부각시켰지만 그들의 성취론은 전통 종교에 복음을 위한 준비와 상호 접촉점을 인지하도록 만들었다는 것이 이 책의 주된 논지다. 따라서 먼저 19세기까지 한국에서의 종교 진공론과 대체론을 살펴볼 필요가 있다.

북미 선교사들은 한국에 오기 전 몇 가지 경로를 통해 한국에 관한 단편적인 정보를 입수했다. 그리피스는 그들에게 권위자였다. 그리피스는 뉴욕의 스키넥터디 시에 위치한 화란개혁교회의 목사로 재직하면서 1877년에 한국에 관한 그의 첫 번째 책을 집필하기 시작했고, 한미조약이 체결된 1882년에 『한국, 은자의 나라』(*Corea, the Hermit Nation*)를 출판했다. 이 책은

---

36 William E. Griffis, *Corea, Without and Within* (Philadelphia: Presbyterian Board of Publication, 1885), 130-131.

37 Chongsuh Kim, “Early Western Studies of Korean Religions,” Dae-sook Suh eds, *Korean Studies New Pacific Currents* (Honolulu: Hawaii University Press, 1994), 141-157.

"영어로 출판된 한국에 관한 최고의 책"이며 "확고한 가치와 지속적인 흥미를 지닌 책"으로 평가받았다.[38] 개척 선교사들은 모두 이 책을 들고 한국에 들어왔고, 이 책은 1910년대까지 영어로 된 책 가운데 한국에 관한 최고의 참고서로 읽혔다.[39]

하지만 그리피스는 미국 개신교의 렌즈와 일본 팽창주의자들의 동아시아주의가 만든 렌즈라는 두꺼운 이중 오리엔탈리즘 렌즈를 통해 한국 종교를 관찰했다. 그는 미개한 한국을 문명국으로 개화시키겠다는 일본의 식민화 정책을 지지했으며 한국의 종교들을 저급하게 평가했다. 그는 샤머니즘이 한국인들, 특히 북쪽의 한국인들의 신앙의 기초이며 지난 2,000년간 불교가 존재했음에도 불구하고 근본적인 변화를 겪지 않은 '한국의 뿌리 깊은 미신'의 기초라고 생각했다.[40] 그는 도교를 무시했다. 그는 제사가 무교와 유교의 연결점이라 생각하고 제사가 기독교 전파에 가장 큰 장애가 될 것으로 내다보았다. 나아가 그는 유교를 도덕과 철학의 체계로 정의했다.[41] 그는 유교보다 불교에 더 우호적이었으며 한국을 불교 국가로 분류했다. 그는 한국 불교가 문화 순응적인 경향이 있으며 일본에 상당한 영향을 주었고, 정치 사회에도 영향을 주었다고 강조했다. 그리피스는 당시 일본 불교가 조선에서 포교에 나서자 미래에 관해 다음과 같이 질문했다. "조

---

38 George C. Noyes, "Review of Corea, the Hermit Nation," *Dial* (1882): 167; "Corea, The Hermit Nation," *MRW* (December 1883): 409.

39 Alice R. Appenzeller, "William Elliot Griffis, D.D., L.H.D.: An Appreciation," *KMF* (April 1928): 78; Everett N. Hunt, *Protestant Pioneers in Korea* (Maryknoll, NY: Orbis Books, 1980), 54.

40 Griffis, *Corea, the Hermit Nation* (New York: Charles Scribner's Sons, 1882), 326. Griffis는 오리엔탈리스트 학자, 다작 작가, 회중교회 목사, 기독교 해외 선교 지지자였다. 럿거스 대학교를 졸업한 후 1870년에 일본에 가서 도쿄의 Feudal Fukui에서 가르쳤다. 1877년 뉴욕 유니언 신학교를 졸업한 후 27년간 뉴욕주에서 세 개의 교회를 섬겼다.

41 Ibid. 328-330.

선은 불교 국가가 될 것인가, 아니면 기독교 국가가 될 것인가?"[42]

그리피스는 달레(Claude Charles Dallet, 1829-78)의 『조선교회사』(*Histoire de l'Eglise de Corée*, 1874)에 근거해서 한국 천주교 역사를 비판적으로 검토했다.[43] 그리피스는 '로마 가톨릭의 전도 방법이 지닌 도덕적 약점'을 비판했다. 한국인 개종자들은 "교황이 교회에 대해 가지는 최고 권위를 믿을 뿐만 아니라 하늘의 대리자로서 교황이 세속 권력에 대해서도 정당한 권한이 있음을 믿어야 한다"고 배웠기 때문에, 개종자들은 "국가에 대해서 반역자 역할을 했다"고 보았다.[44] 그리피스는 반천주교적인 선입관 외에도 한국에 대한 일본인들의 편견을 공유했는데, 이는 그가 직접 한국을 경험한 적이 없고 한국에 관한 정보의 상당 부분을 일본 자료에 의존했기 때문이었다.[45] 그리피스는 일본의 팽창주의를 반대하지 않았다. 그는 1854년에 미국 전함이 일본의 문호를 개방한 것처럼 1876년에 일본 군함이 한국의 문호를 개방한 것을 당연하게 여겼다.[46] 그의 역사 이해는 사회진화론과 미국 팽창주의에 영향을 받았기 때문에 그는 서구화된 정체성을 추구하는 근대화된 일본을 지지했다.[47]

그리피스와 하멜은 북미 선교사들에게 한국 종교들에 대한 유사한 인

---

42 Ibid. 335.

43 Griffis는 1784년에 천주교를 수용한 것을 한국에서 근대의 출발로 보았다. 그의 주요 관심사의 하나는 일본과 한국의 근대화에서 외국인, 특히 개신교 선교사가 차지한 역할이었다.

44 Griffis, *Corea the Hermit Nation*, 360.

45 Griffis는 1926년에 일본을 재방문하고 훈장을 받았으며, 이어서 한국과 만주를 여행했다. 그는 1928년에 플로리다에서 별세했다.

46 Griffis, *Corea the Hermit Nation*, vi.

47 1921년에 Griffis는 여전히 일본을 지지한다. "한국인들이 일본인 개인들로부터 가증한 대우를 받고 또 한반도에서 천황의 종들이 사업상 끔찍한 혼란[3.1운동]을 야기했음에도 1910년 개혁을 거부한 왕실의 주권을 병합하고 지도자들이 자국을 배반한 나라를 없앤 도쿄 정부의 최종 행동을 정당시해야 한다"(Griffis, *A Modern Pioneer in Korea*, 118-119).

상을 심어주었다. 두 사람 모두 유교는 깊은 영적 차원에서는 종교가 아니라 도덕 체계이며, 한국 불교는 그림자나 기억에 불과하고, 도교는 거의 자취를 남기지 않았으며, 한국인들은 미신적인 샤머니즘에 사로잡혀 있고, 제국주의적인 로마 가톨릭은 기독교의 가르침을 왜곡시켜 놓았다고 믿었다. 실제로 그리피스는 하멜이 1888년에 다음과 같이 말했던 오랜 주장을 지지했다. "한국인들은 아무 종교 없이 종교를 기다리고 있는 국가라는 기이한 풍경을 제공한다. 그렇지 않고서야 인간적으로 말해 미국 복음 전도자들의 신속한 성공을 설명하기 어렵다. 4년 만에 교회가 세워졌다니!"[48] 그리피스는 1927년까지 한국을 본 적이 없었다. 그는 고백하기를 1881년에 자기에게 한국인 조수가 있었더라면 한국에 관한 훨씬 더 좋은 책을 쓸 수 있었을 것이라고 말했다.[49] 편견에 가득 찬 그리피스의 관점은 한국에 온 초기 미국 선교사들의 문헌에 반복해서 나타났는데 이것은 적어도 그의 책 『한국, 은자의 나라』 제9판이 출판되었던 1911년까지 계속되었다.

### 초기의 인상: 무종교

1884년을 기점으로 한국에 들어오기 시작한 북미 선교사들은 토착 종교들과 외래 기독교 사이의 근본적인 양립불가능성을 강조했다. 선교사들은 한국에 대한 첫 인상을 기록한 글에서 문화적인 편견이 담긴 어휘들을 사용했다. 예를 들면 거리는 좁고 지저분하고, 집은 비위생적이고 원시적이며, 사람들은 가난하고 극도로 게으르며 더럽고, 정치 상황은 불안하고 불확실하다고 기록했다. 선교사들의 최초 보고서에서는 당시 존재하던 한국 종교

48 Griffis, "Korea and Its Needs," *GAL* (August 1888): 371.

49 Alice R. Appenzeller, "William Elliot Griffis," 78.

들의 여러 형태나 영성은 주목을 받지 못했다.

> 교육받은 계층은 대체로 유교를 받아들였지만 한국의 진짜 종교는 샤머니즘, 정령 숭배, 저급한 형태의 통속적 미신이다. 불교가 금지 당했기 때문에 생긴 공백을 수많은 미신들이 들어와 채웠지만 그럼에도 불구하고 그것들은 종교가 아니다. 한국은 종교가 필요하다. 무엇이 한국의 종교가 될 것인가?[50]

"한국은 종교가 필요하다!" 이것이 첫 10년 동안 한국 개신교 선교회들의 표어였다. 앵글로색슨 선교사들은 불교의 승려들이 산 속에 절을 보유하고 있지만 불교는 이미 생명이 끝났고 설령 영향력이 있다 한들 미미하다고 생각했다. 한국인들은 도덕 규범에서 유교를 따르고 있었다. 그 외에 남은 빈 공간을 '미신들'이 채우고 있었다. 알렌(Horace N. Allen, 安連, 1858-1932) 의사는 1884년 9월에 최초의 한국 주재 개신교 선교사로서 서울에 도착했고 1890년에 미국 공사관의 외교관이 되었는데, 그는 1891년에 이런 기록을 남겼다. "종교 문제에 관해서 한국인들은 좀 특이한데 정확히 말하면 그들에게는 종교가 없다고 할 수 있을 것 같다."[51] 존스(George Heber Jones, 趙元時, 1867-1919) 목사는 "이방 종교는 인도에서는 비열하고 중국에서는 반항적이고 일본에서는 절망적이고 한국에서는 무관심하고 아프리카에서는 의기양양하다"고 주장했다. '무관심'이라는 말보다 한국 종교를 더 잘 설명하는 용어는 없는데 왜냐하면 예부터 내려온 종교 체계가 더 이상 대중을 사로잡지 못하게 되었기 때문이다.[52] 존스는 종교가 없는 국가야말로 기독교로서는 기회라고 주장했다. "한국에는 종교가 없다"는 말은 한국인에게 종

50 "Foreign Mission Notes by the Secretaries," *CHA* (August 1889): 117.

51 Horace N. Allen, "Korea and Its People," *GAL* (September 1891): 419.

52 G. H. Jones, "The Religious Development of Korea," *GAL* (September 1891): 417.

교라는 인식이나 개념 자체가 없다는 뜻이 아니라 오래된 종교들이 쇠퇴해서 사람들을 사로잡지 못하게 되었기 때문에 실질적으로 선교사들의 눈에는 종교가 없는 것처럼 보였다는 뜻이다.[53] 그러나 선교사들은 이 점을 의도적으로 강조했는데 이는 한국은 무종교 상황이므로 기독교 선교가 정당하다는 주장을 하려고 했기 때문이다.

미국 북감리회의 선구적인 선교사로서 1885년부터 1902년까지 서울에서 활동했던 아펜젤러 목사의 앞에서 언급한 사례는 개신교 선교사들이 한국 종교들과 처음으로 대면했을 때 가졌던 태도를 보여주는 좋은 예다. 그는 기독교 문명의 우월성을 믿었기 때문에 한국 종교들을 폄하했다. 그는 '복음의 고양시키고, 정제시키고, 거룩하게 하는 능력이 없다면' 한국인들의 상황은 희망이 없다고 확신했다.[54] 또 그는 불교는 무책임하고 유교는 한국을 파멸 직전까지 몰아넣었으며 샤머니즘은 수많은 신봉자들을 가장 저급한 수준의 무지와 미신으로부터 고양시키지 못하기 때문에 기독교만이 한국인들과 한국을 구원할 수 있다고 주장했다. 그는 이방 종교에 대해서 호전적인 반감을 갖고 있었다. 그는 한국인을 가나안인에게 비유하고 자신을 열 명의 정탐꾼과 달리 긍정적인 보고를 했던 갈렙이나 여호수아에 비유했다. "아모리 족속의 다섯 왕들(일본, 한국, 중국, 인도, 이슬람)은 여호수아의 군대가 전진하는 것을 막기 위해 연합할 것이다. 하지만 '그들 중에서 한 사람도 너를 당할 자 없으리라.' 교회는 이런 전쟁 중에 있다."[55] 아펜젤러는 제사를 주된 적으로 보았다. "제사를 둘러싸고 전투가 격렬해지

53 Jones, "The Spirit Worship of the Koreans," *TKB* (1901): 37; Lillias H. Underwood, *Fifteen Years among the Top-Knots, or Life in Korea* (New York: American Tract Society, 1904), 9-10.

54 H. G. Appenzeller, "#163 Korean Notes, ca 1890," *Appenzeller Papers* (UTS, New York).

55 Appenzeller, "#139 The Report of the Spies, Sermons, September 25, 1892," *Appenzeller Papers*.

고 있다. 제사는 요새이기 때문에 이것을 빼앗으면 승리할 수 있다."[56] 아펜젤러는 중국 침례교 선교사 예이츠(Matthew Yates)와 동일한 노선을 선택했는데 예이츠는 중국에서 매년 제사에 1억 2천만 달러가 지출된다고 주장했다.[57] 아펜젤러의 그리스도는 공자와 조화될 수 없었다. 아펜젤러는 한 한국인이 그리스도와 공자가 서로 반대될 때는 어떻게 할지 묻자 공자를 버려야 한다고 대답한 언더우드의 의견에 동의했다.[58] 아펜젤러는 유교를 종교가 아닌 윤리학 체계로 분류했다.[59] 그는 유교가 인간성에 대해서 보다 높은 수준의 이상을 말하지 않고, 여성을 비하하며, 도덕적 율법주의를 가지고 있다고 비판했다. 그는 유교에 대한 윤치호의 부정적 이해에 영향을 받고 다음과 같이 주장했다. "유교는 지난 5세기 동안 한국에서 무조건적인 영향력을 행사해왔으며 그 결과 한국은 세계에서 가장 억압적이고 형편없는 통치를 받는 국가들 중 하나가 되었다."[60]

아펜젤러가 한국이라는 이방 사회를 기독교적으로 해석하기 위해서 사용한 또 다른 역사적 예는 기자(箕子)였다. 기록에 의하면 기자는 중국의 발달한 유교 문명을 아직 문명화되지 못했던 한민족에게 들여온 인물이다. 한국 유학자들은 중국 상나라의 귀족이자 학자였던 기자가 기원전 1122년 한국 북부에 도착해서 유교적인 사회 질서와 문명을 세웠다고 믿었다. 선교사들은 이 인물의 역사성을 받아들이고 한국 문명이 외부의 영향에 의

---

56 Appenzeller, "#140 We Preach Christ Crucified, Sermons, January 15, 1893," *Appenzeller Papers*.

57 Matthew T. Yates, "Ancestral Worship," in GCPMC, *RGC* (1878).

58 Appenzeller, "#152 Native Inquirers, Sermons, January 18, 1889," *Appenzeller Papers*.

59 Appenzeller, "#149 The Faith of Rome, Sermons, ca. 1888," *Appenzeller Papers*; "#155 Korea: The Field, Our Work and Our Opportunity, Addresses & Essays, 1901," *Appenzeller Papers*.

60 Appenzeller, "#149" & "#155"; Yun Ch'iho, "Confucianism in Korea," *KR* (Nov. 1895): 401-404.

해 형성되었음을 강조했다.[61] 고조선을 세운 전설 속의 단군이 한국인에게 아브라함이었다면 고결한 입법자이면서 신문명의 창시자인 기자는 모세인 셈이었다. 기자의 '첫 침입'은 한국이 외부의 고등 문명을 수용함으로써 쇄신을 이루고 진보한다는 역사적 패러다임을 제공했다. 아펜젤러는 자신을 한국에 고등 문명을 전달해주고 부패한 전통을 개혁하는 현대판 기자라고 생각했다.[62]

아펜젤러는 서울의 한 귀퉁이를 남녀 아이들을 위한 현대식 학교, 진료소와 병원, 활판소, 교회 등이 있는 미국의 축소판으로 만들 계획이었다.[63] 그리고 미래의 한국 지도자들을 양성하기 위해서 고등 교육을 영어로 할 것을 주장했다. 아펜젤러는 종교 신문과 잡지를 편집하는 한편 한미화활판소와 종로서점을 운영했다. 그 외에도 아펜젤러는 독립협회의 진보적인 정치개혁 운동을 지지했다. '문명의 투사'인 아펜젤러에게 산 속에서 지내는 불교 승려는 문명의 영역 바깥에 존재하는 것으로 비춰졌다. 아펜젤러의 목표는 시대에 뒤진 이방 종교의 문제점을 폭로하고, 낡은 관습을 바꾸고, 현대 문명을 재창조하고, 마침내 '새로운 국가를 창조'하는 것이었다. 그는 "개신교 선교사들이 없었다면 새로운 일본, 재문명화된 한국, 근대화된 중국은 없을 것"이라고 믿었다.[64]

선교사들은 자신들이 우상이라는 잡초가 무성히 자라는 종교적 황무지에 도착했다고 생각했다. 이 황무지는 처녀지가 아니라 왜곡되고 더럽혀

---

61 Appenzeller, "Ki Tza," *KR* (March 1895): 83-84.

62 Sung-Deuk Oak, "North American Missionaries' Understanding of the Tan'gun and Kija Myths of Korea," *Acta Koreana* (Jan. 2002): 17-18.

63 Griffis, *Modern Pioneer in Korea*, 239; Daniel M. Davies, *The Life and Thought of Henry Gerhard Appenzeller* (1858-1902), *Missionary to Korea* (Lewiston, N.Y.: Edwin Mellen, 1988), 119.

64 Griffis, *Modern Pioneer in Korea*, 101, 160-161, 225 ff.

진 상상력이 땅·공기·바다·나무·집에 뱀·호랑이·용·조상신·초자연적인 정령들로 가득 채운 귀신의 땅이었다. 정령들은 그 종류가 많고, 어디에나 있었으며, 정령의 세력은 그것이 좋든 나쁘든 숭배를 요구했다. 초기 선교사들은 악령으로 오염된 황무지를 기독교 진리가 자라는 옥토로 가꾸어야 할 무거운 책임감을 느꼈다. 병원은 굳은 마음을 일구는 쟁기요, 학교는 이교의 정신이라는 논을 가는 써레요, 교회는 풍성한 수확을 바라며 복음의 씨앗을 뿌리는 자로 세워졌다. 선교사들이 가장 먼저 암송해야 했던 한글 성경 구절은 마태복음 13:1-23절의 씨 뿌리는 비유였다. 다른 선교지에서 일어난 역사적 사례를 통해 내한 선교사들은 대부분의 씨앗이 길가나 돌밭이나 가시떨기에 떨어지리라고 예상했다.

그와 동시에 이 불모의 황무지라는 오리엔탈리즘적인 인상은 채워지기만을 기다리는 종교적 진공 상태라는 인상과 겹쳐졌다. 선교사들은 한국인들이 종교를 추구했지만 깊이 뿌리내린 종교 없이 살고 있다는 이 종교적 공허가 기독교의 진보를 위한 놀라운 기회라고 여겼다. 선교사들이 한국에는 종교가 없다고 강조하게 된 것은 부분적으로는 중국, 일본, 한국 종교들 간의 비교에 기인했다.[65] 선교사들은 불교가 인접 국가들에서 누리고 있는 위세에 비하면 한국에서는 사회적 영향력은 거의 없다고 진단했다. 그 외에 도교나 신도는 한국에서 찾아보기 힘들거나 알려져 있지 않았다. 따라서 선교사들은 "한국인들은 이 모든 동양 국가들 중에서 가장 덜 종교적이다"라고 선언했다.[66]

주지하듯이 당시 '종교'라는 용어에 대한 서구 기독교의 이해가 초기 개신교 선교사들이 한국의 종교와 한국인의 종교성을 이해하는 방식을 규

65 Griffis, *Corea, Without and Within*, 161.
66 "What Is the Religion of Korea?," *CHA* (August 1892): 139.

정했다. 선교사들은 종교를 "유한한 의지를 무한한 의지에 내어주고 자신의 의지를 하나님의 의지와 완전히 일치시키는 것"으로 정의했다.[67] 헐버트(Homer B. Hulbert, 訖法, 1863-1949)는 종교를 "인간이 초인간이나 인간 이하, 혹은 좀 더 광의적으로는 인간 외적 현상과 맺는 모든 관계나 이상"으로 정의했다.[68] 헐버트는 '인간 외'라는 범주에 사자(死者)의 정령을 포함시켰다. 그는 종교란 가시적 조직, 의식(儀式) 체계, 훈련 받은 사제단, 신전 건물, 인쇄된 경전을 가지고 있어야 한다고 생각했다. 그는 또한 종교라면 하나님, 성령, 죄, 구원자, 종말 등에 관한 정교한 교리를 가지고 있어야 한다고 믿었다. 이런 기준으로 보면 샤머니즘은 한낱 미신에 불과했고 유교는 도덕 체계에 지나지 않았다. 그는 아시아 종교들이란 수천만 명의 영혼을 예속, 공포, 무지라는 감옥 안에 가두어 두는 치명적인 덫이라고 생각했다.[69] 성공회 주교였던 트롤로프(Mark N. Trollope, 趙瑪可, 1862-1930)는 한국 불교를 학문적으로 연구했고 불교가 '훌륭한 종교'라고 인정했음에도 불구하고 1917년에 기독교만이 '단 하나의 진정한 종교'라고 주장했다.[70] 기독교의 우월성과 최종성은 내한 선교사들이 공유한 견해였다.

한편 한국은 이교도의 관용을 보여준 가장 좋은 예이기도 했다. 한국인들은 모든 것 위에 군림하는 진리를 믿고 있지 않았기 때문에 다른 종교를 양립할 수 없다거나 용납할 수 없다고 생각하지 않았다. 길모어(George W. Gilmore, 吉毛, 1857-1933)는 10여 년에 걸쳐 한국인들과 깊이 교제하면서 "중국인들이 종교 변화에 대해 보여주었던 보수주의나 격렬한 반감은 한국 대중들에게서 본 적이 없다"고 말했다.[71] 비교적 덜 종교적이라는 환경 때

67 "The Hour for Korea," *FM* (September 1885): 153.

68 Homer B. Hulbert, *The Passing of Korea* (London: Heinemann, 1906), 403.

69 Griffis, *Corea, Without and Within*, 162; Jones, "Spirit Worship," 38.

70 Mark N. Trollope, "Introduction to the Study of Buddhism in Corea," *TKB* (1917): 1-3.

71 George W. Gilmore, *Korea from Its Capital; with Chapter on Mission* (Philadelphia:

문에 한국의 이교는 중국이나 일본에 비해서 덜 혼탁하다고 여겨졌다.[72] 한 감리교 선교사는 다음과 같이 기록했다.

> 이런 사실은 선교 사역과 관련해 두 가지 중요한 점을 시사한다. 우선 한국인의 정신은 어떤 종교의 영향에든지 쉽게 반응하지 않는다. 다른 한편으로 바로 그 이유 때문에 현재 한국인들을 붙잡고 있는 그릇된 종교는 진리 전파에 심각한 장애가 되지 않는다. 다른 일부 지역처럼 잡초 제거가 엄청난 일은 아니겠지만 그렇다고 토양 자체가 비옥한 것은 아니다.[73]

이처럼 한국을 종교적으로 무관심한 불모지로 묘사하는 성급하고 피상적인 평가가 초기 선교사들의 활동 방향을 결정했다. 초기 선교사들은 자신들이 무종교, 혹은 그릇된 종교들의 땅에 진정한 종교를 심는 사람들이라는 정체성을 확립했다. 또한 의료 선교, 교육 선교, 문서 선교, 여성 선교 등과 같은 기구 선교의 사역들은 황무지를 개간한다는 명목으로 정당화되었다. 동시에 선교사들은 기존 종교들로부터 오는 심각한 저항에 대한 두려움이 없었기 때문에 한국어를 배우는 즉시 조약이 허락하는 특권의 허용 범위 안에서 직접적인 전도 활동을 시작할 수 있었다.

### 천주교와의 차별화

조선 정부는 1791년부터 1866년까지 로마 가톨릭 신도들을 박해했다. 그 이유는 기독교인들이 국가 안보를 위협했을 뿐만 아니라 성리학의 정치 이

---

Presbyterian Board of Publication and Sabbath School Work, 1892), 186.

72 Samuel F. Moore, "Welcome to Korea," *CHA* (January 1893): 33.

73 "Gathering Notes on Korea," *GAL* (September 1891): 429.

념, 사회 윤리, 의례 헤게모니(제사) 등 오랫동안 유지되어 온 국가와 가족의 질서를 어지럽혔기 때문이었다. 당국자들은 로마 가톨릭에 '아비도 없고 임금도 없는 이단사교(異端邪敎)요 짐승의 종교'라는 낙인을 찍었다. 그들은 한 세기 동안 수만 명의 기독교도를 정통 성리학과 충군의 명분을 내세워 처형했다.

1876년 강화도에서 체결된 조일수호조약 이후 중국 외교관 황쭌센(黃遵憲, 1849-1905)의 『朝鮮策略』은 조선 지식인들에게 당면한 위협인 러시아의 팽창주의를 막기 위해서 한국의 외교 정책은 중국과 친하고 일본과 결속하며 미국과 연대(親淸結日聯美)하는 자강책을 도모하라고 권했다. 그는 미국에 대한 한국의 두려움을 완화하기 위해 미국은 "그들에게 속하지 않은 영토나 인구를 탐내지 않으며 다른 국가의 내정에 간섭하지도 않는다"고 강조했다.[74] 그는 또한 미국 종교인 개신교는—일련의 국내외 소란을 일으킨 프랑스 종교인 천주교와 달리—정교 분리 원칙을 가지고 있다고 강조했다. 그의 논문으로 한국 개화파 인사들은 개신교와 천주교의 차이점을 인식하게 되었고, 개신교에 대한 긍정적인 태도를 가지게 되었다.[75] 1882년에 체결된 한미조약으로 인해 미국 선교사들이 한국에 올 수 있는 길이 마련되었다.

이런 역사적 배경에서 19세기 미국 개신교의 로마 가톨릭에 대한 부정적인 견해가 한국에서 한층 강화되었다. 1884년 6월에 미국 북감리회 일본선교회의 매클레이(Robert S. Maclay, 1824-1907) 목사가 서울을 방문하

74 William W. Rockhill, *China's Intercourse with Korea from the XVth Century to 1895* (London: Luzac and Company, 1905); Tyler Dennett, "Early American Policy in Korea, 1883-87," *Political Science Quarterly* (March 1923): 82-84.

75 Lew Young Ick, "Late Nineteenth-Century Korean Reformers' Receptivity to Protestantism: The Case of Six Leaders of the 1880s and 1890s Reform Movements," *Asian Culture* (1988): 159-161.

여 선교 학교와 병원을 시작할 수 있도록 요청하는 서한을 김옥균(金玉均, 1851-94)을 통해 고종에게 올렸고, 김옥균은 고종의 구두 윤허를 전달했다. 매클레이는 "다행히 이 군주는 로마교와 개신교 선교사들의 차이를 명확히 알고 있다"고 밝혔다.[76] 1884년 12월 4일 갑신정변 때 중상을 입은 왕비의 조카 민영익(閔泳翊, 1860-1914)은 알렌 의사의 치료를 받고 목숨을 구했다. 조선 정부는 문명개화를 위해 개신교 선교회들의 의료와 교육 사업을 활용하면서 미국 선교사들의 유용성을 인식했다. 고종은 개화론자였고 미국과 미국 개신교 선교사들을 신뢰했다.[77]

따라서 미국 선교사들의 최우선 전략은 개신교를 천주교와 다른 종교로 소개하는 것이었다. 그들은 미국 개신교는 정치 비개입 원칙을 고수하므로 조선 정부의 권위를 무시할 여지가 없다고 강조했다. 그들은 정부의 사법권보다 천주교회가 우위에 있다는 주장을 비판했다. 그리고 개신교는 교황의 야망과 상관이 없으며 한 나라의 정치적 독립과 평화를 보장한다고 천명했다.[78]

1888년에 한국 정부가 모든 선교사들에게 기독교 선교를 중단하라는 엄명을 내리자 아펜젤러와 언더우드는 평양에서 서울로 돌아왔다. 그들은 감히 왕궁이 내려다보이는 명동 언덕 위에 고딕 양식의 높은 성당을 짓고 있던 프랑스 선교사들을 비난했다. 언더우드는 로마교도들이 "정부의 분노를 불러일으켰다"고 말했지만 미국 공사관은 사태가 선교사들의 공격

---

76 Robert S. Maclay, "Corea, the Hermit nation" *Missionary Herald* (December 1884): 523.

77 Appenzeller, "The Korean King at Seoul," *GAL* (January 1886): 7; W. B. Scranton, "Letter from Korea," *GAL* (March 1886): 141.

78 John Ross, "Obstacles to the Gospel in China," *MRUPCS* (January 1877): 409; Griffis, *Corea*, 376; Horace Newton Allen, *Horace Newton Allen Diary*, 김원모 편역(단국대학교 출판부, 1991), May 9, 1886; H. G. Underwood, "Romanism on the Foreign Mission Field," in *Reports of the Fifth General Council of the Alliance of the Reformed Churches Holding the Presbyterian System* (Toronto: Hart & Riddell, 1892), 409-411.

적 선교 때문에 발생했다고 생각했다. 실제로 언더우드는 엘린우드 총무에게 보낸 편지에서 기독교 복음을 전하기 위한 불타는 열정을 표현했다. "우리는 완전한 종교적 자유가 있을 날까지 기다리면서 전도를 연기하지 않습니다." 언더우드는 "정부는 기독교에 적극적으로 반대하지 않으며 이 문제에 대해 수동적일 뿐입니다. 그들은 천주교보다 개신교를 더 선호합니다"라고 판단했다.[79]

미국 선교사들은 미국이나 영국 같은 개신교 국가들이 프랑스나 스페인 같은 로마 가톨릭 국가들보다 더 문명화되고 더 강한 국력을 유지한다고 주장했다. 그들은 우상숭배의 종교가 아니라 '더 고등한 문명'의 종교로서 개신교가 한국의 근대화를 도와줄 것이라고 주장했다. 1886년에 왕의 통역관이 알렌 의사에게 가톨릭 신자들과 종교의 자유를 수호하려는 그들의 노력에 대해 질문했을 때 알렌은 그 주제를 자세히 다루는 것이 자신의 의무라고 생각했다. 그는 중국, 일본, 멕시코, 스페인에서 천주교도의 활동을 보여준 후 '우상숭배의 종교'(성상 숭배와 성모 마리아 숭배), 부도덕(부패한 성직자), 성경에 대한 무지, 잘못된 교리(성직제도와 교황제) 등의 문제를 지적했다.[80] 언더우드는 개신교가 선교 사업을 시작하기 전에 로마 가톨릭이 한국을 점령할 수 있다고 반복해서 경고했다. "로마교회는 한국을 얻기 위

---

79 H. G. Underwood, "A Powerful Appeal from Korea," *MRW* (March 1888): 209-211. 워싱턴디시에서 Allen은 Ellinwood 총무에게 보낸 편지에서 Underwood와 Appenzeller는 '법을 어기기로 작정한' '주요 선동가들'이라고 말했다(H. N. Allen to F. F. Ellinwood, June 11, 1888 and August 20, 1888). 1889년에 Underwood는 압록강을 건너 중국 땅에서 33명의 한국인들에게 세례를 주었다. 이 사실을 보고 받은 정부는 서울에서 예배를 금지했다. Heron 의사는 선교회가 불법적 행위와 연관되어서는 안 된다고 생각했다. Dinsmore 공사는 공적이든 사적이든 기독교 선교는 불법이라고 결정했다. 그러나 Underwood는 "사람의 법보다 따라야 할 더 높은 법"이 있다고 생각했다(H. G. Underwood to F. F. Ellinwood, May 26, 1889).

80 *Allen Diary*, May 9, 1886; Edward A. Lawrence, "Missions in Korea," *GAL* (June 1887): 273.

해서 노력하고 있으며 개신교가 의무를 다하지 않으면 이방인 대신에 로마교도를 개종시켜야 하지 않을까 두렵습니다."[81] 1893년 10월 한국 선교회 연례회의에서 언더우드의 조사 서상륜은 교회 건물에서 성경 그림들을 제거할 것을 제안했는데, 이는 불신자들이 "그것들을 보고 우리가 로마 가톨릭 신자들이라는 소문을 퍼뜨리고 다니기 때문"이었다.[82] 1895년에 출판된 『묘축문답』의 발문에서 아펜젤러는 로마교의 우상숭배를 비판했다. "이 도가 로마교와 같이 예수 화상을 위하고 십자패를 차는 절차가 없는 것을 밝히 알지라. 대저 상제의 거룩한 도는 예수의 교이라. 로마교도 한 근본이거늘 어찌 상제의 명령을 거스려 위패와 화상을 위하는고."[83] 그는 로마 가톨릭교의 성상 숭배를 이교도의 우상숭배 범주에 포함시켰다. 존스는 로마 가톨릭이 한 세기 동안 조선의 재생에 장애가 되었다고 보았으며 심지어 "순교자들도 생명이 없는 신조를 가지고는 성취할 게 전혀 없다"고 생각했다.[84]

특히 개신교 선교사들은 천주교 사제들이 성경 사용을 제한한다고 천주교를 비판했다. 반면 한국에서 개신교는 본토어 성경을 배포하면서 선교를 시작했다고 자부했다.[85] 존스는 책의 종교인 유교가 모든 추종자들에게 고전 경전을 연구하도록 요구했기 때문에, 한국인들은 프랑스 사제들이 구도자와 신자들에게 성경을 주지 않는 것에 대해 놀랐다고 지적했다. 한국

81 H. G. Underwood, "Romanism Wide Awake," *FM* (May 1886): 567; Underwood, "A Powerful Appeal from Korea," *MRW* (March 1888): 211.

82 Samuel F. Moore, "Welcome to Korea," *CHA* (January 1893): 33.

83 F. Genähr, 『묘축문답』, H. G. Appenzeller 역(경성: 배재학당, 1895), 발문.

84 Jones, "Open Korea and Its Methodist Mission," *GAL* (September 1893): 392.

85 천주교 신자들은 1971년까지 신약전서 전체와 1977년까지 성경전서를 한글로 번역/출판하지 않았다. 반면에 개신교는 1887년에 최초의 한글 신약전서를, 1911년에 한글 성경전서를 출판했다. 1890년대부터 천주교는 일요일 라틴어 미사와 매일의 예식에서 성경을 발췌한 성구집을 사용했다.

인들은 경전을 주지 않는 것은 참된 가르침과 종교의 정신에 위배된다고 믿었고 천주교가 주는 책과 소책자에 문제가 있음에 틀림이 없다고 생각했다.[86]

일부 개신교 선교사들은 한국 천주교의 영웅적인 역사가 개신교 도입을 위한 준비의 역할을 했다고 높이 평가했다. 헐버트는 프랑스 선교사들을 '우리의 형제들'로, 한국인 천주교 신자들을 '그리스도의 추종자들'로 부르고 한국인 신자들이 박해와 순교에도 불구하고 믿음을 지켰다고 찬양했다.[87] 1892년에 기퍼드(Daniel L. Gifford, 奇普, 1861-1900)는 내한 5년 만에 큰 영적 성과를 기대할 수 있는 근거의 하나는 "로마 가톨릭이 많은 면에서 우리를 위해 예비적인 사업을 수행해 왔"기 때문이라고 말했다.[88] 또한 개신교와 천주교는 1886년의 콜레라 방역과 1888년의 기근 구호 활동에서 협력했으며, 1893년과 1900년의 선교사 살해 위협과 음모에 대해서도 정보를 공유하고 협력했다.

그럼에도 불구하고 일반적으로 보면 두 교회 사이에 적대적인 경쟁 정신이 존재했는데, 1900년 전후 개신교 선교가 급속히 성장하자 그 관계는 악화되었다. 특별히 경쟁하던 황해도에서 두 교회는 1902년 해서교안(海西教案)으로 충돌했다. 1903년에도 신구교 충돌은 지속되었다.[89] 그들은 1900년대에 호교론 문서 전쟁을 벌이며 상대를 인정하지 않았다.[90]

전체적으로 미국 선교사들은 한국의 종교에 대한 편견을 가지고 처음

86 Jones, "The Transformation of a Nation" (UTS, *G. H. Jones Papers, ca. 1900*), 18-20.

87 Hulbert, "A Sketch of the Roman Catholic Movement in Korea," *MRW* (October 1890): 730-735.

88 D. L. Gifford to F. F. Ellinwood, November 8, 1892.

89 *ARFMPCUSA for 1903*, 208-209.

90 윤경로, "초기 한국 신구교 관계의 사적 고찰", 『한글성서와 겨레문화』(서울: 기독교문사, 1985), 373-407; 신광철, 『천주교와 개신교』(서울: 한국기독교역사연구소, 1998), 78-89.

에는 한국의 이교와 천주교에 대한 전쟁을 선포했다. 언더우드는 1893년에 "한국 전역에 일종의 정신 혁명이 진행되고 있는 것 같다"고 선언했다. 그는 한국인을 사로잡고 있던 불교, 유교, 무교는 힘을 잃고 있다고 진단했다. 그는 "한국이라는 포도원에 오늘 일하러 가라"고 말씀하시는 하나님의 음성을 교회가 들을 때가 되었다고 믿었다.[91] 물리적 전쟁은 영적인 전쟁의 길을 준비했다. 1894년에 발생한 동학전쟁과 청일전쟁은 동아시아의 정치적·영적 상황 전반을 변화시켰다. 서구화된 일본 앞에 중국의 신들과 정령들은 무력한 것으로 판명되었다. 중국의 정치적 종주권과 중화주의가 막을 내렸다.[92] "중국을 이긴 일본의 승리는 한국인들에게 깊은 인상을 주었으며 한국인들은 서구 문명과 종교를 더 높이 평가하게 되었다. 그것은 또한 귀신 숭배자들을 무력화시켰고, 중국 신에 대한 숭배를 중단시켰으며, 불교에 남아 있던 도구들을 잘라 버렸다."[93] 스피어(Robert E. Speer, 1867-1947) 총무가 말했듯이 청일전쟁은 기독교에 대한 한국인의 적개심과 두려움을 무장 해제시켰다. 따라서 개신교 선교회들은 1895년부터 내륙 지방에서 직접 전도와 이교에 대한 공격을 가속화할 수 있었다. 그러나 그들은 사역하는 과정에서 한국 종교에 대한 이러한 첫 인상과 일방적인 공격적 태도를 수정하게 된다.

### 수정한 반응: 다중 종교성

초기 선교사들의 저술을 보면 한국인의 종교 상태에 대해 "종교적 진공이다", "불교국이나 유교국이다", "중국 종교들의 재판이다" 등 상충되는 견

91 Underwood, "Religious Changes in Korea," *GAL* (December 1893): 557.

92 Arthur T. Pierson, "Spiritual Movements of the Half Century," *MRW* (January 1898): 21.

93 Robert E. Speer, "Christian Mission in Korea," *MRW* (September 1898): 681.

해와 담론이 존재했다. 그러나 선교사들이 한국인의 생활과 문화를 더 많이 경험하게 되면서 한국 종교를 좀 더 동정적으로 평가하게 되었다. 비록 선교사들의 종교관이 19세기 말 미국 개신교의 이방 종교에 대한 견해로 형성되어 있었음에도 불구하고 그들은 한국 종교에 대해 비교적 학문적으로 접근하기 시작했다. 초기 선교사들로 하여금 한국 종교에 대해 더 깊이 이해하게 한 다음 여섯 가지 사건이 있었다. 곧 1892년에 월간지 *Korean Repository* 창간, 1894년의 동학혁명, 1893-1903년의 용어 논쟁, 1897년에 한글 기독교 주간지 발행, 1901년에 미국 표준역(ASV) 개역 성서 발행 그리고 1903-1908년의 대부흥운동이 그 계기가 되었다.

첫째, 1892년 1월에 영어 월간 선교잡지 *Korean Repository*가 올링거(Franklin Ohlinger, 1845-1919)에 의해 창간된 것은 선교사들이 한국 문화와 종교에 대해 자체적으로 연구할 준비가 되었음을 알리는 중요한 신호였다. 1892년에 기퍼드(Daniel L. Gifford)는 한국의 종교 다원성에 대한 새로운 통찰을 제시했다.

> 한국의 신앙은 유교, 불교, 도교가 혼합되어 있음을 보여준다. [중략] 이 나라의 사회 구조는 대부분 유교적이다. 제사는 유교적이다. 불교의 사찰과 승려들은 전국에 흩어져 있는데, 불교는 찬란한 광택이 사라진 믿음이지만 왕실의 후원을 받고 있다. 도교는 판수, 무당, 지관으로 대변된다.[94]

기퍼드는 중국의 세 종교(유교, 불교, 도교)에 관한 중국 선교사 문헌의 영향을 받아 한국 민속 종교와 샤머니즘을 도교의 범주로 잘못 분류했지만 그는 한국의 신앙 체계를 최고신인 하ᄂᆞ님에서 샤머니즘적인 가신(家神)까지

---

94 Daniel L. Gifford, "Ancestral Worship as Practiced in Korea," *KR* (June 1892): 169.

계층적인 신과 정령의 체계로 이해했다. 그는 한국에서 행하는 제사를 분석함으로써 이 융합 체계를 설명했다. 많은 한국인들은 모든 사람이 세 개의 영혼을 가졌다고 믿었는데, 어떤 사람이 사망하면 혼(魂)은 저승으로 가고, 백(魄)은 무덤으로 가며, 신(神)은 위패나 신주(神主)에 거한다고 믿었다. 기퍼드는 제사의 기원이 유교라고 주장했다. 그러나 그는 사람들이 저승에 있는 불교의 시왕이 고인의 영혼의 운명을 결정한다고 믿는 것도 발견했다. 또한 도교의 풍수관인 지관(地官)이 매장지를 선택했는데, 한국인들은 무덤의 위치가 망자의 자녀들의 번영에 영향을 미친다고 생각했다. 무덤에 있는 두 번째 영혼인 백을 위해 무덤에서 지신과 산신에게 제사를 바쳤다. 한국인들은 세 번째 영혼이 거하는 공적인 사당에 배향한 신주나 집안에 모신 위패 앞에 시절에 따라 제사를 드렸다. 이 나무 상자 안에 넣는 신주나 위패는 사당이나 집안의 가묘에 모셨다. 이 가족 제사의 규정은 주로 유교 가례에 기록되어 있었다. 결론적으로 기퍼드는 한국의 제사와 중국의 제사 사이에는 다른 특징이 존재한다고 주장했다. 예이츠(Matthew T. Yates, 1819-88)가 지적했듯이 중국인은 죽은 자와 살아 있는 자의 행복이 제사와 직접적으로 관련되어 있다고 믿었다. 한편 일부 한국인들은 저승에 도착한 죽은 영혼의 상태가 시왕의 판단에 의해 영구적으로 정해진다고 믿는 것처럼 보였다. 그들은 선친 제사 여부가 아들의 행복에 영향을 미치지 않을 것이라고 주장했다. 제사 여부는 지인들 사이에서 아들의 명성에만 영향을 미친다고 보았다. 다른 한국인들은 죽은 조상을 잘 공경하면 한국의 최고신인 하ᄂᆞ님이 행복으로 보답하고 제사를 무시한 자들에게는 벌을 내릴 것이라고 믿었다. 기퍼드는 한국 종교의 독특한 특징, 즉 다양한 종교의 혼합과 전체 체계 안에서 조화로운 상호공존을 확인했다. 이 포괄적인 절충주의 맥락에서 그는 기독교가 이 체계의 어떤 요소를 채택할 수 있는지 고려했을 것이다. 제사를 분석하면서 그는 하ᄂᆞ님 개념이 기독교 복음

과 접촉점이 될 수 있음을 발견했다.[95]

1894년에 발발한 동학혁명은 한국의 종교적 다원성에 대한 선교사들의 이해를 증진시키는 두 번째 자극이 되었다. 동학은 유교, 불교, 도교, 천주교를 조합한 신종교였다.[96] 1895년에 남장로회의 전킨(William M. Junkin, 1865-1908) 목사는 그 종교적 측면을 검토하면서 동학의 '유불선 삼교'의 합일성을 강조했다.[97] 1859년에 동학의 창시자 최제우(崔濟愚, 1824-64)는 상제 하ᄂᆞ님의 현현이라는 초자연적인 경험을 했다. 그는 상제와의 만남 동안 "서학(천주교)이 참 종교입니까?"라고 물었다. 그가 받은 대답은 "아니다. 말과 시대는 같지만 사상과 정신은 진리와 다르다"였다. 최제우는 새로운 종교를 창설하도록 부름을 받고 『동경대전』을 쓰기 시작했다.

> 그는 유교에서 오륜을, 불교에서 마음의 정화법을, 도교에서 도덕적·자연적 오염으로부터 몸을 정화하는 법을 취했다. 따라서 이 책에 사용된 제목의 하나는 세 종교를 결합한 '유불선 삼도'였다. 천주교의 영향은 아마 기도에서 사용한 용어인 '천주'에서 확인할 수 있을 것이다. 또한 로마교는 동학도들이 로마교인 서학(西學)과 다른 동학(東學)이라고 부르는 이름에 적어도 간접적인 책임이 있다. 동학이라는 이름은 진정한 동양 종교들의 조합이라는 사실과 관

---

95 Gifford, "Ancestral Worship," 176.

96 참고. 김용휘, "동학의 성립과 성격규정에 대한 일고찰: 삼교와의 관계와 신비체험을 중심으로", 「동학연구」(2009년 9월): 35-67. 김용휘는 동학을 유불선, 무속, 기독교를 혼합한 유사종교로 보는 것은 일제 총독부의 어용학자인 무라야마(村山智順)의 『朝鮮の類似宗教』와 요시카와(吉川太文郎)의 『朝鮮諸宗教』의 영향 때문이라고 보고, 동학을 혼합주의(syncretism)의 예로 설명하는 것을 비판한다. 그러나 동학을 유불선과 천주교를 혼합한 것으로 본 것은 1890년대에 개신교 선교사들이 시작했다.

97 동학에서 유불선 삼교를 명시적으로 언급하는 구절은 최시형의 문집 『道源記書』에 나오는 최제우의 말인 "此道以儒佛仙三道兼出也"이다(『崔先生文集 道源記書』, 亞細亞出版社, 『東學思想資料集』1, 1979). 유불선 삼도합일은 후대의 용어다.

련하여 취한 것이라고 할 수 있다.[98]

전킨은 동학이 유교의 도덕성, 불교의 명상, 도교의 치유와 몸 수련, 기독교의 일신교를 채택했지만 윤회에 대한 불교의 신념을 거부하고 예배에서 형상이나 제사의 희생을 사용하지 않는다고 보았다. 동학도는 질병과 무기로부터 몸을 보호할 수 있다고 믿는 신비로운 부적을 사용했다. 그들의 교리에는 민속 종교의 메시아 신앙에서 가져온 후천개벽적 복음이 포함되어 있었다. 동학의 혼종주의는 다른 종교에 익숙한 한국인들에게 낯설지 않았다.

1895년에 존스는 유교와 샤머니즘이 한국 종교 생활 영역에서 각자 역할 분담을 한다고 주장했다. 그는 유교가 도덕을 담당하고, 샤머니즘은 영성을 담당한다는 것을 발견했다. 따라서 한국인이 기독교로 개종할 경우, 그는 "친구들의 따돌림과 경멸"과 "가족과 친척의 강폭한 반대"뿐만 아니라 자신을 얽매고 있는 정신적·영적 족쇄에도 대처해야만 했다.[99]

1897년에 캐나다 감리회의 의료 선교사 하디(Robert A. Hardie, 河鯉泳, 1865-1949) 목사는 한국 종교에 대한 자신의 잘못된 첫 인상을 수정했다. 그는 무당의 영매술이나 샤머니즘을 한국인의 진정한 종교라고 생각했다. 여행가 비숍(Isabella Bird Bishop, 1831-1904) 부인도 같은 견해를 피력했다.[100] 하디는 제사의 기원은 순전히 무교적이며 그 의례는 유교·미신·악마론의 혼합이라고 주장했다. 그는 중국과 한국의 원시 종교는 의심할 여지없이 '모호한 유일신교'이지만 중국인과 한국인은 항상 악령의 존재를 믿었다고 주장했다. 그래서 그는 하ᄂᆞ님에 대한 한국인의 생각을 평가 절하했다. 왜

98 William M. Junkin, "Tong Hak," *KR* (Februrary 1895): 57.

99 Jones, "Obstacles Encountered by Korean Christians," *KR* (April 1895): 146-147.

100 Isabella B. Bishop, *Korea and Her Neighbors* (London: John Murray, 1898), 21.

냐하면 한국인은 "하ᄂᆞ님을 예배할 때 그를 접근할 수 있는 친절하고 사랑이 많은 아버지로서 아는 것이 아니라 절망의 마지막 순간에 소망 없이 울부짖을 대상으로 알고 있기 때문이다."[101] 하디는 귀신만이 일상적 예배의 대상이라고 결론지었다. 그는 하ᄂᆞ님을 샤머니즘의 신으로 간주했는데 한국인들이 일상생활에서는 그를 숭배하지 않는다고 보았다. 더욱이 하디는 불교의 형상들, 유교의 신주, 조상의 무덤 또는 특정 귀신을 섬기는 잘 알려진 제단 등에서 이루어지는 모든 한국인의 예배가 기본적으로는 '귀신 예배'라고 주장했다.

위에서 볼 수 있듯이 여전히 몇 가지 점에서 합의가 이루어지지 않았다. 선교사들은 10년이 넘는 현장 경험 후에 한국인, 특히 여성들 사이에서 민속 종교나 샤머니즘의 광범위한 영향을 인식할 수 있었다. 대부분의 선교사들은 거의 모든 한국인들이 샤머니즘의 최고신인 하ᄂᆞ님을 믿고 있으며 불교와 유교를 포함한 한국의 모든 형태의 종교는 정령 숭배와 혼합되었다고 주장했다.

1899년에 헐버트는 한국이 종교 영역에서 유물론적인 유교나 신비주의적인 불교에 전념하지는 않았는데 이는 한국인들이 지성과 상상력에서 중국인과 일본인이 아닌 다른 종족에 속했기 때문이라고 진술했다. 헐버트는 한국의 실제 종교는 비록 불교와 혼합되었지만 고유의 샤머니즘이라고 주장했다.[102]

1901년에 존스는 일반 한국인들 사이에는 유교, 불교, 무교의 세 종교가 공존한다고 주장했다. 그들은 서로 겹치고 깊이 침투해 있었다. 불교는 샤머니즘을 흡수하면서 유교의 윤리를 받아들였다. 결국 무교는 유교와

101 Robert A. Hardie, "Religion in Korea," *MRW* (December 1897): 927.

102 Hulbert, "Korea and the Koreans," *Forum* (April 1899): 218-219.

불교의 초월적 대상을 자유롭게 수용했다. 비록 이론적으로는 그들이 구별되었지만 한국인들은 실제로 세 종교를 함께 믿었고, 그들의 연합된 도움을 받아 복을 얻을 수 있다고 생각했다. 존스는 한국인들이 모든 자연물을 정령화하는 경향이 있기 때문에 매우 종교적이라고 주장했다. 그는 한국인들이 자신보다 우월한 존재에 대한 의존감을 가지고 있으며 인간과 영적 실체 사이에 서로 의사를 소통하는 차원을 확립했다고 보았다.[103]

마침내 1906년에 헐버트는 다음과 같이 말했다. 이 말은 선교사들의 글 가운데 한국의 다종교 상황을 가장 잘 묘사한 것으로 자주 인용되었다. 그는 한국인 개개인이 가지고 있는 "종교적 신앙의 모자이크"는 한국 문명의 고대성을 보여준다고 주장했다.

> 독자는 모든 한국인 각자의 마음속에서는 모든 것이 섞여 있음을 명심해야 한다. 서로 다른 종교 사이에 논리적으로 서로 반박할 수는 있지만 적대감은 없다. 수 세기에 걸쳐서 많은 종교 요소들이 공존하면서 사람들은 나머지를 무시하지 않고 자신이 좋아하는 요소들을 선택하여 일종의 종교적 복합물을 형성했다. 이 복합 종교의 어느 한 단계를 독점할 자는 필요하지 않다. 하나의 정신 틀 안에서 그는 불교적 요소에 의지할 수 있고, 또 다른 시간에는 조상의 위패로 돌아갈 수 있다. 일반적으로 말하자면 팔색조 한국인은 사회에서는 유교인, 철학적으로는 불교인, 곤경에 처했을 때는 정령 숭배자가 된다.[104]

헐버트는 유교, 불교, 무교가 서로 다른 층위에 있으면서 상호보완적인 역할을 하고 있다고 보았다. 그는 한국의 종교 체계가 여러 종교들 가운데 화

---

103 Jones, "Spirit Worship," 37-41.

104 Hulbert, *Passing of Korea*, 403.

학적 복합물을 형성할 수 있는 요소들이 모여서 하나의 합일체를 만들고 일상생활에서는 '노동의 분업'처럼 유교 윤리, 불교 철학, 무교 치병이 이루어지는 체계라고 보았다. 헐버트는 "한국인의 기층 종교는 원시 정령 숭배이며 그 기초 위에 다른 종교들이 단순한 상부 구조로 세워졌다"고 결론을 내렸다. 헐버트는 정령 숭배의 범주에 애니미즘, 샤머니즘, 주물 숭배, 자연 숭배를 포함시켰다. 그는 한국의 철학적 불교와 정치적 유교는 "결국 복합 종교를 형성하는 방식으로 원래의 정령 숭배와 혼합되었다"고 주장했다.[105] 추가로 그는 "이상하지만, 오늘날 한국인이 가지고 있는 가장 순수한 종교 개념은 하ᄂᆞ님에 대한 신앙이다. 이는 수입된 종교와 전혀 연관이 없으며 조잡한 자연 숭배와는 거리가 멀다"고 강조했다. 기퍼드의 분석과 달리 헐버트는 하ᄂᆞ님을 다른 여러 신들과 토착신들의 범주에서 분리시켰다. 왜냐하면 헐버트는 한국인의 하ᄂᆞ님 신앙은 "엄격한 유일신론적"이라고 믿었기 때문이다. 헐버트는 개신교 선교사들이 하ᄂᆞ님을 성경의 엘로힘과 동일시하는 것을 지지했다. 한국 종교 다원성에 대한 수정된 견해로 인해 선교사들은 샤머니즘의 지속적 영향과 하ᄂᆞ님 신앙의 중요성을 진지하게 고려하게 되었다.

세 번째 계기는 1893년에 시작된 하ᄂᆞ님 용어 문제였다. 10년간 거의 모든 선교사들이 치열하게 참여한 이 논쟁에서 천주 대신 한국인 교인들이 선호하던 전통적 신명(고유명사)인 하ᄂᆞ님이 새로운 기독교 용어(일반명사)인 하ᄂᆞ님으로 변형되었다. 이 용어 문제는 다음 장에서 자세히 다루겠다.

네 번째 계기는 1897년에 발간된 두 개의 한글 기독교 주간지에 실린 한국인 지도자들의 논설과 거기서 주장된 원시 유일신론 및 성취론적 한국 종교 이해였다. 북감리회는 1897년 2월 2일 아펜젤러를 중심으로 「죠션

105 Hulbert, *Passing of Korea*, 403-404.

크리스도인회보」(곧바로 대한제국 수립으로 「대한크리스도인회보」로 개칭되었다)를 창간했고, 북장로회는 1897년 4월 언더우드를 중심으로 「그리스도신문」을 창간했다. 두 신문의 한국인 편집자들은 처음부터 고대 중국인과 한국인이 고대 유대인들처럼 유일하신 하ᄂᆞ님(상뎨)을 숭배했다고 주장했다. 한국인 지도자들의 원시 유일신론과 기독교 유교 병존론은 중국 기독교 한문 서적들—마틴(William A. P. Martin)의 『天道溯源』(1854)에 나오는 보석(유교의 오륜)과 금목걸이(기독교의 하나님 예배)의 비유나 파베르(Ernst Faber)의 『自西徂東』에 나오는 접목론—을 읽고 수용한 측면도 있으나, 유교 경전을 읽고 성장한 한국인 지도자들의 자체 판단이었다. 이런 수용 단계를 거쳐 길선주의 『해타론』(1904)과 최병헌의 『성산명경』(1909) 같이 『천로역정』과 유사한 한국의 독창적인 우화소설이나 비교 종교론적 신소설이 나올 수 있었다.[106] 이에 대해서도 1장과 6장에서 상론하겠다.

다섯 번째 계기는 미국에서 발간된 개역 성서인 미국 표준역(American Standard Version)이 사도행전 17:22의 'δεισιδαιμονεστέρους'(데이시다이모네스테루스, 신들을 매우 두려워하는)를 이전 역본의 'too superstitious'(너무 미신적인) 대신 'very religious'(매우 종교적인)로 번역한 것이었다. 이는 19세기 말의 타종교 연구와 비교종교학의 연구 결과가 성경 번역에 반영된 결과로 타종교에 대한 이해가 전환되었기 때문이었다. 이 구절은 바울이 아테네 철학자들 앞에서 행한 유명한 설교의 일부분인데, 바울은 아테네인들이 '신들을 매우 두려워하는' 자들이라고 칭찬했다. 이 단어를 초기 영어 번역본들(KJV 1616, RV 1881)은 '매우 미신적인'(too superstitious)으로 번역했으나, 20세기 첫

106 옥성득, 『다시 쓰는 초대 한국 교회사』(새물결플러스, 2016), 501-508; Sung Deuk Oak, "A Genealogy of Protestant Theologies of Religions in Korea, 1876-1910: Protestantism as the Religion of Civilization and Fulfillment," Anselm Kyungseok Min ed., *Korean Religions in Relation: Buddhism, Confucianism, Christianity: Essays in Honor of Professor Wi Jo Kang* (Albany, NY: State University of New York Press, Dec. 2016), 35-55.

번역본인 1901년의 미국 표준역(ASV) 이후에는 '매우 종교적인'(very religious)으로 중도적으로 번역했다. 한글 역본에서도 로스본(1887)은 한문 문리본(1852)의 "畏鬼神甚哉"(외귀신심재)를 따라 "귀신숭샹ᄒᆞ기롤심히ᄒᆞᄂᆞᆫ지라"로 번역했고, 1906년 구역본도 "귀신공경ᄒᆞ기를 심히 ᄒᆞᄂᆞᆫ도다"로 번역했으나, 미국 표준역과 일본 대정개역의 영향으로 개역본(1938)부터 "종교성이 많도다"로 수정했고 지금까지 그대로 번역하고 있다. 곧 20세기에 접어들면서 타종교를 미신으로 배척하거나 이교(pagan)로 딱지를 붙이지 않고, 비기독교(heathen or non-Christian) 종교라는 좀 더 객관적이고 학문적인 용어를 사용하기 시작했다.[107] 막스 뮐러(Max Müller)로 대표되는 19세기 말 비교종교학자들의 연구를 통해 타종교에 대한 이러한 새로운 패러다임이 생겼는데[108] 한국에서도 선교사들의 한국 종교 연구가 그 길을 예비했다.

여섯 번째 계기는 1903년부터 1908년까지 일어난 대부흥운동이었다. 대부흥운동은 전통 종교에 뿌리를 둔 한국의 영성을 자극했다. 예를 들어 부흥운동 중에 새로운 형태의 기도인 통성기도가 개발되었다. 이는 불교나 도교의 독송이나 주문에 영향을 받았을 수도 있다. 1890년대에 시작된 새벽기도회는 1905년 평양 사경회에서 정규 프로그램이 되었으며 다른 지역으로 확산되었다. 또 다른 토착 형태의 헌신은 1904년 11월 선천 사경회에서 처음으로 전도하는 날을 바친 '날 연보'였는데,[109] 이는 농촌 마을 공동체에서 노동하는 날을 서로 주고받았던 품앗이나 두레와 유사했다.

부흥운동은 한국 영성에 대한 선교사들의 이해를 변화시켰다. 부흥운동은 1903년에 자신들의 영적 능력이 부족하다는 것을 깨달은 선교사들의

107 옥성득, "한국인은 미신적인가 종교심이 많은가?" 「좋은 나무」(2019년 7월 22일): 1-4.

108 Norman J. Girardot, *The Victorian Translation of China: James Legge's Oriental Pilgrimage* (Berkeley: University of California Press, 2002), 284-285.

109 Carl E. Kearns, "One Year in Syen Chun Station," *AH* (November 1905): 602.

회개로 시작되었으며 그 결과 선교사들이 각성하게 되었다. 그들은 "한국인의 인격의 최상"과 '내면의 삶'을 목격했다. 평양의 무어 선교사는 "동양은 동양이고 서양은 서양이며, 그들 사이에 진정한 친근감이나 공통된 만남의 장소가 없다는 멸시적인 개념"에서 해방되었다고 고백했다.[110] 한때 그들은 한국인들을 기독교적인 생활의 "높은 지대"로 인도하는 것이 불가능하다고 믿었으나 이제 "우리는 기도를 통해 그들이 깊은 데로 내려가고 높은 데로 올라갈 수 있음을 **보았으며 안다**"고 고백했다.[111] 그들은 일본 식민 통치하에 있는 한국교회에 대한 비전을 발견하고 한국교회가 "동양 세계를 밝히는 기독교의 등불"이라고 칭찬했다.[112] 무엇보다도 선교사들은 한국 지도자들의 영성을 높이 평가했다. 그들은 길선주(吉善宙, 1869-1935) 장로의 강력한 설교와 깊은 영적 경험에 감탄했다. 1907년 1월 평양에 이어 3월에 길선주가 서울에서 부흥회를 성공적으로 이끌자 한 선교사는 그가 웨슬리(John Wesley, 1703-91)와 휘트필드(George Whitefield, 1714-70)의 강력한 설교를 상기시킨다고 말했다.[113] 게일(James S. Gale, 奇一, 1863-1937)은 길선주의 영적 경험이 선교사들의 경험보다 심오하다고 고백했다. 그는 길 장로가 "하나님이 계신 지성소"에 들어갔을 때 그의 설교는 "마음과 관련이 있고 하나님이 사람들에게 영향을 미치기 위해 사용하는 미묘한 무엇인가"를 가지고 있었다고 평가했다.[114]

위에서 살펴본 여섯 가지 사건, 곧 1) 1892년의 *Korean Repository* 창간과 이후 선교사들의 한국 종교에 대한 연구 논문 게재, 2) 1894년의 동학전쟁 발발과 선교사들의 동학 연구, 3) 1893-1903년의 용어 문제와 선

110 John Z. Moore, "A Changed Life," *KMF* (October 1907): 159.

111 Edith F. MacRae, "For Thine Is the Power," *KMF* (February 1906): 74.

112 John Z. Moore, "A Changed Life," 159.

113 "Recent Work of the Holy Spirit in Seoul," *KMF* (March 1907): 41.

114 James S. Gale, "Elder Kil," *MRW* (July 1907): 495.

교사들의 한국 원시 유일신 하ᄂᆞ님 신앙의 발견, 4) 1897년부터 발간된 「대한크리스도인회보」와 「그리스도신문」에 출판된 한국인 지도자들의 원시 유일신론과 성취론적 한국 종교 이해, 5) 1901년에 발간된 미국 표준역(ASV)에서 사도행전 17장의 '매우 미신적인'을 '매우 종교적인'으로 번역한 것, 6) 1903-08년의 부흥운동과 한국인의 깊은 영성의 발현을 본 선교사들은 한국 종교가 가진 다원적 정체성과 사회적 영향력을 공부하게 되었다. 동시에 선교사들은 한국 종교들 안에 있는 기독교와의 우호적인 요소들도 확인할 수 있었다.

요약하자면 세 개의 결정적인 발견으로 북미 선교사들은 한국 종교와 영성에 대한 이해를 수정하게 되었다. 선교 사업의 첫 10년(1884-93년) 동안 그들은 한국인의 다층적 종교 정체성(multiple religious identity)을 발견했다. 이 다원성을 이해하기 위해 그들은 한국 종교를 더 깊이 연구했다. 두 번째 10년(1894-1903년) 동안 그들은 한국인 신자들의 도움을 받아 단군신화에서 한국의 원시 유일신 신앙의 흔적을 발견하고 그 하ᄂᆞ님을 기독교와 기독교 항일민족주의의 하나님으로 채택했다. 일부 선교사들은 한국 샤머니즘을 심도 있게 연구했다. 세 번째 10년(1904-13년) 동안 내한 선교사들은 부흥운동을 통해 한국인의 심오한 잠재력을 깨달았다. 선교사들은 한국인이 서양인과 다르고, 한국인은 더 높은 영적·윤리적 삶을 영위할 수 없으며, 한국인은 독립 국가와 민주주의 사회를 운영할 수 없다는 기본적인 가정을 버렸다. 1904-07년에 한국 정치 지도자들과 교회 지도자들이 출현하자, 그들은 문화 제국주의에 기초한 입국 당시의 전제와 가정이 잘못되었고 왜곡되었음을 깨닫고 수정된 담론을 생산하기 시작했다.

# 제1장

# 하나님

용어 문제와 신조어 하나님의 채택

한국인은 하느님께 나아갈 때에 반드시 그가 계신 것과 그가 당신의 독생자를 구세주로 세상에 보내신 것을 믿어야 함을 먼저 알아야 한다. 이것은 영적 세계에 대한 믿음이 귀신과 악령과 조상 제사에 대한 신앙에 머물러 있는 이들이 가장 먼저 배워야 할 가르침이다.

존 코르프, 1897년[1]

한국의 많은 기독교인들은 단군과 그의 하느님에 대한 지식을 통해 기독교 복음에 관심을 가지게 되었고, 그 하느님이 유일신이고 성경의 하느님과 동일하다는 것을 알게 되었다.

찰스 클라크, 1932년[2]

1 C. John Corfe, "The Bishop's Letter II," *Morning Calm* (May 1897): 37. 따라서 전도책자는 신론과 창조론으로 시작했다.

2 Charles A. Clark, *Religions of Old Korea* (New York: Revell, 1932), 143.

이 장은 1905년 전후에 새로 만들어진 기독교 용어인 하ᄂᆞ님의 의미 변천 역사를 다룬다. 초기 한국 개신교는 전통 신명(고유명사)인 하ᄂᆞ님을 수용하면서 동시에 그것을 새로운 기독교 용어(일반명사)인 하ᄂᆞ님으로 변형시켰다. 표기는 하ᄂᆞ님을 그대로 유지하여 변화가 없었으나 신학적 작업을 통해 하느님이라는 뜻에서 하나님으로 의미 변형을 이루었다. 1906년에 정착된 하ᄂᆞ님은 어원적으로 하늘(天)과 한(大)과 하나(一)라는 세 가지 의미를 통합했고, 종교적으로는 중국의 원시 유교의 상제(上帝) 관념과 한국 무교와 단군신화의 하ᄂᆞ님 신앙을 수용했으며, 정치 지리적으로는 침략하는 일본 제국주의와 다신론인 메이지 국가 신도(神道)에 저항한 단군 민족주의에 연결되어 있었다. 이 다양한 요소를 용해하여 화학적으로 하나의 신조어(新造語)를 만드는 신학적 논쟁 과정에서 동학전쟁, 청일전쟁, 역병과 기근, 러일전쟁 등의 세기말의 묵시론적 고난이 촉매제 역할을 하였고 그 연단의 시기에 신용어(新用語)인 유일신 하ᄂᆞ님으로 대변되는 한국 개신교가 단련된 정금처럼 근대 신종교(新宗教)로 창조되었다.

유일신 개념은 기독교가 한국 종교문화에 도입한 가장 중요한 새 요소의 하나였다. 유일신 사상은 다른 모든 신과 영에 대한 경배를 금지하고, 하나님의 권위를 정치나 가족의 권위를 포함한 모든 권위 위에 둔다. 그러므로 전통 종교의 불가지론이나 다신론 문화 속에서 살아온 한국인에게 유일신 신앙을 수용하고 다른 신을 배척하는 것은 매우 어려운 과제였다.[3] 그 첫 관문인 새로운 유일신의 호칭을 정하는 문제는 단기간에 합의하기 어려웠다. 기독교 유일신관이 토착 종교와 만날 때 거의 모든 지역에서 발생하는 첫 논쟁인 용어 문제(term question)는 일반 명사인 God에 해당하는 가장 적합한 번역 용어를 찾기 위한 모색과 토론 과정을 보여준다. 히브리 용어인 אֱלֹהִים은 그리스어에서 θεός로, 라틴어에서 Deus로, 독일어에서 Gott로, 영어에서 God으로 번역되었다. 이 번역과 변형 과정에서 선교사들과 번역자들은 토착 신들을 연구하고 그 이름에 대한 담론을 형성했다. 그들은 한국에서도 경쟁하는 담론들을 통해 근대적인 기독교 유일신관을 만들어 나갔고 새로운 용어인 하ᄂᆞ님을 창출했다.

많은 전통 신명들 가운데 기독교에 적합한 대응어를 찾거나 새 용어를 만드는 과정에서 중국과 한국의 선교사들은 전통 종교의 역사와 신 관념, 인접 국가의 용어 문제, 토착 신명의 어원, 당대인들의 종교성을 조사했다. 가장 적합한 후보를 찾는 광범위한 모색 과정에서 일부 선교사들은 원시 유일신 개념을 받아들였고, 개신교에 적합한 새 의미를 추가하기도 했다. 이 논쟁은 단지 전통 종교의 신론뿐만 아니라 경쟁하는 선교 신학들과 다양한 선교회의 정치적 역학 관계와 연계되어 있었다. God에 대응하는 본토어를 찾는 것은 한 문화와 언어 사용권에서 기독교를 토착화하는 첫 단계였다. 그러나 용어 문제는 언어학적 쟁점이나 신학적 쟁점에만 그치지 않았다. 동아시아의 선교사들은 물론 유럽과 미국의 신학, 종교학, 민속학

3 일제 식민지 시대를 거치면서 일본어의 영향으로 god(theos)은 신(神)으로 정착되어 유일신론, 다신론과 같은 용어는 물론 신학교나 신학이라는 말에서 보듯이 기독교 용어에서도 신이 채용되었다. 따라서 신은 일반적인 gods의 뜻과 기독교의 God이라는 두 가지 뜻으로 사용되고 있다. 다만 기독교의 God을 번역할 때 이 단어는 천주, 하나님, 하느님 등으로 다르게 사용되어왔다. 따라서 이 책에서는 다른 한자어와 결합된 용어에서의 신과 단독으로 사용되는 하ᄂᆞ님(하나님, 하느님)을 구분한다.

학자들도 폭넓게 토론에 참여했다.[4] 그들은 고대 중국인, 일본인, 한국인이 어떤 신 관념을 가졌는지에 관한 다양한 문헌을 연구했다. 용어 논쟁은 서양인이 동양이라는 타자(他者)를 대할 때 가장 깊이 있게 연구하고 대화하고 토론한 주제였다. 이는 당시 주요 관심사의 하나였던 종교의 기원을 밝히는 문제와 연관되는 주제여서 그들로 하여금 고대의 신 관념이 일신론, 다신론, 범신론 중 어디에 해당하는지를 추적하도록 했다. 나아가 그들은 당대 동아시아인의 신관과 종교성도 조사했는데, 이는 동아시아 종교와 문화에 대한 서양인과 선교사의 태도와 이해를 보여주었다. 그러므로 중국과 한국에서 발생한 용어 논쟁은 서양 기독교와 한국 종교가 만난 다양한 차원, 곧 한국 종교사를 해석하는 틀, 낯선 서양과 낯선 한국의 상호 작용, 초기 개신교의 신학적 계보를 해독하는 실마리를 제공해줄 것이다.

선교사들과 성경 번역자들이 용어 문제를 해결하는 방법에는 두 가지가 있었는데 이는 기독교 신학의 핵심적인 두 가지 사건과 연관되어 있었다. 첫째는 창조(創造)의 방법으로, 기존 신들의 이름에 근거하여 신조어(neologism)를 고안하는 방법이다. 이 발명의 방법을 지지하는 진영은 현장에 있는 타종교들의 선한 요소를 부정하고 기독교로 대체하려는 보수적인 신학을 소유한 자들로서 그들은 새 용어를 사용하면 이방 신관과의 혼합을 막고, 기독교 정체성을 유지할 수 있다고 주장했다. 하지만 고유명사 '여호와'를 음역하여 사용하는 경우와 마찬가지로 새 용어의 창안은 본토인들에게 낯선 서양 신을 소개함으로써 외국 신과의 의사소통에 지장을 주었고, 결국 그 용어의 유통과 소통을 제한하는 단점이 있었다.

두 번째는 성육신(成肉身)의 방법으로, 전통 신명 가운데 하나를 선택

4 Irene Eber, "Interminable Term Question," Irene Eber et als. eds., *Bible in Modern China: The Literary and Intellectual Impact* (Nettetal, *Germany: Institut Monumenta Serica*, 1999), 135.

하여 기독교적 세례를 주어 거듭나게 하고 성경적 의미를 더해서 교육을 통해 보급하는 방법이다. 이 토착화를 지지하는 진영은 기독교 선교를 위해서 적응과 타협은 불가피하다는 실용주의 노선에 서 있었다. 이 동화적 방법은 내적으로는 기존 종교와의 혼합주의의 문제를 초래했고, 외적으로는 그 이름을 사용하던 종교인들로부터 선교사들이 자신들의 토착 신을 훔치고 파괴했으며 그 신명을 부를 권리가 없다는 반발을 불러일으켰다.[5]

한국 개신교의 하ᄂᆞ님은 이 두 가지 방법 가운데 어느 쪽을 선택한 결과였을까? 그리스어의 θεός, 라틴어의 Deus, 영어의 God, 중국어의 上帝처럼 기존의 신명을 채택한 후자의 방법이었을까? 만일 그렇다면 현재 표준어 표기법에 따라 하느님으로 사용해야 할 것이다. 한편 일부에서는 하ᄂᆞ님이 유일신을 강조하기 위해서 새로 발명한 용어이므로 현재 표기상 하나님으로 사용해야 하고, 이는 전통적인 무교나 민족 종교의 하느님과는 무관하다고 주장한다. 후자를 지지하는 측은 한국어의 신(神)은 그리스어의 daimon, 라틴어의 numen, 영어의 gods나 spirits, 중국의 神과 같은 용어라고 이해하고, 그것은 성신이나 귀신 등과 같은 복합어나 다신론의 신으로 사용된다고 지적한다.

결론을 미리 말하면 개신교의 하ᄂᆞ님은 두 가지 방법을 통합한 독특한

---

5 중국에서 반천주교 학자들은 Matteo Ricci와 예수회 신부들이 유교 고전에서 중국어 신명인 상제를 훔쳐서 이상한 기독교적 개념으로 덧칠했다고 비판했다. 한국에서 1909년에 나철이 창시한 대종교(단군교)는 1980년대부터 삼일신인 한얼님을 기독교가 훔쳐가서 사용하고 있으므로 기독교 신을 하나님으로 부를 권리가 없다고 주장한다. 참고. Kim Sanggeun, *Strange Names of God: The Missionary Translation of the Divine Name and the Chinese Responses to Matteo Ricci's Shangti in Late Ming China, 1583–1644* (New York: Peter Lang, 2004); Donald Baker, "The Korean God Is Not the Christian God: Taejonggyo's Challenge to Foreign Religions," *Religions of Korea in Practice* (Princeton, NJ: Princeton University Press, 2007), 470-471; Eric Reinders, *Borrowed Gods and Foreign Bodies: Christian Missionaries Imagine Chinese Religion* (Berkeley: University of California Press, 2004).

경우였다. 이 통합 과정은 한국 선교에서 중국 개신교 신학의 영향, 경합하는 한국 개신교 선교사들의 타종교 신학, 한국 종교와 신론에 대한 한국 기독교인의 이해 등을 보여줄 것이다. 한국의 고대나 전 근대에 원시 유일신론이 존재했는가에 대한 논의는 이 장의 주제가 아니므로 다루지 않는다. 이 장의 관심은 원시 유일신론이 다신론으로 타락했다는 퇴화론의 타당성에 대한 최근의 종교학적 논의가 아니라 한국의 원시 유일신론에 대한 20세기 초 선교사들과 한국 기독교인들의 신학적 담론의 전환에 있다.[6] 이 장은 전통 신명인 하느님의 초월성, 위대성, 유일성의 3대 개념을 단군신화와의 연관 속에서 신조어인 기독교 용어 하느님으로 창조한 역사를 고찰한다.

---

6 종교 기원론에는 상반된 두 가지 이론인 진화론과 퇴화론이 경쟁해왔다. 종교 진화론은 James G. Frazer(1854-1941)의 *The Golden Bough*(1890)에서 잘 표현되었는데 그는 이 책에서 애니미즘에서 기원한 종교는 다신교, 일신교를 거쳐 유일신교로 발전했다고 주장했다. Edward B. Tylor(1832-1917)도 영적 존재에 대한 믿음을 핵심으로 하는 애니미즘이 종교의 기원이라고 보았다. 반면 원시 유일신론 개념을 지지한 종교 퇴화론(타락-진화론)은 Friedrich Max Müller(1823-1900)와 같은 비교종교학자들이 발전시켰는데, 이 이론은 1890년대 기독교 학자들과 선교사 학자들 가운데 인기가 있었다. Andrew Lang(1844-1912)의 *The Making of Religion*(1909)과 Wilhelm Schmidt의 *High Gods in North America*(1933)는 인류의 가장 오래된 종교는 원시 단일신론(원시 유일신론)이었으며, 다신론·마술·미신은 그것이 타락한 형태라고 보았다. 문화권 학파(Kulturkreislehre)로 알려진 예수회 민속학파의 학자들(Schmidt, Kluckhohn)과 독일 역사학파(Jensen, Heine-Geldern)는 퇴화론을 지지하면서 하나님이 초기 인류에게 계시를 통해 근본적인 유일신론의 신학과 자연적 도덕법을 전달했다고 주장했다. 따라서 종교학과 인류학에서 원시 단일신론 혹은 원시 유일신론(primordial monotheism) 개념은 1850년대 이후 1세기 동안 중요한 영향력을 행사했으며, 민속학적으로 변증할 수 있는 학설로 수용되었다. Schmidt와 그의 동료들이 제공한 무수한 민속학적 자료로 방어한 퇴화론(degradation theory)은 이후 반증들에 의해 지지를 받지 못했고, 메소포타미아나 중국의 고대 유적에서 발견된 다신교적 고고학적 유물들로 인해 많은 학자들이 포기하기에 이르렀다. 그러나 많은 기독교인 학자들은 여전히 이를 지지한다. 따라서 현재 학자들의 주장과 상관없이, 원시 유일신론 개념의 중요성은 무시할 수 없다. 고대 한국인의 신앙에 대한 토론은 자료 부족으로 생산적이지 못했다. 문서상 가장 오래된 자료는 13세기에 기록된 『三國遺事』의 단군신화이기 때문이다. 참고. Anthony F. C. Wallace, *Religion: An Anthropological View* (New York: Random House, 1966), 6-13; T. H. Barrett, "Chinese Religion in English Guide: The History of an Illusion," *Modern Asian Studies* 293 (2005): 509-533.

## 1. 중국의 용어 문제

중국에서 발생한 장기간의 용어 논쟁의 역사는 다음과 같은 이유로 한국에도 중요하다. 첫째, 중국 문화는 중화주의 권역인 동아시아에서 한국 종교 문화에 막강한 영향력을 행사하고 있었다. 둘째, 중국 기독교의 모든 용어는 한국으로 수입되었고 몇십 년간 한국의 용어들과 경쟁했다. 셋째, 주한 선교사들은 중국의 용어 논쟁 과정에서 전개된 신학과 담론을 1905년 전후까지 연구하고 사용했기 때문이다.

중국 기독교의 초기 전통은 새 용어를 만드는 방법을 택했는데, 선교사들은 도교와 민간 종교의 다신론에 대응하기 위해서 신조어를 만들었다. 가장 널리 사용한 방법은 접두어를 주(主, Lord)와 결합시키는 것이었다. 경교(네스토리우스파)는 7세기에 새 용어인 眞主를 만들었고, 로마 가톨릭은 17세기부터 天主를 사용했으며, 성공회는 19세기와 20세기 초에 天主와 上主를 사용했다.[7] 이는 유대인들이 야웨(יהוה)를 아도나이(אֲדֹנָי, 主)로 읽은 전통과 그리스어 70인역 성서가 이를 주(κύριος, 主)로 번역한 전통에서 유래한 것이다. 중국에서 무슬림도 오랫동안 主를 사용했다.

### 로마 가톨릭: 上帝, 天主와 전례 논쟁

이탈리아인 예수회 선교사 마테오 리치(Matteo Ricci, 利瑪竇, 1552-1610) 신부는 1583년에 중국에 도착했고, 1601년에 베이징 거주를 허락받았으며, 기독교를 전통 유교에 적응시키는 보유론(補儒論) 입장에서 상류층 유학자를

7 참고. Oak Sung-Deuk, "Competing Chinese Names for God: The Chinese Term Question and Its Influence upon Korea," *Journal of Korean Religions* 3, no.2 (October 2012): 1-27.

대상으로 변증적인 전도서적을 저술했다. 그는 처음에는 기존 용어인 上帝와 天을 활용했는데, 주자학이 아닌 원시 유교에 관심을 두고 그것을 중세 아퀴나스 신학의 Deus를 향해 열려 있는 체계로 보았다. 곧 그는 공자 시대의 초기 유교를 로마 가톨릭과 양립 가능한 불완전한 윤리적 신론이자 존속 가능한 자연 철학으로 이해했다. 그는 불교와 도교의 영향을 받은 주자학(신유학)의 우주론에 드러난 무신론적이거나 다신론적인 요소를 비판했다. 대신 그는 『서경』(書經)을 비롯한 유교 고전에 기록된 인간사와 우주를 감찰하시는 인격적인 신을 함축하는 上帝를 수용했다.

리치가 수용한 두 번째 용어는 초월적 하늘인 天이었는데, 이는 서양 기독교의 섭리 개념과 유사했다. 天이란 용어가 上帝보다 늦게 기원전 1120년경 주(周) 왕실 초기에 도입된 이후 天과 上帝는 유교 고전에서 교차적으로 사용되었다. 그러나 天은 16세기까지 오랫동안 도교와 불교의 영향 아래 비인격적이고 자연적인 힘을 의미했다.[8] 따라서 리치는 그의 『天主實義』에서 上帝뿐만 아니라, 天을 사용하되 새로 만든 용어인 天主를 사용했다. 그는 기독교의 天主를 유교 고전의 上帝와 동일시했고, 神은 성령과 동일시했다.[9] 그러나 그는 신유교 우주론의 비인격적인 태극(太極)이나 리(理)는 만유의 근원이 될 수 없고, 기독교의 天主는 불교의 공(空)이나 도교의 무(無)와 아무런 관계가 없다고 강조했다.[10]

리치는 上帝를 사용했지만 天에 主를 더하여 새 용어인 天主를 발명했다. 나아가 한자 '天'자를 '一'과 '大'의 조합으로 이해함으로써 하늘의 주

---

8 Douglas Lancashire and Peter Kuo-chen Hu, "Introduction. The True Meaning of the Lord of Heaven (T'ien-chu Shih-I). By Matteo Ricci S. J.," in *Jesuit Primary Sources in English Translations* (St. Louis: Institute of Jesuit Sources, 1985), 33-34.

9 Matteo Ricci, *China in the Sixteenth Century: The Journals of Matthew Ricci, 1583-1610*, trans. Louis J. Gallagher (New York: Random House, 1953), 99-100, 125.

10 Ibid. 98-99, 106-107.

재인 天主에 '위대한 유일자'라는 새로운 유일신적 의미를 추가했다.[11] 동시에 예수회가 고유한 유교 용어인 上帝를 채택한 것은 명(明) 왕조(1368-1644)의 문화 혼합주의 정신에 적응한 것을 의미했고 결과적으로 유교와 기독교의 종합을 만들었다.[12]

만주족이 1644년에 청(淸) 왕조를 건국했을 때 청의 지배층과 가톨릭 선교회들의 태도가 변하면서 왕실과 교회가 대립하는 국면으로 접어들었다. 청 왕실은 서구 과학을 수용하고 발전시키기 위해서 몇 명의 예수회 신부들을 고용했지만, 아직 문화적 통합력이 부족하여 명(明) 왕조에 비해 외국 문화와 종교를 적극적으로 수용하지 못했다. 유교 정통주의와 결합된 만주족의 자민족 중심주의, 국수주의, 외국인 혐오주의로 인한 문화적 폐쇄성 때문에 17세기에 청의 지식인들은 유교에 적응하는 예수회의 보유론적 방법도 거부했다.

---

11 Ibid. 125. 2세기 漢에서 발간된 許愼의 『說文解字』에 따르면 天의 어원은 至高無上이다. 참고. 주재용, 『先儒의 天主思想과 祭祀問題』(서울: 경향잡지사, 1958), 32. 周 왕실의 점복 기록인 갑골문에서는 天이 팔을 벌린 사람(大) 위에 큰 두개골 형태의 사각형(口)을 올려놓은 형상이다. 곧 사람의 머리와 같은 우주적 머리, 혹은 사람 위에 있는 높고 큰 공간을 뜻했다. 여기서 신인동형론적으로 天은 모든 인간의 심사와 행위를 보고 듣고 관찰하는 존재로 여겨졌다. Ricci는 天을 一과 大의 합성어로 잘못 이해하였는데, 1880년에 James Legge 교수도 이 해석을 그대로 수용했고, 한국에서는 1892년 G. H. Jones 목사가 이를 수용하여 하ᄂᆞ님을 하나이신 큰 분으로 해석했다. 그러나 Robert Morrison은 *A Dictionary of the Chinese Language* (字典, Macao: East India Company's Press, 1815), 573에서 天을 높고 큰 존재로 해석했다. 참고. James Legge, *Religions of China: Confucianism and Taoism Described and Compared with Christianity* (New York: Revell, 1880), 9; G. H. Jones, "Studies in Korean, Korean Etymology," *KR* 1 (November 1892): 332-333. 최근 한국에서는 大(=한)와 口(=울=우리)가 합하여 한울>하늘이 되었다고 해석하기도 한다. 이 경우 한울=큰 우주가 되고 한울님>하느님은 만물의 주재자의 뜻이 된다.

12 D. E. Mungello, *The Great Encounter of China and the West, 1500-1800* (Lanham, Md.: Rowman & Littlefield, 1999), 22. 한편 예수회의 기적 담론은 중국의 마귀론을 공격했다. 예수회의 이성주의, 과학, 보유론은 신적인 기적과 종교적 우상 타파와 병행했다는 점도 기억해야 한다. 참고. Qiong Zhang, "About God, Demons, and Miracles: The Jesuit Discourse on the Supernatural in Late Ming China," *Early Science and Medicine* 4, no.1 (1999): 1-36.

한편 시골 농민을 주 대상으로 전도하던 탁발 승단(걸식 수도회)의 도미니크회와 프란체스코회 소속 선교사들은 예수회의 적응론을 비판하고 지배 귀족층의 유학과 대결하는 방법을 채택했다. 백련교와 같은 비밀 결사들이 번성하는 산둥(山東) 지방 등에서 전도하던 프란체스코회는 조상 제사를 윤리적 행위가 아닌 종교적 행위로, 곧 미신적이며 이교적인 우상숭배로 간주하고 금지했으며, 대신 지방 정부로부터 탄압을 받는 신도들의 비밀 집회를 지원했다.[13] 그들은 시골 농민들이 제사에서 조상을 위해 기도하고 후손의 복을 구하는 종교적 '숭배' 행위는 도시 유학자들이 효의 표현으로 조상을 '공경'하는 윤리적 의례와 다르다고 주장했다. 전도 대상과 신도 구성원의 차이로 인해 가톨릭 선교회들이 중국의 문화와 종교(유교의 제사)에 대해 상이한 신학적 접근 방법을 취하게 되었고, 그것이 전례 논쟁으로 비화되었다.

17세기 중반부터 18세기 초까지 이어진 신 명칭과 조상 제사에 대한 전례 논쟁(典禮論爭)에서 도미니크회와 프란체스코회는 유교 용어와 의례를 수용한 예수회의 혼합주의를 비판했다. 1715년 교황 클레멘스 11세(재위 1700-21)가 교서 "*Ex Illa Die*"(그날로부터)에서 청의 의례인 공자 제례와 조상 제사를 금지했을 때 上帝와 天의 사용도 금지하고 대신 天主를 사용하도록 했다.[14] 바티칸 신학자들이 上帝의 사용을 금지한 이유는 유럽 천주교의 Deus가 중국의 황제와 혼동되는 것을 우려한 점도 있었다. 이에 대해 학자적인 강희제(康熙帝, 1654-1722)는 예수회 신부를 제외한 선교사를 추방하고 천주교 포교를 금지했다. 그 아들 옹정제(雍正帝, 재위 1722-35)는 모든

13 Mungello, *Great Encounter*, 24-26.

14 교황 칙서는 pneuma를 神으로 번역하도록 명했다. 참고. S. W. Williams, "The Controversy among the Protestant Missionaries on the Proper Translation of the Words God and Spirits into Chinese," *Bibliotheca Sacra* 35 (October 1878): 735.

선교사들의 입국을 금지하고 베이징에 남아 있던 예수회 신부들까지 마카오로 추방했다. 1742년에 교황 베네딕토 14세(재위 1740-1758)가 내린 칙령 "*Ex Quo Singulari*"(그 특별한)는 예수회의 이교 문화에 대한 적응주의를 더 강하게 비난했다. 이로써 유럽 가톨릭의 천주와 중국 황제의 대결 구도가 형성되었다. 결국 18세기에 들어와 성장한 유럽의 문명 우월의식과 자부심은 중국과 동아시아 문화에 대한 오리엔탈리즘 담론을 생산했고, 이 과정에서 리치의 보유론은 폐지될 수밖에 없었으며, 유럽 기독교와 중국 종교 사이의 우호적인 만남의 첫 장은 막을 내렸다. 조상 제사의 쟁점은 용어 문제와 긴밀하게 연관되어 있었고 개신교는 19세기에 두 쟁점을 다시 다루게 된다.

### 개신교: 神에 대한 上帝의 우위성

천주교 선교사들과 달리 개신교 선교사들은 θεός의 개념을 전달할 매체로 기존 신명을 선호하는 성육신 방법 진영에 속했다.[15] 성경을 최고의 권위로 삼는 개신교는 19세기에 성경의 본토어 번역본들을 양산했다. 동시에 여러 선교회들은 God의 중국어 용어에 대해 언어학적·역사적·신학적으로 다양한 담론을 제기했다. 그 가운데 대부분이 인정한 합의점은 그리스어 신약의 κύριος(主)는 히브리어 성호인 יהוה(YHWH)와 동등하므로 θεός(God)는 主(Lord)로 번역해서는 안 된다는 것이었다.[16] 이 논의에 의하면 主, 眞主, 天

15 중국의 용어 문제에 대해서는 다음 글을 보라. Douglas G. Spelman, "Christianity in Chinese: The Protestant Term Question," *Papers on China 22A* (May 1969): 25-52; Eber, "Interminable Term Question."

16 예를 들면 天主를 사용할 경우 "나의 주 나의 하나님"(요 20:28)은 "나의 眞主 나의 天主"가 되었다. 참고. James Legge, *The Notions of the Chinese Concerning God and Spirits: With an Examination of the Defense of an Essay, on the Proper Rendering of the Words of Elohim*

主, 上主는 God이 아니라 Lord에 상응하는 중국어였다. 그들은 대안을 모색하는 과정에서 그리스인들이 θεός를 택하고 영국인들이 God을 택하였듯이 중국에서는 최선의 토착어를 채택해야 한다고 주장했다. 개신교 선교사들이 본토 신명을 채택한 다른 이유는 天主를 택한 결과 외국 종교로 낙인찍힌 로마 가톨릭과 차별화할 필요가 있었기 때문이었다. 미국 개신교 선교사들의 경우에는 놀랍게도 천주교가 성령(성신)을 칭하기 위해 채택한 본토어 神을 God의 용어로 과감하게 채택했다.

런던선교회의 모리슨(Robert Morrison, 1782-1834)은 그리스어 수용 본문(*textus receptus*)과 흠정역(KJV) 영어 성경을 저본으로 번역한 첫 한문 신약전서인 『新遺詔書』(1814)와 첫 성경전서인 『神天聖書』(1823)에서 神을 채택했다. 그 이후 초기 개신교 선교사들은 유교의 고전에서 빌려오거나 神, 天, 上帝, 主와 다른 문자들을 결합하여 창안한 20개 이상의 신명을 사용했다.[17] 이에 대해 영국과 미국의 선교사들이 서로 합의하지 못했을 뿐만 아니라 침례회, 감리회, 장로회, 성공회 등 교파 선교회들 간에도 공통점을 찾을 수 없었다. 개신교 선교사들은 1843년 대표자 역본인 문리본(文理本)을 위한 신약 성경번역자위원회가 조직되었을 때 上帝파와 神파로 양분되었고[18], 1870-80년대에는 제3의 집단인 天主파가 성공회를 중심으로 형성

---

*and Theos, into the Chinese Language* (Hong Kong: Hong Kong Register Office, 1852), 130.

17 네 가지 계열이 있었다: (1) 神 계열: 神, 眞神, 眞活神; (2) 帝 계열: 上帝, 神天上帝, 天上上帝, 眞神上帝, 神天大帝, 天帝, 天皇, 主宰, 眞宰; (3) 天 계열: 天, 上天, 神天, 天父, 老天爺; (4) 主 계열: 天主, 神主, 眞主, 上主, 天帝神主. 이 가운데 가장 인기가 있는 것은 神, 上帝, 天이었다. 참고. Walter H. Medhurst, *An Enquiry into the Proper Mode of Rendering the Word God in Translating the Sacred Scriptures into the Chinese Language* (Shanghai: Mission Press, 1848), 157-159; Frank Rawlinson, *Chinese Ideas of the Supreme Being* (Shanghai: Presbyterian Mission Press, 1928), 14.

18 상제 지지자 안에도 두 개의 하위 그룹이 있었다. 첫 집단은 신명은 上帝, 성령은 神을 사용했고, 두 번째 집단은 신명은 上帝나 天을, 가짜 신에 대해서는 神을, 성령에 대해서는 聖靈과 靈을 사용했다. 神 그룹은 聖靈과 靈을 사용했다. 참고. Williams, "Controversy

되었다.

1847년과 1848년에 신명에 대한 많은 논문과 소책자들이 발간되었다. 신약번역자위원회는 합의에 도달하지 못하고 결국 1850년에 두 개의 다른 판본인 神本과 上帝本을 발간했다. 자유주의 진영은 유교 고전의 上帝를 성경의 엘로힘/테오스와 역사적으로나 성품적으로 동등한 것으로, 중국어의 神을 그리스어의 δαίμων(신, 귀신)이나 라틴어의 numen(신령)과 동등한 것으로 해석했다. 메드허스트(Walter Medhurst, 1796-1857)는 전통적인 체용론을 이용하여 上帝는 神의 본체(體)이며, 神은 上帝의 영적 기능(用)이라고 논증했다.[19]

上帝파는 원시 유일신론의 개념을 통하여 새로운 국면을 열었다. 예수회는 기독교와 원시 유교가 보완적이고 유교가 유신론에 개방적이라고 생각했다. 레그(James Legge, 1815-97)로 대표되는 영국계 상제파는 한 발 더 나아가 유교 고전의 상제는 그리스어의 테오스와 동일하고, 중국인은 그리스인과 같이 본래 단일신자들이었다고 주장했다.[20] 상제파는 고대 중국인들이 다수의 저급한 신들을 섬겼음에도 불구하고 유일신적인 상제를 섬겼다고 믿었다. 반면에 上帝파는 성령을 神이라고 번역해서 예수회와의 연속성을 유지했다.

반면 미국계 神파는 신(神)이 신, 영, 혼을 의미하는 보다 통칭적인 용어이고 기독교가 신을 사용하면 중국의 신들을 없앨 수 있다고 주장했다.

---

among the Protestant Missionaries," 788.

19 W. H. Medhurst, *A Dissertation on the Theology of Chinese with a View to the Elucidation of the Most Appropriate Term for Expressing the Deity, in the Chinese Language* (Shanghai: American Presbyterian Mission Press, 1847), 266, 278; Medhurst, *Enquiry into the Proper Mode*, 15.

20 James Legge, *Notions of the Chinese*, 58-59, 113; Elihu Doty, *Some Thoughts on the Proper Term to Be Employed to Translate Elohim and Theos into Chinese* (Shanghai: Presbyterian Mission Press, 1850), 12-13.

미국 성공회 주교인 분(William J. Boone, 1811-74)은 17세기의 도미니크파와 프란체스코파들처럼 고대 중국에 원시 일신교와 원시 계시가 역사적으로 존재했다는 사실을 부정했다. 1848년에 분은 고대 중국인은 다신론자였고 참 신을 몰랐으며, 따라서 지고자로 알려진 상제는 만신전의 최고신으로 간주해야 한다고 주장했다. 그는 그리스어 신약이 주신(主神) 제우스라는 특정 이름을 채택하는 대신 통칭적이고 관계적(relative) 용어인 테오스를 채택한 것처럼, 한문 성경에서도 上帝라는 구체적인 이름 대신 통칭적이고 관계적 용어인 神을 채택해야 한다고 주장했다.[21] 프랑스 예수회 신부인 비스델루(Claude de Visdelou, 1656-1737)와 마찬가지로 분의 유교 이해는 신유학을 집대성한 주희(朱熹)의 주석서에 의존했는데, 주희는 우주의 시작을 태극(太極)에서 나온 이(理)와 기(氣)로 이루어진 비인격적 진화 과정으로 이해했다. 한국에서는 언더우드가 분의 논리를 따라 최고신 배격 노선을 수용했는데, 언더우드는 1890년대에 하ᄂᆞ님을 한국 만신전의 최고신의 이름으로 간주하고 그 사용을 반대했다.

神파인 분의 주장이 강력했기 때문에 1850년 1월 上帝파인 메드허스트와 상하이에 있는 그의 다섯 동료들은 개신교 선교사들의 의견이 상제와 신 사이에 분열되어 있으므로 임시변통으로 יהוה(YHWH)를 음역한 耶和華(YaHoWaH)를 사용하자고 제안했다. 그러나 이 타협안을 지지하는 사람은 없었다.[22] 하지만 神파는 1841년(더 집중적인 작업은 1857년)부터 중국 고전의 기념비적인 번역 작업을 시작한 레그의 부상하는 학문적 영향 때문에 목소

21 William J. Boone, *An Essay on the Proper Rendering of the Words of Elohim and Theos into the Chinese Language* (Canton: Chinese Repository, 1848), 2-4.

22 Boone, *Defense of an Essay on the Proper Rendering of the Words of Elohim and Theos into the Chinese Language* (Canton: Chinese Repository, 1850), 3, 17; Williams, "Controversy among the Protestant Missionaries," 746-747. Underwood도 동일하게 타협안으로 잠시 여호와를 사용하였다.

리를 잃기 시작했다.[23] 1851년에 중국 선교사 1/3 이상이 神의 사용을 포기했고 점차적으로 선교회마다 그 용어를 영구히 포기했다.[24]

빅토리아 시대의 대표적 학자 선교사인 레그(James Legge)는 상제의 두 가지 새로운 개념을 옹호함으로써 중국 용어 문제에서 핵심적인 역할을 했다. 곧 그는 상제가 관계적 용어이며 원시 유일신 요소를 가지고 있다고 주장했다. 그는 선교사로 일하던 초기에는 개신교 선교 사업이 흑암의 시님 땅(사 49:12)에서 중국인들을 신속하게 개종시킬 수 있다고 자신만만하게 믿으면서 神을 사용했다.[25] 그러나 중국 고전들을 연구한 후 레그는 메드허스트의 연구를 수용했고, God은 포괄적·총칭적·일반적(generic) 용어가 아니라 관계적(relative)인 용어라고 주장하면서 1848년에 자신의 용어를 신에서 상제로 바꾸었다.[26] 레그는 God과 상제는 그 자체로 최고신을 지칭할 뿐만 아니라, 다른 모든 존재와 만물과의 관계에서 최고신을 의미한다고 주장했다.[27] 음인 鬼와 양인 神의 상호 관계를 말하는 주희의 주석서를 근거로, 레그는 주희가 주재자인 상제를 부정하지 않았다고 보았다. 그 점에서 레그는 윌리엄 분의 일반적인 神이 아닌 만물을 다스리는 관계적인 上帝를 사용해야 한다고 주장했다. 그는 이 관계적 상제가 삼위일체론의 설명에도 유리하다고 보았다.

1852년 레그는 한걸음 더 나아가 고대 중국인에게 신적 계시가 있었

23 Norman J. Girardot, *The Victorian Translation of China: James Legge's Oriental Pilgrimage* (Berkeley: University of California Press, 2002), 40, 49.

24 Henry Blodget, *The Use of T'ien Chu for God in Chinese* (Shanghai: American Presbyterian Mission Press, 1893), 3.

25 Girardot, *Victorian Translation*, 44.

26 Legge, *An Argument for Shangte as the Proper Rendering of the Words Elohim and Theos in the Chinese Language with Strictures on the Essay of Bishop Boone in Favour of the Term Shin* (Hong Kong: Hong Kong Resister Office, 1850), v.

27 Legge, *Notions of the Chinese*, 2, 86; Keong Tow-yung, "James Legge and the Christian Term Question," *Tsing Hua Journal of Chinese Studies* 37, no.2 (December 2007): 472.

기 때문에 중국인이 예배했던 상제와 서구 기독교인이 섬겼던 God은 동일하며, 순수하지는 않지만 유일신 개념이 고대 중국에 존재했다고 주장했다.[28] 그는 상제 유일신론의 한 형태를 보여주는 문헌 증거를 복고주의자들이 기록한 『大明會典』(1511)에 있는 명 황제의 천제(天祭)에서 찾아 소개했다.[29] 레그는 원시 계시의 개념에 입각하여 중국에서 유일신론이 다신론보다 선재했으며 유교의 오경에 등장하는 상제가 기독교 유일신의 다른 이름이었고, 중국인들은 다른 많은 열등한 신들과 정령을 섬겼지만 역사상 상제를 모독한 적이 결코 없었다고 믿었다.[30] 마테오 리치와 마찬가지로 레그도 고전 유교의 형이상학적 해석과 황실 황제의 의례에 근거해 상제의 유일신성을 논증했다.

1859년 레그는 리치의 보유론적 적응론을 변호했다.[31] 그러나 레그는 天主보다 上帝를 선호했는데, 이는 레그가 천주의 경우 비록 그 용어가 관계적 용어이기는 하지만 그 통치의 자리를 하늘에 한정하는 약점이 있다고 보았기 때문이다. 레그는 개신교 자유의 관점에서 예수회가 발명한 신조어인 천주를 거부했다. 그는 로마 가톨릭을 참 상제와 함께 다른 복수의 존재들을 예배하는 심각하게 타락한 기독교의 한 형태로 간주했다. 그는 고대 중국의 유일신교가 다신교로 퇴화하면서—로마 가톨릭과 마찬가지로—유

---

28 Legge, *Notions of the Chinese*, 38.

29 Legge, *Notions of the Chinese*, 24-31, 40-42; Lauren F. Pfister, "Discovering Monotheistic Metaphysics: The Exegetical Reflections of James Legge (1815-1897) and Lo Chung-fan (d. circa 1850)," *Imagining Boundaries: Changing Confucian Doctrines, Texts, and Hermeneutics*, Chow Kai-wing et al. eds. (Albany: State University of New York, 1999), 215. 『大明會典』은 명의 법령과 제도를 집대성한 180권의 사서로서 1502년에 서부(徐溥) 등이 황제의 명에 따라 편찬했고, 1509년에 이동양 등이 수정하여 1511년에 간행했다.

30 Legge, *Notions of the Chinese*, 58-59, 113.

31 Legge, *The Land of Sinim: A Sermon Preached in the Tabernacle, Moorfields, at the Sixty-Fifth Anniversary of the London Missionary Society* (London: John Snow, 1859), 58.

일신 상제와 다른 신들을 함께 예배했다고 주장했다.[32]

1877년 상하이에서 열린 재중개신교선교사대회에 참석할 수 없었던 옥스퍼드 대학교의 레그는 『기독교와 유교의 관계』라는 제목의 글을 보냈다. 그 소책자에서 레그는 유교 고전의 상제는 참된 유일신이고, 공자는 하나님의 보냄을 받은 자이며, 유교와 기독교의 관계는 유대교와 기독교의 관계처럼 유교가 중국인들에게 기독교를 가르치는 몽학선생의 역할을 할 수 있다고 주장했다.[33] 그러나 레그는 유교 고전들이 중국의 종교가 순수한 유일신교였던 시대를 대표하지 않는다는 점도 인식했다. 그는 1880년에 발간한 *The Religions of China*에서 고대 중국의 원시 유일신론에 대한 견해를 반복했다. 그는 5,000년 전 중국인은 유일신론자들로서 비록 자연 숭배와 점술과 지속적으로 투쟁했지만 단일신론자(henotheists)가 아닌 유일신론자(monotheists)였다고 주장했다.[34] 한국의 많은 기독교인들과 선교사들은 레그의 원시 유일신 상제 담론을 받아들였고 하ᄂᆞ님을 그 동등어로 이해했다. 레그의 『중국의 종교』는 한국 개신교 선교사들에게 지대한 영향을 미쳤다. 언더우드가 1910년에 *The Religions of East Asia*를 발간했을 때 그는 레그의 책을 광범위하게 이용했고, 레그의 상제론에 근거하여 용어 하ᄂᆞ님의 원시 유일신성을 변증했다.

메드허스트, 밀른, 귀츨라프, 스트로나크, 스톤턴, 레그 등 대다수 영국과 유럽의 선교사들은 上帝를 지지했고, 분과 브리그만으로 대표되는 미

---

32 Legge, *Notions of the Chinese*, 32.

33 Legge, *Confucianism in Relation with Christianity* (Shanghai: Kelly & Walsh, 1877), 11.

34 Legge, *The Religions of China: Confucianism and Tâoism described and compared with Christianity* (London: Hodder and Stoughton, 1880), 16. 단일신교(henotheism)는 여러 신을 인정하면서도 상황에 따라 그 가운데 하나를 주신(主神)으로 섬기는 종교다. 유일신론과 달리 다른 신을 인정하므로 선택적 일신교나 택일신교(擇一神敎)로도 불리며, 여러 신을 섬기는 다신교와 다르다.

국 선교사들 대부분은 神을 지지했다. 따라서 영국성서공회와 스코틀랜드 성서공회는 上帝 역본을, 미국성서공회는 神 역본을 출판했다. 영국성서공회는 기본적으로 문자적 직역 정책을 지지했으나, 1854년에 런던선교회의 선교사들이 만드는 문학적이고 역동적인 의역을 수용하는 구약성경의 번역을 허용했다. 영국성서공회의 문학적 의역인 대표자역본(문리본)은 1910년까지 직역에 충실한 미국성서공회의 브리그만-컬버슨 역본보다 훨씬 더 인기가 있다. 일본에서는 미국 선교사들이 지배적이었으므로 神과 그 일본어 동등어인 かみ가 사용되었다. 이와 달리 주한 미국 선교사들은 성서 사업에서 영국성서공회와 주로 협력했으므로 한문 성경은 상제본을 사용했다. 결국 초기 한국 개신교는 한문본이나 국한문본의 상제와 한글본의 하ᄂᆞ님을 함께 사용했다.

제3 진영인 영국 성공회는 天主를 지지했다. 1851년 영국 성공회의 중국 초대 주교인 스미스(George Smith)는 다수의 중국인들이 150년간 천주라는 용어를 사용하면서 개종했고 개신교인들이 로마 가톨릭의 종교적 명명법의 대부분을 이미 채택했으므로 천주를 선호했다.[35] 天主파의 대표적 성경 번역자인 세레세프스키(Samuel I. J. Schereschewsky, 1831-1906) 주교는 1875년 구약전서의 번역에서 엘로힘을 天主로, 야웨를 主로, 신들을 神으로 번역했다.[36] 베이징의 미국공리회(ABCFM, 미국회중교회선교회)의 블로지트

35 Blodget, *Use of T'ien Chu*, 6. 1864년에 푸조우의 북감리회 선교사 Robert Samuel Maclay(1824-1907)는 천주와 성신을 사용하자고 주장했다. 1865년 지푸의 스코틀랜드성서공회 총무 Williamson은 새 관화본에서 선교회들이 연합하는 유일한 기초는 천주의 채택이라고 강조했는데, 여기에는 런던선교회의 Joseph Edkins와 미국 북장로회의 W. A. P. Martin 같은 고참 선교사들이 서명했다. 1876년 Maclay는 연합을 위해 천주 사용을 지지했다.

36 Samuel I. J. Schereschewsky, "Terminology in the China Mission," *Churchman* (January 14, 1888): 34-35; Eber, "Translating the Ancestors: S. I. J. Schereschewsky's 1875 Chinese Version of Genesis." *Bulletin of the School of Oriental and African Studies* (1993): 226.

(Henry Blodget, 1825-1903)는 천주가 최선의 용어라고 세레세프스키를 확신시켰다. 블로지트는 1893년에 중국에 있는 개신교, 천주교, 정교회 등 모든 기독교회가 단일 신명으로 연합해야 한다고 주장했다. 그는 85년간의 기독교의 중국 선교 경험을 통해 神은 다신교적 신들과 유일한 하나님을 구분할 수 없다는 점이 증명되었으며, 상제는 왕실 의례와 연결되어 있었고, 따라서 많은 가톨릭과 개신교 선교사들은 상제를 최고의 주신(主神)으로만 간주한다고 보았다.[37] 그는 중국어에서 천(天)보다 더 종교적인 경외심을 내포한 단어는 없으며, 주(主)는 인격적인 요소를 더해준다고 주장했다.[38] 연합에 대한 성공회의 제안을 중국의 고참 선교사들뿐만 아니라 일부 한국의 젊은 선교사들도 수용했다.[39]

위에서 본 것처럼 신-상제-천주의 삼파전이 전개되면서 중국의 용어 문제는 해결되지 않았다. 1877년, 1890년, 1907년에 개최된 세 차례의 상하이선교사대회는 그 문제를 해결할 수 없었다. 상제, 신, 천주 세 용어는 1890년대와 1900년대에 공존했다. 중국 기독교인들은 영국성서공회가 발간한 상제본을 선호했다. 20세기의 첫 10년 동안 거의 모든 중국 기독교인들은 상제본을 사용했고, 이어서 상제를 채택한 1919년의 화합본을 사용했다.[40] 중국인들은 토착 신명을 선호했고 레그와 진보적 복음주의 선교사들이 강력히 옹호한 중국의 고대 조상들이 유일신 교도였다는 주장을 지지했다. 중국에서의 토착어 사용 원칙과 진보적인 개신교 선교사들의 원시

---

37 Blodget, *Use of T'ien Chu*, 3-4.

38 Eber, *op. cit.*, 227.

39 한국 성서번역자회는 1894년 교회 연합 차원에서 텬쥬를 사용하기로 결정했다.

40 1900년대에 상제본 판매가 급증했다. 상제본 판매는 1894년 38,500부(11.6%)에서 1908년 299,000부(78.9%)로, 1913년 1,708,000부(99.7%)로 증가되어 중국의 기독교인들은 거의 상제본을 사용했다. Zetzsche, *The Bible in China: History of the Union Version or The Culmination of Protestant Missionary Bible Translation in China* (Nettetal, Germany: Monumenta Serica, 1999), 88.

유일신론 개념은 한국 개신교 선교회에 영향을 미쳤다.

한국에서의 용어 논쟁을 살펴보기 전에 중국에서 발생한 성신-성령 용어의 변화를 간단히 살펴보면, 한문 용어와 한글 용어의 상관관계를 짐작하는 데 도움이 된다. 중국에서 上帝-聖神파는 神-聖靈파와 경쟁했다. 神 진영에서는 성령을 번역할 때 '神의 神'으로 할 수 없었으므로 '神의 靈'이나 聖靈을 채택했다. 1904-07년 한문본 성경에서 神에 대한 지지가 급감하자 상제-성령으로 타협이 이루어졌다. 그러나 한국에서는 하ᄂᆞ님이 채택되었으므로 이 타협이 필요하지 않았고 따라서 오랫동안 하ᄂᆞ님-성신이 사용되었다. 만주의 로스(John Ross, 1842-1915)는 1882년 한글 복음서에서 셩신을 사용했으나 이듬해 셩령으로 바꾸었으며 1887년 신약전서도 성령을 사용했다. 1895년부터 1936년까지 서울에서 출판된 위원회본과 구역본은 오직 성신만 사용했는데 이는 당시에 사용한 한문본이 영국성서공회의 上帝-聖神 역본이었기 때문이었다. 1906년 이후의 국한문본도 上帝-聖神을 사용했다. 그러나 1938년 개역본은 성령을 채택했는데 이는 神(かみ)-聖靈을 사용한 일본어 역본의 영향 때문이었다.

## 2. 한국의 용어 문제

중국 개신교 선교회들과 달리 1890년대 한국 개신교 선교회들에서는 한국의 토착 신명인 하ᄂᆞ님(하느님)과 중국에서 온 새 용어인 텬쥬(天主)가 경합했다. 전자가 한국 민속 종교가 널리 사용하던 고유한 신명으로서 1878년 성경을 한글로 번역하기 시작한 존 로스에 의해 채택된 선발 주자의 이점을 가졌다면, 후자는 한문 용어였으나 복음주의 개신교(장로교와 감리교)와 영국 국교회(성공회)의 교회 일치와 협력에 유리했다.[41] 1893년부터 1903년까지 여러 이름과 용어에 대한 논쟁 끝에 복음주의 개신교 선교회들은 본토어로 된 한글 문서에서는 하ᄂᆞ님을 채택하고 한문이나 국한문 문서에는 上帝를 사용하기로 결정했다.[42] 중국의 개신교 선교사들은 용어 문제로 장기간에 걸쳐 논쟁했다. 반면 한국 선교사들은 번역 작업을 시작한 지 20년 안에 신조어인 하ᄂᆞ님으로 합의했다. 용어 문제의 역사는 초기 개신교 선교사들의 타종교 신학과 한국 샤머니즘의 원시 유일신교적 관념에 대한 태도, 기독교와 유사성을 가진 한국 영성의 독특한 면, 그리고 신조어인 하ᄂᆞ님을 기독교의 유일신으로 만든 초기 한국 기독교인들의 신학적 창조성과 역할을 보여줄 것이다.

### 로마 가톨릭의 텬쥬(天主)

조선 천주교회가 1784년 공식적으로 출범하기 전에 가톨릭 신자들은 마테오 리치와 여러 예수회 신부들의 한역 서학서로부터 영향을 받아 상제와 천주를 교차적으로 사용했고 제사도 금지하지 않았다.[43] 그러나 1790년 베이징의 라자로회(遣使會) 주교인 구베아(Alexandre De Gouveia, 1751-1808)로부

41 이 당시 하느님, 하ᄂᆞ님, 하나님, 텬쥬(天主), 샹뎨(上帝), 신(神), 진신(眞神), ᄎᆞᆷ신(眞神), 쥬(主), 샹쥬(上主) 등의 신명이 사용되었다.

42 한국 샤머니즘에서 유래했고 미국 선교사들이 선호한 한국어 하ᄂᆞ님과, 한국 유교에서 유래했고 영국 선교사들이 선호했던 한자어 상제의 공존은 한국 종교와 한국 개신교가 독특한 정체성을 가지고 있었음을 보여준다.

43 윤민구, 『한국천주교회사의 쟁점 연구』(2014)에 따르면 김양선(1907-1970) 목사가 개인적으로 수집해서 1967년 숭실대 한국기독교박물관에 기증한 이승훈의 『蔓川遺稿』안에 있는 聖教要旨, 천주공경가, 십계명가, 天主實義跋, 경세가 등을 분석한 결과 한문본 성교요지에 20세기에 만들어진 개신교 용어들이 등장한다는 사실이 밝혀졌으며 성교요지는 기존에 알려진 1779년이 아닌 1900년 이후에 작성되었고 한글본 성교요지는 1920년대 말 개신교인이 만든 위작들임이 밝혀졌다.

터 제사 금지를 통보 받은 한국인들은 1791년부터 제사를 금지하고 천주만 사용했다.[44] 예를 들면 정약종(丁若鍾, 1760-1801)의 한글 교리서 『쥬교요지』(1800)는 "텬쥬오직ᄒᆞ나히시니라"는 소제목에서 보듯이 텬쥬(天主)를 사용했고, 정하상(丁夏祥, 1795-1839)이 천주교를 변호하기 위해 재상에게 보낸 한문 청원서인 "上宰相書"(1839)도 天主를 사용했다.

1836년(헌종 2년)부터 조선에 거주하기 시작한 파리외방선교회 소속의 프랑스 선교사들은 민간 종교의 하ᄂᆞ님을 알았지만 上帝와 天의 사용을 금지한 교황의 교서에 나타난 바티칸의 보수적인 신학 노선을 따라 하ᄂᆞ님을 미신적인 이교도의 신으로 간주했다. 따라서 1869년에 페롱(Stanislas Férron, 1827-1903) 신부가 편찬한 수필본 불한사전인 『*Dictionnaire Français-Coréen*』은 텬쥬만 사용했는데, *ciel*(하ᄂᆞᆯ) 항목의 용례에서 "*ciel* 하ᄂᆞᆯ. *les payens par respect superstitieur a disent* 하ᄂᆞᆯ님"[하ᄂᆞᆯ. 이교도들은 미신 숭배로 하ᄂᆞᆯ님을 말했다]이라고 규정했다.[45] 이는 1860년대 프랑스 신부들이 한국인의 하ᄂᆞ님을 알고 있었지만 이 용어를 미신적인 무교의 신으로 간주하고 배척했음을 보여준다. 한편 1880년에 요코하마에서 발간된 『韓佛字典 한불ᄌᆞ뎐』은 '하ᄂᆞᆯ' 항목에 '하ᄂᆞ님'을 언급하지 않았고,[46] '샹제'와 '텬쥬' 항목 아래 Dieu를 다루었다. 결국 19세기 조선의 천주교에서는 天主(텬쥬)만 공식적인 용어로 존재했다. 참고로 19세기 조선 천주교는 타종교의 신은 神, 천사는 天神(천신), 성령은 셩신(聖神)의 용어를 사용했다.[47]

44 1773년에 클레멘트 14세가 예수회(耶穌會)를 해산한 후 파리 출신의 프랑스인 빈센티안 선교사들이 베이징에서 활동했다. 1784년에 이승훈에게 세례를 주었던 예수회 신부인 de Grammont 주교도 더 이상 중국에서 활동할 수 없었다.

45 Stanislas Férron, *Dictionnaire Français-Coréen* (1869; 재발행, 서울: 한국 교회사연구소, 2004), 59.

46 F. C. Ridel, ed., 『韓佛字典 *Dictionnaire Coréen-Français*』 (Yokohama: Levy, 1880), 77.

47 가톨릭교회는 제2차 바티칸 공의회 이후 용어 문제에서 토착화의 방향으로 움직였다. 1971년과 1977년에 가톨릭교회가 개신교, 성공회, 정교회와 협력하여 공동번역 성경을

Ciel 하날, en aggrey. 텬 — le paradis
텬당, 텬국 mot chrétien — les payens disent 텬샹.
lever les yeux au ciel 앙텬하다, — monter au 승텬하다,
하날에 오르다 — le ciel haut, l'atmosphère 공즁 — les
oiseaux du ciel 공즁 단니는 새, — la voute du
ciel 하날 — les payens par respect superstitieux
disent 하날님 — à la face du ciel 빅쥬에 c. à. d. à
la clarté du jour (serment) — un beau ciel c. à d.
un beau climat 불한불열디방, 한열고른디방
c. à d. un pays ni trop froid, ni trop chaud.

[사진 1] **Stanislas Férron, *Dictionnaire Français-Coréen* 불한사전, 1869년**
(1869; 재발행, 서울: 한국 교회사연구소, 2004), 59.

한편 1860년 최제우(崔濟愚, 1824-64)는 상제의 강림을 경험하고 서학(西學)인 천주교에 대항하는 대안의 새 종교로서 동학(東學)을 창도했다. 그러나 유불선 삼교에 천주교를 혼합한 동학은 1880년까지 한문 문서에 天主를 사용했다. 이는 조선 정부가 동학교도를 천주교인으로 간주하고 박해한 한 이유가 되었다. 따라서 최시형(崔時亨, 1827-98)을 중심으로 한 동학 본부가 1881년부터 『용담유사』등의 한글 문서를 목판으로 발간하기 시작했을 때 1860년대에 최제우가 만든 가사들을 인쇄하면서 텬쥬 대신 한글 번역어 한울님을 채택했고, 사인여천(事人如天)의 교리를 따라 천은 사용하되 천주는 버렸다. 다만 최제우가 만든 21자 주문 안의 '시천주'(侍天主)는 그

만들 때 天主의 한글 동등어인 '하느님'을 채택했다. 로마 가톨릭교회는 2005년에 발간한 새 번역본인 『성경』에서도 '하느님'을 계속 사용하고 있다.

대로 사용했다. 한문의 天主가 비주류로, 한글의 한울님이 주류로 공존한 셈이다. 1905년 12월 3대 교주 손병희(孫秉熙, 1861-1922)는 동학을 천도교로 개칭·선포했는데, 여기서는 인내천(人乃天) 교리대로 인의 내면적 초월성과 휴머니즘이 강조되어 초월적 천의 차원은 약화되었다.[48]

### 존 로스의 하느님(하나님) 채택

한문 용어와 한글 용어 간의 상호 관계 속에서, 만주에서 활동하던 스코틀랜드연합장로교회의 존 로스와 존 매킨타이어는 서울 주재 선교사들에게 중요한 신학적·언어학적 담론을 제공했다. 그들은 1877년부터 1893년까지 사용한 한문 기독교 문서에는 上帝를, 한국어 문서에는 하느님 또는 하나님을 채용했다. 그들은 두 용어를 모두 사용하고 동시대 만주와 한국의 종교성을 참조하여 한글 성경에서 하느님/하나님을 채택하기로 결정했다. 여기서 로스는 고대 중국의 유교, 만주의 도교, 한국 서북 지방의 샤머니즘의 원시 유일신론에 대해서 독특한 담론을 발전시켰다.

로스(John Ross, 1842-1915)는 1872년 스코틀랜드연합장로교회 소속으로 만주의 개항장인 뉴촹(牛庄, 잉코우 營口)에 선교지부를 개척하는 첫 선교사로 파송되었고, 만주의 수도인 선양(瀋陽, 奉天)에 두 번째 선교지부를 개척한 후 1910년 은퇴할 때까지 중국인뿐만 아니라 한국인을 대상으로도

48 1920-26년 「開闢」을 창간·편집한 이돈화(李敦化, 1884-1950)의 新人 철학, 곧 후천 개벽을 주도하여 지상 천국을 실현하는 새 인간 청년을 추구한 사상은 1910년대의 민족주의, 1920년대의 사회주의와 만나 천도교를 급성장시켰다. 그러나 이돈화는 한울님을 큰 나(大我)로 해석하면서 초월적이고 인격적인 천의 차원을 배제했다. 신사회 문화개조 사상으로서의 천도교는 1930년대 중반 이후 일제의 태평양전쟁에 협력하면서 쇠퇴하기 시작했고 친북 친공산주의 성향 때문에 한국전쟁 이후에는 남한에서 명맥만 유지해왔다.

사역했다.[49] 그는 만주에서 한국인들과 몇 번 접촉한 후 1877년부터 성경을 한글로 번역하기 시작했고 1882년 첫 한글 복음서인 누가복음과 요한복음을 출판한 이후 1887년 한글 신약전서인 『예수셩교젼셔』를 출간할 때까지 하나님(하느님)을 사용했다.[50] 백홍준, 김청송, 서상륜 등 첫 교인들이 로스 역본을 가지고 의주와 한인촌에서 전도했고 그 결과 많은 한국인들이 개종했다. 그들은 미국 선교사들의 조사가 되기도 했고 북한 교회의 씨앗이 되었다.

로스는 만주와 한국을 동아시아 문화권의 일부로 보았고 한국 복음화를 소망하면서 독특한 한국의 언어, 문화, 역사, 종교를 연구했다.[51] 이 작업은 1855년부터 중국에 거주하면서 산동의 지푸(芝罘, 현 烟台)에서 스코틀랜드성서공회 총무로 사역하던 선배 선교사 윌리엄슨(Alexander Williamson, 1829-90)의 열정에서 유래했다. 윌리엄슨은 1865년 토마스(Robert Thomas, 1839-66) 목사를 설득하여 황해도 서해안을 방문하여 한국을 탐사하도록 했고, 1866년에는 마지막 항해가 된 평양행 제너럴셔먼호에 공회 권서로 승선하여 한국 서북 해안에 한문 성경을 반포하도록 도왔다. 윌리엄슨은 1867년 만주의 국경인 책문에 있는 고려문(高麗門)을 방문했는데, 그 마을

49 스코틀랜드연합장로교회는 1847년에 조직되었으며 1900년에 스코틀랜드자유교회와 통합하여 스코틀랜드연합자유교회가 되었다. 스코틀랜드에서 세 번째로 큰 장로교회이며 자유주의 신학을 지지한다.

50 옥성득·이만열, 『대한성서공회사 I』(서울: 대한성서공회, 1993), 31-89; 옥성득 외, 『대한성서공회사 II』(1994), 105-106. 1883년에 Ross는 하느님을 하나님으로 철자를 바꾸었다. 이것은 아래 아(·)를 단순화하려던 그의 노력의 일환으로 그 음가를 ㅡ에서 ㅏ로 바꾼 결과였으며 하늘+님의 의미 변화는 없었다.

51 John Ross, *The Manchus: Or, the Reigning Dynasty of China: Their Rise and Progress* (Paisley, Scotland: J. and R. Parlane, 1880); Ross, *History of Corea: Ancient and Modern* (Paisley, Scotland: J. and R. Parlane, 1880), 7-8; James H. Grayson, "The Manchurian Connection: The Life and Work of the Rev. Dr. John Ross," *Korea Observer* 15: 3 (Autumn 1984): 345-346.

은 1년에 네 차례 청과 조선의 국경 무역이 이루어지는 시장이었다. 그는 한국 상인들에게 한문 성경과 소책자를 배포하고 한국에 대한 정보를 수집했으나 고(故) 토마스에 대한 소식은 듣지 못했다. 윌리엄슨은 선교 사역을 시작할 수 있도록 영국과 미국이 조선을 개항해줄 것을 갈망했다.[52] 로스는 윌리엄슨의 영향을 받아 1874년과 1876년에 고려문을 방문했고 이응찬을 한국어 선생으로 고용했다. 1876년 선양으로 이주한 로스는 이응찬과 함께 한국어를 공부하면서 자신의 경험을 바탕으로 미래 한국 선교사들의 한국어 공부를 위한 대화체 자습서인 *Corean Primer*(상하이, 1877)를 발간한 후 신약성경을 한글로 번역하기 시작했다. 이는 1876년에 체결된 강화도조약으로 한국이 개항되기 시작했고 중국에서 한국 선교론이 나오고 있었기 때문이다. 한국 선교에 대한 관심이 고조되면서 로스의 한국어 독본도 1878년에 재판이 발간되었다.

1878년에 안식년 휴가를 위해 스코틀랜드로 떠나기 전 로스는 공관복음서의 초역을 완성했다. 1875년에 뉴촹으로 파송되어 로스와 합류한 매킨타이어(John McIntyre, 1837-1905)는 1876년에 로스의 여동생과 결혼했으며, 로스의 안식년 기간인 1878년 4월부터 1879년 봄까지 한국인들과 번역 작업을 계속했다.[53] 매킨타이어는 1879년에 시차를 두고 뉴촹장로교회에서 백홍준과 이응찬을 포함한 네 명의 한국인에게 세례를 주었다.[54] 스코틀랜드에서 이 소식을 들은 로스는 이들이 "놀라운 추수를 약속하는 첫 열

---

52 Alexander Williamson, *Journey in North China, Manchuria and Eastern Mongolia with Some Account of Korea*, vol. 2 (London: Smith Elder, 1870), 179-184, 311.

53 Douglas Christie, "Pioneers: The Rev. John Ross, Manchuria," *Life and Work* 5 (1934): 78; Grayson, "Manchurian Connection," 350-352.

54 John McIntyre, "Baptism at Moukden, Haichang, and Seaport," *UPMR* (January 1, 1880): 14-15; McIntyre, "Mr. McIntyre's Report," *UPMR* (July 1, 1880): 278-279; J. Ross, "Manchuria Mission," *MRUPCS* (October 1, 1880): 333-334.

매들"이며 "한국인은 중국인보다 천성적으로 꾸밈이 없는 민족이고 더 종교적인 성향을 지니고 있으므로 그들에게 기독교가 전파되면 곧 바로 신속하게 전파될 것"이라고 기대감을 표시했다.[55]

1878년 4월 스코틀랜드로 갈 때 로스는 *History of Corea: Ancient and Modern*(한국사: 고대와 근대)의 원고를 완성한 상태였는데, 그는 글래스고우 부근의 페이즐리(Paisley)에 거주할 때 그곳 출판사에서 1879년 말에 이 책을 출간했다. 이 책에서 그는 다음과 같이 주장했다.

> 한국인은 지고신에 해당하는 고유한 이름과 한문에서 빌려온 이름을 갖고 있다. 전자는 하늘에서 나온 하느님이고 후자는 샹뎨(上帝)이다. 하느님이라는 이름은 아주 독특하고 매우 보편적으로 사용되고 있으므로, 비록 천주교도들이 중국에서 채용한 이름을 소개했지만 앞으로 번역이나 설교에서 이 주제를 놓고 오래 전에 중국 선교사들 사이에서 발생했던 꼴사나운 논쟁은 걱정하지 않아도 될 것이다. 하느님이란 용어가 주는 개념은 중국에서 널리 사용되는 전능자요 무소부재하며 보이지 않는 존재인 천노야(天老爺)와 매우 유사하다고 하겠다.[56]

로스는 1878년에 이 책의 원고에서부터 하느님을 사용했는데 그는 하느님의 어원은 하늘이며, 천상의 통치자로서 상제와 동등어라고 이해했다. 그는 또한 하느님이 전능자, 무소부재, 불가시성의 속성을 가지고 있다고 주장했다. 한국의 일반 민중을 위해서 순 한글로 성경을 번역하기로 결정한 로스가 한문 문리본 신약전서(1852)의 上帝[샹뎨] 대신 한글 고유의 하느님

---

55 John Ross, "China: Manchuria Mission," *UPMR* (Oct. 1, 1880): 330-331.

56 Ross, *History of Corea* (1880, 1891), 355.

을 채택한 것은 자연스러운 일이었다. 또한 로스는 조선 천주교가 텬쥬[天主]를 사용하고 있는 것을 알았으나, 하느님이 더 우수한 용어이고 조선 정부가 천주교를 사교로 금하고 있었기 때문에 개신교의 차별성을 부각시키기 위해서 텬쥬 대신 하느님을 사용했다.[57]

1881년 5월에 뉴촹으로 돌아온 로스는 상하이에서 구입한 인쇄기와 일본 요코하마에서 주문한 한글 연활자 35,563개를 받아, 새 선교지부를 개척하기 위해 만주의 수도인 선양으로 이주한 후 문광서원(文光書院)을 설립하고 9월부터 한글 문서 인쇄에 착수했다.[58] 로스는 복음서를 인쇄하기 전 1881년 10월에 스코틀랜드장로교회의 요리문답서를 일부 수정한 『예수셩교문답』과 신약성경을 소개하는 짧은 글인 『예수셩교요령』을 시험적으로 출판했는데, 그는 이때 하느님을 채택했다.[59] 하느님을 채택한 한글 기독교 첫 문서인 『예수셩교문답』의 첫 부분은 창조주 하느님이 어떤 분인지 한글로 풀어서 소개한 후 성경의 내용을 문답 형식으로 소개했다.

> **문**: 텬디만물이어드릐잇너뇨
>
> **답**: 하느님이 지여닉은거시라
>
> **문**: 하느님이 뉘뇨
>
> **답**: 녕하고어륙업서보디못하니처음과마즈막업고능티아느미업스니하느님의 총명은측냥업서아디못하리라

1882년 봄에 출판한 첫 한글 복음서들인 『예수셩교누가복음』과 『예수셩

57 참고 Ross, "Corean New Testament," *CR* (Nov. 1887): 491-497.

58 Robert Lilley to William Wright, June 1, 1881.

59 Ross의 『예수셩교문답』은 1892년에 서울에서 Mary Scranton 여사에 의해 수정되어 『셩경문답』으로 발간되었다. 이 소책자는 감리회와 장로회가 함께 널리 사용했다. 참고 Rosetta S. Hall, "Women's Medical Missionary Work," *CR* (April 1893): 167.

교요안니복음』도 하느님을 채택했다.[60]

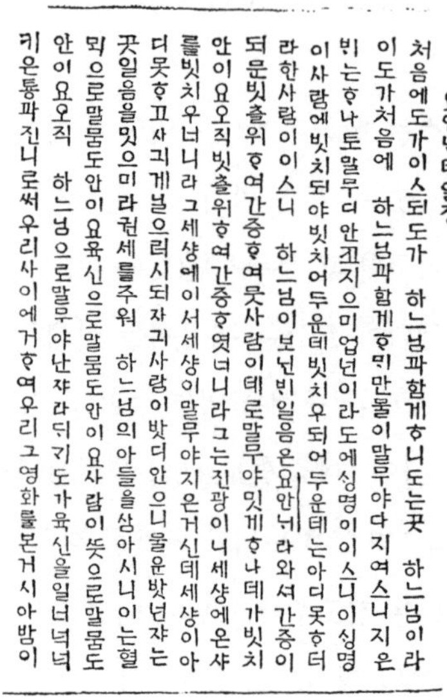

요안니뎨일쟝

처음에도가이스되도가 하느님과함게ᄒᆞ니도는곳 하느님이라
이도가처음에 하느님과함게ᄒᆞ미만물이말무야다지여스니지은
빈는ᄒᆞ나토말무디안코지으미업넌이라도에싱명이이스니이싱명
이사람에빗치되야빗치어두운데빗치우되어두운데는아디못ᄒᆞ더
라한사람이이스니 하느님이보낸빈일음은요안늬라와셔간증이
되문빗츨위ᄒᆞ여간증ᄒᆞ여뭇사람이뎨로말무야밋게ᄒᆞ나뎨가빗치
안이요오직빗츨위ᄒᆞ여간증ᄒᆞ엿너니라그는진광이니세샹에온샤
를빗치우너니라그세샹에이서세샹이말무야지은거신데세샹이아
디못ᄒᆞ고사긔게닐으러시되자긔사람이밧더안으니물윤밧넌쟈는
곳일음을밋으미라권세를주워 하느님의아들을삼아시니이는혈
믹으로말뭄도안이요육신으로말뭄도안이요사람이뜻으로말뭄도
안이요오직 하느님으로말무야난쟈라뒤ᄀᆡ도가육신을일너녁녀
ᄏᆡ은통파진니로써우리사이에거ᄒᆞ여우리그영화를본거시아밤이

[사진 2] 요안니복음, 1882년

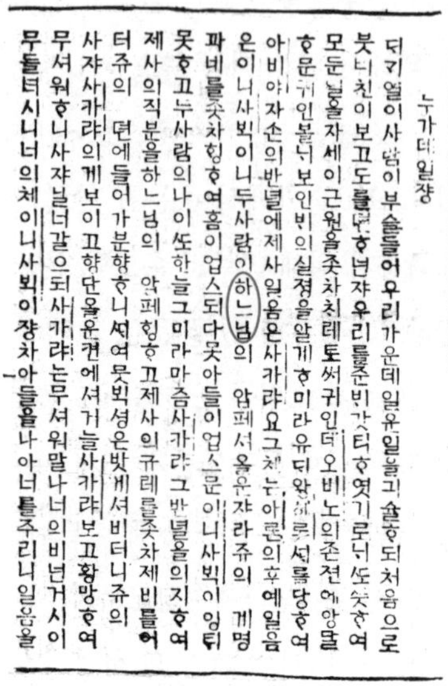

누가뎨일쟝

뎌ᄀᆡ열이사람이부슬들어우리가운데일우일놀긔술ᄒᆞ되처음으로
붓너친이보고도를ᄇᆞᆫᄒᆞ넌쟈우리를준빈갓티ᄒᆞ엿기로니또솟ᄎᆞ여
모든닐올자세이근원을좃차치례토써귀인뎌오비노의존젼에앙뎔
ᄒᆞ문귀인볼너보인빈의실졍을알게ᄒᆞ미라유뎌왕헤롯세를당ᄒᆞ여
아비야자손의반녈에제사일옴온사가랴요그체는아론의후예일음
온이니사빅이니두사람이하느님의 압폐셔올운쟈라쥬의 계명
파녜를좃차힝ᄒᆞ여흠이업스되다못아들이업스문이니사빅이잉틔
못ᄒᆞ고두사람의나이또한늘그미라마츰사가랴그반녈을의지ᄒᆞ여
제사의직분을하느님의 압페힝ᄒᆞ고제사의규례를좃차제비를어
터쥬의 뎐에들어가분향ᄒᆞ니셔여뭇빅셩은밧게셔비더니쥬의
사쟈사가랴의게보이고향단올운켠에셔거늘사가랴보고황망ᄒᆞ여
무서워ᄒᆞ니사쟈닐너갈으되사가랴는무셔워말나너의비넌거시이
무들녀시니너의체이니사빅이쟝차아들을나아너를주리니일음을

[사진 3] 누가복음, 1882년

두사람이하느님의 압페셔올운쟈라쥬의 계명과녜를좃차힝ᄒᆞ여흠이업스되(누 1:6)

처음에도가이스되도가 하느님과함게ᄒᆞ니도는곳 하느님이라(요 1:1)[61]

60 Ross의 번역 첫 원칙은 "문구의 의미와 동등한 절대적 직역을 하되 한국어 어풍에 맞게 한다"였으나 실제 번역에서는 한국어다운 의역이 많았다(J. Ross to William Wright, January 24, 1883). 그 한 이유는 한국인 번역 조사들이 의역인 한문 문리본을 저본으로 초역을 했기 때문이었다. 이 온건한 의역(의미 동등성 번역)은 사실 로스본의 순 한글 용어 사용과 하느님이라는 용어 채택과 잘 어울렸다.

61 3월에 인쇄한 누가복음에서는 하느님, 쥬, 예수 다음에 띄어 쓰는 대두법(擡頭法)을 채택

누가복음에서는 『예수셩교문답』과 동일하게 예수, 쥬(主), 하느님 등의 단어 뒤에는 한 칸을 띄우다가 요한복음에서는 그 단어 앞에서 한 칸을 띄우는 대두법(擡頭法)을 채택했다. 셩령 대신 셩신(聖神)을 채택한 것은 한문 상제본의 上帝-聖神의 짝에서 온 것으로, 한글 로스본에서는 하느님-셩신이 되었다.

1882년 상하이에서 발간한 *Korean Speech with Grammar and Vocabulary*(조선어 회화: 문법과 어휘)는 1877년에 출판한 *Corean Primer*(조선어 입문)의 증보판으로, 서울말을 많이 채용하고 북한 지역 방언을 수정했는데,[62] 제30과 영혼에 대한 설명 부분에서 "그러므로 귀신에게 절하지 말고 응당 예수를 믿으며 하느님을 섬겨야 구원을 얻느니라"라고 하여 하느님을 사용했다.[63]

로스는 선배 선교사인 스코틀랜드성서공회의 윌리엄슨과 옥스퍼드대학교의 레그(James Legge) 교수의 영향을 받아 한문에서는 상제를 채택했다. 로스는 레그와 마찬가지로 유교를 중국인을 그리스도에게 인도하는 몽학 선생으로 간주했다.[64] 로스는 레그 교수처럼 중국에서 예수회 선교사들의 방법과 성공, 조선에 미친 선한 영향력을 높이 평가했다. 로스는 예수회 선교사들이 바티칸과 독립적으로 행동했기 때문에 그들을 '일종의 개신교인들'로 평가했다. 그러나 중국과 조선에서 활동한 파리외방전교회 선교사들은 프랑스 군대와 연결되어 있었기 때문에 그들을 비판했다.[65] 1879년

---

했으나, 5월에 인쇄한 요한복음에서는 그 앞에서 띄어쓰기를 하는 대두법을 사용했다. 후자가 더 전통적인 방법이다.

62 허재영, "로스(Ross)의 *Corean Primer*(1877)와 *Korean Speech*(1882)의 의향법 비교 연구", 「우리말 연구」 37 (2014): 219-247.

63 Ross, *Korean Speech with Grammar and Vocabulary* (Shanghai: Kelly & Walsh, 1882), 76.

64 Ross, "Obstacles to the Gospel in China," *UPMR* (January 1877): 409-411; Ross, *Mission Methods in Manchuria* (New York: Revell, 1903), 250.

65 Ross, *History of Corea*, 291-294.

말에 로스의 *History of Corea*가 출판되었다. 이 책을 받은 레그는 자신의 *Religions in China*(1880)에서 도교를 설명할 때 이 책에서 "불교와 더불어 중국인의 주의를 양분한 도교가 한국에서는 거의 알려져 있지 않다"고 한 번 인용했다.[66] 레그는 로스에게 팔머(Edwin Palmer)가 편집한 새 비평판인 옥스퍼드판 그리스어 신약전서(1881)와 영어 개역본 신약전서(RV, 1881)를 만주로 보내주었다. 로스는 1881-87년에 이를 저본으로 삼아 한글 신약전서를 번역했다. 따라서 로스 역본은 1881년 그리스어 비평 본문과 영어 개역본을 저본으로 번역된 첫 신약전서였다.[67] 로스는 비평 본문에 따라 요한복음 8:1-11의 간음한 여인 사건을 『예수셩교요안닉복음』(1882)에서 생략했다.[68] 그러나 1883년판에서는 재정 지원을 하고 있던 영국성서공회의 요청으로 그 부분을 삽입했다. 로스는 중국의 원시 종교는 고대 이스라엘처럼 단일신교(henotheism)가 아니라 유일신교(monotheism)였다고 믿었다.[69] 뒷날 로스는 레그를 높이 평가해 "그보다 더 위대한 중국학 학자는 없었다"고 말했다.[70] 따라서 우리는 로스가 레그의 영향을 받아 유교 고전의 상제를 기독교의 유일신 용어로 사용했다고 짐작할 수 있다.[71] 동시에 로스가 하느님을 채용한 것도 일정 부분 레그의 원시 유일신론에 영향을 받은 것으로 볼 수 있다.

그러나 로스는 상제를 채택하면서 레그와는 다른 접근법을 사용했다. 레그는 유교 고전이나 오래된 황실 기록과 같은 문헌 증거에 더 많이 의존했다. 반면 로스는 중국 고전을 연구하여 설교에서 그것을 인용하고 선

66 Ibid. 355; Legge, *Religions of China*, 230.

67 Ross to William Wright, March 24, 1882, and March 28, 1889.

68 Ross to William Wright, January 24, 1883; July 22, 1883.

69 Ross, *The Original Religion of China* (New York: Eaton and Mains, 1909), 20-21.

70 Ross, *The Origin of the Chinese People* (Edinburgh: Oliphant, 1916), 59.

71 Ross, *Mission Methods in Manchuria*, 247-248; Ross, *Origin of the Chinese People*, 91, 97.

교 학교의 교과목에 유교 고전을 포함시켰으나, 또 하나의 전거인 당대의 일반 중국인이 가지고 있던 상제에 대한 이해를 추적했다. 그는 만주에 있는 도시 상인과 시골의 농부들로부터 상제에 대한 유일신 신앙의 잔존물을 발견하려고 노력했다. 그는 이 두 번째 전거를 위한 현장 접근법을 한국어 용어 모색에도 적용했다. 로스는 조선에 갈 수 없었으므로 그가 접촉한 한국인은 국경 무역을 위해 방문하는 한국인 상인들과 만주를 통해 북경으로 오가는 조선 사절단에 제한되어 있었다. 사실 한국 종교에 대한 문서 자료가 희귀했기 때문에 자연히 로스는 당대 한국인의 종교성과 일상어로 사용되는 하느님 관념을 조사할 수밖에 없었다. 진보적 복음주의 선교 신학과 동아시아 종교에 대한 관용적 태도를 가진 로스는 한국인들의 유일신론적 영성을 발견하고 그것을 인정하면서 하느님을 사용하게 되었다.

로스가 사용한 세 번째 전거는 그의 비교 종교론이 발견한 만주 도교의 상제였다. 레그는 유교의 상제에 집중한 반면, 로스는 그와 더불어 만주 도교의 상제까지 조사했고 한반도의 하느님까지도 조사했다. 로스는 옥황상제를 숭배하는 선양(瀋陽) 도교 사원의 도사와의 대화를 통해서 기독교의 상제와 도교의 상제 간에 접촉점을 발견했다. 그 도사는 요한복음 1장에 대한 로스와의 필담에서 기독교의 도(道), 상제(上帝), 빛(光), 어둠(黑暗), 생명(生命) 등의 개념은 도교와 유사하고, 도교의 상제도 시작과 끝이 없으며 편재하고 전지전능한 창조주라고 말했다. 로스는 신유학의 이기론(理氣論)과는 다른 원시 유교의 상제와 천의 개념을 지지하면서, 동시에 만주 도교의 상제 개념도 일정 부분 수용했다.[72] 따라서 로스는 당시 만주 도교의 상제, 원시 유교의 상제, 그리고 당대의 한국 민간 신앙의 하느님이 기독교

72 Ross, "Corean New Testament," *CR* 12 (Nov.-Dec. 1883): 494; Ross, "Shang-ti: By the Chief Taoist Priest of Manchuria," *CR* 23 (March 1894): 123-129.

의 엘로힘/테오스와 유사하다는 독특한 성취론적 동아시아 신론을 발전시키고 있었다.

한편 그리피스(William E. Griffis, 1843-1928)는 1882년 한미조약이 맺어지던 해에 한국을 소개하는 *Corea, The Hermit Nation*을 뉴욕에서 출간하면서 한국 종교와 하ᄂᆞ님에 대해서 "주된 제사는 천과 지와 하늘의 왕 혹은 황제인 하ᄂᆞ님(중국어의 上帝)께 드린다"고 서술한 후 다음과 같은 각주를 달았다.

> 이 上帝라는 단어는 한국에서는 약간 다르게 샹뎨로 발음되는데, 이는 제임스 레그가 그의 『중국의 종교』에서, 그리고 많은 개신교 선교사들이 God(여호와, 테오스)을 번역한 용어다. 그러나 이 단어는 천주교 선교사들에게는 사용이 금지되어 있다. 레그 박사는 上帝가 중국어에서 가장 오래된 신명이며, 중국인 조상들이 원시 유일신을 믿고 있을 때 이 용어를 사용했다고 주장한다. "교제(郊祭, 하늘 제사)와 사제(社祭, 땅 제사)에서 그들은 상제를 섬겼다."(공자)[73]

그리피스는 로스의 『한국사』(1879)와 레그의 『중국의 종교』(1880)에 근거하여 한국의 하ᄂᆞ님에 대해서 언급했다. 그리피스는 로스의 하느님을 "하늘의 왕 또는 황제"로 표현했고, 레그의 원시 유일신론 개념에 입각하여 중국어의 상제와 동일시했다. 로스가 아직 하느님과 유일신론의 관계를 논하지 않은 시점에서 로스의 하느님을 레그의 원시 유일신론적 상제와 처음 연결시킨 사람은 그리피스였다. 그리피스의 『은둔국 조선』은 내한 선교사들의 필독서가 되었고 그리피스가 한국에 있는 선교사들의 글을 자료로 삼아 이

73 William E. Griffis, *Corea, the Hermit Nation* (New York: Scribner, 1882), 327-328. "郊社之禮 所以事上帝也"라는 구절은 중용 19장에 나오는 말이다.

후 30년간 아홉 차례 개정판을 출간할 때까지 한국에 대한 교과서와 같은 권위로 자리 잡았다.[74] 따라서 초기 내한 개신교 선교사들은 이 책을 읽을 때 한국어 하ᄂᆞ님과 중국어 상제 사이의 연관성을 알게 되었을 것이다. 그들은 이 결합을 통하여 중국의 용어 문제, 레그의 주장, 그리고 로스가 하느님/하나님을 사용한 이유를 공부했을 것이다.

그런데 로스는 1883년의 『예수셩교셩셔 누가복음뎨자힝젹』부터 하느님을 하나님으로 표기하기 시작했다. 이는 아래 아(·)의 음가를 ㅡ에서 ㅏ로 표기하기로 결정했기 때문에 나온 표기법의 변화였다. 즉 하느님이 하나님으로 바뀐 것은 철자의 변경에 불과했으며 의미의 변화는 없었다. 이후 로스는 10년 이상 일관되게 한글 성경에서 하나님을 사용했다. 한문 上帝와 동등어이지만 天의 의미를 지닌 하느님의 의미는 그대로 남아 있었다. 1887년에 완성된 신약전서인 『예수셩교젼셔』의 두 부분과 로스의 글을 보자.

> 예수ᄃᆡ답ᄒᆞ여갈오샤ᄃᆡ글에이ᄉᆞ니쥬너의하나님ᄋᆞᆯ시험치말나ᄒᆞᄆᆡᄆᆡ귀가시험ᄒᆞ물다ᄒᆞ고잠싼쎠나니라예수셩령의능간으로가니ᄂᆡ로돌아가니그명셩이사방에퍼지더라(눅 4:12- 13)[75]

> 처음에도가이ᄉᆞ되도가하나님과함ᄭᅴᄒᆞ니도ᄂᆞᆫ곳하나님이라(요 1:1)

'heaven'의 한국어는 '하날'이고 'lord'나 'prince'의 한국어는 본래 중국어인 '임'(任)이다. 그리고 '하나님'은 어느 곳에서나 한국인들이 초월적인 지배자요

---

74 E. N. Hunt, *Protestant Pioneers in Korea* (Maryknoll, N.Y.: Orbis, 1980), 54.

75 1882년의 복음서와 달리 1887년의 신약전서에서는 대두법을 없애고, 하느님→하나님, 셩신→셩령으로 바꾸었다.

지상의 지존자로 인식하는 용어다.[76]

> 다른 한 현저한 형태의 예배가 주의를 요한다. 큰 가뭄이 있을 때 고관들은 사직(社稷) 단에 가지 않고 성 밖으로 나가 대 사원인 창공 아래 서서 하늘을 올려다보며 하나님께 기우제(祈雨祭)를 드린다. 한국인들은 하늘의 주(Lord of Heaven)의 뜻인 이 용어 하나님을 늘 한자 上帝로 번역하며, 한자 神은 귀신으로 번역하는데 이 둘은 서로 연관되어 있다. 하나님에 대해서 들은 것을 종합해볼 때, 중국에서 오랫동안 좋은 사람들의 의견을 분열시켰던 슬프고 꼴사나웠던 문제와 어려움을 막을 수 있는 용어를 한국인들이 가지고 있어서 얼마나 다행인지 모른다.[77]

로스가 사용한 하느님(1878-82)과 하나님(1883-93)은 동일하게 '하늘의 주'의 의미를 지닌 지고신이었다. 일반 민중이 쉽게 읽을 수 있도록 되도록이면 고유한 한국어를 사용하는 것이 로스의 번역 원칙이었으므로 한문의 상제 대신 순 한글의 하느님을 채택하는 것이 자연스러웠다. 로스는 이응찬과 다른 의주 상인들을 통해 하느님에 대한 정보를 얻었다. 그는 하느님이 다른 신들과 확연히 구별되고 한국인이 이 용어를 보편적으로 사용하기 때문에 한글 성경에서 하느님을 사용하면 중국과 같은 용어 논쟁이 발생하지 않을 것으로 믿었다. 로스가 1881년부터 1887년까지 하느님(하나님)을 채택할 때 원시 유일신론의 개념을 사용할 필요가 없었다. 그는 한국인이 민속 종교의 여러 신과 정령을 섬기는 것을 알았다. 그러나 로스는 다신교 상황에서 유일신론의 흔적을 가진 하느님(하나님)을 발견했다. 중국의 상제파

76 Ross, "Corean New Testament," *CR* 12 (Nov.-Dec. 1883): 497.

77 Ross, "The Gods of Korea," *GAL* (Aug. 1888): 370.

는 고대 중국에서 유일신 상제가 저급한 많은 신들과 공존했다고 논했다. 마찬가지로 로스는 19세기 당대에 한국의 유일신 하나님(하느님)이 여러 신들과 공존하고 있음을 발견했다. 중국의 상제파 개신교 선교사들이 고대의 상제가 다신론의 최고신은 아니라고 주장했듯이 로스도 동일한 논리로 한국의 하나님이 다신론 체계 안에 있는 주신은 아니라고 보았다. 1887년에 첫 한글 신약전서를 완성한 후 로스는 당대의 한국어 하나님이 중국 고전의 상제와 동등어임을 재확인했다.

로스는 한국인들과의 면담과 조선 정부가 발행한 유교 경전의 언해본 등을 통해 하나님 용어의 용례를 지속적으로 점검했다. 그는 천주와 같은 외래 신조어를 도입하는 것은 심각한 실수라고 확신했다. 또한 예수교를 조선 정부가 사교(邪敎)로 핍박한 천주교와 구별해야 했으므로 천주(텬쥬)는 처음부터 고려 대상이 아니었다. 또한 로스는 神이 한국에서는 귀신으로 이해되므로 하나님에 대한 용어로 부적절하다고 판단했다. 대신 그는 일반 신이나 다신의 경우에는 신(神)을 사용할 수 있다고 생각하고, 요한복음 10:35("너희는 신이라")에서 신(神)을 사용했다.[78] 상제, 신, 하나님을 구별해서 사용한 로스의 선구적 작업이 다음 표에서 보듯이 이후 한글 성경에 그대로 채택되었다. 앞에서 언급한 요한복음 20:28과 함께 관련 용어들을 살펴보자.[79]

---

78 로스본은 1883년부터 셩신에서 셩령으로 바꾸어 1893년까지 사용했으나, 1895년부터 1936년까지 서울에서 만든 성경 번역본은 모두 셩신을 사용했다. 이는 한문 성경 상제-성신본의 영향이다.

79 결국 한국어에서는 신(神)은 다신론의 신들(gods)로 이해되고 있으나, 신론(神論)이나 신명(神名) 등의 용례에서 보듯이 일반 신의 총칭으로 사용할 때도 있다. 반면 하나님(혹은 하느님)은 기독교의 유일신인 God과 동등한 용어(일반명사)로 사용되고 있다. God과 gods에 대해 영어는 대문자와 소문자로 구별하지만, 한문 성경은 上帝만 사용하고, 일본어 성서는 神만 사용함으로써 그 구별이 애매한 데 반해, 한글에서는 영어보다 더 확실한 구별 방법으로 로스의 번역을 따라 아예 다른 용어인 신과 하나님을 사용하고 있다.

[표 1] 여러 판본에 나타난 요한복음 10장과 20장의 하나님 용어 비교

| אֱלֹהִים, θεός, God, 神, 하느님, 하나님의 용례 | | | |
|---|---|---|---|
| | 요한복음 10:35 | 요한복음 20:28 | |
| 히브리어 | אֱלֹהִים(시82:6) | יהוה | אֱלֹהִים |
| 그리스어 | θεός | Κύριος | θεός |
| KJV, 1616 | gods | Lord | God |
| 文理本, 1852 | 上帝 | 主 | 上帝 |
| 明治譯, 1880 | 神 | 主 | 神 |
| 로스본, 1887 | 신 | 쥬 | 하나님 |
| 개역본, 1957 | 신 | 주 | 하나님 |
| 공동역, 1971 | 신 | 주 | 하느님 |
| 새번역, 2004 | 신들 | 주 | 하나님 |

로스가 토착어 하느님/하나님을 채택한 것은 순 한글과 민중의 일반 구어를 사용한다는 번역 원칙, 토착화 선교정책, 네비어스 선교방법과 긴밀하게 연결되어 있었다.[80] 그가 현재 한국 개신교인 다수가 사용하는 하나님을 도입한 것은 향후 토착적인 한국 개신교의 발전을 위해 의미심장한 기초를 놓는 결정이었다. 그는 당대 한국인의 하나님(하ᄂᆞ님)을 성경의 엘로힘과 동일시했다. 그는 한국인에게 외국의 낯선 새로운 신을 소개하지 않고 기독교의 하나님이 이미 오랫동안 한국인들 가운데 역사하고 계셨다고 가르쳤다.

80 참고. Ross, *Mission Method in Manchuria* (Edinburgh & London, Oliphant, Anderson, & Ferrier, 1903, 1908), 155-156.

### 이수정의 신(神) 사용

일본에서 첫 한국인 개신교 신자가 된 이수정(李樹庭, 1842-85)은 요코하마 주재 미국성서공회 일본 지부 루미스(Henry Loomis, 1839-1920) 총무의 지원으로 신약 복음서를 번역했고 그때 미국성서공회가 채택한 신(神)을 번역에 사용했다.[81] 무관으로 서울에서 근무하던 이수정은 1882년 임오군란(壬午軍亂) 때 민비의 생명을 구한 공으로 일본에 가게 되었는데, 츠다센(津田仙) 등 일본인들과 성경을 공부하고 기독교인으로 개종했다. 그는 야스가와(安川) 목사에게 세례문답을 받은 후 1883년 4월 29일에 동경 로게츠쵸(露月町) 교회에서 미국 북장로교회 선교사 녹스(George W. Knox, 1853-1912)로부터 세례를 받았다.[82]

이어서 그는 미국성서공회 총무인 루미스의 제안으로 한글 성경 번역을 시작했다. 한 달 만에 이수정은 한문 4복음서와 사도행전에 이두로 토를 단 현토한한(懸吐漢韓)으로 번역했고 이듬해에 각각 1,000부씩 출간했다. 이수정은 1885년 봄까지 마가, 누가, 요한 세 복음서를 한글로 번역

81 이수정은 전남 곡성의 천주교 집안에서 태어났다. 그는 1881년 신사유람단의 수행원이었던 안종수(安宗洙)의 이야기를 듣고 일본에 갈 꿈을 키웠다. 그는 임오군란 때 농부로 변장하여 민비를 지게에 싣고 궁궐에서 빠져나와 광나루를 건너 충주까지 무사히 피신시켰다고 한다. 그는 이 공으로 1882년 10월 신사유람단 비수행원으로 요코하마에 갔다. 안종수가 소개해준 농학박사 츠다센을 만나 개신교에 관심을 가지게 되었고, 조선에 성서를 주라는 이상한 꿈을 꾸고 성서를 깊이 연구한 후 개종했다. 그는 동경외국인학교에서 한국어를 가르치면서 한문 복음서를 한국어로 번역했다. 그리고 유학생들에게 전도하여 도쿄한인교회를 시작했다. 또한 미국 장로교회에 서한을 보내 한국에 선교사를 파송해줄 것을 호소했다. 그의 호소는 1884년 말 헤론과 언더우드가 임명되는 계기가 되었다. 그는 1884년 12월 갑신정변 실패로 일본에 망명한 김옥균과 불화하여 김옥균이 보낸 자객에 의해 중상을 입고 1885년에 귀국했으나 사망했다.

82 조선 양반 이수정은 젊은 일본인 야스가와 목사가 아닌 자신보다 나이가 많은 미국 선교사 녹스로부터 세례를 받았다. (세례식 때 야스가와 목사가 보조했다.) 이수정은 일본인 선교사가 한국에 파송되기 전에 미국에서 선교사를 보내서 일본을 거친 기독교가 아닌 미국에서 직접 도입한 기독교가 조선에 전파되어야 한다고 주장하고 미국 교회에 선교사 파송을 호소한 '마게도니아인의 편지'를 썼다.

했다. 이 가운데 『신약마가젼복음셔언ᄒᆡ』 1,000부가 1885년 2월에 출간되었다. 그 첫 구절을 보자.

신　ᄌᆞ 예슈쓰 크리슈　도　　복음
神의子 耶蘇　基　督의 福音이니그쳐음이라

이수정 역본은 모두 미국성서공회 루미스 총무의 지원으로 이루어졌기 때문에 그 공회가 중국과 일본에서 채택한 神을 그대로 사용할 수밖에 없었다. 이수정은 일본에서 사용하던 브리그만과 쿨버트선(Elijah C. Bridgman and M. S. Culbertson)의 『新約全書』(上海, 美國聖經公會, 1859)를 저본으로 번역했으므로 그 역본의 神을 채용했다. 일본 개신교 선교는 중국에서 경력을 쌓은 미국 선교사들이 시작했고, 그들은 중국에서 사용하던 神을 가져와 일본어 성서 번역에도 神(かみ)을 사용했다. 일본인은 유교의 上帝보다 토착 신명인 神(かみ)을 선호했다. 이수정은 한문에 능한 양반 학자요 개화파로서 미국의 문명과 미국 기독교를 조선에 수용하려는 열망을 가졌으므로 성경 번역에서도 미국 선교사들이 사용하는 神을 자연스럽게 수용했다. 그가 알고 있던 조선 천주교가 사용하던 텬쥬(天主)는 고려할 가치가 없었다. 하지만 이수정은 성서 번역에 경험이 없었고 세례 받은 지 얼마 되지 않은 평신도였으므로 전통적인 현토를 다는 방식의 기초 번역 후에 한문 본문을 충실히 직역하는 방법을 택했기 때문에 저본의 神을 그대로 채용하는 데 머물렀다.

[사진 4] 이수정(중앙)의 세례 기념 사진, 1883년 4월 29일[83]

## 언더우드의 다양한 실험과 송순용의 샹뎨 지지

언더우드(Horace G. Underwood)는 한국에서 용어 문제를 제기한 장본인이다. 그는 지속적으로 하ᄂᆞ님을 사용하는 것에 반대했으나 결국 1904년 무렵 하ᄂᆞ님을 유일신 용어로 수용했다. 그는 1887년부터 1892년까지 샹뎨(上帝)를, 1893년부터 1894년까지 여호와나 춤신(眞神, 진신)을 사용했고, 1894년부터 1896년까지는 여러 가지 용어를 실험했으며, 1897년부터 1903년까지는 텬쥬(天主)와 샹쥬(上主)를 채택했다. 언더우드는 약 20년간 동시대 한국의 신명들과 한국 고대 종교사를 연구하면서 하ᄂᆞ님을 반대했

83 H. Loomis, "Rijutei's Strange Dream," *Christian Herald* (Jan, 8, 1902): 41.

으나 마침내 1904년의 신약전서 임시본과 1906년의 첫 공인본 『신약젼셔』에서 하ᄂᆞ님을 채택하는 데 동의했다.

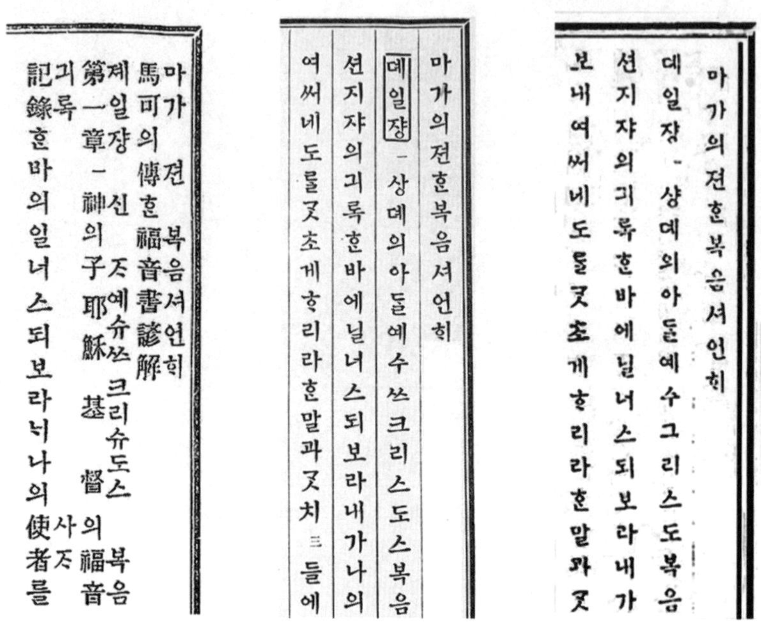

[사진 5] 이수정본 마가복음 첫 부분, 1885, 1887, 1891년(대한성서공회 고문서실)

언더우드와 아펜젤러가 1885년 4월 5일 제물포에 도착했을 때 요코하마복음인쇄합자회사에서 출간한 이수정의 국한문본 『신약마가젼복음셔언ᄒᆡ』 한 꾸러미가 짐 속에 있었다. 그들은 서울에서 한국어를 배우면서 조사들의 도움을 받아 10월부터 함께 마가복음을 수정하기 시작했다. 이수정의 마가복음은 미국성서공회와 일본 교회가 사용하는 神을 채택했는데, 두 선교사는 1장 1절 "신(神)의ᄌᆞ(子)예슈쓰크리슈도스(耶蘇基督)의복음(福音)이니그쳐음이라"에서 한국인들은 신을 귀신으로 이해하므로 예수가 귀신의 아들이라는 인상을 주어서는 안 된다고 판단하고 수정에 들어갔다. 그 결과

1887년 요코하마복음인쇄소에서 순 한글 개정판 『마가의젼ᄒᆞᆫ복음셔언ᄒᆡ』를 인쇄할 때에는 신(神)을 샹뎨(上帝)로 변경했다.[84] 1장 1절은 "샹뎨의아ᄃᆞᆯ예수스크리스도스복음이니그처음이라"로 수정했다.[85]

언더우드는 1890년과 1891년에 자신이 발간한 소책자 『셩교촬리』(聖敎撮理)와 『샹뎨진리』(上帝眞理)에서도 샹뎨를 사용했다. 언더우드가 샹뎨를 채택한 배경에는 그의 어학 선생이요 번역 조사였던 송순용(德祚 宋淳容)의 영향이 있었다. 천주교 신자였던 송순용은 프랑스인 선교사들에게 한국어를 가르치고 『한불ᄌᆞ뎐 韓佛字典』(1880) 편찬에 참여했던 학자로, 한국 천주교가 두 세대 이상 축적한 한글 연구인 '국문 수용법'(國文 受容法)을 언더우드에게 전달해주었다.[86] 그 결과 언더우드는 짧은 시간 안에 한국어를 배우고 송순용과 함께 영한사전, 한영사전, 한국어 문법서 등을 출판하고 여러 소책자를 번역할 수 있었다. 송순용이 천주교를 떠나 언더우드의 번역조사가 되었을 때 프랑스 신부는 그에게 출교의 처벌을 내렸다.[87] 따라서 한문에 능했던 송순용은 천주 대신 영국성서공회의 한문 문리본 신약전서에 나오는 상제를 언더우드에게 권했을 것이다. 송순용은 프랑스 선교사들이 제사를 금지하고 상제 사용을 금하는 보수 신학을 견지하자, 이에 만족하지 못하고 개신교 선교사 언더우드의 어학 교사가 되었다고 짐작된다. 1889-95년에 언더우드가 上帝를 사용한 런던선교회의 존(Griffith John)의 전도 소책자들을 송순용과 함께 번역할 때 두 사람은 존 목사의 원시 유일신론을 공부했을 것이다. 내한 후 몇 년 동안 천주교와의 차별성에 관심을 가

84 H. G. Appenzeller to E. W. Gilman, August 8, 1887.

85 상세한 이수정 역본과 그 수정 역본들에 대해서는 다음을 참고하라. 옥성득, "1887년 개정판 『마가의젼한복음셔언히』 고찰", 「성서본문연구」 38(2016년 4월): 119-139.

86 奇一(J. S. Gale), "元牧師 行狀", 「신학세계」(1916년 10월): 157.

87 H. G. Underwood to F. Ellinwood, July 6, 1885; idem, "Securing a Romanist as Teacher," *FM* (Nov. 1885): 212-273.

지고 있었던 언더우드는 상제를 채택했다.[88]

언더우드는 1894년 갑오년에 자비로 117개 곡을 수록한 『찬양가』를 발간했다. 이는 한국 개신교의 첫 악보 찬송가였다. 이때 개신교 선교사들은 취향에 따라 하ᄂᆞ님, 상뎨, 텬쥬 가운데 하나를 사용하고 있었고 상임 성서위원회 번역자회(Board of Translators)의 의견도 분열되어 있었으므로 언더우드는 용어 논쟁에 휘말릴 염려가 없는 야화화(여호와)를 사용하되 보조적으로 상쥬(上主)와 쥬(主)를 사용했다. 그는 아무도 여호와에 대해 반대하지 않고 모두 만족할 것으로 기대했다.[89] 그러나 1850년 중국에서 메드허스트가 야화화 사용을 제안했을 때처럼 그 임시방편에 아무도 만족하지 않았고 오히려 한국에서 용어 문제가 촉발되었다. 윌리엄 분처럼 언더우드는 기독교의 하나님은 특정한 이름이 아니라 통칭적인 용어라고 역설했다. 그는 한 언어권에 고유한 기존 신명을 사용할 경우 다른 신들과 연결될 수밖에 없으므로 특정 신명을 배제하는 포괄적인 용어를 선택해야 하며, 그런 용어를 발견할 수 없을 때에는 야화화(여호와)를 사용해야 한다고 주장했다.[90] 그는 "한국인들은 하ᄂᆞ님이란 단어를 이해한다. 그들은 이미 그를 예배해왔다. 우리는 그들에게 그 하ᄂᆞ님이 한 분이시고 유일신이란 것을 가르치고, 그의 모든 속성을 말해주면 된다. 그러면 모든 일이 순조로워질 것이다"라고 말하는 많은 선교사들의 입장에 반대했다.[91] 언더우드는 한국 기독교인들과 많은 선교사들이 하ᄂᆞ님을 선호하는 것을 알았으나 그것을

---

88 H. G. Underwood, "Address," *Report of the Twelfth Annual Conference of the American Inter-Seminary Missionary Alliance* (Pittsburgh: Murdoch, Kerr, & Co., 1892), 53-54.

89 L. H. Underwood, *Underwood of Korea* (1918), 123. 용어문제가 발생할 때 잠정적 해결책의 하나인 야웨(여호와)를 사용하는 경우가 한국에서는 R. A. Haride 역 『예수힝뎍』(1891)에 처음 나타났으나 이후 이를 채택한 선교사는 Underwood가 유일했다.

90 Idem, *Fifteen Years among the Top-Knots, or Life in Korea* (1904), 103-104.

91 Ibid. 135.

샤머니즘의 최고신의 이름으로 간주했다. 그는 그런 근시안적이고 쉬운 해결책을 비성경적인 혼합주의로 보았다. 언더우드는 로스 역본을 대체하는 신약전서의 서울 역본을 만들려고 노력했으므로 이수정의 神과 로스의 하ᄂᆞ님을 모두 거부했다.

언더우드가 하ᄂᆞ님에 강하게 반대했음에도 중국의 神파로부터 빌려온 그의 논거는 분의 神이라는 용어와 동일한 운명을 겪을 수밖에 없었다. 언더우드의 입지는 상제를 사용한 런던선교회의 그리피스 존의 한문 전도문서(소책자)—『셩교촬리』(1890), 『샹뎨진리』(1891), 『권즁회ᄀᆡ』(1891), 『즁싱지도』(1893)—를 한글로 번역하면서 약화되었다. 사실 한국 선교사들과 기독교인들이 원시 유일신교적 신학을 발전시키도록 도운 첫 자료는 중국의 上帝파 선교사들이 저술한 전도 소책자들이었다. 1890년부터 본격적으로 번역 소개된 한문 전도문서의 대부분은 고대 중국의 성현들은 상제를, 고대 한국인들은 하ᄂᆞ님을 예배했다고 서술했다. 예를 들면 1891년에 언더우드가 편역하고 일부 문장을 추가한 『권즁회ᄀᆡ』에서는 "녯적에 죠션 사람이 다 샹뎨롤 밋어 공경ᄒᆞ더니 밋 셰샹이 오래고 ᄣᅢ가 밧고이매 드ᄃᆡ여 춤을 ᄲᅧ나고 거ᄌᆞ술 슝샹ᄒᆞ니 엇지 죠션에 큰 죄가 아니리오"라고 지적했다.[92] 1895년에 아펜젤러가 번역한 게네르의 『묘츅문답』은 고대 요순(堯舜)의 황금시대에는 상제 예배 외에 다른 우상숭배가 전혀 없었다고 강조했다.[93]

따라서 1894년에 한국에서 용어 논쟁이 뜨거워지자 언더우드는 옆으로 비켜나 한문 소책자를 번역하면서 다양한 용어들을 실험하는 기간을 가졌다. 그는 1894년 『삼요록』에서 여호와, 춤신, 샹뎨를 사용했고 『복음ᄃᆡ

---

92 Griffith John, 『권즁회ᄀᆡ』(勸衆悔改, *Exhortation to Repentance*), Horace G. Underwood 편역(서울: 정동교회, 1891), 8b.

93 Ferdinand Genähr, 『묘츅문답 』(廟祝問答, *The Temple Keeper*), Henry G. Appenzeller 편역(서울: 한미화활판소, 1895), 9a-10a.

지』에서는 여호와와 춤신을 사용했다. 그는 헬렌 네비어스의 『예수교문답』을 출간할 때는 하ᄂᆞ님 판본과 텬쥬 판본 두 종류로 발간하는 양보도 했다. 그는 1895년의 『셩경문답』에서 하ᄂᆞ님을 채택했으나 『진리이지』에서 춤신을, 『구셰교문답』에서는 텬쥬를 사용했다. 이는 용어 문제로 인해 고심하는 번역자의 고충을 보여주는 흔적이다. 한국 종교에 대한 선교 신학과 선교 방법론을 아직 정리하지 못한 언더우드는 이런 실험과 모색을 거쳐 선교 신학을 형성해 나가고 있었다.

### 텬쥬와 하ᄂᆞ님의 경쟁

1894년에 한국의 선교사들은 텬쥬 진영, 하ᄂᆞ님 진영, 절충 진영 등 세 개의 집단으로 나누어져 있었다. 중국의 푸조우에서 1888년 1월에 서울로 이주해 온 후 한미화활판소(Trilingual Press)를 설립한 올링거(Franklin Ohlinger, 1845-1919) 목사는 미국 펜실베이니아 독일계 북감리회 출신으로 본토인 영어 교육 옹호자였는데, 그는 샹뎨(上帝)만 지지했다.[94] 그러나 그는 1893년 두 아이가 죽은 뒤 가을에 영구적으로 한국을 떠났고, 그가 떠난 후에는 샹뎨 지지자가 없었다. 성공회는 배타적으로 텬쥬를 사용하였고 언더우드도 교회 연합 차원에서 그 용어를 지지했다.

북장로회 소속으로 서울 밖에서 활동하던 세 명의 젊은 선교사들인 원산의 게일(James S. Gale, 1863-1937), 평양의 마페트(Samuel A. Moffett, 1864-1939), 부산의 베어드(William M. Baird, 1862-1931)는 하ᄂᆞ님 진영을 형성

94 문서 출판에 경험이 많은 Ohlinger가 내한하면서 1890년에 Heron, Underwood, Ohlinger, Appenzeller 등이 조선셩교서회(The Korean Religious Tract Society)를 조직하고 한글 기독교 문서를 출판하기 시작했다. 그들은 1890년에 『셩교촬리』를 필두로 전도문서부터 출판했는데, 그 인쇄는 배재학당 안에 있는 한미화활판소에서 맡았다.

했다.[95] 서울의 기퍼드(Daniel Gifford, 1861-1900)도 그들에게 합류했으나 언더우드의 영향으로 태도를 바꾸어 텬쥬 진영으로 넘어갔다. 게일과 다른 많은 장로회 선교사들은 텬쥬가 로마 가톨릭과 결합된 외래어(한자어)이므로 텬쥬에 반대했다.[96] 개신교의 독자적인 용어이면서 순수하게 토착적인 용어를 주장한 하ᄂᆞ님 진영이 초기 용어 논쟁에서 최종적인 승리를 거두었다.

셋째 진영은 하ᄂᆞ님을 다른 용어보다 선호했으나 상제[샹뎨]나 천주[텬쥬]에 대해서도 융통성이 있었다. 북감리회 서울 선교지부의 아펜젤러와 스크랜턴(William B. Scranton, 1856-1922), 그리고 남장로회의 레널즈(William D. Reynolds, 1867-1951)와 전킨(William Junkin, 1865-1908)은 1894년 5월에 열린 상임성서위원회(PEBC)에서 절충안에 찬성했다.[97] 한국에서 반포되던 한문 기독교 서적에서 上帝가 보편적으로 사용되고 있었으므로 그들은 세 개의 한글 용어인 하ᄂᆞ님, 샹뎨, 텬쥬에 대해 열린 자세를 취하고 있었다. 그러나 아펜젤러는 하ᄂᆞ님으로, 스크랜턴은 비슷한 시기에 텬쥬로, 레널즈와 전킨은 하ᄂᆞ님으로 입장을 변경했고 그 결과 하ᄂᆞ님 진영의 입장이 강화되었다.

용어 논쟁 과정은 개인 선교사와 교파 선교회들의 선교학적 입장과 그들 간의 역학 관계를 드러냈다. 1894년 4월에 서울에서 모인 번역자회는 텬쥬와 하ᄂᆞ님을 놓고 투표한 결과 4 대 1로 텬쥬를 채택했다. 언더우드, 스크랜턴, 아펜젤러, 성공회의 트롤로프(Mark Trollope)가 텬쥬 쪽에 투표했고 게일만 하ᄂᆞ님에 투표했다.[98] 중국 주재 영국성서공회의 총무이자 제물

---

95 Gale to F. F. Ellinwood, May 19, 1894; Moffett to Ellinwood, January 12, 1894.

96 Gale to Ellinwood, May 19, 1894.

97 H. G. Appenzeller to S. A. Moffett, May 18, 1894.

98 트롤로프는 1894년에 발간한 발췌성서인 『照萬民光』에서 텬쥬를 사용했다.

포에 보급소를 열기 위해 방문했던 털리(Robert Turley)는 텬쥬가 채택된 것을 환영했다. 그는 하ᄂᆞ님을 한문 성경의 上帝의 동등어로 이해하였던 로스와 달리 하ᄂᆞ님을 중국어 天主의 동등어로 이해했다. 털리가 하ᄂᆞ님과 텬쥬의 상호교차성을 강조한 이유는 텬쥬가 영국 성공회가 동아시아에서 사용하는 용어였기 때문이었다. 그는 텬쥬가 로마 가톨릭 용어라는 이유로 반대하는 북미 선교사들을 극단적인 개신교(ultra Protestant)의 입장이라고 비판했다.[99] 상임성서위원회 서기였던 스크랜턴은 북미 개신교와 영국 성공회 간의 교회 일치를 위해서 텬쥬가 최선의 선택이라고 평가했다. 1894년에 번역자회가 텬쥬를 채택한 배후에는 다음과 같은 두 가지 성공회적 요소가 작동하고 있었다. 첫째, 영국성서공회가 한국에서 거의 독점적인 성서 사업을 하고 있었다. 둘째, 영국교회(성공회)의 한국 선교회는 1890년에 시작되었는데, 1893년에 성공회의 블로지트가 교회 연합을 위해 天主를 제안하는 논문을 발표한 이후 중국의 많은 노장 선교사들이 그가 제안한 천주를 지지하고 있었다. 따라서 한국에서도 교회 연합의 필요성과 정당성을 수긍하는 분위기에서 번역자회는 텬쥬를 지지했다.

그럼에도 대부분의 주한 장로교와 감리교 선교사들은 번역자회의 결정을 수용하지 않고 반발했다. 원산의 게일은 텬쥬의 채택을 로마 가톨릭과 성공회가 사용하는 용어에 대한 타협이라고 보았다. 그는 평양과 다른 도시에서 활동하는 많은 선교사들이 텬쥬를 수용할 수 없는 용어로 간주하고 있는 것을 알았으므로 자신이 그들의 견해를 대변해야 한다고 느꼈다. 그보다 다른 더 강력한 반대 이유는 다음과 같았다. "텬쥬는 로마 가톨릭과 함께 도입된 외래어이고 천주교와 뗄 수 없이 연결되어 있으므로 내가 보기에 조상 제사보다도 더 나쁜 종류의 우상숭배적인 그 이름을 본토인의

99 Robert T. Turley to William Wrigh, November 21, 1894.

마음으로부터 분리하려면 몇 년이 걸릴지 모른다."[100] 게일은 로마 가톨릭의 전 체계를 정치적 계략으로 간주하고, 로마 가톨릭이 만든 용어인 天主를 증오했다. 게일은 대부분의 선교사들이 순수한 본토어인 하ᄂᆞ님을 희망한다고 생각했다.

상임성서실행위원회의 위원들과 그 회장인 마페트는 하ᄂᆞ님을 채택할 것을 요구했다. 1894년 5월 남장로회의 레널즈와 전킨은 선교사들에게 성경의 임시 판본에서 텬쥬의 배타적인 사용에 반대하고 하ᄂᆞ님이나 샹뎨를 사용하도록 요청하는 회람서신을 썼다. 스크랜턴과 아펜젤러도 입장을 바꾸어 이 제안을 지지했다. 25명의 선교사들이 레널즈-전킨의 청원에 찬성 서명한 청원서를 번역자회에 발송했다. 번역자회는 그들의 결정을 번복하기를 거부하고 공개 토론을 제안했다. 1894년 10월에 다수 선교사들이 다시 상임성서실행위원회에 하ᄂᆞ님을 채택하자는 청원서를 보냈다. 서명자는 주한 개신교 선교사들의 80% 이상을 대표하는 32명으로 늘어났다.[101]

1894년 4월 번역자회가 4:1로 텬쥬를 채택한 후, 언더우드 부인은 유일하게 하ᄂᆞ님에 투표한 게일에 대하여 다음과 같이 썼다. "그는 전체 번역자회에서 God에 대한 절충적 용어를 받아들일 수 없는 유일한 사람이다. 모든 감리회 선교사들은 그들의 용어[하ᄂᆞ님]를 포기하고 텬쥬를 수용할 용의가 있었으나, 우리 장로교인들은 고집스럽게 반대하는 입장이어서 결코 타협하거나 한 치라도 양보할 수 없었다."[102] 장로회 선교사들은 각자 옳다고 생각하는 대로 행동했고 사실 언더우드도 그 가운데 한 명이었다. 그러므로 1893년부터 1895년까지 개인 번역자들은 수십 개의 전도책자에

---

100 Gale to Ellinwood, May 19, 1894.

101 W. B. Scranton to W. Wright, October 24, 1894; S. Dyer to W. Wright, Dec. 21, 1894.

102 L. H. Underwood to F. F. Ellinwood, May 28, 1894.

서 자신이 선호하는 용어를 사용했다. 언더우드는 중국에서 天主로 용어를 일치시키자는 블로지트의 제안에 영향을 받아 1897년에 텬쥬와 샹쥬(上主)를 사용하는 쪽으로 입장을 선회했고 1900년경에는 하ᄂᆞ님의 사용을 반대하고 텬쥬를 지지하는 유일한 장로회 선교사가 되었다.[103] 그는 성경과 소책자 번역에서 텬쥬를 사용했고 1897년부터 1901년까지 주간지 「그리스도신문」에서 샹쥬를 일관되게 사용했다. 1894년에서 1903년까지 10년간 용어 문제에서 언더우드는 '영국 불독'처럼 고집스럽게 자신의 입장을 고수했다.

선교사들과 한국인 기독교인들이 이해한 하ᄂᆞ님은 어떤 하나님이었는가? 게일의 의견처럼 핵심적인 개념은 우상숭배에 반대하는 배타적인 유일신론이었다. 1895년에 마페트와 최명오는 전도책자인 『구셰론』을 공동으로 저술하고 하ᄂᆞ님을 다음과 같이 소개했다. "하ᄂᆞ님은 홀노 ᄒᆞ나이시고 둘이 업ᄉᆞ시니 하놀도 아니오 옥황도 아니오 부쳐도 아니오 귀신도 아니오 이에 스ᄉᆞ로 잇서 시죵이 없고 영원이 변역ᄒᆞ지 아니ᄒᆞ시ᄂᆞᆫ 텬디만물에 큰 쥬ᄌᆡ라."[104] 아펜젤러가 번역한 『묘츅문답』(1895)도 불교의 보살, 도교의 옥황, 유교의 하늘, 무교의 귀신 등 한국의 여러 신들에 대하여 하ᄂᆞ님은 배타적인 기독교 유일신이라고 강조했다.[105] 아펜젤러는 책 후기에서 천주교의 성인 숭배를 우상숭배 목록에 추가했다.

대다수의 선교사들과 한국인들이 하ᄂᆞ님을 지지할 때, 번역자회는 각 복음서와 사도행전의 1,000부는 하ᄂᆞ님을 사용하여 인쇄하고, 500부는 텬쥬를 사용하여 인쇄하자는 절충안을 상임성서실행위원회에 제출했다. 위

---

103 A. Kenmure to J. H. Ritson, June 21, 1901.

104 S. A. Moffett · 최명오, 『구셰론』(서울: 죠션셩교셔회, 1895), 5b-6a.

105 Genähr, 『묘츅문답』, 13a.

원회는 이 제안을 수용하여 1895년에 두 가지 판본을 발간했다.[106] 이 결정에 대한 반응은 양분되었다. 스크랜턴은 번역자회가 선호하는 용어가 살아남았으므로 그 결정을 받아들였다. 그는 만약 하ᄂᆞ님만 채택되었다면 그 한자어의 동등어인 上帝, 天主, 神이 사용될 수 있지만 텬쥬가 채택되었으므로 한자어 상제와 신은 배제되고 하ᄂᆞ님을 사용하는 길이 열렸다고 생각했다. 스크랜턴은 이 해결책이 천주교와 개신교 모두를 만족시킨다고 믿었다.[107] 그는 1900년까지 그의 신약 번역에서 텬쥬를 사용했다. 그러나 밀러(Frederick Miller, 1867-1937)는 이는 스크랜턴의 개인적인 견해이고 텬쥬본의 발간은 성공회의 요구를 고려한 잠정적 해결책이었다고 진술했다. 밀러는 거의 모든 주한 선교사들이 하ᄂᆞ님을 선호하고 천주교와 예수교를 구별하기 위해서 텬쥬를 거부하였으므로 용어 문제는 더 이상 논란이 되는 논쟁거리가 아니라고 덧붙였다.[108]

중국의 영국성서공회 총무들은 이런 다수 의견을 극단적인 개신교 입장이라며 비판했고, 런던 위원회가 텬쥬와 하ᄂᆞ님의 공동 사용을 허락해 줄 것을 요청했다. 물론 트롤로프 신부와 다른 성공회 선교사들은 중국과 일본의 성공회가 사용하는 천주를 지지했다. 이런 상황에서 영국성서공회는 1903년까지 하ᄂᆞ님 판본과 텬쥬 판본을 동시에 출판하기로 결정했다. 그러나 한국에 성공회 교인은 거의 없었으므로 텬쥬본은 창고에 쌓여 있었다. 성공회는 한국 개신교인의 1% 미만에 불과했고, 99%의 개신교인(장로교인과 감리교인 등)은 하ᄂᆞ님을 선호했다.

106 W. B. Scranton to W. Wright, October 24, 1894.
107 Ibid. 이런 이해가 사실상 해방 이후 천주교, 성공회, 일부 개신교인의 이해와 일치한다.
108 F. S. Miller to W. Wright, May 5, 1895.

[표 2] 경쟁하는 용어들의 용례, 1882-1905

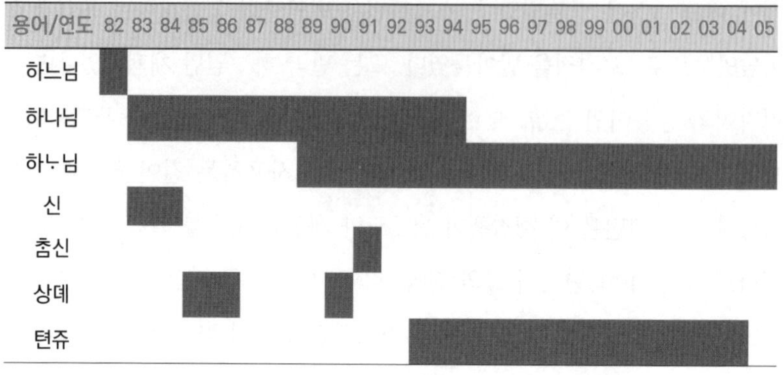


[표 2]에서 보듯이 용어 하ᄂᆞ님과 텬쥬는 다른 신명들을 물리쳤고 1894년부터 1903년까지 한글 성경에서 경쟁 관계에 있었다. 언더우드는 1898년 초가을에 가열되기 시작한 논쟁의 중심에 있었다. 서울의 언더우드, 기퍼드, 스크랜턴, 트롤로프는 텬쥬를 사용했고, 평양의 마페트, 원산의 게일, 서울의 아펜젤러와 밀러는 하ᄂᆞ님을 사용했다. 이 논쟁은 한문 용어 대 한글 용어의 대결처럼 보이지만,[109] 사실은 서울의 교회연합 정신을 가진 보다 포용적인 집단과 평양에 중심을 둔 개신교의 정체성을 강조하려는 '극단적 개신교' 집단 간의 갈등이었다. 후자는 하ᄂᆞ님을 선호했고 서북 방언으로 이를 하나님으로 발음했다.

가장 골치 아픈 주제는 하ᄂᆞ님이 유일신이냐, 아니면 한국인의 다신교 체계에서 최고신이냐의 문제였다. 중국에서 神파 선교사들이 上帝를 중국의 제우스에 해당하는 주신이라고 이해하였듯이 언더우드와 기퍼드는 하ᄂᆞ님을 혼합주의적인 한국 종교의 최고신으로 이해했다. 기퍼드는 하ᄂᆞ

109 Rutt, *James Scarth Gale and His History of the Korean People* (1972), 26.

님이 가장 높은 주신에 있고 그 바로 밑에 부처, 그 아래에 시왕(十王)과 산신 그리고 가장 밑에 귀신이 오는 한국인 신앙체계의 신 서열 목록을 작성했다.[110] 대다수 선교사들이 이런 언더우드와 기퍼드의 이해와 텬쥬를 고집하는 태도에 반대했지만 언더우드는 타협하지 않았다. 1900년에 기퍼드가 사망한 이후 로마 가톨릭과 성공회를 제외하고 텬쥬를 사용하는 선교사는 언더우드가 유일했다. 다른 모든 동료들은 하ᄂᆞ님을 사용했다. 이런 언더우드의 독선적 태도는 영국성서공회 한국 지부 총무로서 한국의 성서 사업을 책임지고 있던 켄뮤어(Alexander Kenmure, 1856-1910)뿐만 아니라 한국 선교사들에게 두통거리였다. 1901년에 켄뮤어는 "그는 로마 가톨릭과 성공회 선교회를 제외하고 하나님의 이름으로 텬쥬를 사용하는 유일한 선교사다. 그의 모든 동료들은 용어 하ᄂᆞ님을 사용한다"고 보고했다.[111] 언더우드는 1904년 경 하ᄂᆞ님의 기원이 한국인의 유일신 신앙 전통에 뿌리를 두고 있다는 것을 발견하고 텬쥬를 버리고 용어로서의 하ᄂᆞ님을 수용했다.

## 3. 유일신 하ᄂᆞ님의 창출: 선교사와 한국인의 합작

1890년대 후반 선교사들이 하ᄂᆞ님 진영과 텬쥬 진영으로 양분되어 논쟁할 때, 한국인 신자들은 거의 하ᄂᆞ님을 사용하고 있었다. 한국인 지도자들은 기존 신명(고유명사)인 하ᄂᆞ님을 새로운 기독교 용어(보통명사)로 만드는 작업을 진행했다. 한편 중국 선교사인 그리피스 존, 제임스 레그, 윌리엄 마틴 등과 한국 선교사인 존스, 아펜젤러, 게일, 헐버트는 언더우드가 하ᄂᆞ님

110 Daniel L. Gifford, *Everyday Life in Korea: A Collection of Studies and Stories* (New York: Fleming H. Revell, 1898), 88-89.

111 A. Kenmure to James H. Ritson, June 21, 1901.

을 수용할 수 있는 신학적 근거를 제공했다. 한국 교인들은 한문 전도책자를 읽으면서 그 안에 있는 고대 중국인이 유일신 상제를 예배했다는 원시 유일신론을 수용하고 이를 한국 종교사에도 적용했다. 그들은 1896년에 창간된 「독립신문」과 다양한 애국가 가사에서 하ᄂ님만 사용하면서 1897년에 창간된 기독교 주간 한글 신문인 「죠션크리스도인회보」와 「그리스도신문」을 통해서 한국에서도 원시 유일신관이 존재했다고 주장했다. 게일은 주시경(周時經, 1876-1914)과 함께 하ᄂ님의 어원을 연구하여 하늘의 초월성과 함께 유일성, 위대성, 인격성이 공존하는 "한 위대하신 님"으로 정리했다. 헐버트는 단군신화에 나오는 하늘의 환인, 환웅과 웅녀의 결합으로 태어난 신인(神人)인 단군을 삼위일체론으로 해석하고 단군의 유일신 하ᄂ님 예배를 주장했다. 이런 혁신적인 해석들이 결합되어 1901년경 신조어인 하ᄂ님이 만들어졌을 때 마지막까지 버티던 언더우드도 한국의 고대 신화를 연구하고 하ᄂ님을 유일신으로서 받아들이게 된다.

## 한글 기독교 주간 신문의 원시 유일신론 논증

19세기 말부터 20세기 초까지 한국에 수입되어 사용된 중국 기독교의 한문 전도문서와 서적들은 원시 유교가 가진 원시 유일신론에 대하여 자유로운 태도를 가지고 있었다. 윌리엄 마틴의 『天道溯原』을 읽은 후 기독교로 개종한 한 남성 양반은 그가 하늘을 예배하지 않았으므로 50년간 명목적인 유학자로 살아왔고, 기독교인들은 하늘을 예배하므로 공자의 진정한 제자들이라고 고백했다.[112] 이런 상황에서 존스(George Heber Jones, 1867-1919)는 1892년에 유일신으로서 하ᄂ님의 어원을 이해하는 길을 열었다. 즉 존

112 "론셜: 세 가지 요긴훈 말", 「그리스도신문」, 1897년 9월 9일, 16일.

스는 중국의 마테오 리치, 제임스 레그와 같이 중국어의 天이 一과 大의 조합어인 것처럼 한국어의 하ᄂᆞ님은 하나(하늘이 아니라)와 님의 합성어라고 주장했다.[113]

고대 중국과 한국의 원시 유일신교를 논하는 변증서의 두 번째 출처는 1897년에 창간된 두 개의 한글 주간 신문인 미국 북감리회의 「죠션크리스도인회보」와 미국 북장로회의 「그리스도신문」이었다. 유교에서 기독교로 개종한 한국인 지도자들은 이 신문들에 많은 사설과 기사를 썼다. 아펜젤러나 언더우드와 같은 선교사 편집자가 형식적으로 감독했지만, 유교의 경전들을 인용하면서 원시 유일신론을 논하는 초기 사설들은 선교사들의 국한문 실력으로는 작성할 수 없는 글들이었고, 한국인 기독교인들이 한문 서적을 읽고 동아시아 고대사와 기독교의 관계에 대해 스스로 내린 해석들로 채워져 있었다.

1897년 2월 2일 창간된 「죠션크리스도인회보」의 첫 사설들은 곧 음력설을 맞이하는 한국인들에게 제사를 논하면서, 고대 이스라엘인들처럼 고대 중국인과 고대 한국인들은 유일하신 상제나 하ᄂᆞ님을 예배했다고 도전했다. 그 사설들은 야웨가 고대 이스라엘에서 활동하셨듯이 고대 중국에서는 상제가 일하셨으며, 고대 이스라엘인들이 감사의 제사와 간구의 희생을 드린 것 같이 고대 중국의 성왕들은 상제에게 감사와 희생의 제사를 드렸다고 주장했다.[114]

하ᄂᆞ님씌 졔ᄉᆞ함은 텬하각국이 ᄀᆞᆺ흔고로 동양으로 론컨ᄃᆡ 신농시(神農氏)가

113 G. H. Jones, "Studies in Korean, Korean Etymology," *KR* 1 (November 1892), 332-333; H. G. Underwood, *The Religions of the Eastern Asia*, 5.

114 백종구, 『한국 초기 개신교 선교운동과 선교신학』(서울: 한국 교회사학연구원, 2002), 129.

비로소 사졔를 챵셜ᄒᆞ여 년죵에 졔ᄉᆞᄒᆞ고 고양시(高陽氏)가 남졍즁(南正重)이라 ᄒᆞᄂᆞᆫ 신하롤 명ᄒᆞ여 텬신의게 졔ᄉᆞᄒᆞ고 하(夏)나라의 쳥ᄉᆞ졔와 샹(商)나라의 가평졔와 쥬(周)나라의 대사졔와 교ᄉᆞ졔ᄂᆞᆫ 다 하ᄂᆞ님씌 졔ᄉᆞᄒᆞ고 슌(舜) 님금은 샹뎨씌 류졔롤 지닛다 ᄒᆞ고 탕(湯) 님군은 황황ᄒᆞ신 샹뎨씌 붉히 고ᄒᆞ다 하여시니 ᄌᆞ고로 셩왕이 하ᄂᆞ님씌 공경치 아니ᄒᆞᆫ 이 업ᄉᆞ며[115]

이 사설은 중국 고대 삼황오제 시대에는 중국이나 서양에서 민족 신만이 아닌 보편적인 참 하나님을 예배했다고 주장했다. 동시에 옛 제사법이 변하여 새 제사법이 되듯이 나라가 문명진보하려면 옛 예법을 떠나 상제를 섬기는 예수교를 따르라고 권면했다.

유학 고전과 중국 사서에 근거한 이런 종류의 사설은 선교사가 아니라 유학자였다가 개종한 최병헌(崔炳憲, 1858-1927), 노병선(盧炳善, 1871-1941), 송기용(宋奇用)과 같은 초기 한국인 감리교회 지도자들만 쓸 수 있었다.[116] 이때 최병헌은 정동제일교회 본처전도인(本處傳道人, local preacher)으로서 「독립신문」에도 기고하고 있었다.[117] 노병선은 동대문감리교회 본처전도인으로 목회하면서, 배재학당 협성회(協成會)와 서울 지역 엡워스청

115 "론셜 텬졔론", 「죠션크리스도인회보」 제1권 제2호, 1897년 2월 10일.

116 "교우 노병션씨 열람ᄒᆞᆫ 일", 「대한크리스도인회보」, 1898년 10월 5일; Elmer M. Cable, "Choi Pyung Hun," *KMF* (April 1925): 88-89.

117 탁사(濯斯) 최병헌은 충청북도 제천 출신으로 어려서부터 한학을 공부하고 과거를 준비하던 중 『瀛環志略』등의 서적을 읽고 기독교에 관심을 가지게 되었다. 그는 부패한 과거제에 실망하던 중 1888년(고종 25)에 선교사 존스에게 한국어를 가르치고 배재학당의 한문교사가 되면서 기독교와 접하게 되었다. 그는 1893년에 세례를 받고 정동교회에서 권사(exhorter)로 목회를 시작하여 이듬 해 본처전도인으로 임명받았다. 그는 성서번역자회 조사와 독립협회 간부로 일하면서, 「독립신문」·「죠션크리스도인회보」·「대한매일신보」·「皇城新聞」·「제국신문」·「신학월보」의 기고가나 편집인으로서 개화사상을 역설했다. 그는 1898년에는 정동청년회 전도국장으로도 활동했는데, 10월 연환회에서 부집사목사로 승차했다. 1902년에 집사목사로 안수를 받고 정식으로 설교하기 시작했다. 아펜젤러 목사가 선박 사고로 사망하자 정동교회 부목사로서 1903년부터 1914년까지 목회했다.

년회(Epworth League)를 위해서 일하고 있었다.[118] 송기용은 1896년에 선교회 연회에서 정동 계삭회(季朔會, quarterly conference)의 추천을 받아 본처전도인으로 임명받았고 청년회 활동을 하면서 계삭회 회보와 「독립신문」에 기고했다.[119] 1896-97년에 서울 정동제일교회에는 최병헌, 노병선, 송기용으로 이루어진 3명의 본처전도인이 있었는데[120] 이들이 1897년 2월 2일에 창간된 「죠션크리스도인회보」(1897년 12월 8일부터 「대한크리스도인회보」로 개칭)의 논설과 사설을 담당했다.[121]

최병헌과 다른 한국인 감리교회 지도자들은 1893년부터 시작된 4년 과정의 감리회 목회자 양성과정인 신학회(神學會)에서 공부했는데 그들은 진보적 복음주의 선교사인 제임스 레그, 윌리엄 마틴, 에른스트 파베르 등 상제파의 변증서와 전도 문서들을 읽었다. 마틴의 『天道溯原』은 3년째에 전반부를, 4년째에 후반부를 정규 과목으로 공부했으며 파베르의 『舊約工

118 노병선은 1871년 평안북도 철산에서 태어났다. 한학을 공부하다가 서울 배재학당에 입학하여, 이승만, 정교, 주시경, 오긍선, 신흥우 등과 함께 1898년에 배재학당을 졸업했다. 재학 시절 1896년 11월 30일 창립된 협성회에서 부회장으로 일했다. 협성회는 매주 토요일 배재학당에 모여 공개 토론회를 진행했는데, 노병선은 이 토론회의 주요 연사였다. 그는 1897년 5월 5일 최초의 청년회로 설립된 엡워스청년회의 창립위원으로 각 교회에 청년회 조직을 결성하도록 도왔다. 그 해 10월 31일 결성된 정동교회 남자 엡워스청년회 초대 회장으로 토론회를 이끄는 한편 엡워스청년회 중앙본부의 통신국장으로도 활동했다. 그는 「독립신문」과 「죠션크리스도인회보」에 기고했다. 1897년 정동교회 본처전도인으로 선임되어 1897년부터 1901년까지 동대문교회에 설교자로 파송되어 일했다. 1901년 전도인으로 사역하면서 배재학당 영어교사를 겸직했다.

119 *Official Minutes of the Annual Meeting of the Korea Mission of the Methodist Episcopal Church* (*OMAM*), Twelfth Session held in Seoul, Korea, Aug. 19-24, 1896 (Seoul: Trilingual Press, 1896), 9.

120 Ibid. 17.

121 1900년 현재, 4년 과정의 신학회에 재학 중인 학생은 1반 본처전도인 김기범·김창식·최병헌·이은승, 2반 본처전도인 오석형·김상림, 3반 본처전도인 노병선·송기용·장경화·이명숙·문경호·이창학 등과 권사 이국혁·윤창렬·박능일·복정채·하춘택·김동현 등이었다. 송기용은 1901-02년에는 배재학당에서 한문을 가르치고 주일마다 상동감리교회에서 설교 했다. 1908년 2월부터 약 한 달 동안 충청북도에서 의병을 설득하는 정부의 선유사(宣諭使)로 활동하기도 했다.

夫』는 2년째 정규 과목으로, 그의 『自西徂東』은 4년째 필독서로 읽었다.[122] 따라서 최병헌 등은 1896-97년에 이 책들을 집중적으로 공부하고 유교에 대한 기독교의 성취론을 수용했다. 나아가 상제의 원시 유일신론 개념을 한국어 하ᄂᆞ님 예배와 용어 문제에 적용시켰다. 때마침 창간된 주간 신문의 사설란이 이들 한국인 전도인들에게 주어지자 그들은 그 공간을 활용하여 하ᄂᆞ님 유일신론을 전개했으며, 선교사들은 그 견해를 활용하는 방향으로 나아갔다. 따라서 우리는 이 한글 기독교 신문 사설들과 논설들을 통해 용어 문제를 바라보는 내재적 시각을 통해서 그 동안 선교사들의 서신과 보고서를 중심으로 선교사들이 논쟁을 이끌어간 것처럼 서술해 온 외래적 시각을 교정할 필요가 있다.

1897년 4월 8일에 언더우드가 창간한 「그리스도신문」도 동일 노선에 섰다. 이 신문은 고대 중국에는 우상이 전혀 없었고 요순 같은 성왕들은 오직 참 하나님이신 상제만을 예배했으며 그들의 죄를 위해 희생제사를 드렸다고 강조했다. "상고 쌔 시절에ᄂᆞᆫ 우샹이라 ᄒᆞᄂᆞᆫ 거시 업ᄂᆞ니라."[123]

이 신문은 고대의 성현들은 상제를 예배했으나 점차 미신과 우상숭배로 타락했다고 보았다.[124] 이 신문은 예수교가 한국에 온 목적은 조선 유교로 하여금 원래의 상제 예배를 회복하고 격물치지로 신학문을 하여 조선이 문명개화로써 부국강병한 나라가 되는 것이라고 설명했다.

---

122 *OMAM* (1893), 11-13; 옥성득, "초기 한국 북감리회의 선교 신학과 정책: 올링거의 복음주의적 기독교 문명론을 중심으로", 「한국 기독교와 역사」 제11호(1999년 9월): 27-28.

123 "우샹의 허훈론", 「그리스도신문」, 1897년 7월 29일.

124 "론셜",「그리스도신문」, 1897년 10월 28일; "리치의 쇼연ᄒᆞᆫ 론", 「그리스도신문」, 1897년 12월 16일.

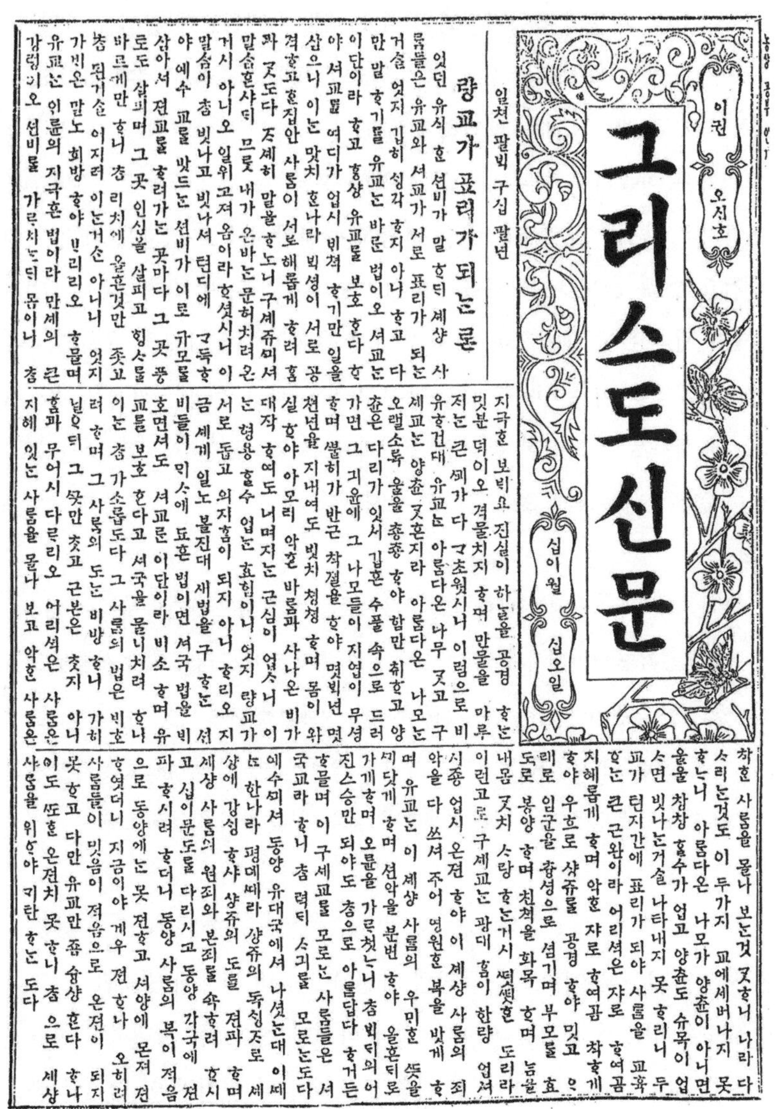

그리스도신문

이권 오십호

십이월 십오일

일천 팔ᄇᆡᆨ 구십 팔년

## 량교가 표리가 되ᄂᆞᆫ 론

엇던 유식 ᄒᆞᆫ 션비가 말 ᄒᆞ되 세샹 사
ᄅᆞᆷ들은 유교와 셔교가 서로 표리가 되ᄂᆞᆫ
거ᄉᆞᆯ 엇지 깁히 싱각 ᄒᆞ지 아나 ᄒᆞ고 다
만 말 ᄒᆞ기ᄅᆞᆯ 유교ᄂᆞᆫ 바른 법이오 셔교ᄂᆞᆫ
이단이라 ᄒᆞ고 ᄒᆞᆼ샹 유교ᄅᆞᆯ 보호 ᄒᆞᆫ다 ᄒᆞ
야 셔교ᄅᆞᆯ 여디가 업시 빈쳑 ᄒᆞ기만 일을
삼으니 이ᄂᆞᆫ 맛치 ᄒᆞᆫ나라 ᄇᆡᆨ셩이 서로 공
격ᄒᆞ고 ᄒᆞᆫ집안 사ᄅᆞᆷ이 서로 해롭게 ᄒᆞ려 ᄒᆞᆷ
과 ᄀᆞᆺ도다 ᄌᆞ세히 말ᄉᆞᆷ ᄒᆞ노니 구세쥬ᄭᅴ셔
말ᄉᆞᆷᄒᆞᆫ샤되 므ᄅᆞᆺ 내가 온바ᄂᆞᆫ 문허치려 온
거시 아니오 일위고져 옴이라 ᄒᆞ셧시니 이
말ᄉᆞᆷ이 ᄎᆞᆷ 빗나고 빗나셔 텬디에 ᄀᆞ득ᄒᆞ
야 예수 교ᄅᆞᆯ 밋드ᄂᆞᆫ 션비가 이로 규모ᄅᆞᆯ
삼아셔 젼교ᄅᆞᆯ ᄒᆞ려가ᄂᆞᆫ 곳마다 그 곳 풍
로도 살피며 그 곳 인심을 살피고 힘ᄉᆞᆯ
바르게만 ᄒᆞ니 ᄎᆞᆷ 리치에 올흔것만 좃고
ᄎᆞᆷ 된거ᄉᆞᆯ 어지러 이ᄂᆞᆫ거ᄉᆞᆫ 아니니 엇지
가ᄇᆡ온 말노 회방 ᄒᆞ야 ᄇᆞ리리오 ᄒᆞ믈며
유교ᄂᆞᆫ 인륜의 지극ᄒᆞᆫ 법이라 만세의 큰
강령이오 션비ᄅᆞᆯ 가ᄅᆞ치ᄂᆞᆫ되 몸이니 ᄎᆞᆷ
지극ᄒᆞᆫ 보빈요 진실이 하ᄂᆞᆯ을 공경 ᄒᆞᄂᆞᆫ
밋분 덕이오 격물치지 ᄒᆞ며 만물을 마루
지ᄂᆞᆫ 큰 ᄉᆡ가 다 ᄀᆞ초왓시니 이럼으로 비
유ᄒᆞ건대 유교ᄂᆞᆫ 아ᄅᆞᆷ다온 나무 ᄀᆞᆺ고 구
세교ᄂᆞᆫ 양ᄎᆞᆫ ᄀᆞᆺᄒᆞᆫ지라 아ᄅᆞᆷ다온 나모ᄂᆞᆫ
오래소록 울울 총총 ᄒᆞ야 함만 취ᄒᆞ고 양
ᄎᆞᆫ은 다리가 잇서 깁흔 수풀 속으로 드러
가면 그 긔운에 그 나모들이 지엽이 무셩
ᄒᆞ며 ᄲᅮ리가 반근 착결을 ᄒᆞ야 몃ᄇᆡᆨ년 몃
쳔년을 지내여도 빗치 청청 ᄒᆞ며 몸이 와
실 ᄒᆞ야 아모리 악ᄒᆞᆫ 바ᄅᆞᆷ과 사나온 비가
대작 ᄒᆞ여도 너머지ᄂᆞᆫ 근심이 업ᄉᆞ니 이
ᄂᆞᆫ 형용 ᄒᆞᆯ수 업ᄂᆞᆫ 효험이니 엇지 량교가
서로 돕고 의지ᄒᆞᆷ이 되지 아니 ᄒᆞ리오 지
금 세계 일노 볼진대 새법을 구 ᄒᆞᄂᆞᆫ 셔
비들이 미ᄉᆞ에 됴ᄒᆞᆫ 법이면 셔국 법을 빗
ᄒᆞ면서도 셔교ᄅᆞᆫ 이단이라 비소 ᄒᆞ며 유
교ᄅᆞᆯ 보호 ᄒᆞᆫ다고 셔국을 물니치려 ᄒᆞ나
이ᄂᆞᆫ ᄎᆞᆷ 가소롭도다 그 사ᄅᆞᆷ의 법은 빗호
려 ᄒᆞ며 그 사ᄅᆞᆷ의 도ᄂᆞᆫ 비방 ᄒᆞ니 가히
닐ᄋᆞ되 그 ᄭᅩᆺ만 ᄎᆞᆺ고 근본은 ᄎᆞᆺ지 아니
ᄒᆞᆷ과 무어시 다ᄅᆞ리오 어리셕은 사ᄅᆞᆷ은
지혜 잇ᄂᆞᆫ 사ᄅᆞᆷ을 몰나 보고 악ᄒᆞᆫ 사ᄅᆞᆷ은
착ᄒᆞᆫ 사ᄅᆞᆷ을 몰나 보ᄂᆞᆫ것 ᄀᆞᆺᄒᆞ니 나라다
ᄉᆞ리ᄂᆞᆫ것도 이 두가지 교에셔버나지 못
ᄒᆞᄂᆞ니 아ᄅᆞᆷ다온 나모가 양ᄎᆞᆫ이 아니면
울울 창창 ᄒᆞᆯ수가 업고 양ᄎᆞᆫ도 슈목이 업
ᄉᆞ면 빗나ᄂᆞᆫ거ᄉᆞᆯ 나타내지 못 ᄒᆞ리니 두
교가 텬지간에 표리가 되야 사ᄅᆞᆷ을 교육
ᄒᆞᄂᆞᆫ 큰 근원이라 어리셕은 쟈로 ᄒᆞ여곰
지혜롭게 ᄒᆞ며 악ᄒᆞᆫ 쟈로 ᄒᆞ여곰 착ᄒᆞ게
ᄒᆞ야 우흐로 샹쥬ᄅᆞᆯ 공경 ᄒᆞ야 밋고 ᄋᆞ
래로 임군을 충셩으로 셤기며 부모ᄅᆞᆯ 효
도로 봉양 ᄒᆞ며 친쳑을 화목 ᄒᆞ며 ᄂᆞᆷ을
내몸 ᄀᆞᆺ치 ᄉᆞ랑 ᄒᆞᄂᆞᆫ거시 ᄯᅥᆺᄯᅥᆺᄒᆞᆫ 도리라
이런고로 구세교ᄂᆞᆫ 광대 ᄒᆞᆷ이 한량 업셔
시종 업시 온젼 ᄒᆞ야 이 세샹 사ᄅᆞᆷ의 죄
악을 다 쓰셔 주어 영원ᄒᆞᆫ 복을 밧게 ᄒᆞ
며 유교ᄂᆞᆫ 이 세샹 사ᄅᆞᆷ의 우민ᄒᆞᆫ ᄯᅳᆺ을
ᄭᆡ닷게 ᄒᆞ며 션악을 분변 ᄒᆞ야 올흔ᄃᆡ로
가게ᄒᆞ며 오륜을 가ᄅᆞ첫ᄂᆞ니 ᄎᆞᆷ 빅ᄃᆡ의 어
진ᄉᆞ승만 되야도 ᄎᆞᆷ으로 아ᄅᆞᆷ답다 ᄒᆞ거든
ᄒᆞ믈며 이 구세교ᄅᆞᆯ 모로ᄂᆞᆫ 사ᄅᆞᆷ들은 셔
국교라 ᄒᆞ니 ᄎᆞᆷ 력되 ᄉᆞ긔ᄅᆞᆯ 모로ᄂᆞᆫ도다
예수ᄭᅴ셔 동양 유대국에셔 나셧ᄂᆞᆫ대 이ᄯᅢ
ᄂᆞᆫ 한나라 평데ᄯᅢ라 샹쥬의 독싱ᄌᆞ로 세
샹에 강싱 ᄒᆞ샤 샹쥬의 도ᄅᆞᆯ 젼파 ᄒᆞ며
세샹 사ᄅᆞᆷ의 원죄와 본죄ᄅᆞᆯ 쇽ᄒᆞ려 ᄒᆞ시
고 십이문도ᄅᆞᆯ 다리시고 동양 각국에 젼
파 ᄒᆞ시려 ᄒᆞ더니 동양 사ᄅᆞᆷ의 복이 젹음
으로 동양에ᄂᆞᆫ 못 젼ᄒᆞ고 셔양에 몬져 젼
ᄒᆞ엿더니 지금이야 계우 젼 ᄒᆞ나 오히려
사ᄅᆞᆷ들이 밋음이 젹음으로 온젼이 되지
못 ᄒᆞ고 다만 유교만 좀 슝샹 ᄒᆞᆫ다 ᄒᆞ나
이도 ᄯᅩᄒᆞᆫ 온젼치 못 ᄒᆞ니 ᄎᆞᆷ 으로 세샹
사ᄅᆞᆷ을 위ᄒᆞ야 기탄 ᄒᆞᄂᆞᆫ 도다

[사진 6] 사설, “량교가 표리가 되는 론”, 「그리스도신문」, 1898년 12월 15일

1898년 12월 서울의 유학자들과 양반 자제들이 기독교에 관심을 가질 때, 「그리스도신문」의 사설은 유교와 기독교의 관계를 표리 관계에 있다고 주장하고 기독교는 유교를 파괴하지 않고 성취한다고 선언했다. 이 사설은 그 관계를 아름다운 나무(유교)와 화창한 봄날(기독교)의 유비로 묘사했다. "아ᄅᆞᆷ다온 나모ᄂᆞᆫ 오랠소록 울울 총총하야 함만 취ᄒᆞ고 양츈은 다리가 잇서 깁흔 수풀 속으로 드러가면…몃 쳔 년을 지내여도 빗치 쳥쳥ᄒᆞ며…엇지 량교가 서로 돕고 의지ᄒᆞᆷ이 되지 아니 ᄒᆞ리오."[125] 이 사설은 기독교는 유교의 가지와 잎이 무성하고 아름답게 자라 꽃피고 풍성한 과실을 맺도록 하는 완성자로서, 화창한 봄날의 햇빛과 같은 기독교는 과실을 맺을 유교의 아름다운 나무를 필요로 한다고 묘사했다.

> 아ᄅᆞᆷ다온 나모가 양츈이 아니면 울울창창ᄒᆞᆯ 수가 업고 양츈도 슈목이 업ᄉᆞ면 빗나ᄂᆞᆫ 거슬 나타내지 못 ᄒᆞ리니 두 교가 텬지 간에 표리가 되야 사ᄅᆞᆷ을 교휵ᄒᆞᄂᆞᆫ 큰 근완이라 어리셕은 쟈로 ᄒᆞ여곰 지혜롭게 하며 악ᄒᆞᆫ 쟈로 ᄒᆞ여곰 착ᄒᆞ게 ᄒᆞ야 우흐로 샹쥬ᄅᆞᆯ 공경ᄒᆞ야 밋고 ᄋᆞ래로 임군을 츙셩으로 셤기며 부모ᄅᆞᆯ 효도로 봉양ᄒᆞ며 친쳑을 화목ᄒᆞ며 ᄂᆞᆷ을 내 몸 갓치 사랑ᄒᆞᄂᆞᆫ 거시 떳떳ᄒᆞᆫ 도리라.[126]

이 사설은 유교와 예수교가 동전의 양면처럼 표리 관계에 있지만 그 역할과 위상은 다르게 설정했다. 이 논설에 따르면 예수교는 광대함이 한량없어 시종 없이 온전하여 이 세상 사람의 죄악을 다 씻어 주어 영원한 복을 받게 하고, 유교는 이 세상 사람의 우매한 뜻을 깨닫게 하며 선악을 분변하

125 "량교가 표리가 되ᄂᆞᆫ 론", 「그리스도신문」, 1898년 12월 15일.
126 위의 글.

여 옳은 데로 가도록 하며 오류을 가르치는 스승이다. 따라서 백대의 스승인 유교만 숭상하고 "한나라 평제 때 상주의 독생자로서 동양 유대국에 강생하여 세상 사람들의 원죄와 본죄를 속하러 온" 예수의 도를 따르지 않으면 온전하게 되지 못한다. 예수교 우위의 유교 성취론은 중국과 일본에서 유행한 변증론이었다. 국가의 교육과 도덕뿐만 아니라 하늘을 숭배하는 종교 생활에서 두 종교가 동반자 관계임을 강조한 이 사설은, 대한제국이 구본신참(舊本新參)을 내세우고 출범한 해에 근대 국가 건설이라는 의제와 접촉점을 확보할 수 있었다.

### 「독립신문」의 하ᄂᆞ님 지지

1896년 4월 7일에 창간된 「독립신문」은 처음부터 신교(新教)인 예수교에 대해서 우호적인 기사를 싣고 용어 하ᄂᆞ님을 채택했다. 신문을 편집한 서재필(徐載弼, 1864-1951)[127]과 논설에 참여한 윤치호(尹致昊, 1865-1945)[128]가

127 서재필은 전남 보성 출신으로 1884년 12월 갑신정변에 가담했다가 3일 만에 실패로 돌아가자 일본을 거쳐 미국으로 망명했다. 그는 미국에서 장로교인으로 세례를 받았고, 의학을 공부하여 한국인 최초의 서양 의학사가 되었다. 청일전쟁 후 김홍집 친일 내각의 초청으로 1895년 12월에 조선으로 돌아왔다. 서재필은 미국인 신분으로 정동 외국인 지역에 거주하면서, 10년 계약에 월급 300원을 받는 중추원 고문에 취임했고, 곧 정부 대변지 성격을 가진 「독립신문」을 창간했다. 서재필은 회고록에서 「독립신문」의 모든 논설을 자신이 썼다고 주장했으나, 영문판의 경우 그럴 가능성이 있지만 국문판은 윤치호, 주시경, 손승용 등 다른 인물들이 참여했을 가능성이 크다. 영은문(迎恩門) 자리에 독립문을 건립하고 모화관을 독립관으로 개축하는 대중 운동을 벌였다. 1896년 2월 아관파천으로 친러 내각이 수립되자 정부는 신문을 서재필 개인 소유로 등록할 수 있도록 허락하고, 학부(學部)를 통해 각 학교의 학생들에게 신문을 구독하도록 지시하고, 내부(內部)에서는 지방 관청에 구독을 명령하고 우편물 발송 혜택까지 부여했다. 그러나 러시아의 만주 침략과 조선 내 세력 확장 정책은 서재필의 입장을 반정부·반러·친일적인 것으로 바꾸어 놓았다. 친러 내각과의 불화 속에 결국 서재필은 남은 계약 기간 7년 10개월분의 봉급 28,200원을 모두 받는 조건으로 1898년 4월에 조선을 떠나 미국으로 돌아갔다.

128 미국 유학 생활을 마친 윤치호는 1893년 11월에 상하이에 와서 중서서원 교사로 일

예수교인이라 자연히 예수교인들이 많은 글을 기고했다. 이들은 하ᄂᆞ님을 일관되게 사용하고 구교(舊教)인 천주교의 텬쥬와 구별했다. 각 교회에서 고종의 탄신 경축회를 열 때에도 하ᄂᆞ님께 찬미하고 기도하며 애국가를 불렀다. 1896년 예수교인들이 작사한 애국가는 모두 하ᄂᆞ님을 사용했다. 그 전통은 1908년 윤치호가 개역 한글 철자로 편찬한 『찬미가』에 실린 애국가에서 "하나님이 보호하사 우리 대한 만세"로 이어져 확정되었다.[129]

1897년 1월 26일자 논설은 여러 종교를 비교하면서 애니미즘을 야만의 종교로, 우상의 종교인 불교, 일부다처제의 종교인 이슬람, 정치학과 윤리학인 유교, 조상과 짐승을 섬기는 어리석은 풍속인 일본 신도는 반개화의 종교라고 비판하고, 그리스도교 안에 구교와 신교와 희랍교가 있지만 신교 국가가 가장 개화되었다고 서술했다. 이 논설은 당시에 유행하던 야만·반개화·개화라는 문명 3분설을 채용하여 한 나라의 종교에 따라 개화 수준이 결정된다고 주장했다.

> ᄋᆞ푸리가에 잇ᄂᆞᆫ 야만[野蠻]들의 교ᄂᆞᆫ 산과 물과 불을 위ᄒᆞ고 혹 ᄇᆡ암과 큰 즘승들을 두려워 귀신으로 위ᄒᆞ며 아셰아 셔편에ᄂᆞᆫ 모화메든 교가 잇서 그 교에서ᄂᆞᆫ 하ᄂᆞ님을 텬부로 ᄉᆡᆼ각은 ᄒᆞ되 모아메든이란 사ᄅᆞᆷ을 하ᄂᆞ님의 ᄉᆞ신으로 위ᄒᆞ며 교당에셔 녀편네ᄂᆞᆫ 드리지를 아니 ᄒᆞ고 교를 ᄀᆞᄅᆞ치지도 아니ᄒᆞ

---

하다가 1894년 3월에 마애방과 결혼했다. 청일전쟁 후 친일내각이 들어서자 1895년(고종 32년) 2월에 조선으로 귀국했다. 귀국 즉시 자신의 노비들을 석방시키고 종 문서를 불태우고, 집안의 신주단지를 불태웠다. 2월 15일 김홍집 내각에서 의정부 참의에 임명되었다가 외무부협판을 지냈으며, 5월에 학부협판이 되었다. 춘생문사건으로 잠시 투옥되기도 했으나 다시 외무부협판에 임명되었다. 그 후 서재필, 이상재, 이완용 등과 독립협회를 조직하여 활동하였다. 독립협회 운동이 절정기에 달한 1898년에는 독립협회 회장으로서, 또 독립신문 주필 겸 발행인으로서 신문 발행을 책임지면서 칼럼과 논설 활동을 펼쳤다.

129 윤치호 역술, 『찬미가』(광학서포, 1908), 15.

며 ᄒᆞᆫ 사나희가 여러 계집을 다리고 사ᄂᆞᆫ 거슬 허ᄒᆞ며 [중략] 대개 반야만들이요 혹 반ᄀᆡ화된 나라들도 있더라 불교ᄂᆞᆫ [중략] 일홈만 불교라 ᄒᆞ지 실샹인즉 석가여릐가 ᄀᆞᄅᆞ친 교가 아니요 인형을 ᄆᆞᆫ드러 노코 어리셕은 ᄇᆡᆨ셩을 속여 돈을 쎗자ᄂᆞᆫ 쥬의가 되얏스니 [중략] 죠선과 청국셔 공ᄌᆞ교가 잇스나 공ᄌᆞ교ᄂᆞᆫ 교라 닐흘 거시 아닌 거시 다만 졍치학과 슈신졔가ᄒᆞᄂᆞᆫ 법과 치국ᄒᆞᄂᆞᆫ 법과 힝동거지를 말ᄒᆞᆫ 학문이라 [중략] 공ᄌᆞ교 ᄒᆞᄂᆞᆫ 나라들은 다만 청국과 죠션인ᄃᆡ [중략] 반ᄀᆡ화[半開化]국 자리에 잇더라 일본은 불교 외에 신교ᄒᆞᄂᆞᆫ 거시 잇눈ᄃᆡ 이 교에셔ᄂᆞᆫ 젼일에 유명ᄒᆞᆫ 쟝관들과 놉흔 학문 잇던 이들을 위ᄒᆞ며 혹 여호를 위ᄒᆞᄂᆞᆫ ᄃᆡ도 잇스니 당쵸에 교라고 ᄒᆞ잘 것도 업고 어리셕은 풍쇽일네라 [중략] 구미 각국에셔ᄂᆞᆫ 모도 크리씨도교를 ᄒᆞ눈ᄃᆡ [중략] 구교와 신교와 희랍교가 대쳬ᄂᆞᆫ ᄀᆞᆺ흔거시 [중략] 크리씨도의 교를 착실히 ᄒᆞᄂᆞᆫ 나라들은 지금 셰계에 뎨일 강ᄒᆞ고 뎨일 부요하고 뎨일 문명ᄒᆞ고 뎨일 ᄀᆡ화[開化]가 되야 하ᄂᆞ님의 큰 복을 닙고 살더라[130]

용어 문제와 관련해 이 논설이 중요한 것은 하ᄂᆞ님을 고유명사가 아닌 일반명사 용어로 사용했다는 점이다. 즉 이슬람교가 천부로 섬기는 하나님을 알라로 칭하지 않고 하ᄂᆞ님으로 칭했다.[131] 나아가 하ᄂᆞ님 단어가 나오면 행을 바꾸어 첫 단어로 높이는 대두법(擡頭法)을 채용하여 하ᄂᆞ님파를 적극 지지했다. 대두법은 로스 역본이 채용했으나 서울의 선교사들이 전도문서나 성서를 출판할 때 포기했던 것을 「독립신문」이 다시 채택하여 하ᄂᆞ님을 유일신 용어로 높였다.

130 "론셜", 「독립신문」, 1897년 1월 26일. 크리씨도교 안에 구교, 신교, 희랍교가 있다고 구분했다.

131 현재 한국 이슬람도 하나님을 사용한다.

독립신문

뎨이권

뎨빅이십이호

죠션 셔울 광무 원년 십월 십ᄉᆞ일 목요일 ᄒᆞᆫ쟝 갑 ᄒᆞᆫ돈

건양 원년 ᄉᆞ월 칠일 농샹 공부 인가

론셜

○ 광무 원년 십월 십이일은 죠션 ᄉᆞ긔에 몃 만년을 지ᄂᆡ드ᄅᆡ도 뎨일 빗나고 영화로온 날이 될지라 죠션이 몃 쳔년을 왕국으로 지내여 각금 청국에 쇽 ᄒᆞ야 쇽국 대졉을 밧고 청국에 죵이 되야 지낸 때가 만히 잇더니 하ᄂᆞ님이 도으샤 죠션을 자쥬 독립국으로 ᄆᆞᆫ드샤 이ᄃᆞᆯ 십이일에 대군쥬 폐하ᄭᅴ셔 죠션 ᄉᆞ긔 이후 처음으로 대황뎨 위에 나아 가시고 그날 브터 죠션이 다만 자쥬 독립국뿐이 아니라 자쥬 독립ᄒᆞᆫ 대황뎨 국이 되엿스니 나라이 이럿케 영광이 된것을 엇지 죠션 인민이 되야 하ᄂᆞ님을 대 ᄒᆞ야 감격ᄒᆞᆫ ᄉᆡᆼ각이 아니 나리요 금월 십일일과 십이일에 ᄒᆡᆼᄒᆞᆫ 례식이 죠션 고금 ᄉᆞ긔에 처음으로 빗나는 일인즉 우리 신문에 대개 긴요ᄒᆞᆫ 죠목을 긔ᄌᆡᄒᆞ야 몃 만년 후라도 후ᄉᆡᆼ들이 이 경축ᄒᆞ고 영광스러온 ᄉᆞ젹을 닑게 ᄒᆞ노라 십일일 오후 이시 반에 경운궁에셔 시작 ᄒᆞ야 환구단ᄭᆞ지 길 갓 좌우로 각 대ᄃᆡ 군ᄉᆞ들이 졍졔 ᄒᆞ게 셧스며 슌검들도 몃 ᄇᆡᆨ명이 틈틈이 졍졔히 벌녀 셔서 황국의 위엄을 낫하 내며 좌우로 휘쟝을 쳐 잡인 왕ᄅᆡ를 금 ᄒᆞ고 죠션 녯적에 쓰던 의쟝등물을 곳쳐 누른 빗으로 새로 ᄆᆞᆫ드러 호위 ᄒᆞ게 ᄒᆞ엿스며 시위ᄃᆡ 군ᄉᆞ들이 어가를 호위 ᄒᆞ고 지내는ᄃᆡ 위엄이 쟝 ᄒᆞ고 춍 멧히 멧친 창들이 셕양에 빗나더라 륙군 쟝관들은 금슈 노흔 모ᄌᆞ들과 복쟝들을 입고 은 빗 갓ᄒᆞᆫ 군도들을 금 줄노 허리에 찻스며 또 그즁에 녯젹 풍쇽으로 죠션 군복 입은 관원들도 더러 잇스며 금관 죠복ᄒᆞᆫ 관인들도 만히 잇더라 어가 압헤는 대황뎨 폐하의 태극 국긔가 몬져 가고 대황뎨 폐하ᄭᅴ셔는 황룡포에 면류관을 쓰시고 금으로 ᄎᆡ칠ᄒᆞᆫ 연을 타시고 그 후에 황태ᄌᆞ 뎐하ᄭᅴ셔도 홍룡포를 닙으시고 면류관을 쓰시며 붉근 연을 타시고 지내시더라 어가가 환구단에 이르샤 뎨향에 쓸 각ᄉᆡᆨ 물건을 친히 감 ᄒᆞ신 후에 도로 오후 네시쯤 ᄒᆞ야 환어 ᄒᆞ셧다가 십이일 오젼 두시에 다시 위의를 베프시고 황단에 림 ᄒᆞ샤 하ᄂᆞ님ᄭᅴ 뎨샤 ᄒᆞ시고 황뎨 위에 나아 가심을 고 ᄒᆞ시고 오젼 네

[사진 7] 「독립신문」, 1897년 10월 14일

「독립신문」이 하ᄂᆞ님 용어 토론에 영향을 준 두 번째 사건은 1897년 10월 12일 고종 황제 즉위식 때 환구단에서 이루어진 천제(天祭)로, 신문은 이를 하ᄂᆞ님께 드린 제사로 표현했다. 황제만 드릴 수 있는 천제는 조선 왕조에서 세조 이후 중단되었는데 고종이 황제로 등극하면서 처음 드린 정치적 대사건이었다. 12일 오전 2시에 거행된 황제 즉위식은 한 밤이라 서울의 모든 집들이 등을 밝히고 태극기를 달고 애국심을 표했다. 의정(議政)이 기도문을 낭독하고 고종을 황제로 칭할 때 고종은 천단(天壇)인 원형 환구단의 세 계단을 올라가 경건하게 천지신명께 절했다. 「독립신문」은 이를 "하

ᄂᆞ님씌 뎨샤ᄒᆞ시고 황뎨 위에 나아가심을 고ᄒᆞ시고"라고 보도했다.[132]

다음 날 고종은 조선의 국호를 바꾸어 대한제국(大韓帝國)으로 선포하고 1897년을 광무(光武) 원년으로 삼았다. 대한제국의 대한도 크고 하나이신 하ᄂᆞ님과 연결되는 단어였다. 「독립신문」은 조선이 "ᄌᆞ쥬 독립ᄒᆞᆫ 대황뎨 국이 되엿스니 나라이 이럿케 영광이 된 것을 엇지 죠션 인민이 되야 하ᄂᆞ님을 대ᄒᆞ야 감격ᄒᆞᆫ 싱각이 아니 나리요"라고 경축하고 하ᄂᆞ님께 감사했다.[133] 조선이 더 이상 중국 황제의 책봉을 받는 제후 왕이 아니라 하늘로부터 책봉을 받은 황제가 된 것이다. 고종 황제 즉위식과 대한제국 선포에 대한 기사는 당시 서울 시민이나 전국의 관리와 지식인들이 모두 읽었을 것이다. 그런 기사에서 고종 황제가 "하ᄂᆞ님께 제사"했다는 것은 「독립신문」의 용어 용례만 보면 예수교의 하ᄂᆞ님께 제사를 드린 것으로도 이해될 수 있었다. 따라서 「독립신문」의 이 기사는 한국 교인들과 선교사들로 하여금 용어 문제에서 텬쥬 대신 하ᄂᆞ님을 선택하도록 하는 계기가 되었을 것이다.[134]

「독립신문」과 함께 「그리스도신문」의 사설도 국호의 변경은 조선이 독립국이 되었다는 것을 의미한다고 기술했다.[135] 실제로 1895년 10월 8일에 발생한 을미사변으로 민비가 암살된 이후 내각의 왕당파들은 고종의 황제 추대 작업을 진행해왔다. 그들은 "황제가 없으면 독립도 없다"는 입장이었다.[136] 조선 시대에는 중국의 황제만이 북경에서 천제를 주관할 수 있

---

132 "론셜", 「독립신문」, 1897년 10월 14일.

133 위의 글.

134 「독립신문」은 성탄절이 다가오자 사설을 통해 한국이 하ᄂᆞ님을 섬기는 나라가 되어야 한다고 주장했다("론셜", 「독립신문」, 1897년 12월 23일).

135 "론셜", 「그리스도신문」, 1897년 10월 14일; "대죠션 뎨일 경사", 「그리스도신문」, 1897년 10월 14일

136 Yun Ch'iho, "The Whang-Chei of Dai Han, or the Emperor of Korea," *KR* (October 1897): 387.

었으므로 고종이 독자적으로 하ᄂᆞ님께 제사를 올리는 천제는 중국으로부터 한국이 독립한 것을 상징했다. 이제 독립협회 회원을 비롯한 많은 인사들이 독립한 대한의 시조인 단군과 그가 섬긴 하ᄂᆞ님을 언급하기 시작했다.[137] 고종이 황제가 되자 민비도 명성황후로 승급되었는데 인산 전날 일요일에 정동제일교회 새 예배당에서 추도회가 열렸을 때 서재필, 언더우드, 아펜젤러 등 세 명의 신문사 사장이 연설했다. 비록 윤치호가 왕당파의 제국 프로젝트에 회의적이었지만 고종 황제의 천제는 한국인들이 하ᄂᆞ님 용어를 선호하도록 하는 전환점이 되었고 자주독립 국가를 위한 기독교 민족주의와 연결되었다.

1899년 봄, 한국이 극심한 가뭄으로 피해를 입을 때 중앙 정부와 지방 정부들은 기우제(祈雨祭)를 열고 하늘에 기도했다. 중앙 정부의 기우제 때 제관인 농상공부 협판(協辦)이 졸지에 급사했다. 사고가 나자 기독교인들은 하ᄂᆞ님이 누구인가를 설명할 수 있는 기회를 얻었다. 「대한크리스도인회보」는 하ᄂᆞ님 예배에서 정성이 지극하지 못하면 능히 신명을 감동시키지 못한다고 논하고 갈멜산에서 기도한 선지자 엘리야의 야웨, 스스로 제물이 되어 상림(桑林)에서 기도한 탕왕의 상제, 그리고 한국의 하ᄂᆞ님이 그 이름은 서로 다르지만 비를 위해 기도하는 대상으로서는 고대 이스라엘이나 동아시아가 동일하다고 주장했다.[138] 이 신문은 동방 성인들도 하ᄂᆞ님을 공경했으며, 고대 중국의 상제나 한국의 하ᄂᆞ님은 기독교의 하나님과 동일하다고 보았다.

우리 교에 샹쥬라 샹뎨라 텬쥬라 대주지라 하ᄂᆞ님이라 혹은 유가셔에 샹뎨라

137 "회즁신문", 「대한크리스도인회보」, 1897년 8월 11일; "론셜", 「그리스도신문」, 1897년 10월 14일; H. B. Hulbert, "Ancient Korea," *KR* (December 1897): 460, 463.

138 "긔우졔론", 「대한크리스도인회보」, 1899년 6월 31일.

홈과 음성은 비록 다르나 뜻은 다름이 업ᄂᆞ니 [중략] 우리 밋ᄂᆞᆫ 쟈들의 샹뎨와 이젼 셩현들의 공경ᄒᆞ시든 샹뎨와 다름이 업거늘 져 어리셕은 사ᄅᆞᆷ들은 하ᄂᆞ님은 공경치 안코 도로혀 샤신과 우상을 셤겨 셩현의 ᄀᆞᄅᆞ치심을 좃치 아니ᄒᆞ니 이러ᄒᆞᆫ 자들은 ᄉᆞ문에 난적이오 하ᄂᆞ님의 원수라 엇지 삼갈 바 아니리요[139]

한국의 기독교 지도자들은 요순뿐만 아니라 공자와 맹자도 상제나 하ᄂᆞ님을 예배했다고 주장했다. 그들은 원시 유교의 상제와 성경의 야웨 사이에 연속성이 있다고 믿었다. 그들은 레그와 마틴과 다른 중국의 진보적인 선교사들이 주장한 유교의 원시 유일신 개념을 수용한 다음 그 개념을 한국의 유일신 하ᄂᆞ님에게 적용시켰다.

### 게일과 주시경: 하ᄂᆞ님을 '한-크신-주'로 만들다

1900년 게일(J. S. Gale)은 하ᄂᆞ님에 대한 새로운 어원적 연구를 소개했다. 서울의 한글 학자인 주시경(周時經, 1876-1914)과 함께 국문(國文)을 연구하던 게일은 토론을 통해 한국인들의 하ᄂᆞ님 이해에 대한 새로운 설명을 들을 수 있었다.[140] 주시경은 기독교가 오기 전에 한국인들은 하ᄂᆞ님을 알고 있

139 "동방셩인들도 하ᄂᆞ님을 공경ᄒᆞ엿소", 「대한크리스도인회보」, 1899년 6월 14일.

140 주시경은 1896년 배재학당의 학생회인 협성회(協成會)의 찬술원으로 피선되어 이승만 등과 함께 순 한글 「협성회회보」를 편집하면서 한글에 관심을 가지게 되었다. 이어서 「독립신문」 교정원으로 일하면서 한국어와 한글을 연구하기 위해 신문사 안에 국문동식회(國文同式會)를 결성했다. 주시경은 「독립신문」 1897년 9월 25-26일자에서 문법 통일과 사전 편찬을 제안했다. 그는 1898년 6월 배재학당 만국지지 특별과를 졸업한 후 국어 문법을 더 연구하기 위해 배재학당 보통과에 입학했다. 1898년에 독립협회의 만민공동회 사건으로 이승만, 서상대, 이동녕, 양기탁 등과 함께 투옥되었다가 황제의 특사령으로 11월에 석방되었다. 1898년 12월 31일에 『대한국어문법』의 초고를 집필했다. 1899년에 남대문 안에 있는 제국신문사에 입사하여 기자로 활동했다. 그는 1900년 2월에 상동교회 부설 상동청년학원(야학)에 국어문법과를 개설했는데, 이때 『대한국어문법』 원고를 교재로 사

었다고 논했다.

> 주시경은 다음과 같이 말했다. "우리의 신은 크신 한 분으로 하ᄂᆞ님으로 부르는데, '하ᄂᆞ'는 일(一)을 의미하고 '님'은 주, 주인, 임금을 의미한다. 한 크신 창조주가 하ᄂᆞ님이다. 우리는 그를 천지공사(天地工事)와 연관시키고, 영원한 창조주인 '조화옹'(造化翁)으로 부른다. [중략] 우리는 하ᄂᆞ님은 '지공무사(至公無邪)하시다', '거룩하시다'라고 말한다. 그는 우리 인생이 호소할 수 있는 최후 법정이다."[141]

상동청년학원 교사인 주시경은 하ᄂᆞ님의 어원에 '하나'(一일)의 요소가 있다고 주장했다. 게일은 이 해석을 받아들이고, 하ᄂᆞ님을 "주재하시는 한 분, 영화로우신 한 분, 위대하신 한 분, 그 한 분"과 "유일하신 위대한 창조주"로 소개했다.[142] 최고신인 '하늘의 주'(하느님)로부터 유일신인 '한-크신-주'(하나님)로 하ᄂᆞ님을 변형시킨 이 어원적 재해석은 한국에서의 용어문제에 전환점이 되었다.[143] 거의 모든 개신교 선교사들과 한국의 기독교인들은 1903년까지 이 새로 만들어진 유일신 하ᄂᆞ님을 받아들였고, 이를 지금까지 한국 개신교의 공인된 하나님 용어로 사용해왔다. 1900년부터 한국 개신교가 사용한 하ᄂᆞ님은 하늘의 초월성(heavenliness), 위대성(greatness), 유일성(oneness)을 동시에 가졌으며, 창조주(creator)요 주재자(ruler)로 이해된 새

---

용했다. 1900년 6월에 배재학당 보통과를 졸업할 때 아펜젤러 목사의 집례로 세례를 받고 감리교에 입교했다. 따라서 게일이 주시경을 만나 한국어를 함께 토론한 1899년 말이나 1900년 초에는 그는 믿기 시작한 초신자였다.

141 Gale, "Korean Ideas of God," *MRW* (September 1900): 697.

142 Gale, "Korean Beliefs," *Folklore* 11:3 (September 1900): 325-332.

143 주시경은 '訓民正音'이나 '國文' 대신 1913년 경 '하나의 위대하고 바른 글'의 뜻인 '한글'이라는 용어도 만들었는데, 이는 그의 하ᄂᆞ님의 어원 해석과 연결된다고 볼 수 있다.

용어였다.

### 헐버트의 삼위일체론적 단군신화 해석

게일의 어원적 이해 위에 헐버트가 삼위일체론적 단군신화 이해를 더하자 하ᄂᆞ님은 완전한 신조어로 만들어졌다. 헐버트는 한국인의 독특한 정체성 확보가 한국의 정치적 독립을 위한 기초가 된다고 믿었다. 이를 위해 그는 한국의 고대사와 한국인의 기원과 원시 신앙에서 중국이나 일본과 다른 독특한 한국인의 정체성을 탐구했다. 그 연구의 일부로 헐버트는 번역조사 오성근(吳聖根)의 도움을 받아 단군신화를 기독교의 삼위일체 신앙으로 재해석하고 신조어 하ᄂᆞ님을 창안했다.

조선 성리학의 주류 사학은 한국 고대사를 삼조선설(단군조선, 기자조선, 위만조선)로 이해하면서, 비합리적 신화에 근거한 단군조선보다 중국 문명을 가져온 기자(箕子)조선을 강조했다. 단군을 언급할 때에도 『三國遺事』(1281)나 『帝王韻紀』(1287)에 나오는 환인과 환웅과 웅녀 등 신화적 요소를 무시하고 바로 단군이 조선을 건국한 것으로만 서술했다.[144] 게일은 조선 전기에 편찬된 서인 노론의 주류 사학인 『東國通鑑』(1485)을 수용하고 중국 문화가 조선에 미친 영향력을 강조했다. 대한제국의 교과서들도 기자를 근대 문명개화의 역사적 기초요 전거로 제시했다.

반면 헐버트(Homer B. Hulbert, 訖法, 1863-1949)는 1887년에 한국인 어학교사로부터 의병장 출신 남인 오운(吳澐)의 『東史纂要』(1606, 8권)를 구해서 읽기 시작했다.[145] 오운은 삼조선설을 수용하고 『東國通鑑』을 따라 기자

144 서영대, "한말의 檀君運動과 大倧教", 「한국사연구」(2001년 9월): 219-220.

145 H. B. Hulbert, "Echoes of the Orient: A Memoire of Life in the Far East," typescript(ca 1936), Chapter VI. 61. 1936년에 완성된 이 타자본 회고록은 출판되지 않았다.

조선을 높여서 문명이 기자로부터 시작되었다고 보았으나 단군신화를 인정했다.[146] 헐버트는 동사찬요에 나오는 단군조선과 단군신화를 공부한 감상을 50년 후에도 다음과 같이 생생하게 회고했다.

> 첫 페이지에서 나는 놀라운 이야기를 만났다. 창조주 환인의 아들 환웅은 모험심이 강했다. 그는 아버지에게 지상에 인간의 형태를 입고 내려가게 허락해 줄 것을 간청했다. 허락을 받은 그는 '바람'의 형태로 지상에 하강했다. 나는 그 구절을 보자마자 신약전서의 그리스어 원어에 나오는 삼위일체의 제3위가 호흡이나 바람의 뜻인 프뉴마(πνεῦμα)로 불리는 것이 떠올랐다. 이 '바람'(Wind)이 시냇가 나무 밑에 있는 처녀를 발견했다. 그는 그녀에게 숨[바람]을 불어넣었고, 그녀는 전설적인 한국의 시조인 아들 단군을 낳았다. 여기에 삼위일체, 성육신, 무흠수태(無欠受胎), 동정녀 탄생이 선언되어 있지 않은가! 이것이 서기전 2334년[2333년] 경 곧 4270년 전에 일어났다고 선언되었다.[147]

헐버트는 이 구절이 신학자와 진화론자에게 연구할 좋은 주제라고 언급했다. 그러나 그는 단군을 조선국[國]의 시조로 본 조선 후기 비주류 유교 사학의 정치적 해석 대신 신학적으로 접근하여 한국인이 원래 삼위일체적인 유일신을 믿은 민족[民]이었다고 강조했다.[148] 헐버트는 애니미즘, 귀신

---

146 남인 오운의 『東史簒要』는 한백겸(韓百謙)의 삼한설에 따라 마한(馬韓)을 중시하고 권근(權近)의 『東國史略』에 의거해 신라를 위주로 삼국 시대를 서술했으며, 퇴계나 남명 등 여러 학자들의 문집을 참고함으로써 조선 후기 유림의 대표적 사서로 읽혔던 책이었다. 특히 책의 대부분을 차지한 열전(列傳)에서 과거의 인물을 정리하면서 직간을 하거나 참소로 인해 핍박을 당하면서도 충성과 절의를 행한 인물을 수록하여 대세나 주류 인식보다 의리론과 명분론의 입장을 유지하여 당대의 교훈으로 삼았다.

147 H. B. Hulbert, "Echoes of the Orient," Chapter VI, 62.

148 대종교에서 단군신화를 삼위일체론이나 삼신일체론으로 해석한 것은 1904년-1909년 사이로 본다. 즉 1890년대 중반 백두산(태백산)에서 단군을 섬기는 무리들이 수도를 시작한 이후 만든 단군교의 대지를 적은 『佈明本敎大旨書』(광무 8년 갑신년 1904년 10월 3일

숭배, 마술, 신인동형론 등의 위에 우뚝 솟아 있는, 보이지 않는 한 분인 환인(桓因)이 바로 하ᄂᆞ님이며 그에 대한 우상은 만들어진 적이 없고 그 하ᄂᆞ님은 기독교의 하나님과 동일하게 초월해 계시며 삼위일체의 신이라고 이해했다. 무엇보다 환웅을 성령으로, 단군을 환웅과 동정녀 웅녀 사이에 무흠수태로 성육신한 신인(神人)으로 이해했다.[149]

헐버트는 1900년 전후로 *Korea Review*에 한국사를 연재하기 위해 오성근(吳聖根)과 함께 공부할 때는 중섭(重燮)이 편찬한 『東史綱要』(7권, 1884)를 사용했다. 이 책은 동국통감 외에 남인 오운의 『東史纂要』(1606)와 소북파 조정(趙挺)의 『東史補遺』(1646)와 소론 임상덕(林象德)의 『東史會綱』(1719년 무렵) 등 비주류 사서들을 종합하면서 조선 후기의 위기를 극복하려는 역사의식을 반영하고 있었다.[150] 이들 남인이나 북인의 사서들은 불교 승려 일연(一然, 1206-1289)이 저술한 『三國遺事』의 단군신화를 수용하고 고조선이 중국과 대등한 시기에 존재했음을 강조했다. 『東史補遺』는 환웅이 설립한 신교(神敎)의 영적 기초 위에 단군이 문명을 이룩하면서 민족 주체성을 견지했다고 서술했다. 『東史會綱』은 단군 이래의 문화적 독자성과 유구함을 서술하고 조선 건국의 정당성을 논했다.[151] 헐버트는 한국 민족의

---

출간)에는 대황조 단군이 태백산에 성신강림하여 나라를 세우고 임검(人神, 임은 인의 존칭어, 검은 신의 높임말)으로 다스렸다고 하여, 웅녀설화나 삼신일체론이 전혀 없는데, 나철이 대종교를 공식 설립하는 1909년에는 환인, 환웅, 단검의 삼신일체론이 성립되어 있었다(김성환, "대종교 관련 필사본 『포명본교대지서(佈明本敎大旨書)』에 대하여", 『고조선 단군학』(2006년 6월), 155-210). 이는 Hulbert와 같은 기독교의 단군신화 해석의 영향으로 볼 수 있다.

149 Hulbert, "Echoes of the Orient," Chapter VI, 63.

150 C. N. Weems, *Hulbert's History of Korea*, Vol. I (New York: Hillary House, 1962), "Editor's Introduction," 74-75; Maurice Courant, *Bibliographie coréene*, Vol. II (Paris: E. Leroux, 1894), 336-338; 소요한, "헐버트(Homer Bezaleel Hulbert) 선교사의 한국사 연구: 새로 발굴된 『동사강요(東史綱要)』를 중심으로", 「대학과 선교」 30(2012): 103-124.

151 Sung-Deuk Oak, "North American Missionaries' Understanding of the Tan'gun and Kija Myths of Korea," *Acta Koreana* 5:1 (Jan. 2002): 51-73.

기원을 알기 위해서는 건국 신화들을 분석해야 한다고 믿었으며, 단군신화를 기원 신화로 이해했다. 나아가 그는 한국인의 정체성이 녹아 있는 전설, 동화, 민요 등 민중의 구전 전통도 중시했다.[152] 헐버트의 한문 실력이 뛰어나지 않았음을 고려할 때 『동사강요』를 선택한 이유는 그 책이 비주류 사관을 종합한 최신 역사서였다는 점과 한국인 번역 조사요 문서 비서인 오성근도 그런 사서를 선호했기 때문으로 짐작된다.

1900년에 열린 왕립아시아협회 한국지부의 첫 총회에서 게일은 기원전 1122년에 기자가 이주한 후 한국은 중국의 중화주의라는 최면에 걸려 있었고 한국인의 생활은 중국인의 생활의 복제품에 불과하다고 주장했다.[153] 헐버트는 한국은 2,000년 이상 독자적인 민족 생활을 유지해왔다고 반박했다. 그는 한국의 독자적인 유적과 유물들을 조사했고 중국과 차별되는 고인돌과 같은 고고학적 유물들을 중시했다.[154] 헐버트는 단군의 문화적 역할을 강조하면서 한국 기원의 단군과 다른 영웅들은 중국의 인물들과 현격히 다르다고 강조했다.

존스는 경합하는 두 견해를 중재했다. 그는 순수하게 한국적이고 중국의 영향권에 속하지 않은 관습과 제도가 있었다는 헐버트의 주장에 동의했지만 기자조선 이래로 중국의 영향이 한국 사회에 점차 확대되었다는 점에서 게일에 동의했다. 하지만 존스는 샤머니즘을 살아남은 중요한 한국적 요소로 간주했다. "신라의 초기 왕들은 왕의 칭호로서 예지자나 무당의 이

---

152 Hulbert, "The Origin of the Korean People," *KR* (June 1895): 220; idem, *The Passing of Korea* (London: W. Heinemann; New York: Doubleday, 1906), 297-298.

153 Gale, "Korean Ideas of God," *MRW* (Sept. 1900): 697. 이 무렵 Gale은 단군의 역사성을 인정하지 않았고 단군과 하느님과의 관계성도 수용하지 않았다. 그는 조선과 대한제국의 주류 역사 인식대로 기자를 문명개화의 기초로 강조했다. 유교의 합리성과 도덕성을 바탕으로 단군신화를 배척했던 조선 초의 『東國通鑑』의 입장을 따라 Gale은 단군의 신화적 요소를 부정했다(Gale, "Korean History," *KR* [Sept. 1895]: 321).

154 Hulbert, "Korean Survivals," *TKB* I(1900): 25-26.

름을 채택했다. 우리가 아는 한 샤머니즘은 항상 한국의 종교였다."[155] 존스는 환인 제석을 최고 무당으로, 단군을 그의 후손으로 해석했다. 존스는 환인제석을 부처보다 열등한 불교 도솔천의 천신 중 하나인 제석천(帝釋天 Sakra-Devanam Indra)으로 이해한 불승 일연의 『三國遺事』의 해석을 받아들이지 않고, 대신 단군과 샤머니즘의 연관성을 강조했다.[156] 존스는 샤머니즘은 본래 한국의 종교였고 단군은 제정일치적 무당 군왕이었으므로 중국의 기자를 통한 한국에 대한 영향 이전에 하느님은 샤머니즘의 최고신이자 단군과 한국인이 예배한 한국의 독자적인 신이었다고 주장했다.

헐버트는 20세기가 시작되는 1901년 1월부터 자신이 창간하고 편집한 *Korea Review*에 "한국의 역사"를 연재하기 시작했다. 그는 서론에서 단군과 기자의 전통은 역사적 사실에 근거해 있다고 주장했다. 그는 연관된 많은 유물들이 단군과 기자의 역사성을 증명한다고 믿었다. 제1장의 첫 부분에서 헐버트는 삼국유사에 근거한 중섭의 『東史綱要』(1884)에 있는 단군 신화의 본문을 다음과 같이 자유롭게 번역했다.

> 태고 적에 창조주인 환인 또는 제석이라 불리는 신적인 존재가 있었다. 그의 아들 환웅이 천상의 권태에 지쳐 허락을 받아 땅으로 내려와 세속 왕국을 건설한다. [중략] 곰은 3주일간 큰 믿음과 인내로 기다려 4주째에 완벽한 여인이 되었다. 그녀의 첫 소원은 출산이었기에 "아들을 달라"고 애원했다. 영적

155 "Discussion," *TBK* I(1900): 48-49. 居西干(朴赫居世)은 君長, 次次雄(南解)은 제사장 무당, 尼師今(儒理)은 지혜자나 예지자, 麻立干(內物)은 大君長 등의 뜻으로 본다.

156 제석천(Śakra)은 중국어로는 帝釋天(Dìshìtiān), 釋提桓因(Shìtí Huányīn), 天主帝釋(Tiānzhoudìshì)로, 일본어로는 帝釈天(たいしゃくてん)으로 알려져 있다. 바라문교, 힌두교, 조로아스터교의 무신이자 히타이트 조문에서도 등장하는 뇌신 인드라가 불교화된 것이다. 범천과 한 쌍의 형상으로 표현되는 경우가 많아 양자를 묶어 범석(梵釋)이라고 한다. 도교의 옥황상제와 동일시되었다.

인 왕인 환웅은 바람을 따라 움직이면서 그녀가 물가 옆에 앉아 있는 것을 보았다. 그는 그녀를 감싸고 돌면서 그녀에게 숨을 불어 넣었고, 그녀의 애원은 응답되었다. 그녀는 아이를 박달나무 아래 이끼 위에 누였다. 그가 박달나무의 주 단군이었다. 문화군에 한국적 삼위일체인 환인·환웅·단군을 모신 사당이 있다.[157]

헐버트는 한문을 영어로 번역하면서 기독교의 삼위일체 개념을 채택했다. 그는 환인을 창조주로, 환웅을 성령으로, 단군을 성육신한 주로 묘사했다. 헐버트는 단군을 예수의 경우와 같이 성령(바람)에 의해 잉태되고 동정녀에게서 태어나 성육신한 것으로 기술하고, 단군을 예수와 같이 교사-제사장-왕이자 신인(神人)으로 제시했다.[158] 헐버트가 하ᄂᆞ님을 한국판 삼위일체의 유일신으로 수용한 것은 용어 문제에서 중요한 전환점이 되었다.[159]

하지만 게일은 역사적 단군과 그의 신적 기원을 반박했다. 「그리스도신문」에 게재한 단군과 기자에 관한 기사에서 게일은 단군은 하늘에서 오

157 Hulbert, "Part I. Ancient Korea Chapter I," *KRv* (January 1901): 33-35.

158 한국인에게 성육신은 낯선 개념이 아니었다. 궁예는 불교의 미륵불의 현현이라고 주장했다. 정감록을 신봉하던 이필제(李弼濟)는 고종 6년(1869)에서 고종 8년(1871)에 걸쳐 진천, 진주, 영해, 문경 등 네 곳에서 변란을 기도했는데, 1871년 영해봉기 때 그는 동학의 2대 교주 최시형에게 "지금 단군의 영령이 세상에 다시 나왔으니 하루에도 아홉 번 변하는 것이 나다"라며 자신이 단군의 화생(化生)이라고 설득하여 동학군 500명을 동원하여 봉기했다("李弼濟亂", 『신편 한국사 36 조선 후기 민중사회의 성장』; "道源記書", 『동학사상자료집 1』 [아세아문화사, 1975], 215).

159 1963년에 윤성범은 Hulbert의 번역을 인용하면서 단군신화를 "기독교의 삼위일체 교리가 동방교회를 통해서 동북 시베리아의 샤머니즘(무당교)의 세계에 들어오게 되고, 이것이 다시 한국에 들어와서 그 뚜렷한 모습으로 정착되어 버린 것이 아닌가라는 가설"을 제시하면서 삼위일체의 흔적(vestigium trinitatis)으로 보려고 했다. Palmer는 고대 한국인의 하나님 개념과 성경의 하나님 개념 사이에 유비가 있다고 본 윤성범의 주장에 합리적 근거가 있다고 인정했다. 윤성범, "환인 환웅 왕검은 곧 하나님이다", 「사상계」(1963년 5월): 258-271; 윤성범, "단군신화는 Vestigium Trinitatis이다," 「기독교사상」(1963년 10월): 14-18; Spencer J. Palmer, *Korea and Christianity* (Seoul: Hollym Corporation, 1967), 15.

지 않았고 사람들은 다른 나라로부터 온 사람을 '영적 존재'라 부르면서 왕으로 추대했다고 추론했다. 게일은 신화적 요소를 거짓되고 믿을 수 없는 것으로 비판하고 역사적 단군을 부정했다.[160] 게일은 여러 해 후에 단군의 역사성을 어느 정도 인정하게 된다.

1900-1901년의 게일과 헐버트 사이의 논쟁으로 인해 선교사들은 한국 문화와 샤머니즘의 특성을 이해하기 위해 노력했고 단군신화, 한국의 고대사와 신화들을 공부했다. 그 결과 헐버트는 단군신화를 기독교의 삼위일체 개념을 사용하여 해석하고 환인은 창조주요 천부인 하ᄂᆞ님이라고 제안했다.[161] 존스는 제정일치 시대의 무당 군왕인 단군은 샤머니즘의 최고신인 하ᄂᆞ님을 예배했다고 추론했다.[162] 많은 선교사들은 한국학 학자인 이 두 선교사의 견해를 수용했다. 존스가 시작하고 게일이 발전시킨 "한 위대한 분"으로서의 하ᄂᆞ님의 새로운 어원 이해도 선교사들과 한국 기독교인들이 수용했다. 따라서 헐버트와 게일이 역사적 단군 문제에서는 아직 동의하지 않았지만, 하ᄂᆞ님이 창조주요 유일신이라는 점에서는 동의했고, 따라서 하ᄂᆞ님은 기독교의 새 용어로 만들어졌다. 두 사람의 차이는 역사적 단군에 대한 이해로, 헐버트는 단군신화의 환인을 성부 하ᄂᆞ님으로 해석했으

160 Gale, "단군 조션", 「그리스도신문」, 1901년 9월 12일; "고구려", 「그리스도신문」, 1901년 10월 17일.

161 Hulbert와 『三一神誥』는 무관하다. 1906년에 창시된 대종교의 경전인 『三一神誥』는 상제 일신의 본체는 조화신(造化神=父)이나 작용으로는 교화신(敎化神=師)과 치화신(治化神=君)으로 기능한다고 서술했다. 조화신은 환인, 교화신은 환웅, 치화신은 단군이 되어 삼일신이 된다.

162 1885년에 한국 학자에 의한 한국 샤머니즘에 대한 최초의 근대적 연구인 난곡(蘭谷)의 『巫黨來歷』(8장 16쪽)이 굿 12거리와 뒷풀이를 그린 채색화와 함께 한문으로 발행되었다. 그 서문에서 "신인이 태백산 박달나무 아래로 내려왔으니, 이 분이 단군으로 신교(神教)를 열어 사람들을 가르쳤다"고 하여 한국의 샤머니즘이 단군으로부터 기원한다고 설명한다. 개신교 선교사들이 이 책을 접했다는 기록은 없다. 참고 서대석 편, 『巫黨來歷』(서울: 서울대학교 규장각, 1996).

나 게일은 역사적 단군을 부정하고 하ᄂᆞ님의 어원을 '하나'(하늘처럼 높고 위대한 유일하신 분)로 해석했다.

이러한 언어적·신화적 해석 작업이 더해지면서, 1903년 5월 서울에서 열린 19회 북감리회 한국선교회 연회에서 하나님을 성경 용어로 공식 채택했다. 1900년 출판된 임시본 신약전서에 텬쥬와 하ᄂᆞ님이 공존하고 있었기 때문에 벙커(D. A. Bunker)와 존스는 "성경책에 천주란 글자는 하나님으로 곳치기를 동의와 재청"했고 "회장이 회중에 문한즉 가함으로 작정"되었다.[163] 「신학월보」는 이때 아래 아(·)가 없는 개혁철자를 채택하였으므로 하ᄂᆞ님도 하나님으로 표기했는데 감리교회는 1903년 초에 하나님으로 합의하고 하나님만 사용하기로 결정했다.[164] 결국 다음에서 보듯이 언더우드도 곧 하ᄂᆞ님을 수용하면서 1904년의 한글 신약전서부터 용어 하ᄂᆞ님만이 사용되어 인쇄되었고 그 공인본이 1906년에 출간되어 구역(舊譯) 본문으로 확정되었다.

신약전서의 하ᄂᆞ님 채택은 부분적으로는 선교회들 간의 연합운동 때문이었다. 20세기에 접어들면서 선교지마다 일치와 연합의 정신이 강화되었다. 인도 장로교회들은 1904년에 첫 총회를 개최했다. 1900년 동경에서 열린 일본개신교선교사대회에서 선교회들 간의 협력을 위한 상임위원회가 구성되었다. 1877년과 1890년 상하이 선교사대회를 개최한 후 1904년 중국 선교 100주년을 맞아 연합 선교대회를 준비하던 중국 선교회들은 러일전쟁으로 대회가 무산되자 1904년에 페이타이호대회를 열고 중국개신교연합을 구성했다. 이런 아시아의 에큐메니컬 운동 분위기 속에서 대한개신

163 "대한미이미감리교회 제십구차년환회 회록", 「신학월보」 3(1903년 6월): 250.

164 이 연환회 때 교인들의 덕행규칙도 정했는데 주요 내용은 1) 주일 성수, 2) 금주, 3) 남자는 20세, 여자는 18세 미만 혼인 금지, 4) 과부 강제 혼인 금지, 5) 담배 금지, 6) 노비 금지 등이었다.

교복음주의선교회공의회가 조직되었고 1905년 9월 회의에서 만장일치로 하나의 대한예수교회를 설립하기로 결정했다. 이때 감리회와 장로회의 일치를 위해서 하나님에 대한 통일된 용어를 채택할 필요가 있었다. 그러므로 선교학자인 데니스(James S. Dennis) 박사는 1905년에 타협과 조정을 통해 한국에서는 중국에서와 같이 용어문제로 더 이상 논쟁하지 않고, 연합 성경과 찬송가가 발간되고 교회 용어들이 통일될 것으로 전망했다.[165]

1905년에 강제로 체결된 을사조약으로 외교권이 박탈되고 통감부가 설치되면서 한국에서는 국가론이 비등했다.[166] 이 배경에서 헐버트의 하ᄂᆞ님에 대한 논의는 1906년에 더 발전되었다. 이는 한국의 독립과 종교의 독립이 연관되어 있다고 보았기 때문이다. 그는 아브라함 시대에 단군은 하늘에 닿은 강화도의 마리산 정상에 제단을 쌓고 동물 번제를 드림으로써 하나님께 제사를 드렸다고 기술했다. 헐버트는 그 하ᄂᆞ님을 예배한 한국인들은 엄격한 유일신교도였다고 보았다. 그는 로마 가톨릭 용어인 천주는 기독교가 도래하기 오래 전에 사용되었고 따라서 이교 신의 이름으로 불릴 수 있다고 주장했다. 헐버트는 중국에는 천주의 이름을 가진 불교의 우상들이 있지만 한국인은 결코 하ᄂᆞ님을 물질적으로 표현하지 않았다고 단언했다.[167]

165 James S. Dennis, "Union Movement in Mission Fields," *Congregationalist and Christian World* (November 4, 1905): 627-628.

166 Kyung Moon Hwang, "Country or State? Reconceptualizing Kukka in the Korean Enlightenment Period, 1896-1910," *Korean Studies* (Dec. 2000): 5-6.

167 Hulbert, *The Passing of Korea*, 288, 404; H. G. Underwood, *The Religions of the Eastern Asia*, 101.

### 한국사 서술과 항일 운동에 나타난 한국인 기독교인의 단군 이해

1905년부터 본격적인 토론에 들어간 근대 국가(nation state) 담론이 통감부 설치 이후 점차 주권 상실과 함께 좌절되면서 국가 담론을 대신하는 민족(national people) 담론이 학회 회보를 중심으로 대두했다.[168] 1905년부터 등장한 한국사 교과서와 역사서에 등장하는 단군 이해와 하나님 이해를 먼저 살펴보자. 1905년에 최경환(崔景煥)이 편집하고 정교(鄭喬)가 교열한 『大東歷史』가 출판되어 교과서로 사용되었다. 감리교인 이무영(李懋榮)은 서문 첫 줄을 다음과 같이 썼다. "우리 동방은 우주 만국 가운데 자주 독립 국가의 하나이다. 단군은 요임금과 나란한 시기에 기틀을 세워 수립했고, 기자는 은나라를 계승하여 중흥의 업을 높였다." 이 책은 원래 1896년에 독립협회가 설립될 때 필사본으로 만들어져 회원들이 읽다가 1905년에 출판된 것으로, 독립협회 운동 때부터 축적한 나라의 독립을 위한 역사 인식이 반영된 단군 이해였다. 이 책은 고대사를 편년체로 서술하되 고증과 분석, 사적 의미를 탐색하는 근대적 역사학 방법을 도입하고 정통성과 독립성을 일관되게 강조한, 당시 수준으로서는 상고사에 대한 선구적인 역작이었다. 이 책에서는 단군을 개국시조로 확고하게 세우며 단군 조선을 중국과 대등하게 독립국으로 서술하고 조선이 부여 고구려로 계승된 것으로 정리했다.

---

168 일본에서는 1890년대 국권론과 민권론이 논쟁을 벌였다. 당시 일본에 유학했던 청년들이 1900년대 애국계몽운동을 하면서 국권론과 민권론을 토론했다고 볼 수 있다. 대표적 인물이 이치지마 갱카치(市島謙吉)의 『政治原論』(도쿄, 富山房書店, 1899)을 『정치원론』(서울, 皇城新聞社, 1907)으로 번역한 안국선(安國善, 1878-1926)이다. 그는 일본 유학생 출신으로 1899년에 귀국하여 박영효역모사건에 연루되어 투옥되었다. 1900년 전후 한성감옥에서 기독교인으로 개종했으며 1907년 3월에 석방되었는데, 주권 재민론 입장에 서 있었다. 그는 1908년에 계몽적인 신소설 『금수회의록』을 발표했는데 이 소설은 1909년에 통감부에 의해 금서로 지정되었다. 그 소설 말미에 회의가 끝나자 '나'는 "예수님의 말씀을 들으니, 하나님이 아직도 사람을 사랑하신다 하니 사람들이 악한 일을 많이 하였을지라도 회개하면 구원 얻는 길이 있다 하였으니 이 세상에 있는 여러 형제자매는 깊이깊이 생각하시오"라고 결론을 맺었다. 안국선은 일제 강점기에 점차 친일파로 기울었다.

기자도 주(周)가 봉한 왕이 아니라 고조선 말왕인 부루(夫婁)로부터 손위(遜位)를 받은 후조선(後朝鮮, 기자 조선)의 태조문성왕(太祖文聖王)으로 서술했다. 이는 독립 문명국이던 후조선의 기자 왕업이 대한제국에서 중흥하기를 기대했기 때문이었다.[169] 정동제일교회 부목사 최병헌(崔炳憲)은 친구 정교가 편찬한 이 책의 발문을 쓰면서 과거 중국 사서에 의거한 한국 고대사 서술이 독립의 권리를 상실시켰으나, 이 책은 단군 이래 4천 년의 사적을 확실한 근거 위에 올려놓고 정통 계통을 밝혔으므로 후대 역사가의 준승(準繩)이요 사서를 읽는 자의 지남(指南)이 되기에 족하며 야속탄설(野俗誕說)을 종식시키고 독립 국권을 진작시킬 것으로 기대했다. 따라서 이 책은 국권 상실의 위기에 보여준 기독교인 지성인들의 역사관이었다고 하겠다. 그러나 이 책은 일본에 대해서는 동문동종(同文同種)의 나라로, 순치의 관계로 서술하는 한계를 보였다.

1904년 러일전쟁 당시 일본군은 용산, 평양 외성, 의주 등 도시에 각각 수 만 평의 땅과 주택지를 조계(租界)로 선언하고서 군용지와 철도 부지로 강제 몰수하고 한국 정부로 하여금 보상하도록 하여 보상이 제대로 이루어지지 않았다. 군용지 수용의 근거는 전쟁 발발 후 강제로 체결한 한일의정서(韓日議定書)의 제4조에 나오는 "군략상 필요한 지점을 수용할 수 있다"는 조항이었다. 평양에서는 군용 철도(경의선)와 병영 부지로 외성(外城) 지역에서 토지 강제 수용이 대규모로 이루어지면서 토지와 집을 잃은 한국인들이 격렬하게 저항했다. 정부와 언론계는 주민들의 고통을 대변하는 데 실패했다. 마페트를 비롯한 개신교 선교사들은 외성에 거주하는 교

169 조동걸, "韓末史書와 그 啓蒙主義的 虛實", 『한국 민족주의의 성립과 독립운동사 연구』(지식산업사, 1989), 169-173. 개신교 선교사들은 선진 중국 문명으로 한국을 문명화한 고대의 箕子(기자)를 근대 기독교 문명화 사역의 원형으로 삼았다. Sung-Deuk Oak, "North American Missionaries' Understanding of the Tan'gun and Kija Myths of Korea," *Acta Koreana* (Jan. 2002), 17-19.

인들이 큰 피해를 입고 남문밖교회 부지마저 수용되자 일본군의 점령에 항의하고 미국 공사 알렌의 중재를 요청했다.

일본군은 경의선 철도 부설을 위해 농번기임에도 철도가 지나가는 군의 군수들에게 노동자 동원을 할당했다. 한국인 농민들은 강제 노역에 동원되었다. 불참자는 구타당하고 끌려 나왔다. 공사장에서는 노예에 가까운 취급을 받았다. 저임금에 노동 시간이 연장되었다. 일본군은 서울에서 평양을 거쳐 의주까지 군수물자를 운송하다가 필요하면 한국인 농부들을 부당하게 짐꾼으로 동원했다. 강서, 용강, 삼화, 증산군에서는 폭동 직전까지 갔다.

평양 외성 지역 장로교인들은 단군과 기자의 고도가 일본 침략군에 점령되자 기독교의 유일신 '하나님' 신앙과 단군신화를 연결시키고 기독교 단군 민족주의로 일제에 대항했다. 1905년 11월에 을사조약이 체결되자 숭실학당 학생들은 수업을 거부하고 12명 대표가 "선교사들의 충고에도 불구하고 죽기로 결심하고" 서울에 올라와 시위를 주도하다가 체포되었다. 평양의 반일 의병 운동, 친일파 처결 암살단 조직, 이완용 암살 시도 등이 계속되었다.

따라서 우리는 평양에서 러일전쟁 이후 교회가 부흥하고 대부흥운동이 발생한 이유는 1) 단군 민족주의-항일 운동, 2) 전쟁 중 민중의 불안감을 해소해준 선교사의 치외법권-생명 보호, 3) 군용지 수용에서 상대적으로 보호를 받은 선교사: 재산을 보호하기 위해 교회에 출석함, 4) 부흥회-1905년부터 교회의 비정치화를 추구한 선교사들의 부흥운동 등 네 가지 요인이 만나서 갈등하고 결합했기 때문으로 볼 수 있다.

선교사들이 국가 문제를 외면하고 부흥회를 통해 교회의 비정치화를 추구하는 것에 반대한 안창호, 김구 등 서북 개신교인들과 김규식, 전덕기 등 서울 개신교인이 함께 신사상, 신교육, 신윤리를 가진 새 인민을 지향하며 신민회(新民會)를 조직한 것이 1907년 4월이었다. 신민회는 민족보다는 국가를 앞세웠다. 이는 국권 회복의 희망을 버리지 않고 투쟁할 때라고 판단했기 때문이었다. 그러나 국가의 기본이 신민이라고 하여, 국권 회복의 중점이 국가에서 민족으로 넘어가는 과도기 상태를 보여주었다. 이때 샌프란시스코에서 안창호를 중심으로 조직된 공립협회의 기관지 「共立新報」는 나와 나라가 일체임을 깨닫고 나의 자유와 독립이 나라의 자유와 독립과 떨어질 수 없는 관계를 유지하는 국혼(國魂)을 강조했다. 이는 개인과 나라의 흥망의 상관관계를 무시하고, 일신의 영화를 위해 국권을 팔고, 국토를 팔고, 사욕을 위해 외국인에게 의지하며, 그 권세로 자기 백성을 학대하는 현실 때문이었다. 특히 공립협회는 기독교인 중에 "예수 날 사랑하오"를 부르면서 하나님 일과 세상 일이 다르므로 "나라는 망하던지 흥하던지 사후 천당은 내 것이라"는 자들이 있다고 비판했다.[170] 1907년 대부흥 후에 각자 도생하고 자기안일을 도모하며 정치에서 도피하는 사후천당파들이 등장하기 시작했다. 따라서 공립협회는 나라가 망하면 교회도 핍박을 당하고 노예가 되므로 국혼을 살리는 신앙이어야 한다는 예언자적 목소리를 높였다.

그러나 대한제국의 주권이 거의 상실된 1908년에 들어서면 민족 담론이 본격화되는데 일부 종교인과 언론인은 단군을 정치적 조상에서 민족의 조상으로 새롭게 이해했다. 1908년 초에 '단군 시조 자손'과 '단군의 혈손'과 '이천만 민족은 동일 단군 자손'이라는 말이 「大韓每日申報」와 「皇城新聞」 등 일간지에 등장했다.[171] 이어서 동일한 개념이 해외 신문인 「海潮新聞」(블라디보스토크, 1908)이나 「新韓民報」(샌프란시스코, 1909)에도 등장했으며 '단군의 자손'이라는 말이 많이 사용되었다.[172] 앤더슨(Benedict Anderson)

---

170 "논설: 대호국혼", 「공립신보」, 1907년 6월 28일.

171 서영대, "한말의 檀君運動과 大倧教", 「한국사연구」(2001년 9월): 221-222.

172 "社說사설: 我檀君子孫의 民族과 疆土와 教化의 歷史", 「皇城新聞」, 1910년 8월 9일. 이

의 주장대로 근대 민족을 상상의 공동체라고 했을 때,[173] 한 시조를 모시는 대가족인 혈연 공동체로서의 민족을 상상할 수 있다. 이 무렵에 평양을 중심으로 민족의 시조인 단군을 동원하여 일본 제국주의에 대항하는 토착적(nativistic) 이념인 단군 민족주의가 형성되었다. 고종으로 상징되는 국가의 군주가 무능했기 때문에 '군주=국가설'이 무너지고 '인민=국가설'이 대두되면서 운명 공동체인 민족의 시조 단군을 중심으로 국권을 회복하자는 새로운 민족주의가 형성되었다.[174] 이 복고적 민족주의가 대두될 때 헐버트의 유일신 환인을 섬긴 신인 단군의 삼위일체적 이해는 단군 민족주의에도 일정한 영향을 준 것으로 짐작된다.

한편 대종교가 유일신 단군 신관에서 환인-환웅-단군의 삼일신 개념으로 전환된 신관을 채택한 것은 게일과 헐버트의 새로운 이해가 발표된 이후였다. 1909년에 설립된 대종교는 가장 진화된 근대 종교인 개신교의 유일신관과 삼위일체신론을 빌려서 전통적인 일신교의 단군 신교를 근대화할 수 있었다. 개신교가 대종교의 하ᄂᆞ님을 빌린 것이 아니라 개신교가 이미 만들어놓은 신조어인 유일신 하ᄂᆞ님을 대종교가 차용했다.

헐버트와 대립하던 게일은 러일전쟁 이후 일본의 한국 통치를 지지하는 친일파 선교사로 기울고 있었기 때문에 단군 민족주의는 수용하기 어려웠다. 1909년에 게일은 하ᄂᆞ님에 대해서 다음과 같이 이전 견해를 반복하는 선에서 그쳤다. "그는 하나님, 한 위대한 분이다. 중국과 한국에서의 그의 이름은 '하나'와 '위대한'을 의미하는 단어들로 구성되어 있다. 그래서 그

---

사설은 국가의 3요소로 민족, 강토, 교화(종교)를 거론하고 [우리나라는] 1) 단군의 자손으로 '신성의 혈통'을 가진 민족, 2) 동으로 흑룡강까지, 남으로 대마도 아래까지, 북으로 이근(伊勤)에 이르고 서쪽으로 발해를 경계로 하며, 3) 시조 단군이 신성의 덕으로 神教로 교화한 이래, 2세 기자의 倫教, 3세 佛教, 4세 儒教로 이어졌다고 정리했다.

173 Benedict Anderson, 『상상의 공동체: 민족주의의 기원과 전파에 대한 성찰』(나남, 2002).

174 서영대, "한말의 檀君運動과 大倧教", 223, 226-227.

는 하늘과 땅과 지하에서 형상도 없고 비길 데 없는 최상의 통치자이다."[175] 헐버트의 주체적이고 삼위일체적인 하나님 이해 없이 게일처럼 하나님을 어원적 유일신으로만 수용하면 역사적·정치적 이해가 미약해서 친중(親中)에서 친일(親日)로 시세를 따라가는 국혼 없는 기회주의자가 되기 쉽다.

## 언더우드의 하ᄂᆞ님 수용

언더우드가 1903-04년에 하ᄂᆞ님을 인정했을 때, 그 역사적 근거는 한국의 고대 신화에 대한 본인의 연구였다. 언더우드는 한국의 고대 종교를 연구하는 중에 고구려 왕국의 고대 한국인들이 '한-크신-분'이신 하ᄂᆞ님을 예배했다는 것을 깨달았다. 그는 당대 한국인의 신 개념이 원시 유일신 의미를 가진 하ᄂᆞ님의 사용에 의해 수정되고 치유되어야 한다고 믿고, 용어 하ᄂᆞ님을 사용하기로 결정했다.[176] 언더우드 부인은 언더우드가 연구한 신화가 고구려 신화라고만 말했으나 그것은 고대 한국의 순수 원시 유일신론이 들어 있는 단군신화를 포함한 신화들이었을 것이다. 1909년 뉴욕 대학교와 프린스턴 신학교에서 열린 한국 종교에 대한 특강 때 언더우드는 다음과 같이 논했다.

> 태고에 환인이라 불리는 신적 존재가 있었는데, 그는 창조주 '제석'이었다. 그는 그에게서 나온 환웅이라 불리는 다른 존재와 같이 있었는데, 환웅은 이 세상으로 내려오기를 청했고 허락을 받았다. 그러나 그는 영으로서 세상을 다스리기 어려운 것을 발견하고 성육신을 원했다. 자기부인(否認)으로 인하여 기적

175 Gale, *Korea in Transition* (New York: Young People's Missionary Movement of the US and Canada, 1909), 78-79.

176 L. H. Underwood, *Underwood of Korea*. 126.

적 능력으로 동물에서 인간으로 높여진 아름다운 한 여자를 보자 그는 그녀에게 숨을 불어넣었고, 그녀는 잉태하여 한국의 첫 왕인 단군을 낳았다.[177]

언더우드는 헐버트의 번역과 다르게 단군신화를 해석했다. 그는 본문에서 환웅의 성육신 소원과 웅녀의 자기부인과[178] 단군의 천부 환인 예배라는 세 가지 요소를 강조했다. 그리고 한국이 본래 삼위일체적 유일신 신앙을 가졌다고 확언했다. 언더우드는 "한국의 하ᄂᆞ님 개념에는 유대인의 여호와 관념에서 보는 것보다 신인동형설(神人同形說) 요소가 훨씬 적다"고 결론을 내렸다. 그는 기독교의 하ᄂᆞ님이 한국의 샤머니즘으로부터 채택되었으나 하ᄂᆞ님의 지고성은 한국의 유학자, 불교도, 무교도가 모두 동일하게 인식한다고 이해했다.[179]

1910년까지 북미 선교사들은 25년 동안 신도수가 25만 명 이상으로 성장한 한국교회가 용어문제를 해결했다고 믿었다. "25년 전 한국에서 선교사역이 시작되었을 때 하나님의 이름에 대한 한국어 단어가 없었다. 선교사들은 마침내 가장 가까운 동등어에 동의했고 그 단어에 이전에 없었던 의미를 추가했다."[180] 이 증언은 한국 기독교인들과 주한 선교사들이 새 용어인 유일신 하ᄂᆞ님을 받아들였음을 보여준다. 한국인과 선교사들은 공동 신학 작업을 통해 토착적인 '하늘의 주'인 하ᄂᆞ님을 채택한 후, 그것을 다

---

177 H. G. Underwood, *The Religions of the Eastern Asia*, 105-106.

178 윤성범은 유교적 기독교의 관점에서 웅녀의 자기부인과 인내는 마리아의 순종과 유비된다고 보았다. 반면 박종천 교수는 상생의 관점에서 웅녀를 지모신(地母神)과 조선 민중의 상징으로 보고 하늘 신과의 공동 작업을 통한 인간 해방을 강조했다. 윤성범, "환인 환웅 왕검은 곧 하나님이다", 267; 박종천, "단군신화의 상생 이념에 대한 신학적 해석", 「기독교 사상」(1990년 7월): 104-124.

179 H. G. Underwood, *The Religions of the Eastern Asia*, 110; L. H. Underwood, *Underwood of Korea*, 216.

180 "Korea—The Changes of Seven Years," *MRW* (February 1911): 144.

시 하늘에 계신 거룩하며 '유일하고 위대하신 분'이라는 유일신 하ᄂᆞ님으로 만들었다. 그 신조어에 대한 중요한 역사적 자료는 단군신화였다. 1880년대에 존 로스는 문서에 남아 있는 하ᄂᆞ님이 아니라 당대인들이 사용하는 하늘의 주인 하ᄂᆞ님 용어에 유일신 흔적이 남아 있다고 강조했다. 1900년대 서울의 개신교 선교사들과 한국 교인들은 하ᄂᆞ님에 원시 유일신 개념을 추가했고, 한국 개신교가 향후 사용하게 되는 하나님 용어로 '한-크신-분'으로서의 하ᄂᆞ님을 창출하는 신학적 창조력을 발휘했다. 천(天)에 대한 존스의 이해가 계기가 되어 "유일하고 위대하신 분"으로의 게일의 하ᄂᆞ님 이해와 헐버트의 하ᄂᆞ님에 대한 삼위일체론적 해석이 화학적으로 융합하면서 새로운 합성물인 신조어 하ᄂᆞ님이 만들어졌다. 융합의 촉매제는 침략한 일제에 항거하는 역사의식과 단군 민족주의였다. 신조어 하ᄂᆞ님은 초월성에 유일성, 위대성, 삼위일체성이 추가된 발명품 신조어였다.

### 성신과 성령

하나님 용어문제와 직접 연관된 것이 성신과 성령의 번역 문제다. 중국에서 上帝파(대다수 중국인, 영국계 선교회, 영국성서공회, 스코틀랜드성서공회)는 上帝-聖神을 짝으로 사용했고, 神파(소수 중국인, 미국계 선교회, 미국성서공회)는 神-聖靈을, 천주교·성공회·정교회는 天主-聖神을 짝으로 사용했다. 한국 천주교는 첫 한 세기 동안 『韓佛字典 한불ᄌᆞ뎐』(1880)에서 보듯이 중국의 용례를 따라 텬쥬-셩신을 사용했다.

개신교회의 경우 로스 역본은 1882년에 하느님-셩신을 채택했으나, 1887년의 『예수셩교젼셔』에서는 하나님-셩령으로 바꾸었다. 1882년에는 하느님을 상제의 대응어로 이해했으므로 셩신을 채택했으나, 이후 한국인이 대개 '신'을 '귀신'과 연관시키므로 셩신 대신 셩령을 선택한 것으로 보인다.

내한 미국 선교사들은 로스 역본의 전통을 이어받고 성서 사업에서 영국성서공회와 동역하게 되면서 하ᄂᆞ님-셩신을 사용했다. 언더우드의 사전인 『韓英字典 한영ᄌᆞ뎐』(1890)에도 셩신만 표제어로 올렸다. 그러나 게일의 『韓英字典 한영ᄌᆞ뎐』(1897)은 셩령과 셩신을 동시에 실었다. 이는 미국 선교회들의 한문 문서나 일본어 기독교 문서가 성령을 사용하고 있었기 때문으로 보인다. 그러나 공식 용어는 하ᄂᆞ님-셩신(聖神)이었다. 침례회 선교사 펜윅(Malcom C. Fenwick, 1863-1935) 목사는 히브리어 루아흐나 그리스어 프뉴마가 숨, 호흡, 바람의 뜻이 있으므로 순 한국어 '숨님'으로 번역해서 사용했지만 이는 예외적이었다.

게일의 사전에서 보듯이 점차 일본어의 영향이 증가하면서, 일본 교회가 사용하는 神(かみ)-聖靈(せいれい)의 영향력이 늘어났다. 이미 하ᄂᆞ님(하나님)은 고정되어 있었으나, 성신과 성령은 혼용되다가 결국 1930년대에 신-성령의 사용이 늘어나는 추세 속에 『개역 셩경』(1938)은 성신 대신 성령을 채용했다. 이후 한국 개신교회는 성령을 사용하고 있다. 결과적으로 한국 개신교회는 로스 역본의 하나님-성령의 전통을 따라가고 있다.[181] 성신과 성령의 문제는 역사적 용례와 영향사의 문제이지, 신조어 하ᄂᆞ님과 같은 의미 변용은 없었다.

---

181 이런 용어의 혼용과 한 용어로의 확정은 중국어인 성경과 일본어인 성서의 경우에도 볼 수 있다. 경이나 서는 사서삼경에서 보듯이 둘 다 경전으로 칭할 수 있으나 중국에서는 성경을, 일본에서는 성서를 사용하였으므로 한국에서는 초기 중국의 영향을 받아 성경을 사용해 오다가 일제 시대에는 성서를 사용하는 자들이 늘어났다. 그러나 성서공회의 경우는 한국에서는 처음부터 중국식인 성경회 대신 일본식으로 성서공회라는 말을 쓰게 된다. 곧 책은 성경으로, 단체나 조직명에서는 성서위원회, 성서공회, 성서회관 등을 사용하게 된다.

### 성취론과 하나님, 1910-1924

한국에서 용어문제가 토론되고 있을 때, 세계 선교학계와 비교종교학계는 원시 유일신론과 더불어 성취론(成就論, fulfillment theory)을 발전시키고 있었다. 1910년에 열린 에든버러 세계선교대회를 조직하거나 설문지에 응답한 선교사들 중에는 당시 진보적인 성취론 입장을 수용한 자들이 많았다. 성취론은 타종교에도 계시의 흔적과 선한 요소들이 있지만 완벽하지 못하므로 개신교가 선택적 친화성(elective affinities)을 수용하여 그 종교를 완성해 나갈 수 있다고 주장했다.[182] 앞에서 정리한 신조어 하ᄂᆞ님의 창출과 성취론이 어떻게 연결되는지 살펴봄으로써 초기 한국 개신교의 타종교 신학을 이해할 수 있을 것이다.

대표적인 내한 선교사들은 한국 종교를 접근하는 방법론으로 1900년대 후반부터 성취론을 수용했다. 기존 종교와 기독교의 차이점을 강조하고 타종교를 기독교로 개종하려는 공격적인 대체론(replacement theory)을 변호하던 언더우드의 경우에도 용어문제 논쟁을 통해 제임스 레그 등의 원시 유일신 상제 개념뿐만 아니라 성취론을 수용했다.[183] 1909년 프린스턴 신학교 강의와 모교인 뉴욕 대학교의 딤즈 강의를 바탕으로 출간한 *The Religions of the Eastern Asia*(1910)에서 언더우드는 저급한 원시 다신교에서 유일신교로 발전했다는 종교 진화론을 반대하고 원시 유일신교가 다신

---

182 선택적 친화성이라는 말은 Goethe의 소설 *Die Wahlverwandtschaften*(1809)에서 온 것으로, 화학 물질 간의 친화성에 바탕을 둔 개념이었다. Max Weber가 이를 사회학의 주요 개념으로 이용했는데, 그는 『개신교 윤리와 자본주의 정신』(1905)에서 양자 간의 선택적 친화성으로 칼뱅주의 서구 유럽국에서 자본주의가 먼저 발생했다고 주장했다. 비교종교학에서도 1900년대에 발전한 성취론은 기독교와 타종교 간에 존재하는 선택적 친화성에 주목하지만, 기독교의 우월성과 계시의 최종성을 믿었다.

183 James Legge나 William Martin은 고대 중국에 상제 외에 존재한 다른 정령이나 '저급한 신들'은 신이 아니라 상제의 뜻을 행하는 사자, 대리자, 종(ministers, agents, servants)으로서 '帝'로 불린 적이 없다고 말했다(H. G. Underwood, *The Religions of the Eastern Asia*, 13-16).

교나 범신론으로 타락했다는 종교 퇴화론을 지지하면서, 기독교를 개혁한 영미 개신교가 타락한 동아시아 종교를 완성할 수 있다는 성취론을 옹호했다.[184] 그는 단일신교(henotheism)나 일신숭배(monolatry)가 아닌 유일신 신앙이 고대 중국과 한국에 존재했는데, 그것은 기독교가 유교나 무교와 만날 수 있는 공동의 토대라고 주장했다. 위에서 본 것처럼 당대 한국의 다신교적 종교성에도 불구하고 언더우드는 한국인들이 유일신 하ᄂᆞ님 신앙을 고수해왔다고 주장하는 헐버트와 게일에 동의하고 다음과 같이 정리했다. 고대인들은 하나님에 대해 순수하고 고상한 이상을 가지고 있었다. 중국의 천이나 상제, 한국의 하ᄂᆞ님은 '유일하신 최고 통치자'였다. 고대 중국인과 한국인은 이 하나님을 예배했다. 이 하나님 개념은 특별 계시로 주어졌다. 이런 원시 유일신 개념이 존재하는 민족은 더 진화한 형태의 기독교의 유일신 신앙을 인정할 수 있다. 유일신 개념은 성경에 기록된 특별 계시를 통해서 더 분명하게 알 수 있다.[185] 언더우드는 노아의 세 아들의 후손이 중국과 한국으로 이주했을 때 원시 유일신 신앙을 가지고 왔고, 중국인과 한국인은 그 흔적을 가지고 있다는 이론을 수용했다. 언더우드는 이 유일신 개념을 동아시아 종교들과 기독교 사이의 첫 접촉점으로 간주했다.

1910년에 뉴욕에서 열린 북감리회의 한국선교 25주년을 경축하는 자리에서 해외선교본부 편집총무 존스는 하ᄂᆞ님을 샤머니즘과 관련시키고, 한국인들의 하ᄂᆞ님에 대한 본래의 신앙에서 원시 유일신론의 흔적을 찾을 수 있다고 말했다.[186] 존스는 하ᄂᆞ님의 무교적 측면이 개신교의 급성장의 한 요인이며, 특히 무교를 실천하는 여성과 일반인을 전도대상으로 삼은 선교 정책의 성공은 이들의 무교적 종교성으로 설명할 수 있다고 주장

184 Underwood, *The Religions of the Eastern Asia*, 157, 233-237.

185 Ibid. 246-247.

186 G. H. Jones, *The Korea Mission of the Methodist Episcopal Church* (1910), 15-17.

했다. 나아가 1915년에 보스턴 대학교 신학대학원에서 강의한 "한국교회의 발흥"이라는 원고에서 존스는 한국 종교와 기독교와의 다섯 가지 접촉점을 1) 한국인의 유일신 하나님 관념, 2) 인간의 도덕적 책임, 3) 예배, 4) 기도, 5) 영혼 불멸설이라고 지적했다. 그는 한국인들이 다신교적 세계 속에 살지만 최고신인 하ᄂᆞ님을 믿으므로 무신론자가 아니라고 보았다. 존스는 한국인의 하ᄂᆞ님은 유교나 불교에 없는 영적 신성을 가졌고, 물신주의나 정령숭배로부터도 동떨어져 있다고 주장했다. 그는 하ᄂᆞ님의 문자적 의미가 '하늘의 주'이지만 고대의 어원을 따라가면 '유일 위대하신 분'이 된다고 하여, 어원적 유일성 해석을 견지했다. "하나님의 이런 개념은 기독교와 토착 종교 사이의 첫 접촉점을 마련했고, 선교사들이 초기에 [이 개념을] 활용하면서 실제적으로 많은 결과를 낳았다."[187] 존스는 한국 개신교가 고대부터 섬기던 하ᄂᆞ님을 채택함으로써 불교의 우상숭배, 유교의 불가지론, 무교의 다신교를 치유하고 한국인의 신관을 풍부하게 했다고 설명했다. 하지만 존스는 단군과 하나님의 관계에 대해서는 침묵했다. 선교사들 사이에는 이런 정도의 의견 차이나 한국 문화에 대한 이해 차이는 늘 존재했다.

1910년에 번역을 마친 첫 한글 성경전서인 구역본(舊譯本) 『셩경젼셔』가 1911년에 출판되었다. 이를 축하하는 자리에서 게일은 성경을 위해 한국이 마련한 복음의 준비(*praeparatio evangelica*) 중 첫 번째는 바로 하ᄂᆞ님이었다고 자신 있게 선언했다.[188]

---

187 G. H. Jones, *The Rise of the Church in Korea* (Typescripts, New York Union Theological Seminary, 1917), Ch. 5.

188 『복음의 준비』(*Praeparatio evangelica*)는 4세기 아리우스 논쟁과 니케아 신조 작성에 참여한 에우세비우스(Eusebius of Caesarea)의 저서명이다. 이 말은 기존 종교나 철학에 기독교 복음을 수용할 수 있는 준비들이 있었고, 더 탁월한 기독교가 이들을 수용하여 완성한다는 성취론 입장에서 사용한 말이다.

첫째 [준비]: God의 이름인 하ᄂᆞ님은 한-크신-분, 곧 지고자요 절대자를 의미하고, "나는 스스로 있는 자"라는 신비한 히브리 호칭을 연상시킨다. '하ᄂᆞ'는 유일을 의미하고 '님'은 위대한 분을 의미한다. 우리의 색슨어 God은 복수로 사용되거나 이방 신들에게 적용되었기 때문에, 바라는 목적에 사용하기 전에 많은 조정을 하지 않으면 안 되었다. 그리스어 Θεος나 일본어 かみ는 이른바 많은 신들에게 적용될 수 있는 단어이고, 중국의 上帝 역시 많은 신들 중에서 최고신에 지나지 않는다. 그러나 하ᄂᆞ님은 다른 이름들이 오랜 사용기를 거치면서 도달하려고 애썼던 뜻을 한 번에 얻고 있다. 하늘의 뜻인 한자 天이 한국어 이름 하ᄂᆞ님과 정확한 중국어 동등어이므로, 우리는 天主를 사용하는 자들과 일치할 수 있고, 그래서 오늘 우리는 성경 헌정을 환영하기 위해서 한국이 늘 준비해 온 그 놀라운 호칭에 대한 감사 안에서 연합을 주장할 수 있다.[189]

번역자 중에서 한국어에 가장 능숙하고 한국 문화를 깊이 공부한 게일은 하ᄂᆞ님의 어원이 본래 '하늘'+'님'의 합성어임은 분명히 알았다. 그런데도 그가 1911년 첫 한글 공인본 『셩경젼셔』에 사용된 하ᄂᆞ님이 천과 동등할 뿐만 아니라 '하나'+'님'이라고 거리낌 없이 말한 것은 벌써 1910년 전후에 한국교회가 하ᄂᆞ님에 대한 새로운 의미를 부여하여 유일신으로 수용하고 있었음을 보여준다. 게일은 고유 종교 문화에 복음의 준비가 존재해왔음을 인정하는 성취론을 받아들였다. 그는 하ᄂᆞ님의 두 다른 어원인 '하늘'(초월성)과 '하나'(유일성)를 종합했다. 그는 하ᄂᆞ님이 무교의 최고신 이름으로부터 새로운 기독교의 유일신 하나님 용어로 변형된 것은 그 이름의 본래 의미와 한국인들의 열망을 성취한다고 믿었다. 1916년에 게일은 그의 성취

189 J. S. Gale, "Korea's Preparation for the Bible," *KMF* (March 1912): 86. 이 기사는 같은 잡지 1914년 1월호에 "초기 문제의 과거 해결"의 하나로 다시 소개되었다.

론과 한국 영성의 역사에서의 신적 계시의 선재성을 다음과 같이 재확인했다.

> 하나님이 참 히브리인들에게 항상 임재해 계셨고 매우 다양한 이름으로 이야기되고 불렸듯이, 한국인에게도 그러했다. 히브리인들이 그의 다양한 특성과 관계를 표현하기 위해 엘, 엘로힘, 엘로아, 엘-샷다이, 여호와 등을 사용하였지만 모두 같은 하나님을 가리키듯이 한국인들도 무한하고 영원하며 불변하시는 같은 영을 가리키는 많은 이름을 사용했다. 그는 비록 눈이 볼 수 없는 곳에 거하시지만 땅의 모든 일을 통치하시는 분이시다. 그 이름 중 몇 가지를 보면 하ᄂᆞ님과 天(한-크신-분), 上帝(최고의 통치자), 神明(만사를 보시는 하나님), 大主宰(주인), 天君(거룩한 왕), 主公(천상의 창조자), 玉皇(완벽한 왕), 造化翁(창조주)과 神(영) 등이 있다.[190]

게일은 한국인 구도자들이 사용한 모든 신적 이름, 심지어 도교의 옥황상제까지도 기독교가 수용할 수 있는 하나님의 이름으로 간주했다. 한국사에 나타난 참 하나님을 찾았던 구도자들의 목록을 사용하여 게일은 이러한 마음과 생각의 준비가 있었기 때문에 한국은 더 충만한 복음의 빛을 수용할 수 있었다고 결론을 내렸다.[191]

그러나 게일은 여전히 단군신화와 하ᄂᆞ님을 연결시키는 데는 주저했다. "우리가 아직 충분히 조사되지 않은 단군의 전통을 옆으로 제쳐놓는다면, 선지자 사무엘 시대 어간에 한국이 하나님의 첫 계시를 받았음을 알 수 있다. 그 계시는 중국에서 왔다."[192] 게일은 단군에 대한 그의 최종

---

190 Gale, "The Korean's View of God," *KMF* (March 1916): 66-67.

191 Ibid. 70.

192 Ibid. 66.

결론을 유보하였지만 단군에 대한 태도는 1901년에 비해 누그러졌다. 그는 더 이상 단군과 하ᄂᆞ님의 관계를 전적으로 부정하지 않고 그 주제를 계속해서 조사하고 있음을 시사했다. 1916년 자료를 보면 게일은 단군을 한국 유일신 신앙의 맥락에서 고려하고 있었다. 1917년에 게일은 단군과 관련된 본문에 대한 종합 연구서를 발행했다. 그는 단군이 "한국의 종교적 영향 가운데 가장 신비하고 흥미로운 주제"[193]라고 인정했다. 그러나 단군교를 부활시키려는 당대의 시도에 대해서는 이를 기계적인 노력으로 평가절하했다. 그는 한국과 중국의 다양한 서적에서 단군과 관련된 인용문들을 번역했다. 단군에 관한 어떤 결론을 도출하거나 견해를 표현하는 대신, 그는 다양한 본문들을 "삼위일체 영-하나님", "단군의 가르침", "단군 능력의 기적적 증거", "예배 장소", "단군의 태백 노래" 등의 소제목 아래 정리했다. 첫 인용문은 『古記』에서 번역했다.[194]

> 환인, 환웅, 환검은 삼위일체적 신이다. 때로는 단인, 단웅, 단군으로 불린다. 상원 갑자년(기원전 2333년) 음력 10월 3일에 환웅은 신에서 사람으로 변화하여 천상의 홀과 삼부인을 거느리고 왔다. 그는 태백산에 강림하여 박달나무 아래 섰다. 그는 그곳에서 하나님의 진리를 알리고 사람들을 가르쳤다. 환인은 하나님(天)이시고, 환웅은 성신(神)이시며, 단군은 신인(神人)이다. 이 세 분이 삼위일체적 신(三神)을 이룬다.[195]

이제 게일은 단군을 한국적 삼위일체의 체계에서 고려하기 시작했다. 게일

---

193 Gale, "Tan-goon," *KM* (September 1917): 404.

194 『古記』란 『檀君古記』로 단군의 사적을 기록한 문헌이다. 이승휴(李承休)의 『帝王韻記』에는 『檀君本紀』로 되어 있다. 현재 전해지지 않는다.

195 Gale, "Tan-goon," *KM* (September 1917): 404.

의 하나님과 단군에 대한 새로운 이해는 1919년 3.1운동 기간에 3개월간 한국을 방문한 영국의 소설가 스코트 여사(Mrs. Robertson Scott)에게 영향을 주었다.[196] 그녀는 많은 한국 기독교인들과 게일을 비롯한 여러 선교사들을 만났다. 그녀는 게일을 통해 일본 군국주의에 맞서 투쟁한 용감한 한국인들의 영적 능력의 토대가 하ᄂᆞ님 신앙임을 알게 되었다. "일본인들은 비가시적 창조적 능력의 관점에서 유일한 하나님을 이해한 적이 없다. 한국인들은 유일한 하나님이라는 최고의 정신 개념을 나타내는 이름인 하ᄂᆞ님을 늘 예배해왔다. 이런 한국인의 하ᄂᆞ님은 유대인의 구약성경의 하나님과 유사하다."[197] 스코트 부인은 한국 개신교의 놀라운 성장의 원인을 한국인의 내면에 자리 잡은 유일신론으로 보았다. 한국인이 그런 하나님에 대한 신앙을 갖고 있다면 결코 일본의 물질주의나 다신교인 신도(神道)에 만족할 수 없었다. 한국인은 한국인의 정체성을 지키면서 한국의 역사와 언어와 영성에 밀착되기를 원했다. 기독교의 하나님 신앙은 일본의 군국주의와 물질주의에 맞선 한국의 민족주의와 영성주의에 연결되었다. 1910년 이후 10년간 일제의 무단 통치 결과 물질적 발전은 이루어졌으나, 한국인의 영성을 만족시켜주지 못했기 때문에 3.1운동이 일어났다고 스코트 부인은 지적했다. 물리력은 약하지만 다신교인 일본 신도(神道)에 대항하는 한국인과 기독교인의 유일신 신앙이 독립 운동의 원동력이었다고 보았다.

1924년에 게일은 『한국 민족사』를 연재하기 시작하면서 마침내 단군

---

196 Scott 여사는 일본에 거주하면서 일본 문화를 깊이 이해한 도쿄의 *New East*의 부편집자였다. 그녀는 3.1운동 시위가 발생하자 한국을 방문하고 조사했다. 그녀는 "한국 문제는 일본이 한국인의 정신을 이해할 때까지 해결될 수 없다"고 주장했다. 그녀는 한국인의 형이상학적 영적 정신과 일본인의 문자적 물질적 정신을 대조했다.

197 Robertson Scott, "Warring Mentalities in the Far East," *Asia* (August 1920): 699; Henry Chung, *The Case of Korea* (New York: Fleming, 1921), 286: William Scott, *Canadians in Korea* (Self-published, 1975), 699.

신화에 대한 삼위일체 해석을 받아들였다. 편집자 드캠프(Allen DeCamp)는 "이 책은 평생 한국을 공부한 게일의 금자탑"이라고 말했다.[198] 게일은 그 첫 장에서 고대 한국인들은 단군을 신성을 가진 신인 또는 삼일신의 제3위로 불렀다고 기술했다. "단군의 가르침은 하나님 예배로 알려졌고, 단군은 전능자 앞에 절하고 제사했다. 보이지 않는 위대한 분과의 관계에서 공자, 부처, 고대의 현자와 구분되었던 단군은 시대마다 한국인에게 영감을 주는 안내자였다."[199] 게일은 여전히 단군의 역사성을 확신하지 못했고 웅녀의 역할을 제외시켰지만, 『고기』를 인용하면서 단군을 한국적 삼위일체 신의 제삼위로 인정했다. 이 삼위일체적 이해는 게일에게만 한정된 것은 아니었다.[200] 1920년대의 많은 개신교 선교사들이 단군신화의 삼위일체성을 수용하고, 환인-환웅-단군을 성부-성령-성자의 대응어로 보았다. 그들은 단군신화의 원시 유일신론을 칭송하고, 단군을 한국의 종교적 천재요 하ᄂᆞ님에 대한 예배를 가르친 성육신한 신인으로 이해했다. 게일의 한국적 삼위일체의 삼위로서의 단군 이해는 한국 종교 문화를 평생 공부한 연구의 결산물이었다. '한-크신-분'[유일성-초월성-위대성]으로서의 게일의 초기 하

---

198 Gale, "A History of the Korean People, Chapter I," *KMF* (July 1924): 134.

199 Ibid.

200 편집자 DeCamp는 다음 내용을 각주로 붙였다. "너무나 이상하게도 소문이 그를 거룩한 삼위일체의 제3위로 만든다는 것이다. 단군은 생전에 진리로 사람들을 섬겼을 뿐만 아니라, 시대에 걸쳐 간혹 간절한 기도에 응답했고, 사람들에게 글씨를 쓰거나 그림을 그리는 능력과 같은 소중한 은사를 주기 위해 나타났다"("Editorial," *KMF* [July 1924], 133). 『三國史記』에 의하면 신라 화가 솔거가 황룡사 벽에 그린 노송은 너무나 사실적이어서 새가 진짜인 줄 알고 앉다가 부딪혀 떨어지곤 했고, 그의 작품들은 신화(神畵)로 불렸다. 조선 말기 권종상의 시문집인 『東史遺稿』에 의하면 솔거는 매일 밤 천신에게 축원하여 배우기를 원했는데, 몇 년이 지난 어느 날 단군이 꿈에 나타나 "나는 신인(神人) 단군이다. 네 지성에 감동하여 신의 붓[神毫]을 주노라"라고 말했다. 단군의 영감을 받은 솔거는 전해지는 단군 초상화도 그렸다. 이규보(李奎報)는 단군초상찬(檀君肖像贊)에서 "고개 너머 집집마다 모신 신조상(神祖像), 절반은 명공에게서 나온 것이네[嶺外家家神朝像 當年半是出名工]"라고 하여 고려 시대에 단군 숭배가 성행했다고 썼다(『佈明本教大旨書』 [1904, 필사본], 9). 다만 『佈明本教大旨書』에는 삼신일체 사상이 없다.

ᄒᆞ님 이해는 단군신화의 삼위일체적 구조를 인정함으로써 완성되었다.

## 결론: 신조어 하ᄂᆞ님의 창출

삼위일체 유일신인 새 용어 하ᄂᆞ님을 창안하는 과정과 통합된 다양한 요소는 다음과 같이 요약할 수 있다. 먼저 중국에서 이루어진 영미 기독교의 엘로힘 God을 중국어 上帝로 번역하기 위해 사용했던 원시 유일신론, 퇴보론, 성취론을 한국에 수입했다. 미국성서공회의 중국어 神과 일본어 神(かみ)은 1885년에 거부했다. 하ᄂᆞ님과 경쟁한 텬쥬는 1894년부터 1903년까지 10년간 극소수 신자를 가진 성공회와 언더우드 중심의 서울 선교사들이 교회 연합의 목적을 위해서 사용했다. 한국인 지도자들이 하ᄂᆞ님의 원시 유일신론을 교계 신문에 논설로 주장하고, 「독립신문」도 하ᄂᆞ님을 지지했다. 주시경과 게일의 어원적 해석과 헐버트의 단군신화의 삼위일체적 관계적 해석이 전기를 마련했다. 1903년 북감리회는 텬쥬(天主)를 버리고 하나님(하ᄂᆞ님)만 사용하기로 결정했다. 러일전쟁 후 단군 조선을 높이는 민족주의 역사관과 항일 단군 민족주의라는 정치적 요소가 하ᄂᆞ님 채택에 영향을 주었다. 중국에서 上帝가, 일본에서 かみ(神)가 지배적인 용어로 정착되었을 때 한국에서는 하ᄂᆞ님이 1906년 출간된 첫 한글 공인본 신약인 『신약젼셔』에 최종적으로 채택되었다. 일본이 한국을 강점하고 식민지로 만드는 을사조약 당시 한국은 국가적 위기에 봉착하였으므로 독특한 새 용어 하ᄂᆞ님을 믿는 한국 개신교의 하ᄂᆞ님 민족주의(Protestant Hananim nationalism)는 일본 천황제의 동아주의(pan-Asianism)를 뒷받침하는 신도의 카미(かみ) 식민

주의(Shinto Kami colonialism)와 충돌하지 않을 수 없었다.[201] 다른 식민지에서 불가능했던 기독교 민족주의가 한국에서 가능했던 이유가 바로 여기에 있었다. 하ᄂᆞ님은 한국 기독교 민족주의의 산물이었고, 한국교회의 영성에서 나온 상상의 결정체였다.

그 과정은 알에서 애벌레로 성장하고, 애벌레가 번데기로 변태하고, 번데기에서 나비로 우화(羽化)하는 과정으로 비유할 수 있다. 원시 유일신 하ᄂᆞ님 예배가 고대에 알의 형태로 존재하다가 몽고 침략기를 거쳐 신화로 기록되면서 애벌레로 성장하였고, 조선 전기에 번데기 상태로 죽은 듯이 보였으나, 1880년대부터 이루어진 개신교의 성서 번역과 함께 번데기 안에 있던 한 크신 분이자 삼위일체이신 하ᄂᆞ님이 나비처럼 하늘에 날아올라 단군 민족주의라는 나무의 꽃에 앉았다. 그중에 한 꽃은 1907년 대부흥운동의 열매를, 다른 한 꽃은 3·1독립운동의 열매를 맺었다. 그것은 다신론에서 유일신론으로의 진화나 무에서 유로의 창조가 아니라, 우화의 신비한 생명의 발전 과정이었다. 외형적으로는 국가적 위기라는 고열의 풀무불 속에서 여러 촉매가 작용하면서 신조어 하ᄂᆞ님이 화학적으로 합금(合金, amalgamation)되었으며, 내면적으로는 원시 유일신에서 유기적으로 성장한 용어의 변태(變態, metamorphosis)가 완성되었다.

한국에서 용어문제는 선교사들과 한국 기독교인들의 일련의 결합된 노력과 신학적 성찰을 통하여 해결되었다. 위에서 본 바와 같이 1) 용어문제에 대한 중국 개신교의 담론, 2) 1881년 존 로스의 진보적인 하느님 채택, 3) 제임스 레그의 원시 유일신론 상제 개념을 한국어 하ᄂᆞ님과 연결시킨 윌리엄 그리피스의 소개, 4) 다수 용어에 대한 언더우드의 실험과 지속

201 개항기 일본 신도의 한국 침투에 대해서는 김승태, "일본신도의 침투와 1910·1920년대의 '신사 문제'", 『한국사론』 16(1987): 275-343을 참조하라.

적인 텬쥬 지지, 5) 1897년부터 1899년까지 한국 기독교 지도자들이 고대 중국과 한국에 원시 유일신교가 있었다는 가정을 수용한 것과 독립신문의 하ᄂᆞ님 사용, 6) 선교사인 한국학 학자에 의한 유일신 하나님으로서의 하ᄂᆞ님의 창안, 특히 1900년 '한-크신-분'이라는 주시경의 하ᄂᆞ님 어원 이해에 대한 게일의 인정, 7) 1901년 헐버트의 단군신화의 삼위일체적 해석, 8) 1903년 감리회의 하나님 채택과 1905년 전후 감리회와 장로회의 연합 운동, 9) 성취론에 의한 성경의 하나님과 한국인의 하ᄂᆞ님의 동일시, 10) 일본의 다신교 신도와 식민지 근대화론에 맞선 개신교의 문화적 민족주의(단군 민족주의)의 상징으로서의 하ᄂᆞ님 사용 등 열 가지 요소가 통합되었다.

한 세대에 걸쳐 단군은 한국 민족의 시조이자 고조선의 군왕이라는 지위에서 문화적 영웅, 샤머니즘의 제사장, 한국적 삼위일체의 제삼위, 그리고 마침내 기독교 용어인 하ᄂᆞ님의 영적 기원으로 탈바꿈했다. 미국의 근본주의가 한국 장로교회에 영향을 미치기 시작한 1920년대 이전 20세기의 첫 10년간 감리교 지도자뿐만 아니라 장로교 지도자들이 받아들인 성취론은 한국교회에 중요한 신학적 흐름이 되었다. 개신교 선교사들은 주도면밀하게 원시 유일신교의 흔적이나 기독교와의 접촉점을 찾기 위해 한국인 조사들의 도움을 받아 고대 종교사에 접근했다. 단군신화를 파고 들어갔을 때 그들은 원시 유일신이자 무교의 최고신인 하ᄂᆞ님과 대면하게 되었다. 중국에 비해 상대적으로 짧은 기간인 10년 동안 한국인들이 깊이 개입한 용어 논쟁을 거친 후, 선교사들은 하나님의 공인된 용어로서 하ᄂᆞ님을 채택했다. 그들은 단군신화의 유일신인 환인을 성경의 창조주 하나님과 동일시하고, 환웅을 성령과 동일시했으며, 천부 하나님을 예배한 단군과 야웨 엘로힘을 섬긴 아브라함 사이의 유사성을 발견했다. 이 역사적 유구성과 함께 당대의 단군 민족주의가 결합되면서 하ᄂᆞ님은 기독교 민족주의와 병행하는 신조어가 되었으며, 1919년 항일독립운동의 영적 기초가 되었다.

북미 선교사들은 한국 종교사 연구와 신학적 성찰 후에 하ᄂᆞ님을 수용했다. 그것은 복음주의의 타종교 신학에 부합했다. 그들은 종교 퇴보론으로 단군신화에 잔존해 있는 원시 유일신론과 원시 계시의 흔적을 찾았다. 하ᄂᆞ님이라는 용어는 한국의 다신론 체계에 의해 오염되었음에도 여전히 뚜렷한 원시 유일신론의 본질을 유지하고 있었다. 따라서 언더우드가 예견했듯이, 한국교회가 하ᄂᆞ님을 기독교의 하나님으로 채택하자 그 용어가 가지고 있던 원래 유일신론적이고 삼위일체적인 의미를 회복할 수 있었다. 그리고 선교사들은 종교 성취론을 통해 기독교와 한국 종교의 접촉점을 찾고 그것들을 '복음의 준비'로 수용했다. 그들은 단군신화를 하ᄂᆞ님과 관련하여 해석하고, 한국인의 근본적인 종교적 갈망과 염원이 기독교를 통해 성취된다고 믿었다. 그들은 단군신화의 유일신인 환인(하ᄂᆞ님)을 창조주인 성경의 하나님과 동일시했다.

용어 논쟁을 통하여 언더우드는 한국의 윌리엄 분[천주 지지]에서 한국의 제임스 레그[원시 유일신이자 관계적 용어로서의 상제 지지]로 그 입장을 변경했다. 그는 1900년경 한국에 있는 선교사들 중 하ᄂᆞ님 용어를 반대하는 유일한 인물이었다. 그는 그 용어가 한국 만신전의 최고 하늘신의 이름(고유명사)이므로 성경의 하나님에 대한 용어(일반명사)로는 부적절하다고 주장했다. 하지만 그의 보수적 태도는 다른 선교사들과의 10년에 걸친 논쟁 후에 변경되었다. 그는 1904년경 하나님에 대한 기독교 용어로서 하ᄂᆞ님을 수용했다.

다시 강조하지만 신조어 탄생의 다른 중요한 일꾼들은 자국어로 된 기독교 신문의 한국인 논설위원들이었다. 그들은 선교사들이 나서기 전 사설을 통해 1897-99년에 고대 중국의 요순 황제들과 한국인들이 원시 유일신인 상제나 하ᄂᆞ님을 예배했다고 확고히 주장했다. 한국 기독교인들이 고대 중국과 한국에서 원시 유일신의 존재를 적극적으로 받아들이자, 하ᄂᆞ님은 무교의 최고신에서 기독교의 유일신으로 빠르게 탈바꿈할 수 있었다. 많은 한국인들은 단군신화에 나오는, 자신들이 전통적으로 섬겨온 하늘의 하ᄂᆞ님이 기독교의 하나님과 동일한 분이시라는 논의를 통해 기독교 복음에 관심을 가지게 되었다. 그들은 청일전쟁과 러일전쟁으로 야기된 국가적 위기에 앞에서 새로운 하나님인 하ᄂᆞ님을 발견했다. 단군 민족주의와 연결된 하ᄂᆞ님을 믿었던 한국교회는 일제 강점기 동안 민족 정체성을 유지할 수 있었다. 한국 기독교인은 일본 총독부가 제공하는 물질적 시혜에 만족하지 않았다. 그들은 한 하나님과 생명을 사랑하는 성령을 믿었으므로 일본의 물질주의, 군국주의, 다신교인 신도에 저항할 수 있었다. 1919년의 독립 운동과 1930년대 후반의 신사참배 반대 운동의 영적 기초는 삼위일체 유일신 하ᄂᆞ님에 대한 신앙이었다. 초기의 한국 기독교인은 단군 민족주의를 수용했고, 민족 정체성을 수호하기 위해 일본의 식민주의에 맞서 투쟁했다.

그러므로 현재 배타적인 복음주의자들이 단군신화를 미신적인 무교에 물든 허황된 신화로 무시하고 단군 존숭을 우상숭배로 배격하면서, 스스로 초기 한국교회의 신앙과 신학을 계승하는 정통주의자라고 주장하는 것은 역사적으로 타당하지 않다. 그들은 하ᄂᆞ님이 발전한 하나님에서 유일성과 인격성만 인식할 뿐, 한국 개신교 1세대가 고백한 하늘의 초월성(거룩성)과 한의 위대성(주재성)은 강조하지 않거나 단군신화의 환인-환웅-단군에 있는 삼위일체성(관계성)과 단군 민족주의(민족 정체성)와의 연속성을 부정했다. 배타적 유일신만 강조한 결과 한국교회는 거룩한 제사장, 정의로운 왕, 민족적 과제에 예민한 예언자라는 그리스도인의 3중직 역할에 부실하게 되었고 삼위일체적 교회 연합과 소통도 등한시했다. 따라서 근본주의자나 수구적인 복음주의자는 초기 1세대 한국교회의 전통을 계승하는 자들이 아니며, 초대 교회 조상의 유지를 망각한 불효자들이다. 굳이 계통을 따지자면 그들은 1920-30년대 2세대 근본주의자들의 후손이라고 하겠다.

단군신화의 하ᄂᆞ님을 기독교의 하나님으로 채택하는 과정은 한국 기독교인들의 신학적 주도권과 상상력뿐만 아니라 1세대 북미 선교사들의 한국 기독교의 토착화를 위한 지속적인 노력을 드러내준다. 19세기 후반의 복음주의 개신교는 한국 종교들을 이교로 간주하고 우상숭배를 폐지하려고 시도했다. 북미 선교사들이 가진 타종교 대체주의의 목표는 한국인 개개인을 기독교인으로 개종시키고 한국 사회 전체를 기독교화하는 것이었다. 그렇지만 그들이 한국에 온 지 20년 가까이 되었을 때 발전시킨 선교학과 한국학의 다른 측면을 보면, 한국 종교에 대한 그들의 태도가 변해서 그들은 기독교와의 접촉점을 찾고 타종교들을 기독교로 완성하려는 성취론적 입장을 취하게 되었음을 알게 된다. 현재 한국 개신교에 존재하는 이 양면성의 전통이 1900년대에 형성되었다. 1890년대 중반부터 선교사들은 한국 종교에 대한 부정적인 인상을 수정하고 한국의 다종교 상황을 이해하기 시작했으며, 한국 종교 문화에 남아 있는 '복음의 준비'인 접촉점을 찾기 위해서 신화, 역사, 종교, 사상, 민담, 민요 등을 연구했다. 북미 선교사들의 토착화 신학과 성취론은 무교의 최고신인 하느님을 기독교의 하나님으로 변형시켰다. 이 과정은 초기의 대표적인 선교사들이 배타적인 종교 제국주의자들이 아니라 당시 주류 개신교의 온건한 복음주의 신학의 소유자요 한국 신학 형성을 위한 포용주의의 선구자였음을 예증한다. 일부 선교사는 한국 종교사에서 신적 계시의 선재성을 인정하고 다양한 이름을 기독교의 하나님에 대한 용어로 받아들였다. 하나님에 대한 공인된 이름인 하ᄂᆞ님은 단군신화의 삼위일체적 성격의 신화적 근거와 원시 유일신론의 역사적 근거에 입각하여 채택되었다. 한국어 용어 하ᄂᆞ님은 중국어 용어 上帝와 일본어 용어 かみ와 비교하여 볼 때 순수한 유일신 삼위일체론과 양립할 수 있는 견고한 신학적 장점을 가지고 있었다. 삼위일체 교리는 한국교회가 삼일 신관을 가진 타종교와 대화할 수 있는 잠재력을 제공했다.

한편 용어 하ᄂᆞ님은 그 형성 과정에서 일부 부정적인 함의들을 극복하지 못했다. 하ᄂᆞ님은 서북의 지역주의, 유교의 이성주의와 가부장주의, 무교의 혼합주의 등으로부터 자유롭지 못했다. 서북 기독교인들은 1900년대와 1930년대 두 차례에 걸친 한글 철자법 개정 때 서북 방언을 유지하기 위해 아래 아(·)를 없애는 간소화에 반대했는데, 자연히 하ᄂᆞ님을 하나님이나 하느님으로 표기하는 안에 저항했다. 서북 기독교인이 다수를 차지하는 상황에서 채택된 하ᄂᆞ님은 신학적 성찰보다 여론과 다수결을 따라간 면이 있었다. 초자연적 원리와 자연적 과정 사이의 상응이라는 유교의 형이상학적 개념은 기독교의 하나님과 예수 안에 나타난 하나님의 계시에 대한 내재적이고 개인적인 이해를 방해했다. 하ᄂᆞ님이 가진 가부장적인 인상은 부분적으로는 긴 수염을 가진 단군 할아버지의 이미지나 산신 초상에서 왔고, 부분적으로는 상제의 유교적 이해에서 왔다. 무교적 혼합주의는 기독교 신자들과 여성들에게 큰 영향을 미쳤다. 그들에게 하ᄂᆞ님은 물질적 번영이나 육체적 건강을 위한 묘약을 주는 도깨비 방망이에 불과했다. 하ᄂᆞ님 용어의 역사에서 드러난 대중의 신학적 보수주의, 혼합주의, 가부장주의는 한국 개신교가 여전히 직면하고 있는 신학적 과제들이다. 고대 한국의 원시 유일신론의 존재에 대한 현대적 논의와 한국의 토착신 하느님을 예배하는 대종교 등의 민족 종교와의 관계에 대한 논의는 향후 하나님에 대한 연구에서 진지하게 다루어야 할 필요가 있다. 나아가 현재 하느님을 사용하는 가톨릭교회, 정교회, 성공회, 북한 기독교, 진보적 감리회와 장로회 교인들과 하나님을 사용하는 대다수 개신교인 간의 용어 통일 문제도, 이 장에서 다룬 초기 용어 논쟁의 역사를 재검토함으로써 해결의 돌파구를 찾을 수 있을 것이다. 한 하나님 용어에 합의하지 못한 한국 기독교는 그만큼 기독교 신론을 아직 한국 종교문화에 정착시키지 못했음을 자인하는 것으로, 치열한 용어 연구와 논쟁을 통해 이 신학적 직무유기를 해결해야 할 것이다.

제2장

# 구세주

정감록 예언과 십자가 파자 풀이

Crux probat omnia.[1]

마르틴 루터, 1518

그 책[鄭堪錄]에 이르되 궁궁을을(弓弓乙乙)에 이로움이 있다 하며 사람의 종자를 양백(兩白)에서 구하고 곡식 종자를 삼풍(三豊)에서 구하라 하며…큰 난리가 장차 닥친다고 하여 일반 어리석은 백성이 그 논과 집을 버리며 분묘를 떠나고 소위 십승지(十勝地)를 찾아 무한 고초를 맛보다가 마침내 깊은 산 나무 사이에서 함께 죽은 자가 수천 수만 명이 되었고, 오늘에 이르러 논밭이 황무하고 인종이 희소한 것이 이 감론을 숭상한 데서 비롯되었으니 어찌 한심하지 아니한가 살펴보라.

「皇城新聞」, 1908년 2월 9일[2]

---

1 "The cross probes everything 십자가가 모든 것을 철저히 조사한다." 모든 것을 십자가의 렌즈로 심사한다. 루터는 '십자가 신학'(theologia crucis)이라는 말을 1518년에 열린 하이델베르크 논쟁 때 처음 사용했는데, 이는 하나님의 본성과 하나님의 구원 방법을 알려주는 영적 지식의 유일한 원천이 십자가라는 믿음에 기초한 신학이다. 하나님께서 자신의 사랑, 능력, 정의를 최종적으로 보여준 사건이 십자가이기 때문이다(고전 1-2장). 하나님은 죄로부터의 해방자, 사탄의 세력과 싸우는 전사(戰士), 죄를 판단하는 판사의 이미지로 나타나는데, 이는 오직 십자가로만 탐구하고 시험할 수 있다. 십자가 신학은 오직 은혜, 오직 믿음, 오직 성서의 원리를 지지한다. 그 반대편에 인간의 힘과 수단으로 구원을 이루려는 영광의 신학이 있다.

2 "其所云 利在弓弓乙乙이라ᄒᆞ며 求人種於兩白ᄒᆞ고 求穀種於三豊이라 ᄒᆞ며 鷄龍石白ᄒᆞ고 草浦行舟ᄒᆞ면 時事可知云者가 播傳巷曲에 蠱惑人心ᄒᆞ야 自五六十年 以來로 我邦人民이 或曰 國運이 不利에 大亂이 將至라 ᄒᆞ야 一般 愚民이 其田宅을 捨ᄒᆞ며 墳墓를 離ᄒᆞ고 所謂 十乘地를 覓ᄒᆞ야 無限苦楚를 喫ᄒᆞ다가 終乃 騈死於亂山樹木之間者가 不知 其爲 幾千萬名則至今에 田野가 荒蕪ᄒᆞ고 人種이 稀少ᄒᆞᆫ 者가 實由此堪論이 爲之祟也니 豈不寒心哉아 試觀ᄒᆞ라."("論說: 我同胞ᄂᆞᆫ切勿迷信虛謊", 「皇城新聞」, 1908년 2월 9일). 양백을 태백(太白)산과 소백(小白)산 사이로, 삼풍의 하나를 풍기(豊基)로 해석하여 풍기읍으로 이주한 자들도 있었다.

19세기 말 20세기 초 청일전쟁과 러일전쟁이라는 두 개의 국제 전쟁이 한반도를 휩쓰는 파국적 전환기에 왜 많은 사람들이 피난처요 구원처인 십승지지(十勝之地)를 찾아 깊은 산속을 헤매며 죽어갔을까? 『鄭鑑錄』(정감록)이 예언한 피난처인 십승지지(열 곳의 상서로운 장소들)는 어디에 있었고 무엇을 상징했으며, 구원의 방도인 궁궁을을(弓弓乙乙)은 무엇이었을까? 1894-1910년에 발생한 개신교의 폭발적인 성장과 정감록의 예언 사이에는 어떤 연관성이 있을까? 이 장은 세기말의 묵시적 맥락 속에서 정감록에 나오는 애매하고 해석하기 힘든 예언 가운데 많은 사람들이 그 의미를 밝히기 위해 노력했던 '十勝之地'와 '弓弓乙乙' 두 구절이 어떻게 개신교회의 십자가 형상과 '예수기'(성 게오르기우스 십자기, the flag of St. George's cross—흰색 바탕에 붉은색 십자가가 그려진 잉글랜드 국기)로 재해석되었는지를 밝히고 이를 통해 토착화된 한국적 메시아 상을 밝히려고 한다.

이 장은 십자가에 달려 수난 받는 예수 고상(苦像)에 대한 한국인들의 반응과 십자가의 상징에 대한 그들의 예언서 해석학과 수사학을 분석함으로써, 초기 한국 기독교인들의 그리스도관과 메시아 왕국관을 살펴보려고 한다. 십자가는 중국인, 일본인, 한국인에게 가장 수치스러운 형틀의 상징이었을 뿐만 아니라, 기독교의 가장 중심적이고 강력한 상징이다. 흥미롭게도 십자가, 특히 개신교의 빈 십자가는 그 모양이 한자 열 십(十)자와 유사하므로, 동아시아에서는 숫자 십(十)과 연관된 새롭고 결정적인 상징적 의미를 획득했다. 유대인의 전통처럼 한국인도 숫자에 대한 상징적 의미를 발전시키고 이를 정감록의 메시아 예언과 연결시켰다.

앞 장에서 우리는 신조어 하ᄂᆞ님을 중심으로 한국적 하나님의 합금-우화 과정을 살펴보았다. 이 장에서는 십자가/십자기와 십승지지/궁궁을을을 연결시키는 예언 해석학을 중심으로 토착화된 한국적 그리스도론과 종말론을 살펴보려고 한다. 기독교의 종말론(천년왕국설)과 한국의 후천 개벽론이 만나는 자리를 추적하기 위해 우리는 십자가 고상, 십자가, 십자기에 대한 한국인들의 반응뿐만 아니라, 기독교를 거부하거나 수용할 때 표현한 십자가와 십자기에 대한 수사학과 예언 풀이를 조사할 것이다.

이를 위해 도참 예언을 해석할 때 채용한 파자(破字, glophomancy) 방법론에 주목한다. 한국에서는 풍수지리설이 왕조 교체를 예언한 도참설과 관련되어 발전해왔는데, 19세기 말과 20세기 초 왕국의 대위기 상황에서 정감록에 대한 파자 해석을 통한 기독교의 종말론적 예언 성취에 대한 믿음과 상상이 일반 민중이 기독교로 개종한 동기의 하나였다. 눈에 보이는 서구의 문명 이기와 더불어, 새로운 세상을 약속하는 예언과 그 예언의 상징물이 근대 종교인 개신교가 한국에 정착하는 단계에서 일반 대중의 상상을 자극했다. 국가 사회적 위기의 때에 대중의 감정과 영성과 종교적 행위는 교리나 교육에 의해서 움직이기보다는 숨어 있던 열망을 자극하는, 임박한 새 왕국에 대한 예언을 풀어주는 종교적 천재의 천기누설에 의해 추동(推動)되었다. 한국 근대 신종교인 동학, 대종교, 증산교 등은 서구 근대의 종교인 개신교 소수파와 같이 개벽설과 종말론이 그 발전의 동력이었다. 서구 열강의 자본주의와 일본의 제국주의가 전근대 조선 왕국을 해체할 때 등장한 이 신종교들은, 임박한 파국과 개벽으로써 새로운 왕조가 건설될 것이라는 강렬한 열망으로 폭력적 혁명이나 저항을 지지하는 열광적 역동성을 유지했다. 반면 개신교는 합리적 시민을 양성하고 그들의 참여 정치를 통한 근대 민주국가의 발아 과정에 일정 부분 기여했다. 그럼에도 혁명과 전쟁이 이어지는 갑오(1894)-병술(1910) 기간에 다수의 민중은 생명과 재산을 보전하기 위해서 교회를 종말론적 피난처로 알고 입교했다.

먼저 이 주제와 관련된 논의에 참고한 이론들을 살펴보자. 첫째는 중국학과 인류학을 전공한 기독교 민속학자인 데이비드 조던(David K. Jordan, 1942-) 교수가 제시한 개종에 미치는 파자 요인(破字 要因, glyphomancy factor) 개념이다. 개종을 설명하기 위해 많은 종교사회학자들은 상대적 박탈과 보상, 근대화의 긴장, 기독교 문명, 헤게모니, 기독교 민족주의, 개신교 윤리와 자본주의 정신 등의 개념을 이용하는 거대 이론을 적용해 설명해왔다. 하지만 조던 교수는 이러한 정치·경제·사회·문화적 이유들이 사회과학자들에게 아무리 정교하고 그럴듯하게 보여도, 개인 신자들이 가진 '지적으로는 타당해 보이지 않는 세계'를 무시해서는 안 된다고 주장한다. 그는 개종에서 신자 스스로 발견한 설득력 있는 강력한 논리와 경험의 중요성을 강조하기 위해서 '파자 요소'라는 말을 만들었다. 그는 종교적 신앙과 소속의 변경에 대한 학자들의 수준 높은 이론적 설명에 이러한 민중의 집단적 경험을 통합해야 한다고 제안한다. 이는 지역 주민들이 창안하거나 상상한 종교적 수사학과 설득의 논리에 더 많은 주의를 기울일 필요가 있다는 주장이다. 1세대 한국인의 개종도 고차원의 정치·경제·사회·문화적 요소와 저차원의 파자 요소를 통합할 때 더 치밀한 접근이 될 것이다.[3]

둘째, 위르겐 하버마스(Jürgen Habermas, 1929-)의 공론장 개념과 찰스 테일러의 사회적 상상 개념을 이 주제 연구에 참고할 수 있다. 하버마스는 『공론장의 구조 변동: 부르주아 사회의 한 범주에 대한 연구』에서 전통 사

---

3 David K. Jordan, "The Glyphomancy Factor: Observations on Chinese Conversion," Robert W. Hefner ed., *Conversion to Christianity: Historical and Anthropological Perspectives on a Great Tradition* (Berkeley: University of California Press, 1993), 286.

회의 해체 후 자본주의 시장 경제 체제의 발전으로 형성된 근대 사회를 시민 사회로 규정하고, 자유롭고 이기적인 시민 사회를 통합하는 방법인 공론(public opinion)이 형성되는 부르주아 공론장(public sphere)을 중시한다. 정보 교환과 이성적 토론으로 공적 사안을 합의해 나가는 사적 시민들의 정치 참여가 이루어지는 영역인 공론장은, 유럽에서 계몽주의 시대에서 출발하여 19세기까지 등장했다. 그는 신문, 잡지, 독서 클럽, 토론회 등이 개인과 정부 사이에 존재하는 정치 공간을 형성하면서, 군주정에 대항하는 근대 대의 민주주의와 참여 민주주의 정치 체제가 형성되었다고 본다. 하버마스의 이론은 독서층의 공론장에서 유통되는 글은 생산자 개인의 내면적 주관성이 늘 그 정보를 소비하여 여론을 만드는 독자의 주관성을 향하고 있었다고 주장한다.[4]

이 독자/소비자 친근성은 한국교회의 초기 미디어를 통한 메시아 운동에 적용될 수 있다. 한국사에서는 공론장이 19세기 말 한글 신문 잡지, 대중 토론회, 교회 집회를 통해 등장하기 시작했으나, 열강의 침략으로 근대 정치 체제 형성에 실패했다고 본다. 그러나 시민 사회의 합리적 정치 운동과 달리, 종말론에 기초한 대중의 종교적 메시아 운동은 예언자의 사적인 종말론적 해석과 민중의 집단적 열망이 결합하면서 폭발적으로 확산된다. 문제는 그 새 해석의 통제와 확산이다. 19세기 말과 20세기 초 한국 개신교에서 발생한 『정감록』 일부 구절의 재해석과 메시아 운동은, 1897년부터 공론장으로 등장한 한글 주간 신문인 「대한크리스도인회보」와 「그리스도신문」을 통해 특정 해석이 전국적인 독자층으로 확산되었고, 정기적인 교회 집회를 통해 전파되면서 여론을 형성했다. 이것은 과거 조선 정부가

---

4 Jürgen Habermas, *The Structural Transformation of the Public Sphere: An Inquiry into a Category of Bourgeois Society*. trans. Thomas Burger and Frederick Lawrence (Cambridge, MA: MIT Press, 1991), 29, 36, 49. 독일어판은 1962년에 출판되었다.

『정감록』을 금서 목록에 넣고, 역모를 꾀한 집단의 도참 해석으로 보아 강력하게 통제하고 억압한 전통 사회와는 확연히 다른 양상이었다. 하버마스의 이론대로, 신문이라는 매체는 독창적 해석자의 주관성과 해석 소비자의 주관성을 연결하는 통로가 되었다.

찰스 테일러(Charles Taylor, 1931-)는 서구의 근대성을 개인의 평등성과 상호 이익을 핵심으로 하는 새로운 도덕적 질서에 대한 사회적 상상들(social imageries)로 규정한다. 개인들은 상호 이익을 위해서 다양한 공동 공간인 공론장에서 토론을 통해 공동의 여론을 형성하고 집단적 상상 방식인 새 해석학을 만드는데, 이 대중이 만들어 내는 이미지, 이야기, 전설 등이 사회적 상상 속으로 침투해 들어가 사회를 변화시키는 실천을 매개한다.[5] 그 결과 평등한 상호이익의 세계인 시민 사회가 형성되었는데, 그는 시장 경제, 공론장, 인민주권론의 등장으로 그것이 가능해졌다고 본다. 하지만 교회와 국가가 이미 초국지성(metatopicality)을 가지고 있던 서구와 달리 한국에서는 근대가 시작될 때 신종교인 개신교가 일종의 공론장(신문, 소책자, 잡지와 같은 인쇄물과 사랑방 대화, 공공 토론회, 사경회, 교회 회의 등과 같은 모임)을 제공했고, 여기에 새로운 평등 공동체를 위한 사회적 상상들이 만들어졌다. 이 상상은 권력과 긴장 속에 있었는데, 그 다양한 권력은 조선 말기의 성리학 이념, 선교사들이 가져온 서구 기독교의 교리, 혹은 교회법에 따른 선교사와 당회의 치리 등이었다. 한국인 신자들은 이 권력 밖에서 공론을 통해 메시아 왕국을 상상하며 십자가와 십자기를 새롭게 이해했다. 한국인의 근대 종교적 상상의 하나는 단군신화와 단군 민족주의에서 가져온 하ᄂᆞ님이었고, 다른 하나는 『정감록』에서 가져온 십승지지의 성취로서의

---

5 Charles Taylor, *Modern Social Imageries* (Durham and London: Duke University Press, 2004), 3, 23-25, 83-87.

그리스도의 교회에 대한 정당성 확보였다. 따라서 이 장은 근대 한국 개신교의 종말론과 기독론과 교회론이 만나는 공론장이었던 십자가와 십자기에 대한 토론과 정감록의 난해 예언 구절에 대한 암호 해독(code breaking)을 다룬다.

조선 후기로부터 근대 개항기와 식민지로 급속하게 이행하는 사회 위기와 전환기에 종교적 상징과 상징어는 일반인들의 영적 상상력을 자극했고, 일반인들은 일반 대중 집단의 사회적 상상으로서 교회를 메시아가 악의 세력을 정복하고 다스리는 구원의 공동체로 인식했다. 20세기로 전환하는 한국의 급변하는 지형에서 가장 현저한 종교적 또는 유사종교적 상징은 개신교회의 붉은 십자가 깃발과 일본 군인 병원의 적십자에 새겨진 십자가였다. 이 장은 만연하는 역병, 심각한 기근, 국제 전쟁, 참혹한 사망률의 맥락에서 이런 상징들의 정치사회적·문화종교적 의미를 해독하려고 한다.

## 1. 경합하는 천년왕국적 미래상들

### 북미의 복음주의적 천년왕국론

지상의 최종적 메시아 왕국에 대한 성경적 미래상인 기독교 천년왕국설은 북미 사회와 기독교의 주류 운동에 역동적인 영향을 주었다. 신학적으로 후천년설(천년왕국 후 재림설)은 17-18세기 청교도 순례자들에게 미국의 광야에서 '산 위의 도성'을 건설하는 사명을 갖도록 했고, 남북전쟁(1861-65) 당시에는 북부의 많은 기독교인들에게 노예 제도가 폐지되면 천년왕국이 이루어지리라는 믿음을 주어 의로운 전쟁을 추진하는 원동력이 되었으며, 19세기 후반에는 세계 선교에 대한 사명을 고취하여 해외 선교 운동을 가능하게 했다.

그러나 대량 이민, 급격한 도시화, 산업화로 인해 계급의 양극화, 도시 빈민의 소외, 범죄와 폭력 증가라는 자본주의 사회의 구조적 병폐가 발생했다. 과학의 진보로 세속주의가 심화되고, 이민의 물결과 함께 도시는 빈민가와 범죄가 늘었으며, 인종과 종교가 다양화되었다. 다윈(Charles Darwin, 1809-82)의 진화론은 인종주의와 결합되면서 지적인 위기와 더불어 사회적 위기를 심화시켰다. 악한 도시와 타락한 개인을 구속하기 위해서 후천년설의 사회개혁 운동과 전천년설의 부흥운동이라는 상이한 두 천년왕국적 반응이 경쟁했다. 남북전쟁의 후폭풍에 흔들리고 전후 미국의 사회적 변화에 의해 환상이 깨어진 많은 미국인과 캐나다인들은 후천년설을 포기하고 전천년설(천년왕국 전 재림설)을 수용했다.[6] 하지만 미국의 전천년설주의자와 연결된 무디 부흥운동과 해외 선교 운동이 사회 개혁의 목표와 행동주의의 방법론을 완전히 버린 것은 아니었다.[7]

19세기의 마지막 10년 동안 세대주의적 전천년설이 자유주의 신학자들과 역사비평학자들에 맞서 경쟁하는 가운데 미국의 복음주의권에서 번창했다. 다비(John Nelson Darby, 1800-82)가 1859년부터 1877년까지 적어도 6회에 걸쳐 미국을 여행하면서 침례교와 장로교의 탁월한 사역자들과 평신도들을 세대주의자로 만들었다. 그는 그리스도의 임박한 직접적 재림을 강조했다.[8] 1875년에 창설된 나이아가라 성서대회는 미국에서 세대주의를

---

6 James H. Moorhead, "Searching for the Millennium in America," *Princeton Seminary Bulletin* (1988): 30; George M. Marsden, *Religions and American Culture* (San Diego, CA: H. B. Jovancvich, 1990), 67.

7 19세기 영국의 역사적 전천년설과 계약 국가 개념에 대해서는 다음을 보라. Martin Spence, "The Renewal of Time and Space: The Missing Element of Discussions about Nineteenth-Century Premillennialism," *Journal of Ecclesiastical History* (January 2012): 81-101.

8 Timothy P. Weber, *Living in the Shadow of the Second Coming: American Premillennialism 1875-1925* (New York: Oxford University Press, 1979), 10-11; David W. Bebbington, *Evangelicalism in Modern Britain: A History from the 1730s to the 1980s*(London: Hyman,

선전하는 가장 효과적인 모임이 되었다.[9] 세대주의 체계에서 교회는 역사의 지평에서 괄호 안에 들어가 그 역할이 축소되었고, 역사는 천년왕국과 신천신지의 최종 완성을 향해 돌진해 나갔다.[10]

그러나 대부분의 전천년주의자들은 교회가 멸망한다는 생각을 거부하고, 역사적 교회에 대해 온건한 견해를 가졌으므로 골수 세대주의자들은 아니었다. 동시에 그들은 에큐메니칼 운동에 대해서 적극적이었다. 예를 들면 베스트셀러인 *Jesus is Coming*(『예수의 재림』, 1908)을 쓴 시카고의 사업가 블랙스톤(William Blackstone, 1841-1935)은 감리교회의 사역에 많이 기부했다. 1888년부터 1895년까지 미국 침례교 선교사연합회의 회장이었던 고든(Adoniram Gordon, 1836-95) 목사는 초교파적인 선교회를 지원하고 신학적 장벽을 넘어 우정을 유지했다. 한편 많은 세대주의적 전천년주의자들은 성령에 대한 새로운 이해를 통하여 개인적인 거룩을 강조했다. 전천년주의자들인 케직(Keswick)의 교사들이 내면적 죄의 근절이라는 개념을 거부하고, 악으로부터 의로 인도하시는 성령의 능력에 대한 강조로 대체하였을 때, 무디(Dwight Moody, 1837-1911)와 미국의 전천년주의자들은 그 주장에 편안함을 느꼈다. 피어슨(Arthur Tappa Pierson, 1837-1911)은 극단적인 완벽주의를 피하고 기독교인의 봉사를 성화의 열매로 옹호하면서 1897년 이후 거의

---

1981), 80-85.

9 첫 나이아가라 성서대회는 1878년에 뉴욕에서 열렸고, 2회는 시카고(1886), 3회는 펜실베이니아 알레게니(1895), 4회는 필라델피아와 뉴욕(1904)에서 각각 개최되었다. 제1회 대회 서명자 122명 중 장로교인은 40명이었으나 감리교인은 6명뿐이었다.

10 역사적 교회에 대한 온건론자(A. J. Gordon과 W. J. Eerdman)와 플리머스형제단의 환란 전 휴거론(pretribulationalism)에 근거한 종파론자(C. I. Scofield) 간의 분열로 인해 나이아가라 성서대회 운동은 막을 내린다. 참고. C. Norman Kraus, *Dispensationalism in America: Its Rise and Development* (Richmond, Va.: John Knox, 1958), 99-110; David Beale, *In Pursuit of Purity: American Fundamentalism since 1850* (Greenville, S.C.: Unusual Publications, 1986).

매년 케직 사경회에 참여했다.[11]

무디는 1880-90년대 나이아가라 성서대회의 중심인물이었다. 도금시대(Guilded Age)의 부흥사였던 그는 여러 도시들을 순회하며 그리스도의 임박한 재림을 설교했다. 그는 가까운 미래에 대해서는 비관적이었으나 그리스도의 최종적 승리를 믿었으므로 자신을 궁극적으로는 낙관주의자라고 생각했다. 전천년설은 시카고의 무디 성경학교를 통해 널리 퍼져나갔다.[12] 많은 선교사들은 다음과 같은 잡지나 서적을 통해 성경의 예언을 전천년설 관점으로 해석하는 근거와 방법을 발견했다. 곧 *Prophetic Times*, *King's Business*, 브룩스(J. Brooks)의 *Truth*, 고든(A. J. Gordon)의 *Watchword*, 트럼불(C. Trumbull)의 *Sunday School Times*, 개베레인(A. Gaebelein)의 *Our Hope*와 같은 잡지들과 『예수의 재림』(1908)이나 *Scofield Reference Bible*(『스코필드 주석성경』, 1909, 1917)을 포함한 인기 서적들이 그 주요 통로 역할을 했다. 한국의 많은 장로교 선교사들과 일부 감리교 선교사들은 무디의 부흥주의와 세대주의의 영향을 받았다. 그들 중 일부는 자녀를 매사추세츠 노스필드에 있는 무디 중고등학교에 보냈다.

세대주의적 전천년설은 북미의 선교 이론과 선교 운동의 형성에 중요한 역할을 했다. 그리스도의 재림의 임박성에 대한 믿음과 그리스도 없이 죽은 자들의 절망적 운명에 대한 믿음이 결합하여 선교 운동에 강력한 추

---

11 Ernst R. Sandeen, *The Roots of Fundamentalism* (1970), 179; Dana L. Robert, *"Occupy Until I Come": A. T. Pierson and the Evangelization of the World* (Grand Rapids: Eerdmans, 2003), 254-261.

12 Virginia L. Brereton, *Training God's Army* (Bloomington: Indiana University Press, 1990). 성경학교의 지도자급 설립자인 Albert B. Simpson, Gordon, Moody, Emma Dreyer 등은 평신도를 성경 교사, 전도인, 선교사로 훈련시켜서 목사와 평신도 사이의 격차를 메우려고 했다. 한국에 온 많은 장로회 여자 선교사들은 무디 성경학교에서 교육을 받았다. 반면 감리회 여자 선교사들은 스카리트 성경학교(Scarritt Bible and Training School)를 졸업했다. 후자는 전천년설을 지지하는 학교는 아니었다.

진력을 제공했다.[13] 피어슨, 고든, 심슨 등의 유명한 선교 지도자들은 교회가 파루시아(재림)를 준비하도록 성령께서 세계 선교의 문을 열어주시는 '선교의 위기'에 직면해 있다고 느꼈다. 그것은 이때 선교하지 않으면 구원의 기회가 사라진다는 위기였다. 그들은 땅 끝까지 복음을 전하면(마 24:14) 주님의 재림을 앞당길 수 있다고 믿었다. 이러한 전천년설적인 조급한 마음 때문에 독립 선교회가 발전되고, 세계 복음화라는 외골수적인 목적에 집중하게 되면서 단기성과적 실용주의가 강화되었다. 세계로 진출하는 미국의 대기업과 같은 효율적인 조직을 갖추고 투자 대비 성장을 보여주는 선교 통계, 도표와 지도를 사용한 것이 서구 기독교 선교의 승리주의를 확산시켰다. 기독교선교연맹(1887)이나 복음주의선교연맹(1890)과 같은 신앙 선교회(faith misssion)가 조직되어 흑암의 이교도의 바다에서 죽어가는 개인 영혼을 구원하기 위해서 구조선을 파송했다.[14]

하지만 한국에 있었던 대다수 미국 선교사들의 경우 그들이 헌신된 전천년주의자였더라도 독자적인 신앙 선교회가 아니라, 장로회나 감리회 교단의 선교 이사회(선교부)에 소속되어 일했다.[15] 그들은 개인 영혼을 구원하는 부흥주의의 전천년설적 긴박성과 19세기 후반의 역동적인 복음주의의 후천년설적 사회 활동을 통합하는 유연성을 지녔다. 언더우드는 유명한 전천년주의자였다.[16] 그는 1909년 로스앤젤레스의 유니온석유회사 설립자

---

13 Weber, *Living in the Shadow*(1979), 67

14 D. L. Robert, *American Women in Mission: A Social History of Their Thought and Practice* (Macon, Ga.: Mercer University Press, 1997), 1997, 192-205; Klaus Fielder, *The Story of Faith Mission*(Oxford: Regnum, 1994).

15 D. L. Robert, "'The Crisis of Missions': Premillennial Mission Theory and the Origins of Independent Evangelical Missions," Joel A. Carpenter and W. R. Shenk eds., *Earthen Vessels* (Grand Rapids: Eerdmans, 1990), 30-32.

16 Moody Bible Institute, *The Coming and Kingdom of Christ: A Stenographic Report of the Prophetic Bible Conference held at the Moody Bible Institute of Chicago*, February 24-27, 1914 (Chicago: Bible Institute Colportage Association, 1914), 249.

인 스튜어트(Lyman Stewart, 1840-1923)를 만나 선교사에 대한 지원을 요청했는데, 스튜어트가 신임 선교사들은 근본주의자이자 전천년주의자야 한다는 조건을 내걸자, 언더우드는 이를 수용하고 여섯 명의 선교사에 대한 후원을 받았다.[17] 또한 언더우드는 1910년 게일과 함께 『스코필드 주석성경』을 한국어로 번역하기 시작했다. 그러나 언더우드는 헌신된 순회 전도자로서뿐만 아니라 한국 국가 지도자들의 교사로서 살았다. 캐나다 장로교인이고 신실한 전천년주의자인 게일은 1888년 온타리오에서 허드슨 테일러를 만났고 그의 기도에 격려를 받았다. 게일은 처음에 중국 내지선교회와 같은 사역을 하려고 계획했으며, 그의 표준 교리는 1848년 런던에서 창립된 복음주의연합의 교리였다.[18] 하지만 그는 식민지 한국의 선교사 학자이자 근면한 번역자가 되었고, 영어권 독자들에게 한국이 생산한 최고의 문학과 문화를 소개하고 한국의 차세대를 위해서도 그것을 보존하기 위하여 고려와 조선 시대 문학과 동시대의 한국어를 연구하는 데 일생을 헌신했다.[19] 곧 19세기 말 한국에 전래된 종말론은 세대주의적 전천년설과 기독교 문명의 우월성에 대한 후천년설적 확신이 혼합된 상태였다. 이 비관주의와 낙관주의가 혼합된 북미 개신교 선교사들의 종말론이 한국에 소개되었을 때, 그것은 한국 민속 종교의 풍수도참적 개벽론이 예언한 현 왕조의 붕괴 후에 도래할 새로운 메시아 왕국에 대한 열망과 만나 타협할 수 있는 접촉점과 유연성을 가지고 있었다.

---

17 Lyman Stewart to H. G. Underwood, February 11, 1909, attached to H. G. Underwood to A. J. Brown, February 15, 1909.

18 Daniel L. Gifford to F. F. Ellinwood, April 25, 1889; Richard Rutt, *James Scarth Gale and His History of the Korean People* (Seoul: Taewon, 1972), 11.

19 참고. Rutt, *James Scarth Gale*, 85-87.

### 『정감록』의 말세 예언

전통적인 한국과 중국의 왕조 교체에 대한 참위(讖緯, 출처가 불분명한 예언)는 해독하기 어려운 한문 구절이나 노래를 통해 확산되고 기록되었다. 그 예언들은 한문(漢文)으로 암호화되어 있었기 때문에 다양한 해석을 낳았고 진화해 나갔다. 종교적 천재들은 그 숨은 비의를 역학, 천인상응론, 음양오행설, 풍수설, 도참설, 부적 등을 이용해 해독하고 적용하려 했다. 정치 지도자들은 참위 예언을 창안하거나 옛 예언을 새롭게 해석함으로써 자신의 정변이나 새 왕조의 건립을 정당화했다. 대중이 새 예언이나 해석을 받아들일 경우 그것은 참 예언이 되었다.[20] 다양한 해석에 대한 개방성과 애매성과 재해석이 예언서의 수명을 늘려주었다. 조선 정부는 조작된 예언과 유포자를 엄격히 검열하고 탄압했다.[21] 대부분의 핵심적인 암호어는 새 왕조의 창건자와 그 수도를 암시하거나, 전쟁이나 격변기에 생명을 보전할 피난처인 길지(吉地)를 지목했다. 따라서 정치적 참위는 특별한 생명력을 가진 지세가 주는 긍정적인 에너지가 산 자와 죽은 자를 돕는 상서로운 장소나 공간을 찾는 풍수지리설과 밀접하게 연결되어 있었다.

『鄭鑑錄』은 18세기에 30개 이상의 민간 예언서들을 모아 편집한 책이었다.[22] 핵심이 되는 「鑑訣」(감결)은 상징적 한문으로 된 소책자로서 기근과

---

20 참고. Lü Zongli, *Power of the Words: Chen Prophecy in Chinese Politics AD 265-618* (Oxford: Peter Lang, 2003); Lü, "Apocrypha in Early Medieval Chinese Literature," *Chinese Literature: Essays, Articles, Reviews* 30 (2008): 93-101.

21 신유학 이념의 조선 정부가 정감록을 금지한 이론적 근거는 공자가 중용 11장에서 "素隱行恠 後世有述焉 吾不爲之矣"(피할 곳을 찾아 숨고 괴이한 짓을 행하는 일을 후세에 서술했으나 나는 그리하지 않는다)고 한 말이다. 비록 공자의 70 제자들이 주역의 건착도와 경방이 주석한 대연 등을 전했으나, 후대에 지류가 '색은행괴'에 점점 스며들어 풍수, 산명(운수를 점침), 식결, 비기 등의 책이 파벌로 갈리고 타락하면서 인심을 현혹하고 세상의 도를 진흙탕에 빠지게 하는 지경에 이르렀다고 보았다("鄭勘錄 不足信", 「皇城新聞」, 1899년 12월 19일).

22 정감록의 첫 인쇄본은 김용주 편, 『鄭鑑錄』(서울: 한성주식회사, 1923)이었다. 안춘근 편,

전쟁과 전염병이 몰려오는 대시련기 후에 조선의 이 씨 왕조가 망하고 평화로운 정 씨 왕조가 새로이 세워질 것이라고 예견했다. 정감록의 주요 관심사는 현 왕조의 부정, 벽지에서의 생명 보존법, 천도(遷都) 이론, 구세주론, 낙관적인 운명주의였다. 그 역사적 관점은 세속화된 종말론적 메시아주의였다. 그것은 가까운 미래에 대한 변화와 변혁을 예견하므로 타세주의나 현실도피주의는 아니지만, 과거에 대한 성찰이나 행복한 미래를 성공적으로 개척하려는 적극적 노력이 부족하므로 역동적 종말론의 윤리적 차원이 결여된 주술적 결정론에 빠지는 위험이 있었다.[23]

정감록의 여러 예언에서 핵심이 되는 세 단어는 십승지지(十勝之地)와 궁궁을을(弓弓乙乙)과 진인(眞人)이었다. 십승지지는 대환란기에 숨으면 생명을 보전하고 살 수 있는 열(10) 곳의 피난처, 구원의 땅, 이상향이었다.[24] 그 위치에 대해 「감결」은 다음과 같이 기술했다.

> 몸을 보전할 땅이 열 있으니, 풍기 금계촌, 안동 화곡, 개령 용궁, 가야, 단춘, 공주 정산 마곡 진천, 목천, 봉화, 운봉 두류산, 태백으로 길이 살 수 있는 땅이다. 첫째는 풍기 차암 금계촌으로 소백산 두 물골 사이에 있다. 둘째는 화산 소령 고기로 청양현에 있는데, 봉화 동쪽 마을로 넘어 들어갔다. 셋째는 보은 속리산 증항 근처로, 난리를 만나 몸을 숨기면 만에 하나도 다치지 않을 것이다. 넷째는 운봉 행촌이다. 다섯째는 예천 금당실로 이 땅에는 난의 해가 미

『鄭鑑錄 集成』(서울: 아세아문화사, 1981)은 정감록 10개의 이본을 모아서 편집했다.

23 윤성범, "정감록 입장에서 본 한국의 역사관", 「기독교사상」(1970년 1월): 105-119.

24 남사고(南師古, 1509-71)의 도참서인 「남사고비결」(南師古秘訣)과 「남격암십승지론」(南格庵十勝地論)이 『정감록』(鄭鑑錄)에 포함되어 있다. 「남격암십승지론」은 정감록 사상의 한 핵심인 재난 때에 피난할 열 곳의 보길지(保吉地)를 구체적으로 기술하고 있다. 십승지지는 감결(鑑訣), 징비록(懲毖錄), 유산록(遊山錄), 운기귀책(運奇龜策), 삼한산림비기(三韓山林秘記), 남사고비결(南師古秘訣), 도선비결(道詵秘訣), 토정가장결(土亭家藏訣) 등에 나타난다.

> 치지 않는다. 그러나 이곳에 임금의 수레가 닥치면 그렇지 않다. 여섯째는 공주 계룡산으로 유구 마곡의 두 물골의 둘레가 2백리나 되므로 난을 피할 수 있다. 일곱째는 영월 정동쪽 상류로 난을 피해 종적을 감출만 하다. 여덟째는 무주 무봉산 동쪽 동방 상동으로 피난 못할 곳이 없다. 아홉째는 부안 호암 아래가 가장 기이하다. 열째는 합천 가야산 만수봉으로 그 둘레가 2백리나 되어 영원히 몸을 보전할 수 있다. 정선현 상원산 계룡봉 역시 난을 피할 만하다.[25]

그러나 「남격암 산수십승보길지지」는 여기에 다른 10여 곳을 추가했다. 여기에서는 양백(兩白 태백산과 소백산)의 남쪽에 있는 풍기와 영주, 서쪽으로 단양과 영춘, 동쪽으로 봉화와 안동, 내포의 비인과 남포, 금오산, 덕유산, 두류산, 조계산, 가야산, 조령, 변산, 월출산, 내장산, 계룡산, 수산, 보미산, 오대산, 상원산, 팔령산, 유량산, 온산 등을 십승지에 넣었다. 『정감록』의 「서계이선생가장결」에는 "황간 영동 사이에는 가히 만 가호가 살아나고, 청주 남쪽과 문의 북쪽 역시 모습을 숨길 수 있다"고 하여 몇 곳을 추가했다.[26]

이런 십승지지 담론을 보면 첫째, 예언서마다 다른 이상향을 제시하면서, 십(十)의 의미가 정확한 10이 아닌 이상적인, 최상의 뜻을 가진 상징적인 숫자로 변했음을 알 수 있다. 둘째, 풍기 금계촌과 같이 분명한 마을을 제외하면 길지의 상당수가 외지고 높은 산이나 광범위한 지역을 언급했기 때문에 정확한 장소를 지정하기 어려웠다. 사람들은 도래할 왕국을 기대하며 입지 조건이 좋은 피난처를 찾기 위해 산 속을 방황할 수밖에 없었다. 셋째, 십승지지는 도교의 무릉도원(武陵桃源)과 같이 조선 후기 민간

25 "십승지지", 『한국민족문화대백과사전』, http://encykorea.aks.ac.kr/Contents/Item/E0034001. 2019년 8월 22일 접속.

26 위의 글.

신앙이 상상한 이상향에 대한 담론으로서, 피폐한 현실을 벗어나고 재발할 지도 모르는 전쟁에서 살아남기 위한 민중의 현실도피적 꿈이었다. 넷째, 십승지지들이 모두 소백산 아래 남부 지방에 위치한 점에서 볼 때, 십승지는 정묘호란(1627)이나 병자호란(1636-37) 같은 북쪽 만주족 오랑캐의 침략을 겪은 서북 지방과 경기도 지역 주민들이 만든 풍수 참위 담론이었다고 하겠다.

정감록의 다른 핵심 암호어는 십승지지보다 더 신비로운 궁궁을을(弓弓乙乙)이었다. 「감결」에서는 "모름지기 인간 세상에서 몸을 피하는 데 산도 이로울 게 없고 물도 이로울 게 없다. 가장 좋은 것은 양궁(兩弓)"이라고 하여, 두 개의 활을 의미하는 '궁궁'을 피난처로 예언했다. 19세기 후반에 작성된 것으로 보이는 「李先生家藏訣」(이선생가장결)은 정감록의 다른 책들과 달리 외침이나 내전과 같은 전쟁보다 가뭄, 홍수, 흉년, 역병(전염병)을 환난의 원인으로 보고 농사를 권장하면서, "이로움이 을을궁궁에 있다"고 하였다. 이후 그 구절에 대한 해석이 진행되면서 궁궁을을이 구원의 장소에서 구원의 수단과 방법으로 의미 변경이 일어났다. 곧 동학도들 사이에서 궁을(弓乙) 부적을 태워 물에 타서 마시고 병을 고치거나 부적을 몸에 붙이면 전투에서 관군의 화살이나 총탄을 맞아도 안전하다는 믿음이 생겼는데, 이는 정감록의 궁을 신앙이 치병이나 호신의 부적으로 변용된 사례였다. 후대에 궁을 부적은 다른 신종교에서도 사용되었다.

정감록은 18세기 중엽 조선왕조실록에 처음 공식적으로 등장한다. 1739년 영조는 함경도와 평안도의 많은 백성들이 정감록의 참위에 대한 소문을 퍼트린다는 말을 듣고, 정통 유교를 공경하면 이단 사설이 자연 근절되리라고 생각했다.[27] 그러나 1748년에 충청도 청주에서 몇 명의 몰락

---

27 『英祖實錄』, 42권, 1739년 8월 6일.

양반이 곧 전쟁이 일어날 것이며 피난처가 궁궁이라고 주장하는 벽보를 붙여서 체포되었다. 그들은 왕조의 안위에 위험이 되는 역적들이므로 영조는 그 지도자인 이지서를 직접 심문했다.[28] 정감록은 정부의 금서목록에 들어갔다. 정조 6년인 1782년 역모 계획이 발견되었을 때, 공모자들은 숨겨둔 정감록을 읽고 사용했다고 자백했다.[29] 부패한 지방 정부에 맞선 민란의 세기인 19세기에 필사된 정감록은 특히 중앙 정부로부터 차별을 받던 서북 지방에서 광범위하게 유포되었다.[30] 홍경래의 난(1811-12년)에 참가한 평안도 사람들은 정감록에 근거한 왕조 교체를 믿었다. 사회경제적 불만과 결합된 왕조 교체에 대한 예언은 중앙 정부에 대항하는 민중 봉기를 선동하기에 충분했다.

세 번째 키워드는 새 왕조를 창건할 진인(眞人)의 도래였다. 기독교의 메시아적 종말론은 정감록의 천년왕국적 미래상과 유사하였으므로, 일부 정감록 신봉자들은 천주교의 종말론을 수용하고 기독교에 입교했다.[31] 그들은 새로운 서양 종교가 말세에 일어날 일에 대해 더 많은 것을 계시해주리라고 기대했다. 천주교 신자들은 새 종교를 전도할 때, 정감록에 등장하는 이양선, 靑衣人(외국인), 眞人(구세주), 전쟁과 역병의 대환란, 평화로운 새 정 씨 왕조의 도래에 대한 예언을 기독교 교리와 연결시켜 설명했다.[32]

---

28 『英祖實錄』, 67권, 1748년 5월 23-24일.

29 『正祖實錄』, 14권, 1782년 11월 20일, 1782년 12월 10일.

30 백승종, "18세기 초반 서북 지방에 출현한 정감록", 「역사학보」(1999년 9월): 99-124.

31 『天主實義』의 내용이나 보유론 신학을 따라간 한국인 최초의 교리서이자 호교론인 아우구스티노 정약종(丁若鍾, 1760-1801)의 『主敎要旨』(1798년 경 저술, 1864년 목판본, 1895년 목판본, 1897 활자본) 제4장 종말론에는 말세에 일어날 유사한 대환란과 천년왕국에 대한 연속적 사건이 언급되어 있다.

32 조광, 『조선 후기 천주교사 연구』(서울: 고려대학교 민족문제연구소, 1988), 161-162; 김진소, "신유박해 당시 서양 선박 청원의 특성", 『신유박해와 황사영 백서 사건』(서울: 한국순교자현양위원회, 2003), 127-36; 백승종, "조선후기 천주교와 정감록", 「교회사연구」(2008년 6월): 5-46.

동학(東學)은 정감록이 예언한 궁궁을을과 십승지지를 창의적으로 해석하여 활용했다. 1860년 동학을 창건한 수운 최제우(水雲 崔濟愚, 1824-64)는 풍수도참설과 정감록에 예언된 정 씨 왕조에 대해 가르쳤다. 그는 입산제천(入山祭天), 곧 호남의 진산과 금산의 산골짜기를 오가며 하늘에 제사를 올리고 계시를 받은 후 "이 씨는 장차 망하고 정 씨가 일어날 것인데, 장차 대란이 닥치면 동학에 속하지 않은 자는 생명을 부지하지 못할 것이다. 우리 동학 무리만이 자리에 앉아서 천주(天主)를 묵상하고 참 구세주(眞主)를 보좌하며, 태평한 복을 누릴 것이다"라고 선언했다.[33] 최제우는 '궁궁을을'을 그가 만든 13자 주문(呪文)과 동일시했다. 그는 질병을 치유할 목적으로 궁궁을을이 그려진 영부(靈符)를 만들어 태워 마시게 했다. 그는 또한 십승가(十勝歌)와 궁을가(弓乙歌)를 부르게 했다. 동학은 천자만 드릴 수 있는 천제를 드리며 왕조 변혁을 말한 혁명적 종교였기에 최제우는 천주쟁이로 몰려 1864년 처형되었다. 2대 교주 해월 최시형(海月 崔時亨, 1827-98)은 북접의 지도자였다. 1898년 그가 법정에서 사형 언도를 받았을 때, 그의 죄목은 궁궁을을 부적으로 백성을 혼란시킨 것이었다.[34] 동학은 그가 교수형에 처해진 뒤에도 서북 지역에서 널리 퍼졌고, 천도교(天道敎)로 개칭한 이후 1910년대에는 교도가 100만 명이 넘었다.

동학과 관련된 변란 중 이필제란(李弼濟亂, 1869-1871)도 정감록의 예언을 이용했다. 이필제는 자신의 이름 중 필(弼)자에 弓弓이 있고, 자신이 을유(乙酉)생이므로 을을이라 본인이 궁궁을을이라고 주장하고,[35] 고령의 정만식을 정眞人으로 지칭하여 끌어들이고, 진천, 진주, 영해, 문경 등 네

---

33 "宣言李氏將亡 鄭氏將興 大亂將作 非東學者 毋以得生 吾黨但坐念天主 輔佐眞主 將享太平之福", 황현, "首筆 甲申, 梧下記聞", 동학농민전쟁백주년기념사업추진위원회, 『동학농민전쟁 사료전서』 1(서울: 사예연구소, 1996), 42-43.

34 『高宗實錄』, 제37권, 1898년 7월 18일. "弓弓乙乙之符, 煽惑人民, 締結徒黨".

35 "金炳立 公州謀逆告變", 『捕盜廳謄錄』, 1869년 4월, 735, 737, 741.

곳에서 연속적으로 변란을 기도했다. 중국이 서양의 침략을 받고 조선도 1866년에 일어난 평양양요와 병인양요로 불안이 가중되자, 그는 『古山子秘記』(고산자비기)와 『尙州新都錄秘記』(상주신도록비기) 등을 언급하며 거사를 위해 제주도와 울릉도에 가서 책략을 도모하려고 했다.

일제 강점기에도 정감록의 영향력은 줄어들지 않았다. 1916년 원불교를 창립한 소태산 박중빈(少太山 朴重彬, 1891-1943)은 궁궁을을을 일원(一圓)으로 해석하고, 유교의 태극(太極)과 동일시함으로써 우주적 원리로 상징화했다. 박중빈은 궁궁을을이 특정한 장소가 아니라, 각자의 마음에 이루어질 수 있다고 강조하며 개인적 수행의 기초로 삼았다.[36]

서북 지역의 천도교와 정감록의 일부 신도들은 1910년대 후반 충청남도의 공주와 대전에 가까운 계룡산으로 이주하기 시작했다. 1921년 조선일보에 따르면, 정감록의 예언을 믿는 20-30명의 집단들이 계룡산에 있는 신도리로 이사하였고, 그 인구가 2,500명 정도로 증가했다. 이들의 다수는 황해도에서 왔다.[37] 1924년에 신도리에는 1,515채의 집과 6,949명의 주민이 있었다. 그중 70가구(350명)만 1918년 이전에 이주해 왔고, 대부분은 3.1운동 후에 왔다.[38] 1931년에 신도 주민의 약 80%가 서북지역 출신이라고 보고되었다.[39] 1930년대에 사이비 종교 백백교(白白教)는 그들의 본부가 십승지지에 세워져 있다고 주장하면서, 궁궁을을과 교단 직인이 들어간 부적을 종말에 구원을 보장하는 면벌부로 속여 한 장에 50-100엔씩 받고 팔았다.[40]

요약하자면 황해도와 평안도에서 성장한 정감록의 예언에 대한 강

---

36 백승종, "정감록 산책(21): 숨은 키워드 궁궁을을", 「서울신문」, 2005년 6월 2일.
37 "계룡산의 新都", 「조선일보」, 1921년 5월 6일.
38 무라야마 지준, 『조선의 점복과 예언』, 김희경 역(서울: 동문선, 1990), 571.
39 "邪教의 王國 伏魔의 殿堂 新都 鷄龍山의 秘密", 「조선일보」, 1931년 1월 23일.
40 "弓弓乙乙, 眩惑用 怪印", 「매일신보」, 1937년 4월 13일.

한 신앙이 19세기 초부터 조선 정부에 대항하는 민란의 이념이 되었다가, 1920년대 일제 식민지 시대에는 천년왕국의 이상을 제공하여 계룡산 신도리로 집단 이주하도록 만들었다. 따라서 20세기의 전환기에 서북 지역에서 성장하던 정감록의 천년왕국적 예언은 기독교의 천년왕국론과 만날 수 있는 비옥한 영적 토양을 제공했다. 역사상 유례가 없는 국가적 위기와 식민지 상황에서 사람들은 새로운 세상을 꿈꾸며 십승지지를 찾아 피난처로 이주해 갔다.

위기는 사방에서 연이어 몰려왔다. 1894년에 봉기한 동학혁명은 청일전쟁을 야기했다. 1900년 중국에서 의화단 운동이 발생하자 한국의 친러파 보수주의자들은 12월 1일을 기해 미국 선교사와 한국인 기독교인들을 몰살하려는 음모를 꾸몄다. 1900-02년에 경기도 북부와 황해도 남부 등 중부 지방에 몰아닥친 대기근으로 1902년의 쌀 수확량은 평년에 비해 10분의 1로 줄었다. 많은 사람들이 농토를 버리고 화전민, 산적, 각설이 거지패가 되거나, 1903년의 하와이 이민 열풍에 가담하여 사탕수수 농장 노동자로 떠났다. 기근은 서울 북서쪽 80킬로미터 이상까지 여러 군(고양, 김포, 파주, 개성, 개풍, 연안, 배천, 금천 등)에 걸쳐 발생했고, 서울 남부지방에도 발생했다. 국가 재정은 파탄이 났다.[41] 콜레라가 1886년, 1890년, 1895년, 1902년, 1903년, 1905년에 한국을 강타했다. 천연두가 1899년부터 만연하

---

41 예를 들면 강화도의 교동에서는 탁지부에 "기근으로 고통을 겪은 자들이 버리고 떠난 177호의 세금에 대해서 어떤 조치를 취할지" 질문했다("News Calendar," *KRv* [September 1903], 413). 웰번 부인(Mrs. Sarah Nourse Welbon)은 1902년 7월 13일자 일기에 "First good rain in 3 years(3년만의 비다운 비)"라고 썼다(Priscilla Welbon Ewy, *Arthur Goes to Korea: The Early Life of Arthur Garner Welbon and His First Years as Missionary to Korea*, 1900-1902 [Tucson, Ariz.: 자체 발행, 2008], 265). *Korea Field* 편집자는 여름에 장마철이 있는 한국에서 3년간 비가 오지 않은 것은 역사상 유례가 없는 놀라운 일이라고 언급했다("The Famine Wolf in Korea," *KF* [May 1902]: 33).

여 '역병의 해'인 1902년에 최고도에 달했다.[42] 1904년에 일어난 러일전쟁은 조선 왕국의 멸망을 재촉했다. 갑오년 이후 10년 동안 수만 명의 한국인들이 전장에서 죽었고, 수만 명이 쥐병(콜레라)이나 마마(천연두) 또는 염병(장티푸스)에 걸려 죽었다.[43] 이 묵시론적 말세 상황에서 사람들은 피난처인 십승지지를 찾아 깊은 산속을 유랑하며 죽어갔다.

요한계시록 6:1-8에 묘사된 백색, 적색, 흑색, 황색 말에 올라탄 네 짐승인 역병, 전쟁, 기근, 사망이 한국에 출현했다.[44] 1900-02년의 중부 지방 대기근으로 "남녀노소 막론하고 이른 새벽에 언덕에 올라가 생명을 부지하기 위해서 나무 뿌리를 캐고 풀잎을 뜯었다."[45] 기근이라는 늑대가 나타나

---

42 Oliver R. Avison, "Sickness and Rumor of Sickness: From Annual Report of Dr. O. R. Avison," *KF* (June 1903): 126-127.

43 심각한 콜레라가 1886년, 1890, 1895년, 1902년에 발생했다. 1890년의 경우 "80,000명 이상이 일본과 한국과 아시아쪽 러시아에서 사망했다. 이 모든 손실은 2-3개월 안에 일어났다"("Cholera Threatened," *JAMA* [December 20, 1890]: 906). 1902년 8-9월에 한국에 콜레라가 유행했는데, 서울에서만 9월에 매일 50-250명이 사망했다("The Public Service: Cholera," *JAMA* [November 1, 1902]: 1150, 1358; "Editorial Comment," *KRv* [September 1902]: 406-407; "News Calendar," *KRv* [September 1902]: 411). 원산 경찰서는 1902년 9월에 61명이 사망했다고 보고했다(『윤치호 일기』, 1902년 12월 4일). 구제역 때문에 서울에는 땔감과 쌀을 운반할 소가 없었다. 1899-1902년 3년간 천연두가 유행하여 수많은 사람들이 죽었다("Public Health: Smallpox," *JAMA* [May 1899]: 1012, 1072; *JAMA* [April 14, 1900]: 958; *JAMA* [August 11, 1900]: 395; *JAMA* [February 23, 1901]: 536; *JAMA* [April 1901]: 1082).

44 Helen F. MacRae는 부친 Duncan M. MacRae 목사의 전기에서 1902-04년의 장을 "The Four Horsemen"으로 제목을 잡았다. 함흥에서 MacRae 목사는 열병에 걸렸고 MacRae 부인은 천연두에 감염되었으며, 딸은 불한당에 납치되었다. 그는 기근으로 수많은 사람들이 굶어죽은 것을 목도했다(Helen F. MacRae, *A Tiger on Dragon Mountain: The Life of Rev. Duncan M. MacRae*, D. D. [Charlottetown, Canada: A James Haslam, Q. C., 1993], 99-106).

45 MacRae, *Tiger on Dragon Mountain*, 105. 미국에서 안식년을 보내던 Underwood는 선교회 회계에게 재난 구호금을 전송했고, 한국인 조사가 조사한 후 1902년 5월 6일까지 극심한 피해를 입은 자들에게 578엔이 지급되었다("Famine Wolf in Korea," 34; Charles E. Sharp, "Famine along the River: From January Report of Rev. C. E. Sharp," *KF* [August 1902]: 59). Arthur Welbon은 경기도 배천 지역에서 피해자들에게 300엔 이상을 배분했으며, 대부분은 감사히 받았다. 그러나 충분히 받지 못하거나 남보다 적게 받은 자들이 불평했다

사람들을 잡아먹었다. "많은 사람들이 피해가 적은 지역으로 이주했다. 남은 자들은 나무 뿌리와 풀이나 짐승 사료를 먹으며 연명했다."[46] 윤치호는 일기에 "모든 한국인들이 이 해가 현 왕조의 마지막 해라고 생각하는 것 같다"고 적었다.[47] 실제로 윤치호는 "고종 황제와 그 종들의 도덕적 타락"을 개탄하는 말세론자였다. 그는 유교의 전제 정치와 물질주의 때문에 관료는 백성들의 고혈만 착취하는 데 골몰하고, 그 결과 조선은 지옥처럼 되었다고 비판했다. 1904년 2-3월에 적색마를 탄 자(일본 군대)가 인천, 서울, 송도, 진남포, 평양, 의주를 짓밟고 지나갔다. 러시아 군인들은 1904년 여름에 거짓 정보를 주었다는 이유로 한국인들을 벌하기 위해 함흥에 있는 수 백 채의 집을 불태웠다.[48] 이런 종말론적 상황에서 경기도 북부, 황해도 남부, 강원도와 함경남도에 있는 장로교회와 감리교회들은 1895-1904년의 10년 동안 국기와 함께 성 게오르기우스 십자기(St. George's Flag)와 동일한 하얀 천에 붉은 십자가를 그린 십자기(정치적으로는 잉글랜드 국기, Flag of England)를 교회 마당에 게양했다.[49] 높은 나무 깃대는 구하기도 쉽지 않았고 비용이 제법 들었다. 왜 한국 개신교인들은 그런 긴 나무 깃대를 세우고 십자기를 걸었을까? 국가적 위기 가운데 적십자기의 상징적 의미는 무엇이었을까?

---

(Arthur G. Welbon, "Personal Annual Report for the Year Ending June 30, 1902," in *Ewy, Arthur Goes to Korea*, 259). 소래교회와 서상륜은 황해도 지역에 있는 교회들을 적극 도왔다(Sharp, "Famine along the River").

46 "The Famine Wolf in Korea," *KF* (May 1902): 33.

47 『尹致昊日記 五』, November 22, 1902.

48 H. F. MacRae, *Tiger on Dragon Mountain*, 112.

49 기근에 대한 교회의 초기 반응의 하나는 서울에 있는 상동감리교회가 그리스도인 애휼회를 조직한 것이었다. 배동현이 자신의 집문서를 기부했고, 교회는 이재민을 돕기 위해서 경향 각처 교회가 동참하자고 호소했다("교보: 그리스도인 애휼회 광고", 「신학월보」 [1902년 3월]: 115).

## 2. 로마 가톨릭의 십자고상

십자가 상에 대한 개신교의 표상을 논하기 전에 천주교의 십자가 성상과 18, 19세기의 중국인들과 한국인들의 반응을 검토해보자. 1710년대부터 1850년대까지 천주교 성당에서 낯선 십자고상(十字苦像 crucifix)을 본 조선 사절단들은 매우 부정적으로 반응했다. 십자가에서 처형당하는 예수는 역적 죄인이거나 불효자로 인식되었다. 개신교의 빈 십자가와 달리, 예수의 성육신과 수난을 강조하고 성상을 인정하는 로마 가톨릭의 십자고상은 십자가에 못박혀 피흘리는 예수의 수난 형상을 그대로 가지고 있었다.[50] 조선 정부가 저주와 불충의 상징으로 규정했음에도 불구하고 십자고상은 1791년부터 1866년까지의 혹독한 핍박을 견딘 천주교 신자들에게는 인내와 영적 정체성의 상징이 되었다.

### 18세기 조선 부연사들이 북경 천주당에서 본 십자가

18세기에 조선은 청을 통하여 천문학, 수학, 달력, 시계, 그림, 오르간 등의 서양 문물을 적극적으로 수용했다. 이 문화 교류의 통로는 서울에서 북경(연경)을 오간 사절단인 부연사(赴燕使)였다. 청이 도읍을 만주 심양(瀋陽)에서 연경(燕京)으로 옮긴 1645년부터 연 4회이던 사절단을 연 1회 동지사로 통합했다. 1637년(인조 15년)부터 1894년(고종 31년)까지 조선에서 청에 간 연행사는 총 507회였다. 사신이 이용한 경로는 평양-의주-봉황성(鳳凰城)-요동(遼東)-심양(瀋陽)-산해관(山海關)-통주(通州)를 지나 북경(北京)에 이르렀는데, 총거리는 3,100리, 40일 이상의 여정이었다. 북경 체류일을

50 러시아 정교와 영국 성공회도 십자고상을 사용했다.

합하면 왕복에 통상 5개월 정도가 걸렸다. 1회 사절단의 수는 200명이 넘었다.

부연사들이 북경에 가면 천주교 성당 네 곳을 즐겨 관람하고 진기한 서양 물건을 보았다. 천주교 선교사들은 한국인 사절단을 환영하였고, 그들의 만남은 관례가 되었다. 조선 사절단이 본 가장 충격적인 것이 예수의 십자고상이었다. 그들은 왜 서양인들이 십자가에서 처형당한 죄인을 신으로 섬기는지 이해할 수 없었다.

이들이 본 그림은 이탈리아 예수회 선교사였던 알레니(Giulio Aleni, 艾儒略[애유략], 1582-1649)가 저술한 『天主降生出像經解』(천주강생출상경해, 1637)를 비롯한 목판본 화첩이었을 것이다. 알레니는 마테오 리치의 보유론 정책을 유지한 선교사로, 수태와 탄생을 설명하면서 '예수의 생애'와 '공자의 생애'를 유비시키면서 초자연적 주제들을 설명했다. 그러나 귀신을 쫓아내고, 물 위를 걷고, 죽은 자를 살리고, 십자가에서 죽었다가 부활하는 예수의 기적에 대한 가시적인 이야기들은 예수와 공자 간의 유비의 범위를 넘어서는 것이었다. 알레니는 궁극적으로 유교(공자)를 보완하면서도 능가하는 예수의 초자연적 능력과 그리스도 중심의 영성을 강조했다.[51]

중국의 유학자들은 십자고상을 서양인들의 점술용 도구로 인지했으

51 Gianni Criveller, *Preaching Christ in Late Ming China: The Jesuits' Presentation of Christ from Matteo Ricci to Giulio Aleni* (Taipei: Ricci Institute for Chinese Studies, 1997), 433-39; Junhyoung Michael Shin, "The Supernatural in the Jesuit Adaptation to Confucianism: Giulio Aleni's Tianzhu Jiangsheng Chuxiang Jingjie (Fuzhou, 1637)," *History of Religions* (May 2011): 329-61. Aleni의 『天主降生出像經解』(항조우, 1637)는 한문으로 된 최초의 예수의 일생 화첩이었다. 50장의 그림은 Geromino Nadal의 『복음서 역사화』(Evangelicae Historiae Imagines, 1593)에서 가져왔다. 예수회 선교사들은 글자만 있는 책보다 성화가 기독교 신앙의 신비를 더 잘 전달해준다고 믿었다. 17세기에 기독교 문서에 대중 매체인 그림이나 삽화는 널리 사용되었다. 1640년에 Adam Schall은 예수의 생애에 대해 좀 더 중국적인 화풍의 삽화를 종천 황제에게 헌사했다. 참고. D. E. Mungello, *The Great Encounter of China and the West*, 1500-1800 (Lanham, Md.: Rowman & Littlefield, 1999), 40-43.

며, 예수를 불효자요 로마 당국자에 의해 합법적으로 처형된 반역자로 이해했다.[52] 1600년에 황실 내시인 마당(馬堂)이 마테오 리치의 가방에서 십자고상을 보았을 때, 그는 서구 선교사들이 십자가 위에 달린 그리스도의 형상을 부적으로 가지고 다니면서 사악한 점술로 사람들을 미혹한다고 생각했다.[53] 한편 산발한 머리카락과 벗은 몸의 예수의 모습은 악한 귀신이라는 인상을 주었다. 따라서 이런 문화적 맥락에서 리치는 『天主實義』(천주실의, 1603)에서 예수의 십자가형을 전혀 언급하지 않았다.[54] 1665년 양광시엔(楊光先, 1597-1669)은 아담 샬(Johann Adam Schall von Bell, 湯若[望[탕약망], 1592-1666)이 숭정제(崇禎帝)에게 헌증한 책의 [그림 2] "천주 예수 십자가에 달린 상"을 이용하여 기독교를 공격하기 위해 『不得已』(부득이, 1665)를 출판했다.[55] 그는 중국 화풍으로 그렸지만 부정적인 표현은 바꾸지 않았다. 그는 예수가 유죄 판결을 받은 범죄자로 처형되었음을 강조했다.[56] 정치에서 사회적 조화를 중시하는 중국인 관리들은 예수를 사회 질서를 파괴하는 반

---

52 Anthony E. Clark, "Early Modern Chinese Reactions to Western Missionary Iconography," *Southeast Review of Asian Studies* (2008): 9-14.

53 Matteo Ricci, *China in the Sixteenth Century: The Journals of Matthew Ricci, 1583-1610*, trans. Louis J. Gallagher (New York: Random House, 1953), 365.

54 중국에서의 예수회와 탁발수도회 간의 기독론적 논쟁에 대해서는 Criveller, *Preaching Christ*, 76 ff를 보라.

55 이 책은 闢邪論 서적으로 기독교 문명과 유교 문명 간의 갈등과 변증을 기록했다. 특히 기독교와 서양 천문학과 역법에 대한 중국 측의 비판과 경계의 글을 모았다. 양광시안은 예수가 십자가에 달린 날이 서양력으로 3월 15일이고 중국력으로는 漢光武 建武 八年 壬辰 3월 22일인데 이날 일식(日蝕)이 없었기 때문에 성경의 기록은 잘못이고 십자가 사건도 없었다고 비판했다. 1665년 5월 18일에 북경에서 천문 역법을 오산하여 왕자의 장례식 날짜를 잘못 정했다는 죄를 물어 중국인 천주교인 5명을 참수했는데, 양광시안이 청의 첫 기독교인 처형 사건인 강희력옥(康熙曆獄)을 주도했다. 교인들이 핍박을 받자 예수회 신부 부글리오(Lodovico Buglio 利類思, 1606-82)가 양광시안의 책을 조목조목 비판한 『不得已辯』(1665)을 출판했다.

56 Criveller, *Preaching Christ*, 393.

란의 지도자로 비난했다.[57]

**[그림 1] “耶穌被釘靈蹟疊現”, Giulio Aleni 「天主降生出像經解」(濮州: 景教堂, 1637), 26圖**
[Harvard University Houghton Library 소장]

天主耶穌立架像

第四十三圖

**[그림 2] “天主耶穌立架像”, Adam Schall, 「天主降生事迹圖」(1640)**
“臨湯若望進呈圖像說”, 楊光先, 『不得已』上(1664), 3圖
[UCLA East Asian Library 소장]

알레니의 서양화나 아담 샬의 중국화에 나오는 십자가 수난상, 그리고 북경 천주교당의 벽화에 등장하는 예수 십자가상에 대한 한국인의 반응도 중국 엘리트들의 반응과 다르지 않았다. 18세기에 생산된 100여 권의 연행록에는 27회 북경 천주교당 방문기가 등장한다. “강희 연간[1662-1722] 이후부터 우리나라 사신이 연경에 가면 더러 서양인들이 있는 집에 가서 관람하기를 청하면, 그들은 매우 기꺼이 맞아들이어 집 안에 설치된 특이하게 그린 신상(神像)과 기이한 기구들을 보여주고, 서양에서 생산된 진기한 물

57 Clark, “Early Modern Chinese Reactions,” 12.

품을 선물로 주었다. 그러므로 사신들은 선물도 탐낼뿐더러, 이상한 구경을 좋아하여 해마다 찾아가는 것을 상례로 삼았다."[58] 이들의 연행기에 나타난 십자고상에 대한 반응을 살펴보자.

1720년 이기지(李器之, 1690-1722)는 천주교 성당에서 벽화와 화첩에서 원근법을 사용한 예수의 일생에 대한 사실화를 보고 놀랐다고 『一庵燕記』(일암연기)에 썼다. 1720년 이의현(李宜顯)은 "벽에는 음귀(陰鬼)를 많이 그려서 선방(禪房)의 시왕전(十王殿)과 같다. 보기에 어둡고 밝은 기상이 없으니 괴상한 일이다"라고 평했다.[59] 안정복(安鼎福, 1712-91)은 예수가 모든 사람들의 죄를 대신하여 생명을 버리고 십자가에 못 박혀서 죽었다는 말에 대하여, "이미 상제가 친히 강생하였다고 하고 또 진짜 천주와 다름이 없다고 했으면서, 감히 십자가에 못박혀 죽어 천수(天壽)를 다 누리지 못했다고 한단 말인가. 그 우매하고 무지하여 존엄한 천주를 업신여기는 것이 심하다 하겠다"라고 비판했다.[60] 홍대용(洪大容, 1731-83)의 『湛軒書』(담헌서, 1766)와 한글 『을병연행기』(1766), 박지원(朴趾源, 1737-1805)의 『熱河日記』(열하일기, 1780) 등은 천주교당에서 본 천주상, 성모상, 십자가 수난상을 언급했다.[61] 홍대용은 1776년 "건정동필담"에 천주교와 십자가에서 처형된 예수에 대한 청 학자 반정균(潘庭筠)의 견해를 적었는데, 당대 조선 유학자들도 동일한 입장이었다.

---

58 홍대용, "劉鮑問答", 『湛軒書』 外集 七卷 燕記(한국고전연구회, 1974). 1765년 방문 후에 쓴 글.

59 이의현, "壬子燕行雜識", 『庚子燕行雜識』.

60 안정복, "天學問答", 『順庵先生文集 』, 제17권(1900).

61 참고 정은주, "燕行使節의 西洋畵 인식과 寫眞術 유입: 北京 天主堂을 중심으로", 「명청사연구」(2008년 10월): 157-199; 장경남, "조선후기 연행록의 天主堂 견문기와 西學 인식", 「우리문학연구」(2009년 2월): 77-117; 신익철, "18-19세기 연행사절의 북경 천주당 방문 양상과 의미", 「교회사연구」(2014년 6월): 143-183.

명 만력(萬曆, 神宗[신종] 통치기, 1573-1620) 때 서양의 마테오 리치(利瑪竇[리마두])가 중국에 들어오니 그 교가 비로소 행하였다. 이른바 십자가란 것이 있으니 교중의 사람이 반드시 예배하며 이르기를 "서주(西主)가 이 형을 받고 죽었다"하니 가소롭다. 서교 중의 주요한 뜻은 대개 괴상한 말이 많고 사람을 속이고 혹하게 한다. 또 서주가 참사한 것은 교를 세우기 위해서 죄에 걸린 것이니, 입교하는 자가 마땅히 체읍하고 비통하여 한결같이 생각하여 잊지 말아야 한다 하니, 그 사람을 혹함이 심하다.[62]

홍대용은 예수의 장례식 그림에 대해서도 "서쪽 벽에는 죽은 사람을 관 위에 얹어놓고 좌우에 사나이와 계집이 혹은 서고 혹은 엎드려 슬피 우는 모양을 그렸는데, 아니꼬워 차마 바로 보지 못하였다. 왕가에게 그 곡절을 물으니 왕가가 이르기를, '이것은 천주가 죽은 모습을 그린 것입니다'라고 말했다. 이밖에 괴상한 형상과 이상한 화격(畵格)이 무수하였지만 다 기록하지 못한다."[63] 홍대용의 북경 여행기는 널리 읽혔고, 한 세기 동안 조선 양반에게 영향을 미쳤다.[64] 1778년(정조 2년) 이덕무(李德懋, 1741-93)는 천주교당에서 십자가 처형도를 보고, "또 한 늙은이가 두 손을 벌리고 십자가에 매달려, 떨어지려는 어린 아이를 받으려는 모습을 한 그림도 있었는데, 황홀하고 유괴(幽怪)하여 사람으로 하여금 좋지 않은 생각이 들게 한다. 대개 병든 어린 아이는 이른바 천주 예수이고, 근심하는 부인은 예수의 어미이다"[65]라고 비판했다. 그는 예수를 어린 아이로 보았다. 반면 1799년에 서유문(徐有聞)은 천주교당을 방문하고 예수가 계집의 모습으로 그려진 것

62 홍대용, "乾淨衕筆談", 『湛軒書』 外集 二卷, 杭傳尺牘.
63 홍대용, 『을병연행록』, 1766년 1월 24일 기사.
64 이규경, "西學", 『五洲衍文長箋散稿』, 경사편 3, 석전류 3. 李圭景(1788-1863)의 백과사전이다.
65 이덕무, "入燕記下", 『青莊館全書』, 제67권, 정조 2년 6월 14일.

이 이상하다고 평했다.[66] 그들은 긴 머리를 풀고 벌거벗은 예수를 소년이나 여자로 비천하게 보았다.

### 19세기 전반 북경 러시아 공관에서 본 십자고상

1800년에 정조(正祖)가 급사하자 서양 문명에 대한 비교적 관용적인 정책이 중단되었다. 프란체스코 수도단과 도미니크 수도단의 근본주의적인 선교신학을 지지한 교황의 칙서들은 중국에서 발생한 제사와 신 용어에 대한 전례논쟁(典禮論爭)을 1742년에 종식시켰다. 조선 정부의 반예수회 정책은 1790년부터 조선 천주교인들에게 직접적인 영향을 주고 조선의 파당적 정치 상황을 악화시켰다. 어린 순조(純祖)가 즉위하자 정순왕후의 수렴청정이 시작되고 세도 정치하의 새 정부는 천주교를 엄금하고 박해했다. 따라서 조선의 부연사들은 연경에서 더 이상 천주교당을 방문할 수 없었다. 대신 연경의 러시아 공관인 아라사관(俄羅斯館)이 서양 문물과 접촉하고 자명종, 오르간, 거울, 사진기와 같은 서양의 기기를 볼 수 있는 유일한 장소가 되었다. 19세기의 연행록에 묘사된 천주교와의 접촉은 바로 이 아라사관의 러시아정교 성당에서 이루어진다. 러시아 정교회도 성상을 사용하였으므로 조선 사신들은 천주교와 정교의 차이를 잘 몰랐고, 예수의 십자고상이나 십자가 처형도에 대한 반응도 18세기 사신들과 유사했다.

이재흡(李在洽, 1799-1843)은 1828년 천주당에서 십자가에 못박혀 피 흘리고 있는 예수상을 보고 충격을 받았다. 그의 일기를 보자.

> 두루 구경하고 한 곳에 이르자, 문이 굳게 잠겼기에 자물쇠를 열게 하여 들어

---

66 서유문, 『戊午燕行錄』, 제4권, 1799년 1월 19일자.

갔다. 외간(外間)에 가로 막은 칸막이가 있는데 모두 특이한 나무에 조각을 하여 만들었고, 칸막이마다 모두 산발한 사람을 그렸다. 방 안은 우뚝 솟았으며 사방을 벽돌로 높이 쌓았고, 둥근 창문이 서로 비치는데 모두 유리를 사용하였다. 그 칸막이를 열고 안 칸으로 들어가니 주벽(主壁)에 죽은 사람 하나를 걸어 놓았다. 대개 벽 위에 십(十)자로 된 나무판자를 붙이고 사람의 머리 위와 사지(四肢)에 모두 쇠못을 박아 내걸어, 마치 거열(車裂)하는 형상과 같은데 완연히 고결한 풍채의 사람이었다. 피부와 살, 손톱과 머리카락이 꼭 살아 있는 사람 같은데 온몸이 나체였으며 진짜인지 가짜인지 분간이 되지 않았다. 머리에서 발끝까지 쇠못 자리에서 붉은 선혈이 쏟아져 뚝뚝 떨어지는데, 그 얼굴을 보니 방금 죽어 식지도 않은 것 같아 현기증이 나도록 참혹하여 똑바로 쳐다보기가 힘들었다.[67]

이재흡은 사지가 상하는 사형에 처해진 그림 속의 남자는 대역죄로 유죄 판결을 받았다고 생각했다. 그는 십자가에 못 박힌 죄수를 왜 신으로 숭배하는지 궁금했다. 안내자는 사형에 처해진 사람이 예수라고 대답했다. 이재흡은 조선의 천주교인들이 왜 사형 선고를 두려워하지 않고 처형 때에도 신앙을 포기하지 않았는지 그 이유를 이해할 수 있었다.

조선 정부는 엄격한 천주교 금지 정책을 채택했다. 신유년(1801), 기해년(1839), 병인년(1866)에 대박해가 일어났다. 포졸에게 체포된 교인들은 십자가 모양의 곤장틀에 묶여 고문을 당하고, 신앙을 포기하도록 강요받았다. 많은 교인들은 곤장틀(십자틀) 위에서 요리문답을 외우거나 찬송 가사를 불렀다. 포도청은 지하 교회에서 천주교인들이 소중히 여기는, 중국에

67 이재흡, 『赴燕日記』, 1828년 6월 25일; 신익철, "18-19세기 연행사절의 북경 천주당 방문 양상과 의미", 『교회사연구』(2014년 6월): 172에서 재인용.

서 밀수한 십자고상을 압수했다. 신유박해 때 정부는 천주교인들이 식사, 취침, 비밀 집회를 하기 전 가슴에 십자 성호를 그리고 기도하는 것을 발견했다. 이는 예수의 수난을 따르겠다는 헌신의 표시였다. 곤장 십자틀, 십자고상, 십자 성호는 한국의 천주교 신자들에게 고난과 믿음의 상징이었다.[68]

그러나 천주교의 십자고상은 한국 종교 문화와 의미 있게 만나지 못했다. 고립된 지하 교회의 주요 관심사는 신앙 공동체의 생존이었다. 그들의 기본 전례인 기도, 예배, 세례, 성찬의 미사는 십자가에 못 박힌 예수의 수난에 초점을 맞추고 있었다. 한국 천주교인들은 주체적으로 세상과 분리하고, 사망 후 천당에서 누릴 영혼의 구원을 갈망했다.[69] 십자가 상징은 심각한 박해 속에서도 영적 정체성을 유지하는 데 도움이 되었다. 그러나 예수의 십자고상은 한국의 예언 전통과 아무런 해석학적 접촉점이 없었다. 마찬가지로 유교 제사의 어떤 요소도 천주교 전례에 추가되지 않았으며, 한국 신명인 하ᄂᆞ님은 미신적인 정령 숭배의 천신으로 여겨졌다.[70] 십자고상은 19세기 파리외방선교회 소속 프랑스 선교사들의 한국 종교와 대결하는 정책과 순교자 숭배의 상징이 되었다.

68 참고로 일본에서는 1629년부터 1850년대까지 십자고상은 기독교 핍박의 상징 혹은 기독교인의 배교의 상징이 되었다. 도쿠가와 막부는 기독교인으로 의심되는 사람에게 십자고상이 새겨진 판이나 마리아상이 그려진 그림을 밟도록 하는 후미에를 통해 불법적인 종교의 신자인지 아닌지를 판별했다. 참고. C. R. Boxer, *The Christian Century in Japan: 1549–1650* (Berkeley: University of California Press, 1951), 327.

69 Deberniere J. Torrey, "Separating from the Confucian World: The Shift Away from Syncretism in Early Korean Catholic Texts," *Acta Koreana* (June 2012): 127-145.

70 참고. Férron, *Dictionnaire Français-Coréen*, 54.

### 『辟邪紀實』 유포와 영아소동

십자가에 대한 부정적인 천주교의 이미지는 1880년대 개신교에도 부과되어 반기독교운동으로 연결되었다. 1888년에 서울에서 일어난 최초의 반개신교 폭동인 영아소동(嬰兒騷動) 배후에는, 1870-80년대 중국에서 발생했던 여러 반천주교 운동과 톈진대학살 때 사용한 반천주교 한문 소책자들이 있었다. 한국에 주둔하던 청군을 통해 유입된 반기독교 서적들을 보수적인 한국 양반들이 읽고 반포하면서 반기독교 정서가 확산되었는데, 대표적인 반기독교 한문 서적인 『辟邪紀實』(벽사기실, 1861)에는 십자가에 대한 부정적인 이미지가 실려 있었다.

1884년 12월에 갑신정변에서 중상을 입은 민영익(閔泳翊)을 미국 장로회 의료 선교사 알렌(Horace G. Allen) 의사가 치료해 주자, 알렌을 원장으로 하는 한국 최초의 근대 병원인 광혜원(제중원)이 1885년 4월에 개원되었다. 선교사 알렌이 정부병원의 고관이 되고 고종의 시의가 되자, 미국 개신교 선교의 문이 열렸다. 한편 1882년 임오군란 때 군사령관 북양대신 리훙장(李鴻章, 1823-1901)이 파견한 우창칭(吳長慶)·마젠중(馬建忠) 장군의 부대 4,500여 명의 일원으로 서울에 온 위안스카이(袁世凱, 1859-1916)는 흥선대원군을 톈진에 압송하고 통상대신(通商大臣)으로 주둔하면서, 1884년에 친일 갑신정변을 진압하는 공을 세우고 총판조선상무위원 진수당(陳樹棠)의 후임으로 25세에 주찰조선총리교섭통상사의(駐紮朝鮮總理交涉通商事宜)가 되어 총영사급 조선 주둔군 대장이 되었다. 위안스카이는 1894년에 청일전쟁이 일어날 때까지 한성 방위 책임자로 주둔하면서 총독처럼 행세하며 내정 간섭을 일삼았다. 그는 용산·인천·부산·원산에 중국인 경찰과 군인을 배치하여 중국 상인들을 지원했다.

**[그림 3] "射猪斬羊圖", 天下第一傷心人, 「辟邪紀實」(1861, 1871), 13圖**
1891년 경에 유포된 周漢, 『謹遵聖諭辟邪全圖』는 채색화로 표현했다.
[Biblioteca Apostolica Vaticana; British Museum 소장]

조선 정국이 개화파와 수구파 간의 대결로 치열해질 때, 위안스카이의 지원을 받은 수구파 한국 양반 관리들은 서울에 들어오는 서구 선교사들의 영향을 억제하기 위해 중국의 반기독교 서적을 수입했다. 가장 악명 높은 반기독교 서적의 하나인 『辟邪紀實』은 1886년부터 서울에 반포되었다. 1870년에 발생한 톈진 대학살 때 한 개의 천주교 성당과 4개의 영미 교회가 불탔고, 2명의 프랑스 영사관 관리와 2명의 라자로회(Lazarists) 프랑스인 사제와 약 40명의 중국인 기독교인이 사망했다. 이 사건 때 사용된 『辟邪紀實』은 익명의 중국인 지방 관리가 쓴 책으로서 기독교의 가르침과 활동을 공격하고 기독교라는 전염병을 중국에서 박멸해야 한다고 주장했다.

책에 실린 삽화는 대중을 선동하기 위해 풍자적으로 그려졌다. 이 책은 중국인들을 자극하여 기독교 문서를 불태우고 서구 선교사들과 중국 기독교인들을 죽이라고 선전했다. 이 소책자는 서양 선교사들을 꿀꿀거리는 하늘의 멧돼지(天猪)인 예수(耶穌)를 숭배하는, 긴 뿔을 가진 염소 머리를 한 반인반수인 서양 염소(西羊)로 그리고, 임산부로부터 태아를 꺼내고, 죽어가는 개종자의 눈알을 빼내어 쓰고, 중국인 여자들을 겁탈하는 양귀(洋鬼)로 묘사했다.[71] 소책자의 가장 악의적이고 불길한 목판화는 [그림 3]의 "射猪斬羊圖"로 돼지를 처형하고 양의 목을 베는 그림이다. 지방관이 두 명의 궁수에게 십자가에 못 박힌 돼지(耶穌)의 몸에 만 개의 화살을 쏘아 처형하여 요사한 귀신이 다시는 꿀꿀거리지 못하게 하라고 명령하고, 또 다른 망나니에게는 가슴에 '西' 글자를 붙인, 염소(양) 머리를 한 서양인 선교사 3명의 목을 한 칼에 잘라 처단하되 그 짐승들에게 귀신이 되어 돌아오고 싶은지 물어보라고 명령하고 있다. 예수를 십자가에 못 박힌 돼지로 상징한 것은 중국에서 십자가에 대한 부정적인 이미지의 정점이었다.

이 책은 미국 선교사들이 서울에서 일하기 시작했을 때 한국에 유포되었고, 1888년 영아소동의 원인이 되었다. 폭동 당시 제중원 의사인 헤론이 쓴 편지를 보자.

믿을 만한 소식통에 따르면, 중국에서는 금서가 된 중국인이 저술한 책 『辟邪

71 Paul Cohen, *China and Christianity: The Missionary Movement and the Growth of Chinese Antiforeignism, 1860–1870* (Cambridge, Mass.: Harvard University Press, 1963), 45-60. 중국에서 로마 가톨릭은 '天主教'(Tian-zhu-jiao)로 불렸는데, 그 발음에서 '주지아오'는 돼지가 꿀꿀거리는 '주지아오'(猪叫)의 발음과 유사했다. 그래서 천주교를 싫어하는 중국인들은 로마 가톨릭을 天'主教' 대신 天'猪叫'로 불렀고, 그들이 섬기는 예수도 '天猪'로 불렀다(Anthony E. Clark, "Early Modern Chinese Reactions to Western Missionary Iconography," 6).

紀實』(*A Death Blow to Corrupt Doctrines*)이 이곳에서 유포되어 왔습니다. 나는 그것을 본 적도 없고 본 사람도 만나지 못했지만, 그것이 사실이라고 생각합니다. 십중팔구 귀하께서는 이 책에 대해 알고 계실 것입니다. 이 책은 약 17-18년 전에 톈진 대학살을 일으킨 것으로 알려져 있습니다. 의심할 여지없이 이것이 한국인들을 자극해 불을 질렀고, 정부가 취한 첫 번째 조치가 기름을 부었습니다.[72]

보수적인 유학자들이 반기독교 한문 서적을 수입하여 서양 선교사를 반대하는 선동에 사용했다. 『辟邪紀實』에 수록된 "매우 혐오스러운 외설과 가장 천박하게 와전되고 허위로 가득 찬 삽화들"[73]은 일반 한국인의 반기독교 감정과 반외국인 감정을 불러일으켰다.

1886년 언더우드가 정동에 소년 고아원을 설립한 후 고아 몇 명이 사라지자 "소년들을 미국에 노예로 보낼 것"이라거나 "살지게 먹여서 잡아먹을 것"이라는 소문이 나기 시작했다. 1888년 6월 서울에서 몇 명의 어린이가 실종되자, 프랑스 공사관에서 일하던 한 청년이 외국인들이 아이들을 잡아먹는 것을 보았다고 거짓말을 퍼트리고 잠적했다. 소문은 순식간에 장안에 퍼졌다. 나중에 밝혀졌지만 사실은 중국인 인신매매상에게 노예로 팔기 위해 유괴한 것이었다. 그러나 "선교사들이 가장 좋아하는 음식은 아이들을 통째로 구운 것이다", "아이들을 죽이기 전에 지하실로 데리고 가서 마약과 사진기를 만들기 위해 눈과 혀를 뽑는다", "그 마약을 몰래 차나 음식에 넣는데 그것을 마시거나 먹으면 마음이 변해서 예수교를 믿지 않을

---

72 John W. Heron to Frank F. Ellinwood, August 27, 1886. 벽사기실의 영역본은 1870년 *A Death Blow to Corrupt Doctrines*로 출간되어 선교사계에 널리 읽혔다.

73 Henry W. Blodget to N. G. Clark, October 24, 1870, John King Fairbank, ed., *Chinese Thought and Institutions* (Chicago: University of Chicago Press, 1957), 502.

수 없다"는 악성 소문이 눈덩이처럼 불어났다. 구리개 제중원 수술실에서 의사들이 아이의 혀와 눈을 빼어 약을 만든다는 유언비어가 나돌았다.[74]

흉흉한 분위기 속에 외국인 집에서 일하던 한국인 하인들이 사라졌다. 외국인 거주지를 공격하고 주택 방화와 외국인 살해를 계획하는 한국인도 있었다. 호턴 의사(곧 언더우드 부인이 됨)는 제중원에서 돌아오는 길에 살해 위협도 받았다. 군중들은 두 차례나 스크랜턴 여사의 집 대문 주위에 모여 하인들을 죽이겠다고 위협했다. 이화학당에서는 학생들을 일단 집으로 돌려보냈다. 선교사들은 공사관의 지시에 따라 제물포로 갈 준비를 했다. 얼마 후 어린이를 납치하여 중국인 상인에게 팔려고 시도한 한국인이 체포되었다. 그런데 한 정신병자가 아이를 선교사에게 팔았다고 주장했다. 관청에 가서 판사에게 재판을 받기 전 군중들이 그를 끌고 갔고 그는 길에서 돌에 맞아 죽었다. 3일 후 그의 시체는 시궁창에서 발견되었다. 영아소동에 대해 언더우드 부인은 뒷날 친대원군 보수파가 민비의 개화파를 파멸시키기 위해 획책한 의도적인 소요로 해석했다.[75]

조선 정부는 사태 발생의 근본 원인을 선교사들이 조약을 어기고 기독교 전도에 종사하기 때문이라고 보고 기독교 선교를 중단해줄 것을 요구했다. 미국 공사 딘스모어(Hugh A. Dinsmore)는 일단 선교사들에게 선교 중단을 명령하는 회람서신을 발송했다. 그는 다음 사실을 주지시켰다. "한국인들에게 우리의 종교를 가르치는 것은 조약 상 허락되어 있지 않으며, 본 공사관은 여러분이 한국 정부가 허가하지 않은 어떠한 방법도 사용하지 않기를 기대한다고 말하지 않을 수 없다. 이 명령을 준수하는 것은 미국의 이

---

74 L. H. Underwood, *Fifteen Years Among the Top-knots, or Life in Korea* (New York: American Tract Society, 1904), 15-16.

75 L. H. Underwood, *Underwood of Korea* (New York: Revell, 1918), 74.

익 보호와 우리 국민의 안전에 중요하다."[76] 동시에 딘스모어는 6월 18일에 한국 정부에도 미국 시민의 안전을 보장해줄 것을 강력히 요구하고, 유언비어로 인해 외국인들이 위험하므로 정부가 성 안팎에 방을 붙이고 그것이 헛소문이라고 알릴 것을 요청했다.

> 쇼셜이 갑자기 나기를 外國人들이 어린 아희들을 자바다가 살마 먹고 쪄 먹는다고 空然헌 소문이 나미 이 쇼셜 탄평헐 계교를 告達허옵나이다. 이 虛헌 소문으로 허여금 外國人들이 잇기가 위틱허오며, 쏘는 外國人들과 일노허여 朝鮮政府가 괴로울가 허옵나이다. 貴督辦과 여러 有智 官人들은 이 쇼셜이 허탄허고 미들 거시 아닌 쥴 아실 듯허옵기에 告達허옵나니, 그즁 노픈 政府로셔 榜을 만들어 官印을 盖之허여 各處며 城外재진 부치사 이 쇼셜 올치 아니허믈 이릅쇼셔. 貴督辦계셔 이 일에 아른 쳬 허시면 쇼셜이 읍슬 듯허외다.[77]

정부의 조치가 미진하자 각국 공사들은 항의했다. 고종은 6월 19일 형조와 한성부와 좌우 포도청에 유아 유괴범이나 유언비어 날조자를 체포하여 사형에 처하도록 교지를 내리고, 한문과 한글로 쓴 방을 붙이도록 지시했다. 각국 공사들은 제물포에 대기하던 해군 병력을 서울로 불러 공사관에 배치하는 무력시위를 했다. 이러한 정부의 강력한 단속과 외국 공사관의 개입으로 소동은 6주일 만에 가라앉았다. 폭동 후 미국 선교사들은 한국에서의 집행유예 기간이 지났다고 느꼈다. 영아 소동은 미국 시민인 선교사들을 1882년의 한미조약뿐만 아니라 미국 공사관과 군대의 보호를 받는 양대인(洋大人)으로 알리는 기회를 제공했다. 서양 기독교에 대한 양반 계층의 지

---

76 "The Korean Outbreak," *Times* (Philadelphia), August 6, 1888.

77 『舊韓國外交文書, 美案 1』, 365-366; 김원모, 『알렌의 日記』, 129.

적인 적대감은 비록 중국에 비해 작은 규모였지만, 미국 선교사들에 대한 대중의 폭동으로 발전했다. 요컨대 1880년대까지 기독교의 십자가 형상은 한국 종교 문화와 아무런 접촉점도 가지고 있지 않았다.

### 3. 개신교의 붉은 십자기와 암호 해독

천주교 십자고상과 달리 북미 선교사들과 한국 기독교인들의 개신교 십자가에 대한 새로운 상징적 해석은 개신교의 전파를 촉진시켰다. 먼저 게일은 번연의 『텬로력뎡』(1895)을 번역 출판하면서 한국화 목판화를 이용했는데, 그는 십자가의 새로운 이미지를 제시했다. 둘째, 1894-1905년 10년 동안 발생한 동학전쟁, 청일전쟁, 러일전쟁으로 인해 말세적 위기 상황이 발생했고, 이때 기독교 십자가에 대한 새로운 해석학적 수사학이 등장할 수 있는 비옥한 종교 공간이 마련되었다. 전쟁 기간 동안 정감록의 십승지지에 대한 기독교적 파자 풀이는 십자가의 천년왕국적 의미를 제공했다. 셋째, 말세에 피난할 구원의 방도와 장소로서의 십자가와 교회에 대한 파자적 이해와 관련하여, 붉은 십자기가 중요한 역할을 했다. 1894년 12월 황해도 소래교회에 게양한 맥켄지(William MacKenzie) 목사의 성 게오르기우스 십자기는 그의 국적인 잉글랜드 국기로 서구 선교사의 치외법권을 상징했지만 그 기에는 동시에 "구세교회"라는 네 글자를 적어 놓았는데, 마을 사람들이 그 깃발 아래 재산과 생명을 보호하려고 시도하면서 성 게오르기우스 십자기는 황해 남부, 경기 북부, 강원 북부 지방에 큰 기근이 닥쳤을 때 많은 교회들이 교회 마당에 깃대를 설치하고 교회를 십승지지의 피난처요, 십자가를 궁궁을을의 구원의 방도로 이해하는 새로운 의미를 가진 깃발이 되었다.

[그림 4] 「셩경도셜」(1893)의 삽화　　[그림 5] 「셩경도셜」(1893)의 삽화

[숭실대학교 기독교박물관 소장]

1892년에 발간된 한글판 『셩경도셜』(*The Bible Picture Book*)은 중국 푸초우의 사이트(Sarah M. Sites, 1842-1912, Nathan Sites 목사의 아내)가 저술한 한문 서적을 번역한 것인데, 80개의 삽화가 들어가 있다. 미국 북감리회 여성해외선교부 소속의 독일계 미국인 선교사로서 서울의 이화학당 교사로 일하던 로스와일러(Luisa C. Rothweiler) 양은 이 책을 한국어로 번역하여 예수와 사도들의 이미지를 대중화했다. [그림 4]에서 무거운 십자가를 진 예수는 머리가 긴 앵글로색슨 청년으로 그려져 있다. 또한 [그림 5]에서 십자가에 못 박힌 예수의 장면은 종교개혁 이후 유행한 전형적인 서양식 그림으로, 고통 받는 예수와 함께 두 강도와 십자가 아래서 통곡하는 여인들을 묘사한다. 한국어 설명은 "예수 십자틀 진 일"과 "예수 십자틀에 못질함 받은 일"이다. 비신자들은 이 그림을 보았을 때 [그림 1]과 [그림 2]에서 묘사했듯이 범죄자의 처형 장면으로 생각했을 것이다.

### 천로역정과 십자가의 새 이미지

1895년에 게일이 번연(John Bunyan, 1628-88)의 *The Pilgrim's Progress*(1678)를 번역한 한글판 『텬로력뎡』을 출판하면서 한국 민화를 삽화로 채택할 때 십자가 형상에 대한 새로운 해석이 시작되었다. 빈턴(C. C. Vinton) 의사는 서평에서 한국화로 그린 삽화를 높이 평가했다. "예술적으로 그것들은 잘 그려졌다. 해부학적으로 인물들은 최고의 한국화들보다 훨씬 뛰어나다. 의도한 인물들이 외국인이 아닌 한국인으로 표상되어 있기 때문에 독자들이 특별히 잘 수용한다."[78] 이 책은 십자가에 못 박힌 예수의 구속적인 죽음에 대한 복음적 교리뿐만 아니라 십자가에 대한 한국적 이미지를 제시했다. 『셩경도셜』에서 보았던 서구적 화풍은 [그림 10]에서 보듯이 몇 년 만에 완전히 한국적 화풍으로 바뀌었다. 한문본과 일본어본에서 보듯이 선교사들은 기독교의 이미지와 교리를 전파하기 위해서 신속하게 그것들을 토착화했는데, 한글본도 예외는 아니었다.

[그림 6] Bunyan, *The Pilgrim's Progress,* 1757년[79]

78 C. C. Vinton, "Literary Department," *KR* 3 (January 1896): 39.

79 John Bunyan, *The Pilgrim's Progress* (Paisley: A. Weir and A. M'Lean, 1772, 51st edition), 40.

[그림 7] Burns 역, 「天路歷程 官話」, 1852년
[National Library of Australia 소장]

[그림 8] 佐藤喜峰 역, 「意訳天路歷程」, 1879년[80]
[UCLA Library 소장]

[그림 9] Maguire, *The Pilgrim's Progress*, 1863년[81]

[그림 10] Gale, 「텬로력뎡」, 1895년[82]

---

80 John Bunyan, 『天路歷程意譯, 佐藤喜峰 編譯』(東京: 十字屋書, 1881).

81 John Bunyan, *The Pilgrim's Progress, with notes by the Rev. Robert Maguire, illustrated by H. C. Selous, Esq. and M. Paolo Priolo* (London: Cassell, Petter, and Galpin, 1863), 73.

82 John Bunyan, 『텬로력뎡』, James S. Gale 역 (서울: 韓美華活版所, 1895), 38b.

학자인 이창직(李昌稙, 1866-1936)이 1889년부터 1927년까지 게일의 어학 교사 겸 문학 조사로 번역을 도왔다. 게일은 1892년 4월에 헤론 부인과 결혼했다. 게일 부부는 원산에서 번즈(William Burns)의 한문본 『天路歷程』(1852)을 이창직의 도움을 받아가면서 한글로 번역했다. 이창직은 기독교 복음에 대한 이해를 심화했고, 책을 번역하는 동안 악한 욕망에 대한 영적 저항을 강화하려고 노력했다.

게일은 1889년 부산에서 사역할 때부터 알았던 김준근(箕山[기산] 金俊根)에게 삽화를 부탁했다. 김준근은 부산과 원산 등 개항장에서 외국인들에게 한국 민화(풍속화)를 팔던 화가였다. 그는 노련한 상업 작가로서 한국화의 전통 기법과 서양화의 원근법을 결합했다. 그의 작품은 외국인에게 잘 팔렸지만, 동시에 한국인들에게도 잘 수용되었다.[83] 따라서 게일의 천로역정에서 한글 본문은 저본인 번즈의 한문본의 영향을 받았지만, 삽화 42개는 서양식 원근법이 일부 들어가 있는 한국의 민화풍이었다.

천로역정의 중·일·한 첫 판본에서 기독자가 십자가 앞에서 죄 짐을 벗는 모습을 비교해보자. 세 가지 판본은 기독자를 각각 글을 아는 만주족 농부, 일본인 사무라이, 한국인 농부로 표현하면서 고유한 본토 화풍을 사용하고 있다. 번즈(William Chalmers Burns, 賓惠廉[빈혜렴], 1815-1866)의 한문본(1852년)에 있는 [그림 7]은 약간 서구적인 스타일과 원근법을 채택했다.[84] 그러나 다른 판본과 달리 특이하게 십자가를 왼쪽으로 배치했다. 한문본과 일본어본은 기독자가 죄 짐을 벗고 해방된 기쁨보다는 십자가를 우러러 보며 기도하는 내적 성찰을 강조한다. 사실 사토 요시미네(佐藤喜峰)의 일본어판(1879년)의 [그림 8]은 십자가를 거의 생략하고 가파른 경사에 기도하는

83 신선영, "기산 김준근 풍속화에 관한 연구", 「미술사학」(2006년 8월): 105-141; 정형호, "기산 김준근의 풍속화에 나타난 민속적 특징", 「중앙민속학」(2008년 2월): 179-223.

84 William Burns 역, 『天路歷程 官話』(上海: 美華書館, 1852).

칼을 찬 사무라이 기독자를 배치함으로써 마음의 평화보다는 기독자의 내면의 긴장과 갈등을 드러내고 있다.[85]

반면에 게일의 한글판(1895년)은 [그림 10]에서 보듯이, 기독자가 무거운 죄 짐을 벗고 두 천사가 그에게 흰 옷을 입혀주는 모습을 보여준다.[86] 그림의 구도는 1863년에 맥과이어(Robert Maguire, 1826-90) 목사가 쓴 영어본에 나오는 셀러스(Henry C. Selous, 1803-90)가 그린 [그림 9]와 유사하다. 게일의 한글판의 일부 삽화는 맥과이어의 영문판 삽화와 비슷한데, 아마도 게일이 김준근에게 그 책을 주고 참고하도록 한 듯하다. 게일은 십자가, 기독자, 천사의 삼중적인 상호 작용을 강조했기 때문에 셀러스의 삽화를 선택했을 수도 있다. 김준근은 셀러스의 그림에서 배경을 단순화하고, 천사를 2명으로 줄였으며, 십자가에서 오래된 덩굴을 제거하고 좀 더 깨끗한 형태로 제시했다. 한문과 일본어 역본의 삽화는 개인주의적이고 교리 지향적이지만, 게일의 한글 역본은 관계적이고 이야기 지향적이다. [그림 10]에서 기독자를 만지는 천사는 그 의상이나 모습이 영문판과 달리 불교의 보살이나 도교의 선녀와 유사하다. 번연의 원래 그림에서는 세 명의 천사가 옆에 따로 서 있고, 십자가의 어두운 뒷면이 강조되면서 그 아래 두개골이 뒹굴고 있어 음산한 분위기를 풍긴다. 김준근은 셀러스의 삽화를 채택했지만 천사를 한국식으로 표현했다. 곧 게일은 여러 영어 역본 삽화 중에서 신학적으로 선호하는 그림을 선택한 후 이를 김준근에게 한국의 민화 양식으로 표현하게 함으로써 기독교를 토착화하는 좋은 예를 만들었고, 한국인

---

85 佐藤喜峰 訳, 『意訳 天路歴程 』(東京: 十字屋書舗, 1879).

86 James S. Gale 역, 『텬로력뎡』(서울: 대한셩교셔회, 1895). 『텬로력뎡』이 출판되었을 때, *Korean Repository*는 이를 "지금까지 외국인이 본토어 인쇄물 시장에 내어놓은 가장 훌륭한 예술 작품이며, 한국 민족이 이용할 수 있는 작품 가운데 표준적 문학을 향한 가장 주목할 만한 출판물"이라고 칭찬했다(C. C. Vinton, "Literary Department," *KR* [September 1896]: 377).

독자들로 하여금 좀 더 친근하게 기독교 문학에 접근할 수 있도록 했다.

문제가 되는 것은 [그림 10]에서 십자가의 이미지였다. 빈 십자가는 이제 한국인 독자들에게 처음으로 무거운 죄 짐을 벗는 대속의 장소로, 친밀한 천사의 도움을 통해 의인으로서 중생하는 곳으로 제시되었다. 천주교의 십자고상과 달리 개신교의 십자가는 단순하고 비어 있었다. 그곳에는 옷을 벗긴 채 십자가에 못 박혀 피흘리는 무섭고 낯선 예수의 모습은 없었다. 또한 일본어판의 사무라이와 달리 게일의 한국인 기독자는 전도의 주 대상인 평민(농민)이었다. 십자가는 한국의 모든 사람이 접근할 수 있다는 인상을 주었다. 더욱이 십자가 앞에서 농부와 불교의 보살이나 도교의 선녀와 닮은 눈에 익숙한 천사들이 공존함으로써, 한국 종교 문화를 수용한 기독교의 모습을 제시했다. 이 상호 공존성은 책의 마지막 삽화인 "천국에 들어가다"에서도 볼 수 있다. 천국은 장생불사하는 선인들이 노래하고 피리를 연주하는 도교의 낙원이나 불교의 천당처럼 보였다. 그 구도와 주제는 셀러스의 그림과 번연의 본문에서 유래했지만, 한국인 독자들은 전통종교와 통합된 한국화된 기독교의 천국을 상상할 수 있었다. 번즈의 한문본이나 요시미네의 일본어본에 나오는 천국 이미지는 상당히 서구적이지만, 게일의 한글본 천국은 한국의 전통 종교적인 요소가 강했다.

이 한국화된 십자가와 천국의 이미지를 담은 천로역정이 초기 한국인 개종자들 사이에서 반포되기 시작했고 베스트셀러가 되었다. 이들은 북미 선교사의 실용주의적이고 청중 중심의 복음주의 개신교의 경계 안에 머물면서, 동시에 기독교 교리를 자신들의 눈으로 해석했다. 대표적인 초기 한국인 신학자인 길선주와 최병헌은 『천로역정』에 영향을 받아 이 세상에서 천국으로 가는 기독자의 순례 이야기를 책으로 썼다. 길선주의 『해타론』(懈惰論, 1905)은 천로역정을 단순화시킨 계몽적인 한글 소설이었고, 최병헌의 『성산명경』(聖山明鏡, 1909)은 꿈속에서 기독교 전도자가 도교, 불교, 유교의 대표자를 만나 종교 간 대화를 나누고 개종시키는 우화적 신소설이었는데, 이 소설은 한국판 천로역정으로 평가받았다.

### 정감록 예언의 기독교적 풀이, 1895-1905

교회에 들어오기 전에 정감록을 신봉했던 일부 한국인 기독교인들에게는 십자가가 그 책의 수수께끼 같은 예언 문구들을 해독하는 열쇠가 되었다. 한문 상형문자인 十은 십자가의 모양뿐만 아니라 숫자 10을 나타낸다. 따라서 개신교의 빈 십자가는 파자 해석법을 통해 정감록의 십승지지와 쉽게 연결되었다. 새로운 해석을 논의하기 전에 이 파자 해독 방법을 간단히 역사적으로 검토해보자.

한국에서 파자(破字)는 풍수도참 예언을 해석할 때, 특히 왕조 교체기에 등장하는 예언을 해석하는 전통적인 방법으로 사용되어왔다. 예를 들면 이자겸(李資謙, ?-1126)은 "十八子爲王"(십팔자위왕, 李가 왕이 된다)의 예언을 믿고 반란을 일으켰으며, 사림파의 개혁자 조광조(趙光祖, 1482-1519)는 과감한 개혁으로 반대파의 미움을 사서 "走肖爲王"(주초위왕, 趙가 왕이 된다)이라는 조작된 참위와 함께 중종과 무관 세력에 의해 처형되었다.

기근, 전쟁, 전염병과 같은 큰 환난 후에 조선 이 씨 왕조가 망하고 정 씨 왕조가 창건된다고 예언한 정감록은 18세기부터 민간에 널리 퍼졌다. 정감록은 국가적 위기 때 십승지지와 궁궁을을이 피난처가 된다고 예언했다. 앞에서 언급했듯이 일부 신자들이 천주교에 가입했지만 환란기 피난에 대한 예언의 핵심 암호 구절인 '십승지지'와 '궁궁을을'에 대한 새로운 해석은 창출하지 못했다. 풍수도참 예언에 관심을 둔 소수 민간 종교인들

은 이 구절을 풀어보기 위해 갖은 노력을 기울였다.[87]

한국의 신종교인 동학은 이 용어들을 적극 활용했다. 교주 최제우는 1861년에 쓴 "布德文"(포덕문)에서 "胸藏不死之藥 弓乙其形"(흉장불사지약 궁을기형)이라 하여 사람 마음속에 있는 불사의 약, 곧 하늘의 지기(至氣)인 신령의 형태를 궁을로 인식했다.[88] 그는 사람들이 삼재팔난(三災八難)을 피할 수 있는 십승지지와 궁궁촌을 찾아 떠도는 것을 보았다. "풍편에 뜨인 자도 혹은 궁궁촌 찾아가고 혹은 만첩산중 들어가고 혹은 서학에 입도해서 각자위심 하는 말이 내 옳고 네 그르지."[89] 최제우는 궁을십승가(弓乙十勝歌)를 지었고,[90] 궁궁을을의 네 글자로 종이에 '弱'을 그려 부적을 만든 다음 가난하고 약(弱)한 병자들에게 약(藥)으로 주어 부적을 태운 재로 정화수에 타서 마시게 했다. 사람들은 탐관오리뿐만 아니라 기근과 함께 유행하는 콜레라와 천연두로 고통 받고 있었다. 동학은 1870-80년대에 가난한 농촌에서 급성장했다. 동아시아 전통에서 궁예(弓裔, 857-918)와 같은 반란을 일으킨 정치 지도자들은 불교의 말세론에 등장하는 미래불인 미륵불에 대한 사람들의 믿음을 새로운 왕조에 대한 천년왕국적 상상력으로 전환시켰다. 최제우의 개벽론은 불교의 미륵불 사상과 정감록의 왕조 교체에 대한 풍수도참적 예언에 천주교의 종말론을 통합한 메시아왕국설로, 현실의 문제는 도교의 부적이라는 기적적 방법을 이용하여 타개하되 그 내용은 민간신앙인 정

---

87 1933년 무라야마 지준(村山智順)은 弓弓乙乙의 네 글자를 조합해서 '弱'으로 풀이하고 약자들이 국가적 위기에서 살아남는다는 뜻으로 해석했다. 그는 정감록에 있는 조선 왕조의 멸망에 대한 예언을 강조함으로써 일본의 조선 식민지화를 정당화하고, 한국인의 독립운동을 비판했다(村山智順, 『朝鮮의 占卜과 預言』, 543-544, 558-571).

88 布德文은 『東經大全』의 제1장이 되었다.

89 "몽중노소문답가", 『용담유사』(1881).

90 그 내용은 이재궁궁(利在弓弓)과 십승지지의 뜻을 제대로 시행하기 위해서는 동학의 사문(師門)에서 전수심법(傳授心法)을 받아 수심정기(修心正氣) 공부를 해야 한다는 것이다.

감록의 십승지지와 궁궁을을의 문구를 이용했다.[91]

버크넬과 비언은 최제우가 제작한 신령한 영부(靈符)가 [그림 11]처럼 한자 '弱'의 절반과 비슷할 것으로 추정했다.[92] 그러나 두 문자 弓乙보다 네 개의 문자 弓弓乙乙을 조합하는 게 더 타당할 것이다. 문자 弱의 절반과 다른 쪽 절반을 대칭으로 배치해서 균형을 이루는 것이 부적의 전형적인 디자인이었다. 이 경우 최제우의 부적은 문자 亞 모양에서 아래쪽 각 모서리에 乙을 상징하는 짧은 수평선 두 개를 넣은 형태가 된다. 이를 단순화하면 [그림 12]처럼 될 것이다.

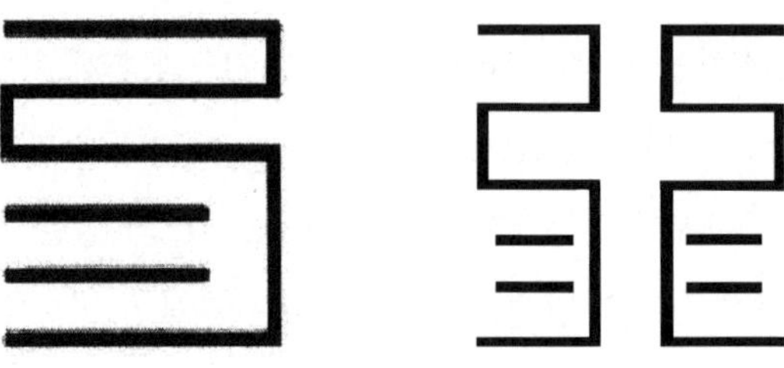

[그림 11] Bucknell and Beirne의 영부 [그림 12] 옥성득의 영부

91 동학은 정감록의 왕조 교체 시나리오, 곧 송악(개성)에 고려 왕 씨 왕조, 한양(서울)에 조선 이 씨 왕조, 이어서 계룡산에 정 씨 왕조, 가야산에 조 씨 왕조, 마지막으로 칠산에 범 씨 왕조가 도읍한다는 예언을 수용했다. 동학의 천년왕국설은 지상의 신천신지 '개벽'을 상상했다. 천주교는 아우구스티누스의 역사 모델에 근거한 종말론에서 예수 그리스도의 재림 이전에 세계가 점진적으로 개선될 것으로 예상했는데, 이는 20세기 초 개신교의 자유주의 신학의 후천년설과 유사했다. 반면 최제우의 종말론은 구약의 예언자들의 종말론과 유사했는데, 예언자들은 이스라엘이 민족적으로 갱신되기 전에 하나님의 도구인 적국에 의해 먼저 망하고 포로가 될 것이라고 예언했다. 참고. Hong Suhn-Kyoung, "Tonghak in the Context of Korean Modernization," *Review of Religious Research* (Autumn 1968): 48-49.

92 Roderick S. Bucknell and Paul Beirne, "In Search of Yŏngbu: The Lost Talisman of Korea's Tonghak Religion," *Review of Korean Studies* (2001): 201-222.

이 영부의 디자인은 전통적인 유교 장례식에서 양반이나 왕실의 상여 행렬에 등장하던 부채인 불삽(黻翣)이나, 관을 싸는 천이나, 회광묘에 그리던 불삽의 문양과 비슷했다. 운삽(雲翣)이나 불삽과 같은 부채는 고대에 시체에 그늘을 만들고 열을 식히고 악령을 물리치기 위해 사용했다. 다음 [그림 13]은 조선 왕실이 사용한 공식적인 불삽 디자인들의 예이다.[93] 불(弜) 글자가 아(亞) 글자와 유사하기 때문에 아삽으로도 불렸다. 마지막 불삽은 대한제국이 수립된 후 첫 국장이었던 1897년 11월 명성황후의 장례식에 사용되었는데, [그림 14]에서 보듯이 상여 위 검은 덮개 부분에도 사방에 홍색 불(弜)자를 그렸다.[94] [사진 8]의 1911년 엄순헌황귀비 엄 씨 장례식 행렬처럼, 흑색으로 그린 불삽이 왕실 장례식에 널리 사용되었기 때문에 십자형 弜의 상징은 왕의 죽음이나 왕조의 위기와 쉽게 연결될 수 있었다. 동학의 영부가 이를 궁궁을을 형상으로 사용하면서 민간에 종교적 상징으로 널리 알려졌기 때문에, 기독교의 붉은 십자기를 보았을 때 큰 어려움 없이 연상 작용이 일어났을 것으로 짐작된다.[95]

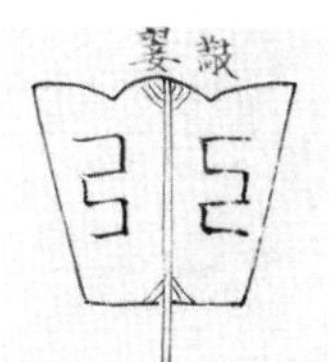

**[그림 13] 조선 왕실이 사용한 불삽**

---

93 이승해·안보현, "조선시대 회벽 회광묘 출토 삽에 대한 고찰", 「문화재」(2008년 12월): 49.

94 박계리, "이화여자대학교박물관 소장 〈명성황후발인반차도〉 연구", 「美術史論壇」(2012년 12월): 95.

95 강희남은 불삽의 불(弜)이 7세기 중국 경교의 십자가에서 유래했다고 추측했다(강희남, "운삽이 가지는 의의", 「기독교사상」[1968년 7월]: 144-146). 그러나 아직까지 이를 뒷받침하는 증거는 발견되지 않았다(이승해·안보현, 위의 논문, 51).

[그림 14] 明成皇后發靷班次圖, 大輿, 1897년
[이화여자대학교박물관 소장]

[사진 8] 순헌황귀비 엄 씨 장례 행렬, 1911년[96]

96 *Illustrated London News* (Dec. 16, 1911), cover.

한국 고유의 풍수도참적 예언 전통에 심취하던 일부 한국인 지식인들이 기독교로 개종하면서 정감록에 대한 기독교적인 해석을 창출했다. 강화도 감리교인인 김상임(金商任, 1847-1902)도 그중 한 명이었다. 그는 강화도 교항의 보수적인 양반 학자였다. 그는 여러 차례 과거 시험에 낙방했으나 1887년 40세 때 초시(初試)에 통과했다. 그는 교항동에 서당을 차리고 교사가 되었는데, 주역과 정감록을 읽었으나, 정감록의 십승지지의 의미를 알 수 없었다. 1893년에 본처전도인 이승환의 전도를 받고 성경을 공부한 후, 김 초시는 "십자가의 도가 십승지지"라고 믿고 개종하기로 결심했다.[97] 그는 1894년 8월에 존스(G. H. Jones) 목사로부터 세례를 받았는데, 강화도 첫 양반의 개종이라 문중에서는 큰 문제가 되었으나 섬 주민들이 기독교에 큰 관심을 가지는 계기가 되었다. 김 초시의 지도하에 곧 교항교회가 조직되었다. 그는 서울 동대문감리교회 학교에서 1년간 가르친 후 강화도에서 본처전도인으로 일했다. 1898년 1월, 믿은 지 두 해 만에 고 씨 부인이 71세로 사망했을 때, "십자가로 형제됨을 표하려고 십자건(十字巾)을 쓰고 부인들은 겉무명 저고리에 십자를 놓아 입었"다. 또한 "교중 예로 선산에 안장하고 묘 전에 십자패(十字牌)를 세웠으니 생시에도 주의 십자가를 자랑하시더니 사후에 육체까지라도 모든 분묘 중에 기독도 됨을 표"했다.[98] 이는 김상림의 십승지지로서의 십자가 신앙이 장례식에 토착화된 결과였다. 1902년 그가 별세했을 때에는 강화도에 많은 감리교회들이 자립하며 성장하고 있었다. 그의 회심과 십자가 신앙은 강화도에서 감리교회가 성장하는 기초가 되었다.

---

97 "김상님씨 별세하심", 「신학월보」(1902년 6월): 253-254; 이덕주 조이제, 『강화기독교 100년사 』(서울, 1994), 107; 이덕주, 『한국 토착교회 형성사 연구』(서울: 한국기독교역사연구소, 2000), 364-365.

98 "고씨 부인의 장례식", 「대한크리스도인회보」, 1898년 1월 26일.

1894년에 개종한 장로교인 이승륜은 예수 그리스도가 예언된 정도령이며 기독교가 정감록의 예언을 성취하는 종교라고 믿었다. 1904년에 러일전쟁이 시작되자 많은 사람들이 정감록에 의지하여 피난처를 찾기 위해 심산유곡을 헤매며 다녔다. 기독교인들도 그리스도의 임박한 재림을 기다리기 시작했다.[99] 이러한 맥락에서 이승륜은 청일전쟁 때 자신이 만든 십승지지와 정도령에 대한 해석을 좀 더 정교하게 다듬었다. 그는 계룡산과 다른 곳에서 십승지지를 찾고 있는 사람들의 무지를 비판하고, 한문 신약전서의 첫 단어인 마태복음 1:1의 아브라함(亞伯拉罕)의 첫 글자 아(亞)에서 십승지지와 궁궁을을의 기독교적인 의미를 찾았다. 게일이 편집장으로 있던 「그리스도신문」에 그가 기고한 글 전문을 보자.

> 제가 쥬를 밋은 지 십이년에 지금 다시 싱각ᄒᆞ오면 ᄒᆞᆫ심ᄒᆞ고 슬픈 것쁜이기로 두어 말삼으로 셜명ᄒᆞ옵ᄂᆞ이다. 우리 대한 동포들이 ᄒᆞᆼ샹 졍감록에 잇ᄂᆞᆫ 말을 밋고 계룡산과 십승지디와 궁궁을을지간과 도하디를 찻노라고 츙쳥도와 경샹도와 함경도와 젼라도로 ᄃᆞᆫ니ᄂᆞᆫ 이가 만흐되 차졋다ᄂᆞᆫ 사ᄅᆞᆷ은 ᄒᆞ나도 업스니 이런 사ᄅᆞᆷ은 비유컨ᄃᆡ 쓰고 못보ᄂᆞᆫ 올밤이오 보고 못보ᄂᆞᆫ 쳥밍관이니 엇지 답답ᄒᆞ고 한심치 아니ᄒᆞ리오. 하ᄂᆞ님ᄭᅴ셔 셩경을 이 어두온 셰샹에 주시샤 우리나라ᄭᆞ지 드러온 지가 이십년이 되엿ᄂᆞᆫ지라. 우리가 마태복음 일장 일졀에 아빅납한이라 ᄒᆞᄂᆞᆫ 글ᄌᆞ를 보면 십승지디라ᄂᆞᆫ 십ᄌᆞ와 궁궁을을 ᄌᆞ가 겸비ᄒᆞ엿ᄂᆞᆫ지라. 버금 아ᄌᆞ 가온ᄃᆡ 흰 획은 열십ᄌᆞ가 분명ᄒᆞ니 쥬의 십ᄌᆞ가를 밋ᄂᆞᆫ 곳마다 십승지디가 될 거시오, 버금 아ᄌᆞ 좌우 획을 보면 궁궁을을 ᄌᆞ가 분명ᄒᆞ니 셩경을 궁구ᄒᆞᆯ 것이오, 정도녕이라 ᄒᆞᆫ은 바를 졍[正]ᄌᆞ와 길 도[道]자와 평안 녕(寧)ᄌᆞ이오니, 이ᄂᆞᆫ 졍도로 살면 편안ᄒᆞ다ᄂᆞᆫ 말이오. 쏘도하지라ᄂᆞᆫ 뜻도

99 Cyril Ross, "Personal Report of Rev. Cyril Ross, September 1903," *KF* (May 1904): 176.

> 되오니 이는 하느님씌셔 정감으로 ᄒᆞ여곰 쥬의 십ᄌᆞ가 도리를 미리 빅셩의게 알게 홈이라. 우리 쥬를 밋지 아니ᄒᆞ는 형뎨들은 십승지디와 도하지를 차즈려 둔니지 마시고 우리 쥬 십ᄌᆞ가 압흐로 나아오시면 곳 십승지디가 될 터이오니 졍감록에 어리셕은 말은 다 ᄇᆞ리고 이 십ᄌᆞ가의 귀ᄒᆞᆫ 십ᄌᆞ를 길 일허ᄇᆞ린 동포들의게 널니 젼파ᄒᆞ와 이 십ᄌᆞ로 영원히 사는 길을 알게 ᄒᆞ옵시다.[100]

이승륜은 파자법을 사용하여 아브라함의 한자 이름 첫 글자인 亞 안에서 그리스도의 십자가인 十을 찾아내고, 구원의 장소인 십승지지는 십자가를 믿는 곳(=교회)이요, 구원의 방도인 궁궁을을은 십자가 형상이며, 바른 도인 예수교를 믿으면 편안해진다는 正道寧(정도녕)이 정도령이라고 해독했다. 그는 예수 그리스도의 족보에 등장하는 첫 조상인 아브라함의 첫 글자인 亞 안에서, 곧 그의 허리 안에 있는 예수 그리스도의 십자가 죽음에서 정감록의 예언이 성취된 것을 발견했다. 정감록의 십승지지는 십(십자가) + 승(승리한) + 지(땅)으로 보아 십자가가 죄를 물리치고 승리한 땅으로 풀이했다. 그는 친숙한 책인 정감록의 관점에서 한문 신약전서의 첫 단어를 해석했다. 정감록과 신약전서 두 권의 책이 만나 한국인에게 구원의 길을 보여주고 천년왕국에 대한 희망을 주는 책이 되었다. 그는 하나님께서 한국 백성들에게 십자가의 도리를 알려주기 위해서 미리 정감록을 주었다고 믿었다. 이는 정감록이 예수에게로 이끄는 '몽학선생'이 되었다는 성취론적 해석이었다.

이 해석이 중요한 것은 이 파자 해석이 한국에서 활동하는 모든 장로회와 감리회 선교회가 연합하여 1905년 9월에 조직한 대한복음주의개신교선교회공의회(The Council of the Evangelical Protestant Missions in Korea)의 공식

---

100 리승륜, "亞 버금 아ᄌᆞ 속이 십ᄌᆞ가가 됨", 「그리스도신문」, 1906년 3월 21일.

연합 신문인 「그리스도신문」에 소개되었다는 것이다. 이때 사장(편집장)은 연동장로교회의 게일(J. S. Gale, 奇一[기일]) 목사, 공무사장(부편집장)은 개성지방 감리사 무스(J. Robert Moose, 茂雅各[무아각]) 목사, 공주지방 감리사 케이블(Elmer M. Cable, 奇怡富[기이부]) 목사, 승동장로교회의 무어(S. F. Moore, 牟三悅[모삼열]) 목사였다. 이들이 한 평신도의 천재적 파자 풀이를 수용하고 게재를 허락했다. 이는 정감록에 대한 이승륜의 혁신적이면서도 지적으로 타협할 수 없는 예언 풀이가 선교사들과 한국 기독교인에게 수용되고 전국적으로 확산되었음을 의미했다. 신약으로 정감록을 독해하고, 정감록으로 신약을 풀이하는 새로운 해석학적 방법이 제공되었다. 전쟁의 해 갑오년(1894년)부터 많은 개신교 교회와 학교와 병원 마당에 붉은 십자기(예수기)가 게양되었는데, 정감록의 십승지지로서 십자가에 대한 파자적 해석이 십자기에 투영되었을 때 그 기독교 교회, 학교, 병원은 고통받는 민중의 생명과 재산을 보호하는 공간으로 인식되었다.

선교사들의 정치경제적 힘, 기독교의 구원의 메시지, 한국인의 풍수도참 예언과 연관된 기독교의 천년왕국 교리 등은 한국인들이 개신교로 개종하는 중요한 요인이 되었다. 종교적 공간으로서의 교회와 정치적 공간으로서의 교회가 통합되기 시작한 곳은 1884년에 한국인들이 설립하고 1894년부터 캐나다인 맥켄지(William J. McKenzie, 1861-1895) 목사가 사역하던 황해도 소래장로교회였다. 이 종교와 정치의 결합을 통해 우리는 초기 한국 개신교에서 예수기(붉은 십자기 혹은 성 게오르기우스 십자기)의 사용 실태와 그 중요성을 확인할 수 있다.

### 성 게오르기우스 십자기에서 예수기로

붉은 십자가가 그려진 깃발은 20세기 초 한국에서 종교, 외교, 정치, 사회적으로 다양한 의미를 가지고 있었다. 먼저 소래의 맥켄지 목사는 1894년 말 자신의 집과 소래 예배당에 붉은 십자가가 그려진 성 게오르기우스 십자기를 게양했다. 그 국기는 캐나다 선교사에 대한 영국 공사관의 보호라는 치외법권과 함께 맥켄지의 십자가와 비폭력에 대한 신학을 상징했다. 그것은 흰 바탕에 붉은 십자가를 그린 깃발이었다. 그러나 이를 모방하여 황해도, 경기도 북부, 강원도 북부 지역에 있는 많은 교회들이 깃대를 세우고 동일 모양의 붉은 십자기를 세우자 그 의미가 변했다. 처음에 교회 마당의 십자기는 안식일을 나타내고 예배 장소를 상징했다. 그러나 점차 깃발은 천주교인의 교폐에 대항하고 일진회와 같은 지역 단체에 대한 개신교회의 정치적 힘을 상징하게 되었다. 일부 소위 기독교인들은 교회를 조직하고 가짜 예배당을 세운 후 십자기를 내걸고 집단의 사적인 이익을 추구했다.

캐나다 장로교회 소속이었지만 독립 선교사로 내한한 맥켄지는 서경조(徐景祚)의 도움으로 1884년 설립된 최초의 한국 개신교 교회인 소래교회에서 1894년 2월부터 사역했다. 1894년 11월 황해도에서 항일운동으로서 동학 2차 봉기가 발생했다. 맥켄지는 "보복하지 않고 학대와 증오를 인내하면서 그리스도의 온유와 친절"을 강조했다. 그는 방문하는 동학 군인을 환영하며 조언해 주었다. 동학군의 착취로 고통 받고 있는 마을 사람들은 서경조에게 기독교인들이 누리는 평화의 비밀을 물었다. 주민들은 "왜놈이 오면 서양인의 날개 아래 숨"고 "세속적 보호자로서 설교자에게 더 가까이 달라붙으려고" 시도했다.[101]

---

101 Elizabeth A. McCully, *A Corn of Wheat or the Life of Rev. W. J. McKenzie of Korea* (Toronto:

1894년 12월 12일, 맥켄지는 자신의 집이 영국인의 거주지요 교회가 기독교회임을 표시하기 위해 집과 예배당에 '예수기'인 '성 게오르기우스 십자기'를 게양했다. 그는 일기에 다음과 같이 기록했다. "우리는 다소 먼 곳에서 깃대 나무를 잘랐다. 그 위에 그 상징을 세우려고 자원하는 일꾼들이 있었다. 동학군과 모든 주민들이 힘을 합해 구멍을 파고 밧줄을 잡았고, 우리가 '예수의 이름 권세여!'를 부를 때 깃발이 올라갔다." "자신의 작은 교회와 거룩한 안식일을 다른 성스럽지 못한 사당들과 이교도의 축하일과 구별"하는 것이 맥켄지의 생각이었다. 그는 다음날 일기에는 이렇게 썼다. "깃발은 멀리서도 보이는데, 사람들은 그것이 어떤 의미인지 궁금해한다. 그것은 십자가의 의미인 순수와 타인을 위한 고난에 대한 실물적 교훈이다."[102]

**[사진 9] 소래교회와 십자기, 1898년**
[Moffett Papers, PTS. 옥성득 보정]

---

Westminster, 1904), 153-154.

102 Ibid. 155.

**[사진 10] 서경조가 소래교회 예수기를 펼쳐 보이고 있다, 1898년**
맥래(Duncan MacRae) 목사 촬영 [Moffett Papers, PTS, 옥성득 보정]

며칠 후 200명의 동학군이 마을을 지나갔다. 그 수령들은 예수기가 휘날리는 것을 보았기 때문에 외국인을 방문하기 위해 들렀다. 맥켄지는 두려움 없이 그들을 영접했다. 성탄절은 축하하지 않고 지나갔다. 일본군이 동학군을 진압했다. 1895년 새해 첫 주일에 서상륜·서경조 형제는 두 차례 예배를 드리면서 많은 사람들에게 설교했다. "회중의 상당 수는 동학군이었다."[103] 2월에는 약 50명의 남성과 60명의 여성이 새 교회 건물을 위해 연보를 드리기 시작했다. 어느 날 여러 명의 동학군이 600냥을 기부했다.

머지 않아 마을 사당 자리에 새 예배당이 완공되었으며, 교회 앞에 높

103 Ibid. 158.

은 깃대를 세우고 [사진 9]처럼 예수기로써 기독교 성소로 표시했다. 그것은 [사진 10]처럼 흰 바탕에 붉은 십자가로 4등분하고 "救世教會" 네 글자를 쓴 대형 깃발이었다. 동학군이 패배한 이후 맥켄지의 예수기는 한국인들에게 영감을 주는 새로운 상징적 의미를 가지게 되었다. "한국 전역에서 성 게오르기우스 십자기는 서양의 기독교 국가의 교회 종처럼 보편화되었다."[104] 신학적으로 '예수기'는 예수의 구속적 죽음과 더불어 기독교의 비폭력 원칙을 상징했으나, 정치 사회적으로 기독교가 구세의 종교임을 알렸다.

교회론적으로 깃대는 1895년 소래교회에 출현한 이후 기독교 교회를 다른 세속적인 공간이나 종교적인 공간과 분리시켰다. 깃대는 서울의 무어 목사가 전도를 위해 순회했던 황해도 남동부의 배천군과 연안군에 등장하기 시작했다. 1898년 무어는 "이 모든 지역의 붉은 십자기는 교회 자체만큼이나 필요한 것으로 간주되며, 불신자들에게 주일을 상기시켜준다"고 말했다.[105] 매주 일요일 개신교 교회는 사람들에게 거룩한 안식일과 예배처소를 알리기 위해서 붉은 십자기를 게양했다. 1898년부터 중부 지방에서 깃대는 비록 비용이 제법 들었음에도 예배당에 꼭 필요한 상징물이 되었다.

한편 정치적으로 깃대는 선교사의 치외법권의 상징으로, '양대인' 아래 보호받기를 원하는 사람들을 끌어 모았다. 영국 공사관에 휘날린 유니언잭이나 미국 공사관이나 미국 선교사 병원에 게양된 성조기처럼, 교회의 붉은 십자기는 그 배후에 있는 치외법권의 보호를 받는 선교사의 정치적 힘을 대변했다. 또한 1897년부터 1899년까지 독립 근대 국가를 수립하기 위해 국민을 계몽하던 최초의 전국적인 시민 정치 조직이었던 독립협

104 Ibid. 154.

105 Samuel F. Moore, "Report of S. F. Moore, 1898."

회 운동 기간에, 개신교회는 고종 황제의 탄신일인 만수성절(萬壽聖節, 양력 9월 8일)과 건국일인 개국기원절(紀元節, 8월 14일) 같은 국경 공휴일에 참여할 때, 태극기와 붉은 십자기를 함께 게양하거나 예식 때 전시하거나 흔들었다. 기독교인들의 태극기와 십자기는 충군애국의 상징인 동시에 교회 배후에 서구 선교사들이 있다는 정치적 힘을 상징했다.

1898년 3월부터 독립협회 운동이 만민공동회로 발전했다. 거의 매일 10,000명 이상의 시민들이 공개 집회를 열었다. 그들은 친러파 내각이 러시아에 경원·종성 광산 채굴권, 인천 월미도 저탄소 설치권, 압록강 유역과 울릉도 삼림 채벌권 등의 경제적 이권을 넘겨주는 것을 비판했다. 아펜젤러가 세운 감리교회의 배재학당 학생들과 많은 기독교인들이 시위에 참여했다. 윤치호(남감리회), 홍정후(북장로회), 이승만(북감리회) 등이 만민공동회의 지도자였다. 1898년 10월 29일에 승동장로교회의 백정 박성춘이 연설했다. 만민공동회는 황제에게 제출할 헌의 6조를 채택하고 정치적 개혁과 인권 확대를 요구했다. 학부대신은 아펜젤러에게 학생 해산을 요청했다. 중추원의 선거일인 11월 15일, 고종 황제는 독립협회 지도자들을 체포하라는 명령을 내렸다. 윤치호를 포함한 많은 사람들이 미국 선교사들의 집에 숨었다. 기퍼드(Daniel L. Gifford)의 연동교회 집사 홍정후가 미국인 거주지에서 체포되었을 때, 미국 공사 알렌은 홍정후의 석방을 요구했으며 그의 요구는 받아들여졌다. 하지만 홍정후는 기도 모임에 참석하고 그의 가족을 만난 후 "자발적으로 당국에 자수했는데, 법적인 기술로 풀려나는 것보다 많은 동지들과 운명을 함께하는 것을 선호했다."[106] 군중과 학생들이 해산하지 않고 상황은 악화되었다.[107] 11월 16일부터 19일까지 2,000

106 O. R. Avison to Robert E. Speer, November 19, 1898.

107 H. N. Allen to H. G. Appenzeller, November 20, 1898.

명의 짐꾼과 보부상 계를 바탕으로 황실에 충성하는 황국협회가 조직되었다. 그들은 11월 20일에 방망이로 무장하고 비무장한 집회 군중을 '만민공동회 역적놈'이라며 공격했다.[108] 황국협회 회원들이 도성 밖으로 퇴각할 때까지, 약 2,000명의 무장한 남자들이 두 패로 나뉘어 싸웠다. 황국협회 회원들의 집이 파괴되었다. 에비슨 의사의 구리개 제중원은 뼈가 부러지거나 상처가 난 부상자들로 가득 찼다. 미국 공사는 모든 미국 시민권자들에게 폭도로부터 자신을 보호하기 위해서 집 위에 성조기를 게양하라고 지시했다. 언더우드가 편집하던 「그리스도신문」은 황국협회와 사악한 왕실 관리들을 비판했다.[109] 혼란의 시기에 힘의 상징인 성조기가 나부꼈다.

11월 26일에 고종 황제는 공개적으로 정부 개혁을 약속한 후 윤치호, 홍정후, 고병서 등 독립협회 지도자들을 만났다. 그러나 황제가 약속을 무시했기 때문에 해산했던 시민들은 다시 모였으며, 황국협회 지도자들은 내각 대신들과 연락을 계속했다. 황국협회는 배재학당에 "학교와 교회를 파괴하겠다는 위협이 들어간" 경고장을 보냈다.

> 몇 명의 열혈분자가 '독립협회'가 추종한 방법에서 힌트를 얻어 모든 교파의 기독교인을 모으고 사태의 심각성을 주지시키고, 여러 개의 붉은 십자기를 들고 떼를 지어 행진하여 경찰서 마당에 가서 서신에 서명한 자들의 즉각적 체포와 처벌을 요구했다. 겁에 질린 경찰서장은 24시간 이내에 체포하겠다고 약속했고, 그들은 다음날 재판을 참관하기 위해 다시 만나기로 기약하고 해산했다.[110]

108 H. G. Appenzeller to Robert E. Speer, November 19, 1898.
109 "교회 통신", 「그리스도신문」, 1898년 5월 5일.
110 O. R. Avison to Robert E. Speer, December 16, 1898.

학생들과 기독교인들은 붉은 십자기를 들고 경찰서로 행진했다. 경찰서장은 사임하고 사라졌다. 황국협회 지도자인 길영수는 아펜젤러에게 편지를 보내 자신들은 협박 편지와 무관하며 그 편지는 위조되었고 자신들은 배재학당과 기독교인들을 존중한다고 주장했다. 앞에서 언급한 급진적인 기독교인들은 다시 집회 계획을 세웠고, 선교사들은 홍 집사와 다른 사람들에게 정치적 시위에 참여하지 말라고 설득하면서 토론했다. 그러나 강력하고 지적인 단체로 작동하던 교회의 정치적으로 각성한 회원들은 폭력을 사용하는 것도 지지했다.

1897년부터 1907년까지 지방 교회들도 고종 황제의 탄신일인 만수성절에는 태극기와 십자기를 게양하고 기념했다. 붉은 십자기가 널리 사용되면서 그 의미가 평화로운 인내의 상징이었던 예수기에서 남성적 힘의 십자기로 그 의미가 바뀌었다. 이는 종교적 신앙 공동체에서 사회정치적 이익을 위한 협회로 교회의 성격이 다소 변질되었기 때문이었다. 많은 사람들이 생명과 재산을 보호하고 권력을 얻기 위해서 교회에 가입했다.[111]

기독교가 힘의 종교가 되자 긍정적으로는 교회가 지방 정부의 부패와 싸우는 반봉건 세력이 되었다. 고종은 매관매직을 통해 황실의 예산을 충당했는데, 1899년에 한 군수가 서북 지방에 임명되자 그곳에 기독교인이 많다는 이유로 부임지를 남도로 변경해달라고 요청했다.[112]

> 이번에 새로 난 북도 군수 중에 유세력한 어떤 양반 한 분이 말하되, "예수교 있는 고을에 갈 수 없으니 영남 고을로 옮겨 달라" 한다니, 어찌하여 예수교 있는 고을에 갈 수 없느뇨? 우리 교는 하나님을 공경하고 사람을 사랑하는 도라.

---

111 Charles E. Sharp, "Motives for Seeking Christ," *KMF* (August 1906): 182.
112 이만열, "韓末 기독교인의 민족의식 형성과정", 「韓國史論」(한국사론, 1973년 5월): 365.

교를 참 믿는 사람은 어찌 추호나 그른 일을 행하며 관장의 영을 거역하리오? 그러나 관장이 만약 무단히 백성의 재물을 빼앗을 지경이면 그것은 용이하게 빼앗기지 아니할 터이니, 그 양반이 갈 수 없다는 말이 이 까닭인 듯.[113]

관리들이 불법적으로 재산을 강탈하자 이에 항거하는 기독교인들이 황해도와 평안도에 존재했고, 이를 알고 있던 한 군수가 그곳에 임명되는 것을 꺼릴 정도로 교회에 정치적 힘이 있었다.

반면 부정적으로는 쌀신자의 증가와 교회를 이용하는 협잡꾼들의 교폐가 있었다. 1899년 황국협회에 의해 독립협회가 해산된 후, 주민들은 보부상들의 권력 남용으로부터 재산을 보호하기 위해서 교회에 등록했다. 그들은 보부상, 강도, 탐관오리로부터 자신들을 보호하기 위해서 교회에 깃대를 세웠다. 어떤 지역에서는 선교사나 조사 몰래 교회를 조직하고, 깃대를 세우고, 세도를 부리며 주민들에게 돈을 착취하면서 교회 이름을 남용했다. 1900-01년에 충청남도 임천, 한산, 서천, 홍산, 남포 지역에서 발생한 정길당(貞吉堂) 사건을 보면, 러시아 정교회에 소속된 동학 잔당이 총칼로 무장하고 붉은 십자기를 달고 양반들을 구타하고 재산을 빼앗았다. 이는 치외법권을 가진 정길당을 내세워 지방관과 양반에 대항한 전형적인 교폐(敎弊) 사건이었다.[114] 하지만 이 사건이 발생한 지역에 전통적으로 모시를 거래하는 보부상이 많이 있었다는 사실을 고려하면, 이는 한반도에서 러시아의 힘이 최고조에 달했을 때 정부가 후원하는 황국협회와 러시아 정교의 붉은 십자기 아래 생명과 재산을 보호하려던 주민들 사이의 충돌이었다. 정길당은 러시아에서 태어난 고베라라는 이름을 가진 러시아 국적의

---

113 "내보", 「대한크리스도인 회보」, 1899년 3월 1일. 현대어로 고침.

114 이만열, "한말 러시아정교의 전파와 그 교폐 문제", 『그리스도교와 겨레 문화』(기독교문사, 1985), 303-333.

정교회 교인이었다. 그녀는 1894년경 남편 안병태와 함께 입국하여 희랍교(希臘教) 선교사로 자처하며 사람들을 모았다. 정길당은 한 달간 러시아 공사관에 구금되었다가 풀려난 후 러시아로 돌아갔다. 이 사건에서 우리는 1900년 전후에 교회의 붉은 십자기가 선교사의 치외법권과 교회의 정치적 권력의 상징이 되었고, 지방에서 관리나 양반들의 탐학에 대항하는 도구로 사용되었음을 알 수 있다.

1902년에 충청남도 보령 울포에서도 전 동학 접주 출신 조덕필과 정행선이 예수교인으로 자칭하고 교인을 모아 교당에 십자기를 걸고 부자들의 재산을 빼앗고 부녀자를 겁탈하다가 체포되기도 했다.[115]

[사진 11] 경기도 행주교회[116]

115 "浦郡守 韓永錫 씨가 法部에 報告ᄒᆞ되 保寧民 趙德弼과 藍浦民 鄭行善 等이 俱以 東學巨魁로 尙此漏網ᄒᆞ야 外托耶蘇教ᄒᆞ고 內懷東黨ᄒᆞ야 亂類를 驅聚ᄒᆞ야 十字旗를 高立ᄒᆞ고 有夫女를 奪去ᄒᆞ며 富民을 捉去勒人홈으로 官令이 不行ᄒᆞ고 民難支保 故로 同兩漢을 捉致ᄒᆞ야 嚴杖牢囚ᄒᆞ얏다 ᄒᆞ얏더라"("捉囚亂類", 「皇城新聞」, 1902년 8월 21일).

116 *MRW* (February 1908): 101.

[사진 12] 주일에 십자기를 게양한 시골의 감리교회[117] [사진 13] 담장 위로 보이는 양근교회 십자기[118]

붉은 십자기를 게양한 교회들은 전쟁과 국가적 위기의 시기에 생명과 재산을 보호할 수 있는 장소로 인식되었다. 소래교회에 이어 1897년에는 황해도 문화군 사평동교회가 깃대를 세웠다.[119] 십자기는 1898년에 대중화되기 시작하여, 중부 지방에 대기근이 닥친 1901년부터 1903년까지 크게 확산되었다. 대흉작은 대한제국 몰락의 중요한 요인이 되었다. 많은 사람들이 화전민이 되거나 각설이 거지로 떠돌거나 화적(火賊)으로 불리는 강도가 되었다. 그들 중 일부는 외국 선교사들의 세도에 의지하여 명목상의 교회를 조직하고는 무거운 세금이나 관청의 강제 노역을 피하고, 목숨을 보호하고, 사람들로부터 돈을 착취했다. 그들은 남의 언덕에 가묘(假墓)를 만든 후 산송(山訟)에서 이기기 위해서 가짜 교회를 조직했다. 천주교회가 지방관이나 양반과 투쟁하는 교인들의 권리를 적극적으로 방어해 주자, 많은 사람

117 Jennie F. Willing and Mrs. G. H. Jones, *The Lure of Korea* (Boston: Woman's Foreign Missionary Society, Methodist Episcopal Church, 1913), 33.

118 Frederick A. McKenzie, *The Tragedy of Korea* (London: Soughton, 1908), 114.

119 "교회 통신", 「그리스도신문」, 1897년 4월 8일.

들이 천주교회에 가입하여 프랑스 선교사들의 보호를 받았다. 이런 맥락에서 중부 지방의 많은 예수교회들이 깃대를 세우고 십자기를 정치 권력의 기치로 게양했다. 그 한 예가 언더우드가 담당하던 시찰에 있던 [사진 11]의 행주교회이다. [사진 12]와 [사진 13]에서 보듯이 시골의 작은 교회들까지 높은 깃대를 세우고 십자기를 게양했다. 그것은 주일 예배를 드리는 교회의 음성적 상징이었던 교회 종과 같이 교회의 시각적, 수직적 힘의 상징이 되었다.

1901년에 교회와 국가의 분리를 강조한 게일 목사는 언더우드의 안식년 기간에 「그리스도신문」의 편집장이 되었고 깃대 건축을 심각한 문제로 취급했다. 이는 가짜 교인인 협잡꾼들이 교회를 설립하고 높은 깃대를 세워서 사람을 모아 세력을 형성하고 지방 정부에 대항하자, 관원들이 깃대를 파괴하는 상황까지 발생했기 때문이었다.

> 어떤 사람을 만나니 머리가 허수룩하고 눈이 붉은데, 심히 걱정이 많아 땀을 흘리며 자기의 생명을 보호하려는 모양으로 달아나거늘, 내 말이 "무슨 급한 일이오?" 그 사람의 대답이 "나를 잡지 마라. 나는 예수를 믿는 사람인데 급한 깃대 일로 가나이다. 우리 관장이 한없이 악한 놈이 되어 우리 깃대를 쳐서 넘어뜨리기로 서울 올라가 평리원에 고발하려 하나이다" 하기로 내 말이 "그대가 예수를 믿는다 하는 말을 들으니 대단히 감사하거니와 그곳에 예수를 믿는 사람이 많습니까?" 저 대답하는 말이 "깃대를 한번 장하게 일으켜 세우면 사람사람이 다 구름 모여들듯 하려니와, 한번 쳐서 넘어뜨리면 하나도 없어지겠다" 하기에, 내 마음에 심히 섭섭히 여겨 풀어 이르되 "깃대는 조금도 상관이 없으니 관장이 쳐서 넘어뜨린 대로 버려두라. 세우는 것이 악한 것도 아니오, 지우는 것도 악한 것이 아니라. 이것을 섭섭히 여기지 말고 더 간절히 복음을 전하라" 하니 내 말을 듣고 심히 격분하여 손가락질하며 하는 말이 "저

렇게 알지 못하는 목사가 무엇을 하겠느냐" 하며 분한 모양으로 가더라. 땀 흘리는 것과 수고하고 애쓰는 것을 옳게 하였다면 큰 일꾼이 되었겠지만, 공연히 깃대를 위하여 하는 것이 비유컨대 십자가에 못 박힌 그리스도는 버리고 십자가만 보고 절하는 것과 같은 것이요, 이스라엘 사람들이 모세가 세운 구리뱀을 가져다가 칠백년 동안 그 앞에 절하면서도 그 가르치는 구주를 다 잊어버림으로 그 구리뱀이 악한 물건이 됨과 같소. 우리 중 형제자매들은 어리석은 것을 버리고 요긴한 것만 봅시다. 깃대는 교당 가운데 세워 먼 데 형제들도 다 그곳이 회당인 줄 알고 모이게 하는 표를 삼는 것은 좋거니와, 이 세상 협잡꾼들이 형세를 깃대 아래 의지하는 것과 어리석은 형제가 성신을 의지하지 아니하고 깃대에만 의지하니 어찌 하겠소. 이 세상 풍속으로 말하면 기를 세워 영광 내는 일이 더러 있거니와, 우리 교회에는 이러한 영광은 쓸데없는 영광이요, 성경에 깃대를 세우라시는 명령이 없으니 관원이 쳐서 버리라 하면 원망하지 말고 쳐버릴 것이오, 만일 나라를 다스리는 관장이라도 예수를 위하지 말라 하거든 성신을 의지하고 생명이라도 아끼지 마시오.[120]

게일은 십자가에 달린 예수가 아닌 십자기를 숭배하는 것을 이스라엘 민족이 광야에서 모세가 들었던 구리뱀을 숭배하는 것과 동일시하고, 성령에 의지하지 않고 세상 권력에 의지하는 협잡꾼들의 십자기 숭배를 고난의 십자가가 아닌 영광의 그리스도를 섬기는 것으로 보았다. 그래서 교회 표시로 깃대를 세우는 것은 좋으나, 세력 과시를 위한 깃대라면 관원이 파괴해도 그대로 두라고 권면했다. 다른 사설은 교인의 권세가 돈이나 벼슬

120 "긔딕의 의논", 「그리스도신문」, 1901년 5월 9일. 현대어로 옮김. 그러나 세대주의자였던 게일은 유대인 시온주의의 이스라엘 고토 회복 운동은 구약 예언의 성취라고 지지했다 ("교회 통신", 「그리스도신문」, 1901년 7월 25일).

에 있지 않고 마음과 뜻을 다해 하나님을 섬기는 데 있다고 설명했다.[121] 또 세력을 키워서 "여간한 핍박이 들어오지 못하게 하는" 교회도 있다고 비판했다.[122] 게일은 계속 논설을 통해 교회의 정치 참여를 비판했다. 이는 의화단사건(義和團事件)이 만주까지 확대되고, 한국에서 보수 친러파가 기독교인대학살을 음모하고, 협잡꾼들이 가짜 교회를 세우고 깃대에 십자기를 게양하면서 혼란이 가중되었기 때문이었다. 특히 나라를 위한 걱정이 많은 양반 신자가 늘 분하고 원통하고 기가 막히다는 말을 많이 하고, 남을 도와주는 의리로 산, 전답, 가옥, 금광 등 재산 소송에 참여하고, 정교분리 입장에서 개인 구원에 머물러 있는 신앙은 죽은 믿음이며 "제 몸둥이 하나만 천당에 갔지 큰 일꾼은 못되겠다"고 비판하자, 「그리스도신문」 논설은 오히려 그가 죽은 믿음, 가짜 믿음을 가진 자라고 비판하면서 "서로 갈라서는 것이 옳다"고 주장했다.[123]

1901년 봄 한국을 방문한 미국북장로회 해외선교부 총무 브라운 박사가 한국 선교회에 정교분리 정책을 주문한 것은 바로 이러한 상황 때문이었다.[124] 게일은 브라운의 지시에 적극 동의하고 「그리스도신문」에 "교회는 참 이치를 반포하는 전도실이지 세상일 의논하는 곳이 아니다"라는 논설을 실었다.[125] 1901년 9월 20일에 조직된 대한예수교장로회공의회는 21일 한국인 조사와 장로가 참석한 회의에서 "교회와 정부 사이에 교제할 몇 조건"을 결의했다.[126] 그리고 "각 처에 있는 지교회와 교우에게 편지하노라"는 형

---

121 "교인의 권셰", 「그리스도신문」, 1901년 6월 6일.
122 "교회의 여러 모양", 「그리스도신문」, 1901년 6월 13일.
123 "죽은 밋음", 「그리스도신문」, 1901년 6월 27일.
124 1901년 Ross 목사는 만주의 압록강 연안 한국인 교인들도 많이 죽었다고 보고했다. "외국통신", 「그리스도신문」, 1901년 7월 18일.
125 "젼도실", 「그리스도신문」, 1901년 8월 1일.
126 "장로회 공의회 일긔", 「그리스도신문」, 1901년 10월 3일.

식의 목회 서신을 채택하고, 이를 「그리스도신문」에 게재했다. 이는 이후 장로교회의 정교분리 정책을 보여주는 문서이므로 전문을 인용한다. 1항의 목사는 선교사를 뜻한다.

1. 우리 목사들은 대한 나라 일과 정부 일과 관원 일에 대하여 도무지 그 일에 간섭 아니 하기를 작정한 것이요.
2. 대한국과 우리 나라들과 서로 약조가 있는데 그 약조대로 정사를 다 받되, 교회 일과 나라 일은 같은 일 아니라. 또 우리가 교우를 가르치기를 교회가 나라 일 보는 회가 아니오, 또한 나라 일을 간섭할 것도 아니요.
3. 대한 백성들이 예수교회에 들어와서 교인이 될지라도 그 전과 같이 대한 백성인데, 우리 가르치기를 하나님의 말씀을 거스림 없이 황제를 충성으로 섬기며 관원을 복종하여 나라 법을 다 순종할 것이요.
4. 교회가 교인이 사사로히 나라일 편당에 참례하는 것을 시킬 것 아니요, 금할 것도 아니요, 또 만일 교인이 나라 일에 실수하거나 범죄하거나 그 가운데 당한 일은 교회가 담당할 것 아니요, 가리울 것도 아니요.
5. 교회는 성신에 붙인 교회요, 나라 일 보는 교회 아닌데, 예배당이나 회당 사랑이나 교회 학당이나 교회 일을 위하여 쓸 집이요, 나라 일 의론하는 집은 아니요, 그 집에서 나라 일 공론하러 모일 것도 아니요, 또한 누구든지 교인이 되어서 다른 데서 공론하지 못할 나라 일을 목사의 사랑에서 더욱 못할 것이오.[127]

4항은 개인은 정치에 참여할 수 있으나, 5항은 교회는 정치에 관여하지 않아야 한다고 규정했다. 정교분리 원칙에 따라 예배당, 학교, 병원, 목사 사

127 "각쳐에 잇는 지교회와 교우의게 편지ᄒᆞ노라", 「그리스도신문」, 1901년 10월 3일.

택에서 정치를 논하지 말 것을 주문했다. 5항에서 예배당을 정치 집회처로 사용해서는 안 된다고 강조한 것은 교회를 사회 문제에서 분리시키려는 시도가 아니라, 교회가 정치 집단화되고 예배당이 깃대를 게양하고 정치적 용도로 사용되는 것에 대한 제동이었다.

1902년 초 "평양 믿음에 서울 찬미에 연백천 깃대라"는 소문이 널리 퍼졌다. 황해도 연안군과 백천군에 "십리 십오리에 세운 깃대가 합이 이십 가량인데 그 재목과 기가 심히 굉장하고 볼 만"했다. 「그리스도신문」 논설은 믿음과 찬미는 성경에 많이 나오지만 깃대는 전혀 등장하지 않으므로, 깃대로 영광을 얻는 것은 의논할 바가 못된다고 지적하고, 연백천 부근에서 깃대와 십자기를 금지하지 않으면 더 큰 문제가 발생할 것이라고 경고했다.[128]

그럼에도 교회의 권위와 선교사의 경계로는 교폐 사건을 막을 수 없었다. 천주교와 개신교 간의 경쟁은 상황을 악화시켰다. 황해도에서 깃대가 대중화된 배후에는 1900-1903년에 발생한 해서교안(海西教案)이 있었다.[129] 두 집단은 동일한 종교 시장을 놓고 선점하기 위해서 경쟁했는데, 그 지역은 지방 정부의 부패와 가렴주구, 일본인 이민자의 농지 구매, 대기근 등으로 인해 사람들이 절망에 빠져 있었다. 천주교인들은 프랑스 신부의 힘을 믿고 마을 사람들에게 성당 건축비를 내고 건축 일에 참여하도록 강요했다. 그들은 한국 정부가 아닌 프랑스 법의 지배를 받는다고 주장하면서 지방 정부의 권위를 무시했고 심지어 자체 감옥까지 갖추고 주민들을 위협했다. 이 사건은 영미 개신교 선교사와 중앙 정부의 적극적인 개입

128 "밋음과 찬미와 긔대", 「그리스도신문」, 1902년 3월 6일.

129 해서교안은 개신교 선교사들이 개입하면서 신구교 갈등으로 알려졌지만, 실제 황해도에서 천주교회의 교폐는 개신교인에 대한 핍박이 아니라 95%는 일반 주민에 대한 착취가 문제였다(C. E. Sharp, "The Romanist Troubles," *KF* [Aug. 1903]: 123).

으로 해결되었다. 프랑스 선교사에 대한 미국 선교사들의 승리는 대기근으로 큰 피해를 입은 황해도, 경기도, 강원도 지역에서 개신교가 성장하는 계기가 되었다.[130] 이 지역의 많은 감리교회와 장로교회가 깃대를 세우고 태극기와 붉은 십자기를 게양했다. 아펜젤러가 담당하던 수원의 무치내감리교회도 깃대를 세우고 두 깃발을 달았다.[131]

교인의 소송을 도와주지 않았기에 10년 동안 마페트가 노력했음에도 불구하고 교회가 세워지지 않던 평안도 안주(安州)에서도 교회가 형성되기 시작했다.[132] 반면 충청도 청주 사창리에서는 정치적인 도움을 주지 않는다고 교인들이 모두 교회를 떠나기도 했다.[133] 경북 영천에서는 소송 건으로 어떤 교인이 투옥되었는데 전 교인의 부탁에도 불구하고 선교사가 개입하기를 거부하자 모두 교회를 떠나겠다고 말했다. 대구의 애덤즈(James E. Adams, 안의와, 1867-1929) 목사가 방문하여 '교회와 정부 관계'에 대해서 설교하고, 개별 문답을 통해 정교 분리를 거부한 2명의 학습인은 등록을 취소하고 교회를 재조직했다.

1902년 「그리스도신문」에 한국인 신자들이 정부를 강력하게 비판하는 기사를 많이 투고했지만, 편집장인 게일은 정부와의 관계를 고려하고 공의회의 결의를 존중하여 그 모두를 쓰레기통에 던져버렸다. 투고자들은 게일을 '형편없는 겁쟁이'라고 비판했다. 게일은 교인들이 너무 세속사에 관심이 많다고 보았다. 그는 "동양인과 지혜롭게, 기분을 상하지 않고 동행

---

130 참고로 장연에서 한 신자가 천주교로 이적했다가 해서교안 후 프랑스 신부가 힘이 없는 것을 보고 다시 개신교로 왔다(C. E. Sharp, "Chang Yun Eup," *KF* [Aug. 1903]: 121).

131 이은승, "광쥬 노로목 교회 형편", 「신학월보」(1901년 3월): 160; "무치내 새회당을 헌당홈", 「신학월보」(1901년 8월): 351; David H. Moore, "Our Mission in Beautiful, Hospitable Korea," *GAL* (September 1901): 407; 장원근, "황해도 교회 진보홈", 「신학월보」(1903년 1월): 11.

132 S. A. Moffett, "Northern Circuit, South Pyeng An province," *KF* (Feb. 1903): 91.

133 F. S. Miller, "Confession of Sin," *KF* (Feb. 1903): 96.

하는 것은 어려운 일"이라고 고백했다.[134] 그러나 그의 검열은 한국 교회사에 기록된 첫 언론 통제였다.

선교사들은 정교분리 정책을 담은 목회 서신을 발송하고 언론을 검열하는 것만으로는 장로교회만 주일 예배처소가 1,000개가 넘게 급성장하는 한국교회를 통제할 수 없었다.[135] 그들이 찾은 세 번째 방안은 교회 조직(권찰 제도, 남녀 전도회)과 교인 훈련(사경회)을 강화하는 것이었는데, 후자를 통해 발전한 것이 바로 부흥운동이었다. 1903년 웰번(Arthur G. Welbon, 1866-1928) 목사에 의해 배천 부흥이 시작되고,[136] 하디(Robert A. Hardie) 목사에 의해 원산 부흥이 시작되었다. 두 목사가 담당한 지역은 십자기 깃대가 유행하고 교폐가 발생해서 전도가 쉽지 않았다. 하디는 1901년 여름부터 강원도에 있는 김화군과 철원군을 네 차례 방문하고, 주민들이 황국협회로부터 마을을 보호하기 위해 세운 가짜 교회들을 해산했다. 그런 교회 배후에 외국 선교사가 있다고 믿었기 때문에 지방 관리들도 두려워서 함부로 손을 대지 못했다. 하디는 그런 가짜 교회들을 '도둑의 소굴'로 간주했다. 그는 지방 정부에 정교 분리 원칙을 알리고, 모든 교회에 깃대를 치우라고 명령했으며, 이를 거부하고 구역을 해산하지 않는 속장은 출교했다.[137] 교회가 붉은 십자기를 내렸을 때 마을 사람들과 관리들은 참 교회와 거짓 교회를 분별할 수 있었고 교폐 문제는 사라지기 시작했다. 그러나 교폐로 인해 하디는 선교 사역에서 별다른 성과를 거두지 못했다. 1903년 여름 수양회에서 그가 자신의 영적 능력 부족을 고백하고 한국인 회중 앞에서 백인으로서 가진 인종 우월감을 회개하자 원산 부흥의 불길이 솟아오르기 시작했다.

---

134 J. S. Gale, "The Christian News," *KF* (Feb. 1903): 84.

135 "The Fall Meetings," *KF* (Nov. 1903): 129.

136 A. G. Welbon, "Each the Chief of Sinners," *KF* (May 1903): 102.

137 R. A. Hardie, "R. A. Hardie's Report," *Minutes of the Sixth Annual Meeting of the Korea Mission of the MEC, South* (Seoul: Methodist Publishing House, 1902), 32-33.

## 국권 회복을 위한 십자기

1905년 한국이 일본의 보호국이 되었을 때 교회에 붉은 십자기가 다시 나타났다. 1906년 3월에 서울 북장로회의 웜볼드(Katherine C. Wambold, 1866-1948) 양은 사람들이 "어떤 종류의 회(會)에 가입하기를 간절히 원하고, 때로는 사람들이 '기독교 회'라고 부르는 교회에 가입하기 위해서 선교사에게 지원한다. 때로는 스스로 깃대를 세우고 찬송가 몇 권을 사면서 자칭 기독교인이라고 부른다"고 보고했다.[138] 이 시기는 많은 사람들이 "의지할 곳이 없소"라고 외칠 때였다.[139] 사람들은 서북학회와 같은 지역적 회나 일진회와 같은 국가적 회에 가입했다. 그리고 재산과 생명을 보호하기 위해 친프랑스 천주교회나 친미국 개신교회에 가입했다. 후자 가운데 일부가 붉은 십자기를 사용했다. 이 단계에서 일부 사람들은 "정치적 동기를 가지고 전도인이" 되었기 때문에 "정치와 혼합되는 것은 아주 자연스러웠다."[140]

1905년에 많은 개신교 지도자들이 두 개의 더 큰 회에 가입했다. 1904년 일진회가 조직되었을 때 세브란스병원의 전도사 서상륜을 포함하여 서울의 많은 기독교인들이 일진회 모임에 적극 참여했다. 그러나 1906년에는 세속적 지도자들과 정치적인 요소들이 일진회를 지배했다. 지방에서는 일진회 지부가 권력을 사용하여 돈을 갈취하고 오래된 원한을 갚았다. 기독교 지도자들은 자신들이 "열정, 증오, 폭력의 오래된 소용돌이에 휘말려" 있는 것을 알게 되었다.[141] 또 다른 큰 회는 서울의 황성기독교청년회(YMCA)였다. 첫 총무인 질레트(Phillip L. Gillet, 1872-1938)는 한국인의 항일 운동을 지지했다. 감리교회는 자체 청년 조직인 엡워스리그(Epworth

---

138 Catherine Wambold to A. J. Brown, March 19, 1906.

139 "A Great Awakening," *KMF* (January 1906): 51.

140 W. L. Swallen, "Korean Christian Character," *AH* (November 1908): 511.

141 C. A. Clark to A. J. Brown, December 8, 1906.

League)를 '청년회'로 불렀다. 엡워스리그의 지도자, 특히 서울 상동감리교회 상동청년회의 지도자들은 항일 운동에 참여했다. 이런 정치적 환경에서 '가짜' 교회나 정치적 회는 개신교회나 기독교 청년회의 일부 요소를 채택하고 우후죽순처럼 도처에 솟아났다.[142] 이 상황에서 "마을 장승은 쓰러지고 기독교 십자기와 깃대는 올라간다"고 사람들이 말했다.[143]

한편 선교 학교에서 졸업식, 운동회, 소풍, 체육(교련) 때 태극기와 십자기를 게양했는데, 때로는 성조기도 함께 걸었다. 「대한매일신보」 기사에 따르면 '예수교'가 국가의 희망이며 유지 청년들이 개신교회에 모였다.[144] 흥미롭게도 1907년 평양장로회신학교의 졸업장을 보면, 복음의 횃불이 십자가를 통해 한반도를 비춤으로써 한국의 기독교화를 시각화하고 있다. 따라서 1905년부터 1910년까지 십자가나 십자가 상징은 기독교인의 항일 애국 정서와 맞닿아 있었다. 이 항일 기독교 민족주의의 십자가는 교폐와 같은 집단 이기주의와 관련된 1900년대 초의 깃대에 걸린 십자기와 그 성격이 달랐다.

지방의 유사 종교 단체들의 붉은 십자기와 교회의 민족주의적 십자기는 모두 자기 방어와 독립에 대한 욕망의 표시였다. 선교사들은 이 둘을 구별하기가 어려웠기 때문에 교회 마당의 깃대와 십자기 게양을 금지했다. 1908년까지 지속된 부흥운동으로 인해 교회에서 정치적 요소는 상당 부분 정화되고 깃대는 제거되었다. 이것은 일본의 보호국이 된 한국에서 선교사들이 정교 분리 정책을 적용한 결과였다. 이제 정치권력의 상징인 깃대에 휘날리는 십자기 대신, 지붕에 고정된 단순한 나무 십자가가 올라갔다. 나무 십자가는 식민 정부에 충성하는 종교 기관으로서 교회의 본질을 공식적

142 Ibid.

143 Margaret L. Guthapfel, "Bearing Fruit in Old Age," *KMF* (January 1906): 41-44.

144 "新敎自强", 「대한매일신보」, 1905년 12월 1일.

으로 나타내는 상징물이었다.

## 4. 적십자의 일본 제국주의 이미지, 1904-1910

1904년부터 개신교는 십자가의 상징을 독점할 수 없었다. 일본군의 군사적 힘과 더불어 적십자사병원과 구급차는 첨단 의료 과학으로 대표되는 근대 일본 문명을 상징했다. 1907-10년 일본군과 한국인 의병 간의 전쟁 기간 동안, 일본 군인들은 체포한 의병을 문자적으로 십자가에 묶고 총살했다. 십자가는 이제 치유와 처형, 인도주의와 식민주의라는 상호모순되는 강력한 이미지와 연관되었다.

### 일본의 적십자사병원과 간호부

러일전쟁에서 일본은 육군대신과 해군대신 통제하에 군인의 위생과 치료를 위해 적십자사 임시병원을 운영하고, 종군 의사와 간호부를 한국에 파송했다. 일본 황후는 적십자사 여성분과를 주재하며 부상자용 붕대를 만들며 후방에서 지원했다.[145] 일본인 간호부 제복에는 왼쪽 가슴에 적십자가 자수되어 있었고, 남자 환자복 팔에도 적십자가 새겨져 있었다. 국제 적십자 운동은 유럽의 자선 단체와 기독교 자선 단체에서 비롯되었다. 그러나 일본에서는 왕실과 신도(神道)가 후원했다. 일본 적십자사 병원의 적

145 청일전쟁 기간 동안 독일 모델을 본 뜬 일본 육군 의료대와 원래 영국에서 형성되고 훈련받은 해군 의료과가 군인들에게 탁월한 의료 서비스를 제공했다. 2만 명 이상의 적십자사 회원들이 3개의 병원에 파송되었으며 야전 병원에서 근무했다. "이 적십자사 병원들에서 1,484명의 중국인 부상 군인들이 치료를 받고 퇴원했다"(Arthur Diosy, *The New Far East* [London: Cassell, 1904], 133-134).

십자는 십자가를 기독교적 이타주의나 선교사의 힘의 상징이 아닌 과학(의학)과 근대 문명 기호로 인식하도록 재해석했다. 그들은 적십자사가 서양에서 유래했지만, 그것의 신성한 인류애는 일본의 전통적인 가치에 기반을 둘 수 있다고 주장했다. 따라서 일본군은 적십자를 보편적인 자선, 일본 문명, 제국에 충성하는 군인 구호의 상징으로서 사용했다.[146]

[사진 14] 인천에 설치된 일본적십자사 한국임시출장소, 1904년[147]

일본 육군은 인천과 평양에 각각 적십자사병원을 설립했고, 해군은 적십자사 병원선을 한국에 파견했다. [사진 14]처럼 그들은 병원에 큰 적십자 깃발을 달았다. 한국의 전선을 따라 32개의 임시 진료반이 있었는데, 각 진료반에는 의사 2명, 약사 1명, 수간호부 2명, 간호부 혹은 보조원 20명이 일했다. 적십자가 새겨진 간호모를 쓴 일본인 간호부들이 부상병을 돌보

146 Aya Takahashi, *The Development of the Japanese Nursing Profession* (London: Routledge Curzon, 2004), 50.

147 *American Monthly Review of Reviews* (June 1904): 667.

았다. 육군 구급차와 의료 상자에는 적십자가 크게 그려져 있었다.[148] 일본 적십자사는 1880년대부터 '신일본'의 상징이 되었는데, 1905년 말 총 4,700명의 남녀 간호부와 보조원이 근무하고 있었다.[149]

[사진 15] 평양의 웰즈 의사와 콜레라 방역단, 1905년[150]

한국의 지도자들과 상동청년회 등은 부상자들에 대한 일본 적십자사의 치료와 간호를 칭송했다. "9월 2일, 이준과 이현석, 정순만 등은 적십자사 설립을 위해 청원서 10,000부를 배포했다. 그들은 적십자사를 조직하고 이웃나라의 부상병을 위한 기금 모금을 통해 일본에 동정을 표시했다."[151] 적십자가 새겨진 일본 간호부의 흰색 유니폼은 한국인에게 깊은 인상을 주

148 George Kennan, "The Japanese Red Cross," *Outlook* (Sept.-Dec. 1904): 27-36.

149 "The Sanitary Hygiene of the Japanese Army," *JAMA* (March 10, 1906): 747.

150 *World's Work* (Dec. 1907): 9639.

151 "去年二月分에 與李儁李玄錫諸人으로 著同志勸告文一萬張ᄒᆞ야 設赤十字會ᄒᆞ고 募集義捐ᄒᆞ야 救恤隣邦傷夷之兵 而以表同情計矣" (尙洞青年會書記 鄭淳萬, "媾和를 傍聽ᄒᆞ고 獨立을 鞏固케 홈", 「대한매일신보」, 1905년 9월 7일). 대한적십자사는 1905년 10월 27일 고종 황제의 칙령으로 설립되었고, 1909년 7월 일본 적십자사에 병합되었다.

었다. 한국인들은 일본을 러시아 팽창주의에 대항하는 동아시아 평화의 수호자로 간주했다. 한국인들은 백인 러시아를 물리친 황인종 일본의 승리를 칭찬하고, 일본의 선진 문명에 감탄했다. 일본 육군의 적십자사는 한국이 추구하던 문명의 일부였다. [사진 15]에서 보듯이 1905년 평양에서 한국 기독교인, 미국인 선교사, 일본 사업가들은 한국 최초의 적십자사인 '구세군'(救世軍)을 조직했다. 웰즈 의사는 적십자가 새겨진 모자와 십자가 문양을 팔에 단 제복을 입은 남자 콜레라 방역단을 조직하고 신문명의 대열에 합류했다.

그러나 러일전쟁 당시 일본 의학의 상징인 적십자는 일본 문명의 실체인 제국주의를 그 아래 숨기고 있었다. 1905년 한국에서 적십자사 설립을 지지한 이준(李寯, 1859-1907)과 다른 기독교인 지도자들은 일본군 적십자사의 숨겨진 의미를 파악하지 못했다.[152] 평양 장로회 병원인 제중원의 웰즈(James H. Wells, 1866-1938) 의사는 1905년 일본의 한국 지배를 가장 열성적으로 지지한 선교사 중 한 명이었다. 그는 "북한 지역에서 가장 눈에 띄는 세 가지 근대 사업은 3M, 곧 개신교 mission(선교), 미국 mines(광산), 일본 merchants(상인)이다"라고 말했다.[153] 그는 증가하는 일본 상인들이 에너지와 활동을 추가할 것이며, '일본 숫돌'은 다른 것으로는 줄 수 없는 '날'(edge)을 한국인들에게 줄 것이라고 생각했다. 그는 "일본의 방법은 세상에서 가장 친절한 방법은 아니지만, 아무튼 효과적이며 현재 보이는 유일한 방법이다"라고 단정했다.[154] 따라서 그는 "대일본 만세!"를 외쳤다. 「코리아 리뷰」 편집자 헐버트는 웰즈의 견해는 극단적이며, 러일전쟁 후에도

152 대한적십자사병원은 1905년 경복궁 뒤에 설립되었다가 1906년 6월 원남동 남쪽으로 이전했다. 이 병원은 1907년 3월 통감부가 재정적으로 지원해서 설립한 대한의원에 통합되었다.

153 James H. Wells, "Northern Korea," *KRv* (March 1905): 139.

154 Ibid. 140-141.

한국의 독립에 대한 일본의 약속은 지켜져야 한다고 언급했다.[155] 웰즈는 이 비판에 대해 자신의 '친일적 성향'을 변호하고 한국에서 행정권이 일본으로 부드럽고 재치 있게 이전된 것을 칭송했다.[156] 당시 웰즈의 견해는 소수 의견이 아니었으며, 1905년 당시 많은 한국인들이 이를 지지했다.

### 십자가에 처형된 한국인 의병

1904년부터 1910년까지 일본 경찰, 헌병, 군대가 한국 의병과 철도를 파손한 농부를 처형했을 때, 일부는 단순한 십자형 나무틀에 묶은 후에 총살했다. 십자틀에 처형된 첫 번째 그룹은 1904년에 일본이 러일전쟁을 수행하기 위해 경부선이나 경의선을 부설할 때 합리적인 보상 없이 토지가 철도 부지로 몰수당하자 이를 항의한 농민 의병들이었다.[157] 헐버트는 자신의 농지를 반분하며 지나간 철로를 훼손하고 열차를 폭파한 농민 의병 세 명이 십자가에 매달려 총살되는 [사진 16]을 저서에 공개함으로써 일본 군정의 잔인성을 고발했다.[158] 「대한매일신보」가 9월 21일 이 사건을 보도하자, 11월 15일 일본어 「毎日新聞」(매일신문)은 다음과 같이 그 보도와 사진 촬영을 비판했는데, 「대한매일신보」는 그 전문을 번역 게재했다.

금월 십오일에 발간한 바 일본 매일신문에 게재함이 여좌하기에 좌에 번등(飜

---

155 "Editorial Comments," *KRv* (March 1905): 147-148.

156 J. H. Wells, "An Appreciation," *KRv* (November 1905): 425-426.

157 "경의철도에 방해하던 자 김성삼 리춘근 안순서 삼 명을 본일 상오 십시에 일본 장관들이 공덕리에 나가서 포살하였더라"("잡보: 포살삼인," 「대한매일신보」, 1904년 9월 21일).

158 김성삼, 이춘근, 안순서는 1904년 8월 27일 용산과 마포 사이 철로에 폭약을 매설하고 군용 열차를 폭파한 죄로 용산과 마포를 잇는 도로변 철도건널목 부근(마포구 도화1동) 산기슭에서 총살되었다("3義士 金聖三 李春勤 安順瑞씨", 「조선일보」, 1986년 3월 26일).

膽)하노라. 한국 백셩 3명이 경의철도에 작간함으로 포착이 되어 포형에 처함은, 이왕에도 한국 백셩이 종종 철도에 작간하여 다만 기차에만 해를 받을 뿐 아니라, 혹 인명도 손상이 되는 고로, 경의간 철도에는 범간하는 자가 있으면 군률로 시행하게 하여, 그 작간한 자로 하여금 십자 나무에 매어달고 포형을 행함이요. 또한 죽은 후에라도 몇 날 동안을 의구히 매어달아둠은 다른 백셩으로 하여금 이러한 참혹한 모습을 보여주어 경계하자 하는 본의인지라.

이것이 여간 적은 죄가 아닌즉 범법한 자로 하여금 죄 당한 것이 옳게 된 일이나, 그러하나 「대한미일신보」에서는 이 일을 좋게 여기어 사진을 박도록 충동하여 사진 박는 사람들이 이 사진을 많이 박었다 한즉, 심히 우습고 과연 어리석은 일인지라.

이러한 론설은 주의하여 볼 사람도 적고 또한 보는 사람으로 말하여도 대단히 명예가 없어지겠다 하였으며, 또 말하기를 한국 백성들로 십자목에 매단 것은 예수교를 위하는 나라에 대단히 수치가 되게 함이요 예수 그리스도께서 십자가에 못박혀 돌아가셨다는 글을 고쳐야 하겠다.[159]

「대한매일신보」는 「毎日新聞」의 보도를 강력하게 반박했다. 농민 총살 사건을 게재한 것은 "그때 형상이 심이 참악하여 금수와 같았기" 때문이며, 죽일 때도 먼 곳에서 일제히 쏘면서 바로 포살치 못해서 5-7차 쏘아 간신히 목숨을 끊었기에 그 측은한 바를 지적했다고 말했다. 「대한매일신보」는 무엇보다 「毎日新聞」이 한국인이 중범죄를 저질렀으므로 그런 처벌이 정당했다고 주장한 데 대해 동의하지 않고, 그런 행동은 용서 받을 수 있는 일이었다고 변호했다. 그런데 우리의 관심을 끄는 문구는 「대한매일신보」가 덧붙인 "한국 백성들로 십자목에 매단 것은 예수교를 위하는 나라에 대단

159 "금월 십오일에 발간훈 바 일본 매일신문에," 「대한매일신보」, 1904년 11월 23일.

히 수치가 되게 함이요 예수 그리스도께서 십자가에 못박혀 돌아가셨다는 글을 고쳐야 하겠다"는 구절을 덧붙여 해석한 부분이다. 예수교를 위하는 나라인 미국에 수치가 되게 한다는 말은, 이 글을 쓴 영국 세무관 직원 출신의 기자나 신문 편집인(Ernest T. Bethell, 1872-1909)이 처형된 한국인 애국자들을 예수교인으로 보았으며, 그 배후에 미국 선교사들이 있다고 생각했음을 보여준다. 이 신문은 십자가에 달려 죽은 예수를 불명예스럽게 만들기 위해서 일본군이 한국인들을 그런 십자가 나무에 매달아 총살했다고 해석했다. 1904년에 벌써 여론은 예수교인을 항일 민족주의 세력으로, 미국 선교사를 일본 제국의 한반도 점령에 방해가 되는 세력으로 간주하고 있었다.

두 번째로 처형된 그룹은 일제 통감부로부터 한국의 독립을 위해 싸운 의병들이었다. 1907년 7월부터 1909년 6월까지 일본군 보병 12여단이 전개한 적도토벌(賊徒討伐) 작전 때 약 12만 명의 의병이 약 4,000회의 게릴라 전투를 벌였다. 일본군이 한국인 애국자를 체포했을 때, 그들은 [사진 17]처럼 주민들을 소집시킨 후 한국인 게릴라 '갱'과 '스파이'가 십자가에서 총살당하는 것을 목격하도록 했다. 1907년 말에 충북 음성군에서 일본군이 자수한 의병까지 십자가에 매달아 총살했다.[160] 일본은 약 10만 명의 한국인 자유의 투사들을 살해한 후 1910년 8월에 한국을 합병할 수 있었다. 해산된 대한제국의 군인을 포함한 많은 농민과 청년이 나무 십자가에 묶여 사살되었다.

160 "日兵이 陰城郡에 來到ᄒᆞ야 人民을 曉喩ᄒᆞ되 義兵이 歸化ᄒᆞ면 卽爲免罪ᄒᆞᆫ다 ᄒᆞᆷ으로 義兵 幾人이 歸家ᄒᆞ엿더니 日兵이 捕捉ᄒᆞ야 十字木십의 捕縛ᄒᆞ고 砲殺ᄒᆞ얏다 ᄒᆞ고"("地方消息", 「대한매일신보」, 1908년 1월 4일).

[사진 16] 서울 마포에서 처형된 의병, 1904년 9월 21일[161]

[사진 17] 한국인 의병의 처형, 1907년[162]

161 Homer B. Hulbert, *The Passing of Korea* (London: Heinemann, 1906), 210.

162 "Au Pays du Martin Calme: Exécution de Coréens par les Japonais," *Illustration*(Paris: August 10, 1907); L. Putnam Wheal, *The Coming Stuggle in East Asia* (London: MacMillan,

이로써 십자가에는 한국 민족주의자들의 피가 가득 흘렀다. 일본인들이 한국인 애국자들을 처형할 때 왜 십자가에 매달아 죽였는지 그 이유를 보여주는 공식 기록은 찾을 수 없다. 아마도 일본 경찰이나 헌병과 군대는 한국인 주민들에게 처형 장면을 보여줌으로써 일본의 통치에 저항하는 일은 무모하고 아무 유익이 없다는 교훈을 주려고 했을 것이다. 사실 주민들에게는 처형된 의병들이 무력한 허수아비처럼 보였다. 일본인들은 공포와 전율로 한국인들의 투쟁 의지를 꺾으려고 했다. 나아가 일본 경찰과 군대가 유럽과 미국 신문의 특파원들에게 사진을 찍도록 허락함으로써 일본 정부는 법적 절차를 밟아 한국인 '게릴라'와 '테러리스트'들을 제거하고 있다고 선전했다. 누추한 한국인 의병의 이미지는 여러 신문과 책을 통해 반포되었다. 이 선전물은 원시적인 한국인 의병 테러리스트들과 잘 훈련된 근대적인 일본 군대를 대조함으로써 일본의 한국 식민 통치를 정당화했다. 조선 정부가 18-19세기에 십자가를 반역의 틀과 곤장의 틀로 사용했던 것처럼, 일본 정부도 십자가를 의병 투쟁하는 한국인들을 총살하는 반역과 처형의 상징으로 만들었다.

그러나 1907-10년 의병 전쟁에서 새로운 십자가의 이미지, 곧 십자가에 달린 민족주의자의 모습이 드러났다. 이제 십자가는 조선 정부에 대한 반역의 상징이 아니라, 일본 제국주의에 항거하는 한국 민족주의의 상징이 되었다. 알레니의 『天主降生出像經解』(1637)에 의해 시작된 불효 불충자인 예수의 처형처 십자가 이미지는 마침내 한국인 의병들이 일본군에게 총살당하는 애국적 처형처로 변형되었다. 선교사들과 교회 지도자들은 기독교인들이 항일 의병 운동에 참여하는 것을 금지했지만, 일부 교인들은 의병

---

1909), 518.

운동에 참전했다.[163] 1908년 3월 23일에 평양 숭실학당 출신 장로교인 장인환(張仁煥, 1875-1930)은 샌프란시스코에서 의병장의 명령서를 읽고 친일 미국 외교관 스티븐스(W. D. Stevens)를 저격했다. 1909년 10월 26일에 만주 하얼빈역에서 천주교인 안중근(安重根, 1879-1910)은 통감 이토 히로부미(伊藤博文, 1841-1909)를 저격 처단했다. 1909년 12월 22일에 평양의 장로교인 이재명(李在明, 1887-1910)은 한국의 독립을 위해 역적 이완용(李完用, 1858-1926)을 명동성당에서 살해하려다 미수에 그쳤다. 한국의 독립을 위해서 많은 한인들이 만주로 이주했고, 교회를 세우고 독립군에 가입하는 자들이 늘었다.[164]

해외 한인들은 독립운동에 적극 참여했다. 1909년 9월 샌프란시스코의 「신한민보」(*The New Korea*)는 [그림 15]와 같이 양복을 입은 삼천리 한반도 모양의 한국인 남성이 두 손으로 천도(天道, Christianity)와 공법(公法, International law)의 이름이 새겨진 종판(種版: 심판)의 십자가를 들고 머리에 단 권총으로, 태양으로 상징된 일본 남자의 얼굴을 향해 총알 4개를 발사하는 정치 만화를 게재했다. 일본 제국주의는 적십자사의 완장을 차고, 외교와 철도의 나막신을 신고, 양손에 지팡이와 망치를 잡고 한국을 잡으려고 한다. 여기서 십자가는 한반도 모양의 금척(金尺, 조선 왕의 권위와 통치를

163 1907년 동학, 의병, 일진회가 양반의 돈을 빼앗아 가는 상황이었는데 이를 정감록이 예언한 "富貴者死 貧賤者生"이 응한 것으로 보기도 했다. "소위 정감록에 이른바 부귀자는 사한다 빈천자는 생한다 하였으니 근경이 과연 그러한 걸. 또 본전이 양반인데 닷 돈은 동학이 가져가고, 닷 돈은 의병이 가져가고, 닷 돈은 일진회가 가져갔으매, 양반에 한 푼도 아니 남았으니 무엇이 볼 것 있나. 이제라도 노동하여 식산흥업[殖産興業]하여 후사나 생각하는 것이 상책이지. 유의유식[遊衣遊食]하다가는 가라지가 되어 농군한테 제초를 당할 터이니 당하지 않는 것이 상책일 듯. 앗다, 어셔어셔 밧비밧비"("투셔", 「대한매일신보」, 1907년 9월 19일).

164 "세인의 의혹: 동양교회 감독 해리스 관계", *KN*, 1908년 5월 6일; Gustave C. M. Mütel, 『뮈텔주교일기 4(1906-1910)』(한국 교회사연구소, 1998), 413, 433; "잡보", 「대한매일신보」, 1909년 12월 23일.

상징) 및 태극 문양의 권총(한국 민족주의의 상징)과 공존하고 있다. 특히 한반도는 만주에서 바라본 형상이다. 따라서 이 저격은 만주에 있는 한인 의병 독립군의 관점이다. 사실 이 만화가 게재된 후 6주가 되지 않아 만주에서 천주교인 안중근, 장로교인 우덕순, 러시아정교인 최재형 등이 협력하여 이토 히로부미를 권총으로 처단했다. 십자가를 잡고 있는 양복 청년은 바로 미주 한인 기독교인과 만주 거주 한국인들이 연합한 해외 한인 민족주의 운동의 상징이었다.

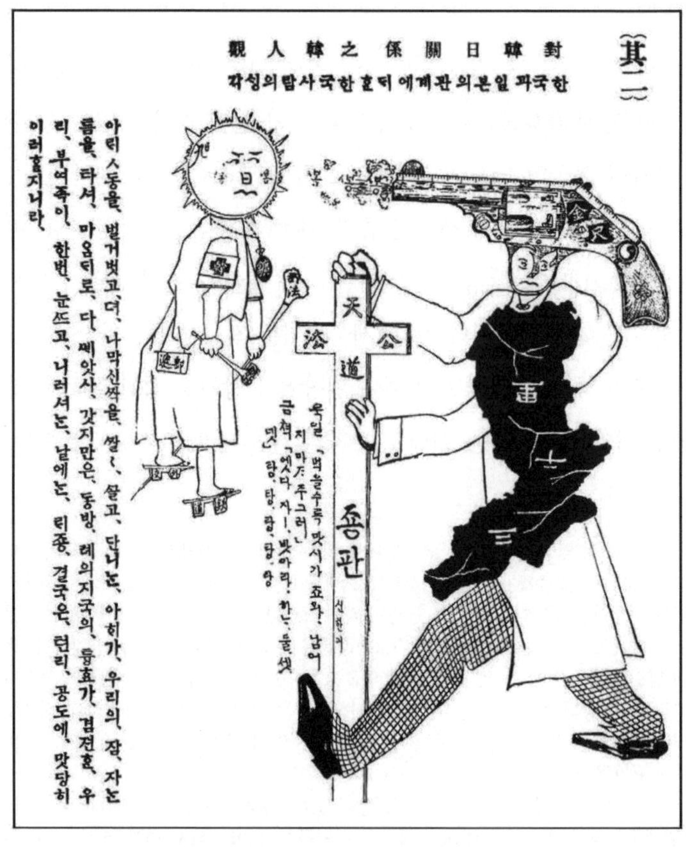


[그림 15] "대한일관계지한인관", 「신한민보」, 1909년 9월 15일

이 맥락에서 볼 때, 미국 선교사들이 십자가에 못 박힌 예수의 이름으로 한국 기독교인들에게 배일 사상을 불어 넣는 정치적 세례를 주고 있다고 주장하는 일본 신문들이 기사뿐만 아니라 [그림 16]과 같은 만화를 게재한 것은 흥미롭다. 그들이 배일 사상의 배후에 십자가에 달린 예수가 있다고 함으로써, 십자가는 한국인의 항일 민족주의와 연관되었다. 일본 정부와 언론인들은 개신교와 반일 민족주의 사이의 연관성을 의심했다. 이런 의심이 발전하여 1911년의 조선총독암살음모사건으로 발전하고, 서북 지역 기독교인을 중심으로 700여 명이 체포되고 105인은 유죄 판결을 받아 투옥된다.

## 결론: 종교적 메시아와 정치적 메시아

1894년부터 1910년까지 한국인이 개신교로 개종하는 과정에서, 그동안 많은 학자들이 관심을 두지 않았던 파자 요인(glyphomancy factor)이 중요한 역할을 했다. 이 특이한 파자 요인은 한국의 정치사회적이고 풍수예언적인 요소들과 복잡하고 긴밀하게 연결되어 있었다. 이 다양한 요소들이 합금처럼 화학적 반응을 일으킨 데는 다음 두 가지 이유가 있었다. (1) 전통적으로 한국에서 파자

[그림 16] "宣敎師の 洗禮", 「萬朝報」(東京), 1910년 3월 21일

는 왕조 변화나 정치적 반란의 풍수도참적 예언과 관련이 있었다. (2) 19세기 말과 20세기 초 상황에서 한국의 근대 국가 건설 프로젝트가 내부의 부패와 자연 재해와 전염병과 외부의 침략으로 인해 급속히 와해되고 저지되면서, 종교적 언어와 성물(聖物)은 부패한 지방 관리와 침략한 러시아 군인과 일본 군인들로부터 생명과 재산을 보호해야 하는 지역 주민들에게 강력한 종교적·정치적 의미를 제공했다. 사람들이 사회적, 경제적, 정치적 이유로 교회에 들어왔다는 것은 의심할 여지가 없었다. 그러나 그들은 단지 그런 이유만으로 기독교로 개종하지 않았다. 그들에게는 종교적인 확신을 주는 더 설득력 있는 이유나 논리가 필요했다. 이 점에서 낯선 서양의 기독교는 친숙한 전통 종교에 의해 유의미하게 해석될 수 있었고, 반면에 기독교는 그들에게 정감록과 같은 말세 예언 문서에 담긴 미해결된 파자 구절을 해독할 수 있는 중요한 단서를 제공했다.

개신교 선교사와 한국인 신자들은 천주교의 십자고상이나 십자가에 달린 예수상을 사용하지 않고, 개신교 십자가의 의미를 바꾸려고 했다. 첫째, 개신교 십자가의 이미지는 '종교적 순교'에서 '종교적 파자'의 의미로, 곧 [도표 1]에서 A 방향으로 이동했다. 정감록의 수수께끼 구절들은 기독교의 십자가와 관련하여 새롭게 해석되었는데, 이 해석에서는 개신교 교회가 십승지지(십자가가 승리한 곳)의 구원의 땅으로 인식되었다. 여기서 예수의 이미지는 처형된 범죄자에서 죄와 죽음의 세력을 물리친 우주적 승리자로 바뀌었다. 이 전투하고 승리하는 예수의 성상으로서의 십자가는 동학전쟁, 청일전쟁, 러일전쟁 시기에 강력한 정치적 의미를 획득했다. 환난 때 구원의 방도인 궁궁을을은 예수의 조상인 아브라함(亞伯拉罕)의 첫 글자인 亞 속에 있는 십자가에서 발견되었다. 이 파자적 해석이 교회의 붉은 십자기와 선교사의 치외법권과 정치군사적 혼란 상황과 결합되었을 때, 기근과 전쟁으로 고통을 겪던 경기 북부, 황해 남부, 강원 북부, 함경 남부 지역의 사람들은 교회에 모여 찬송가 "십자가 군병들아, 주 위해 일어나"를 불렀다. 교회는 고통 받는 사람들을 위한 종교적 피난처에서 마을 주민들을 위한 유사 정치 결사체로 발전했다. 그들은 교회를 통해 지방 정부와 황국협회에 대항하며 생명과 재산을 보호하려고 시도했다. '예수기'는 개종의 세속적 성격, 즉 선교사의 치외법권과 자기 방어를 위한 교회 회원들의 연대에 기반한 정치적인 힘을 표상했다(a에서 a'로 이동). 선교사들은 교회에서 깃대를 없애고, 부흥운동을 시작했으며, 교회에서 정치적 요소와 쌀신자를 근절하기 위한 교회 치리를 강화했다.

[도표 1] 십자가 성상의 종교적 정치적 요소들, 1801-1910년

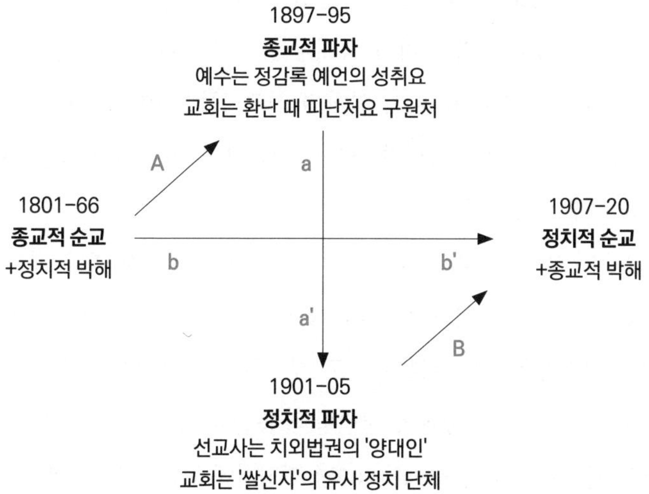

일본이 만든 십자가의 이미지는 기독교 개종의 세속적 성격을 강화했다. 적십자사병원의 깃발과 군대 구급차의 적십자는 일본의 근대 문명을 상징했다. 대부분의 의료 선교사들은 일본 정부가 한국 정부보다 국민의 건

강과 위생을 향상시키는 데 더 효과적이라고 믿고 일본 식민 정부와 협력했다. 그러나 일본 군인과 경찰이 한국인 애국자와 의병을 십자가에 묶고 처형했을 때 민족주의적 의미가 십자가의 이미지에 추가되었다. 곧 [도표 1]에서 B 방향으로 이동했다. 기독교 순교의 상징인 19세기 십자고상은 20세기 초에 나무 십자가의 형태로써 한국 민족주의의 정치적 상징으로 바뀌었다(b에서 b′로 이동).

따라서 1903-08년 부흥운동이 개신교회를 휩쓸 때, 교회의 십자가와 십자기는 다양한 의미—구속의 장소, 난민의 피난처, 공동체의 이익을 위해 싸우는 요새, 선교사의 치외법권으로 보호 받는 정치적인 힘, 메시아 도래를 예견한 전통 예언의 성취, 서구 과학과 기술, 한국의 민족주의—를 지녔으며, 이들은 상호 보완적으로 공존했다. 부흥운동에 대한 선교사들의 의도 중 하나는 십자기의 정치적 색채를 종교적 색채로 바꾸는 것이었다([도표 1]에서 a′→ a로 되돌림). 다시 말하면 선교사들은 예수를 "유다 지파의 사자"와 정치적 메시아가 아니라 "세상 죄를 지고 가는 하나님의 어린 양"인 죄인의 구주로 제시했다.

신유교가 왕조 이념으로서의 헤게모니를 상실하자, 한국에서는 네 가지 종교적 메시아 사상—동학의 후천 개벽설, 개신교의 전천년왕국설, 개신교의 후천년왕국설, 일본의 신도 제국주의의 문명론—이 서로 경쟁했다.[165] 수직적으로, 두 종교의 천년왕국 종말론인 미국의 세대주의와 한국의 민간 메시아 사상이 1894-1905년 전쟁기에 교회 마당에 세워진 붉은 십자기(예수기)에서 만나 통합되었다. 수평적으로는 두 개의 정치문화 이상

---

165 1900년경 기독교 용어인 '종말론'은 아직 사용되지 않았고 대신 '개벽론'이나 '결국학'으로 번역되었다("정동셔 신학을 공부홈", 「신학월보」[1902년 3월]: 117). 이어서 '말세학'으로 사용되었다. 따라서 전통적인 한국 종교가 제시한 말세에 신천신지의 이상사회가 시작된다는 개벽론은 개신교 종말론에 일정한 영향을 주었다고 볼 수 있다.

인 기독교 후천년왕국설과 계몽 운동이 1890년대-1900년대 근대 국가 건설을 위해 통합되면서 개혁 운동이 일어났다. 그러나 이러한 종교적, 국가적 이상은 1905년부터 동아시아를 문명화하고 식민지화하려는 일본 제국의 동아시아주의(pan-Asianism)에 의해서 왜곡되었다. 다양한 메시아주의적 민족주의 파벌 간의 경쟁에서 정감록과 십자가의 형상은 많은 사람들로 하여금 이 땅에서 천국을 상상하고 건설하도록 하는 핵심적인 촉매제가 되었다.

제3장

# 성령

무교의 신령과 기독교 축귀

귀신, Koui-sin, 鬼神. Génie; les dieux; les diables; démon; mauvais génies.

F. C. Ridel ed., *Dictionnaire Coréen-Français,* 1880

귀신 鬼神. A demon, evil-spirit, a devil

H. G. Underwood, *A Korean-English Dictionary*, 1890

귀신 1. 鬼神. Spirits; demons, See 신.

J. S. Gale, *A Korean-English Dictionary*, 1897

첫 목회 선교사인 언더우드는 1890년에 출판한 『韓英字典 한영ᄌᆞ뎐』에서 'witch'를 "무당, 무녀, 마슐ᄒᆞ는녀편네, 요슐ᄒᆞ는녀편네"라고 정의했다.[1] 언더우드는 유학 양반층과 프랑스 가톨릭 선교사와 마찬가지로 나중에 샤머니즘으로 불린 한국의 민속 종교를 '귀신 숭배'로 배척했다. 언더우드의 태도는 타 선교지에서 기독교가 마술이나 주술 행위를 배척한 것과 동일했다. 그는 한국 무속의 여자 무당을 경멸했고, 서양의 마녀술과 관련된 온갖 부정적인 낙인을 무당이 행하는 의식에 대입했다. 그래서 그는 사전에서 '귀신'을 "demon, evil-spirit, devil"로 정의했는데, 이는 성경이나 마귀학에서 사용한 단어들이었다. 그리스어 'δαιμόνιον'(다이모니온)은 영어 성경 흠정역본(KJV, 1611)에서는 'devil'로, 영어 성경 개역본(RV, 1881)에서는 'demon'으로 번역했고, 그리스어 'πνεῦμα πονηρόν'(프뉴마 포네론)은 두 역본에서 동일하게 'evil spirit'로 번역했다. 반면 1897년에 출판된 게일의 『한영ᄌᆞ뎐』은 '무당'을 "witch, sorcerer, female fortune-teller"로 정의했으며, 귀신

---

1 H. G. Underwood, 『韓英字典 한영ᄌᆞ뎐 A Concise Dictionary of the Korean Language in two Parts: Korean-English & English Korean』(Yokohama: Kelly & Walsh, 1890), 289. 이 한영자전 편찬에는 Hulbert, Gale, 송순용이 참여했다. Underwood는 서문에서 "또한 송순용(宋淳容) 씨에게 감사한다. 그의 조심스러운 작업과 언문 용례에 대한 철저한 지식이 없었더라면 현 사전 작업은 동일한 정확성의 수준을 획득하는 것이 불가능했을 것이다"라고 감사했다. 『한불ᄌᆞ뎐』(1880) 편찬에 참여한 학자 德祚 송순용은 Underwood의 사전 작업에 참여한 일로 천주교회에서 출교되었다. 송은 프랑스 가톨릭 선교사들의 한국어 연구를 미국 개신교 선교사들에게 전달해 주었다.

은 주로 'spirits'라는 중립적인 학술 용어로 번역했다.[2] 왜 게일은 언더우드의 부정적인 용어를 완화시키고 중립적인 용어를 사용했을까? 1890년부터 1897년까지 7년 동안, 그리고 그 이후에 한국 샤머니즘을 연구하던 개신교 선교사들에게 어떤 변화가 일어났는가? 무엇보다 선교사들의 신학적, 종교학적, 인류학적인 연구가 그들의 교회 사역에 영향을 미쳤을까? 이런 질문을 염두에 두고, 이 장은 기독교 귀신학과 한국 샤머니즘의 만남을 둘러싼 세 가지 주제를 살펴보려고 한다. 첫째, 귀신 숭배에 대한 한국 기독교 초기의 금지 규정과 가르침에 관해 상술하고, 주물과 가택신을 제거하기 위한 기독교의 광범위한 노력을 서술한다. 둘째, 1890년부터 1910년까지 개신교 선교사들이 샤머니즘을 한국인의 실제적인 종교로 간주하고 종교적, 인류학적으로 분석한 연구의 발전 과정을 살펴보겠다. 셋째, 기독교와 샤머니즘이 만나면서 신학과 의례에 나타난 상호 영향을, 특별히 전도부인이 귀신 들린 여성에게 행한 축귀 의식을 중심으로 추적하려고 한다.

영미 선교사는 인습 타파적 태도를 가지고 한국 민속 종교에 대응하는 과정에서 '악령과 귀신'을 쫓아내는 새로운 무당의 역할을 어느 정도 떠맡게 되었다. 프랑스 가톨릭 선교사들처럼 북미 개신교 선교사들도 한편으로는 한국 민속 종교를 공격하면서, 다른 한편으로는 무교가 믿는 신령, 귀신 들림, 축귀 등을 수용했다.[3] 프랑스 선교사와 영미 선교사의 차이점은 후자가 1890년대부터 한국 샤머니즘을 어느 정도 학문적인 방법론으로 연

2 J. S. Gale, 『A Korean-English Dictionary 韓英字典, 한영ᄌᆞ뎐』 (Yokohama: Kelly & Walsh, 1897), 353.

3 Kim Chongsuh, "Early Western Studies of Korean Religions," Suh Dae-Sook ed., *Korean Studies New Pacific Currents* (Honolulu: Hawaii University Press, 1994), 141-157; Boudewijn C. A. Walraven, "Interpretations and Reinterpretations of Popular Religion in the Last Decades of the Chosŏn Dynasty," Keith Howard ed., *Korean Shamanism: Revivals, Survivals, and Change* (Seoul: Korea Branch of the Royal Asiatic Society, 1998), 55-72.

구했다는 것이다. 다른 차이점은 개신교가 겉으로는 분명히 샤머니즘과 대립하고 충돌했지만, 배후에서는 드러나지 않게 샤머니즘과 일종의 혼합주의적인 융합이 진행되었다는 사실이다. 한국인이 기독교로 개종할 때 수천 년간 전해 내려온 민간 신앙을 버리고 서구의 계몽주의, 근대화, 기독교 문명을 향해 일방적으로 떠밀려 간 것은 아니었다. 개신교 선교사가 샤머니즘을 공격하고, 집안에 깃든 신령에게 바친 주물과 부적을 불태우고 미신적인 믿음과 행위를 버리도록 요구하고 격려했음에도 많은 한국 기독교인들은 전통적인 애니미즘 신앙을 간직했다. 한편 선교사의 합리주의 사고나 교단의 헌법은 기적적인 치유를 부인했음에도 선교사의 성경 문자주의와 현장 경험은 그들로 하여금 기독교식 축귀를 인정하도록 만들었다. 이런 의미에서 선교사의 현장 경험은 근대 과학과 신학에 기초한 그들의 배경 지식을 압도했다. 한국 샤머니즘의 경우에 공공연한 기독교-근대화 결합 이면에 은밀한 기독교-토착화의 융합이 동시에 진행되었다.

샤머니즘과 다른 세계 종교 간의 혼합주의적 융합은 한국의 다층적 종교 정체성이 지닌 특징인데, 20세기로 넘어갈 무렵에 수용한 개신교 역시 예외가 아니었다. 샤머니즘과 개신교의 주요 접촉점은 치유 과정에서 나타난 일종의 능력 대결이었다. 한국인은 질병이나 재난 외에도 언제 일어날지 모르는 다양한 불행을 끊임없이 두려워하며 살았는데, 그들은 이런 불운한 현상은 제어할 방법이 없는 신령이나 귀신과 연관되어 있다고 믿었다. 그래서 선교사가 가져온 양약이 학질(말라리아)이나 콜레라와 같은 전염병에 효과가 있는 것을 보고 교회로 들어온 사람들은 선교사에게는 무당이 모르는 귀신 퇴치법이 있을 것으로 기대했다.

전통적인 샤머니즘 세계관에 따르면 질병이나 재난은 신령, 인간, 자연을 둘러싼 우주의 조화가 깨어질 때 발생했다. 이런 경우 여성 영매인 무당이 굿판을 벌여 재난을 쫓아내고 복을 빌었다. 예를 들면 치유를 위한 우환굿은 환자와 그 가족을 위해서 신령한 춤, 노래, 제물을 동원해 가택신이나 원한을 품은 조상 신령의 분노를 풀려고 했다.[4] 우환굿의 목적은 신령과 인간, 죽은 자와 산 자, 신체와 우주 질서 사이의 원한을 풀고 관계를 회복하는 것이었다. 대개의 경우 무당과 당골은 신령에게 마땅한 예를 갖추어 섬겼다. 하지만 간혹 무당은 더 강한 신령의 이름을 빌려 칼이나 창으로 악한 귀신을 위협하기도 했다. 이와 달리 맹인 남자 판수는 도교나 밀교 경전에서 가져온 주문을 외워서 귀신을 쫓아냈다. 무당이 신령을 잘 대접하여 인간 세계와 거리를 둔 곳에서 편히 쉬도록 달래었다면, 판수는 인간을 괴롭히는 사악한 신령을 축귀하는 역할을 맡았다.

질병과 귀신 들림에 대처할 때 무교의 여성 무당과 도교나 불교의 남성 구마사가 공존한다는 사실은 한국 종교의 절충적이고 혼합주의적인 성격을 드러내었다.[5] 개인 영역과 공적 영역이 완전하게 나뉘지는 않았지만, 한국 민속 종교와 유교는 대체로 각자 서로 다른 영역에서 작용했다. 집안에서 행하는 조상 제례나 국가의 공식 의례는 모두 유교의 의례 헤게모니 아래 있었다. 이 의례를 행하지 않는 자는 사회적 제재를 받았다. 반면 개인 영역에서는 집에서 굿을 하는 무당과 판수가 영적 지도력을 소유했다. 판수가 불교와 도교를 사유화한 점에서 우리는 종속적 종교는 지배적 종교하에서 생존책으로 혼합주의적 의식을 통해 개인 영역에 뿌리를 내린다는 사실을 알 수 있다. 기독교와 샤머니즘의 만남의 경우, 상위 기독교하에서 하위 샤머니즘은 그와 유사한 방식으로 생존하고 공존했다.

---

4 참고. Laurel Kendall, *Shamans, Housewives, and Other Restless Spirits: Women in Korean Ritual Life* (Honolulu: University of Hawaii Press, 1985).

5 Lee Jung Young, *Korean Shamanistic Rituals* (New York: Mouton, 1981), 1-10; Walraven, "Religion and the City: Seoul in the Nineteenth Century," *Review of Korean Studies* (June 2000): 178-206.

## 1. 귀신 숭배에 대한 선교사의 우상 파괴적 태도

19세기 복음주의 선교 이론의 특징 중 하나는 우상 파괴였다. 선교사는 샤머니즘을 포함한 한국의 전통 신앙을 우상숭배나 악마 숭배라며 비난했다. 샤머니즘을 향한 선교사의 공격은 유일신교 대 다신교, 서구 합리주의 대 비서구 미신이라는 이분법에 바탕을 두고 있었다. 선교사는 미신이 유교나 불교 같이 조직화된 종교의 영역 밖에 존재하는 "거대한 전통 신앙의 집합체"로서 "수많은 신, 악마, 반신, 수 세기에 걸친 자연 숭배의 유산"으로 구성되어 있다고 정의했다.[6] 개신교 선교사와 한국 기독교 지도자는 영미 국가의 번영이 유일하신 하나님을 믿기 때문이며 한국의 가난, 정치적 약세, 수많은 재난 등은 계속되는 우상숭배와 신령 숭배에 따른 하나님의 심판이라고 주장했다.[7]

### 수용한 전통: 귀신 숭배 금지

한국 개신교 선교회들이 신령 숭배와 조상 숭배에 대해 취한 불관용 입장은 당시 중국 선교회들의 정책에 뿌리를 두고 있었다. 일상어로 기록된 전도용 한글 소책자들은 불상, 유교의 신위, 도교의 옥황상제, 샤머니즘의 신령, 천주교의 성상 등을 미신적인 우상숭배물로 규정하고 비판했다. 십계명의 제1, 제2계명에서 비롯된 이와 같은 배타적 유일신론은 세례 요구 조건에 포함되었다. 1895년 발간된 장로회 학습교인의 세례문답 교재인 네비어스(John L. Nevius)의 『위원입교인규됴』에서는 '한국 현지인 교회를 위한

6 Jones, "The Religious Development of Korea," *GAL* (Sept. 1891): 415-417.

7 "우샹론", 「죠션크리스도인회보」, 1897년 4월 14일; "우샹의 허혼 론", 「그리스도신문」, 1897년 7월 29일, 8월 6일; "교회 통신", 「그리스도신문」, 1898년 5월 5일.

규칙' 7항을 제시했다.[8] 그중 첫 번째 규칙을 보자. "일절 귀신을 높혀 받드는 것이 하ᄂᆞ님께서 미워하시는 것인즉 심지어 조상에게 제사지내는 일관이라도 풍속을 좇지 말고 마ᄯᅡᆼ이 홀로 하나이신 하ᄂᆞ님만 공경하고 섬길지니라."[9] 곧 귀신 숭배, 조상 숭배, 주색잡기는 십자가의 원수로 간주되고 금지되었다.[10] 1895년에 감리회도 한글 요리문답 체계를 마련하는 과정에서 학습인이 지켜야 할 비슷한 규칙을 제정했다.

1894-95년의 청일전쟁에서 일본이 승리하자 동아시아의 전통적 세계관인 중화사상은 조종을 울렸다. 종교적 측면에서 청일전쟁은 기독교 선교 사업에 훌륭한 도구 역할을 했는데, 이는 전쟁을 계기로 전통적인 신령과 중국의 신들이 일본의 신령과 서구 신들 앞에서 무력하다는 의문을 불러일으켰기 때문이다. 1897년 한국을 방문한 스피어 총무는 이렇게 말했다. "일본이 중국을 이겼다는 사실은 한국인에게 깊은 인상을 남겼고, 서구 문명과 서구 종교를 더욱 높이 평가하도록 했다. 뿐만 아니라 신령 숭배는 기가 꺾였고 중국 신 숭배는 숨이 끊어졌으며, 남아 있던 불교의 명맥은 사라졌다."[11] 평양에서 활동하던 마페트(1864-1939) 목사는 이런 정치 사회적 변화가 한국인으로 하여금 "이제 중요성이나 의미가 상당히 약화된 과거의 미신과 의례를 버릴 수 있도록" 만들었다고 믿었다.[12] 그는 보이지 않는 적대 세력에 대한 두려움으로부터 구원하는 그리스도를 믿을 것을 강조했다. 또 강력한 성령이 신자를 인도하며 악령의 끊임없는 유혹과 싸

8 John L. Nevius, 『위원입교인규됴』, Samuel A. Moffett 역(경성: 한미화활판소, 1895), 22a-24a.

9 R. E. Speer, "Christian Mission in Korea," *MRW* (Sept. 1898): 681.

10 W. D. Reynolds, "Enemies of the Cross in Korea," *Missionary (*Oct. 1899): 464-466.

11 Speer, *Report on the Mission in Korea of the Presbyterian Board of Foreign Missions* (New York: Board of the Foreign Missions, PCUSA, 1897), 7.

12 S. A. Moffett, "The Transformation of Korea," *CHA* (August 1895): 136-137.

울 힘을 준다는 메시지는 귀신에 대한 두려움 속에 살고 있던 일부 한국인의 마음을 움직였다. 1897년에 감리회 주간지 논설은 그리스도가 승천 당시 약속한 성령 충만은 오순절의 유대인만을 위한 것이 아니라 "예수를 믿는 한국인을 위해서도" 약속되었다고 주장했다.[13] 마페트는 시장에서 사람들에게 다음과 같이 간결하게 전도했다. "나는 여러분의 귀신을 두려워하지 않습니다." 귀신을 두려워하던 시장의 사람들이 그의 이야기를 듣기 위해서 모여들었다. 마페트는 말했다. "나는 여러분의 귀신을 두려워하지 않습니다. 왜냐하면 나는 위대한 신이신 하ᄂᆞ님을 알기 때문입니다." 사람들은 하ᄂᆞ님이라는 친숙한 단어를 좋아했다. 마페트는 계속했다. "하ᄂᆞ님이 저를 사랑하시기 때문에 나는 작은 귀신을 두려워하지 않습니다. 하ᄂᆞ님이 나를 사랑하시면 어떤 귀신도 나를 해할 수 없습니다. 하ᄂᆞ님이 나를 사랑하시는 증거는 독생자인 예수를 보내어 나를 위해서 죽게 하시고 나를 구원하셨다는 사실입니다."[14] 한국인의 종교 문화에 접목된 이런 단순한 설교가 개종자를 얻을 수 있었다.

크랜스턴(Earl Cranston, 1840-1932) 감독은 1896-99년에 매년 한 번씩 중국, 한국, 일본의 감리교회를 순방했는데 1898년 10월 연환회(年還會) 때 서울의 상동교회에서 설교했다. 설교의 주제는 성령의 능력이었다.

> "내가 여기 와서 들으니 귀신을 무서워하는 이가 많다 하나, 이때까지 귀신의 행악하는 것은 보지 못하고 다만 사람의 행악하는 것만 보았으니, 사람이 무엇으로 악을 행하느뇨? 마귀가 사람으로써 행하게 하느니라. 성경에 말씀하신

---

13 "연셜", 「죠션크리스도인회보」, 1897년 3월 31일.

14 Samuel H. Moffett, "The Life and Thought of Samuel Austin Moffett, His Children's Memories," in *The Centennial Lecture of Samuel A. Moffett's Arrival in Korea* (Seoul: Presbyterian Theological College and Seminary, 1990), 17.

성신은 어떠한 신이시뇨? 우리에게 인애와 화평과 여러 가지 권능을 행하게 하시나니"[15]

크랜스턴 감독과 스크랜턴 감리사는 교인들이 정치에 참여하는 것을 경계하는 목회 서신에서 천국으로 가는 길을 안내하고 악령과 싸울 힘을 공급하는 성신 세례를 받을 것을 권면했다.[16] 무어(Davis H. Moore, 1838-1915) 감독은 중국 상하이에 거주하면서 1904년까지 중국, 한국, 일본 감리교회를 관할했는데, 1901년 4월에 평양을 방문했다. 무어는 "대한 사람의 모양을 보니 유대 사람과 같은 것이 많고, 또 사기를 보아도 대한 사람은 셈의 자손이오 미국 사람은 야벳의 자손이매 대한 사람이 예수 씨와 동족이라"하니 교우들이 예수와 한 족파라 함을 다 기뻐했다. "또 예수 씨가 양심으로 세상 사람을 붙드는 데 예수 씨는 지남석이 되시고 모든 양심으로 행하는 자는 다 예수 씨에게 붙는 법이매 무론 누구든지 믿는 자는 예수 씨가 잡아당기어 자기에게 붙쳤다"고 하여 예수와 한 덩어리가 된 신자들은 하늘에 계신 아버지를 신실하게 섬겨야 한다고 설교했다.[17] 한국 교인들은 아득한 옛날 선조들이 귀신이 아니라 유일하신 하ᄂᆞ님을 섬겼다고 믿었기 때문에 크랜스턴 감독의 설교를 흔쾌히 수용했다.

### 거행한 의식: 주물 불태우기와 당집 파괴

한국인이 예수교를 믿기로 결심하면 선교사는 가택신과 신령에게 바친 모든 주물(呪物, fetishes)을 태울 것을 요구했다. 선교사는 주물은 우상이고 주

15 "감독의 젼도ᄒᆞ심", 「대한크리스도인회보」, 1898년 10월 5일.
16 "통샹교회의게 ᄒᆞᆫ 편지", 「대한크리스도인회보」, 1898년 11월 2일.
17 "문감목피셔 평양교회에 오심", 「신학월보」(1901년 6월): 239-242.

물 숭배는 헛된 신을 숭배하는 것이라고 여겼다.[18] 때로 개종자는 주물을 마을 어귀로 가져가 언덕 아래로 멀리 던져버리기도 했다. 선교사가 보기에 개종자는 주물을 부수는 상징적인 행위를 통해 과거와 단절할 필요가 있었다.[19] 1899년 한 무당이 하던 업을 버리고 기독교인이 되기로 결심했다. 그는 무복과 놋 기구들을 평양에 있는 한국인 전도자에게 주었다.[20] 다른 한 무당은 기독교로 개종할 때 굿에 사용하던 무구와 무복을 폐기하라는 요구를 받았는데, 이는 사도 바울 시대에 마술을 행하던 에베소인들이 그들의 책을 모아서 공개적으로 불사른 것과 같았다(행 19:19).[21]

한국인 전도자와 교인은 마을을 다니며 주물을 불태웠고, 이런 행위와 의식은 구경꾼을 끌어 모았다. 1899년 봄에 무어(Samule F. Moore) 목사의 조사였던 천광실은 황해도 배천에서 세 가옥의 주물을 불살랐다. 무어는 다른 동네에서 세 명의 한국인 신도를 만났는데, 그들은 회심한 무당을 데리고 왔고 무구도 함께 가져왔다.

> 그들은 그날 아침 네 집에 들어가 귀신을 불태웠고 무당과 그녀의 무구를 가지고 왔는데 무구에는 북, 징, 꽹과리, 방울, 1,000개의 구슬이 달린 목걸이, 여러 모양과 색깔의 의복, 대적하는 신령의 흉내를 낼 때 사용하는 칼, 무당이 절하고 제물을 바쳤던 커다란 그림 여섯 점이 포함되어 있었다. 무당은 신령

18 D. L. Gifford, *Everyday Life in Korea: A Collection of Studies and Stories* (New York: Revell, 1898), 115; Martha H. Noble eds., *Journals of Mattie W. Noble, 1892–1934* (Seoul: Institute for Korean Church History, 1993), 65.

19 Charles T. Collyer, "A Day on the Songdo Circuit," *KF* (November 1901): 12-13; C. A. Clark, "The Destroying of a Household God," *KF* (November 1903): 133; C. G. Hounshell, "The Lord Blessing His People," *KM* (May 10, 1905): 83; Arena Carroll, "Songdo, Korea," *WMA* (May 1906): 410-411; Georgiana Owen, "Burning of the Fetishes," *Missionary* (March 1908): 133-134.

20 M. Alice Fish to Franklin F. Ellinwood, April 29, 1899.

21 W. G. Cram, "Rescued after Years of Bondage," *KM* (Sept. 10, 1905): 149.

> 을 숭배하던 작은 건물을 가지고 있었는데 거기에 이 모든 것이 보관되어 있었다. 무당은 이제 이 방을 참 하나님께 기도드리는 곳으로 구별했다. 무당은 글을 읽지는 못했지만 말씀을 열성적으로 들었고 나에게 자기 집에 심방해서 기도해달라고 부탁했다. 이곳 한국인들은 이 노략한 무기를 원수를 향해 겨누었다. 징과 꽹과리는 귀청이 터질 듯이 큰 소리가 나는데, 구세군처럼 매일 거리 예배를 드릴 때 사람을 모으기 위해서 이 악기를 사용했다.[22]

한국인 교인들은 시장이나 거리에서 전도할 때 사람들을 모으기 위해서 무당이 사용했던 징과 꽹과리를 사용하기도 했다.

1902년 모리스(Charels D. Morris) 목사가 평양 근처의 혜천을 방문했을 때 한 기독교인이 "귀신 숭배에 사용했던 모든 기구를 불살랐고, 대신 그의 집 벽에 한글로 인쇄한 주기도문, 사도신경, 십계명을 부착했다."[23] 그때부터 이 집에서는 정기적으로 안식일 예배와 주중 예배를 드림으로써 가정 제단이 마련되었다. 1905년 케이블(Elmer M. Cable) 목사는 동료 목사 데밍(Charles Deming)과 함께 어느 주일 오후 강화도 교동에서 "기독교인이 되기로 한 여러 가정을 다니며 주물을 부수고 불살랐다."[24] 일부 한국인 개종자들은 과거에 가지고 있던 신앙 체계나 사고를 기독교로 가지고 왔는데, 이를테면 기독교란 단순히 더 강력한 마술을 가지고 있는 종교이며 기독교 나름의 부적과 신령이 있다고 믿었다. 또 서양 잉크 냄새가 풍기고 예수교 교리가 인쇄된 전도지나 복음서 사본이 영험한 부적이 될 수 있다고 생각하는 혼합적 신앙을 보유하고 있었다. 이런 물활론적 신앙을 가진 이들은 주물을 태울 때 그 아래에 복음서 사본을 불쏘시개로 넣어 신령을 몰아내

22 S. F. Moore to F. F. Ellinwood, May 27, 1899.

23 *Annual Report of the Missionary Society of the MEC* (New York: MSMEC, 1903), 363.

24 *Annual Report of the Missionary Society of the MEC* (New York: MSMEC, 1906), 326-327.

려고 했다.

1891년에 내한한 루이스(Ella A. Lewis)는 1905년에 전형적인 주물 불태우기 의식을 경험했다. 루이스는 이 의식을 '주물 번제'(a holocaust of fetishes)라고 불렀다.[25] 루이스는 한국인 전도부인과 수원의 여러 기독교 가정을 방문했다. 루이스는 사람들로부터 "귀신을 얼마나 열심히 섬겼는지, 그리고 숭배를 중단하려 하자 귀신이 그들을 얼마나 괴롭혔는지에 대해서 매우 흥미로운" 이야기를 들었다. 루이스는 주물을 찢고 부수는 행위를 지켜보았고, '귀신이 들린' 세 사람을 방문했다. 루이스는 장재내라는 마을에서 사경회를 열고 여성들을 가르쳤으며, 그들과 함께 인근 마을을 다니며 '더 많은 주물을 치워버리는' 일을 도왔다. 그러자 꽤 많은 구경꾼들이 이 의식을 보려고 모여 들었다. 마을 이장인 박 씨의 부인 마르다가 의식을 진행했다. 그는 바가지를 하나 달라고 한 다음, 벽에 걸린 큰 자루를 내려 자루 안의 쌀을 바가지에 붓고 되돌려주면서 이렇게 말했다. "이것으로 저녁 한 끼 식사가 충분하겠소." 그런 다음 박마르다는 마당 귀퉁이로 가서 짚으로 만든 작은 단지 덮개를 치웠다. 그 안에는 보릿겨가 반쯤 담겨 있었는데, 알갱이는 쥐가 파먹고 없었다. 부인은 단지를 아궁이에 가져가 보릿겨를 전부 불태워버렸다. 집주인 여자는 장롱 안에 주물이 더 있다고 외쳤는데, 자기 손으로 꺼내는 것은 약간 두려워하고 있었다. 박 씨 부인은 지체 없이 들어가 여름옷이 든 바구니를 찾아냈다. 그녀는 쥐들이 갉아먹은 부분을 뜯어내어 불에 던졌다. 그러자 기독교인 부인들이 찬송 "주 음성 외에는"을 부르고 이어서 "내 혼아 깨어서"를 불렀다.[26] 이들은 이런 찬양에 귀신을 대적하는 큰 권세가 있다고 믿었다. 기도하고 찬양을 한 곡 더 부

25 Ella A. Lewis, "A Holocaust of Fetishes," *KMF* (May 1906): 134-135.

26 George Heber Jones and William A. Noble 편, 『찬미가』(경성: 한미화활판소, 1900), 90장. 2절의 '유혹'(temptation)을 한글 찬송가에서는 '귀신'으로 번역했다.

른 다음, 루이스는 한 분 하나님 외에는 다른 신을 섬겨서는 안 된다는 요지의 짧은 설교를 전했다. 그리고 다른 집으로 가서 동일한 의식을 행했다. 1906년에 한국인 전도부인 김사라에게 설득된 많은 여성들이 "집안의 귀신 숭배와 관련된 여러 물건을 부수기로" 결심했고, 병이 나면 사람을 보내어 무당 대신 전도부인을 불러서 기도를 부탁하고 함께 기도하는 것이 새로 정착된 관행이 되었다.[27]

기독교인들은 때로 사당에 있는 화상과 주물을 파괴하기도 했다. 1897년에 서울의 한 장로교인 무리가 사당을 지나가다가 눈 먼 점술가 두세 사람이 불상과 무신도(巫神圖) 앞에서 예를 올리는 모습을 보았다.[28] 교인들은 판수들에게 마귀의 종이 되지 말고 하나님을 섬기라고 훈계했다. 그들은 신령의 보복이 두려워 차마 신상을 부수지 못하고 주저했다. 그러자 기독교인들은 동의를 얻은 뒤 일격에 불상을 부수었고 그림을 전부 불태웠다. 이들은 집으로 가는 길에 또 다른 사당을 지나치게 되었다. 대여섯 명의 여성들이 부처와 미륵불과 무신도 앞에서 절을 하고 무당은 춤을 추고 있었다. 교인들은 굿을 하던 여성들에게 회개와 구원에 대해서 설교하면서, 정부에서도 미신적인 의식을 금하고 있다고 말했다. 무당들은 "적잖이 당황했고 살려달라고 간청했다." 기독교인들은 모든 화상을 뜯어내어 불살랐다.[29]

1897년 7월 18일에 서울에서 비슷한 사건이 있었다. 몇 사람의 교인

---

27 *Annual Report of the Bible Committee of Korea for 1906*, 27.

28 무신도는 1) 자연신: 천신(天神), 일신(日神), 월신(月神), 성신(星神), 지신(地神), 산신(山神), 수신(水神), 화신(火神), 방위신(方位神), 2) 동물신: 동물신(動物神), 용신(龍神), 3) 인물신: 무조신(巫祖神), 장군신(將軍神), 왕신(王神), 대감신(大監神), 부처신(佛陀神), 산신(産神), 4) 귀신: 명부신(冥府神), 신장신(神將神), 사귀(邪鬼), 역신(疫神) 등 다양한 대상의 그림으로서 무속화나 무화(巫畵)로 부르기도 한다.

29 "미력의 비흠이라", 「죠션크리스도인회보」, 1897년 7월 21일.

이 남산에 가서 반(半)공인된 무교 사당인 국사당(國師堂)에 갔는데 사당 안에는 많은 여성들이 있었다.[30] 예수교인들은 사당의 당주를 불러 신령 숭배의 폐해에 대해서 설명했다. 당주가 승낙하자 기독교인들은 그림을 전부 떼어서 불태웠는데, 조선의 시조인 태조 대왕의 초상은 남겨두었다. 「독립신문」은 이들의 행위를 국민의 의무를 다한 것으로 칭찬했다.[31] 1897년은 독립협회와 개화파 내각의 계몽 운동이 정점에 달했던 때였으므로 일부 기독교인은 대담하게 무교 사당과 국사당에 가서 무신도를 없애기도 했다.[32]

## 이론 적용: 귀신을 이긴 세균론

서구 의학과 위생에 관한 선교사 담론은 한국인의 운명론과 미신론을 파괴하기 위해 십자군 운동을 벌였다. 한국인의 사고에 따르면 질병은 귀신이 몸에 '들어오면' 생기는 것이고 귀신이 '떠나거나' '나가면' 병이 낫거나 회복되는 것을 의미했다.[33] 비숍 여사는 "한국인은 모든 병을 귀신의 영향 탓으로 돌린다"는 사실을 발견했다.[34] 따라서 의료 선교사들은 한의사들이 귀신에게 출구를 만들어주기 위해서 자주 침을 사용한다고 보았다.[35] 사람들은 귀신이 말라리아, 장티푸스, 천연두, 콜레라, 홍역 같은 병들을 유발한다

---

30 19세기 국사당의 지위에 대해서는 Walraven, "Interpretations and Reinterpretations," 57-58을 보라.

31 "잡보", 「독립신문」, 1897년 7월 27일. 국가 상징인 태조대왕도의 숭배를 Walraven은 초기 근대 민족주의 의식의 한 형태로 해석했다. 참고 Walraven, "Religion and the City: Seoul in the Nineteenth Century," *Review of Korean Studies* (June 2000): 199-200.

32 "잡보", 「독립신문」, 1897년 8월 19일.

33 "교회 통신", 「그리스도신문」, 1897년 12월 9일; H. N. Allen, *Things Korea: A Collection of Sketches and Anecdotes, Missionary and Diplomatic* (New York: Revell, 1908), 203-204.

34 Isabella Bird Bishop, *Korea and Her Neighbors* (London: John Murray, 1898), 405.

35 Lavinia L. Dock, "Foreign Department: Korean News," *American Journal of Nursing* (1907): 34.

고 믿었다. 천연두는 너무나 흔해서 '마마'나 '손님'으로 불렸다.[36] 천연두 귀신이나 홍역 귀신은 신의 지위까지 높아져서 굿으로 모실 정도였다. 무당의 주 수입원도 손님인 천연두 귀신을 달래어 보내는 의식인 마마배송굿이었다. 또한 풍수지리설 때문에 어떤 질병이나 재난은 집터나 조상의 묘를 잘못 썼기 때문이라고 믿는 사람이 많았다.

의료 선교사는 의료 시장에서 한의사뿐만 아니라 마을의 무당과도 경쟁했다. 기독교에 관심을 갖게 된 이들 중 상당수가 서양의 약이나 수술로 병이 나은 자들이었다. 기독교인은 이웃에게 무당 대신 용한 서양 의사를 찾아가 보라고 조언했다. 1895년 평양으로 파견된 폴웰(E. Douglas Follwell) 의사는 1897년에 폐기종을 앓는 한 남자를 만났다. 그는 이미 무당에게 20원을 지불하고 병을 고쳐보려고 했다. 무당은 그에게 부모의 묘를 흉지에 썼기 때문에 유골을 길한 곳으로 옮기기 전까지는 병세가 호전되지 않을 것이라고 말했다. 그는 무당이 말한 대로 하면서 상당한 돈을 더 썼지만 병은 오히려 악화되었다. 마침내 그가 재산을 다 허비했을 때 한 불승이 평양에 가면 서양 의사가 그를 고칠 수 있을 것이라고 말했다. 폴웰 의사는 외과 수술을 해주었고, 그 환자는 회복되어 건강한 몸뿐만 아니라 예수 그리스도를 믿겠다는 고백과 함께 병원을 떠났다.[37] 1901년, 수원에 자녀의 병을 3년간 고치지 못한 무당이 있었다. 무당은 어쩔 수 없이 아이를 서울의 제중원으로 데려왔고 거기서 아이는 곧 건강을 되찾았다. 그녀는 신자가 되었을 뿐 아니라 자원하여 마을 전도인이 되어 모든 가족을 회심

---

36 지석영(池錫永, 1855-1935)은 1879년에 한국인 대중에게 우두 예방접종을 소개했다. 1895년 10월에 조선 정부는 천연두 예방주사에 관한 첫 칙령을 발표했다. 1908년까지 30세 이하는 모두 우두 접종을 맞았다고 보도되었다.

37 *Annual Report of the Missionary Society of the Methodist Episcopal Church* (New York: MSMEC, 1897), 244.

시키는 한편 여자 7명과 남자 6명이 모이는 교회를 세웠다.[38]

세균론은 귀신이 병을 지배한다는 믿음을 깨뜨리는 데 특별히 효과적인 무기가 되었다. 의료 선교사들은 무엇보다 마실 물은 반드시 끓여서 보이지 않는 미균(박테리아)을 죽이라고 강조했다. 의료 선교사는 감염된 물을 마시는 것이 설사, 이질, 콜레라, 말라리아, 소화 불량, 열병 등을 유발한다고 가르쳤다.[39] 19세기 말에서 20세기 초에 한국에는 대여섯 차례의 콜레라가 유행했다. 콜레라는 1878년에 부산항에서 발생했다가, 1886년 여름에는 전국적으로 창궐했다. 정부는 적절한 예방 조치를 취하지 못했고 병에 걸린 사람은 치료를 받지 못했다. "사람들은 상당한 돈을 들여 도시 도처에 사당을 짓고 콜레라 신에게 기도했다. 수많은 군인들은 공중에 자주 총을 쏘면서 콜레라 신이 대궐 안으로 들어오지 못하게 위협했다.[40] 한국인은 콜레라를 쥐통이라 불렀는데, 이는 쥐 귀신이 병을 불러온다고 생각했기 때문이다. 헤론(John W. Heron, 1856-1890) 의사는 황산, 아편, 장뇌, 고추를 혼합해 콜레라 약을 제조했고, 이를 정부 병원인 제중원의 직원들이 매일 수백 명씩 병원에 찾아오는 사람들에게 배급했다.[41] 그러나 1886년 두 달 동안 서울에서만 6,000명 이상의 시신이 동남문인 광희문(속칭 屍口門[시구문])을 지나 묘지로 실려 나갔다.[42]

1894년 갑오개혁으로 내무아문에 위생국을 설치했으나, 위생 지식을 가진 한국인 의사가 없어서 유명무실했다. 1895년 청일전쟁 후 콜레라가 서북지역에서 서울로 내려오자 정부는 '호열랄병예방규칙' 등을 발표하고,

---

38 "수원 상구면 이물이교회", 「그리스도신문」, 1902년 1월 2일.

39 J. Hunter Wells, 『위생』(경성: 대한예수교서회, 1907), 5-12, 61-62.

40 H. N. Allen & J. W. Heron, *Report of the Health of Seoul for the Year 1886* (Yokohama: U. p., 1886), 5.

41 John W. Heron to Frank F. Ellinwood, August 27, 1886.

42 Allen, *Things Korea*, 207.

제중원 원장 에비슨(O, R, Avison, 1860-1956) 의사를 정부의 콜레라 병원 책임자로 임명했다.[43] 많은 외국인 의사와 선교사가 자원해서 이 일을 도왔으며 희생자 수를 줄이기 위해 위생 규정을 시행하고 세균론을 전파하기 위해서 애썼다. 콜레라로 인해 서울과 인근 지역에서 5,000명이 사망했다. 선교사 의료진은 병원과 보호시설에서 2,000명 이상을 검진하며 치료했다. 사람들은 콜레라가 쥐 귀신이 몸에 들어와서 발병한다고 믿었기 때문에 집 대문에 고양이 그림을 붙였다. 에비슨 의사와 동료들은 다음과 같은 문구로 시작하는 커다란 포고문을 만들었다.

> "호열랄병은 귀신이 일으키는 것이 아니다. 호열랄병은 미균이라고 부르는 아주 작은 벌레가 일으킨다. 이 작은 벌레가 위 속에 들어가면 급속히 번식하여 질병이 유발된다. 조심하면 호열랄병에 걸리지 않을 수 있다. 해야 할 일은 음식물을 완전히 익혀서 미균을 죽이고 음식이 다시 오염되기 전에 먹는 것이다. 막 끓여낸 숭늉을 마셔야 한다. 마실 물은 끓여서 깨끗한 병에 보관하라. 부지불식 간에 병균과 접촉하게 되니 손과 입을 철저히 씻어라. 이상을 주의하면 호열랄병에 걸리지 않을 것이다."[44]

도시 성문에는 기독교 병원으로 가라는 방이 붙었다. 콜레라가 잠잠해지자 정부는 선교회들에게 감사의 편지를 보냈다. 선교사의 의료 사역과 세균에 대한 강조 덕분에 콜레라 환자들이 도움을 받았고, 동시에 질병에 관한 애

43 콜레라의 한자 음역 표기는 호열랄(虎列剌)인데 랄(剌)을 자(刺)로 잘못 읽어 지금은 호열자(虎列刺)를 사용하기도 한다. 그러나 당시 실록 기록이나 醫學校 編輯, 『虎列剌病豫防主意書』(경성: 관립의학교, 1902)에서 보듯이 호열랄로 사용했다.

44 Allen D. Clark, *Avison of Korea: The Life of Oliver R. Avison, M. D* (Seoul: Yonsei University Press, 1979), 106.

니미즘적인 믿음을 깨뜨리는 홍보 활동이 힘을 얻었다.[45]

콜레라는 1902년 8월과 9월에 다시 한번 전국을 덮쳤다. 8월 17일 하루 동안 제물포에서는 92명의 감염자 중 50명이 사망했고, 평안도 선천에서는 20명 중 11명이 숨졌다. 9월에는 서울에서만 매일 50명에서 250명의 사망자가 발생했다.[46] 사망자 중에는 가장 열성적이던 기독교인들도 포함되어 있었는데, 이들은 임종 순간까지 그들의 신앙을 지켰다. "기독교인들이 콜레라에 대처하는 대담한 모습은 공포에 사로잡힌 불신자 사회 전반의 모습과 강한 대조를 이루었다. 많은 사람들이 기도나 권면의 말을 하면서 숨을 거두었다."[47] 한 기독교인 여성은 과거에는 "귀신이 화가 나서 사람들을 혼내주려고 콜레라라는 천벌을 보내는 줄 알았다. 하지만 올해 의사와 목사가 물에 들어간 작은 벌레가 우리 몸에 들어가고 몸을 망친다는 사실을 가르쳐주었다. 이 벌레는 우리 영혼에 아무런 해도 끼치지 못한다"고 고백했다. 또 다른 사람은 다음과 같이 간증했다. "우리 안에 돌아다니는 마귀가 콜레라균보다 더 두려운 존재라는 것을 안다. 나는 우리가 콜레라를 피하려고 애썼던 것만큼 죄를 피하려고 성실히 노력하게 해달라고 기도한다."[48] 서양 의학이 콜레라균을 죽일 수 있다는 사실은 한국인 회심자들의 마음에 안정을 주었는데, 이는 더 이상 신령에게 벌을 받거나 질병 앞에 무기력하다고 느끼지 않았기 때문이었다. 신령에 대한 두려움은 사탄 마귀에 대한 두려움으로 대체되었고, 세균은 육체적으로나 영적으로나 이길 수

45 Graham Lee, "Korean Christians," *MRW* (November 1896): 866; L. H. Underwood, *Fifteen Years among the Top-Knots, or Life in Korea* (New York: American Tract Society, 1904), 136-145.

46 "The Public Service: Cholera," *JAMA* (Nov. 1, 1902): 1150, 1358.

47 *Annual Report of the Missionary Society of the Methodist Episcopal Church* (New York: MSMEC, 1903), 361

48 Mattie W. Noble, "After the Cholera—Native Testimonies in a Korean Prayer Meeting," *WMF* (Jan. 1903): 4.

있는 존재로 인식되었다.

1903년의 콜레라 재난은 예수교와 의료 선교사들에게 무교의 신령이 가진 능력에 대한 한국인의 믿음을 흔들어 놓는 기회를 제공했다. 원산의 맥길(William McGil) 의사는 "한국에서 목회 선교사들이 우유를 짜는 동안 [우유가 오염되지 않도록] 의사들은 소꼬리를 붙잡고 있다"고 말했다.[49] 의료 사업은 향후 10년 이상 지속될 토양을 갈아엎었고, 전도 사업은 뿌린 씨앗의 열매인 회심자를 모을 수 있었다. 선교사들은 예수를 위대한 의사로 소개하면서 예수는 육체뿐만 아니라 영혼의 질병도 고칠 수 있다고 말했다.[50]

그러나 선교사들은 눈에 보이는 주물을 파괴한 후에도 여전히 샤머니즘적인 영성 개념이 만연할 뿐만 아니라 강력한 영향력을 발휘하고 있음을 잘 알고 있었다. 그들은 교인들에게 미치는 무교의 영향력을 부정적으로 보았다. 교인들은 집에 모셨던 어리석은 주물을 불태우고 과거에 자신을 사로잡았던 미신에 대해서 강한 혐오감을 가졌지만, 일정 기간 동안 기독교의 핵심적인 영적 개념과 사상을 이해하거나 수용할 수 없어서 당혹스러워했다.[51] 선교사들은 귀신을 이기는 것은 인간의 노력이 아니라 성령의 능력이라는 사실을 강조했다. 아래에서 다룰 성령과 귀신의 대결, 그리고 후자의 패배는 많은 한국인을 기독교로 회심하게 만들었다. 신령 개념과 귀신들린 자의 축귀 의례는 샤머니즘과 기독교가 만나는 갈등점인 동시에 접촉점이 되었다.

---

49 Robert G. Grierson, "The Place of Philanthropic Agencies in the Evangelization of Korea," *KF* (Nov. 1904): 200.

50 C. C. Vinton, "Literary Department," *KR* (Sept. 1896): 377.

51 Jones, "Obstacles Encountered by Korean Christians," *KR* (April 1895): 149.

## 2. 한국 샤머니즘에 관한 개신교 선교사의 연구

1894년부터 존스를 비롯한 개신교 선교사들은 '샤머니즘'을 한국의 모든 민속 종교를 묘사하는 일반적인 용어로 사용했다. '샤먼'이라는 단어가 1875년 『브리태니커백과사전』에 포함되고, 19세기 말 서구에서 다양한 마술적 종교 행위를 아우르는 학문적 개념이자 발견적 용어인 '샤머니즘'에 대한 연구가 시작되었다는 사실을 고려할 때,[52] 한국에 온 북미 선교사가 사용한 '샤머니즘'이라는 신조어의 기원을 추적하는 일은 흥미로운 주제다. 북미 선교사는 한국 종교에 대한 과학적인 연구를 한 선구자들이었는데, 그들은 '샤머니즘'이라는 하나의 용어로 한국에 존재하던 다양한 형태의 자연 숭배와 신령 숭배를 지칭하기 시작했다. 이들은 '후진적이고 원시적인' 한국 종교를 개신교로 대체하겠다는 태도로 샤머니즘 외에도 미신적인 주물 숭배, 마술, 금기, 마귀 숭배, 귀신 숭배, 애니미즘 등 널리 통용되던 다른 용어들도 사용했다. 따라서 선교사들의 담론에서 샤머니즘이 중요한 타자로 부각된 것은 놀랄 일이 아니다.

개신교 선교사들에게 생소했던 한국 샤머니즘에 대한 연구는 다섯 명의 한국학 선교사 학자들이 주로 참여했다. 이들은 미국 감리회 목사인 조지 히버 존스, 미국 성공회 의사인 엘리 랜디스, 캐나다 장로회 목사인 제임스 게일, 미국 교육학자이자 저널리스트인 호머 헐버트, 미국 장로회 목회자로서는 첫 한국 선교사인 호레이스 언더우드 등이다. 이어서 살펴볼 '샤머니즘', '무당', '굿', '귀신'에 대한 이들의 논의와 용어 정의 비교는 선교사에 의한 한국 샤머니즘 연구의 기원을 보여줄 것이다. 동시에 선교사의

---

52 Eva Jane N. Fridman and Mariko N. Walte eds., *Shamanism: An Encyclopedia of World Beliefs, Practices, and Culture* (Santa Barbara, Calif.: ABC-CLIO, 2004), xvii, xxi, 142. 한국에서 프랑스 선교사들은 19세기에 '샤머니즘'이라는 용어는 사용하지 않았다.

한국 샤머니즘에 대한 종교적 이해가 '악마 숭배'라는 선이해에 기반한 정의에서 '신령 숭배'라는 학문적이고 중립적인 정의로 발전해갔다는 사실도 드러날 것이다.[53]

### 조지 히버 존스

존스(George Heber Jones, 趙元時[조원시], 1867-1919)는 뉴욕주 모호크에서 태어나 유티카의 공립학교에서 교육을 받았다. 1888년 21세 때 선교사 중 최연소로 서울 선교사로 임명되어 사역을 시작했다.[54] 존스 목사는 1888년부터 1893년까지 배재학당에서 가르치면서 한국인 교사인 최병헌(崔炳憲, 1858-1927)과 함께 한국의 언어, 문화, 역사를 공부했는데, 최병헌은 1893년 개종한 첫 양반 기독교인의 한 명이었다. 이 기간에 존스는 우편으로 대학 강의를 수강하여 1892년 테네시주 해리먼에 위치한 아메리칸 대학교에서 통신 학사 학위를 받았다.[55] 1892년에 그는 개항장인 제물포 선교사로 임명 받고 그 도시의 첫 주재 선교사가 되었다. 1895년에 존스는 *Korean Repository*의 편집을 시작했고, 1900년에 이르러서는 한국학에서 최고의 선교사 학자의 한 명이 되었다. 1901년 무렵 그는 한국 샤머니즘에 관한 권위자로 인정받았다.[56] 1900년에 존스는 한국인 지도자와 신학생을 훈련시킬 목적으로 「신학월보」를 창간했다. 또한 서울에 위치한 감리회 신학교

---

53 참고. 방원일, "초기 개신교 선교사의 한국 종교 이해", 서울대학교 박사논문, 2011.

54 Jones는 1883년에 뉴욕 유티카 YMCA에 가입했고, 1883-86년에 전화 회사에서 근무했다. 1886-88년에는 로체스터 YMCA에서 총무로 일했다.

55 James T. White, ed., *The National Cyclopaedia of American Biography,* vol. 18 (New York: James T. White, 1922), 263; W. A. Noble, "George Heber Jones: An Appreciation," *KMF* (June 1919): 146.

56 Hulbert, "Exorcising Spirits," *KRv* (April 1901): 163.

에서 교회사를 비롯해 몇 과목을 가르치기도 했다. 그는 1909년에 미국으로 가서 한국 선교 25주년을 맞은 1910년부터 1912년 3월까지 한국 선교 25주년 모금 운동을 일으켰고, 북감리회 해외선교부의 총무로 임명되었다. 존스는 1910년 에든버러에서 열린 세계선교사대회에 한국 대표로 참석했다. 그는 1914년부터 보스턴 대학교 신학부를 비롯한 몇 개 대학교에서 초빙교수로서 선교학을 가르쳤다.[57] 그의 학문적 업적 중 하나는 1915년에 쓴 『한국교회 형성사』인데, 이는 성취론의 관점에서 기록한 단행본 분량의 타자본 원고로 초기 한국 개신교에 관한 최초의 통사로 기획되었으나, 그가 1919년 사고로 사망하면서 완성되지 못했다.[58]

한국 민속 종교에 대한 존스의 초기 연구는 프랑스 천주교 선교사들이 사용한 악령 숭배, 악마 숭배, 축귀, 미신 등의 용어로부터 영향을 받았고, 한국에는 종교가 없다는 미국 작가들의 수사적 표현으로부터도 영향을 받았다.[59] 그는 악마 숭배를 종교로 간주하지 않았으므로 한국에는 종교가 없다고 생각했다. 그래서 1891년에 그는 종교가 없는 국가야말로 기독교로서는 좋은 기회가 된다고 주장했다.[60] 그는 여자 무당에 대해서는 마녀(witch)라는 용어를 사용했는데, 이는 언더우드가 사전에서 사용한 말이었다.[61] 존스는 한국 종교에 존재하는 '이교도적 관용'이나 혼합주의와 같은

---

57 Noble, "George Heber Jones: An Appreciation," 146; White, *National Cyclopaedia of American Biography*, 263.

58 참고 G. H. Jones, 『한국교회 형성사』, 옥성득 역(서울: 홍성사, 2013).

59 Claude Charles Dallét, *Histoire de l'Eglise de Corée* (Paris: Librairie Victor Palmé, 1874), chap. 11, 139-150; W. E. Griffis, "Korea and Its Needs," *GAL* (August 1888): 371. Dallét는 한국 유교와 불교의 존재를 인정했지만, 다른 가톨릭 선교사들이 한국 샤머니즘을 미신적 악마 숭배로 이해하는 것을 수용했다. 참고. 조현범, 『조선의 선교사, 선교사의 조선』(서울: 한국 교회사연구소, 2010).

60 Jones, "Religious Development of Korea," 417.

61 프랑스 천주교 선교사들은 'malin esprit'는 '귀신'으로, 'sorcièr'는 '박수'로, 'sorcière'는 '무당'으로 번역했다(Férron, Dictionnaire Français-Coréen, 286).

현상을 강조했다. 그는 1892년에 설치된 제물포 선교지부에서 인천과 강화도를 중심으로 활동했다. 그는 해변가 주민들과 교류하면서 그들의 무속을 배우게 되었고, 가택신이 주물에 깃들어 있다는 믿음이 한국 가정의 종교라고 주장했다.[62]

1894년에 존스는 '샤머니즘'이라는 용어를 사용하기 시작하면서 가택신과 주물에 더욱 관심을 기울였다. 그의 기본 이해는 샤머니즘이 일종의 '자연 숭배' 혹은 '악마 숭배'라는 것이었고, 그의 입장은 능력 대결을 통한 승리였다. 그는 한국어 '귀신'이 그리스어 'δαίμων'(악마)과 같다고 보았다.[63] 그는 한국인의 미신을 가장 잘 드러내주는 예는 금기와 더불어 귀신의 존재에 대한 일반적인 믿음이라고 말했다.[64]

1895년에 존스는 한국인이 믿는 '학문적으로 샤머니즘이라고 알려진 신령 숭배 체계'를 발전시켰는데, 한국의 신령이란 성경에서 말하는 부정적인 의미가 아니라 중립적인 의미로 그리스어 δαίμων과 같은 용어라고 이해했다. 한국 샤머니즘에 대한 존스의 새로운 이해는 다른 이들에게 영향을 주었다. 비숍 여사는 1894년부터 1897년까지 한국을 네 차례 방문한 후 1898년에 유명한 견문록인 『한국과 그 이웃나라들』을 출판했는데, 그녀는 존스의 견해를 따라 한국인은 신령들이 항상 사악한 것은 아니지만 인간사의 화복을 주관하는 것으로 믿는다고 서술했다. 한국인에게 샤머니즘은 인간이 겪는 고통이라는 풀리지 않는 수수께끼에 대한 해답이었다.[65]

존스는 자신의 소논문 "한국 기독교인이 당면한 장애"에서 종교 생활 영역에서 유교와 샤머니즘은 서로 다른 역할을 담당하고 있다고 주장했다.

---

62 Jones, "The People of Korea," *GAL* (Oct. 1892): 464-466.

63 Jones, "The People on the Chemulpo Circuit in Korea," *GAL* (June 1894): 282-284.

64 Jones to Harry H. Fox, June 11, 1894, Christopher T. Gardner, *Corea* (Brisbane: Australian Association of the Advancement of Science, 1895), 28-29.

65 Jones, "Obstacles Encountered by Korean Christians," *KR* (April 1895): 146-147.

유교는 신성하고 초자연적인 종교적 측면을 간과하고 이를 인간관계를 지배하는 일련의 윤리 규범들로 축소시켰기 때문에, 한국인은 '신령 숭배 체계' 안에서 영적인 충족을 찾았다. 유교는 도덕을 담당하고 샤머니즘은 영성을 맡았다. 따라서 기독교로 개종하려는 한국인은 친구로부터 비난과 조롱을 받고, 가족과 친지로부터 거센 반대를 받는 것을 인내해야 할 뿐만 아니라, 정신적이고 영적인 족쇄도 극복해야 했다. 존스는 샤머니즘이 한국 기독교인에게 끼치는 부정적인 영향을 우려했다. 한국인은 "집에 모신 어리석은 주물을 내다버리고 이전에 붙잡혔던 미신에 대해 강한 혐오감을 가졌다. 하지만 한동안 기독교의 핵심을 이루는 영적 개념과 사상을 이해할 수 없다는 사실을 발견하게 되었다."[66] 존스는 오직 신적인 도움만이 샤머니즘이라는 한국인의 영적 족쇄를 깨뜨리고 한국인을 하나님의 자유로운 백성으로 만들 수 있다고 믿었다.

존스는 이 주제를 본격적으로 연구하고 1901년에 "한국인의 신령 숭배"를 발표했다. 이 논문은 샤머니즘을 기술적으로는 '신령 숭배'로 정의하고 다양한 신령을 분류했다. 그는 귀신이라는 말 대신 신령(spirits)이라는 학술 용어를 사용했는데, 이는 샤머니즘의 신들의 속성이 고정되어 있지 않고 선의와 악의 사이에서 유동적이었기 때문이다. 그러나 이 논문은 무당이 행하는 굿의 내용(춤, 기도, 노래)이나 여성 무당과 남성 판수 자체의 신분이나 역할에 대해서는 별로 지면을 할애하지 않았다. 존스는 신령을 17개 범주로 분류했다. 먼저 신령을 모시는 외부의 사당에 있는 신령들—오방장군, 신장, 산신, 성황당, 토지지신, 청신, 도깨비, 사귀, 용신—을 서술하고, 이어서 집 안의 주물에 깃든 가택신—성주, 토주, 업주, 걸립, 문호지신, 역신, 제웅, 삼신—을 언급했다. "이것이 한국인 가정의 종교이고 이 신들

66 Ibid. 147-148.

은 모든 집에서 찾아볼 수 있다." 존스는 "도처에 존재하는 이런 신들은 하나님의 무소부재하심에 대한 왜곡된 해석"이라고 주장했다.[67] 그는 구체적으로 도깨비와 관련된 축귀 의식을 언급했는데, 도깨비는 "처형장, 전쟁터, 살인 현장, 끔찍한 재난 장소"에 출몰하며, 서양의 유령(ghost)에 해당한다고 설명했다. 그는 도깨비 이야기와 민담이 한국 샤머니즘의 한 특징이라고 생각했다. 업주(가문의 운명을 담당하는 구렁이 신령)에 대해서 존스는 "이것은 말하자면 운이라고 할 수 있는데", 그는 업주를 "샤머니즘의 가장 주요한 특징 중 하나를 드러내는 상징"으로 보고, 기독교의 복 개념과 저급한 샤머니즘의 운 개념을 비교했다.[68]

샤머니즘을 신령 숭배라고 표현한 존스의 용어는 타일러(Edward Burnett Tylor, 1832-1917)의 애니미즘(정령 숭배) 이론과 종교를 '영적인 존재에 대한 믿음'이라고 최소한으로 정의한 것에 영향을 받았을 가능성이 있다.[69] 타일러는 인간의 정신과 그 능력은 세계 어디에서나 동등하며, 종교는 모든 곳에 존재하고, 원시 종교로부터 고등 종교로 직선적으로 진화했다고 보았다. 사회가 진화함에 따라 새로운 사회에서 더 이상 필요하지 않게 된 원시 문화의 잔존물(survivals)이 습관에 의해 잔여 '수화물'이나 '찌꺼기'처럼 남아 있게 되는데, 타일러는 이 원시 문화의 잔존물이 적극적으로 작용한다고 주장했다. 그는 자연 종교로서 애니미즘은 모든 종교의 본질이자 토대이며, 애니미즘의 가장 중요한 특징은 정령의 존재에 대한 믿음이라고 보았다. 1907년 존스는 "한국인에게 가장 일반적인 믿음은 정령 숭배, 즉 애니미즘에 대한 믿음이다"라고 결론을 내림으로써 한국 샤머니즘을 애니

---

67 Jones, "The Spirit Worship of the Koreans," *TKB* (1901): 58.

68 Jones, "Spirit Worship." '굿'의 알타이어의 어원적 의미는 운, 행운, 운명이다.

69 Edward B. Tylor, *Primitive Culture: Researches into the Development of Mythology, Philosophy, Religion, Language, Art, and Custom* (London: John Murray, 1871), 377, 384; 방원일, "초기 개신교 선교사의 한국 종교 이해," 145-146.

미즘과 동일시했다.[70] 존스의 애니미즘 이해는 다른 선교사들도 수용했는데, 언더우드도 그중 한명이었다.[71]

1910년에 존스는 에든버러 세계선교사대회에 참석했다. 제4 분과위원회의 보고서인 "비기독교 종교에 관한 선교적 메시지"에서 한국 종교는 논의되지 않았다. 그 보고서에 따르면 기독교 유일신론과 하나님의 유일성과 편재성은 아시아와 아프리카의 애니미즘에게 가장 호소력 있는 메시지였다.[72] 존스는 이 분과의 토론회에 참석하여 기독교 메시지가 한국, 중국, 일본의 교육받은 계층에게 호소력을 가지려면 "근대 산업주의, 상업주의, 지방 자치주의를 통한 사회의 대규모 변화와 현상"에 대해서 충분하고 만족스러운 답변을 제시해야 한다고 강조했다.[73] 그의 관심사가 한국 구세대의 애니미즘적인 종교에서부터 빠르게 변화하는 동아시아 젊은 세대의 문화로 옮겨감에 따라, 1909년부터 존스는 사회 문제와 기독교 선교의 사회적 책임에 관심을 기울였다.

존스는 샤머니즘을 한국인의 실제 종교로 인정하면서 샤머니즘에는 엄격한 도덕성이 없다는 사실을 비판했다. 그는 보통 한국인에게는 유·불·무 세 개의 종교가 공존하면서 서로 중복되고 심지어는 서로 깊이 스며들어 습합(襲合)되어 있다고 주장했다. 불교는 유교의 윤리를 수용하는 한편 샤머니즘을 흡수했다. 반대로 샤머니즘은 유교와 불교의 초월적인 존재들을 자유롭게 수용했다. 샤머니즘에 부족한 것은 윤리적 차원이었다. 한국인은 이 세 종교를 이론상으로는 구분했지만 실제로는 셋 모두를 믿고 있었다. 유교 교육을 받은 한 남성은 아내를 불교 사찰로 보내어 자식을 위

70 Jones, *Korea: The Land, People, and the Customs* (Cincinnati: Jennings & Graham, 1907), 49.

71 H. G. Underwood, *The Religions of Eastern Asia* (New York: Macmillan, 1910), 113.

72 WMC, *Report of Commission IV. The Missionary Message in Relation to Non-Christian Religions* (Edinburgh: Oliphant, Anderson and Ferrier, 1910), 218.

73 WMC, *Report of Commission IV*, 304.

해 기도하도록 했고, 병이 들면 자주 무당이나 점술가를 불렀다. 한국인은 이 세 종교의 연합된 도움을 통해서 행복을 구했다. 그중에 샤머니즘이 역사적으로 가장 오래되었고 주도적인 종교였으며, 그 핵심에는 신령 숭배가 있었다. 존스는 한국인이 '매우 종교적'이라고 주장했는데 그 이유는 한국인이 모든 자연물을 영적으로 만드는 경향이 있고, 자신보다 우월한 존재에 대한 의존감을 갖고 있었으며, 인간과 영적 존재들 간에 상호 소통하는 차원을 확립시켰고, 영혼의 고통과 고난으로부터 자유로워지는 길을 진지하게 모색했기 때문이었다. 존스는 한국 샤머니즘의 이런 영성이 지닌 가치를 인식하고 이것이 기독교의 신인(神人) 간의 교통의 개념을 위한 토대가 될 수 있다고 긍정적으로 보았다.[74]

한국인이 종교성이 풍부하다는 존스의 주장은 당시 서구 종교 이론에 기초한 것이었다. 예를 들면 타일러가 말한 자연 숭배나 정령 숭배로서의 애니미즘 이론, 슐라이어마허가 정의한 '절대적 의존감'으로서의 종교, 그리고 헤겔의 '완전한 자유' 개념 등이 영향을 주었을 것으로 짐작된다. 이는 존스가 19세기 말 선교학의 학생이었을 뿐만 아니라, 종교학의 훌륭한 학생이었음을 보여준다. 이런 의미에서 개신교 선교사들은 근대의 과학적 방법론으로 한국 종교를 연구하기 시작한 선구자들로 평가되어야 한다. 한국 샤머니즘에 대한 개신교 선교사 학자들의 진보적 신학과 토착신인 하ᄂᆞ님의 존재 덕분에 한국 선교회들은 큰 고민 없이 한국의 '원시' 종교를 성취론의 관점에서 바라보고, 한편으로는 샤머니즘 신앙의 활력과 직관성을 교회 성장을 위해 활용할 수 있었다.

74 Jones, "Spirit Worship," 37-41; Jones, "The Native Religions," *KMF* (Jan. 1908): 11-12.

### 엘리 바 랜디스

랜디스(Eli Barr Landis, 南得時[남득시], 1865-1898)는 랭캐스터 랜디스밸리 출신으로, 펜실베이니아 대학교 의과대학을 졸업한 후 1890년 영국 성공회 코르프(Charles John Corfe, 高約翰[고약한], 1843-1921) 주교의 한국 선교회에 참여했고, 1898년 장티푸스로 세상을 떠날 때까지 제물포 성누가병원(樂善施醫院[락선시의원])에서 약대인(藥大人)으로 사역했다. "도착한 날부터 임종 때까지 그는 자신을 의료 사역에 바쳤을 뿐 아니라 중국어와 한국어를 비롯해서 한국인, 한국 역사, 관습, 신앙, 사고방식 등을 배우는 데 헌신했다."[75] 부단한 연구의 결과 랜디스는 한국의 역사, 민담, 종교를 비롯해 『맹자』와 같은 유교 경전에도 해박했다.[76] 그는 한국 샤머니즘의 치병굿에도 관심을 가졌는데, 이는 아마도 영국 성공회의 구마(驅魔) 사역 전통 때문이었을 것이다.[77]

1895년에 랜디스는 일본의 신도가 한국의 샤머니즘에서 발전해 나갔다고 주장했다.[78] 이 주장은 1883년에 조선 보빙사의 일행이었던 로웰(Percival L. Lowell, 1855-1916)이 처음 제기했는데, 그는 1886년에 한국의 '악마 숭배'와 일본의 신도가 "동일한 토착 미신에서 파생된 형태들"이며 서로 연관이 있다고 말했다.[79] 랜디스는 그 둘의 가장 큰 차이는 "일본에서는 구

---

75 "Obituary Notice: Dr. E. B. Landis," *Journal of the Royal Asiatic Society of Great Britain and Ireland* (1898): 919.

76 Mark N. Trollope, "Eli Barr Landis, M.D.", *Morning Calm* (Nov. 1898): 116-125; 이영호, "랜디스(Eli Barr Landis)의 의료 활동과 '한국학' 연구", 「한국학연구」 44(2017년 2월): 543-572.

77 그의 유교 의식에 관한 연구는 다음 글들을 보라. Landis, "Mourning and Burial Rites of Korea," *Journal of the Anthropological Institute* (May 1896): 340-361; Landis, "A Royal Funeral," *KR* (April 1897): 161; Landis, "The Capping Ceremony of Korea," *Journal of the Anthropological Institute* (May 1898): 525-531.

78 Landis, "Notes on the Exorcism of Spirits in Korea," *China Review* 21, no. 6 (1895): 399.

79 Percival Lowell, *Chosen: The Land of the Morning Calm* (London: Trubner, 1886), 207.

마사(驅魔師)가 신도 사제인데 반해, 한국에서는 여성이 주요한 역할을 담당하는 점"이라고 언급했다. 랜디스의 발언이 의미하는 바는 한국 샤머니즘이 일본 신도의 기원으로 좀 더 오래되고 원시적인 종교이며, 한국은 무종교 국가가 아니라 일본의 신도처럼 샤머니즘이 주된 종교인 국가라는 것이었다.

랜디스는 1895년에 발표한 소논문 "한국의 축귀에 대한 소고"에서 36개 샤머니즘 신령을 세 개 범주로 분류했다.[80] 이는 최초로 한국 샤머니즘 신령을 총망라한 분류 작업이었다. 세 번째 범주에 속한 신령은 대부분 참혹한 사고나 사회적 불의로 인해 목숨을 잃은 억울한 망자들의 떠도는 신령이었다. 이런 원귀를 달래고 쫓아내는 굿은 많은 경우 무당을 불러서 행했다.[81] 랜디스는 무당을 두 종류로 구분했는데, 하나는 운명적으로 정해진 강신무(降神巫)이고 다른 하나는 교육받은 세습무(世襲巫)였다. 강신무는 한강 이북에 널리 분포되어 있었고 세습무는 한강 이남에 분포되어 있었는데, 제물포에 살았던 랜디스는 두 종류의 무당을 모두 관찰할 수 있었다. 랜디스는 양반 무당도 알고 있었는데 이들은 상류층 가정에서만 굿을 했다.[82] 랜디스 의사는 무당이 무업을 개시하는 시기에 앓는 무병(신병)에 대해서 기록한 최초의 선교사였다. 무녀가 되는 과정은 다음과 같았다. 1) 신내림과 무병, 2) 복숭아나무, 무지개, 용, 갑옷을 입은 사람 등이 나오는 꿈, 3) 내림굿, 4) 천, 지, 천둥 세 전령의 이름으로 선언, 5) 헌화, 6) 죽은 무당의 무복을 구함, 7) 기증자의 집에서 축귀 의식, 8) 이웃집에서 쌀 얻기, 9) 위패에 이름을 쓰고 그것을 작은 사당에 두어 복을 구하기, 10) 다

80 Landis, "Notes on the Exorcism of Spirits in Korea," 399-404.

81 Landis는 다음과 같은 열 두 영들의 축귀에 대해 언급했다—가재도구(모든 축귀의 으뜸), 마룻대, 이 씨 가족, 산, 이 씨 가족의 하인들, 조상, 천연두, 자기 자신, 동물, 마술사, 나무와 언덕 꼭대기와 젊은 여성들에 접신해서 그녀들을 무녀로 만드는 영들.

82 Landis, "Notes on the Exorcism of Spirits in Korea," 404.

른 집에 가서 축귀 의식을 하기. 의사였던 랜디스는 무당이 초기에 앓는 무병과 그것을 치료하는 의식에 많은 관심을 가졌다.

랜디스는 전통 한의학을 이해하기 위해 허준(許浚, 1539-1615)이 유교의 의학 체계와 도교의 의학 체계를 결합시킨 『東醫寶鑑』(동의보감, 1610)을 읽고 일부를 번역하기도 했다.[83] 랜디스는 일관되게 '악마'(demon) 대신 '신령'(spirits)이라는 용어를 사용했는데, 이는 한국 종교에 대한 그의 학문적인 태도를 반영한다. 랜디스는 또 장례식에 관한 소논문에서 유교 조상 숭배의 대상인 망자의 혼, 조상신을 '신령'이라고 불렀다.[84]

### 제임스 게일

캐나다 온타리오 알마 출신의 게일(James Scarth Gale, 1863-1937)은 1888년에 토론토 대학교 YMCA의 평신도 선교사로 한국에 도착했다. 그리고 1891년에 미국 북장로회 해외선교부 한국선교회에 가입했다. 1892년, 서울에서 게일은 남편을 여읜 헤론 부인과 결혼했고 그녀의 두 딸을 입양했다. 새로 가족이 된 네 사람은 동해의 개항장이자 미항인 원산으로 거처를 옮겼다. 그곳에서 1895년에 한국인 두 가정이 기독교로 개종했는데 그 이유는 예수의 이름이 모든 신도를 '귀신'의 공격으로부터 구원할 능력이 있다는 말을 들었기 때문이었다. 게일은 "귀신들림이나 귀신의 영향과 같은 관념은 이곳 사람들의 삶에서 중요한 위치를 차지한다. 작년에 남쪽 지방에서 큰 소란을 일으켰던 동학은 귀신을 쫓아내는 능력이 있다고 공언했고, 그것이

---

83 Landis, "Notes from the Korean Pharmacopoea," *China Review* 22, no. 3 (1896): 578-588. 『동의보감』 탕액편(湯液篇) 어부(魚部)의 일부와 충부(蟲部)의 거의 전부를 번역하여 실었다.

84 Landis, "Mourning and Burial Rites of Korea."

인기를 끈 요인 중 하나였다. 우리는 기쁘게도 예수의 이름으로 충분하다" 고 말했다.[85] 게일은 마페트의 도움으로 통신 신학과정을 거친 후 1897년 휴가 중에 뉴욕주 알버니 노회에서 목사로 안수를 받았다.

게일은 1893년부터 1898년까지 '귀신 숭배', '악령 숭배', '주물 숭배', '신령 숭배' 등의 용어를 구분 없이 사용했다. 그는 무당이 주술사이며, 무당의 의식은 귀신이나 부정한 신령에게 바치는 제사라고 믿었다.[86] 첫 저서인 *Korean Sketches*(한국 스케치, 1898)에서 그는 판수를 맹인 점술가로, 무당을 주술사로 구분했다.[87] 1897년 이전에 집필한 이 책에서 게일은 한국 샤머니즘이 주물 숭배이며 악마 숭배라는 비판적인 이해를 고수했다.

> 한국에 관심을 가진 몇몇 이들은 한국에 두 개의 종교가 있다고 생각해왔다. 하나는 조상 숭배로 알려진 고상하고 품위 있는 형태의 종교이고, 다른 하나는 철저히 이교적인 가장 저급한 형태의 주물 숭배다. 하지만 정작 한국인들은 이 둘을 구분하지 않는다. 대신 모두 귀신 숭배라 부르는데, 귀신은 한문 성경과 한글 성경에서 '악마'(demon)를 번역한 단어다. 한국인은 그들의 숭배가 모두 하나의 기원을 갖고 있다고 하는데, 이는 고린도전서 10:20의 말씀과 정확히 일치한다. "무릇 이방인이 제사하는 것은 귀신에게 하는 것이요 하나님께 제사하는 것이 아니다."[88]

하지만 1897년에 출판한 『한영ᄌᆞ뎐』에서 게일은 언더우드가 '귀신'을 '악마, 사귀, 악령'으로 정의한 것을 '신령, 악마'로 수정했다. 게일은 귀신의 동

---

85 Gale, "Letters: Korea," *CHA* (Sept. 1895): 230.

86 Gale, "Korea—Its Present Condition," *MRW* (Sept. 1893): 663.

87 Gale, "Korea—Its Present Condition," 73-81.

88 Gale, *Korean Sketches* (New York: Revell, 1898), 217-218.

의어로 '신령'(spirits)을 선택했고 '사귀, 악령'은 삭제했다. 게일은 '신령'과 '마귀'라는 용어를 모두 수용했는데, 전자는 존스, 랜디스, 비숍 등이 사용한 중립적 용어였고, 후자는 언더우드, 기퍼드, 하디, 그 밖의 여러 선교사들이 사용한 성경적 용어였다. 이는 게일의 샤머니즘 이해가 양측의 중간에 위치해 있었음을 말해준다. 존스나 헐버트와 달리 게일은 신령 숭배에 대해 보수적인 입장을 견지했는데, 이는 아마도 항구인 원산에서 지낼 때 샤머니즘에 대해 부정적인 경험을 했기 때문이었을 것이다. 1899년의 게일의 보고에 따르면 한국인 신도들의 노력으로 원산의 한 가족이 기독교로 개종하게 되었는데, 그들은 '악마 숭배의 우상'을 모아 방 한가운데에 쌓아 두었다. 그중에는 종이 부적, 솜으로 만든 물건 뭉치, 수놓은 의복, 귀신에게 바친 장신구 등이 있었다. 게일은 기도하고 그 집을 하나님께 바친 후, 그 물건들을 집으로 가져와서 '한국인이 우상으로부터 돌아선 증거'로 보관했다.[89]

1899년에 원산 선교지부가 캐나다 장로회로 이양됨에 따라 게일은 1900년에 다시 서울로 돌아왔다. 게일은 하ᄂᆞ님의 새로운 유일신론적인 의미를 제안했다. 하ᄂᆞ님은 한국 샤머니즘에서 지고의 하느님이지만, 게일은 하ᄂᆞ님이 '하ᄂᆞᆯ'이 아닌 '하나'에서 파생된 용어로서 '유일한 절대자'의 뜻이라고 주장했다. 게일은 이 새로운 의미를 주 씨 성을 가진 한국인에게서 차용했는데, 그는 기독교의 신과 한국의 전통 하ᄂᆞ님이 동일한 분이라고 믿었다.[90] 본래 주 씨가 말하고자 했던 바는 하ᄂᆞ님에 유일신론 개념을 덧붙이는 것이 아니라, 기독교 하나님의 무조건적이고 희생적인 사랑을 전통적인 하느님에 덧붙이는 것이었다. 하지만 게일은 하ᄂᆞ님의 유일신론적

89 Gale to F. F. Ellinwood, April 21, 1899.
90 Gale, "Korean Ideas of God," *MRW* (Sept. 1900): 697.

어원에 초점을 맞추었고, 이것이 장로회 선교사의 관점이 되었다.

게일은 그의 책 *Korea in Transition*(전환기의 한국, 1909)에서 기퍼드, 존스, 비숍, 헐버트의 샤머니즘 연구를 수용했지만, 여전히 귀신에 대해서는 '신령' 뿐만 아니라 '악령', '악마' 등의 용어를 사용했다. 게일은 한국에 만연해 있는 미신이 한국의 혼합주의적 종교라고 주장했다.

> 한국의 종교는 특이한데, 조상 숭배·불교·도교·신령 숭배·점·마술·풍수지리·점성술·주물 숭배 등이 뒤섞여 있다. 용(龍)이 중요한 역할을 하고, 악령(귀신)이나 자연신이 넘쳐나고, 도깨비(요정·꼬마 악마·허깨비)가 수없이 많아 온갖 장난을 치고, 망자의 신령이 도처에 존재하며, 불멸하는 유령들이 돌아다니고, 산·나무·강·질병·지하·천상에 인격체들이 존재하는데, 이들 중 일부는 인간의 필요를 보살펴주지만 대다수는 악의를 가지고 있어서 인간에게 화와 재앙을 가져온다.[91]

게일은 판수를 '맹인 구마사'로서 '악마를 내쫓는 일을 업으로 삼는' 사람이라고 설명한 뒤,[92] 많은 한국인 개종자가 예수를 위대한 구마사이자 '이적을 일으키는 자'로 믿는다는 사실을 강조했다. 다수의 선교사들 역시 일관되게 축귀가 시행되자 생각을 바꾸었는데, 그들은 "세상에는 분명 악마가 존재하고, 예수는 악마를 내쫓으실 수 있으며, 성경이 사실이며, 하나님이 배후에 계신다는 것을 다시 한번 배우게 되었고, 그들의 목적은 아시아를 구원하는 것이며 그 일의 중요한 부분을 담당하는 것임을 알게" 되

91 Gale, *Korea in Transition* (New York: Young People's Missionary Movement of the US and Canada, 1909), 68.

92 Gale, *Korea in Transition*, 85.

었다.[93] 선교사의 사명은 단지 한국인을 죄에서 구원하는 것을 넘어서, 전력을 다해서 무속을 폐기함으로써 현존하는 마귀를 몰아내는 것이었다.

1913년에 게일은 *Korean Folk Tales: Imps, Ghosts, and Fairies*(한국의 민담)를 편역 출판했다. 이 책에서 게일은 민담의 주요 배경을 이루는 종교는 도교이지만, 불교·유교·무교와 연관된 민담 역시 많다고 언급했다. "일만 귀신"에 관한 이야기에서는 귀신들이 어떤 가난한 은둔자의 지배를 받는다고 설명했다. 또 "정직한 무당"에서는 참된 무당은 고을 원님의 죽은 친구의 신령을 불러낼 수 있다는 것을 보여주었다.[94] 이 책에서 게일은 귀신을 지칭할 때 '악령'과 '신령'을 사용했고 무당은 '마녀'라고 지칭했다. 한국 종교를 연구한 선교사 학자 중 게일은 마지막까지 '악령'(demon)과 '마녀'(witch)라는 정의를 사용했다.

### 호머 B. 헐버트

버몬트 뉴헤이븐 출신의 헐버트(Homer Bezaleel Hulbert, 1863-1949)는 1884년 다트머스 대학을 졸업하고 1886년에 뉴욕 유니온 신학교를 졸업한 후, 1886년 7월 다른 두 명의 미국인 벙커(Dalzel A. Bunker 房巨[방거], 1853-1932), 길모어(George W. Gimore, 1858-1933)와 함께 서울에 도착했다. 세 사람은 국립학교인 육영공원에서 교사로 일했다. 1893년에 헐버트는 북감리회 문서 선교사로 임명되었다. 그는 감리회활판소를 감독하면서, 1896-98년에 *Korean Repository*를 편집했고 1901-06년에는 *Korea Review*를 편집했다. 헐버트는 한국학 연구와 한국 정치에 깊이 참여했다. 1905년에 일본이 을사

---

93 Gale, *Korea in Transition*, 89.

94 Gale ed., *Korean Folk Tales* (New York: E. P. Dutton, 1913), 104-110, 125-129.

조약을 강제로 체결하자 고종은 조약의 불법성을 미국에 알릴 비밀 칙사로 헐버트를 지명했다. 일본 통감부는 1907년에 헐버트를 한국에서 강제 추방했다.

1895년에 헐버트는 '샤머니즘적 미신'에 관해 다음과 같이 기록했다. "고대 그리스의 악마 개념에 나타나듯 초월적 존재들이 도처에 편재한다는 생각은 일반 한국인에게는 확고한 믿음이다." 헐버트의 관찰에 따르면 "이런 미신과 관련하여 가장 두드러지는 것은 길흉 사상이다. 길한 날, 길한 시간, 길한 때, 길한 장소, 길한 궁합, 길한 징조 등 모든 일에 길흉을 따진다." 존스와 마찬가지로 헐버트 역시 한국인에게 늘 따라붙는 길흉 사상이 기독교에 심각한 장애가 된다고 생각했다.[95]

1897년에 헐버트는 귀신들림의 사례들을 출판하기 시작했고 한국인 신자의 기도를 통해 일어난 축귀 사례들을 보고했다.[96] 1899년에 그는 한국인은 중국인이나 일본인과는 다른 지성과 상상력을 가진 종족이어서, 종교 면에서 한국인은 물질주의적인 유교나 신비주의적인 불교 어느 한 쪽으로도 치우치지 않는다고 주장했다. 그는 "바꿔 말하면 한국인이 그들의 순수한 종교성을 표현할 때 겉은 비록 불교의 얇은 법복으로 가려놓았을지라도 결국은 토착적인 샤머니즘으로 회귀한다"고 옳게 말했다.[97] 그는 영적인 샤머니즘이 한국인으로 하여금 물질주의적인 유교와 신비주의적인 불교 사이에서 균형을 유지할 수 있게 해준다고 생각했다. 따라서 헐버트는 샤머니즘이 비록 불교와 혼합되어 있지만 진정한 한국의 종교라고 주장했다.

앞 장에서 살펴보았지만, 1900년에 헐버트는 중국이 한국에 끼친 영

95 Hulbert, "The Korean Almanac," *KR* (Feb. 1895): 71-72.

96 Hulbert, "Things in General: Demoniacal Possession," *KR* (Jan. 1897): 24-25; "Part I. Ancient Korea Chapter I," *KRv* (Jan. 1901): 33-35.

97 Hulbert, "Korea and the Koreans," *Forum*(April 1899): 218-219.

향에 대해서 게일과 논쟁을 벌였다. 게일은 중화사상의 문화가 고대로부터 한국을 지배해왔다고 주장하면서 한국인의 풍습이나 제도 중 중국에서 유래하지 않은 것이 없다고 보았다. 반면에 헐버트는 중국 문화가 한국에 전래되기 전 이미 한반도에 형성된 고고학적 '잔존물'을 지적했다.[98] 여기서 말하는 '잔존물'은 타일러의 개념인데, 헐버트는 이를 이용해 초기 한국 문화와 종교의 독특한 정체성을 드러내면서 '샤먼 숭배'는 중국에서 전래된 것이 아니라고 주장했다. 동시에 그는 불교의 영향력에 대해서도 과소평가하지 않았다.

> 한국의 토착적인 악마 숭배는 불교와 결합하여 혼합 종교를 형성했기 때문에 둘 중 어느 하나라고 지칭하기가 힘들다. 하지만 이 모든 것 이면에는 불교적 색채가 깔려있으며, 불교의 네 가지 토대인 신비주의, 숙명론, 비관주의, 정적주의를 찾아볼 수 있다. 이것들이 한국인의 기질에 깊이 뿌리를 내리고 있다는 사실을 한국인이 가장 흔히 사용하는 표현을 통해 설명해보자. "모르겠소"는 한국인의 신비주의다. "할 수 없소"(어쩔 수 없소)는 그들의 숙명론이다. "망하겠소"는 그들의 비관주의이며, (일은 그만 멈추고) "놉시다"는 한국인의 정적주의다.[99]

헐버트는 샤머니즘과 불교가 한국에서 혼합 종교를 형성했음을 인식했다. 그럼에도 그는 불교의 네 가지 근본 특징인 신비주의, 숙명론, 비관주의, 정적주의가 샤머니즘 저변에 흐르고 있으며 한국인의 기질에 깊이 뿌리내렸음을 감지했다. 헐버트는 뛰어난 한국어 학생이었기에 이 네 토대를 일

98 Hulbert, "Korean Survivals," *TKB* (1900): 25-35.
99 Hulbert, "Korean Survivals," 39.

상어 표현에서 짚어낼 수 있었다.

1902년 11월부터 1903년 2월까지 헐버트는 한국인의 점에 관한 네 편의 연재 논문을 *Korea Review*에 실었다. 헐버트는 당시 운수에 관해 널리 읽히던 『만보오길방 萬寶五吉方』이라는 통속 서적을 번역해서 소개했다. 헐버트는 이 책에 '한국인의 가장 조악한 미신'과 '한국인의 선천적인 주물 숭배와 불교의 흥미로운 혼합'이 잘 드러난다고 보았다.[100] 하지만 이 책은 실제로는 도교의 점성술과 불교와 샤머니즘의 혼합이었다. 책의 6장은 몸에서 병을 일으키는 작은 악마를 몰아내는 방법을 기술했다. 자연적인 질병은 약으로 치료할 수 있지만 '귀신이 들어가서 생긴' 질병은 귀신을 몰아내야 치료된다. 매 달마다 날짜에 따라 특정한 종류의 질병이 기승을 부린다. 치유법은 노란색이나 흰색 종이에 질병의 이름을 써서 그 질병이 들어온 방향을 향해 던지는 것이다. 예를 들어 매달 초하룻날은 "남동쪽 나무 도깨비가 지배하는 날인데, 그는 본래 사고로 객사한 남자의 신령이었다. 이 날에는 두통, 오한, 식욕 감소가 있을 수 있다. 돈을 종이에 싸서 들고 남동쪽으로 사십 걸음을 걸은 뒤 던져야 한다."[101]

1903년 헐버트는 무당과 판수에 관한 여섯 편의 논문을 *Korea Review*에 연재했다. 그의 관점에 따르면 무당은 신령과의 친분을 통해 신령을 움직일 수 있는 일종의 영매(靈媒)이지만, 판수는 매개자라기보다는 구마사다. 이들이 가장 빈번하게 하는 일이 병을 일으킨 신령을 쫓아내는 것이다. 그런데 왜 신령은 사람들을 이런 식으로 괴롭힐까? '굶주린' 신령이 있기 때문이다.[102] 신령을 쫓아내거나 달랠 때 "가장 악의에 찬 신령은 뜻밖의 사고를 당했거나, 억울한 해를 입었거나, 원한을 갚지 못하고 죽

---

100 "A Leaf from Korean Astrology," *KRv* (Nov. 1902): 491.

101 "A Leaf from Korean Astrology," *KRv* (Jan. 1903): 16.

102 Hulbert, "Hungry Spirits," *KRv* (March 1903): 111-112.

은 사람의 혼이다."[103] 무당은 우환굿, 마마배송굿(천연두 귀신을 쫓아내는 의식), 망자의 혼을 떠나보내는 진오귀굿 등을 통해 고객의 병을 고치는 역할을 한다. 횡사하거나 불의한 죽음을 당한 사람들의 한 맺힌 신령인 떠돌고 배고픈 한이 맺힌 원귀(冤鬼)들을 '눕히고' '쉬게' 해주어야 한다는 헐버트의 생각은 한국 샤머니즘의 사회적 역할을 연구하던 선교사들의 노력에서 중요한 진전이었다.

1906년에 헐버트는 *The Passing of Korea*(대한제국멸망기)에서 "일반적으로 말해, 모든 면에서 한국인이라면 사회에서는 유교를 따르고, 사색할 때는 불교를 따르고, 곤경에 처하면 신령을 숭배할 것이다"라는 유명한 말을 했다.[104] 이 말은 선교사가 한국의 다종교 상황에 대해 서술한 말 중에서 가장 뛰어난 요약이었다.[105] 헐버트는 한국인에게 나타나는 '종교심의 모자이크'는 서로 다른 사람들이 만들어낼 뿐 아니라 한 개인 안에서도 찾아볼 수 있는데 이는 한국 문명의 유구한 역사를 말해준다고 주장했다. 그는 다음과 같이 결론을 내렸다. "한국인의 기저에 놓인 종교는 한국인 본래의 신령 숭배인데 다른 모든 것은 이 기초 위에 세워진 상부 구조에 불과하다." 왜냐하면 실질적인 종교란 곤경에 처했을 때 나타나는 것이기 때문이다. 헐버트는 신령 숭배의 범주 안에 애니미즘, 샤머니즘, 주물 숭배, 자연 숭배를 포함시켰다. 철학적 불교와 정치적 유교는 "결국에는 본래의 신령 숭배가 뒤섞여 혼합 종교를 형성했다." 더욱이 "이상한 말이지만 오늘날 한국인이 지닌 가장 순수한 종교 개념은 하나님에 대한 믿음인데, 하나님은 불교나 유교 같은 외래 종교와 전혀 연관성이 없을 뿐 아니라 원시적인 자연

---

103 Hulbert, "The Korean Mudang and P'ansu," *KRv* (April 1903): 145-149.

104 Hulbert, *The Passing of Korea* (London: Heinemann, 1906), 403.

105 그는 종교를 "사람들이 초인간적, 내인간적, 또는 더 넓게 말해 인간외적 현상과 맺거나 공상하는 모든 관계"라고 정의했다. 그리고 인간외적 범주에 죽은 자의 영혼을 포함시켰다(Hulbert, *The Passing of Korea*, 403).

숭배와도 크게 동떨어져 있다."[106] 헐버트는 고대 한국인이 하느님을 '철저히 유일신론적으로' 믿었다고 생각했기 때문에 하느님을 다른 어떤 신이나 토착 신령과 다르게 분류했다. 그는 하느님을 구약의 야웨와 동일시한 개신교 선교사들의 관점을 지지했다. 게일이 그랬던 것처럼, 헐버트도 '원시 유일신론'과 성취론을 바탕으로 하느님을 기독교 용어로 바꾸었다.[107]

### 호레이스 G. 언더우드

언더우드(Horace G. Underwood, 1959-1916)는 런던에서 태어나 12세에 부모를 따라 뉴욕으로 이민을 온 1.5세였다. 뉴욕 대학교와 뉴브른스위크 신학교를 졸업하고 1885년 4월 5일 첫 목회 선교사로 서울에 도착했다. 언더우드는 처음 10년간은 샤머니즘과 도교를 구분하지 않고 전자를 '악마 숭배'라고 불렀다. 그는 1905년까지 '샤머니즘'이라는 용어를 사용하지 않았다. 그는 한국의 모든 종교가 퇴화했다는 의미에서 한국은 종교가 없는 나라라고 거듭 말했다. 1893년에 그는 "한국 전국에 일종의 정신 혁명이 일어나고 있다"고 말했다. 그는 하나님이 교회를 향해 "오늘 한국의 내 포도원에 들어가 일하라"고 말씀하시는 음성을 들어야 할 때가 되었다고 선언했다.[108] 이는 한국 종교를 향한 영적 전쟁 선포였다.

언더우드는 그의 역작 *The Religions of Eastern Asia*(동아시아 종교, 1910)에서 한국의 샤머니즘을 자세히 다루었다. 랜디스와 마찬가지로 그는 한

---

106 Hulbert, *The Passing of Korea*, 403-404.

107 Sung-Deuk Oak, "Edinburgh 1910, Fulfillment Theory, and Missionaries in China and Korea," *Journal of Asian and Asian American Theology* 9 (March 2009): 41-50.

108 H. G. Underwood, "Romanism on the Foreign Mission Field," *Reports of the Fifth General Council of the Alliance of the Reformed Churches Holding the Presbyterian System* (Toronto: Hart & Riddell, 1892), 409-415.

국 샤머니즘의 역사를 일본의 신도와 비교했다. 4세기에 불교가 한국에 전래되었을 당시 아직 샤머니즘은 조직된 종교로 발전하지 못했는데, 이처럼 사당이나 조직된 사제 집단이 없었기에 샤머니즘은 불교에 종속되었다. 반면 일본에서는 6세기에 불교가 한국에서 일본에 전래되었을 때 자연 숭배가 신도로 발전한 이후였기 때문에 그 두 종교는 병존했다.[109]

언더우드는 불교가 들어오기 전 한국에는 순수한 유일신론 신앙이 존재했다고 주장했다. 만주와 한국 북부에 존재했던 고대 국가 부여의 종교는 "하늘 숭배였는데, 다른 신령이나 하위 신에 대한 언급은 전혀 없다." 그런데 기원전 1122년에 기자가 한국에 와서 "풍수지리, 마술, 점, 신령 숭배"를 전해주었다. 그러나 단군신화에는 "원시 순수 유일신론이 존재했을 가능성이 높다."[110] 언더우드는 한국인의 고유 샤머니즘 신앙을 설명할 때 '유일신론'이나 '단일신론'이라는 용어를 사용했다.

그럼에도 언더우드는 당대 샤머니즘의 교리나 다신들에 대해 매우 비판적이었다. 사당은 서로 독립되어 있었기 때문에 자연히 무당마다 교리가 달랐다. 한국 샤머니즘의 중심을 이루는 신앙 체계는 자연 숭배에 기원을 둔 다신론으로서 그 구체적인 내용은 (1) 하ᄂᆞ님의 지고함과 섭리에 대한 믿음, (2) 삼신이 출산에 효험이 있다는 믿음, (3) 오방장군을 우두머리로 하는 지역신에 대한 믿음, (4) 그 밖에 수많은 신에 대한 믿음, (5) 망자의 혼이나 신령에 대한 믿음 등이다. 샤머니즘의 신은 "초기의 유일신론에서 점차 이탈했는데 어떤 면에서는 보다 후기의 순수 단일신론에서도 이탈했다." 언더우드는 한국 종교의 퇴화론과 한국 종교가 기독교를 통해 성취될 것이라는 성취론을 수용했다.[111]

---

109 Underwood, *Religions of Eastern Asia*, 95.

110 Underwood, *Religions of Eastern Asia*, 104-106.

111 Underwood, *Religions of Eastern Asia*, 114.

언더우드는 샤머니즘 의례에 관심을 가졌다. 언더우드는 하늘 숭배란 "고대 단일신론의 잔재"라고 주장했다. 따라서 "하늘 숭배에 관해서는 언제나 무당과 판수가 공적인 자격으로 참여하지 못한다." 헐버트는 무당을 주술사나 '속이는 무리'(誣黨[무당])로 정의하고, 판수는 구마사나 '운명 결정자' 또는 '점술사'로 정의했는데 언더우드는 이 같은 정의를 인정했다. 하지만 보다 넓은 의미에서 여전히 무당과 판수를 '마녀'나 '마술사'로 지칭했다.[112] 언더우드는 무당이 언제나 여성이고, 일반적으로 낮은 계층 출신이며, 평판이 나쁘다는 것을 알고 있었다. 일종의 영매로 인식된 무당은 신령과 교감할 수 있고 신에 들릴 수 있었다. 하지만 신들림에 앞서 일련의 주문을 외우는 행위, 의식, 자기 최면이 선행되는데 무당은 이런 행위를 통해 자신을 입신(가장이건 실제이건) 상태로 빠뜨려서 신의 대변인이 되었다. 언더우드는 무당이 점치는 것과는 연관이 없다고 주장했다. 무당의 주업은 굿을 통해 병을 치료하는 것이었다.[113]

1894년부터 한국 개신교 선교사들은 '샤머니즘'이라는 용어를 사용하기 시작했다. 언더우드와 소수의 몇 사람을 제외하면, 대부분의 선교사가 이 용어를 받아들인 것은 1900년 전후였다. 따라서 선교사마다 샤머니즘을 이해하고 정의하는 데 차이가 있었다. 대체적으로 선교사들의 합리주의에 기반한 우상파괴, 천년왕국설, 부흥운동, 종교 퇴화론은 한국 샤머니즘의 부정적인 측면을 끊임없이 투영시켰다. 그들은 가택신과 주물에 많은 관심을 쏟았다. 그들은 샤머니즘이 기독교에 미칠 부정적인 영향을 크게 우려했기 때문에 사전 차단 작업에 치중했다.

선교사들은 대부분의 굿은 신령을 제물로 유인하는 의식이며 어떤 굿

112 Underwood, *Religions of Eastern Asia*, 140-141.

113 Underwood, *Religions of Eastern Asia*, 115-135.

은 판수의 굿처럼 귀신, 떠도는 신령, 병을 옮기는 신령에 들린 사람으로부터 축귀하는 의식으로 이해했다. 그들은 한국의 귀신은 신약성경에 기록된 그리스어 daimon(악령, 사귀)과 동일하다고 보았다. 귀신은 선하거나 악하거나 혹은 무관심한 존재인데, 대체로 부정하고 심술궂고 해롭고 굶주렸고 때로는 앙심을 품고 있었다. 반면 번영이나 다산과 연관된 일부 가택 신령은 선하고 자비로운 존재로 여겨졌다.

한국에서의 사역이 10년 정도 지나자 선교사들은 한국의 종교와 그 사회적 역할에 대해서 더 잘 이해하게 되었다. 동학혁명과 청일전쟁은 선교사들에게 한국인의 종교 정체성이 가진 다양성을 경험할 수 있는 기회가 되었다. 사랑방(남자 손님을 위한 방)이나 안방(여성을 위한 내실)에 들어간 선교사들은 샤머니즘의 기본 교리나 그것이 일상에서 차지하는 중요성을 곧 인지하기 시작했다. 기퍼드는 한국인의 '미신'을 '공감하는 마음으로' '그들의 시각'에서 바라보았을 때 "악마에 대한 두려움이 빈번하고 강렬한 정신적 고통의 원인"임을 이해할 수 있었다.[114]

한편 개신교 선교사들이 완전히 다른 종교와 마주하게 되었을 때 그 배후에서는 그들의 신학과 세계관의 변화가 은밀하게 진행되고 있었다. 선교사는 샤머니즘의 최고신인 원시 유일신적인 하ᄂᆞ님을 성경의 엘로힘과 동일시했다. 뿐만 아니라 한국 샤머니즘이 보여주는 신령, 악마, 신들림, 축귀 등 신약성경에서 묘사하는 것과 유사한 현상들을 인정하게 되었다. 아래 단락들에서는 기독교인의 축귀 활동에 대해 자세히 살펴보려고 한다. 비록 여성 선교사들이 한국 샤머니즘의 학문적 연구에는 큰 기여를 하지 않았지만, 그들이 축귀를 행하고 주물을 불사른 활동은 매일 샤머니즘 신령과 함께 살아가던 한국 여성의 일상적 삶에 커다란 영향을 미쳤다.

---

114 Gifford, *Everyday Life in Korea*, 118.

다른 한편으로는 역설적이게도 샤머니즘 신령은 개신교 선교사의 샤머니즘에 대한 논의 안에서 거처를 마련할 수 있었다. 과거 조선 시대에는 유학자들의 신령과 제례 주도권 담론에서 샤머니즘과 샤머니즘 의식은 부정적이든 긍정적이든 그 담론에 편입되면서 존속하고 기능할 수 있었다. 그와 동일하게 20세기로 넘어가는 시점에 샤머니즘과 샤머니즘의 신령 사상은 개신교 선교사의 귀신론 담론에 포함되어 생존할 수 있었다. 일제 강점기에도 역시 유사한 방식으로 샤머니즘은 일본 학자들이 고도로 발달한 일본 신도와 원시적인 한국 샤머니즘을 비교하는 논의 속에서 살아 남았다. 일본 민속학자들은 일본 신도가 한국의 미신적인 샤머니즘에 비해 우월하다는 설명을 통해 일본의 식민 지배를 정당화했다.[115] 그만큼 민중의 삶은 고단했고 온갖 새로운 귀신이 고통을 가중시켰기 때문이었다. 성리학 양반, 개신교 선교사, 일본 민속학자가 샤머니즘을 공격했던 논리의 연속성에 관해 후속 연구가 이루어진다면 한국 종교사의 중요한 측면이 드러날 것이다.

## 3. 귀신들림과 기독교 축귀 의식

### 산둥에서 존 네비어스와 귀신들림

네비어스(John Livingstone Nevius, 倪維思[예유사], 1829-93)는 1854년부터 1892년까지 중국에서 사역했는데 그는 산둥에서의 초기 사역 때부터 귀신들림 현상을 경험했다. 그는 "19세기 후반에 귀신들림 같은 일이 존재하

115 Boudewijn C. A.Walraven, "The Native Next-Door: Ethnology in Colonial Korea," *Anthropology and Colonialism in Asia and Oceania*, Jan van Bremen and Akitoshi Shimizu eds. (Richmond, UK: Curzon Press, 1999), 224.

는가?"라고 자문했다. 그는 그 사례들을 면밀하게 조사하면서 선교사와 중국인 교인들로부터 축귀 사례와 관련된 증언과 자료를 수집했다. 그 결과물이 그의 사후에 출판된 *Demon Possession and Allied Themes*(귀신들림과 관련 주제, 1896)이다. 한국 선교사들 다수는 이 책에서 네비어스가 사용한 방법론을 채택했을 뿐만 아니라 귀신들림과 기독교 축귀에 관한 그의 이론도 수용했다. 산둥인들은 귀신들림이 존재한다고 믿었다. 이 믿음은 중국의 애니미즘이나 신령 숭배의 일부였다. 귀신들림에는 육체적 고통과 격렬한 발작이 동반되었다. 중국 기독교인들은 신약 복음서에 기록된 귀신들림에 관한 이야기를 읽을 때 바로 이해할 수 있었다. 네비어스와 다른 선교사들은 이 문제를 매주 신중하게 접근했다. 이 책의 서문에서 북장로회 해외선교회 총무 엘린우드(Franklin Field Ellinwood, 1826-1908) 박사는 다음과 같이 언급했다.

> 그들[선교사들]은 사람들이 심지어 예수의 이름으로도 악마를 쫓아내는 힘을 가질 수 있다는 생각을 하도록 하는 어떤 조치도 피했다. 현지인 목사들도 그런 권세를 구한 적은 없었다. 지금까지 가장 흔한 행동은 무릎을 꿇고 예수께 고통 중인 자를 구해달라며 기도하고, 동시에 현장에 있는 모든 이에게 함께 기도해달라고 부탁하는 것이었다. 그러면 거의 모든 경우에 고통 받던 당사자가 명백하게 다른 인격과 다른 목소리로 예수의 권세를 인정하고 떠나갔으며 이 일은 기정사실처럼 되었다.[116]

네비어스는 귀신들림의 사례가 중국에 실재한다고 주장했다. 그는 중국인 기독교인들에 의해 치료되었다고 여겨지는 사례들, 즉 구마사들이 과거에

116 John L. Nevius, *Demon Possession and Allied Themes* (New York: Revell, 1896), v.

사용했던 방식대로 부적을 태우거나, 마술이나 주문으로 겁을 주거나, 바늘로 몸을 찌르는 대신 찬송을 부르고 하나님께 기도함으로써 치유된 사례들을 기술했다. 어떤 선교사들은 "사도 시대로 되돌아간" 기분이었다고 말하거나 "사탄의 권세가 아직 깨지지 않았다는 사실을 믿을 수밖에 없었다"고 고백했다.[117] 네비어스는 귀신들림 현상은 현대의 진화론이나 심리학 이론이 아니라 오직 성경으로만 설명할 수 있다고 주장했다.

1930년에 평양의 클라크(Charles Allen Clark, 郭安連[곽안련], 1878-1961) 목사는 박사학위 논문을 바탕으로 한 책에서 네비어스의 귀신들림을 언급했다. "기독교 사역자들의 축귀 행위는 선교사와 교회 사역자들 사이에서 많은 논쟁과 찬반 의견을 일으켰다. 특히 이는 원산에 관한 1895년 보고서에 언급되어 있다. 네비어스 박사는 귀신들림에 관한 그의 책에 필요한 자료를 아마 한국에서 훨씬 더 많이 찾을 수 있었을 것이다."[118] 곧 선교사들은 한국에서 귀신들린 자들을 많이 경험했고 축귀도 목격했는데, 1920년대 초반에 김익두 목사가 부흥회에서 다양한 만성 질병 환자를 기도로 치료했을 때 클라크가 언급한 축귀 문제가 논란이 되었다.[119] 하지만 1920년대의 축귀를 미신적 행위로 본 사회주의자들과 예수교인 간의 논쟁 이전에, 이미 20세기로 접어들 무렵에 기적적인 치유와 축귀에 관한 많은 보고가 생산되었다. 사실 클라크 본인이 한국에 오기 전에는 귀신들림을 믿지 않았으나 1907년 대부흥 기간에 기적적 축귀를 인정하는 자로 변했다.

117 Nevius, *Demon Possession*, 71.

118 C. A. Clark, *The Korean Church and the Nevius Methods* (New York: Revell, 1930), 99.

119 민경배, 『한국기독교회사』(한국기독교출판사, 1984), 411-414.

## 한국에서 기독교 축귀 의식

위에서 클라크가 언급했듯이 게일은 1895년에 원산에 널리 퍼져 있던 귀신 숭배에 대해서 보고했다. 게일은 "신령 숭배, 아니 귀신들림의 특이한 기승" 때문에 자신의 사역이 방해를 받았다. 사람들은 게일을 찾아와서 "귀신이 밤마다 나타나는 바람에 평온하던 집이 야단이다"며 하소연했다. 귀신에 들린 사람도 많았다. 이런 일은 언제나 구마사인 판수의 몫이었다. 게일은 "사람들에게 이런 악령은 발을 딛고 사는 땅과 같이 현실이어서, 사람들의 두려움을 없애줄 복음이 우리에게 있다는 사실에 감사"드렸다.[120]

선교사 자료와 서구인의 여행기를 보면 한국은 귀신들림과 '부정한' 신령을 일반적으로 믿는 나라로 묘사되어 있다.[121] 이런 믿음이 한국인을 특이하고 집요한 방식으로 사로잡고 있었다. 한 작가는 한국을 가리켜 '이교라는 중독 망상(delirium tremens, 진전섬망)에 시달리는 유령의 집과 같은 국가'라고 불렀다. 어떤 선교사는 "수많은 사람들이 귀신의 노예로 마귀 대왕에게 속박되어 있다"고 말했다.[122] 게일은 1894년에 큰 소요를 일으킨 동학도들은 "귀신을 쫓아내는 능력에 홀려 있었고, 그것이 인기를 끈 요인 중 하나였다"고 평가했다.[123] 한국인들은 용한 무당에게는 강력한 신령이 강신해 있다고 믿었는데, 무당은 주문을 통해 자신이 모신 신령의 힘을 빌어 병을 일으킨 악령을 쫓아낼 수 있다고 생각했다. 서북인들은 신내림을 받은 무당을 만신(萬神)으로 불렀다. 강신한 신령이 자기가 다스리는 수많은 다

---

120 *Annual Report of the BFMPCUSA* (New York: BFMPCUSA, 1895), 161.

121 Gilmore, *Korea from Its Capital: With Chapter on Mission* (Philadelphia: Presbyterian Board of Publication and Sabbath School Work, 1892), 194; Bishop, *Korea and Her Neighbors*, 399ff.

122 David K. Lambuth, "Korean Devils and Christian Missionaries," *Independent* (Aug. 1, 1907): 287-288.

123 Gale, "Letters: Korea," *CHA* (Sept. 1895): 230.

른 신령들을 함께 데리고 오기 때문이었다. 무당은 귀신 들린 사람에게서 귀신을 몰아내기 위해 음악, 춤, 주문을 동원해 굿판을 벌였다.[124] 광산의 광부들 역시 '귀신'을 몰아내기 위해 행하는 의식이 있었다. 예를 들어 평안북도 운산금광에서 한국인 광부가 사망하는 사고를 당할 때마다 광부들은 그 죽음이 '어떤 지신이 노하셨기 때문'이라고 생각했다. 그래서 사고가 발생하는 즉시 갱도에 있던 모든 광부가 밖으로 나와서 함께 닭과 돼지를 지신에게 바쳤다. 그들은 지신을 쫓아내기 위해 죽은 광부의 아내를 심하게 구타했다.[125]

개신교 선교사들은 귀신 들린 사람을 위해서 기도하고 그 결과 귀신이 나간 수많은 축귀 사례들을 증언했다. 이같은 기적을 보며 선교사들은 예수 당시 팔레스타인 사람들이 그랬던 것과 동일하게 일부 한국인들은 여전히 마귀에 사로잡혀 있다고 믿게 되었다. 북미 선교사와 한국인 모두 축귀에 나타난 하나님의 능력과 관련하여 그들의 세계관을 수정하지 않을 수 없었다. 선교사는 귀신과 기적에 관한 자신들의 근대적, 합리적, 과학적인 관점을 1세기 성경의 관점에 맞추어 변경해야 했다. 반면에 한국인은 육체와 질병에 관한 현대 의학 이론과 귀신을 이기는 성령의 능력에 관한 성경적 관점을 수용해야 하는 도전을 받았다.

평양에서 마페트는 "한국인에게 종교라는 것이 있다면, 이들의 진짜 실제적인 종교는 일종의 애니미즘이나 신령 숭배다"라고 언급했다.[126] 마페트의 동료 리(Graham Lee) 목사는 1897년에 순안 시찰을 순회여행하면서 다섯 지역을 방문했다. 그는 어른 16명에게 세례를 주었고, 한 아기에게 유아세례를 주었으며, 109명의 새 신자를 등록시켰다. 그는 순안교회에서 어떤

---

124 H. N. Allen, "The Mootang," *KR* 3 (April 1896): 163-164.

125 Hulbert, "Part I. Ancient Korea Chapter I," 33-35.

126 *Annual Report of the BFMPCUSA* (New York: BFMPCUSA, 1895), 121.

귀신 들린 사람이 치유되는 사건을 목격했는데, 주민의 절반이 섬기던 귀신을 버렸다. 자작에서는 맹인 판수와 그 부친을 만났는데, 부친은 가업인 축귀 일을 중단했다.[127]

문제는 귀신이 들린 자로 간주되고 그렇게 믿는 자의 다수가 여성이라는 사실이었다. 예를 들면 1899년 초에 인천에서 이근선의 부인은 기독교인들이 기도해준 뒤로 눈에 띄게 회복되었다. 부인은 10년 동안 아팠고 정신적으로 고통을 받았다. 그녀는 약과 굿에 많은 돈을 썼으나 모든 노력이 수포로 돌아갔다. 그러다가 남편이 예수교회에 마귀를 이기는 권능이 있다는 말을 듣고 자진해서 예배당에 나와 예수 믿기를 자청했다. "교우들이 이 씨의 집에 가 본즉 실진한 여인이 겨울에 벽을 헐고 광증이 대단하여 이불을 쓰고 숨어 떨거늘, 교우들이 찬미 기도하고 이불을 벗긴즉 권씨가 냉수 세 사발을 마신 후에 같이 엎드려 기도하더니, 두 주일이 못되어 광질이 아주 쾌복하고 지금은 독실히 믿는 교우가 되었다."[128] 이런 부류의 이야기가 널리 전파되면서 사람들이 교회로 몰려왔다.

1905년에 경기도 부평에서 사경회가 열렸다. 이 모임에 5년간 '마귀의 충실한 종' 곧 무당이었던 새 신자가 참석했다.[129] 기독교인들은 매일 밤 그녀의 집을 찾아가 그녀를 위해 함께 기도했다. 그녀는 "찬송가가 울려 퍼질 때 얼마나 마음이 평안한지 몰라요"라고 말했다. 그러던 어느 날 밤, '큰 마귀'의 권세에서 이제 막 풀려나려던 시점에 그녀는 마음의 고통으로 바닥에 구르며 손으로 자신의 머리를 치고 머리를 쥐어뜯었다. 그녀는 반복해서 한결같은 목소리로 "내게서 떠나가라! 내게서 떠나가라!"라고 외쳤다. 교인들은 그날 밤새도록 그녀와 함께 있으면서 기도하고 찬송을 불렀다.

---

127 G. Lee to Samuel A. Moffett, February 20, 1897.

128 "밋친 병이 나은 것", 「대한크리스도인회보」, 1900년 5월 23일.

129 Lula A. Miller, "The Conversion of a Sorceress," *KMF* (Feb. 1906): 65.

동틀 무렵이 되어서야 그녀는 악령이 자신을 떠났다고 말했다. 그녀는 기독교인들이 행한 축귀의 가장 탁월한 예가 되었다. 1901년 북감리회 선교사로 내한한 밀러(Lulla A. Miller) 양은 그 전직 무당에게 그 동안 마귀에게 이끌려 다닌 줄을 어떻게 알았느냐고 물었다. 그녀는 "교사도 아시겠지만, 우리가 예수를 믿을 때 예수님이 우리에게 성령을 보내주셔서 우리가 그분을 보거나 들을 수는 없어도 그분이 우리를 인도하고 계신다는 것을 알 수 있잖아요. 사탄이 우리 마음에 들어와 있을 때도 마찬가지예요. 우리는 사탄이 우리를 이끌고 있다는 것을 압니다. 아! 저는 지금 너무 행복하고, 저희 가족은 모두 구세주이신 예수님을 믿습니다"라고 대답했다.[130] 이런 식으로 기독교에 한국의 귀신을 내쫓을 수 있는 성령의 능력이 있다는 믿음은 수사학적으로 성경에 기록된 사탄과 그의 악령을 내쫓은 사건들과 동일시되는 변용을 거쳤다.

1905년 말 스크랜턴 의사와 버딕 목사는 수원 구역에 위치한 오모이라는 작은 산동네를 방문했는데, 그곳에서는 한의사가 미조직 교회를 인도하고 있었다. 신도 중에는 상류층에 속한 지적인 학자가 있었는데, 그는 조부 이래 3대째 산에 있는 집안 소유의 사당을 지켜오고 있었다. 부친이 별세할 즈음 그는 새로운 기독교 신앙에 관심을 가지게 되었는데, 마침 그의 여동생이 정신이 이상해졌거나 귀신에 들렸다. "그녀는 점차 폭력적으로 변했다. 교우들은 매일 모여서 그녀를 위해서 기도했지만 일주일이 지나도 차도가 거의 없었다. 그러다가 마침내 좋아졌다. 그래서 가족들은 승리의 기념물로 신령 숭배와 관련된 모든 의복과 여러 값진 장신구를 교회에 바쳤다."[131] 그 양반은 집안의 사당도 교회에 바쳤다.

---

130 Ibid.

131 George M. Burdick, "Conversion of a Mountain Spirit House Keeper," *KMF* (March 1906): 88.

치유받은 남자의 사례도 있었다. "부흥회 도중 분위기가 달아오르자 한 남자가 알 수 없는 말을 하며 광기에 휩싸였는데, 그는 초인적인 사나운 힘으로 자기를 두른 쇠사슬을 끊고 쇠빗장을 부러뜨리는 등 거라사 지방의 남자의 경우에 못지않게 실제적인 귀신들림의 징후를 보여주었다. 악령은 개종자들을 침묵하도록 겁을 주었다." 기도는 효력이 있었다. 귀신은 떠나갔고 그 남자는 정상으로 돌아왔다. 이처럼 선교사들은 "예수 시대에 귀신에 들린 자들이 보인 모든 특징적인 현상이 나타나는 귀신들림과 치유가 분명한 가장 이상한 사례들"을 계속해서 만나게 되었다.[132]

1906-10년에 등장한 신소설을 보면 시대의 피해자는 여성들이었다. 그들은 법과 도덕이 사라진 『雉嶽山』(치악산)의 공간에서 『血의 漏』(혈의 누)를 흘리며 『鬼의 聲』(귀의 성)을 들으며 온갖 악행과 술수와 부패를 퇴치할 『驅魔劍』(구마검)을 기다린다. 그 가운데 여종, 무당, 첩은 각자도생을 도모하는 화적과 같은 불한당의 일부로 묘사되어 있고, 첩에게 핍박 받는 젊은 처나 고아 소녀 등은 남자처럼 변장하거나 유학으로 새 삶을 개척하여 신여성이 된다. 그러나 1908년 전후로 이런 개화 여성의 출현에도 불구하고, 대다수 여성들은 나라가 망하는 상황에서 약육강식의 무법천지에서 날뛰는 귀신들의 하수인들의 술수에 휘말려 겁탈을 당하거나 폭력 속에 피눈물을 흘리거나 매일 귀신의 소리를 들으며 귀신에 사로잡혀 살았다.[133] 이들을 위해서 기독교는 여성 교육 운동과 더불어 부흥운동을 전개했는데 그 가시적 의례의 하나가 축귀였다.

132 Lambuth, "Korean Devils and Christian Missionaries," 288.

133 최정운, 『한국인의 탄생』(미지북스, 2013), 69-133.

### 축귀하는 전도부인

남녀가 유별한 한국의 내외 문화 때문에 성서공회와 선교회는 기독교 서적과 성경을 보급하고 전도하는 전도인으로서 남성을 위한 남자 권서나 조사와 별도로, 여성 사역을 위해서 부인권서(성서공회 소속)와 전도부인(선교회 소속)을 고용했다. 부인권서와 전도부인은 대부분 과부이거나 나이든 여성이었는데 이는 젊은 여성의 경우 적절한 대접을 받지 못할 뿐 아니라 자유롭게 돌아다니는 것이 허용되지 않았기 때문이었다. 여자 선교사의 지도하에 교회에 소속된 전도부인은 주로 단권 성서를 보급하던 남자 권서나 부인권서에 비해 그 역할이 다양하여, 남자 영수(안수 받지 않은 장로)와 순회조사(안수 받지 않은 목사)의 역할을 겸한 일을 감당했다. 전도부인은 한 교회 사역과 더불어 순회 전도자로서 문맹인 여성들에게 한글을 가르쳐서 성경을 읽게 했고, 희생적이고 행복한 삶의 모범을 통해서 성경의 기본 교리를 가르쳤다. 전도부인은 또한 지쳐 있는 주부를 돕고, 아픈 아이를 간호하고, 외국 선교사의 발길이 닿은 적이 없는 외딴 시골 지역을 찾아다니며 전도했다. 1892년부터 몇 명의 전도부인이 사경회 수업을 통해 훈련 받기 시작했고, 여자 선교사의 조사로서 전도 활동에 참여했다. 1910년대까지 여전히 한국인 남자 목사와 조사의 수가 많지 않았기 때문에 전도부인이 미조직 교회를 맡아 매주일 설교하는 경우도 있었다. 1920년대에는 주요 도시에 여자성경학원이 설립되어 전도부인들이 정규 교육을 받게 되는데, 그 이전까지 전도부인은 비록 교육 수준은 낮았지만 영적으로는 더 권위가 있었다.[134]

귀신 들린 여성을 만날 경우 대개는 여자 선교사와 전도부인과 몇 명

134 Margaret Best, "Courses of Study and Rules of Admission of the Pyeng Yang Presbyterian Women's Bible Institute," *KMF* (June 1910): 152-154.

의 여신도들이 함께 그 집에 매일 가서 며칠 간 기도회를 열었다. 예를 들면 1903년에 평양에서 전도부인 심 씨가 귀신 들린 한 여성을 치유한 일이 있었다. 귀신들린 여성의 비참함을 함께 살펴보자.

> 외성(外城)에 귀신 들린 한 젊은 여성이 있었다. 그의 가족은 이 불청객을 몰아내기 위해서 판수를 불러 극단적인 수단들을 시도해보았다. 그녀는 머리부터 발끝까지 온통 멍투성이가 되도록 몽둥이로 맞아서 차마 눈을 뜨고 볼 수 없을 지경이 되었다. 그러자 기독교를 믿는 이웃 사람 몇 명이 개입하여 이런 잔인한 일은 더 못 보겠다고 하면서 남편에게 그 아내를 교회 영수인 주 씨에게 데려가자고 설득했다. 그 여성은 주 씨 집에서 한두 주일 머물렀고 심 씨와 다른 여자 신도들이 매일 방문했다. 이 여자 신도들과 귀신 사이에 오간 대화를 심 씨가 전해주었는데 이를 자세히 소개할 수 있으면 좋겠지만 아쉽다. 마귀학을 공부하는 학생들에게 흥미 있는 내용이 될 것이다. 간단하게 말하자면, 악령들은 시각을 정해서 그때 여자를 떠나겠다고 몇 번이나 합의했으나, 그 때가 되면 매번 좀 더 시간을 달라고 애원했으며, 마침내 나이 많은 심 씨가 크고 단호한 목소리로 엄히 명령하자 굴복하고 떠났는데, 그러자 여자는 온전한 정신으로 돌아왔다.[135]

1907년 3월에 원산의 마이어스 양은 전도부인 나오미에게서 한 귀신 들린 여자에 관해 들었다. 이 여자는 과거 '이교 사당'에서 '마술'을 배웠는데, 하루 종일 길거리에서 오가는 사람들에게 '미친' 여자로 학대를 받고 있었다. 두 사람은 나오미의 여자 형제와 다른 여학생들을 데리고 선교회 건물에서

135 Annie L. A. Baird, "General Report of Pyeng Yang Station to the Korea Mission, June 1903," KMPCUSA, *Minutes and Reports*, 1903.

13킬로미터 떨어진 남산에 위치한 그 여자의 집을 찾아갔다. 두 번째 기도회를 하는 도중 그 '미친' 여자가 땅에 무릎을 꿇고 "당신들의 신이 내게서 마귀를 몰아냈습니다. 이제 당신들의 신을 믿고 싶습니다"라고 말했다. 그 여자가 온전해졌다는 소식이 마을에 순식간에 퍼졌다. 여학생들은 '그 미친 여자'에게 이름이 있어야 한다고 말했고, 마이어스 양은 '복을 받았다'는 의미로 '복택'이라는 새 이름을 지어주었다.[136]

많은 전도부인들이 귀신을 쫓기 위해서 기도회를 인도했다. 그중에는 전직 무당들도 있었는데, 이들은 여자 교인들 가운데 상당한 영적 영향력을 행사했다. 위에서 언급한 평양의 전도부인 심 씨가 바로 그런 전직 무당 출신이었다. 심 씨는 성경 공부, 기초 신학, 실천 목회를 어느 정도 배운 뒤 전도부인으로 임명되었다. 1906년에 심 씨가 한 젊은 여성을 위해 행한 치유 의식은 기독교 축귀의 전형적인 예로서, 다음 일곱 가지 순서로 진행되었다.

첫째, 귀신 들린 여자의 방에서 대면 대화로 시작했다. 심 씨는 "너는 귀신에 들렸지?"라고 물었다. 심 씨는 귀신이 인정할 때까지 되물었다. 귀신은 멈추어 달라고 애원했다. 둘째, 교우들이 기도하자 그 여성은 야유를 퍼붓고 여자 교인들에게 침을 뱉고 때리기도 했다. 셋째, 그 여성의 분노가 누그러지고 조용히 흐느낄 때까지 계속해서 함께 찬송을 불렀다. 넷째, 심 씨가 귀신들에게 나오라고 명령했으나 귀신들은 거부했다. 다섯째, 심 씨와 교우들은 계속해서 함께 기도하고 찬양했다. 여섯째, 자정 즈음이 되어 심 씨는 마지막으로 귀신에게 나가라고 명령했다. "이 더러운 귀신아, 내가 나사렛 예수의 이름으로 명하노니 그 여자에게서 나오너라!" 일곱째, 마침

136 Mamie D. Myers, "Poktaigee," *WMA* (Dec. 1909): 269-270.

내 귀신은 물러갔고 그 여성은 치유되었다.[137]

복음서의 축귀 사건과 심 씨 사례의 공통점은 귀신을 추방하는 과정에서 귀신과 구마사 사이에 대화가 오가고 다툼이 일어났다는 것이다. 귀신은 처음에는 전도부인을 무시했지만 결국에는 항복했다. 기독교 구마사인 전도부인의 믿음으로 귀신 들린 사람이 치유를 받고 제정신으로 돌아오게 되었다. 그러나 특이한 점은 심 씨가 전직 무당으로서 그런 귀신 들린 여성들을 과거에 많이 다루었다는 점이다. 동일한 여성 고객들을 과거에는 치병굿으로 치유하다가 이제는 기독교의 방법인 기도와 찬송으로 치유했지만, 여전히 대화, 기도와 노래와 주문에 가까운 복음서 구절을 사용한 점에서는 두 의례 사이에 상당한 연속성이 있었다고 하겠다.

대구에서 무당에서 전향한 한 전도부인이 행한 치유 의식은 좀 더 평온했다. 1908년 1월, 어드만 목사는 새로 지은 작은 시골 교회에서 한 나이 든 여성을 만났다.

> 그 여성은 선교사를 만나려고 30리를 걸어왔다. 나는 그녀가 아프리카에 있었다면 마녀 의사로 불렸을 것이라고 생각했다. 그녀는 이전에 무당이었는데 환자에게 붙은 귀신을 추방하는 일이 특기였다. 이것은 일반적인 세례 지원자에게서는 찾아볼 수 없는 경우였으므로 우리는 몇 가지 질문을 했고, 그녀의 지인들이 그 대답의 사실 여부를 확인해 주었다. 그녀는 처음 믿은 지 1년이 지났다. (한국인들은 '믿음'에 대해 말할 때 마치 홍역이나 어떤 병에 걸린 것처럼 표현한다!) 그녀는 믿고 난 다음부터 무당 일을 모두 중단했다. 그녀는 이제 무엇으로 생계를 유지하는가? 그녀는 여전히 의료업을 하고 있었다. 그

137 Annie L. A. Baird, *Daybreak in Korea: A Tale of Transformation in the Far East* (New York: Revell, 1909), 95-106.

> 녀는 이전에 사용하던 장비가 쓸모없거나 적어도 어울리지 않게 되었는데 어떻게 그럴 수 있었을까? 아, 그것은 단순했다. 그녀는 약초를 사용한 뒤에 성령께서 치료해 주시기를 기도했다. (그녀가 야고보서 마지막 장을 읽은 적은 없었다.) 그녀는 특정한 거처 없이 떠돌아다니는 의원이었다. 그녀가 주일은 어떻게 보냈을까? 그녀는 가장 가까운 교회에서 보냈다.[138]

새로 개종한 전직 무당은 환자의 치료를 위해서 약초와 기도를 사용하고 성령께 치유를 간구했다. 그녀는 과거 샤머니즘 의식에 사용하던 무구(巫具)를 버렸지만, 이제 더 강한 신령인 기독교의 성령에게 샤머니즘의 부정한 귀신을 추방해달라고 탄원했다. 신령과 치유에 대한 그녀의 이해는 그다지 바뀌지 않았다. 그럼에도 선교사는 그녀에게 세례를 베풀고 세례명을 주었다. 선교사에게 있어 그 여인은 기독교가 한국 민속 종교에 대해 거둔 승리의 증거이자, 기독교가 한국 여성의 지위를 향상시킨 증거였기 때문이었다.

한편 기독교식 축귀로 인해 전도부인이 새로운 영적 지도자로 부상했다. 1907년에 스크랜턴 여사는 전도부인의 사역을 다음과 같이 높이 평가했다.

> 사람들은 이 부인들을 매우 존경했으며 그들에게 강력한 기도를 드리는 능력이 있다고 믿었다. 누군가에게 어떤 종류의 문제가 있든지, 그것이 정신적이건 육체적이건 경제적이건 전도부인이 파송되어 기도하고 찬송한다. 사람들이 신령을 이리저리 달래는 일에 지쳐 진절머리를 내면 그 주물을 끌어내려 불태우

138 Walter C. Erdman, "Korea: 'Unto the Church In,'" *All the World* (April 1908): 45. 아마도 이 여성은 강신무가 아니라 세습무였기 때문에 약재에 대한 지식도 있었던 것으로 보여진다.

> 는 것은 반드시 전도부인의 몫이었다. 사람들은 전도부인을 청해서 악령을 쫓거나 병자를 위해서 능력 있는 뜨거운 기도를 해 달라고 부탁했다. 전도부인의 믿음은 많은 경우에 그들의 교사(선교사)보다 더 커서, 사랑이 충만하고 자비로운 하늘 아버지께서는 믿음대로 갚아주신다.[139]

전도부인의 영적 능력과 권위는 새로운 여자 신도들의 집을 심방하면서 기독교적 믿음 치유와 축귀 의식을 하면서 유지되었다. 전도부인의 최고 무기는 강력하고 능력 있는 뜨거운 기도였다. 귀신 들린 사람을 위한 기도가 길어질 경우에는 금식을 동반하기도 했다. 평양의 첫 기독교 여성인 이 씨 부인은 부인전도회 회장과 전도부인이 되었다. 이 씨는 산정현교회의 여신도들과 함께 기도를 통해 귀신에 들려 고생하던 한 여자를 치료해 주었다.[140] 하지만 일부 선교사들이 경고했듯이 주물 숭배, 신령 환원주의, 운수 중심의 운명론, 물질주의적인 세속적 기복주의 등 샤머니즘의 경향이 이 전직 무당 전도부인들을 통해서 교회 안에 들어오는 부정적인 면도 있었다.

### 귀신들림에 대한 전근대적 관점 수용

1907년에 밴더빌트 대학의 램버스 교수는 한국에서 활동하던 미국 선교사들의 서신과 보고서를 토대로 한국의 신령과 기독교 선교사 간의 관계에 대한 특별 연구를 발표했다. 램버스 교수의 주장은 다음과 같았다.

---

139 Mary F. Scranton, "Day Schools and Bible," *KMF* (April 1907): 53.

140 C. F. Bernheisel, "The Korean Church a Missionary Church," *Woman's Work* (Nov. 1910): 250.

> 한국 선교사가 보여주는 귀신의 존재에 대한 의식은 마귀론의 영향이 그처럼 만연하지 않은 다른 국가에서 활동하는 선교사들이 보여주는 것보다 매우 뚜렷하다. 신령으로 가득한 한국의 대기가 선교사 자신도 모르게 한때 기독교 안에 자리 잡았다가 이제는 그들 안에 잠들어 있는 마귀론을 일깨웠다.[141]

램버스 교수는 중요한 점은 "외국인이 현지인의 관점을 받아들이게 되는 무의식적이고 은밀한 경향"이 주한 선교사들의 글에 널리 퍼져 있다고 지적했다. 북미 선교사는 한국인과 한국 사회에 영향을 미쳤지만 동시에 한국의 종교문화적 환경, 특히 샤머니즘에 깊은 영향을 받았다. 선교사들이 일종의 세계관적 회심을 경험했다고 하겠다. 귀신들림 현상에 관한 선교사들의 증언은 종교 개념과 사고방식 사이의 상호작용을 집약적으로 보여주었다.

1907년 대부흥운동은 기독교와 한국 샤머니즘 간의 상호관계에 관한 램버스 박사의 분석과 선교사의 경험을 모두 확증해주었다. 앞서 언급한 선교사의 '회심'을 단적으로 보여주는 예는 서울 승동장로교회의 클라크 목사였다. 처음에 그는 한국 민속 종교의 굿 의식과 여러 부흥회에서 목격한 현상 사이에 있는 유사성 때문에 불편했다. 시카고의 맥코믹 신학교를 다닐 때 그는 귀신들림이라는 개념 자체를 무시했다. 그는 그런 증상은 정신병이나 신경과민증에 기인한다고 생각했다. 1906년에 귀신을 추방한 한 중국 선교사에 관한 글을 읽었을 때, 클라크는 이를 터무니없다고 생각하고, 의학적이거나 과학적인 설명이 있어야 한다고 주장했다. 하지만 1907년에 서울 부흥운동 중에 축귀를 본 후 클라크는 자신의 관점을 바꾸었다. 부흥회 도중에 한 남자가 고함을 지르고 자신을 붙들려는 사람들을

141 Lambuth, "Korean Devils and Christian Missionaries," 287-288.

마구 때리며 예배를 방해했다. 클라크와 길선주 목사는 강단에서 내려와 그 실성한 남자를 예배당 바깥에 있는 방으로 데리고 갔다. 그곳에서 남자는 야수처럼 날뛰기 시작했다. 그는 갓을 발로 밟고 겉옷을 벗어버리고 대님을 찢더니 방을 부수기 시작했다. 이어 바닥에 엎드려 신주함 앞에 절을 했다. 목에는 핏줄이 부풀어 올라 터질 듯했다.

> 마침내 나는 이것이 마귀의 현현이라고 확신하게 되었다.…그래서 나는 그에게 가서 떨고 있는 손을 꼭 잡고 예수의 이름으로 잠잠하라고 명령했다.…그리고 기도를 했는데 기도를 시작하자마자 그 남자는 잠잠하게 되었다.…나는 성령이 너무나 위대한 일을 하고 계셨기 때문에 악령이 그 남자에게 들어가서 부흥회를 망쳐놓도록 시켰다고 확신한다.…'인간에게 죄와 의와 심판을 깨닫게' 하실 수 있는 성령의 존재를 내가 확신하듯이, 악령이 1900년 전과 동일하게 지금 성령에 대항하여 일할 수 있다는 것을 나는 믿는다.[142]

클라크는 귀신 추방에 관한 자신의 견해를 수정했다. 그는 그 남자가 마귀의 하수인이었고 귀신에 들렸다고 확신했다. 클라크의 동료 게일 역시 다음과 같이 증언했다.

> 선교사는 성경과 거기에 적힌 마귀에 관한 이야기를 가지고 이 세상에 들어간다. 그것을 읽는 한국인은 즉시 매력을 느낀다. 신약성경에는 수많은 마귀들이 등장하지만 그것들은 모두 추방되었다. 그것들은 갈릴리 호수 비탈 아래로 내달리고, 그리스도의 임재로부터 달아난다.…지금까지 한국 역사에서 사람들은 마귀의 세계가 혼나게 얻어맞는 광경을 본 적이 없다. 이 기적을 행하는 이

---

142 D. N. Clark, *Living Dangerously in Korea* (Norwalk, Conn.: EastBridge, 2003), 39-40.

는 전능하다. 그는 참으로 모든 죄수에게, 자신을 받아들이는 모든 자에게 형 집행을 유예시켜주고 지옥에서 나가게 풀어주었다. 전국 방방곡곡에서 귀신에 들린 자들을 위한 기도가 예수의 이름으로 올라가고, 그들은 구원을 얻는다. 병 낫기를 위해서 기도하면 병자가 낫는다. 가난한 자를 위해 기도하면 하나님이 쓸 것을 보내준다.[143]

1911년에 번하이젤이 평양에서 목회한 지 10년이 지났을 때, 그는 기독교인의 기도를 통해 귀신들림이 치유되는 많은 사례를 목격하면서 기적적 치유에 관한 자신의 은사중지론적 관점을 바꾸게 되었다고 고백했다. 은사중지론에 따르면 기적이라는 초자연적인 은사는 하나님의 특별한 섭리에 따라 1세기의 초기 교회에만 부여되었다가 사도들의 죽음과 함께 중지되었다. 하지만 선교지에서의 경험을 통해 번하이젤은 이 문제와 관련된 성경의 가르침을 재검토하게 되었고, 신학교에서 배웠던 것과 한국에서 보고 들은 것을 조화시키게 되었다. 번하이젤은 한국인이 '미친 사람'과 '귀신들린 사람'을 구분한다고 주장했다. 번하이젤은 복음서에 기록된 귀신들림의 모든 특징들, 예를 들면 귀신 들린 사람의 입을 통해 마귀가 말하는 것과 같은 일이 한국에도 존재한다고 증언했다. 번하이젤은 그 치유 과정을 이렇게 설명했다.

치유 방식은 독특하다. 기독교 신도들은 자원자를 모집한 뒤에 두 명이나 그 이상으로 조를 짠다. 이어 치유가 끝날 때까지 환자가 혼자 있는 일이 없도록 밤낮으로 번갈아 가면서 환자와 함께 지낸다. 각 조는 당번을 서는 동안 환자를 위해 기도하거나, 찬송을 부르고, 성경을 읽고, 환자가 성경 구절을 따라 말

143 Gale, *Korea in Transition*, 88-89.

> 하게 하고, 귀신에게는 떠나라고 권고한다. 어떤 때는 이런 일을 여러 날 동안 계속하기도 한다.…이처럼 끊임없는 기도, 성경 봉독, 찬송, 고백, 권고의 연속적 포격으로 결국 승리하고, 귀신은 떠나겠다는 약속을 하게 되는데, 이따금 자신이 떠날 정확한 시각을 언급하기도 한다.[144]

평양 산정현교회의 번하이젤 목사는 기적이라는 은사가 몇몇 사람이나 특정 시기에 한정된 것이 아니라 누구나 발휘해야 할 일반적인 능력이며, 악마 들린 사람들이 기독교인의 기도를 통해 치유되었다고 결론을 내렸다. 그는 은사지속론자가 되었다.

## 결론: 실천적 은사지속론과 샤머니즘의 공생

1세대 선교사와 한국 기독교인은 귀신들림과 기독교 축귀에 관한 네비어스의 관점을 수용했다. 샤머니즘에 대한 한국인의 믿음과 마귀의 실존에 대한 생생한 경험이 선교사와 한국인이 서로 교류할 수 있는 접촉점을 제공했다. 북미 선교사는 귀신들림에 대한 한국인의 관점을 수용했고 한국인은 성령의 능력을 경험했다. 능력 대결에 따른 귀신 추방은 기독교의 우월성을 입증해주었다. 기독교 축귀는 한국교회가 1904-08년의 대부흥운동을 경험한 후에도 계속되었다.

선교사는 한국 샤머니즘을 영어권 독자들에게 소개하고 대변했을 뿐만 아니라 선교사 자신이 가지고 있던 본래의 합리적이고 근대적인 세계관

---

144 C. F. Bernheisel, *The Apostolic Church as Reproduced in Korea* (New York: BFMPCUSA, 1912), 9.

이 샤머니즘에 의해 변혁되는 경험을 했다. 첫째, 선교사는 신령에 관한 한국인의 전근대적인 관점을 수용했는데 이것이 개신교가 한국에서 성공하는 한 요인이 되었다. 둘째, 다수의 선교사와 한국인 지도자들, 특히 전도부인이 귀신 들린 자에게 기독교 축귀를 행했다. 셋째, 선교사는 한국 샤머니즘의 천신인 하ᄂᆞ님을 원시 유일신이라는 견해에 기초해서 기독교의 하나님을 지칭하는 용어로 수용했다. 우리는 이 세 가지를 선교사의 '회심'이라는 관점에서 살펴볼 필요가 있다. 미국 선교사들은 내한 전 본국에서 복음서에 나오는 귀신들림 이야기를 읽었을 때 1900년 전 예수가 각 경우에 어떻게 대처했는지 알았지만, 평소 귀신에 들린 사람을 본 경우는 거의 없었다. 하지만 선교지에 온 이후로 '현대의 귀신들림' 현상에 관한 그들의 의심은 완전히 사라졌다. 특히 이교의 땅에서 마귀가 때로 사람의 몸에 들어가 거주한다는 사실은 '의심할 여지없이 증명된 일'이 되었다.[145]

미국의 성서 문자주의, 중국 개신교의 축귀 실천, 한국 샤머니즘의 치유 의식 등 세 가지 요소가 만나 융합하면서 한국 개신교의 귀신론과 신령 신학이 형성되었다. 초기 근대의 한국에서 개신교와 샤머니즘 사이에 벌어진 능력 대결의 결과는 샤머니즘이 완전히 박살난 것도 아니고, 한국인이 일방적으로 개신교로 개종한 것도 아니었다. 한국에 온 1세대 영미 선교사는 샤머니즘을 '원시적'이고 '미신적'인 형태의 신령 숭배라며 매도했다. 대부분의 학자가 주장하듯이 선교사는 개신교 유일신론, 우상파괴적 합리주의, 세균론으로 무장한 근대 의학, 서구 기독교 문명의 이름으로 한국 샤머니즘을 파괴하려고 시도했다. 그러나 다른 한편으로는 선교사들이 현장에서 경험을 축적하면서 그들은 네비어스의 귀신들림에 대한 이해를 수용하고, 기독교 축귀가 1세기 팔레스타인뿐 아니라 20세기 동아시아에도 실재

145 W. G. Cram, "Rescued after Years of Bondage," *KM* (Sept. 10, 1905): 148.

하는 영적이며 초자연적인 현상임을 받아들이게 되었다. 개신교 선교사들이 신령에 관한 한국인의 전근대적인 관점을 취했기 때문에, 그들은 귀신 들림과 기적적인 믿음 치유에 관한 본국 교회의 헌법과 교리에 모순되고 어긋나는 주물 불태우기와 귀신 들린 환자를 위한 공동 기도와 축귀 의식을 허용했다.

문화적 측면에서 보면, 이 같은 신학적 절충은 비록 개신교 성서 문자주의와 선교사의 현장 경험에 기초한 것이지만, 여전히 영미 선교사의 오리엔탈주의가 그 저변에 깔려 있었다고 할 수 있다. 곧 선교사들이 20세기를 맞이하는 한국 사회를 1세기 팔레스타인 사회의 종교 문화 수준과 동일시하고, 한국인의 종교와 영성이 1900년 전처럼 원시적이고 시대에 뒤진 전근대적인 세계관에 머물러 있다고 본 것은 정체론을 내세우며 한국 식민지화를 정당화했던 일제 식민사관으로 연결될 소지가 있었다. 선교사들이 보기에 복음서에 나오는 종교 문화와 한국의 종교 문화 사이에 있는 여러 유사성 중의 하나는 마귀와 귀신이 도처에 존재하고 축귀가 일어난다는 사실이었다. 선교사들의 오리엔탈주의적 민속학적 보고서에는 한국은 종교가 없는 종교 진공 상태라는 점이 강조되었는데, 이는 선교사가 샤머니즘을 종교가 아닌 미신으로 보았기 때문이었다.

예전의 측면에서 보면, 샤머니즘의 신령은 기독교인의 주물 불태우기와 축귀 의식을 통해 존속할 수 있었다. 선교사와 한국인 모두 샤머니즘의 신령의 존재를 인정했다. 우상파괴적인 태도로 신령을 공격하는 행위는 역설적이게도 신령의 존재와 그들이 거하는 수많은 장소를 확인해주었고, 신령들이 한국인의 가정에서 담당하는 역할을 인식시켜주었다. 기독교 축귀 의식과 샤머니즘 굿 사이의 주요 차이점 중 하나는 기독교 신도들이 함께 환자를 위해서 시행한 장기간의 집단 기도회였다.

교회론 측면에서 보면, 전도부인, 특히 그중에서 전직 무당이었던 전도부인들이 성차별 사회에서 여성 신자나 비신자를 위해 기독교 축귀 의식을 행하게 되면서 전도부인이 가지게 된 영적 권위와 지도력은 초기 한국 교회의 남성 중심적·유교적·가부장적인 구조를 다소 보완해주었다. 하지만 1910년대부터 신학교가 남성 목회자를 양산하게 되면서 전도부인의 지위는 점차 남자 목사에게 종속되었다. 그 결과 1910년대와 1920년대 초기에 기도로 기적적인 치유를 일으키는 남성 부흥사들이 등장했고, 이는 교회에서 전도부인이 차지하던 위치를 격하시키는 악순환을 초래했다.

이론적 측면에서 보면, 샤머니즘의 신령은 개신교 선교사들의 담론 안에서 존속할 수 있었다. 샤머니즘에 관한 일부 과학적인 연구가 랜디스, 존스, 게일, 헐버트, 언더우드를 위시한 선교사 학자들에 의해 진행되었다. 과거 조선 시대에 무속과 무교 의식이 유학자들의 신령에 관한 논의에 포함되거나 유교의 의례 헤게모니에 종속됨으로써 존속되고 기능할 수 있었던 것처럼, 동일한 방식으로 20세기로 넘어가는 시점에 샤머니즘과 샤머니즘의 신령 사상은 마귀학에 관한 개신교 선교사들의 논의에 거론됨으로써 역설적으로 생존할 수 있었다. 일제 식민주의 학자들은 한국의 식민화를 정당화하려는 강박적인 우월의식으로 한국의 샤머니즘을 일본 신도에 비해 열등한 미신이요, 여성의 종교요, 한국을 정체에 빠트린 망국의 종교로 왜곡했다. 따라서 개신교와 샤머니즘의 첫 만남에 관한 연구가 더 이루어진다면 조선 성리학이 이해한 무교, 개신교가 이해한 샤머니즘, 일제 총독부가 고용한 식민학자들의 무속 연구 사이에 존재하는 유사점과 차이점을 확인하는 데 도움이 될 것이다.

신학적인 측면에서, 능력 대결 과정에서 일부 한국인들은 그리스도를 영매이면서 동시에 신령인 강력한 무당으로 인식했고, 선교사와 전도부인은 그리스도의 대리인이라고 이해했다. 서구 기독교의 합리주의와 한국 샤머니즘의 신령 사상 간의 상호작용은 두 세계관이 종교적으로 서로 접목되는 결과를 낳았다. 20세기로 접어드는 시점에 개신교 선교회는 영혼을 위한 복음 선교와 육체를 위한 의료 선교를 통합했다. 비록 육체의 구원이 영혼 구원의 한 수단으로 인식되기는 했지만, 영혼 구원의 우선성은 육체의 구원을 포함했다. 선교회가 세운 병원과 진료소에서 의사와 간호사는 '위대한 의사'인 예수의 대리인으로서 신체의 치유를 통한 전인적인 구원을 위해서 노력했다. 한센병 환자 사역은 기독교가 인간을 전인적으로 접근했음을 보여주는 좋은 예였다. "육체는 과학으로, 영혼은 종교로"라는 근대 서구의 이원론 체계는 이들에게 양자택일의 난제가 아니었다.[146] 귀신들림을 믿음으로 치유한 사례들은 의료 선교사와 복음 선교사 모두에게 이런 세속적 이분법에 대한 해결책을 제시해주었다.

근대 영미 개신교의 범주 안에 '전근대적' 한국 샤머니즘이 종속적으로 존재했다는 사실은 토착적인 한국 개신교에서 가장 주목할 만한 특징이다. 하지만 이 공생 관계는 긴장 속에서 위태롭게 지속되었다. 무엇보다도 한국인은 1세기의 유대인처럼 표적과 기적을 원했지만(고전 1:22), 기적에 동반된 믿음(마 12:39, 요 2:23)은 적었다. 선교사는 새로 개종한 한국인 신자의 내면에서 은밀하게 영향을 미치는 샤머니즘을 우려했는데, 특히 이런 현상은 여성 신자에게 두드러졌다.

1910년 경에 번하이젤을 비롯한 일부 장로교 선교사는 당대에 일어나고 있는 기적 치유를 보면서 은사중지론을 버리고 은사지속론을 수용했다. 하지만 1920년대 초 한국교회에서 김익두의 부흥운동과 믿음 치유가 부각되었을 때, 선교사들은 기적이라는 초자연적 은사는 하나님의 특

146 참고. Chung Chinhong, "Early Protestant Medical Missions and the Epitome of Human Body in Late Nineteenth Century Korea: Concerning Problems of Environment," *Korea between Tradition and Modernity: Selected Papers from the Fourth Pacific and Asian Conference on Korean Studies*, Chang Yun-Shik et al. eds. (Vancouver: Institute for Asian Research, University of British Columbia, 2000), 312.

별한 목적에 따라 초기 교회에 부여되었다가 사도들의 죽음과 함께 중지되었다는 장로교 헌법의 은사중지론 지지 조항을 수정해달라는 이적증명회의 요청을 거부했다.[147] 선교사들은 기적 치유를 향한 한국 기독교인의 맹목적인 믿음과 함께, 기독교를 '미신적' 종교라고 매도하는 한국 공산주의자의 불신앙적인 공격에 직면해야 했다. 지금도 한국 개신교는 번영신학으로 옷을 갈아입은 기복신앙의 중독과 대형 건물과 숫자 앞에 절하는 주물 숭배의 노예 상태에서 벗어나지 못하고 있다.

147 민경배, 『한국기독교회사』, 354; Oak Sung-Deuk, "Major Protestant Revivals in Korea, 1903-1935," *Studies of World Christianity* (October 2012): 269-290.

# 제4장

# 조상

유교 제사와 기독교 추도회

그러면 "예수 도를 모르던 이전 성현네가 다 지옥에 빠졌겠느뇨" 하나…이전 사람도 착한 일만 행하였으면 예수 씨의 공로로 천당에 갔을 줄 믿겠고…

노병선, 1897년[1]

1 로병선, 『파혹진션론 破惑進善論』(조선성교셔회, 1897), 8a.

유교의 제사가 조상신 예배와 숭배(worship)인가, 조상 추모와 숭경(reverence)인가를 놓고 동아시아 기독교는 400년 넘게 토론해왔다. 지금까지 대부분의 역사서는 한국 개신교가 제사를 우상숭배의 일종인 조상 숭배로 보고 관용이나 타협보다 처음부터 엄격한 금지 정책을 채택했다고 서술해왔다. 대다수 개신교회는 1930년대 말부터 1945년까지 총독부의 탄압하에 일본 천황가의 조상신을 섬기는 신사참배를 종교 의례가 아닌 신민의 의무로 참여하는 국가 의례로 수용했으나 해방 이후에는 강력한 제사 금지 입장을 견지하면서 초기 개신교인들의 제사 배척과 일제 식민지 시대 소수파의 신사참배 반대를 강조해왔다. 특히 신사참배 반대는 반우상숭배 항일 운동으로 여겨져왔다. 한국 개신교가 비록 일제의 강요에 의해 1930년대 후반에 신사참배를 허용한 굴절의 역사가 있지만, 해방 이후 반제사 정책과 신사참배 회개론을 유지해온 배경에는 전래 초기의 제사 신학이 일정하게 자리 잡고 있다고 하겠다. 반면 교황청은 공산주의에 대항하고 있었고 1930년대 중반에 토착화 신학을 발전시키고 있었는데 교황청과 중국 간의 외교 관계 수립에 이어 이탈리아가 일본과 동맹 관계에 들어가면서, 공자 제사, 신사참배, 조상 제사를 차례로 허용했다.[2] 나아가 교황청은 1960년대 제

2 로마 교황청이 1930년대에 현지인 신부를 늘리고, 유교와 신도에 우호적인 정책을 취하게 된 배경은 다음과 같다. 1) 공산주의에 대항하기 위해 동아시아 종교와 협력하고자 함, 2) 중국과의 외교 관계가 수립됨, 3) 토착화 정책이 발전함. 이에 따라 교황청은 1935년

2차 바티칸 공의회 이후 타종교와의 대화를 장려하면서 천주교식 제사를 권장하고 있다. 따라서 지난 두 세대 동안 한국에서는 개신교는 배타적인 반면 천주교는 포용적이라는 인상이 지배해왔다.

이 장은 제사 문제에서 전투적인 개신교와 관용적인 천주교라는 이원적 궤적을 기록해왔다는 일반적인 인상을 수정하려고 한다. 한국 개신교가 취한 제사에 대한 대결적 태도는 예수회의 보유론(補儒論)에 근거해 출발한 한국 천주교의 제사 허용적인 태도와 비교되어왔다. 그러나 역사를 보면 한국 천주교는 출발 직후인 1791년부터 교황의 제사 금지 문서와 베이징 거주 주교들의 지시에 따라 엄격한 제사 금지 정책을 고수했고, 1836년부터 내한한 프랑스 파리외방선교회 선교사들의 보수 신학의 통제 하에서 반제사 정책을 고수함으로써 무부무군(無父無君)의 사교(邪教)로 지목되어 병인박해가 일어난 1866년까지 수많은 순교자를 배출했다.[3] 또한 병인박해 60주년을 기념하여 로마 바티칸에서는 1925년에 조선 순교자 시복식을 열고, 순교자 79명이 복자로 시복될 때까지 엄격한 제사 금지 정책을 유지했다.[4] 1891년부터 주교로 섬긴 뮈텔(Gustave-Charles-Marie Mütel, 1854-1933)은 조선 후기 박해와 관련된 사료를 수집·연구해 교황청에 보고함으로써 기해박해와 병오박해 당시의 79위 순교자가 시복되는 데 결정적인 역할을 했고, 1926년에 대주교로 서품되었는데 그는 매우 보수적인 신학과 정책

---

에 공자 제사를 허용하고, 1936년에 신사참배를 허용했으며, 1939년에 조상 제사를 허용했다. 이는 17세기 초 중국 귀족층과 왕실을 대상으로 전도하면서 유교에 대해 적응주의와 보유론을 채택한 예수회가 제사를 희생(sacrifice)이 아닌 추모를 위한 감사의 봉헌(offering)으로 본 것과 상통한다. 그러나 중국 농민들을 대상으로 선교하던 프란체스코회와 도미니크회 선교사들은 이를 영합주의와 혼합주의로 비판하면서 전례 논쟁이 일어났다. 1704년대부터 프란체스코회의 대결적인 보수주의 신학이 승리하면서 1930년대 중반까지 천주교회는 200년 이상 반제사 정책을 고수했다. 참고. 윤선자, 강인철, "1939년의 조상제사 허용훈련", 「종교문화연구」(1999년 4월): 109--141.

3 Claude C. Dallét, *Histoire de l'Eglise de Corée* (Paris: Librairie Victor Palmé, 1874), 588.

4 "前丙寅 天主教徒의 虐殺과 羅馬의 謚福式", 「시대일보」, 1926년 3월 4일.

으로 천주교회를 친일적인 방향으로 이끌었으며 반제사 정책을 견지했다.

반면 개신교는 이 장에서 살펴보겠지만, 1910년 이전에 공식적으로는 제사를 금지하면서도 비공식적으로는 한국인들이 창안한 기일 추도회를 허용하고 유교식 상례의 상당 부분을 수용했으며, 유교의 윤리인 오륜을 인정하고 효도 신학을 장려했다. 이러한 이중적 태도나 정책으로 인해 1910-20년대에는 제사 문제로 논쟁이 발생하면서 찬반양론이 대립했다. 1911년에 남감리회의 첫 목사 김흥순(金興順, 1860-1939)은 제사에서 죽은 자를 위해서 기도하지 말라고 강조했다.[5] 1915년에 조선예수교장로회 총회는 "부모 기일에 기독교인이 음식을 장만하고, 이웃을 불러 함께 예배하는 것을 어떻게 조치해야 하는가?"라는 헌의안에 대해, 형식은 예배와 같으나 제사와 다르지 않기에 금지해야 한다고 공식 결의했다.[6] 그러나 이 헌의안에서 보듯이 상당수 장로교인들이 기일에 추도식을 거행했음을 알 수 있다. 다만 추도회에 기도의 요소가 있었기 때문에 총회는 이를 우상숭배로 규정했다.

1920년 9월에 경북 영주의 장로교인 권성화(權聖華)가 아내에게 제사를 지내지 못하게 하자 아내 박 씨가 자살한 사건을 계기로 개신교의 제사 금지가 사회적 논쟁거리가 되었다. YMCA 총무 이상재(李商在, 1850-1927)는 불효 패륜은 기독교의 가르침이 아니며 부모 신주에 절하는 것은 우상숭배가 아니라고 주장했다.[7] 이에 대해 남감리회 종교교회 양주삼(梁柱三, 1879-1950) 목사는 사건 보도가 반기독교 선전의 일환으로 날조되었을 가능성을 제기하고, 제사는 "종교 사상이 불일하고 도덕관념이 유치할 때

---

5 김흥순, "죽은 자의 영혼을 위하여 기도하지 말 것", 「그리스도인회보」, 1911년 10월 15일.

6 "죠션예수교장로회 뎨ᄉ회회록"(1915), 23, 34.

7 "曖昧無罪한 基督教의 犧牲者", "宗教上에도 朝鮮魂을 勿失하라", 「동아일보」, 1920년 9월 1일.

에 의식적 도덕에 불과하던 일종의 미신적 풍속"이라고 반론을 제기했다.[8] 동아일보의 입장은 제사 지지였다.[9] 그러나 기독신보는 즉각 반발하고 나섰다. "제사를 금지하는 것은 기독교 교리에 따른 것이며, 유교가 섬기는 사직과 조상신은 분명히 귀신이므로 유일신을 섬기는 기독교의 신조로는 귀신에 대한 제사는 불가하고, 조상 숭배를 우상숭배로 여기는 것은 부모의 영혼을 우상시하는 것이 아니라 제의가 우상숭배 의식과 동일함으로 금지하는 것"이라 하였다.[10] 서울 안동교회의 박승봉(朴勝鳳, 1871-1933) 장로도 효도에서 부모 사후에는 유지를 받드는 것이 중요하므로 제사는 불필요하다고 주장했다. 그러나 1926년에 감리교인 교사 변영태(卞榮泰, 1892-1969)는 제사 때 절하는 것은 숭경의 표현으로서 제2계명에서 말한 우상에게 절하는 것이 아니므로 '조상 기념제'로 부르자고 제안하고 제사를 지지했다.[11]

이처럼 찬반이 분분할 때 1925년 봄 조선예수교장로회 총회가 발행한 『장로교회 혼상예식서』(長老敎會 婚喪禮式書)는 상례만 규정, 설명하고 추도회는 언급하지 않았다. 1933년과 1938년에 클라크 목사가 편집한 예식서 핸드북인 『목사필휴』(牧師必携)에도 상례만 설명하고 추도회는 다루지 않았다. 따라서 1938년까지 장로교회는 공식적으로 제사 기일에 행하는 추도회를 허용하지 않았다. 다만 일부 신자들이 개인적으로 가정에서 추도회로 모였다. 한편 조선감리교회(총리사 양주삼)는 1935년에 출판한 『교리와 장정』에 "부모님 기일 추도 예배 규정"을 만들고 기념 예문도 삽

---

8 양주삼, "耶蘇敎側의 觀察: 耶蘇敎와 祭祀問題", 「동아일보」, 1920년 9월 4일; 양주삼, "예수교의 주장", 「동아일보」, 1920년 9월 11일.

9 "사설: 제사와 우상숭배", 「동아일보」, 1920년 9월 10일.

10 "사설: 祭祀와 偶像崇拜라는 東亞日報의 社說을 讀하고셔", 「기독신보」, 1920년 9월 22일, 29일.

11 변영태, 『祖先崇拜에 對한 余의 態度』(東洋書院, 1926).

입함으로써, 기존 교인들 사이에 시행해오던 추도 예배를 정식으로 인정했다.[12] 장로교회와 달리 감리교회가 1935년에 추도 예배를 인정한 배경에는 1930년대 토착화 신학의 발전이 있었지만, 1890년대부터 교인들이 주도하여 추도회를 만들고 기독교 효도 사상과 추도식을 유교에 접목했기 때문이었다.

일제 강점기에 한국 개신교 내에 제사 문제에 대한 찬반양론이 공존하기 전 이미 1910년 이전에 제사 문제에 대한 토론과 해결의 모색이 선행되었으므로 우리는 이를 먼저 연구해야 한다. 백낙준(白樂濬, 1895-1985)은 『한국개신교사』(영문판 1929, 번역판 1973)에서 조상 숭배는 중국과 일본 선교회들의 관례에 따라 기독교 교리에 어긋나므로 일관되게 금지되었다고 간단히 서술한 후 "조상 숭배의 이론, 성격과 숭배 방식의 문제는 간단히 처리할 문제가 아니다"라고 지적하고, 자신은 전래기에 있었던 사실만 기술했다고 밝혔다.[13] 이후 많은 역사가들과 신학자들이 제사 문제를 다각도로 조명해왔지만 1910년까지 "傳來期間(전래기간)에 있었던 史實(사실)"의 서술은 그 책의 수준을 크게 벗어나지 못하고 있다.

이 장은 초기 한국 개신교가 유교 제사에 대해서 가졌던 배제와 수용의 이중적 태도를 중국 개신교와의 영향 속에서 살펴보고, 제사 금지에 대한 신학적 토론, 제사를 기독교적 추도회로 만드는 과정에 나타난 한국인의 효도 신학의 발전과 의례의 토착화 과정을 논의하려고 한다. 이를 위해 초기 한국 개신교의 반제사론의 선교 신학적 배경과 변증론의 발전, 선교사들의 제사 금지 정책과 한국 교인들의 반응, 그리고 대안으로서 발전된

---

12 기독교조선감리회, 『교리와 장정』(總理院教育局, 1935), 230-231. 추도예배 순서는 찬송, 기도(가장), 성경봉독(창 50:1-13, 22-26, 왕상 2:1-3, 엡 6:1-4), 추모하는 분 소개(업적과 유언 대화), 찬송, 묵도, 폐회 기도였다.

13 백낙준, 『韓國改新敎史』(연세대출판부, 1973), 230-231.

효도 신학과 기일 추도회의 형성 과정을 역사적으로 고찰한다. 우선 제사 금지 변증론의 바탕이 된 한문 소책자인 메드허스트의 『淸明掃墓之論』과 네비어스의 『祀先辨謬』를 분석하고, 1877, 1890, 1907년에 개최된 상하이 선교대회에서 토론, 결정한 제사 정책을 살펴봄으로써 이들이 한국 개신교에 미친 영향을 추적한다. 이어서 내한 선교사들의 제사 이해와 제사 금지 정책 채택 과정, 기독교식 상례와 추도회를 서술한다.

토론의 핵심 문제는 제사가 조상에 대한 효의 표현으로서의 숭경(崇敬)인가, 아니면 기(氣)가 통하는 직계 조상신에게 기도함으로써 그들의 영혼과 교통하고 상응하는 후손이 복을 받자는 기복적 예배(禮拜)인가였다. 중국에서처럼 교육 받은 유학자들은 전자에 불과하다고 보았지만, 일반 민중층은 제사를 후자로 보았다. 양자 중 어느 쪽으로 보든 제사는 풍수지리설에 기반한 화려한 분묘 설치나 유골 이장을 조장했고, 제사를 지낼 후손이 필요함에 따라 조혼과 처첩제를 발전시켰으며, 빈번한 의례로 재산 낭비와 여성의 인권 침해를 일으켰다. 제사는 기독교 전도에 최대 장애였기 때문에 신학·윤리·가족제도 문제를 종합적으로 다루어야 했다. 이 장의 초점은 한국 예수교인들의 반응과 그들이 창출한 추도회에 있다. 그들이 가족과 문중의 박해에도 불구하고 제사에 불참하면서 신앙을 유지하기 위해 겪어야 했던 난관들에 유의하면서, 한편으로 제사의 대안으로 발전된 효도 신학과 추도회에 주목하려고 한다. 이는 한국 개신교가 한국 종교 문화에 접목한 좋은 예로서, 향후 상례와 제례 문제와 관련하여 해결되지 않은 부분에 대한 실마리를 제공해줄 수 있다.

## 1. 한국 유교의 제사

신유교화된 조선에서 제사는 조상 제례일 뿐만 아니라 가족과 친족 관계에 필수불가결한 종교사회적 영역이었다. 돌아가신 부모를 돌보는 것은 효도의 연장으로 간주되었다. 사망한 자는 죽어서 공중으로 사라진다는 불교의 믿음과 달리 유교에서 조상은 일상의 일부였다. 조상 제사는 살아 있는 자가 조상의 은덕을 되갚고 그들의 기억과 뜻을 되살림(보본추원[報本追遠])으로써 효성을 표현하는 매개체였다. 조상 숭배를 통해 가족이나 친족의 기(氣, 물질적 힘과 에너지)는 활성화되고 대를 이어 강화되었다. 후손들은 조상의 피와 기로 연합된 혈족 동기(同氣)였다. 제사 상속인인 제주(祭主)는 철저히 도덕적인 사람이요, 첩의 자식인 서얼이 아니라 효성 깊은 적자라야 기가 통해서 제사를 드릴 수 있었다. 제사를 무시하는 자녀들은 법에 의해 처벌 받았으며, 파문을 당해 사당 제사에 참여할 수 없었다. 신유교 이념은 제사를 통해 조선 사회의 관계망에 직계와 부계의 원리(agnatic principle)를 심었으며, 제사는 19세기 가부장제, 장자 상속제, 처첩제, 조혼제를 유지시키는 사회 통제적 의례였다.[14]

한국인은 죽은 자의 영혼이 적어도 4세대 동안 이 땅에서 여러 형태로 존속하며, 산 자의 삶은 죽은 자의 영혼의 복지에 영향을 받는다고 믿었다. 조상신에는 두 가지 종류가 있었고, 이들을 대하는 방법도 서로 달랐다. 악한 조상신(冤鬼[원귀])은 비정상적으로 사망하거나 혼인 전에 요절했거나 사고를 당했거나 처형된 자들이었다. 그들은 많은 경우 사회적 불의와 불평등 때문에 한(恨)을 품고 원통한 마음으로 집 밖에서 죽었다.[15] 무

14 Martina Deuchler, *The Confucian Transformation of Korea: A Study of Society and Ideology* (Cambridge, Mass.: Harvard-Yenching Institute, 1992), 175.

15 민중신학자들은 한을 사회적 소외, 경제적 착취, 정치적 압제로 고통을 받는 민중의 내면

교의 씻김굿이나 불교의 장례식은 이 깨어진 영혼들을 위로하기 위해서 집행되었다. 좋은 조상신은 장수하고 집에서 정상적으로 죽은 자들로, 호상(好喪)을 치른 후 가족과 후손의 보호자가 되어 축복하는 조상신이 되었다. 신유교의 제례는 왕실의 왕과 왕비, 유교의 성현을 포함하여 이 조상신들을 섬기는 의례였다.[16]

개신교 선교사들은 동아시아에서 제사가 차지하는 도덕적, 종교적 중요성을 알고 있었다. 1891년에 존스는 제사가 조선의 국가 신조이며 법과 관습이 결합되어 모든 사람들에게 그 의무를 부과한다고 말했다. 그는 조상 숭배의 복잡한 체계는 "한국인의 삶에서 상존하는 요소이며 한국인은 그 영향권을 벗어날 수 없다"고 보았다.[17] 제사는 유교 체계의 기초로, 인간 삶의 가장 거룩한 토양인 가족에 뿌리를 두고 있었다. 용서받을 수 없는 유일한 죄는 효성의 부족으로, 그곳에서 다른 패륜이 흘러나왔다. 이 체계에서 조상 숭배인 제사는 효도와 동일시되었다. 가족의 일원으로서 이 의무를 다하지 않는 것은 나머지 가족과 친족의 진노와 박해와 외부인의 욕설에 자신을 내어 놓는 자살 행위였다.[18]

제사는 죽은 자와 살아 있는 자를 이어서 하나로 만드는 거룩한 애

---

정신으로 간주한다. 참고. 서남동, 『민중신학의 탐구』(한길사, 1984], 243). 한의 다른 요인은 자연재해와 전염병이었다.

16 Lee Kwang Kyu, "The Concept of Ancestors and Ancestor Worship in Korea," *Asian Folklore Studies* (1984): 199-214; Choi Kil Sung, "Male and Female in Korean Folk Belief," *Asian Folklore Studies* (1984): 227-233.

17 Jones, "Obstacles Encountered by Korean Christians," *KR* (April 1895): 145-146.

18 Gale, "Korea—Its Present Condition," *MRW* (Sept. 1893): 658-665; William M. Junkin, "The Daily Difficulties That Meet the Missionary in Korea," *Missionary* (Oct. 1897): 465; W. D. Reynolds, "Enemies of the Cross in Korea," *Missionary* (Oct. 1899): 464-466; Hulbert, "교육", 「그리스도신문」, 1906년 7월 12일. Hulbert는 한국과 중국에서는 효가 첫째 미덕이지만, 일본에서는 충이 첫째 미덕이라고 말했다.

찬식이었다.[19] 이 의례는 중앙 정부나 지방 정부 차원에서부터 씨족과 개별 가정 차원까지 매년 여러 차례 기념되었다. 의례의 순서와 빈도는 집안마다 달랐다. 제사는 보통 자정 무렵에 시작했다. 가정 제사는 대개 다음과 같은 단계로 이루어졌다. 1) 신주를 제상에 모심, 2) 초혼(招魂), 3) 신주에 모신 조상 혼령에게 절하기, 4) 음식 올리기, 5) 가장이 헌주함, 6) 가족의 번영을 위한 기도, 7) 가장의 부인이 두 번째 잔을 헌주하고 가족의 연장자가 세 번째 잔을 헌주함, (8) 분향하고 묵념함, 9) 밥에 물이나 차를 섞은 후 조상이 먹을 동안 잠시 묵념함, 10) 조상신 보내기, 11) 제상을 치우고 음식과 술을 함께 나눔. 이 마지막 단계는 음복(飮福)으로서 모인 가족들은 조상신에게 바쳤던 음식을 나눔으로써 "축복을 먹고 마신다." 다음날 아침에 그들은 같은 뜻에서 음식을 이웃과 나누었다.

봄 청명절이나 추수감사절인 한가위 추석 때, 대부분의 한국인들은 깨끗한 흰 옷을 입고 선산으로 순례를 떠나 조상의 무덤에서 연례 제사를 드렸다. 무덤은 조상의 혼이 깃든 그 집안의 신성한 장소였으므로 후손들은 산이나 언덕의 양지 바른 좋은 자리에 자리 잡은 묘지 주변을 벌초하고 청소하고 묘비와 상석도 깨끗이 닦았다. 그런 다음 음식과 술을 무덤 앞에 배열하고 큰 절을 했다. 제사 후 그들은 음식의 좋은 부분 일부를 무덤에 뿌리고 술은 조상신에게 바치는 의미로 무덤에 부었다. 남은 음식은 참석자들이 나누어 먹었다. 이런 산소 제사는 한 해 동안 가족의 평화와 축복을 보장했다.

한국인은 가족 혈통의 연속성을 확보함으로써 영혼불멸을 이룬다고 믿었다. 게일은 "후손을 통해 이 영원한 생명을 보장하기 위해서 양반들은

19 D. L. Gifford, *Everyday Life in Korea: A Collection of Studies and Stories* (New York: Revell, 1898), 93-97; Gale, Korean Sketches (New York: Revell, 1898), 213-214.

아들이 아직 나이가 9세에서 10세에 불과할 때 혼인을 시킨다"고 말했다.[20] "그것은 한국에서 행복한 번영과 성공의 땅으로 가는 관문의 주춧돌이다. 그것을 무시하면 생명과 희망을 향한 대로가 차단된다."[21] 씨족, 대가족 또는 한 가정의 남자 가장으로서 그 제주의 승계를 지속할 필요 때문에 남아 선호, 조혼, 처첩제, 여성의 인권 무시와 같은 부정적인 부산물이 생성되었다.[22] 그러나 이 가부장적 계승에 의해 유교의 영원 개념이 보장되었다. 신학적으로 말하면, 제사는 유교의 구원론이었다. 그들은 절기마다 제사에 참여하고 거룩한 음식을 나눔으로써 가족의 정체성·공동체 의식·상호 의존성을 유지했다. 조상 숭배는 조상, 전통과 우주와의 조화로운 관계에 의존해 있는 삶의 번영을 위한 신성한 의례였다.

그러므로 세례와 입교의 조건으로 제사 포기를 요구하자 많은 사람들이 교회를 떠났다. 조상 숭배는 한국 기독교인과 선교사들에게 복잡한 문제요 뜨거운 감자였다. 그럼에도 그들은 제사에 관한 정책에 대해서는 이미 이 문제로 오랫동안 토론해온 중국 기독교의 결정을 수입했다. 중국 주재 선교사들과 중국 기독교인들은 이 주제에 대한 광범위한 연구와 토론에 참여했으며 1930년대에 신사참배 문제가 제기될 때까지 동아시아에서는 엄격한 제사 금지 정책이 널리 시행되었다.

20 Gale, *Korean Sketches*, 190.

21 Gale, *Korea in Transition* (New York: *Young People's Missionary Movement of the US and Canada*, 1909), 69.

22 J. Robert Moose, "Sacrifice to the Dead," *KM* (Dec. 10, 1904): 15.

## 2. 한문 소책자의 제사 금지 변증론

6장에서 자세히 살펴보겠지만, 1880년부터 1900년까지 한국에 소개된 중국 개신교의 한문 소책자들은 한글 번역서 50여 종을 합해 100여 종에 이른다. 이들은 중국에서 한두 세대 이상 반포되면서 동아시아 종교 문화에 적응한 베스트셀러들이었기 때문에 동일한 한자 문화권에 있던 한국에서 번역 없이도 사용될 수 있었고, 내한 선교사들은 새로 소책자들을 저술하지 않았다. 한글 번역서는 일반 민중층과 여성에게, 한문서는 식자층에게 반포되었다. 그만큼 한문 소책자들은 초기 한국 개신교 신학의 형성에 결정적인 영향을 미쳤다.[23]

한문 소책자들의 주지는 예수교가 "본국 풍속을 변하여 외국 풍속을 좇고 내 나라 어진 법을 버리고 다른 나라 이상한 법을 좇으라"고 주장하는 종교가 아니라, 우상과 귀신 숭배를 버리고 만물의 근본인 하나님만 섬길 것을 권하는 종교라는 것이었다.[24] 유일신관과 합리주의 노선에 서 있던 19세기 구미 개신교 선교사들의 전도문서는 제사를 우상숭배로 규정하고 금지했다. 『구세교문답』(1895)은 "천주 외에 또 다른 신이 있느뇨? 없느니라. 사당에 신주와 당집에 화상과 절에 있는 우상은 신령이 되지 못하니 불과 사람이 만들어낸 것이라. 이름만 있고 실상은 없으니 천주 외에는 다른 공경할 신이 없느니라"고 하여 유교의 제사를 샤머니즘의 화상 숭배나 불교의 불상 숭배와 같은 우상숭배로 간주했다.[25]

---

23 Sung-Deuk Oak, *Sources of Korean Christianity*(Seoul: Institute for Korean Church History, 2004), 94-99; 이만열, "한말 기독교 思潮의 兩面性 試考", 『한국기독교와 민족의식』(지식산업사, 1991), 221-229.

24 Griffith John 저, H. G. Underwood 역, 『셩교촬리』(정동교회당, 1890), 8a.

25 『구셰교문답』(한미화활판소, 1895), 2a-2b. 이후 한글 소책자 인용문은 현대어로 수정했다.

한글로 번역된 한문 소책자들은 조상 제사를 금지했을 뿐 제사를 반대하는 신학적 이유들을 자세히 논증하지는 않았다. 대개 유일신 하나님을 설명하는 항목에서 우상숭배의 한 예로 제사를 거론하거나, 요리문답서에서 간단히 제사를 금지했다. 초기 한국교회의 제사 금지 변증론을 규명하기 위해서는 제사 문제를 다룬 한문 소책자인 1세대 중국 선교사 메드허스트의 『清明掃墓之論』과 2세대 선교사 네비어스의 『祀先辨謬』를 고찰할 필요가 있다. 이 변증서들은 한국인 조사들과 본처 전도사들의 필독서로 읽혔고 반제사론의 신학적 이론을 제공했기 때문이다.[26]

### 메드허스트의 『清明掃墓之論』(1826)

저자 메드허스트(Walter H. Medhurst, 麥都思[맥도사] 혹은 尙德[상덕], 1796-1857)는 런던선교회 소속으로 1820년부터 바타비아(현 자카르타)에서 중국인을 대상으로 선교하다가 1843년 상하이로 와서 활동한 중국 개신교 개척 선교사였다. 그가 저술한 간단한 기독교 입문서인 『三字經』(삼자경, Batavia: 1823)은 수정판이 거듭되면서 중국은 물론 한국에서도 널리 읽혔다.[27] 제사 문제를 다룬 『清明掃墓之論』(청명소묘지론, Batavia: 1826) 역시 한 세기 동안 중국 개신교에서 그 주제에 관해 가장 널리 읽힌 소책자의 하나였는데, 한국에도 1890년대부터 유입되어 교회 지도자들과 지식층에게 읽혔고 반제사론의 신학적 근거를 제공했다.[28]

---

26 옥성득, "한국 장로교의 초기 선교 정책, 1884-1903", 「한국기독교와 역사」(1998년 9월): 132-134; 옥성득, "초기 한국 북감리교의 선교 신학과 정책", 「한국기독교와 역사」(1999년 10월): 22-29.

27 F. Ohlinger의 번역으로 한글 『삼자경』(1894)이 출판되었다.

28 영어 책명은 *Feast of the Tombs* 혹은 *On the Chinese Custom of 'Repairing the Graves,' i. e. Worshiping Their Ancestors*다. 1826년 초판은 7면이며, 1828, 1833, 1834년에 중판되었고

이 소책자의 구조는 서론에서 청명절(양력 4월 5일경, 상춘, 한식. 성묘, 식목하는 절기)의 유래와 관련된 개자추의 행위를 비판하고 제사 문제에 관해 중국인들이 제기하는 여섯 가지 질문에 대해 신학적인 답변을 제시한 뒤 결론을 맺는 변증서의 형식으로 되어 있다. "잘못을 알고도 고치지 않는 것이 바로 잘못이다"는 논어 구절을 표제로 했다.

**서론:** 청명절은 한식과 연관된 개자추 고사에서 유래되었으나 그의 일은 선하지 않고 칭찬할 만한 것이 아니다. 사람들이 그를 겸손한 선비로 생각하지만 그는 왕이 불러도 나가지 않고 노모의 생명을 돌보지 않았으므로 "불충불효무부무군"의 죄인이다. 후대 사람들이 불을 금해 그의 뜻을 기리고 한식으로 그의 겸손함을 기리는 것은 어리석은 악습이다.

**질문 1**: "청명절은 개자추와 상관없고 성묘만 하는데 왜 금하는가?"

**답**: 성묘는 금하지 않는다. 묘지의 청소와 벌초와 수리는 좋은 일이며 효성은 칭찬할 일이다. 다만 귀신에게 제사하고 희생을 올리는 것은 금한다. 이는 목우인(木偶人)을 섬기는 것이요, 이단 악습에 참여하고 사행(邪行)을 따르는 것이므로 선하지 않고 군자가 행할 일이 못된다.

**질문 2**: "청명절에 봉향 헌제하는 일은 귀신을 위한 것이 아니오, 자기의 조종 부모를 위할 뿐이다. 효자는 마땅히 부모에게 제사해야 하지 않는가?"

**답**: 아니다. 부모에게 효도하는 것은 옳지만 부모에게 제를 올리는 것은 옳지 않다. 부모를 공경하는 것은 옳지만 제사하는 것은 옳지 않다. 제사는 신에게 바치는 의례에 속하기 때문이다.[29]

---

수정판이 나오다가, 1854년에 상하이에서 『野客問難記』로 출판되었으며 1863년에 재판되었다.

29 "蓋父母之大 祖宗之尊 非如天主之大 眞神之尊也 故雖該孝順父母 然不可敬之如天焉… 可孝父母 旦不可祭父母 可敬之 維不可祭之 因祭祀俱爲屬神之禮"(尙德, 『淸明掃墓之論』[上海, 新嘉坡書院, 1864], 3a-3b).

**질문 3**: "부모님이 살아 계실 때는 예로써 모시고 돌아가시면 예로써 장사하고 제사한다고 한 공자의 말씀을 따라야 하지 않는가?"

**답**: 그것은 그때요 지금은 다른 때다. 당시는 사람들이 어리석고 천리가 불명하고 천도가 불순했으므로 공자는 오륜의 도로 백성을 깨우쳤다. 또 500년 후에 출현한 예수도 당대인들의 어리석음을 보고 하나님 섬기는 도를 가르치고 우상숭배를 금했다. 그러나 오늘날은 부모에게 효순하고 하나님을 섬김으로써 위로 하늘과 아래로 사람이 그 분수를 얻게 되었다. 옛 사람의 제사를 시대가 바뀐 지금 추종할 필요가 없다. 생전에 효도하고 사후에 예로 장사하고 그 뜻을 기리며 분묘를 돌보는 것은 자식의 마땅한 도리이지만, 선친에게 제사하는 것은 하나님께 올릴 것을 사람에게 올리는 것이 되므로 예가 아니다.[30]

**질문 4**: "제사는 옛날부터 지키던 것이요 지금 사람들도 행하고 있다. 어찌 세상 풍속을 따르지 않고 생략할 수 있는가?"

**답**: 옛 일이 모두 선한 것은 아니며 세월이 흐르면서 더욱 더 해롭게 된 것이 있는데, 제사가 그 경우다. 사람의 마음 씀씀이를 파괴하고 품행을 손상시키고 재물을 상하게 해서 산 사람마저 원망과 치욕을 당하게 하는 것이 제사의 폐다. 죽은 조상은 신체가 장사되어 묘지에 있고 영혼은 음간(陰間)에 들어가 있으므로 다시 돌아오지 못하고 제사 제물을 올려도 흠향하거나 먹지 못한다. "제사는 헛된 노력에 불과하니 진실로 사람이 귀신을 섬기는 일만큼 쓸데없는 짓이 없다."

**질문 5**: "제사는 죽은 자에게 음식을 바치거나 과시하려고 하는 것이 아니라 다만 한 점 착한 마음과 효성의 표현일 뿐이다. 부모님이 살아 계시면 음식을 먹겠지만 이미 돌아가셨으므로 사람들이 잊지 않기 위해 제물을 바치는

---

30 "父母過往 該記在心 常念其善 而從其教 曰爲好事 揚其名聲 傳於後世 又父母過往 照禮葬之 買好棺材 修好墳墓 盡其力量 建立墓碑 隋時掃整 用心看顧 以表孝意 此乃最善 孝男孝女 所該務做 而盡其本分 惟不可祭親 不可背分 因此侵犯神天之禮也"(위의 책, 4a-4b).

것이니 이는 효자의 본분이 아닌가?"

**답**: 효심의 표시는 선하나, 여러 허례허식으로 어리석은 백성을 속이고 풍속을 호도하고 있으므로 실제로는 한탄스러운 일이다.

**질문 6**: "청명에는 만물이 번성하니 사람이 즐길 필요가 있다. 가만히 있는 것은 좋지 않다."

**답**: 청명에 가족이나 친구들과 산천에서 봄의 풍광을 즐기는 것은 좋으나, 조상 제사는 하나님이 엄금하는 것이니 할 수 없다. 하나님의 진노만 사니 무슨 유익이 있는가?

**결론**: 부모 효도에서 인간의 예로써 섬기는 것은 가하나 하늘을 섬기는 예로써는 할 수 없다. 먼저 참 도를 영접하고 참 신을 공경하며 예수를 믿고 죄 사함을 바라고 그 복 주심을 구한 후에 부모에게 효도하되, 생전에는 몸을 봉양하고 돌아가시면 묘를 돌본다. 이렇게 하면 만사가 온전해지고 이 세상에는 평안을 누리고 사후에는 영복을 누리게 된다.

『淸明掃墓之論』의 내용은 자금까지 한국 개신교가 제사를 금한 변증론과 거의 일치한다.[31] 십계명의 제5계명인 부모 공경(honoring, veneration)—부모 생전의 효도(봉양)와 사후의 효도(분묘 관리)—은 인정하나 사후의 제사(worship)는 우상과 귀신 숭배요 따라서 제1계명과 제2계명 위반이므로 엄금한다는 것이다.[32] 주목할 점은 비록 과거에 공자가 제사를 권했지만 그것을 오늘날에 그대로 시행할 필요가 없다는 "彼一時 此一時"(피일시차일시)의 논리, 곧 시대가 변하면 풍속과 의례도 변한다는 시세론이다. 중국의 제사 풍속이 시대 변천에 따라 허례허식으로 변했다는 아시아 종교 타락설과

31 이는 조선 천주교의 반제사론과 비슷하다. 1791년 윤지충의 법정 진술과 1839년 정하상의 『上宰相書』 논술을 보라(금장태, 『유교사상의 문제들』[여강출판사, 1990], 237--240).

32 참고 "만수문답", 「신학월보」(1901년 10월): 434--435.

가장 진보적인 근대의 새 종교인 기독교의 우월성—유교를 중국 고대 종교로, 기독교를 서양의 근대 종교로 보는 이분법적 오리엔탈리즘—에 대한 신념이 이 시세론의 배후에 자리 잡고 있었다.

### 네비어스의 『祀先辨謬』(1859)

중국에서 40년간 선교한 한국 장로회 선교의 대부 네비어스(John L. Nevius, 倪維思, 1829-93)의 책들은 그의 선교 방법론과 함께 한국교회에 소개되어 널리 이용되었다. 조상 제사의 오류를 논증한 『祀先辨謬』(사선변류, 1859, 1864, Errors of Ancestor Worship)는 전도인의 지침서인 『宣道指歸』(선도지귀)와 함께 장로교 신학반 교재로 사용되었고, 1893년 겨울에 시작된 감리교 본처 전도사의 신학반 교재로 사용되었다. 따라서 한국 개신교의 반제사론은 네비어스의 이 소책자가 중요한 역할을 했다고 해도 지나친 말이 아니다.

『사선변류』는 8페이지의 소책자로, 전도 설교를 하는 실제 상황에서 청자의 질문에 대한 네비어스의 긴 답변이 이어지는 형식으로 되어 있다. 대화체라기보다는 논술체에 가까우며, 공자를 비롯한 유교 경서를 인용하여 제사의 오류를 논한 점이 이 책자의 특징이다. 본문에 뚜렷한 문단 구분이 없으므로 필자 나름대로 내용을 구분해서 요약하면 다음과 같다.

> **서론**: 예수교의 두 가지 큰 주제는 신은 유일한 상제만 있고 사람과 상제 사이의 중보도 예수 그리스도만 있다는 것이다. 사람이 만든 우상은 무감각하며 비바람 벌레에 상하니 자신의 몸도 간수하지 못하는데 어찌 사람에게 복을 줄 수 있겠는가? 하물며 그런 귀신에게 어찌 제사를 지낼 수 있겠는가? 공자도 이를 아첨하는 것이라고 단정했고, 『예기』에 음사(淫邪)는 복을 내리지 못한다고 했다. 하·은·주 시대에는 상제께 제사를 드렸다. 악한 풍속을 버리고 옛 성

인의 도로 돌아가야 한다. 공자도 "하늘에 죄를 지으면 빌 곳이 없다"고 했으니, 속죄 법은 사람에게 가장 필요하다. 하늘에 죄를 짓고 우상 앞에 구원을 바라는 것은 불합리하다. 이는 서양인만 말하는 것이 아니다. 왕양명(王陽明)도 불교와 도교의 제사와 분향은 헛되고 국가에 무익하다고 말했다. 예수의 대속만이 화를 면하게 하고 영생을 주며 은혜와 공의의 양면에서 완전하다. 상제의 보우와 예수의 속죄를 바라는 자는 먼저 죄를 회개하고 사악함을 버리고 정도로 돌아가야 한다. 백성을 속이는 것 중에 조상 제사만큼 사악한 것이 없고, 사람들이 사악함을 알고도 버리지 못하는 것 중에 제사와 같은 것이 없다.

**효와 기독교**: 혹자는 "조상은 사람의 본원이다. 제사하지 않으면 그 본원을 잊는데 어찌 효도라고 할 수 있겠는가?"라고 질문한다. 예수교도 효를 권한다. 십계명은 "너희 부모를 공경하라"고 한다. 바울의 골로새서 3:20에는 "부모에게 청종하라. 이는 주를 위하여 기쁘게 하는 바라"고 했다. 불효자는 상제께서 벌하신다.

**제사의 원형**: 중국의 효는 공자의 가르침을 따른다. 공자의 사람됨은 "술이부작(述而不作) 신이호고(信而好古)"다. '술'이라 하였으니 공자가 만든 것이 아니며, '신'이라 하였으니 공자 개인의 의견이 아니다. 주 쇠망 후 교화가 사라지고 풍속이 타락하고 문헌이 부족하여 희미해졌기 때문에, 공자 시대 제사는 고대의 예법이 아니며 부득이 당대 민중의 정서를 따른 것이다. 따라서 제사가 선왕의 전한 바는 아니지만 믿고 의심하지 않은 것이다.

**허례허식 문제**: 공자는 의례에 사치를 금했으나 지금은 장례의 외관에만 치중하여 자기 마음만 만족시킨다. 공자는 상을 당하면 배불리 먹지 말라 했으나 지금 사람들은 산해진미를 차려 놓고 친구들을 즐겁게 한다. 공자는 곡할 때 노래하지 말라 했으나 지금은 각종 악기를 동원하며 온갖 노래를 다 부르고, 심지어 죽은 영혼을 즐겁게 하려고 배우들을 동원한다. 이것이 과연

공자가 말한 효이며 부모가 바라던 바인가?

**신주(神主) 문제**: 나무로 신주(신위, 목주)를 만들어 조상의 영혼이 늘 그곳에 거하여 제사 헌물을 흠향하기를 바란다. 그러나 나무 조각에는 본래 영기(靈氣)가 없다. 썩어지는 나무가 신기(神奇)로 변하기를 바라는 것은 괴이하다. 세월이 흐르면서 성의가 사라지고, 혹 불에 타거나 혹 먼지가 덮여 알아볼 수 없거나, 혹 바뀌어도 모르고 영락하여도 모른다.

**음식 문제**: 제사를 지낼 때 마치 조상이 지금 계신 듯 생각하여 음식을 바쳐야 한다고 한다. 죽은 자가 산 자와 같다면 왜 하루 세 끼를 바치지 않는가? 오늘날 제사를 보면 천자는 7대 조상까지 매월 한 번 제사하고, 서민들은 기일과 여러 절기를 합해 1년에 10여 차례 제사하니 조상들은 그 허기를 참을 수밖에 없다. 또 바치는 제사 제물도 흠향한다고 하지만 왜 제사 후에 음식과 술의 향과 맛은 그대로 있고 양도 전혀 적어지지 않는가?

**제사와 효의 문제**: 혹자는 제사상은 조상이 먹지 못하나 다만 효심의 표현이라고 말한다. 그러나 효는 성의를 귀하게 여기고 허문을 높이지 않는다. 만일 제사로 효심을 표하고자 한다면 이는 제사로 효의 이름을 파는 것이다. 혹자는 조상이 제사 음식을 먹지 못하는 줄 알면서도 사람의 이목이 두려워 풍속을 따라 힘써 행한다. 이는 모르고 행하는 것보다 더 죄가 크다.

**조상의 보우 문제**: 부모가 생전에 자식을 사랑했듯이 사후에도 도와줄 것이라고 말하는 자가 있다. 주공(周公)은 삼왕(三王)의 도움을 청하지 않았다. 천하 만민이 상제의 보우 아래 있다. 조상도 생전 사후에 상제의 도움을 바라니 어찌 우리를 도우랴.

**보은의 문제**: 부모가 나를 낳고 기르셨으니 이제 내가 되갚아야 한다는 것도 상제의 은혜를 신뢰치 않는 것이다. 사람이 상제의 은혜를 생각하면서도 그 공을 죽은 조상에게 돌리면 이는 조상에게 공을 가로챈 죄를 돌리는 것이 되어 더 큰 불효다.

**예수교의 효**: 생전에 섬기고 사후에 예로 장사하며 경모심을 지니는 것은 중국 풍속과 다르지 않다. 부모 생존 시에는 힘써 봉양하고 선행하여 부모에게 욕을 입히지 않는다. 돌아가시면 곡읍하고 염한 뒤 입관 매장하고 비를 세운다. 사모하는 마음과 불초의 생각을 늘 품고 산다. 부모 이상의 친족들을 부모처럼 공경하고 부모 이하의 친족들을 형제처럼 대하는 것은 모두 부모님의 남은 혈육이기 때문이다. 그들의 곤경을 구제하는 것이 효도의 실상이다. 부모의 언행을 약술하여 망각하지 않고 초상화로 늘 사모한다. 생전에 마음을 즐겁게 하지 않다가 사후에 제사만 드리는 것은 헛된 효도다.

제사는 본래 상제께 올린 제사에서 유래되었으며, 감사 제사와 인죄(認罪) 제사가 있었다. 감사 제사는 추수한 오곡백과로 감사심을 표한 것으로, 상제께서 그 제물을 흠향하시기 원해서 바친 것이 아니다. 제사를 통해 감사심을 잊지 않게 한 것이다. 인죄(속죄) 제사란 우리의 죄가 많아 죽어야 마땅하나 소와 양을 대신 바침으로써 회개심과 구원심을 표한 것이다. 이로써 장차 올 구세주의 대속을 지시한 것이다. 이미 구주께서 강림하셔서 헌신 속죄하였으므로, 우양이 더 이상 필요 없고 제사도 폐지되었다.

**결론**: 오륜의 근본인 효도를 힘써야 하나 오륜 위에 상제 숭배가 있다. 부모 효도와 상제 숭배는 병행되어야 하지만 상제 숭배가 우선이다. 부모의 은혜는 상제의 은혜에서 유래했다. 우리 죄를 구주께서 대속하시고 성신으로 인도하시며 우리의 믿음을 받아 주시고 영복을 내려 주시는 상제의 은혜는 얼마나 한량 없으신가. 우리를 낳으시고 도우시는 천부 앞에 죄를 회개하고 사악함을 버리고 정도로 돌아와서 예수를 신뢰하고 중보로 삼아 감사와 기도에 힘쓰면 상제께서 돌보시고 복을 주실 것이다. 제사의 허문을 버리고 효경의 실사를 힘쓰며 상제의 명령을 준행하여 영혼을 구원하기 바란다.

네비어스는 메드허스트와 달리 중국인들이 원형으로 여기는 공자 시대 제사는 본래 원형에서 벗어난 것이며, 그 원형은 상제께 올린 감사 제사와 속죄 제사였고, 이들은 장차 강림할 예수 그리스도의 대속 제사를 예시한 것이었다고 해석했다. 즉 제사를 기독론과 연결시켜 조상 제사의 불필요성을 논했다. 이는 1893년에 번역되어 중판이 거듭된 네비어스 부인(Mrs. Helen Nevius)의 『예수교문답』 혹은 『그리스도문답』 148번 문답에서, "예수교에 제사 드리는 것이 마땅한가 아니 마땅한가? 답: 마땅치 아니하다. 예수가 이미 제 몸을 드려 큰 제사를 지었으니 또 두 번 제사를 드리면 예수를 적게 보는 것이 되느니라"라고 하여, 신약 히브리서에 나오는 그리스도의 희생으로 인한 유대교 성전 제사의 불필요성 논리를 유교 제사에 적용시킨 것과 상통한다. 유교 제사의 역사적 의미는 인정하지만, 그것은 예수의 대속 제사 이후에는 필요 없는 유물에 불과하다는 것이다.

이상 두 소책자는 제사의 폐해와 함께 제사의 불가성(예배는 하나님께만 드려야 한다는 유일신론에 근거)과 제사의 불필요성(속죄 제사는 예수의 대속 제사로 인해 완성되었다는 그리스도의 유일 중보론에 근거)을 신학적으로 논증하고, 제사는 과거 한때는 필요했으나 이제는 필요 없다는 시세 개혁론을 제시했다.

## 3. 중국 개신교의 선교대회와 제사 금지 정책

한국에서 개신교 선교가 시작되던 1870년대 후반의 세계 선교계에서는 1850년대에 풍미한 토착교회 설립을 위한 삼자(자급, 자전, 자치) 선교론에 충실하려는 구세대 선교사들과, 복음과 함께 서구 문명(교육, 의료, 출판, 법률, 사회 제도)을 전해서 한 사회를 기독교화 해야 한다는 기독교 문명론으로 무장한 차세대 선교사들 간의 긴장이 시작되고 있었다. 동시에 중국에서 한 세대 이상을 경험한 선교사들 가운데 중국 종교 문화를 긍정적으로 평가하는 '자유주의적 보수주의자' 내지 '진보적 복음주의자'들이 나타나면서 선교 정책 논쟁이 점화되었다. 1877년, 1890년, 1907년에 상하이에서 열린 개신교 선교사대회 자료를 검토하면 중국에서 발전된 선교 신학과 정책을 개관할 수 있다. 이들은 당시 개시된 한국 개신교 선교에 직접 영향을 미쳤다. 세 대회의 주요 토론 주제 중 하나였던 제사 문제를 정리해보자.

### 1877년 상하이 선교대회와 제사 문제

1877년 이전에는 중국 개신교에서 제사 문제는 실제로 존재하지 않았다. 곧 제사는 우상숭배로 간주되어 금지되었다. 그러나 1877년 5월에 열린 상하이 선교대회에서 제사가 토론 의제가 되면서 '문제'로 부각되었다. 대회 지도자들 가운데 존(Griffith John)이나 테일러(J. Hudson Taylor) 등은 중국인 개종자들에게 모든 이교와 이교적 풍속의 포기를 요구해야 한다고 주장했는데, 그들은 제사에서도 강경 금지 노선을 채택했다.[33] 제사에 대해 긴 논문을 발표한 예이츠는 중국 국가 종교인 제사를 우상숭배인 사자(死者) 숭배로 비판하고 기독교 도입에 최대 장애물로 지목했다.[34] 이후 예이츠의 견해는 일부 반대에도 불구하고 1910년대까지 중국 개신교의 주류로 자리 잡았고 한국 선교회들도 이를 수용했다.[35]

---

33 Lambuth는 "우리는 회심한 교인을 원하지 세례 받은 이교도를 원하지 않는다"고 말하고, 세례 신청자는 모든 죄를 버리고 모든 형태의 우상숭배를 버리겠다고 서원해야 하며 안식일을 지키고 중생의 체험이 있어야 한다고 주장했다(J. W. Lambuth, "Standard of Admission to Full Membership," *RGC*, 1877 [Shanghai: Presbyterian Mission Press, 1878], 241-246; C. Stanley, "Standard Admission to Full Church Membership," 246-250).

34 M. T. Yates, "Ancestral Worship," idem, 385.

35 Henry Dwight, et. al. eds., *Encyclopedia of Missions* (London & New York: Funk & Wagnalls, 1904), 40-41.

다만 옥스퍼드 대학교로 간 레그가 원시 유교는 유일신 상제 숭배와 조상신 제사를 구별했다고 주장하는 글을 보냈지만 대회록에는 채택되지 않고 별도의 소책자로만 발간되었다. 레그의 긍정적 원시 유교관과 유교 도덕률에 대한 칭송, 공자나 맹자를 "중국인들을 가르치도록 하나님께서 배출한" 성현들로 보는 관점, 그들의 교훈은 완전하지는 않지만 "인류에게 진리를 전달하는 신적 경륜과 조화를 이루고 있다"는 주장 등은 향후 주한 선교사들과 한국 유교 지식인들의 개종에 접촉점을 제공했다.[36]

### 1890년 상하이 선교대회

이 대회에서 미국 북장로교의 교육 선교사인 마틴이 제안한 "조상 제사: 관용 청원" 논문을 놓고 격론이 벌어졌다. 물론 다수결에 의해 이 제안은 부결되었지만 관용론을 지지하는 진보적 선교사들의 존재가 부각되었다. 마틴은 개종의 최대 장애물인 제사를 해결하기 위해서는 지혜로운 적응이 필요하다는 논문을 발표했다. 그는 비록 제사에는 미신과 우상숭배가 뒤섞여 있지만, 다음 세 가지 장점이 있다고 강조했다. ① 가족 간의 유대를 강화하고 적극적 자선을 자극한다. ② 자아 존중을 고양하고 도덕적 절제를 부가한다. ③ 영적 세계의 실재에 대한 일종의 신앙심을 유지시킨다. 그는 따라서 제사를 기독교와 조화되도록 변형시킬 수 있다고 주장했다. 그는 제사를 조상 숭배가 아닌 조상 숭경(respectful salutation)으로 보고 제사의 본질적 요소인 자세, 기도, 희생 등을 분석한 뒤 제사가 반드시 우상숭배는 아니라고 해석했다. 그는 천주교가 시행하는 죽은 자에 대한 기도가 개신

36 James Legge, *Confucianism in relation to Christianity: A Paper read before the Missionary Conference in Shanghai*, on May 11th, 1877 (Shanghai: Kelly & Walsh, 1877), 3-4, 9-11; Horace G. Underwood, *The Religions of East Asia* (New York: Macmillan, 1910).

교의 극단적 감정보다 인간적이라고 평가했다. 마틴은 교황이 제정한 천주교의 신명(천주)과는 다른 신명(상제와 신)을 채택한 중국 개신교는, 마찬가지로 제사를 금지한 교황 칙령도 재고해야 한다고 제안했다. 그는 제사에 대한 관용이야말로 중국 선교가 성공하는 지름길이라고 믿었다.[37]

반면 블로지트는 마틴의 의견에 반대하는 논문에서 천주교, 개신교, 회교는 역사적으로 제사를 반대했다고 지적했다. 그는 제사는 왜곡된 효도관에 기초해 있고, 신주 숭배는 우상숭배이며, 죽은 자에게 희생을 바치고 기도하는 것을 허용해서는 안 된다고 주장했다.[38]

이어서 경험이 많은 선교사들이 토론에 참여했다. 민중층을 주 대상으로 전도하면서『廟祝問答』을 저술한 파베르는 제사의 17가지 폐악을 지적했다. 런던선교회의 뮈어헤드(W. Muirhead)는 "제사 문제에서 두 가지 의견이 있는 줄은 몰랐다"고 말하고 마틴에 반대했다. 대부분 예이츠의 입장을 따라 "이 문제에서 양보하면 모든 것을 양보해야 한다. 우상숭배의 관용은 기독교에 대한 배반이다"고 보았다.[39] 관용론 노선에 서 있던 선교사들이 반론을 제기했다. 만주 장로교의 로스는 실제적인 타협안을 제시했다. 그는 제사를 완전히 금지하는 대신 우상숭배적이고 미신적인 요소를 제거하고 변형시키자고 했다. 리처드(Timothy Richard)와 리드(Gilbert Reid)는 제사 폐지론을 공격하고 토착 풍속은 우상숭배 요소를 제거한 뒤 채택해야 한다고 주장했다.

그때 갑자기 허드슨 테일러가 마틴 박사의 논문의 결론에 반대하는

---

37 W. A. P. Martin, "Ancestral Worship: A Plea for Toleration,"*RGC* (Shanghai: American Presbyterian Mission Press, 1890), 619-631.

38 H. Blodget, "The Attitude of Christianity toward Ancestral Worship,"*RGC* (1890), 631-654. Blodget는 중국 천주교의 전례 논쟁사가 개신교 선교에 섭리적인 해결책을 제시했다고 보았다. 그는 교황 클레멘트 11세의 제사 금지 결정을 "너무 엄격하지는 않다"며 수용했다.

39 *RGC* (1890), 657.

자들은 기립하여 이를 표시하자고 제안했다. 거의 모든 참석자들이 일어섰다. 리드는 이런 식의 사안 처리에 항의하고 마틴의 정통 신학을 옹호하면서 이 문제를 다룰 위원회를 구성하자고 제안했지만 회의의 흐름을 되돌리기에는 역부족이었다. 결국 대회는 "선교사들은 본토인들의 조상 공경 의례에 대해 어떠한 간섭도 해서는 안 되며, 제도의 개혁은 신적 진리가 중국인의 마음을 더욱 확고하게 장악할 때까지 신적 진리의 영향에 맡긴다"고 결정했다. 이 대회는 비록 장차 성령의 지도를 받는 성숙한 중국 교회가 제사 제도를 개혁할 때가 올 것을 믿었지만, 단순히 기다려보자는 정책은 채택하지 않았다. 이 대회는 분명한 제사 반대 입장을 천명했고, 우상숭배는 제사의 핵심 요소임을 재확인했다.

1890년 상하이 대회의 결정은 한국의 젊은 선교사들에게 중대한 영향을 미쳤다. 이 대회 직후 북장로회 선교회는 대회장이던 네비어스 부부를 서울로 초청하여 2주일간 그들의 선교 방법론을 배웠다. 이때 한국 장로교는 제사 문제에서 보수적인 입장을 견지해온 네비어스의 노선을 공식 수용하고 관용적인 로스 노선을 배격했다. 또 중국 푸초우(福州)에서 서울로 전임했던 올링거는 상하이 대회에 참석하여 기독교 문명으로 동아시아 사회를 개혁하고 고등 교육으로 본토인 지도자를 육성하려는 사회학적 선교론 입장에서 반제사 강경 노선을 주장하는 논문을 발표했고, 이는 한국 북감리교의 공식 입장이 되었다.[40] 그러나 제사 관용론이 중국이나 한국에서 완전히 사라지지는 않았다.

40 옥성득, "초기 한국 북감리교의 선교 신학과 정책", 22-29.

### 1907년 백주년 선교대회

1900년에 열기로 계획한 3차 선교대회는 1900년의 뉴욕 선교대회와 의화단 사건으로 연기되다가 1907년에 개최되었다. 중국 개신교 선교 백주년을 맞아 선교사들 외에 많은 중국인 목회자와 지도자들이 대표로 참석했다. 제사 문제는 여전히 "중요하고 어렵고 미묘한" 의제로 다루어졌다. 20세기에 접어들면서 동아시아의 민족주의가 성장해서 문제 해결이 더욱 어려워졌다. 많은 중국인들은 기독교인들이 조상을 공경하지 않는다고 비판하고 있었다.

다수의 진보적 선교사들은 좀 더 열린 자세로 제사 문제에 접근했다. 따라서 13인 위원회는 여러 해 동안 준비한 끝에 건설적이고 중재적 입장의 평화안인 다섯 가지 결의안을 준비해서 회의에 상정했다. 결의안의 배경은 히브리서 1:1-4에 근거한 성취론이었다. 곧 하나님께서는 과거에 모든 족속들에게 부분적으로 다양하게 말씀하셨다. 하나님은 중국인들에게 영원한 도에서 유출된 다양한 하나님의 지혜 가운데 최소한 일부분을 주셨다. 제사에도 그런 부분적 진리를 표현하려는 본능이 작용했다. 그러나 동시에 제사의 일부 특징은 그 본능의 왜곡된 모습을 보여준다.

토론에서 사회를 맡은 깁슨(J. C. Gibson) 박사는 조상 숭배에는 적절한 공경의 뜻만 있는 것이 아니라 종교적 예배의 뜻도 있으므로, 제사 대신 중국인의 관점에 근접하는 추도회(memorial service)로 드리되 제사의 장점을 살려야 한다고 주장했다. 약간의 토론 후 다음 4개 항이 채택되었다.

I. 조상 제사는 기독교 신앙의 개화되고 영적인 개념과 양립할 수 없으므로 기독교회에서 관용될 수 없는 의례이지만, 기독교 개종자들에게 이 관습이 표현하려고 추구하는 돌아가신 분들을 추모하는 공경심을 갖도록 조심스럽게 권해야 하며, 일반 중국인들에게

기독교인들이 효도를 매우 중요하게 생각하고 있다는 사실을 주지시켜야 한다.

II. 기독교 안에서 최고로 발전되고 표현된 효도의 전체 내용을 인정하면서, 본 대회는 설교·교육·종교적 실천에서 부모 존경의 실제 의무에 대해 더 많은 중점을 두어서 교회가 효도를 기독교인의 최고 의무의 하나라고 간주한다는 사실을 불신자들이 분명히 알도록 해야 한다고 권고한다.

III. 중국에서 기독교가 제사를 대체할 때 미묘하고 어려운 많은 질문들이 불가피하게 야기되는 것을 인정하므로, 우리는 궁극적으로 그런 문제들을 다룰 기독교회 신자들의 양심을 계속 교육할 필요를 강조하며 하나님의 성령의 인도하심과 조명하심을 받아 교회가 바른 행동 노선으로 나아갈 것을 확신한다.

IV. 본 대회는 중국 형제들에게 묘지를 아름답게 가꾸고 부모를 위한 비석을 세워서 돌아가신 자들을 사랑으로 기억하되, 모든 기독교 국가에 대체로 있는 고아원과 같은 여러 자선 단체에 기부함으로써 죽은 자의 기념을 차세대의 삶을 도와주는 수단으로 만들 것을 권고한다.[41]

이 결정 사항들은 제사를 종교 의식으로 간주하고 금지하되 조상 공경의 정신과 부모에 대한 실제 효도의 의무는 강조했다. 선교사들은 이것이 단순한 안내 지침일 뿐이며, 결국 이 주제는 성령의 인도와 조명을 받은 중국 교회가 궁극적으로 결정해야 할 문제라고 열어놓았다. 이전 대회들과 비교

---

41 "Ancestor Worship," *China Centenary Missionary Conference Records* (New York: American Tract Society, 1907), 623-624.

할 때 1907년의 백주년 대회는 깁슨, 잭슨(James Jackson), 마틴, 스미스(Arthur H. Smith) 등 진보적인 복음주의 선교사들의 발언권이 강했다. 따라서 비록 마틴의 입장이 온건해지기는 했지만 이때 제사의 장점에 대한 그의 입장이 다소 반영될 수 있었다.[42] 이로써 중국에서 제사 문제는 일단락되었다. 다소 이견이 있었지만 제사가 여전히 중국 선교의 최대 장애물의 하나라는 인식에는 모두 동의했다. 이는 여전히 제사가 '종교적' 갈등의 핵심에 놓여 있음을 의미했다.

주목해야 할 사실은 위원장 잭슨이 제안한 다음 제5항이 채택되지 않았다는 것이다. 이 항은 비록 제사와 직접 관련된 것은 아니었지만 중요한 의미를 내포하고 있었다.

> 건의서나 다른 방법으로 중국 정부로 하여금 황제나 공자의 신주에 표하는 경의는 종교적 예배 행위가 아니며 국가 의식으로 간주되어야 한다고 선언함으로써 일본의 조치를 따라가도록 권유하여, 기독교인들이 기독교 원리나 기독교 양심을 범하지 않으면서 동시에 불충의 낙인을 면하고 필요한 경의의 행위를 할 수 있도록 노력한다.[43]

42 W. A. P. Martin, *The Lore of Cathay*(New York: Revell, 1901, 1912), 264-278을 보라. Martin은 다음과 같이 주장했다. "예수회의 제사 관용론은 전적으로 틀렸고 다른 모든 프란체스코회, 도미니크회, 정교회, 개신교의 제사 금지론은 전적으로 옳다고만 볼 수는 없다. 만일 교황이 제사를 관용했다면 한 세기 동안 박해는 없었을 것이고, 중국은 기독교국이 되었을 것이다. 중국 교인들을 '구원받기 위해 조상을 지옥에 보내야 하는' 양자택일의 '잔인한 딜레마'에 빠트릴 필요가 없다. 제사에 있는 우상숭배적 요소는 비본질적인 것으로, 전지를 하면 아름다운 나무를 보존할 수 있다. 비석 건립, 1년에 두 차례 산소 방문, 술과 음식 바침, 무덤 앞에 절하기 등은 아름다운 일이다. 이때 절은 어린아이가 어른에게 절하는 경우처럼 예배 행위가 아니라 공경의 표시다. 나는 세례 청원자에게 신주를 포기하도록 요구한 과거의 실수는 되풀이하지 않을 것이다. 반드시 반대할 요소는 미신적 風水와 죽은 영혼을 부르는 招魂이다. 제사는 공자 당시처럼 단순 추도회로 드리면 된다. 중국 교인이 굳이 선교사의 청교도적 엄격성을 따를 필요는 없다."

43 Ibid. 604.

잭슨은 일본 교회가 이를 선언함으로써 제사나 황제와 공자의 신주에 절하는 모든 문제가 더 이상 기독교 양심의 문제가 되지 않는다고 설명했다. 스미스도 이 안을 채택할 것을 동의하고, 이 안을 건의서 위원회로 넘길 것을 제안했다. 그러나 표결 결과 제5항의 채택은 부결되었다. 포스터(Arnold Foster)와 쉐필드(D. Z. Sheffield)는 황제 숭배나 공자 숭배는 수천 년간 종교적 예배 행위로 지켜져왔으므로 오히려 이 결의안이 동아시아 기독교인의 양심을 혼란스럽게 만들 것이라고 적극 반대했다. 1907년 중국 선교사대회가 일본의 황제 숭배를 국가 의식으로 간주하지 않음으로써, 한국교회는 1910년 이후 일제 시대에 야기된 신사참배 논쟁 초기에 동일한 입장을 견지할 수 있었다.

## 4. 내한 선교사들의 제사 금지 정책

초기 한국 개신교의 엄격한 제사 금지 정책은 천주교와 마찬가지로 중국교회의 정책을 따른 결과였다. 그러나 선교사들이 한국 종교 문화를 이해하게 되면서 점차 신중론이 제기된다. 선교사들이 제사를 금지한 신학과 정책을 먼저 살펴보고, 선교 20주년을 맞이한 1904년 이후 제기된 일방적 제사 금지에 대한 반론으로서의 신중론을 살펴보자.

### 제사 금지 이론과 이유

내한 선교사들은 중국 선교사들의 제사 금지 정책을 수용하고 한국인 개종자들에게 우상 불배 차원에서 제사를 엄금했다. 예를 들면 1886년 9월 서울에서 언더우드에게서 처음으로 세례를 받은 노춘경은 제사를 포기했기 때문에 개종 사실을 당분간 알리지 않았다. 그가 제사에 불참함으로써 개종 사실이 발각되면 생명이 위험하므로 일시 피신을 시키거나 중국에 유학을 보내자고 제안하는 선교사도 있었다. 당시 천주교인들은 한 가족이 개종할 경우 제사 때가 되면 제사 지내는 흉내만 내고 실제로는 예배를 드리기도 했다. 그러나 개신교 선교사들은 속임수는 옳지 않다고 보고 제사 형식 자체를 허용하지 않았다.[44]

1891년에 아펜젤러는 "세례 받기 위해 제사를 포기해야 한다면 나는 세례를 받지 않겠소"라고 말하는 유학자와의 대화를 기록하면서 자신은 1890년 상하이 대회의 결정을 따르고 있다고 밝혔다.[45] 만주의 로스도 개인적으로 제사의 장점을 인정했지만 선교회 차원의 제사 금지 정책을 수용했다. 최초의 한글 요리문답서인 로스의 『예수셩교문답』(1881)이나, 그 개정본인 스크랜턴 여사의 『셩경문답』(1895)은 제56문에서 하나님만 절해야 한다고 말한 뒤, 제57문에서 "죽은 사람에게 마땅히 절하느뇨? **답**: 옳은 사람이 혹 삶과 죽음을 공경하고 오직 절하여 빌며 구함이 마땅치 아니하니라"[46]라고 하여 제사를 우상숭배로 금지했다.

한국 장로교와 감리교 선교회들은 제사 금지 정책에서 처음부터 공조하면서 대체로 다음과 같은 다섯 가지 반대 이유를 제시했다. 그 첫 두 가지는 유일신 하나님과 다신론적 신들과의 불연속성, 산 자와 죽은 자의 불연속성을 강조했다. 즉 첫째, 제사, 곧 조상 숭배는 죽은 자의 영혼에 종교

---

44 Edward A. Lawrence, "Missions in Korea," *GAL* (June 1887): 274; 백낙준, 『韓國改新敎史』, 167-168.

45 H. G. Appenzeller, "Korea—What is it Worth?", *HWF*(March 1892): 230-231. 중국에서 한국으로 전임한 Ohlinger가 1890년 대회에 참석하고 제사, 일부다처, 아편, 음주, 흡연을 엄격히 금지해야 한다고 주장한 이후 한국 감리교회는 1930년대 중반까지 이 노선을 견지했다.

46 John Ross 저, Mary F. Scranton 개정, 『성경문답』(정동예수교회당, 1895), 9a.

적인 희생제물을 바치는 것으로서 십계명의 제1계명과 제2계명을 범하는 것이다. 기독교 유일신론과 제사에 함의된 다신론은 공존할 수 없으며 기독교 영성은 제사의 우상숭배를 거절한다.[47]

둘째, 제사가 영혼불멸을 가르치지만 영혼이 사람의 손으로 만든 나무 조각에 거하고, 음식을 먹으며, 후손에게 복을 내릴 수 있다는 유교의 가르침은 비성경적이다.[48] 조상의 영혼의 상태는 너무 덧없다. 그것은 일종의 물질적 힘인 기(氣)로 존재하다가 자손의 기억이 점점 사라지면서 함께 소멸된다. 그러나 기독교는 보이지 않는 각 개인의 영혼은 만년이 지나도 결코 사라지지 않는다고 믿으며, 죽은 후에 영혼은 영원한 두 목적지인 천당이나 지옥으로 간다고 믿는다. 기독교의 부활 교리는 제사의 신앙 체제와 부합하지 않는다.[49]

그다음 두 가지 이유는 개신교의 반천주교 신학과 관련되었다. 복음주의 개신교 선교사들은 제사가 말하는 죽은 자와 산 자 간의 상호 영향설을 천주교의 성자 숭배와 연옥설의 변형으로 보았다. 16세기 종교개혁자들처럼 19세기말 북미 개신교 선교사들은 연옥설, 신부 사죄권, 우상숭배, 성자 공덕 전이설 등을 비성경적 교리로 간주하고 정면으로 부정했다.[50] 그들은 교회를 죽은 자를 포함한 '신자의 회중'으로 정의했기 때문에 그리스도에 대한 신앙 없이 죽은 자를 성도의 회중에서 제외시켰다. 복음주의 선

47 G. John 저, H. G. Underwood 역, 『복음대지』(1894), 8a; W. A. P. Martin 저, H. G. Underwood 역, 『삼요록』(1894), 13a; W. B. McGill, 『구세요언』(1895), 2a, 4a; "우상론", 「죠션크리스도인회보」, 1897년 4월 14일; H. G. Underwood, "성경강론회", 「그리스도신문」, 1898년 10월 6일.

48 Helen Nevius 저, H. G. Underwood 역, 『예수교문답』(1893), 31a; G. John 저, S. A. Moffett 역, 『구셰론』(1895), 15a; "만사문답", 「신학월보」(1901년 10월): 435.

49 "령혼론," 「죠션크리스도인회보」, 1897년 4월 21일; "텬당디옥론", 「죠션크리스도인회보」, 1897년 4월 28일; 노병선, "다시사는리치", 「죠션크리스도인회보」, 1987년 4월 7일.

50 Robert S. Maclay 저, W. B. Scranton 역, 『미이미교회강례』(한미화활판소, 1890), 4b.

교사들은 유교적 가족과 문중이라는 전통 공동체의 유지보다 그리스도를 믿는 새로운 신자 공동체 형성에 우선권을 두었다.

천주교의 의식주의에 편견을 가지고 있던 개신교 신학은 제사를 부정적으로 보았다. 그들은 천주교의 미사가 지닌 희생 개념은 비성경적이며, 화체설은 미신적이고, 예배 의식에서 행하는 복잡한 신부의 몸놀림은 마술적이라고 비판했다. 따라서 미사와 유사한 제사를 보았을 때 그들은 제사를 비성경적인 미신으로 예단했다. 리치의 유교 이해를 칭송한 게일도 그의 제사 관용에 대해서는 귀신 숭배 허용으로 보고 비판했다.[51]

다섯 번째 이유는 실제적이고 윤리적인 문제였다. 선교사들은 제사가 한국의 악습들—조혼, 처첩제, 여성 차별, 가난, 국가 발전 정체—의 주요 원인이라고 믿었다.

> 유교가 한국인의 원시적인 생활에 법과 질서를 도입한 가치 있는 일은 반드시 인식되어야 한다. 그러나 유교는 신흥 도시들과 복잡한 현대 산업주의에서 드러나는 근대 생활 환경에 대해서 아무런 윤리적 메시지도 가지고 있지 않다. 한국의 제사에서는 두려움이 중요한 역할을 한다. 제사를 지낼 남자 자손이 필요하므로 조혼, 처첩제, 여성의 권리와 지위 하락을 초래한다. 유교는 돈이 많이 드는 장례식과 엄격한 제례로 무거운 경제적 부담을 부가해서 많은 가정을 가난으로 몰아넣었다. 유교의 지나친 과거 숭상은 진보를 막았고 국가적 정체를 야기했다. 유교는 한국을 시대에 2000년이나 뒤떨어지도록 만들었다.[52]

---

51 James S. Gale, "리마도의 사젹", 「그리스도신문」, 1901년 10월 17일. 그러나 Ricci는 제사를 神이 아닌 인격에 대한 감사와 추모로 보고 묵인했다(금장태, 『유교사상의 문제들』, 240-254).

52 G. Heber Jones, *The Korea Mission of the Methodist Episcopal Church* (New York: Board of Foreign Mission of MEC, Korea Quarter-Centennial Commission, 1910), 19.

선교사들은 전근대적인 유교를 비롯한 전통 종교 때문에 한국이 근대 사회로 진보하지 못하고 정체해 있다고 보았으며 제사를 그 근저에 놓인 악습으로 보았다. 이는 일제의 한국사 정체성론과 유사한 면이 있었다. 따라서 그들은 제사 의례를 바라볼 때 미신적, 이기적, 물질적, 마술적, 비윤리적 요소만 보았지, 긍정적 요소를 추적하지 않았다. 또한 제사가 개종의 최대 장애물로 등장하자 그들은 일단 그 비판에 주력했다.

### 제사 금지 정책

한국 선교회는 선교 개시부터 중국 개신교의 관례대로 제사를 금했지만 제사 문제를 선교회 회의 공식 의제로 처음 토론한 때는 1893년이었다. 북감리교 선교사들인 스크랜턴, 아펜젤러, 헐버트 등은 그해 10월 21일에 서울에서 열린 북장로교 선교회의 연례회의에 참석했는데, 그들은 정책 협력을 논의하는 자리에서 스크랜턴 의사의 제의로 제사 문제를 토론했다. 오후에 속개된 회의에서 마페트는 혼례식, 상례와 제사, 예수교 이름 등에서 두 선교회가 통일성을 가지는 것이 바람직하다고 제의했다. 이틀 후 장로교 선교사들과 한국 조사들—서상륜, 서경조, 최명오, 한석진, 김관근, 어학교사 윤태현—이 함께 토론할 때 최명오 조사의 제의로 제사 문제를 토론했다.[53]

그 결과 1895년에 마페트가 네비어스의 원저를 한국 실정에 맞게 번안한 『위원입교인규됴 爲願入教人規條』가 세례문답서 겸 교회 생활 안내서로 출판되었다. 이 규칙서는 입교인(세례교인)이 지켜야 할 교회 규모 제1조에서 귀신 숭배와 우상숭배와 제사를 금지했다.[54] 이는 제사를 유일신 하나

---

53 *Minutes of the Annual Meeting of the Korea Mission of the PCUSA for 1893.*

54 "일절 귀신을 높이 받드는 것이 하나님께서 미워하시는 것인즉 심지어 조상에게 제사 지내는 일관이라고 풍속을 좇지 말고 마땅히 홀로 하나이신 하나님만 공경하고 섬길지

님에 대한 예배에 어긋나는 귀신 숭배로 규정했기 때문이었다. 제3조에서는 이를 보충하여 부모 생전에 정성으로 봉양하여 효도할 것을 강조했다. 감리교의 경우 같은 해에 스크랜턴이 매클레이(R. S. Maclay)의 『셰례문답』을 번역하여 출판했는데, 이 책에서는 수세자가 지킬 세 가지 언약 가운데 첫째가 "마귀와 마귀의 모든 일"인 "하나님을 경외치 아니하고 우상 섬기는 것"을 비롯해 미워함, 시기, 살인, 거짓말, 속임, 약조 배반, 파당, 이단 등과 부모에게 불효하는 것을 거절해야 한다고 규정했다.[55]

1895년에 세례문답서들을 대량으로 발간한 것은 청일전쟁 이후 교회 출석자들의 급증과 무관하지 않았다. 교인이 급증함에 따라 입교 조건의 강화와 교회 권징의 필요성이 대두되었다. 또한 일부 교인들이 다시 제사를 지내는 일탈 행위도 나타나기 시작했다. 1895년 9월에 원산의 스왈른은 제사를 지내는 두 명의 입교인에게 성찬 참여를 금지하는 치리를 실시한 후 다음과 같이 보고했다. "이제 우리 교인들은 모두 제사 문제에 대해 확고한 자세를 취하고 있습니다. 제사는 한국인들이 포기해야 할 최대의 우상입니다. 다른 것은 제사에 비하면 아무것도 아닙니다. 저는 우리가 지금까지 이 주제에 대해 너무 관대했다고 생각합니다. 이것은 이번 가을 연례 회의 때 처리해야 할 주제 중의 하나입니다."[56] 그는 과거의 관대한 입장 대신 좀 더 엄격한 정책이 필요하다고 주장했다.

원산 교인들이 확고한 자세를 취할 수 있었던 것은 게일이 사태를 민주적인 방법으로 해결했기 때문이었다. 그는 선교사들이 결정하기 전 교인들에게 설문지를 보내어 제사에 대한 각자의 견해와 교회가 이 문제를 어떻게 처리하면 좋을지 해결책을 제시하도록 했다. 다음은 원산교회 교인들

---

니라"(J. L. Nevius 저, S. A. Moffett 역, 『위원입교인규됴』(1895, 22b).

55 R. S. Maclay 저, W. B. Scranton 역, 『셰례문답』(1895), 1a-1b.

56 W. L. Swallen to F. F. Ellinwood, September 24, 1895.

이 제출한 답변서 일부를 게일이 정리한 것이다.

> **김사영**: "나는 하나님의 말씀을 들었고 그것이 참이라고 믿으며 예수를 신뢰하고 성령의 인도하심을 소망한다. 물론 나로서는 부모님을 기억해야 하지만 제사를 드리는 것은 내가 전혀 알고 싶지 않은 우상이나 귀신에게 제사하는 것처럼 어리석은 일임을 알고 있다."

> **김창희**: "부모님이 살아 계실 때 나는 힘써 신실하게 섬겼다. 그들이 돌아가셨을 때 나는 그들의 뼈를 땅 깊이 묻었다. 그들의 영혼은 하늘에 갔으며 따라서 예배할 것이 남아 있지 않다. 고대의 법은 '부모 살아 계실 때 제사하라'고 말한다. 생전에 나쁜 음식으로만 잡수시게 하다가 돌아가시면 굶주린 영혼을 위해 잔치를 배설한다. 이 희생 제물로 부모를 섬기는 풍습은 헛되다. 살아 계신 부모에게 신실하지 못하게 만들며 하나님께 여러 가지 범죄하게 만든다. 나는 성경을 본 후에 이것을 배웠다."[57]

한국 교인들은 한결같이 제사를 하나님의 계명에 어긋나는 비성경적인 우상숭배이며 어리석은 짓으로 보았다. 그 결과 제사 문제는 선교사 게일의 권위에 의해 일방적으로 처리되지 않았고 한국 신자들의 참여로 결정되었다. 1년 후 스왈른은 제사와 구습을 버린 14명에게 세례를 베풀었다. 그 가운데 한 명인 오 씨는 "첩을 버렸고 제사를 포기했다. 그는 아주 당당하게 그렇게 했다. 그는 주일에 자신 외에 5명이 일하는 상점의 문을 닫았는데 동네 사람들이 그를 미쳤다고 생각했다. 서당 선생도 그의 집에 와서 식사하기를 거절했다. 본처는 첩을 내보내서가 아니라 제사를 드리지 않기

57 *Annual Report of the Boarld of Foreign Missions of PCUSA for 1896*, 161-162.

때문에 마구 화를 냈다."[58]

이처럼 1895년 이후 장로교와 감리교는 강력한 제사 금지 정책을 추진했다. 당시 제기된 용어 문제나 일부다처제 논쟁과 달리 제사 문제는 별다른 논쟁 없이 정책 공조가 시행된 것은 거듭된 중국 선교대회들의 금지안 채택을 수용한 이유도 있었지만, 내한 선교사들의 천주교에 대한 복음주의, 우상주의에 대한 이성주의, 동아시아 문명에 대한 서구 문명의 우월성에 대한 이원론적 신념을 내세운 결과이기도 했다.

개종자는 제사를 포기하는 표시로 위패나 신주를 불사르거나 땅에 묻어야 했다. 예를 들면 1897년에 수원과 용인에서 새 신자들은 조상의 신주와 집안의 신주 단지와 부적을 불태웠다.[59] 1897년 7월, 서울 배오개에 살던 무당 김시연은 개종하기로 결심하고 사당의 모든 화상을 불사르고 제사에 사용하던 탁자와 각종 도구를 팔고 집에서 가정 예배를 시작했다.[60] 1900년에 송도의 남감리교 선교사 콜리어 목사는 양반 문만호의 집을 방문해서 문만호가 6시간 동안 집안의 부적과 신주 단지를 불태우는 것을 목격했다. 예배 후에 콜리어가 조상 신주는 어디에 있는지 묻자, 신주를 궤연에서 꺼내어 왔다. 문만호는 "이제 그들은 천국 길을 가기 때문에 신주는 필요 없다"고 말했다. 콜리어는 "조상 신주는 항상 한국인이 포기하기 가장 어렵고 결코 포기하지 않는 것이다. 왜냐하면 그가 죽은 후 자신의 영혼이 있는 사당 앞에서 기도해주는 자가 없으면 영혼은 안식할 수 없다고 믿기 때문이다"라고 정리했다.[61]

선교사들은 교인들에게 제사에 바친 음식을 먹거나 만지지 못하도

58 Swallen to Ellinwood, Sept. 21, 1896.

59 "회즁신문",「죠션크리스도인회보」, 1897년 3월 3일,

60 "교회 통신",「그리스도신문」, 1897년 7월 29일.

61 Charles T. Collyer, "A Day on the Songdo Circuit," *KF* (Nov. 1901): 12-13.

록 금지했다. 그들은 고린도전서 10:21, 사도행전 15:29, 요한계시록 2:14, 20에 근거하여 제사 음식 먹는 것을 우상숭배와 동일시했다.[62]

1904년에 북감리교의 무스 목사는 제사 풍속이 최근 점차 사라지고 있고, 교인들은 제사를 당연히 포기해야 하는 어리석은 일로 인식하고 있으며, 박해에도 불구하고 제사를 지내지 않는다고 말했다.[63] 1905년에 북장로교의 무어는 "한국에서의 우상 파괴"라는 편지 보고서에서 몇 년간 서울시 경찰 총수로 임명된 자들은 기독교인이 아니었지만 미신과 각종 우상 파괴에 앞장섰으며, 4월에는 여러 명의 무당이 처형되었다고 지적하고 서울에서 굿을 보기 힘들다고 말했다.[64] 청일-러일전쟁 기간에 정부의 개혁 정책과 교회의 제사 폐지 정책이 동시에 진행되었다.

러일전쟁 후 1904년 서울에서 옥중 개종을 한 전직 고위 관리들을 위시해 전국에서 양반 계층들이 대거 입교하고 있었다. 게일이 목회한 연동교회는 매주일 빈틈없이 차고 넘쳤는데 고위 관리 양반들과 신발쟁이, 백정이 나란히 앉는 진풍경이 벌어졌다. 왕실의 제사를 담당했던 고관도 개종하고 제사를 포기했다. 이를 두고 게일은 "드디어 양반 계급이 자유롭게 와서 사회적으로 별 볼 일 없는 자들과 함께 예배한다"고 평가했다.[65] 선천에서도 전쟁이 시작된 후 부자들과 지식층의 개종이 괄목할 정도로 크게 증가했다.[66] 유교의 제사가 족별·계급·성을 차별하는 기제로 작동했다면, 기독교의 예배는 한 하나님 앞에서 평등함을 드러내는 계급 철폐의 상징이었다.

---

62 "우상에졔물을먹지말 것", 「그리스도신문」, 1906년 9월 13일.

63 J. M. Moose, "Sacrifice to the Dead," *Korea Methodist* 1 (Dec. 1904): 15.

64 S. F. Moore to A. J. Brown, May 27, 1905.

65 J. S. Gale, "The Gospel Levels Ranks," *KF* (Aug. 1905): 263-264; C. A. Clark to A. J. Brown, Dec. 8. 1905.

66 N. C. Whittemore to A. J. Brown, Jan. 4, 1905.

### 1904년 선교 20주년 대회와 신중론

1904년 9월에 한국 선교 20주년 기념 선교대회가 서울에서 개최되었을 때, 부산의 호주 장로교 선교사 엥겔(George O. Engel)은 선교사들이 일방적으로 제사를 금지하라고 지시하는 것은 지혜롭지 못하며 한국 교인들이 성령의 인도하에 이 문제를 해결할 때까지 기다려야 한다는 신중론을 제기했다. 그는 한국 풍속에 대한 논문에서 복음이 한국 상황에 적응해야 할 필요성을 강조하고 한국의 주거지, 음식, 의복, 머리 스타일 등에 대해서는 자유방임적인(laissez faire) 태도를 취해야 한다고 제안했다. 그는 혼인식이나 제사와 같은 종교적 관념이 그 바탕에 있는 풍속에 대해서는 선교사의 간섭이 아닌 한국 기독교인의 주도에 의해 기독교적 의례로 대체해야 한다는 입장을 피력했다.

> 독립한 한국 기독교인들이 스스로 이 문제를 해결하고 관습을 변경한 예로서 다음의 예를 언급하고자 한다. 한번은 한 남자 교인이 자신은 제삿날 저녁이 되면 가족을 모아 놓고 촛불을 켠 뒤(신주는 없애 버렸기 때문에 신주 앞에 켠 것은 아님) 하나님께 복음을 들을 기회가 없었던 조상들에게 자비를 베풀어 달라고 기도한다고 말했다. 나는 그 기회를 이용해 그런 행동의 위험성과 이단성을 지적했지만, 하나님께서 그런 정신으로 드린 기도를 받아 주셨을 것이라고 생각하지 않을 수 없었다. 앞으로 한국 교인들이 더 많은 영적 깨달음을 얻을 때 많은 것들이 그들에 의해서 변경될 것이다. 우리는 거의 할 일이 없지만 하나님의 말씀과 그의 성령이 이 나라의 풍속에 변화를 가져올 것이며, 그때 한국은 동양 국가로 남아 있으면서도 우리의 서구 국가들처럼 진정한 기독교 국가가 될 것이다. 서구 문명의 악영향이 한국교회에 미치지 못하

도록 하나님께서 지켜 주시기를 바란다.[67]

엥겔은 추도회 때 드리는 불신 조상을 위한 기도에 문제가 있을 수 있지만 그럼에도 자비를 바라는 기도의 정신을 하나님께서 받아주실 것으로 보고, 선교사들이 아닌 하나님의 말씀과 성령의 지도를 받은 한국 교인들이 제사 의례의 기독교화를 추진해야 한다고 주장했다. 그는 한국교회가 서구화되는 것을 원치 않으며, 한국교회가 동양적이면서 기독교적인 의례와 풍습 개혁을 이루어낼 때 한국이 진정한 기독교 국가로 나아갈 수 있다는 의견을 제시했다.[68]

논문 발표 후 토론에서 무스는 "모든 한국 기독교인들은 죽은 조상을 위해서 정기적으로 기도한다. 그들은 이런 이해하에서 유교 제사를 포기했다"는 말을 들어왔다고 지적했다. 게일은 "우리 모두는 제사 풍속에 대해 어떤 태도를 취할 것인가라는 문제에 직면해 있다. 우리는 한국인을 부드럽게 대해야 한다. 그들은 은혜 안에서 성장해 가면서 점차 그런 사안에서 진보해 나갈 것이다"라고 말했다. 무어는 "골패놀이, 음주, 빚, 고리대금, 지나친 흡연, 묘지 풍수 등과 같은 해로운 풍속은 하나님의 빛이 비취면 사라질 것이다"라고 확신했다. 마페트는 모든 교인들이 죽은 조상을 위해서 기도하지는 않으며, 교인들은 기꺼이 제사를 포기한다고 주장했다.

엥겔과 무스는 제사 금지 신중론을 보이고 있었고, 무어와 마페트는 제사를 엄격히 금지해야 한다는 입장에 서 있었다. 물론 다수 선교사들이 후자의 입장을 취했다. 주목되는 점은 엥겔과 무스의 지적대로 당시 다수의 한국 교인들이 추도회 때 위패나 신위를 모시지는 않았지만 죽은 조

---

67 G. O. Engel, "Native Customs and How to Deal with Them," *KF* (Nov. 1904): 205.

68 따라서 1904년 당시 경상남도 장로교인들도 추도회를 시행하고 있었다.

상을 위해서 기도했다는 사실이다. 선교사 가운데 일부는 복음을 들을 기회가 없었던 조상에게 자비를 베풀어달라고 하나님께 기도하는 것을 내심 인정하고 있었다.

이런 분위기에서 1909년에 게일은 신임 선교사들이 제사 문제에 대해 왈가왈부하지 않고 영적으로 성숙한 한국 교인들이 해결할 때까지 기다리자고 권고했다. 게일은 한국 교인들이 성령의 인도함을 받아 제사 문제를 해결하는 날이 오리라고 믿었다. 그는 그날에는 거지 왕자가 낡은 옷을 벗고 왕자의 옷을 입듯이 제사를 덮고 있는 낡은 옷이 벗겨지고 본래의 모습을 회복하면서 새로운 기독교의 옷으로 갈아입을 것이라고 예언했다.[69]

이보다 앞서 1898년에 기퍼드가 발표한 제사 이해도 특기할 만한 논문이었다. 그는 한국의 제사에는 유·불·선 삼교와 민간신앙이 혼재하며 각 종교 간의 역할 분담이 이루어지고 있다고 주장했다. 이 논문은 한국의 다종교 현상을 처음으로 지적한 논문의 하나였다. 한국인은 사람에게 세 영혼인 혼백령(魂魄靈)이 있는데 사람이 죽으면 그 혼(魂)은 음부로 가고 백(魄)은 무덤으로 가며 영(靈)은 신주에 거한다고 믿는다. 제사는 기본적으로 유교적이지만, 지옥을 다스리는 불교의 시왕(十王)이 혼의 운명을 결정한다. 도교의 풍수가인 지관(地官)이 매장지를 정하는데, 묘지는 자손의 길흉화복에 영향을 준다. 산소에서 드리는 희생제사는 무덤 안에 있는 백(魄)을 위해 지신과 산신에게 바친다. 집에서는 계절에 따라 신주에 거하는 영(靈)에게 제사를 지낸다. 집에서 드리는 가족 제사는 유교 의례를 따른다. 이상과 같은 사실을 나열한 후 기퍼드는 한국의 제사는 중국의 제사와 다르다고 결론을 내렸다. 그는 한국인은 중국인과 같이 대개 죽은 자와 산 자

69 J. S. Gale, *Korea in Transition* (New York: Young Peoples Missionary Movement of the US and Canada, 1909), 78.

의 행복이 제사와 직접 연관된다고 보지만, 일부 한국인들은 죽은 자의 운명은 시왕에게 달려 있지, 자손의 제사와 무관하다고 믿으며, 다만 제사를 드리지 않으면 이웃으로부터 욕을 듣는다고 지적했다. 또 기퍼드는 일부 한국인들이 제사를 잘 지내면 하나님이 복을 내리고 제사를 태만히 하는 자는 벌을 내린다고 믿는 사실에 근거하여, 제사가 하나님을 알도록 해 주는 접촉점이 될 수 있다고 주장했다.[70]

요컨대 선교사들은 한국 종교 문화를 20년 가까이 접하고 연구한 결과 유일신 하나님에 대한 예배, 그리스도의 대속 제사, 성령의 인도와 조명에 의한 제사 의례의 한국적 기독교화라는 삼위일체적 제사 이해로 나아가고 있었다.

## 5. 한국교회의 반응과 한국인의 효도 신학

개종자의 입장에서 제사의 포기는 단순한 우상 거부 행위가 아니라, 가족과 친족 공동체는 물론 조상이나 미래 세대와의 관계 단절을 의미하는 대결단이었다. 족보에서 삭제되는 것은 유교적 영원성과 구원을 담보한 가족으로부터의 저주였고, 기독교가 제시한 천국의 영원과 개인 구원 추구는 기존의 소속감과 정체성을 상실하는 실존적 위기를 수반했다.

제사 문제는 개신교 박해의 주요 원인이었다. 천주교의 박해와 순교 역사에 비교할 수는 없었지만, 개신교 역시 제사 문제의 극복이 신앙의 독자성과 신실성을 확보하는 관건이 되었다. 많은 개종자들이 조상과 그리

---

70 Daniel L. Gifford, "Ancestral Worship as Practiced in Korea," *KR* (June 1892): 169-176; idem, *Every-Day Life in Korea* (New York: Revell, 1898), 88.

스도 중 하나를 택해야 하는 기로에 직면해서 후자를 선택한 후 신앙 갈등을 극복하고 전 가족을 교회로 인도하기도 했지만, 박해에 굴복하고 교회를 떠나는 경우도 적지 않았다. 제사 금지가 전도의 최대 장애물이 되고 제사를 대체하는 기독교적 대안이 필요하게 되면서, 한국교회는 효도 신학과 추도회를 발전시켰다.

### 제사 폐지와 박해 인내

선교사들도 제사를 반대했지만, 게일의 원산교회 교인들처럼 대부분의 한국인 교인들이 제사를 우상숭배로 간주하고 더 반대했다. 이는 기퍼드의 지적대로 한국의 제사가 여러 종교의 요소를 혼합한 의례였기 때문에 유교 경전의 고전적 의미를 파악하지 못하고 다종교 혼합적인 성격을 지닌 일상의 제사를 경험하던 민중층 교인들로서는 당연한 반응이었다.[71]

제사에 불참한 기독교인들은 육체적 고통, 경제적 박탈, 집안과 마을로부터의 사회적 소외 등 다양한 핍박을 받았다. 1892년 봄 마페트는 한 달 간 의주에 머물면서 전도했다. "봄에 선친 묘소에서 제사를 지내지 않겠다고 거부한 한 교인은 고모가 던진 벼루에 맞아 의식을 잃고 쓰러졌는데 그때 생긴 이마의 흉터를 보여주었다."[72] 제사를 거부한 것 때문에 심하게 맞아 거의 죽게 되었지만 차라리 예수 신앙 안에서 죽을지언정 제사는

---

71 초기 중국 천주교의 경우 양반층을 주로 전도한 예수회가 제사 관용론을, 민중층을 전도한 프란체스코회와 도미니크회는 제사 금지론을 주장했다. 지식층과 달리 일반 민중에게 제사는 유교 제사가 아니라 민간 신앙이 혼합되어 귀신 숭배 요소가 있었기 때문이었다. 한국의 경우 양반 출신으로 해외 유학 중에 개종한 윤치호와 서재필은 「독립신문」 등을 통해 유교와 제사에 대해 매우 부정적인 견해를 피력했으며, 아펜젤러를 비롯한 다수 선교사들은 이를 수용했다. 그러나 양반 출신 교인 가운데 제사의 긍정적 가치를 인정하는 자들이 적지 않았다.

72 S. A. Moffett, "Evangelism in Korea," *GAL* (Sept. 1892): 446.

드리지 않겠다고 인내한 경우들은 이후 계속 보고되었다.[73]

1893년에 원산의 게일은 첫 개종자인 노인 김 씨가 조상 신주를 불태운 후 마을 사람들로부터 집단 따돌림(ostracism)을 받고 봄 파종과 모든 농사일을 못하도록 방해를 받아 굶주리고 있는 것을 발견하고 도와주었다.[74] 집성촌이 많던 당시에 개종자들은 가족뿐만 아니라 마을 전체로부터 따돌림을 받았다.

1894년 1월 7일에 평양 널다리에서 "학습자 8명이 개종의 좋은 증거들을 보여주었으므로 공개적으로 세례를 받았고 성찬식에 참여했다."[75] 이는 평양 최초의 세례식과 성찬식이었다. 술꾼으로 객주였던 최치량(崔致良) 등이 친구들에게 자신들이 예수교 교인이 되었다고 알렸을 때, 친구들은 조롱하며 그들로 하여금 예수교를 버리고 이전 관습으로 되돌아가도록 모든 노력을 기울였다. "그들이 제사를 지내지 않기 때문에 그들을 불효자라고 온갖 방법으로 괴롭히고, 30년 전 천주교인들처럼 그들도 효수형에 처해질 것이라고 말했다. 비록 한두 명은 죄로 타락했으나, 모두 훌륭하게 이 모든 일에 대처해 나갔다."[76] 평양 시민들은 아직도 대원군에 의해 병인년(1866년 고종 3년)부터 8년간 계속된 천주교인 처형과 대박해를 생생히 기억하고 개신교도 무부무군의 이단 종교로 의심하고 있었다. 이런 배경에서 교회 설립 직후인 5월에 "평양 기독교인 박해 사건"이 일어나 교인들이 투옥되고 배교를 강요당했다. 감리교 전도사 김창식은 순교를 각오하고 끝까지 신앙을 지켰다.[77]

---

73 박세창, "인내로이긤", 「신학월보」(1904년 8월): 341; 이석풍, "북청래신", 「그리스도신문」, 1906년 1월 18일; C. A. Clark, "Three Incidents," *KMF* (Feb. 1909): 18.

74 J. S. Gale, "Korea," *CHA* (Sept. 1893): 211.

75 S. A. Moffett, "Life at a Korean Outpost," *CHA* (May 1894): 374.

76 S. A. Moffett to F. F. Ellinwood, Jan. 12, 1894.

77 비개항장인 평양에서 외국인의 부동산 매입은 불법인데 Hall과 Moffett가 한국인 교인의

1894년 초 언더우드는 서울 근처에서 젊은 농부에게 세례를 주었다. 그 농부의 부친이 최근에 죽었고 그는 아들로서 제사를 지내야 했다. 그러나 그는 신주를 없애고 제단에 절하지 않았다. 그의 삼촌은 그에게 모든 친척과의 연이 끊어질 것이라고 경고했다. 그들은 그가 미쳤다고 말했다. 그의 작은 아이가 죽었다. "이것은 아비가 기독교인이기 때문에 발생했다고 믿어졌다. 그의 아내는 함께 살 수 없다고 말하면서 그를 떠났다."[78]

장손이나 장손 며느리가 첫 개종자가 되었을 때 그 박해는 이루 말할 수 없었다. 1898년에 황해도 백천에서 한 집안 장손의 과부가 역시 과부가 된 며느리와 장애아인 손자와 살고 있었다. 전도부인으로부터 복음을 전해 들은 그녀는 하나님께 지은 자신의 죄로 인해 집안에 재난이 왔다고 깨닫고 사당의 모든 신주들과 집안의 부적들을 불살랐다. 그녀는 문중 추방의 위험에도 불구하고 신앙을 지켰다.[79] 1902년에 혜천군에서 한 젊은 남자는 부친이 죽었을 때 극심한 시험을 받았다. 그가 장남이었기 때문에 돌아가신 아버지에게 제사를 드리는 것이 그의 의무였다. "그는 마을에서 그런 시험을 받은 최초의 그리스도인이었는데, 믿은 지 불과 몇 달밖에 안 되었지만 인내로 박해를 견뎠으며 신실하게 믿음을 지켰다."[80] 1904년에 경기도 마군골에 새 교회가 생겨났다. 그들은 마을 주민들과 군수로부터 끔찍한 박해를 받았지만 확고하게 믿음을 지켰다. "한 사람이 감옥에서 고문을 받고 100냥을 내라는 강요를 받았다. 그는 이 지역에서 죽은 모친에게

---

명의로 집을 사고 예배를 본 것, 주민의 반외세 감정, 선교사의 돈을 갈취하려는 관리들의 부패 등이 사건의 원인이었지만, Hall의 통역인 노병선이 우물 동제(洞祭)에 기부를 거부한 것이 사건의 발단이었다.

78 William M. Junkin, "Notes from Korea," *Missionary* (Oct. 1894): 439.

79 "교회 통신", 「그리스도신문」, 1898년 3월 31일. 1902년에 혜천군에서 신자가 된 한 장손은 부친이 사망하자 집안과 마을 전체의 핍박에도 불구하고 제사를 지내지 않았다 (*ARBFMMEC for 1903*, 363).

80 *ARMSMEC for 1903*, 363; *ARMSMEC for 1906*, 336.

제사 드리기를 거부한 첫 교인이었다."[81] 또 다른 사람은 거의 죽을 뻔했으나 조상에게 제사를 드리기보다는 예수를 믿는 믿음으로 죽을 것이라고 말했다.[82] 개종자들은 체벌과 재정적 손해 외에도 가문으로부터 쫓겨나는 파문을 당했다. 그들의 배도에 대한 영원한 저주로 그 이름이 족보에서 지워졌다.

### 원시 유교 천제론과 기독교-유교 공존론

개신교 선교사들과 윤치호(尹致昊, 1865-1945)를 비롯한 일부 양반 출신 교인들의 유교 비판은 조선 성리학의 실제 결과와 약점—국운 쇠퇴, 왕실과 관리의 부패, 여성 차별 등—에 대한 비판에 집중되었다.[83] 그러나 원시 유교나 유교 경서에 대한 한국교회의 전반적 태도는 우호적이었다. 곧 "각국 성인 세운 말씀이 다 여호와로 좇아 나니 예수교가 반드시 폐치 아닐지라. 비유컨대 다른 성인의 빛은 별과 달과 같아 족히 사람의 씀이 되지 못하나 예수의 빛은 날과 같이 밝아 이치가 드러나 유여하도다"나 "우리가 유도를 배척하는 것이 아닌즉 유서에 선악 간 상벌이 분명한 확증이 없는 것을… 우리 교에서는 분명한 증거가 있나니"라고 하여 기독교가 유교의 약점을 보완, 완성한다는 성취론적 태도를 견지했다.[84]

1890-96년에 집중적으로 번역, 출판된 한문 소책자들은 고대 중국의 성현들과 한국인들은 상제나 하나님을 섬겼으며, 이 큰 도(大道[대도])는 한

---

81 C. A. Clark, "Stood Firm," *KF* (Aug. 1905): 266.

82 박세창, "인내로 이김", 「신학월보」(1904년 8월): 341; 이석풍, "북청 래신", 「그리스도신문」, 1906년 1월 18일; C. A. Clark, "Three Incidents," KMF (Feb. 1909): 18.

83 참고. T. H. Yun, "Confucianism in Korea," *KR* (Nov. 1895): 401-402.

84 G. John 저, H. G. Underwood 역, 『권즁회긔』(1891), 8a-8b; "뎐당디옥론", 「죠션크리스도인회보」, 1897년 4월 28일.

나라에 한정되지 않고 동서고금에 통한다고 주장했다. 예를 들면 언더우드가 번안·출판한 『권즁회기』는 "녯적에 조선 사람이 다 상제를 믿어 공경하더니" 세월이 지나 진리를 떠나 거짓을 숭상하니 "어찌 조선에 큰 죄가 아니리오"라고 도전했다.[85] 아펜젤러가 번역한 우상숭배 금지를 주제로 한 『묘축문답』도 요순 황제의 황금시대에는 우상숭배는 전혀 없었고 상제 숭배만 있었다고 강조했다.[86]

서론에서 언급했듯이, 1897년 2월에 창간된 「죠션크리스도인회보」는 제2호에서 조상을 제사로 섬기면서 근본인 하나님을 섬기지 않는 풍속을 비판하면서 동서고금을 막론하고 하나님께 제사했다고 지적했다. 중국의 경우 신농 씨 이후 요순 시대의 천신 제사는 모두 하나님에 대한 예배였다고 이 회보는 주장했다.[87] 고대 이스라엘에 여호와께서 활동했듯이 고대 중국에서는 상제께서 활동하셨다. 고대 이스라엘인이 감사 제물과 속죄 제물을 드렸듯이, 고대 중국인도 상제께 동일한 제사를 바쳤다. 그러나 시대가 변하면서 미신과 우상숭배가 도입되었고 불교와 도교가 유행했다. 따라서 기독교로 개종하는 일은 원시 유교의 상제 숭배를 회복하는 것으로서 참 유교도가 되는 길이라고 이 회보는 주장했다.[88] 노병선은 "도의 근원은 하늘로부터 난 것이라. 어찌 서양 하늘과 동양 하늘이 다르다 하리오"라고 했고, 최병헌은 "동양의 하늘은 서양의 하늘이요, 서양의 상제는 동양의 상제이다"라는 결론적 명제를 도출했다.[89]

---

85 『권즁회기』(1891), 8b.

86 E. Genähr 저, H. G. Appenzeller 역, 『묘츅문답』(1895), 9a-9b.

87 "론셜 텬졔론", 「죠션크리스도인회보」, 1897년 2월 10일.

88 「죠션크리스도인회보」, 1897년 7월 29일, 8월 6일, 9월 9일, 9월 16일, 12월 16일, 12월 23일, 12월 31일.

89 노병선, 『파혹진션론』(한미화활판소, 1897), 3b; 최병헌, "사람의 큰 병통", 「죠션크리스도인회보」, 1897년 8월 30일.

한국교회는 한걸음 더 나아가 조선 유교의 천(天)은 주자학의 영향에도 불구하고 원시 유교의 최고신으로서의 상제 개념을 잃지 않았으며, 단군신화와 같은 전통적인 하나님 사상의 영향을 받아 인격신 요소를 유지하고 있었다고 보았다.[90] 조선 유교에 대한 개신교의 변증은 인륜인 오륜은 수용하고 기독교적으로 재해석하여 제시하면서 오륜 위에 있는 수륜(首倫)인 천륜(天倫), 곧 원시 유교에 있던 상제 숭배를 기독교를 통해 회복하라는 것이었다. 그들은 만물의 근본인 하나님 예배의 회복은 유교의 완성이라고 주장했다.[91]

19세기말 20세기초 한국 유교와 개신교는 천륜, 인륜, 물륜(物倫)의 세 분야—존재론, 윤리론, 문명론—에서 공존할 수 있는 유사점이 있었다. 인륜에서 기독교는 유교의 윤리를 수용했을 뿐만 아니라, 기독교의 '하나님의 형상'론과 유사한 유교의 천명 본성론, 기독교의 타락한 인간 이기심과 유사한 유교의 기질 인심론, 기독교 성화론과 유사한 유교의 수양론 등을 수용했다.[92] 물론 기독교는 영혼의 영원한 구원과 천국에 이르는 길은 기독교에 있다고 제시하고, 유교의 역사적 정의관은 인정하면서도 기독교의 종말론적 정의를 주장했다. 또한 유교적 국가관인 충과 기독교 민족주의가 만났으며, 문명관에서는 당대 조선 정부의 주류인 동도서기 문명개화론은 서도서기(西道西器) 기독교 문명론과 최소한 기(器) 측면인 과학, 기술, 의료,

---

90 James S. Gale, "The Koreans' View of God," *KMF* (March, 1916): 68-70; 옥성득, "초기 한국교회의 단군신화 이해", 이만열, 『한국기독교와 민족통일운동』(한국기독교역사연구소, 2001), 295-318.

91 "론셜 만물의 근본", 「죠션크리스도인회보」, 1897년 3월 3일, 3월 10일

92 Griffith John 저, H. G. Underwood 역, 『즁싱지도』(1893), 3b-5b; 김종섭, "샤셜", 「그리스도신문」, 1897년 10월 4일; "학식의 요긴훈론", 「그리스도신문」, 1897년 12월 2일, 7일; "샤셜", 「그리스도신문」, 1898년 9월 1일, 10월 6일, 10월 27일; "셩경요리문답", 「그리스도신문」, 1901년 7월 4일; "죄와 속죄의 시작", 「신학월보」(1901년 8월); "의인의 구제", 「그리스도신문」, 1902년 5월 1일; E. M. Cable, "사롬은 만물의 신령훈 거시됨", 「그리스도신문」, 1906년 8월 2일.

교육면에서 만날 수 있는 접촉점이 있었다.[93]

1898년 12월에 「그리스도신문」은 유학자의 유교 정통론과 기독교 이단론을 반박하고 성취론에 입각하여 양교의 표리 관계는 아름다운 나무와 봄의 해 사이의 관계와 같다고 비유했다.[94] 유교는 세속 정치와 윤리 교육에 유용하며 이보다 광대하고 온전한 기독교는 현세는 물론 영원한 복을 주는 영적 생활에 유익하다는 논리였다. 이는 봄볕이 나무를 아름답고 울창하게 자라게 하듯이, 기독교는 유교를 파괴하지 않고 번성케 한다는 표리론이었다. 또한 유교(나무)는 기독교(양춘) 없이 자랄 수 없지만, 기독교도 유교 없이는 열매를 맺을 수 없으며 상호 의존과 상호 공존이 가능하다는 성취론이었다.

### 제사 폐지 변증론과 조상 구원의 문제

이러한 기독교에 의한 유교의 성취론과 기독교와 유교의 공존론 입장에서 한국 목회자와 교회 지도자들은 1897년부터 발행된 「죠션크리스도인회보」와 「그리스도신문」을 통해 제사 문제를 논했다. 비록 두 신문의 발행인이 아펜젤러와 언더우드였지만, 유교 경전을 많이 인용하는 사설과 논설의 글들은 대개 최병헌, 노병선, 홍정후, 이승원 등 한국인 조사들이 초고를 썼다. 또한 이들은 한문 소책자 번역은 물론 소수의 한글 소책자를 저술하

93 "The Fate of the Queen," *KR* (Nov., 1895): 431; "His Majesty's Birthday," *KR* (Sept. 1896): 370-371; "His Majesty, the King of Korea," *KR* (Nov. 1896): 423-430; "론셜", 「독립신문, 1896년 9월 3일; "학식의 요긴혼론", 「그리스도신문」, 1897년 12월 9일; 최병헌, "구세쥬의탄", 「대한크리스도인회보, 1897년 12월 15일; "셰세이변천ᄒᆞᄂᆞᆫ론", 「그리스도신문」, 1897년 12월 21일; "샤은론", 「그리스도신문」, 1898년 1월 6일; "샤셜", 「그리스도신문」, 1898년 6월 9일.

94 "량교가 표리가 되ᄂᆞᆫ 론", 「그리스도신문」, 1898년 12월 15일.

고 기독교 변증을 시도하면서 조상 문제를 다루었다.

**우상론과 문명론**: 「죠션크리스도인회보」는 "우상론"에서 공자의 반우상론과 역사상 우상숭배로 망한 나라들, 그리고 당대 서구의 문명 진보를 증거로 제사 폐지를 주장했다.

> 공자 갈아되 처음으로 허수아비를 만든 자 그 후 자손이 없을진저 하시고 적인걸은 오초에 음악한 사당집 수천 곳을 불사르매 후세에 유명한 사람이라 하였으니 이런 사기를 보는 자가 어찌 우상을 존숭하리오. 예전부터 우상을 존숭하는 나라는 하나님께서 미워하시는 고로 양나라 무제는 불상을 제일 존숭하다가 대생에서 주려 죽게 하시고…하나님께서 그 나라들을 멸망케 하셨으니 이것은 다 사기에 자재한 말씀인즉 증거가 분명하고 하나님을 존숭하는 나라들은 나라마다 부강하며 문명 진보가 되나니 지금 유럽 나라들과 북아메리카 제국이라. 천하의 대세를 보는 자 어찌 파혹할 일이 아니리오.[95]

이 회보는 우상은 나무나 흙이나 돌로 만들고 단청이나 도금을 하여 사람의 이목을 현란케 한 것이지만 보거나 듣거나 말하지 못하며 운동하지 못하는 죽은 것이므로 아무런 영험이 없으므로 우상에게 절하는 것보다 차라리 우상을 만든 장식에게 절하는 것이 낫다고 지적하고, 이어서 우상론을 제사에 연결시켰다. 곧 "살아 있는 부모의 뜻을 순종치 아니하고 근심을 끼치다가 부모가 죽은 후에 그 신주에게 제사를 지내며 효도를 다한다 하는 사람은 재주 있는 장식에게는 절하지 않고 그가 만든 우상에게 절하는 것과 무엇이 다르리오?"라고 반문했다.

**노병선의 열린 구원론**: 그리스도 신앙 없이 죽은 부모와 조상 문제는 공

95 "우샹론", 「죠션크리스도인회보」, 1987년 4월 14일.

개 토론되지 않았다. 그러나 한국인에게 이 주제는 심각한 고민거리였다. 선교사들은 인간의 운명은 사람이 죽은 직후 천당과 지옥 간에 결정된다고 가르쳤다. 그리고 그들은 죽은 조상의 영원한 운명은 이미 정해졌으므로 그들을 위한 기도는 효과가 없고 너무 늦었다고 지적했다. 그러나 한국인 신자는 자신은 천국으로 가는데 조상과 일가친척들은 지옥으로 갔거나 가게 된다는 사실을 쉽게 수용할 수 없었다. 개인주의적인 북미 선교사들에게 이것은 심각한 문제가 아니었지만, 한국인에게 혈연이나 공동체의 유대와 단절된 개인 구원은 엄청난 실존적 위기를 초래했고 개종과 신앙생활 유지에 막대한 곤란을 초래했다. 따라서 한 선비가 기독교 복음을 들었을 때, 천국에 혼자 있느니 차라리 지옥에서 부모님과 친구들과 함께 있겠다고 반박한 것은 당시 한국인의 영성을 잘 보여주는 사례였다.

> 우리의 친구가 반드시 지옥에 많을 것이오, 우리 부모도 예수를 믿지 아니 하였으니 필경 지옥으로 갔을지라. 공자 가라사대 아비의 도를 고치지 아니 하여야 효자라 하셨으니 나도 우리 부모의 가신 곳으로 가는 것이 옳고 친구가 많이 있는 곳에 가서 교유하는 것이 기쁘거늘 어찌 홀로 천국으로 가서 부모에게 불효하고 친구들을 버리리오[96]

그러나 이 문제에 대해 북미 선교사들의 견해는 확고했기 때문에, 한국인 지도자들은 신앙 없이 죽은 조상의 구원 문제에 대해 활발한 토론을 할 수 없었다.

그럼에도 배재학당 출신의 서울 본처 전도사 노병선(盧炳善, 1871-

96 최병헌, "고집불통", 「대한크리스도인회보」, 1899년 3월 8일. 조상의 운명 문제가 개종의 마지막 장애가 된 사례는 세계 기독교 역사에서 수없이 반복되었다.

1941)은 예수교가 들어오기 전에는 법을 정하기 전이므로 의롭게 산 자는 구원받았다고 믿었다. 1897년에 그는 변증적 전도문서 『파혹진선론』을 쓰면서, 예수교가 서양교가 아니라 원래 동양에서 났으며, "도의 근원은 하늘로부터 난 것이라. 어찌 서양 하늘과 동양 하늘이 다르다 하리오?"라고 전제한 뒤 하나님을 믿고 우상을 거절해야 한다고 역설하면서, 동시에 모든 사람은 각자 행위에 따라 보상을 받는다고 주장했다. 선행을 한 자는 천국에서 상을 받을 것이요, 악행을 행한 자는 지옥에서 벌을 받는 공의의 심판이 있을 것이다.

> 그러면 예수 도를 모르던 이전 성현들이 다 지옥에 빠졌겠느뇨. 하나 이전 사람도 착한 일만 하였으면 응당 천당으로 간 줄로 우리는 믿는 것이 성경에 말씀이 법을 정하기 전에 범하는 자는 죄가 헐하려니와 정한 후에 범하는 자는 용서치 못하니라 하였으니 이전 사람도 착한 일만 행하였으면 예수 씨의 공로로 천당에 갔을 줄 믿겠고[97]

이것은 사도행전 14:16, 17:30, 로마서 3:25, 5:13절 등에 근거한 그리스도 중심의 조건부 보편 구원론이었다. 곧 복음을 듣지 못한 자는 자신의 선행과 공로에 따라 예수의 구속적 공로의 은혜로 구원을 얻는다는 견해였다.

**최병헌의 제사 시세 변화론**: 최병헌(崔炳憲)은 1899년에 쓴 제사를 지내는 주요 명절인 추석에 관한 글에서 한국의 전통 제사와 기독교 예배의 관계를 논했다. 그는 추석과 제사의 역사를 조사하고 다음과 같이 주장했다. 추석은 기원후 33년에 신라 왕국에서 여자들의 축제로 시작된 가배 절기에서 유래했다. 그러나 가배가 점차 추수한 햇과일과 햅쌀로 조상에게 제

97 노병선, 『파혹진션론』(1897), 4a-4b.

사하는 절기로 바뀌었다. 이는 고대 중국에서는 상제에게 희생제사를 드렸으나 주(周) 왕조에 와서 조상 제사가 유행한 것과 비슷하다. 이후 제사법은 시대에 따라 변했다. 의례는 변화하기 때문이다.

> 그런즉 우리가 제사의 예를 한번 또 고치는 것이 좋고 우리 조상도 하나님이 아니시면 세상에 나지 못하였을 것이오, 사시절기를 고르게 하심과 오곡백과를 이루게 하는 것도 우리 조상 힘으로 되는 것이 아니라 다 하나님의 권능으로 되게 하시는 것인즉 우리 주를 믿는 형제들은 매양 추석 일을 당하거든 하나님께 우리 몸으로 산 제사를 드리게 함이 진실로 마음에 원하는 바라.[98]

최병헌의 주지는 조상 대신 조상의 근본인 하나님께 산 제사를 드려야 한다는 것이었다. 이를 뒷받침하는 두 원리는 ① 역사상 드러난 예배 풍속의 변화에 근거한 제사 개혁의 가능성, ② 추수감사절(가배)과 제사의 원래 의미와 형식으로 되돌아가는 것의 타당성이었다. 이는 중국 선교사들이 말한 시세론과 중국 제사 역사에 대한 검토를 한국사에 적용하여 동일한 결론에 이른 것이었다.

이후 다른 감리교 지도자들도 제사를 강력히 반대했다. 1901년에 인천 내리교회에서 존스 목사 사회로 서부 지역 제1차 지방회가 열렸을 때 당면한 여러 주제를 토론했다. 제사 문제에 대해 김기범은 제사가 "심히 어리석고 헛된 것은 그 제사 지낸 후에 음식이 일점도 줄지 아니하며 흠향한다 하여도 냄새가 변치 아니하고 혼이 만일 먹고 살 지경이면 일년에 한 번 먹고는 혼이 다시 죽었으리니 사람이 헛일을 말고 산 사람의 일함이 가하다"라고 했다. 김상림은 "사람이 세상을 떠난 후에는 각기 선악대로 심판

98 "즁추가졀일", 「대한크리스도인회보」, 1899년 9월 27일.

을 받을 터이니 그 집에 와서 제사를 받겠는가?"라고 반문했다. 안정수는 죽은 자에게 음식을 먹으라 하는 것은 죽은 송아지 입에 풀을 대고 먹으라 하는 것과 같이 어리석다고 말했다.[99]

최병헌은 1908년에도 탐원자(探原者)라는 필명으로 제사의 근원을 탐구하면서 시세론을 제시했다. 그는 복이 오는 것은 선조를 제사함에 있지 않고 하나님의 밝은 도로 행하는 것에 있다고 주장하면서, 옛 사람이 행하고 좇은 것은 옛 때에 마땅하고 옛 세상 풍속과 그 이치와 행한 일이 다 정성을 본받아 그때에는 털끝만치도 어그러지지 아니했지만, 시세가 다르고 운수가 다른 현 문명 시대에 구습을 따르면 세상을 그르치고 어리석은 자가 된다고 강조했다. 종교 진화론과 기독교 성취론 입장에 서 있었던 최병헌은 옛 제사는 폐기하고 기독교 예배로 제사를 완성해야 한다고 보았다.[100]

**길선주의 제한적 포괄주의**: 노병선이 뿌린 그리스도 중심의 보편 구원론의 싹에 물을 주고 자라게 한 다른 한국인 신학자는 거의 없었다. 자료상 유사한 견해는 길선주(吉善宙, 1869-1936)에게서 발견된다. 그는 평양 장로회신학교 재학 중이던 1901년 『천로역정』을 본받아 저술한 계몽 우화소설인 『해타론』(懈惰論)에서 이 세상 소원성에서 성취국을 거쳐 영생국으로 가는 신앙 순례 과정을 묘사했다. 여러 길 가운데 정로를 택한 자는 정의문에서 각자 직분을 받고 모안로(謀安路)에 이르면 해타 짐승을 만나는데, 예수를 믿고 예수의 인기(印記)를 받은 자만이 경성 갑옷을 입고, 마귀 나태의 공격을 이긴 후 고난산에 오르고 안식정을 지나 성취국과 영생국에 들어

99 "셔방 뎨일ᄎᆞ 디방회", 「신학월보」(1901년 12월): 480-481; 참고 전역호, "우상을 폐ᄒᆞᆯ 것", 「신학월보」(1904년 6월): 243-245; 권민신, "숑도 교우의 밋음", 「신학월보」(1904년 11월): 439.

100 "졔ᄉᆞ 근본을 의론ᄒᆞᆷ", 「신학월보」(1908년 4월): 184-191. 참고 E. M. Cable, "졔ᄉᆞ 근원을 의론ᄒᆞᆷ", 「예수교회보」, 1908년 11월 30일, 12월 15일.

간다는 내용이었다.[101]

이 소설은 나태를 극복하고 만사를 성취하는 길을 이중으로 제시한다. 애국계몽 측면에서 근면과 "할 수 있다"는 의지를 통한 세속적 성취를 말하고, 내세 신앙적 측면에서 그리스도 신앙을 통한 영생을 최종 목표로 제시한다. 곧 사회정치적 구원과 개인 종교적 구원이 미래 지향적이며 역사 창조적인 기독교 안에서 통합되고 있다. 이 소설은 모안로에서 성취국에 가기 위해서는 신앙과 은총이 필요하다고 함으로써 기독교가 시대 의제인 문명개화와 자주독립을 성취하는 대안임을 주장한다. 그런데 이 낙관주의, 진보주의, 계몽주의를 배경으로 한 길선주의 기독교 성취론은 폐쇄적 개종주의가 아니라 타종교에 대해 열려 있는 포괄주의 입장을 취한다. 즉 그는 성취국에 이른 성인들을 소개하면서 동양 역사에 나오는 여러 인물을 언급한다. 성군 요순(堯舜) 황제, 문장가 동중서(董仲舒), 광형(筐瀅), 성현 공자(孔子), 주매신(朱賣臣) 등을 사도 바울과 함께 성취국에 들어간 성자로 분류했다.[102]

물론 길선주는 공자나 요순 황제를 영생국까지 들어간 성현으로 보지는 않았기 때문에, "착한 일만 하였으면 응당 천당으로 간" 줄로 믿은 노병선과는 다른 입장이다. 오히려 그는 "무론 아무 교하고 진심진력하여 독실히 행하였으면 반드시 성인 지경에" 간다거나 "착한 일만 하였으면 복을 받는다"는 유학자의 말을 비판한 최병헌과 동일한 입장이었다.[103]

**사도신경의 "음부" 와 조상 구원의 가능성**: 사도신경에서 예수께서 고난을 받으사 십자가에 못 박혀 죽으시고 장사하였다가 "음부에 내려가셨다"는 구절은 한국인에게 조상 구원의 가능성을 암시했다. 한국어 초기 번역에서

101 길선주, 『해타론』(대한성교서회, 1904).

102 이덕주, 『한국 토착교회 형성사 연구』(한국기독교역사연구소, 2000), 213-221.

103 최병헌, "삼인문답(2)", 「대한크리스도인회보」, 1900년 3월 28일.

는 원문대로 번역했으나, 후기 번역에서는 이 구절을 삭제한 사실에서 우리는 이 구절이 당시 한국 종교 문화에서 차지한 잠재력을 짐작할 수 있다. 북미 개신교 선교사들은 천주교의 연옥 교리 때문에 이 구절을 생략했거나, 아니면 조상 구원에 대한 한국인들의 오해 때문에 이 구절을 생략한 듯하다. 1901년에는 사도신경에 이 구절이 그대로 있었는데, 「신학월보」는 한국인의 오해를 방지하고자 "만사문답"에서 예수께서 지옥에 가서 전도한 것은 아니라고 밝혔다.

> **8문:** 베드로전서 3장 19절에 말이 예수께서 옥에 있는 신령들에게 가서 반포하였단 말은 어찌 된 말이뇨?
>
> **답:** 그 아래와 윗말을 본즉 옥에 있는 신들은 홍수 때에 재앙 당한 사람들의 영혼들이오 신으로써 가서 반포하였단 말은 성신께서 노아를 감동하여 홍수 때 전도한 말이요 예수께서 삼일 동안 무덤에 있을 때 친히 지옥에 가서 전도한 말은 아니니라.[104]

복음주의 개신교 선교사들은 사후에 한번 심판을 받은 후에는 제2의 기회가 없으며, 생전에 그리스도를 믿어야 구원에 이르므로 선교의 사명이 중요하다고 강조했다. 그러나 1908년에 북청교회 집사 김호일이 주장한 바와 같이 일부 교인들은 여전히 예수께서 "사흘 동안 음부에 가사 불쌍한 영혼들에게 전도하셨다"고 믿었다.[105] 조상 구원 문제는 미해결 과제로 남아 교인들의 고민 심층부에 침전한 채 제사 절기 때마다 떠오르는 주제로

---

104 "만ᄉ문답", 「신학월보」(1901년 11월): 437. 그러나 벧전 3:18-22은 예수의 낮아지심과 올라가심의 틀 속에 있고 이 차원에서 해석하면 예수께서 영으로 음부까지 내려가서 옥에 있는 영들에게 전도했다고 볼 수 있다. 현재 한국 개신교는 사도신경을 개정하면서 "음부에 내려가시고" 구절을 다시 넣을지 토론하고 있다.

105 김호일, "춤ᄉ랑홀 것", 「예수교회보」, 1908년 1월 15일.

남아 있었다.

**효도 신학의 발전**: 제사 금지는 문제의 완전한 해결책이 되지 못했고 한국인의 영성을 만족시켜주지 못했다. 신학적으로 적절하고 문화적으로 만족스러운 대안이 마련되어 제사가 사라진 진공을 채워주어야 했다. 문화적 필요성과 신학적 숙고 결과 기독교적 효도 개념이 적극 소개되었고, 토착화된 추도회가 발전되었다.

전도 소책자들과 기독교 신문들은 부모에게 효도하는 것과 아울러 천지 만물의 창조주요 만인의 아버지인 하나님을 천부(天父)로 예배해야 한다는 근본론을 강조했다. 그것은 유교 도덕률인 효도를 하나님 효도(신앙)에 적용시킨 논리였다. 1890년 올링거가 번역한 매클레이의 『신덕통론』은 "상제를 믿음에 마땅히 어린아이 그 부모를 믿음같이 하라"고 하고, 상제는 하늘 아버지 곧 천지 만물의 주재요 뭇 사람의 영혼의 아버지이니 "상제께 효성함을 알지 못하거든 어찌 능히 부모에게 효성함을 알며 상제의 온전한 덕과 온전한 능을 깊이 믿을 줄 알지 못하거든 어찌 능히 부모의 양육하며 구로함을 생각할 줄 알리오. 그런고로 능히 뉘우쳐 고칠 줄 알고 상제를 공경하며 사랑하는 자는 다시 능히 부모를 생각하고 효성할 줄 아는 자이니라"라고 주장했다.[106] 전도 소책자들과 기독교 신문들은 만물의 근원이요 주재이신 하늘의 하나님 아버지의 은혜에 감사하고 효도(믿음)로 공경하는 것은 자신의 가까운 근본인 부모와 조상을 공경하는 기초가 되며, 그때 하나님은 은혜를 베풀어 "天良(천량)의 성품이 되살아나 하늘 위의 복을 누리게 하신다"고 설득했다.[107]

---

106 Robert S. Maclay 저, F. Ohlinger 역, 『신덕통론』(1893), 7b-8a.

107 『삼요록』, 11a, 15a-b; 『훈아진언』, 3a; 『구세진젼』, 2a; 『진리이지』, 16b, 22b; 『초학언문』, 5b-6a; 『구셰요론』, 21b; 『복음대지』, 9a.; "츙효론", 「그리스도신문」, 1897년 5월 27일; "론셜", 「그리스도신문」, 1901년 8월 9일.

「죠션크리스도인회보」는 일련의 사설에서 임금이 궁궐에 계시고 집안 일을 부모가 주장하듯이 우주에는 창조주요 주재자이신 하나님이 계신다고 설명했다. 또한 "육신은 영혼의 집이요 부리는 하인과 같으니 영혼이 육신보다 백배나 더 귀하거늘 육신을 낳으신 부모는 공경하되 영혼을 주신 하나님은 섬길 줄 모르니 어찌 불효가 아니겠는가?"라고 도전했다.[108] 그리고 가장 근본이신 하나님을 섬기지 않고 4대까지 혹은 수십 대 위의 시조만 섬기는 제사는 나무의 뿌리는 배양하지 않고 나무의 꽃만 사랑하는 것으로 비유했다.[109] 이 회보는 인륜인 오륜의 핵심에 효도가 있고, 효도의 뿌리는 천륜인 하나님을 섬기는 것이라고 주장했다. 이 회보는 부모에서부터 위로 올라가면 필경은 원조 아담이오 아담의 근본은 하나님이시니, 먼저 하나님을 섬기는 기독교인이 근본과 조상을 참으로 섬기는 자라고 논증했다.

또한 예수를 성부 하나님에게 효도하는 성자 아들이자 동생인 세상 사람들에게 자애로운 형님으로 제시했다. "예수는 30년간 집에서 부모에게 효자였다."[110] "예수 씨는 텬부의 참 온뎐훈 듸 효자"였다.[111] 하나님은 물에서 세례를 받고 요단강에서 나오는 예수를 향해 '내 사랑하는 아들, 내 기쁨인 자'라고 불렀다. 예수는 기도할 때 하나님을 '아빠'로 불렀다. 성부와 성자는 부자 관계에서 온전한 신뢰와 애정을 가지고 있었다. 예수의 대속 사역은 "동생이 관장에게 죄를 범한 후에 형이 대신 벌을 받으면 그 죄를 사하는" 조선 풍속에 비유될 수 있다. "예수께서 우리의 형님이 되어 대신 벌을 받으셨으니 우리가 예수의 공로를 감사하지 않고 예수의 뜻을 순종하

---

108 "만물의근본", 「죠션크리스도인회보」, 1897년 3월 10일.

109 위의 사설, 1897년 3월 17일.

110 『구셰진쥬』, 7b.

111 양주국, "사람이 귀훈 근본을 알고 의를 힝홀 일", 「신학월보」(1904년 11월): 430.

지 않으면 큰 화를 입을 것이다."[112]

한국교회는 유교의 오륜과 수신의 법도를 기독교 윤리로 수용하고 실천했다. 교회 지도자들은 죽은 조상의 영혼 대신 살아 있는 부모에게 효도할 것을 강조했다. 죽은 조상에게 드리는 죽은 제사 대신 살아 계신 부모에게 효도하는 것을 '산 제사'로 불렀다.[113] 한국교회는 부모 생전에 효도할 것을 강조함으로써 유교도들의 박해와 반대를 다소 경감시키고 한국인의 도덕성에 호소할 수 있었다.[114] 그들은 제사를 십계명의 제1, 제2계명 측면에서만 검토한 것이 아니라, "네 부모를 공경하라"는 제5계명의 측면에서 바라보았다. 그것은 성경에 근거한 효도의 의무였다.[115]

## 6. 기독교 상례와 토착적인 추도회의 발전

1890년 헤론(J. W. Heron) 의사가 사망한 이후 계속된 선교사들의 서양식 상례와 추도식을 본 한국인들은 이를 한국의 전통 유교 상례와 제사 형식에 적응시켜 새로운 한국적 기독교 의례로 만들어 나갔다. 물론 1920년대에 공식 상례 예식서를 만들기 이전에는 중국 교회의 상례를 수용해서 참고했다. 1907년 이전 한국 장로교의 경우 중국 장로교회가 연합으로 작성한 웨스트민스터 문서들인 『信道揭要書』(신도게요서, Confession of Faith), 『敎會政治』(교회정치, Form of Church Government), 『禮拜模範』(예배모범, Form of Worship)을 수용하고 이용했는데, 혼인식과 장례 예식은 『婚喪公禮』(혼상공례,

112 『초학언문』, 12a.

113 물론 교회당 예배를 "우리 조샹의 근본 되시는 하ᄂᆞ님씌 우리 몸으로 산 제ᄉᆞ"를 드리는 것으로 이해했다("중츄가졀일", 「대한크리스도인회보」, 1899년 9월 27일).

114 "희한흔일", 「대한크리스도인회보」, 1900년 5월 23일.

115 "만ᄉᆞ문답", 「신학월보」(1901년 10월): 434.

Marriage and Burial Forms)를 따랐다.[116] 개신교 상례와 추도회는 부활 신앙과 천국 소망을 가족과 친지들에게 돈독히 하는 의례로 자리잡아 가면서 애곡과 사자 영혼 위무에 중점을 둔 전통적인 죽음 관념이나 상제례와 내용상 구별되었으나, 한편으로는 형식면에서 타협해 나가는 절충 현상을 보였다.

### 상례의 발전

자료에 의하면 1897년에 기독교적 장례식이 자리를 잡아가고 있었다. 1897년 3월 12일 밤 서울 달성감리교회의 손순옥이 세상을 떠나게 되었는데, 그는 "즐거운 마음뿐이요 그 밤에 교우의 꿈 중에 주의 은혜를 잊지 말라고 하며 후일에 만나기를 부탁하였"다. "교우가 다 가서 찬미와 기도하고 상여와 관곽은 교중으로 당하고 16일에 예배당에 들어와 예를 베풀고 용산 땅에 안장할 때에 미국 감리교회 이 목사가 나가서 예를 베풀고 교우 육십 여 원이 수상하여 거리거리 찬미하여 천당 가는 영혼을 위로하"였다.[117]

서울 홍문수골장로교회에서 1897년 7월에 교인 장례가 있었는데 "교중 형제들이 상여를 호위하여 가는 모양이 다른 사람의 장사 지내러 가는 것보다 매우 다를뿐더러 여러 교우가 상여를 호위하고 가는 길에서 찬양가를 부르며 돌아가는 영혼 위하여 안연히 돌아감을 위로"했다. 기독교를 믿는 자의 집은 "이 세상 떠나는 것은 잠시 유하던 객지로 알고 돌아가

116 한국장로교회(예식위원 朴汶燦, 朴勝鳳)는 1925년 이 『婚喪公禮』를 참고하여 『婚喪禮式書』(창문사, 1925)를 만들었다.

117 "손슌옥별셰ᄒᆞᆫ일", 「죠션크리스도인회보」, 1897년 3월 24일. 손순옥은 임종이 가까워 오자 목사로부터 성찬을 받기 원했다. 한국 개신교에서도 임종 수찬이 당시 행해지고 있었음을 알 수 있다. 참고 "룡산장의슌의모친장ᄉᆞᄒᆞᆫ일", 「죠션크리스도인회보」, 1897년 8월 4일.

는 천당 길은 참 본향으로 아니 믿음이 진실한 자는 이 세상 떠남을 조금도 두려워하지 아니하고 오히려 기뻐하는 마음이 있"음을 장례를 통해 증거했다.[118]

이듬해에는 장례식 행렬이 좀 더 기독교화되었다. 1898년 1월 11일 강화 홍해교회의 교인 고 씨 부인이 연로하여 사망했다. "자녀 제손들이 조금도 슬픔이 없고 생시에 좋아하시던 찬미로 천당 가는 영혼을 위로하며 본 교우들이 제제히 복을 입었는데 구주의 구속하신 십자가로 형제됨을 표하려고 십자건을 쓰고 부인들은 무명 저고리에 십자를 놓아 입었더라. 14일에 장례를 지내는데 본처 교우와 교항동 교우와 고비 교우들이 다 모이고…본처전도인 김기범 씨와 담방리교회 소장 복정채 씨로 대송하여 교중 예로 선산에 안장하고 묘전에 십자패를 세웠으니…기독도됨을 표하였더라."[119]

새문안교회는 1898년 6월 제직회에서 구제 사업의 하나로 "발인할 때에 교중으로 상례를 만들어 두었다가 가지고 가서 교우들이 상여를 메고 길로 가며 찬미하야 죽은 사람의 영혼을 즐겁게 하"기로 결정했는데, "이런 일이 이왕에는 없고 구경도 못하고 듣지도 못하던 일"이었다.[120] 평북 철산교회의 방원태는 사망하기 전 교인들에게 "나 죽은 후 풍속 좇지 말고 교중 예절대로 장사하여 나의 영혼을 기쁘게 하고 이후 천당에서 만나 기쁘게 봅시다"라고 유언했다.[121]

이상의 예에서 보듯이 신자가 별세하면 가정에서 교인들이 모여 찬미와 기도로 임종 예배를 드리고, 교회에서 마련한 상여와 관을 이용하여 입

---

118 "홍문셔골 교회", 「그리스도신문」, 1897년 7월 8일.
119 김기범, "고씨부인별셰훈일", 「대한크리스도인회보」, 1898년 1월 26일. 참고. "교회통신", 「그리스도신문」, 1898년 5월 26일.
120 "새문안교회 통신", 「그리스도신문」, 1898년 7월 21일.
121 "교회 통신", 「그리스도신문」, 1898년 10월 13일.

관식을 했으며, 3일 후 교회에서 발인식을 거행한 뒤, 묘지까지 상여를 메고 찬송하며 거리 행렬을 하였고 목사 주례로 하관식을 거행했다. 전통적 상례 공간인 가정과 묘지에 교회당이 추가되었다. 상례 예배는 기도와 찬미와 설교가 주를 이루었다. 유교식인 상복(喪服), 상여(喪輿), 상여 행렬은 그대로 허용했다. 그러나 관과 상여는 교회가 마련해서 사용했으며, 상복에서 남자의 경우 두건(頭巾)은 십자가로 표시한 십자건(十字巾)을 사용했고, 여자는 저고리에 십자가를 수놓은 경우도 있었다. 상여가는 찬송가로 대체되었다. 장례식 분위기는 본향인 천국으로 가는 환송식으로 슬픔 가운데 기쁨과 성도 공동체의 사랑이 드러났다. 또한 묘비를 세우되 십자가 표식을 넣어 교인 묘지임을 표시하는 풍속이 시행되었다.[122]

1904년 9월, 제물포교회 교인 장경화의 장례식 행렬은 기독교적 성격이 정착된 형태였다. "그 행상에 기구를 볼진대 목사들이 앞을 인도하고 그 다음에 십자기와 십자목을 들고 가며 그 다음에 학도 삼십 여 명이 둘씩 행오를 갖추어 가고 그 다음에 청년 회원들이 찬미가를 노래하고 그 다음은 청송 십자 홍여와 오색 화초로 단장한 상여는 공중에 높이 있어 표연히 나가고 그 다음에 교중 부로들이 점잖은 태도로 규모 있게 가고 그 다음에 미상 회원과 본항 대상 모모 제원이 호상하고 그 다음에 귀한 부인들도 많이 호상하셨는데 전후 호상인이 삼리정을 연하였으니 그 송덕함이 어찌 적다 하리오?"[123] 유교식 만장 대신 십자기와 십자가를 들고 행진했으며 상여는 청송 십자 홍여와 오색 화초로 단장했다.

초기 상례 때 불린 찬송은 감리교의 경우 1897년에 출간한 『찬미가』에서 77장 "강 건너 우리 만나 보고", 78장 "하늘에 곤찬코 장생불로",

---

122 참고 차은정, "한국 개신교 의례의 정착과 문화적 갈등", 「한국기독교와 역사」(1999년 3월): 112-115.

123 김기범, "졔물포교우 쟝경화씨별셰홈", 「신학월보」(1904년 11월): 435.

79장 "한 복지 있으니 멀고 머네" 등이었고, 장로교의 경우 『찬셩시』(1898)의 53장 "우리 다시 만나 볼 동안" 등이었다. 특히 "하늘엔 곤찬코 장생불로"(We shall live forever)는 언더우드의 『찬양가』(1894) 110장과 『찬미가』 78장에 실린 한국인이 작사한 곡으로서 청일전쟁 이후 한국교회가 가장 애창한 찬송가의 하나였다.[124] 1절과 4절을 보자.

1. 하늘엔 곤찬코 장생불로. 신체가 쾌하야 장생불로.
   괴롭고 힘들어 세상사람 짐졌네. 하늘엔 즐거워 장생불로.
4. 하늘엔 안죽어 장생불로. 생명을 안끊어 장생불로.
   사람들 황천길 노소 없이 뫼로가 하늘엔 무연세 장생불로.[125]

기독교의 '영생'이 도교 용어인 '장생불로'로 표현되어 있고 사후 천국이 마치 도교의 불사국처럼 묘사되어 있다.[126] 이는 기독교 상례가 차별화되고 있었음에도 유교적 상례 형식의 잔존과 함께 도교적, 불교적 죽음관과 영생관이 잔존했음을 보여주는 것으로, 초기 상례 정착 과정에 나타난 토착화와 습합의 초기 현상이었다.

한편 1901년에 「그리스도신문」은 "장례문답"에서 음택풍수(陰宅風水)가 말하는 묘지 터잡기를 특별히 금지했다.

---

124 "찬미가를뭑명한일", 「대한크리스도인회보」, 1898년 7월 27일. 1898년 「대한크리스도인회보」에서 서울 정동교회 교인 30명을 조사한 결과 가장 애창한 찬송가는 17인이 좋아한 60, 61, 75, 78, 80장이었고, 16인이 좋아한 곡은 47장, 14인이 좋아한 곡은 29장, 이어서 18, 32, 48, 54, 22, 44, 45, 39, 70, 57, 79장 순서였다.

125 Underwood, 『찬양가』(橫濱: 製紙分社, 1894), 110장.

126 Sung-Deuk Oak, "Encounter of Christianity with Taoism in Korea, 1880-1910," *Select Paper of the Korean Studies Graduate Student Conference* (Cambridge, MA: Korea Institute, Harvard University, 2002), 55-82.

**문**: 장지를 택하는 법이 천하가 일반이뇨.

**답**: 같지 아니하니 대한 같은 나라는 집 근처에 묻었다가 길일을 택하고 길지를 택한 후에 완장하나니 이것을 이른바 권폄이라 하느니라.

**문**: 무슨 뜻으로 그리 하느뇨.

**답**: 이는 명당을 얻어 그 자손이 발복하라 함이라.

**문**: 참 그러하뇨.

**답**: 무한히 어리석은 일이니 자손의 발복이 다 하나님의 권세 아래 있나니 땅으로 더불어 무슨 상관이 있으리오. 이같은 데 고혹한 나라는 점점 쇠하여 망하여 가느니라.[127]

"장례문답"은 이어서 상례에서 "머리 풀고 크게 우는 것과 베옷 입고 삼년상 입는 것과 장사지낼 때에 음식을 많이 차려 놓고 배불리 먹는 것"을 급히 고칠 풍속으로 지적했다.

1904년에 김창식(金昌植, 1857-1929) 목사가 정리한 상례를 보면, 초상 때 금지 사항으로 ① 사자를 위한 밥 세 그릇을 짓고 짚신 세 켤레를 놓고 초혼하기, ② 소렴, 대렴, 입관 날짜를 오래 잡기, ③ 목주를 만들어 혼을 기접하기, ④ 초상집에서 야경하면서 장기, 바둑, 노름하기, ⑤ 과식과 훤화하며 즐기기 등을 들었다. 장례는 ① 여름에는 삼일장 정도로 할 것, ② 상여꾼을 최소화할 것, ③ 상여꾼들은 조용히 갈 것, ④ 명당을 찾기 위해 시체를 메고 수백 리 가는 망녕된 일 대신 가깝고 쉬운 곳에 매장할 것을 권고했다. 교인 중에 초상이 나면 ① 교우는 조문을 가되 상가에서는 고요하고 엄숙한 마음으로 상을 당한 가족을 위로하고 기도할 것, ② 초상 담당자는 상주와 조용히 의논하고 시체 염습과 관곽 예비도 깨끗하고 조촐한 것

---

127 "장례문답", 「그리스도신문」, 1901년 8월 15일.

만 따라 할 것이지 허례허식을 피할 것, ③ 음식을 낭비하지 말 것, ④ 관곽은 잘 예비하고 무덤은 깊이 팔 것, ⑤ 어린이 장례도 관에 넣고 무덤을 깊이 파서 장사할 것을 권했다.[128]

요약하면 개신교 전래기의 상례는 구습과 절충, 접목하되 기독교적 차별성을 부각시키는 방향으로 발전되었다. 범절은 신중하고 정리(情理)에 적당하게 통상 의례를 따르되 기독교적 성격이 드러나는 방향이었다. 되도록이면 정성을 다하되 허례허식을 피하고, 근신정숙하되 훤화곡읍(喧譁哭泣)은 자제했다. 곧 출관 발인시 곡읍하는 것은 인정했으나 형식적 곡읍이나 크게 노래하거나 주악으로 떠드는 것은 금했다. 상례 절차는 임종 전 위로와 전도, 임종 예배, 입관이 끝나면, 교회에서 출관식(出棺式, 장례식)을 한 후 발인하여 묘지에서 하관식(下棺式)을 하는 순서로 집행되었다. 상례의 기도는 유족 위로, 설교는 부활 신앙, 찬송은 천국 소망, 행적 진술과 조사(弔辭)는 죽은 자의 신앙에 초점을 맞추었다. 상복은 전통을 따랐으나 십자가 표지로 구분했다. 상여도 전통대로 만들었으나 교회가 제공했고 십자가 문양이 들어갔다. 묘지 풍수는 엄격히 금했으나, 조상의 선산은 인정했고 별도로 교회 묘지는 만들지 않았다.[129] 전통 매장 방식으로 안장하고 화장(火葬)은 하지 않았다. 묘에는 묘비를 세우고 화초나 나무를 심거나 십자패를 세웠다. 한식 청명 절기에 묘지 관리 차원의 성묘는 권장했으나 술과 음식을 바치고 절하는 것은 금지했다.

---

128 김창식, "상례는맛당훈것만힝홀 것", 「신학월보」(1907년 2월): 59-62.

129 강화도에서 교회 공동묘지는 1907년에 시작된 듯하다. 강화군의 전 감찰 조상정은 개종한 후 궤연을 치우고 선산의 일부를 예수교인의 매장지로 잠두교회에 헌납했다(노병선, "강화사경회경형", 「신학월보」 [1907년 2월]: 81).

### 사회 추도식과 기독교식 단체 추도회

추도회나 추도예배는 일본 불교와 신도의 용어로, 일본 불교가 한국에 오면서 1890년대부터 사찰에서 죽은 자를 위한 추도예배가 시행되었다. 대표적으로는 1906년 10월에 본원사(本願寺)에서 사사키 토모후사(佐佐友房)의 추도회가 거행되었고,[130] 1907년 8월의 군대해산 과정에서 전사한 일본군과 한국군의 군인들을 조상하는 추도회가 본원사에서 불교 연합회 주관으로 열렸다.[131]

이와 별도로 1897년 경부터 장례식 대신 서광범 추도회,[132] 1902년에 배재학당에서 열린 아펜젤러 목사와 조한규 선생 추도회,[133] 1905년 8월의 이한응 추도회,[134] 1905년 12월의 민영환 공 추도회, 1906년 11월의 민영환 공 기일과 1907년 11월 기일에 열린 추도회,[135] 1907년의 샌프란시스코 공립협회 회장 송석준 씨 추도회 등이 열렸다. 1908년 김홍집의 기일에 추도회가 열렸고, 1908년 6월에는 갑신정변 이래 나라를 위해 순국한 지사들을 위한 애국사사추도회(愛國死士追悼會)가 주관하는 추도식이 열렸다.[136] 이어서 1909년에 이토 히로부미(伊藤博文) 통감의 국민 추도회, 1910년 4월 9일 천주교 명동성당에서 의사 안중근 추도회,[137] 그리고 1910년 5월에는 황성기독교청년회관에서 박에스더 의사의 추도회가 열렸다.

교회장의 경우를 살펴보자. 다음은 1902년 6월 13일 오전 11시에 정

---

130 "追悼會連說", 「만세보」, 1906년 10월 12일.

131 "불교의 츄됴회", 「대한매일신보」, 1907년 8월 16일.

132 "고빅 故駐米公使徐光範氏 追悼會", 「독립신문」, 1897년 9월 2일.

133 "培堂追悼", 「皇城新聞」, 1902년 6월 28일.

134 "寄書: 李漢應行狀과 追悼會實情", 「皇城新聞」, 1905년 8월 10일

135 "興化追悼", 「皇城新聞」, 1906년 11월 29일; "閔忠正公의 第二回追悼會", 「皇城新聞」, 1907년 12월 1일.

136 "本會에셔 甲申以來로 國事를 因ᄒᆞ야", 「대한매일신보」, 1908년 6월 2일. 그 임시사무소는 남부 苧洞四街 漢城材木柴炭株式會社에 있었고, 사무위원은 申憲熙와 李圭完이었다.

137 "安氏追悼將設", 「대한매일신보」, 1910년 4월 9일.

동제일교회에서 개최된, 황해에서 선박 사고로 익사한 아펜젤러 목사, 조한규, 이화학당 여학도의 교회 연합 추도회 순서다. 이때 상동교회와 동대문교회 교인들도 함께 참석했다.

| | | |
|---|---|---|
| 찬미 | 166장 "영혼아 날개 펴고" | 다함께 |
| 기도 | | 전덕기 |
| 찬미 | 168장 "요란한 세상 나 있을 동안에" | 이화학당 여학도 |
| 성경봉독 | 90편 | 노병선 |
| | 고전 15: 40-58 | 케이블 |
| 전도 | "아펜젤러 목사의 덕행" | 헐버트 |
| 사중창 | 케이블, 스웨러, 힐맨(Mary Hillman), 피어스(Nellie Pierce) | |
| 행적 | "아펜젤러 목사와 조한규 씨의 행적" | 최병헌 |
| 찬미 | 161장 "멀고 아름다운 영혼의 고향을" | 이화학당 여학도 |
| 기도 | | 이경직 |
| 찬미 | 110장 "거룩하고 크신 사랑" | 다함께 |
| 축도 | | 폐회 |

장례식 순서가 오늘날과 거의 차이가 없다. 두 번의 기도와 성경봉독, 행적 낭독은 한국인 전도사들이, 다른 한 번의 성경봉독과 설교는 선교사들이 맡았다. 특별찬송을 한 이화학당 성가대와 선교사 사중창단의 찬미는 사망한 동료에 대한 사랑의 표시였다.[138] 이때 모인 교우는 2,000여 명이었고, 진고개 일본 제일은행 사장 원전은 화분을 가지고 와서 참석했으며, 제물포교회에서 총대위원 2인을 파송하는 한편 위문편지를 보냈고, 개성 남부

138 한국교회 첫 성가대는 정동교회의 이화학당 성가대로 짐작된다.

감리교회와 충남 보은의 교우들이 위문편지를 보냈다.[139]

이처럼 추도회는 지인들이 장례식이나 기일 제사 때 모여 추모하는 모임의 용어로 자리 잡았다. 특별히 민영환 공의 기일에는 매년 추도회가 열렸다. 한편 1909년 11월 4일에 열린 이토 히로부미의 통감부 추도회는 일진회를 비롯한 각종 단체는 물론 불교, 신도의 신궁경의회(神宮敬義會), 일본 무녀(신도)와 한국 무당이 조직한 봉신교도(무녀회 600명)가 별도로 거행하면서 종교적 의미가 부여되었다.[140] 종교(불교, 신도, 무교) 의식으로서의 추도회와 사회 의식으로서의 추도회가 동일 용어를 사용함으로써 두 의미가 공존하게 되었는데, 이는 신사참배 논쟁의 배경이 되었다.

이어서 교회나 청년회관에서 가족 추도회가 열리면서 기독교 의식으로서의 추도회 의미가 강화되었다. 1908년 1월 「대한매일신보」와 「皇城新聞」에 윤치오 부인 이숙경 씨의 1주기 추도회가 정동교회에서 저녁 6시에 열린다는 광고가 며칠 간 실렸다. 5월에는 연동교회 고찬익 장로 장례 추도회가 청년회관에서 열렸다. 이는 가정의 추도회와 사회 추도회의 중간 형태로서 가족과 친지와 지인들이 교회에 모여서 기념한 추도회였다. 논쟁이 되는 추도회는 집에서 드리는 가례로서 제사 대신 열린 추도회였다. 그러나 문묘 석전이나 신도회나 무녀회의 추도회, 신사 참배와 같이 추모와 공경과 예배가 혼재한 상태의 공공장소에서의 추도 의식은 논쟁의 여지를 열어 놓았다.

---

139 "츄도회", 「신학월보」(1902년 8월): 360-361. 같은 날 오후 2시에는 배재학당에서 추도회가 열렸다. 이때의 순서는 다음과 같았다. 찬미(115장 "사랑하세 예수 더욱 사랑")—기도(송기용)—추도회 대지(여병현)—성경봉독 요 14:1-12(윤창렬)—아펜젤러 목사의 행적(노병선)—찬미(Cable, Shearer)—조한규 씨 행적(정교)—기도(최병헌)—찬미(111장 "하나님 자비하심은 바다와 같이 넓다")—축도로 폐회.

140 "敬義會追悼", 「대한매일신보」, 1909년 11월 3일.

## 가정 추도회의 발전

교인들은 돌아가신 부모나 조상을 위한 토착적인 추도회를 열기 시작했다. 1896년 7월 원산에서 신자 오(吳) 씨는 예수를 믿고 하나님만 섬기기로 작정하고 제사를 폐지했지만, 제사 기일이 되자 선교사 스왈른과 간단한 추도식 후 마당에 불을 피우고 신주와 각종 제기, 부적들을 태웠다. 그 후 그는 매일 아침과 저녁에 가족과 함께 성경을 읽고 기도하는 가족 예배를 드렸다.[141]

문서에 나타난, 형식을 갖춘 첫 추도회는 1897년 서울에서 시행되었다. 무관인 감리교인 이무영은 돌아가신 모친의 첫 기일 때 다음과 같은 기독교식 추도회를 열었다.

> 현금에 궁내부 물품사장으로 있는 이무영 씨는 우리 교회 중 사랑하는 형제라. 음력 유월 이십구일은 그 대부인의 대기날인데 그 형제가 망극한 마음과 감구지회[感舊之懷]를 억제할 수 없는지라. 우리가 하나님을 섬기고 구세주를 믿은 즉 다른 사람과 같이 음식을 벌려 놓고 제사 지낼 리는 없거니와 부모의 대소기[大小朞]를 당하여 효자의 마음이 어찌 그저 지나가리오. 이에 교중 여러 형제를 청좌하고 대청마루에 등촉을 밝히 달고 그 대부인의 영혼을 위하여 하나님께 기도하고 찬미하며 그 대부인이 생존하여 계실 때에 하나님을 믿음과 경계하던 말씀과 현숙하신 모양을 생각하며 일장을 통곡하고 교우들도 이무영 씨를 위로하며 하나님께 기도하며 경경히 밤을 지낼새 그 모친에게 참 마음으로 제사를 드린지라. 어찌 아름답지 아니하리오. 이 후에 다른 교우들도 부모의 대소기를 당하면 또한 이무영 씨와 같이 하기가 쉬울 듯하더라.[142]

---

141 Swallen to Ellinwood, July 1896.

142 "회즁신문", 「죠션크리스도인회보」, 1897년 8월 11일.

추도회가 제사와 비슷한 점은 의례 시간을 밤으로 정한 것, 등촉, 죽은 영혼을 위한 기도, 통곡 등이었다. 제사와 다른 점은 선교사와 교인 초청, 제사상(술과 음식) 차리지 않음, 예배—기도, 찬송, 말씀, 회고, 기도—로 진행한 점이었다. 곧 제사의 문화적, 윤리적 전통은 그대로 유지하되 우상숭배 요소는 배제하고 대신 기독교적 요소로 대체했다. 비판적 문화 적응 사례인 이 한국적 추도회는 다른 교인들에게 보급되어 기독교 의례로 고정되기 시작했다.

1903년 5월, 제물포의 손우정은 모친상 일주기에 음식을 마련하고 수십 명의 교우를 밤에 초청하고 찬송, 기도, 성경 봉독, 모친 노다 부인의 신앙과 행적 회고의 순서로 추도회를 드렸다. 예배 후 그들은 모친이 좋아하던 음식을 나누어 먹었다. 이러한 변형된 추도회에 대해 권사 장원근은 다음과 같이 평가했다. "이는 별세한 부모를 위하여 제사를 차리고 밤이 다할 때까지 목이 쉬도록 우는 것보다 더욱 부모에게 효도가 될지니 노다 부인께서 이같이 자제를 교훈하심과 또한 그 자제의 이같은 효심을 치하하노라."[143]

이후 한국교회는 계속 추도회를 거행했으나, 추도회에서 문제가 된 것은 죽은 자를 위한 기도였다. 앞에서 살펴보았듯이 선교사들은 1904년 선교대회에서 이 문제를 토론했고, 일부 교인들이 추도회 때 조상을 위해 기도하고 있었다. 비록 일부 선교사들이 이 문제에 대해 신중해야 한다고 지적했으나, 북미 복음주의 신학은 이를 용인하지 않았다. 그들은 사후에는 심판이 있고 한번 상벌이 내려지면 다시 회개할 기회가 없다는 입장이었다. 사자를 위한 기도나 연옥설은 전도의 필요성을 약화시키므로 복음주의 개신교 전통에 서 있던 장로교나 감리교는 이를 강력히 금지했다. 그 결과 한국교회는 추도회 때 죽은 자의 구원을 위한 기도는 폐했고, 오해의 소

---

143 장원근, "노다부인 별세한 날을 긔렴함", 「신학월보」(1903년 7월): 296-297.

지가 있는 사도신경의 "음부에 내려가시고" 구절도 생략했다.[144]

기독교 상례와 추도회는 한국의 전통 상제례와 접목(接木)한 결과로 발생한 공존과 습합 현상이었다. 하지만 비기독교적 요소는 전지(剪枝)되었다. 유교의 축문과 희생·흠향·음복, 도교의 음택 풍수, 불교의 공양과 윤회설, 샤머니즘의 귀신 부르기와 축원, 조상의 영혼 구원을 위한 기도 등은 부정되고 금지되었다.

## 결론: 효도신학과 추도회의 창출

다른 장들과 마찬가지로 이 장의 방법론은 제사 문제의 역사적 이해에 대한 1960년대 이후 학자들의 합의를 반박하는 것으로 시작했다. 곧 개신교는 제사와 신사참배를 반대하면서 전통 종교 문화에 배타적인 태도를 견지해온 반면, 천주교는 신사참배에 참여하고 제사를 허용하는 등 타종교에 포용적이었다는 이미지를 깨는 우상파괴적 작업이 첫 부분이었다. 이어서 그와 반대되는 나의 논지를 입증하기 위해서, 우선 그런 전통을 만든 여러 자료들을 정리했다. 제사 문제에서 개신교의 금지 정책을 형성한 자료들, 곧 재중 1세대 선교사들이 만든 보수적인 한문 문서와 선교대회의 결정을 살펴보았다. 그러나 1880년대부터 등장한 진보적인 복음주의와 성취론의 입장에 서 있던 노련한 재중 선교사들의 글에서 기존의 합의된 이미

144 1911년에 이천의 남감리교 첫 목사 김흥순은 추도회 때 죽은 자의 영혼 구원을 위해서 기도하는 교인들이 있음을 지적하고 이를 엄금하면서, 그 이유로 ① 죽은 자를 위한 기도는 제사지내는 것과 동일하다, ② 사후에는 회개할 기회가 없으며 이미 심판을 받아 상벌을 받았다, ③ 성경에 없는 법이다, ④ 상례와 추도회는 살아 있는 가족과 친구들을 위해 기도하기 위해 모이는 것이라고 논증했다(김흥순, "죽은쟈의 령혼을 위ᄒᆞ야 긔도ᄒᆞ지 말 일", 「그리스도회보」, 1911년 10월 15일).

지에 맞지 않는 포용적인 태도와 성찰을 발견했다. 무엇보다 한국인이 만든 추도회가 확산되는 과정을 추적했다. 수용과 배제, 접목과 전지의 이중적 방법을 취한 토착적인 추도회의 발명은 세계 기독교가 가진 자기 신학화와 토착적 의례의 개발의 가능성을 보여준다.

천주교와 개신교를 막론하고 한국 기독교 역사에서 제사 문제는 배교와 순교, 혹은 적응주의와 배타주의가 맞물리는 갈등의 자리였다. 조선의 주자학 이데올로기를 배경으로 하는 제사나 1930년대 일본의 천황제와 군국주의 이데올로기를 배경으로 한 신사참배는 의례를 통한 정치사회적 헤게모니의 통제 기제였다. 교회는 우상 불배 원칙에서 이들에 불참하거나, 국가의 강제에 의해 시민 의례 차원에서 참여하기도 했다. 한국교회는 비록 일제 말에 총독부의 강압으로 일본 조상신을 섬기는 신사참배를 종교 의례(우상숭배)가 아닌 국가 의례(시민 의무)로 수용했으나, 해방 이후에는 제사 금지 정책을 견지하면서 초기의 제사 금지론과 일제 시대 신사참배 반대 운동을 강조해왔다. 그러나 동아시아와 한국에서 제사 신학의 역사는 간단하지 않으며, 교회의 정책은 변화해왔다. 1900년 전후에 형성되고 1920년대에 보편화되기 시작한 추도회만 보아도 개신교는 제사 문제에서 천주교에 비해 유연한 태도를 취했음을 알 수 있다.

초기 내한 개신교 선교사들은 동일 한자 문화권인 중국에서 두 세대에 걸쳐 적응한 중국 개신교의 제사 정책과 반제사 변증론을 수용했다. 한문 전도소책자들 특히 메드허스트의 『清明掃墓之論』(1826)과 네비어스의 『祀先辨謬』(1859)는 제사 금지 변증론의 기본 골격을 제공했다. 동시에 1877, 1890, 1907년에 개최된 상하이 선교대회에서 결정된 제사 정책은 한국에 수용되었다. 초기의 엄격한 제사 금지 정책은 1890년 대회에서 소수의 진보적 선교사의 관용론에 의해 도전 받기 시작했고 선교사들은 점차 온건론으로 이동했다. 이에 따라 1904년부터 한국에서도 엥겔과 게일에 의해 신중론이 제기되기 시작했다. 그러나 1907년 상하이 선교대회에서 결정된 제사와 신사참배 금지 결정은 일제 지배하에 들어간 한국교회의 공식 정책이 되어 1930년대 중반까지 유지되었다.

장로교와 감리교 선교사들은 제사 금지 정책에 공조하고 한국인 개종자들에게 제사 포기를 요구하면서 보본반시(報本反始)의 원리에 따라 조상 대신 만물의 근원인 유일신 하나님 예배를 요구했다. 내한 선교사들이 제사를 금지한 이유는 다음과 같았다. ① 신학적: 조상 제사는 십계명의 제1, 제2계명에 위배되는 우상숭배다. ② 문화적: 전근대적 구법을 폐기하고 근대 문명 개화 시세에 맞는 예법이 필요하다. 제사의 원래 의미인 하나님 숭배가 시대 변천과 함께 타락하여 조상과 잡신 숭배로 바뀌었으므로, 기독교 예배를 수용하는 것은 제사의 원형으로 돌아가는 것이다. ③ 경제적: 빈번한 허례허식의 제사는 개인의 가난과 국가 후진의 원인이다. ④ 윤리적: 제사는 위계적 가부장제도, 조혼, 일부다처제, 남녀 차별 등의 악습의 근원이다. ⑤ 정치적: 제사 종교인 유교를 국가 종교로 하는 조선은 후진 정체 사회다. 기독교의 제사 반대는 검의 양날처럼 한편으로는 무너지는 유교 성리학 체제에 타격을 가했고, 다른 한편으로는 침략해 들어오는 일제의 천황 숭배와 신사 참배를 종교 행위로 규정함으로써 1930년대 일제의 의례 헤게모니 장악을 통한 기독교의 일본화와 전쟁을 위한 국민 총동원 정책과의 충돌을 예비했다.

그러나 이것은 계몽주의의 세례를 받고 동양주의의 편견을 가진 선교사들의 문화관의 한계를 반영하는 것이기도 했다. 특히 청교도 전통의 북미 개신교가 고수한 반제사론의 배경에는 천주교의 의식주의, 연옥설, 성자 숭배에 대한 복음주의의 편견이 강하게 작용했다. 선교사들은 동아시아의 제사 문화에 대한 배타적 무지로 인해 제사에 대한 깊은 이해 없이 성급한 금지 정책을 채택했다. 비록 당시 제사의 종교적 측면이 무시하기에는 너무나 분명하였고 관용하기에는 너무나 위험했지만, 초와 향을 피우고 절을 하면 그 대상에 상관없이 신에 대한 예배로 간주하는 경직성은 문제였다. 천주교의 연옥 교리와 성자 숭배를 반대한 개신교 전통 때문에 선교사들은 조상 제사에도 동일한 요소가 있다고 예단했다. 선교사들에게는 좀 더 유연하고 분별력 있는 이해로써 그 차이점을 발견해 내는 연구심이 부족했다고 하겠다.

청일전쟁 이후 전통 문화에 대한 신뢰를 상실하기 시작한 한국인의 영성 변화는 러일전쟁 이후 가속화되었는데, 이는 양반층의 입교와 제사 포기로 현실화되었다. 교인들은 제사 대 복음, 조상 대 그리스도, 전통 문화 대 근대 문화, 정통 대 이단, 기존 공동체(가족과 친구) 대 새로운 공동체(교회) 중에서 하나를 택해야 하는 기로에 섰다. 후자를 선택한 교인들의 대다수는 기존 공동체의 외적인 박해 및 조상과 단절한 불효자라는 내적인 갈등에 시달리면서, 한편으로는 선교사들보다 더 엄격한 제사 금지 정책을 지지했다. 제사가 계급·성·가문을 차별하는 기제로 작용했다면 기독교 예배는 이 차별을 파괴하는 평등의 상징으로 다가가고 있었다.

제사 문제는 기독교로의 개종의 최대 장애물이었다. 제사 포기는 우상파괴적 신앙 행위만이 아니라 전통, 조상, 부모, 친족, 친구와의 단절이라는 소속감의 상실을 의미했고, 유교적 영생을 담보한 족보에서 제거되는 실존적 위기를 의미했다. 많은 교인들이 가족과 문중의 신체적, 경제적, 사회적 박해와 따돌림에도 불구하고 제사에 불참하고 신앙을 유지하기 위해 투쟁했지만, 일부는 박해에 굴복하고 신앙을 포기했다. 이는 가족 공동체와 단절된 개인 구원을 수용할 수 없었기 때문이었다.

제사 금지는 문제의 완전한 해결책이 되지 못했다. 제사를 지내는 근본 동기인 효도, 조상 기념, 사회 기초인 가족 공동체 유지 등의 가치와 미풍양속 요소를 기독교적으로 영구화시킬 건설적 방안이 필요했다. 한국의 종교 문화와 가족 제도, 한국인의 심성 깊이 뿌리 내린 제사 제도를 완전히 폐지하는 것은 한국인의 영성과 사회성에 어울리지 않았고, 전도를 위해서도 기독교적 대안이 마련되어야 했다. 신학적 정체성을 유지하면서 문화적 적절성을 구비한 대안이 마련되어 제사가 사라진 진공을 채워 주어야 했다. 문화적 필요와 한국인 지도자들의 제사 변증론과 신학적 성찰의 결과로 기독교 효도 신학이 적극 소개되었고 토착화된 추도회가 발전되었다.

최병헌은 제사법의 가변성과 원래 의미인 상제 숭배와 추수 감사에 근거해 조상 제사를 하나님 예배로 개혁할 것을 주장했다. 노병선은 전도 소책자 『파혹진선론』(1897)에서 의롭게 산 조상은 그리스도의 공로로 구원받았을 것이라는 그리스도 중심의 조건부 보편구원설을 제기했다. 사도신경의 "음부에 내려가시고"라는 구절도 한국인들에게 조상 구원의 가능성을 열어 주었다. 1897년에 창간된 감리교회의 「죠션크리스도인회보」나 장로교회의 「그리스도신문」은 고대 동양 성현들도 하나님을 숭배했다고 주장하고 유교와 기독교가 동전의 양면과 같이 상호 공존할 수 있다고 논증했다. 그들은 일방적 파괴주의를 경계하면서 기독교에 의한 유교의 완성을 주장하는 성취론을 개진했다. 길선주도 기독교 계몽 소설 『해타론』(1904)에서 요순 황제와 공자 등 동양 성현을—비록 영생국은 아니지만—예수의 인을 받고 경성 갑옷을 입은 자만 들어갈 수 있는 성취국에 들어간 성자로 인정하는 성취론적 태도를 보여주었다.

한국교회가 발전시킨 효도 신학은 기존 효도 개념과 제사와의 관계에서 수용과 배제, 접목과 전지의 이중적 방법을 채택했다. 먼저 십계명의 제5계명과 성경에 근거해서 생전에 부모께 정성껏 효도할 것과 사후에 부모를 성심껏 기념할 것을 제시했다. 효도 신학은 또한 삼위일체론과 종말론 차원에서 이해되었다. 인류의 천부인 성부 하나님은 평등한 믿음 공동체, 효자의 모범이신 성자 예수님은 속죄와 화해의 사랑 공동체, 효도의 영인 성령은 거룩한 제의 공동체와 성례 공동체를 이루어가면서 종말에 이루어질 하나님 나라 부활 공동체를 소망하게 했다. 성부를 향한 효와 이웃을 향한 제의 모범이신 예수, 효제 공동체를 형성하도록 힘을 주시는 성령이라는 삼위일체적 효도 신학이 한국교회에 구현되기 시작했다.

상례는 전통 의례에 기독교 의례가 접목되면서 정리(情理)에 따른 통상 의례들은 수용했으나 비기독교적 요소는 배제했다. 상례 장소는 예배당을 추가하여 가정 입관식, 교회 출관식(장례식), 묘지 하관식 순서로 거행했다. 유교식 혹은 전통적인 상복, 상여, 상여 행렬 등은 그대로 허용했으나, 기독교를 상징하는 십자가 문양이 상여, 상복, 행렬 곳곳에 추가되었다. 행렬 중의 곡과 상여가는 찬송가로 대체했다. 묘지는 선산 매장을 인정했고 교회 묘지는 별도로 만들지 않았으나 음택 풍수는 금했다. 한식 청명 절기에 묘지 관리 차원의 성묘는 인정했으나 술과 음식을 바치고 절하는 것은 금지했다.

추도회도 조상들의 매년 기일을 인정했고, 신주 대신 영정을 모시게 했으며, 유교 제사와 밀접한 관계에 있던 족보를 유지하게 했다.[145] 1주기인 소상(小祥)과 2주기인 대상(大祥) 때는 특별히 교인들을 가정에 초대하여 추도회를 드렸다. 가정 추도회에는 제사가 드려지던 시간과 장소, 일부 형식은 그대로 둔 채 교인들도 초청하여 찬송, 기도, 성경 읽기 등의 간단한 예배를 드리고 음식을 나누며 돌아가신 분을 추억하는 형식이 추가되었다. 또한 조상 기념의 방법으로서 사모하는 마음으로 유지 받들기와 자선사업 기부를 강조했다. 이는 조상에 대한 의존을 그리스도 안에서 조상과의 영적 교제로 변형시키는 작업이었다. 그러나 일부 교인들은 여전히 추도회 때 믿지 않고 죽은 조상과 부모를 위한 기도를 계속했다.

---

145 성경에 가계도를 그리고 출생과 사망 연대를 기록하는 서양식 족보는 채용되지 않았다. 또한 사당에 신주를 모시는 대신 교회에 기독교식 신주를 모시는 안도 한국에서는 채택되지 않았다.

이러한 효도 신학과 추도회가 발전한 것은 유교적 효도 신학과 제사에 기독교가 접목된 결과였다. 기존 효도관과 제사를 완전히 뿌리 뽑아버리고 새로운 서양 기독교나 미국 청교도의 효도관과 추도회를 이식하지 않았다. 접목을 위해서는 기존 대본 나무를 절단해야 하지만, 접목한 후에 새 가지는 그 대본에 고착해서 생기를 나누어야 공생하고 새로운 열매를 맺는다. 제사 금지라는 절단이 있은 후에는 제사 문화에 새로운 기독교적 효도 신학과 추도회가 접목되어 한국적이고 기독교적인 새로운 효도 신학이 창출되었다. 물론 이는 제사라는 대본 나무의 역사적 뿌리에 하나님 예배가 놓여 있었기에 가능한 일이었다.[146]

그러나 고아원, 병원, 학교 등의 공공 단체에 기부함으로써 조상을 기념하는 기부 문화는 별로 발전하지 못했다. 교회와 학교 건립을 위해서 많은 기부가 이루어졌지만, 세브란스병원처럼 개인 명의가 드러나고 기념되는 경우는 자료에서 찾아보기 힘들다. 한국교회에 기부 문화가 아직도 미약한 것은 제사 문제를 거론할 때마다 지적해야 할 극복 과제다. 제사 폐지로 인해 유교 제사가 지녔던 거룩한 가족 공동체 윤리가 개신교 가족 윤리에서 훼손된 점도 숙고할 문제다. 제사의 종교성(죽은 자와의 교제와 죽은 자를 위한 기도), 문화성(가족 공동체), 의례성(형식), 윤리성(효도와 윤리적 결단의 전거로서의 조상의 존재), 사회성(인식)과 그 의미들은 시대에 따라 변하는 역사성을 지닌다. 1910년까지 초기 제사 관련 논의는 한국 개신교가 제사 문제를 다각도로 재검토하여 세속화에 매몰되지 않는 대안들을 모색할 때 참고해야 할 일차적 기초 자료들이다.

---

146 이런 접목 현상은 William A. P. Martin이 제안한 좀 더 진보적인 가지치기 방안—묘비 건립, 성묘, 술과 음식 헌상, 무덤 앞에 절하기, 신주 모시기 등은 그대로 두고 미신적 풍수에 근거한 묘자리 정하기와 죽은 영혼을 부르는 축문 행위는 금지함—에 비해 보수적인 조치였다.

# 제5장

# 예배당

근대성과 토착성의 조화

평양 선교지부는 내가 지금까지 본 지부 중에서 지혜로운 선교 건물의 가장 좋은 예다. 나는 미국과 유럽의 여러 선교지부들과 우리의 9개 선교지부를 방문한 후 이것을 쓴다. [중략] 건물의 외부 선들이 주변의 한국 토착 건물들과 조화를 이루어 처음 방문하는 사람이 5리 밖의 언덕에서 바라보면 외국 건물이라고 전혀 인식할 수 없다.

아서 브라운, 1902년[1]

1 J. Hunter Wells, "Northern Korea," *AH* (Nov. 1902): 442-443.

예배당은 토착화된 물질적 기독교의 모습을 보여주는 대표적인 공간이다. 19세기 말과 20세기 초에 민족국가 형성을 위한 문명개화의 상징인 미국 종교로 도입되고 한국의 신종교(新宗教)로 입지를 확보한 개신교는 근대 한국 종교의 지형을 바꾸었다. 청일전쟁(1894-95)과 러일전쟁(1904-05) 전후에 급성장한 개신교는 1912년까지 경향 각지에 1,500개가 넘는 예배당을 건축했다. 1895년 황해도 장연에 소래교회가 봉헌된 이후 1897년까지 100개 미만이던 개신교 예배당은 1907년 1,000개, 1910년에는 1,400개를 넘어섰다.[2] 이렇게 단기간에 확장된 개신교 예배 공간이 한국 근대사와 종교사에서 차지하는 의미는 무엇이며, 이때 형성되었던 기독교 근대성과 토착성의 특징은 무엇이었을까?[3]

이 장은 개신교가 한국 종교문화에 정착한 첫 시기인 1895년부터 1912년까지 개신교 예배당의 양적 성장과 지형 확장에 나타난 문화지리적 특징, 정치사회사적 의미, 전통 종교와의 갈등과 적응, 정복과 타협의 관계

---

2 이 글에서 개신교는 성공회를 제외한 19세기말과 20세기 초의 영미 '복음주의' 개신교의 주류 교단인 장로회, 감리회, 침례회를 말하며, 특히 한국 개신교의 주류를 형성한 장로회와 감리교를 의미한다.

3 교회 예배 건물은 '교회', '회당', '예배당', '교회당', '성당', '성전' 등의 용어가 혼용되었으나, 이 글에서는 당시 통용한 '예배당'으로 통일하되 인용문의 용어는 그대로 두었다. 비조직 교회의 가정집 예배 장소는 '예배처소'로 표현하기도 했다. '예배 공간'은 예배당과 예배처소와 주변 건물을 포괄하는 의미로 사용했다.

를 살펴보려고 한다.[4] 특히 예배당 건축에 나타난 주류 유교 문화의 영향과, 비주류 민속종교인 풍수사상과, 정감록의 도참예언 사상의 영향을 고찰함으로써 한국 개신교 토착화의 특징인 수용과 배제의 양면성을 확인할 것이다. 교회 건축에 드러난 특성과 여러 배후 요인에 대한 분석은—한국 개신교의 기원과 초기 형성사와 더불어—한국 근대화 노력의 한 주류를 형성했던 개신교 근대성의 특징을 당대의 문명화 논리였던 동도서기나 구본신참(舊本新參)과의 관계에서 밝혀줄 것이다.

## 1. 수용: 세 가지 통로에 따른 다양한 양식의 수용과 정착

한국 개신교는 다음 세 가지 통로로 다양한 예배당 건축 양식을 수용했다. 첫째, 중국 산둥의 지푸(之罘)나 상하이에서 황해를 건너 제물포로 동진하는 황해 횡단 통로, 둘째, 만주의 뉴촹과 선양에서 압록강을 건너 평양-서울로 남진하는 압록강 횡단 통로, 그리고 일본의 요코하마-나가사키에서 대한해협과 남해를 건너 서해의 제물포와 동해의 원산을 향해 북진하는 대한해협 횡단 통로 등 개항장들을 연결하는 통로였다. 세 번째 통로로 수용된 북미의 장로회와 감리회가 한국 개신교의 주류를 형성했지만, 중국에서 40년간 활동한 네비어스가 제창하고 만주의 로스가 발전시킨 토착교회 설립 방법인 삼자(自給[자급], 自傳[자전], 自治[자치]) 원리가 한국 장로회의 공식 선교 정책으로 채택되면서 예배당 형성에 세 흐름이 합류했다. 곧 미국으로 대표되는 서구, 중국의 만주와 산둥, 그리고 한국의 예배당 건축 양식들

4 시기 하한을 1912년으로 한 것은 1910년 전후에 시공하고 1912년에 완공한 예배당을 포함했기 때문이다.

이 만나 토착화하면서 독특한 한국 개신교 근대성의 한 부분을 형성했다.

### 미국: 고딕 복고 양식과 로마네스크 복고 양식

19세기 미국 개신교 예배당은 초기에는 2차 대각성 운동에 따라 반형식주의 강당 양식이 등장했고, 중기에는 희랍 복고(Greek revival) 양식과 고딕 복고(Gothic revival) 양식 등 형식주의가 유행했으며, 남북전쟁 이후에는 전후의 급격한 도시화, 산업화, 이민의 증가와 더불어 진행된 부흥운동의 여파로 도시 중산층 교인들에게 적합한 부속 시설을 지닌 반형식주의 로마네스크 복고(Romanesque revival) 양식이 1870년대부터 부활했다.[5]

무디(D. L. Moody)로 대변되는 부흥운동의 세례를 받은 도시 중산층 복음주의자들에게 희랍 복고 양식은 너무 이교적이고 고딕 양식은 너무 중세적으로 보였다. 이들은 극장식 반원형 공간을 부활시키고 무대 위에서 '공연'되는 설교자의 웅변과 음악을 보고 들었다. 군사적 이미지를 가진 장중한 석제 로마네스크 양식은 세상의 악과 전투하는 복음주의 신학과 어울렸다.[6] 19세기 말 변형된 로마네스크 양식을 주도한 건축가는 리처드슨(Herny H. Richardson, 1838-86)으로, 보스턴의 트리니티교회(1877)가 그의 작품이었다. 석재로 만든 외벽에 낮은 탑, 반원 아치형의 유리창과 출입문, 강당 양식의 내부 공간을 가진 리처드슨 양식이 1880년대부터 제1차 세계대전까지 미국 개신교 교회 건축의 주류를 이루었다.[7]

---

5 Jeanne Halgren Kilde, "Church Architecture and the Second Great Awakening," in Michael J. McClymond ed., *Embodying the Spirit: New Perspectives on North American Revivalism* (Baltimore: Johns Hopkins University Press, 2004), 84-85.

6 Marilyn Chiat, *North American Churches from Chapels to Cathedrals* (Lincolnwood, Il: Publication International, 2004), 23-26.

7 홍순명, 홍대형, "한국기독교 교회의 건축형식에 관한 비교연구", 「대한건축학회논문집」

19세기 말에 내한한 미국 선교사들은 남북전쟁 후 태어난 전후 세대로서 중산층 출신의 대학 졸업자들이었다. 이들은 기존의 고딕 복고 양식이나, 전후의 부흥운동과 함께 등장한 로마네스크 복고 양식에 영향을 받았다. 한국에서 1889-1902년에 완공된 감리교회의 도시 예배당 건물은 전자를, 대부흥운동 이후 1910년 전후로 등장한 장로교회의 벽돌 건물의 다수는 후자를 수용했다. 한국에서 이 두 양식은 유럽형을 미국에서 단순화한 것을 다시 더 약식화해서 재현했다.

[사진 18], [사진 19], [사진 20], [사진 21]에서 보듯이 서울 정동제일교회(1899)를 비롯해 북감리회의 서울 상동교회(1901), 인천 내리교회(1901), 평양 남산현교회(1902)는 19세기 후반 미국에서 정착된 단순한 전원풍의 고딕 복고 양식을 채택했다. 이들은 고딕 복고 양식의 대표적 특징인 끝이 뾰족한 아치형의 창문과 문을 채용했고, 경사가 급한 삼각형 지붕과 종탑 혹은 종탑 위의 피라미드 지붕으로 수직성을 강조했다. 그러나 이 건물들은 정동이나 상동의 평지에 건축했으므로 높은 언덕 위에 세워진 천주교의 약현성당이나 명동성당 혹은 열강의 공사관들이 가졌던 정부에 대한 도전성과 위압성은 제거했다.

한편 장로교회도 1910년 전후부터 서구식 예배당을 건축하기 시작했고 이때 리처드슨 로마네스크 양식을 채택했다. 이는 1901년에 내한한 캐나다 건축사 고든(Henry B. Gordon, 1855-1951)이 새문안교회(1910)와 승동교회(1912)를 설계하면서 이 양식을 채택했기 때문이다.[8] 반원 아치 창문과 문이 특징인 미국 교회들을 모델로 [사진 23]과 [사진 24]에서 보듯이 정면의

(1990년 8월): 129.

8 Gordon은 1901년에 내한하여 이 예배당들과 세브란스병원, 6-7채의 선교사 주택, YMCA, 경신학교, 정신여학교, 연동교회(1907) 건물을 설계했다. 1910년 이전의 서울의 개신교 서양식 건물이 대부분 그의 작품이었다. Gordon에 대해서는 김정동, 『남아 있는 역사 사라지는 건축물』(대원사, 2000), 8장을 보라.

삼각형 지붕, 박공의 원형 장미창, 중앙에 아치형 유리 창문들, 양쪽에 출입문을 두는 형식은 모방하되 지붕 위의 공간은 단순 축소하여 건축했다. 동일한 건축 기술상의 문제로 지방에서는 소수의 반원형 아치 창문에 다수의 직사각형 창문을 내고 낮은 지붕에 단순한 로마네스크 양식으로 건축하기도 했다. 장로교회들은 감리교회들이 설치한 종탑은 생략했다. [사진 22]의 남감리회 서울 종교교회(1910)는 고든이 설계했으나, 다른 감리교회들처럼 고딕 복고 양식을 취했다.

**[사진 18] 정동제일교회, 1889년**[9]
❶ 예배당, ❷ 한국인 목사 사택, ❸ 영국성서공회 창고, ❹ 러시아 공사관, ❺ 켄뮤어 사택

9 S. H. Moffett, Peter Underwood, and Norman R. Sibley eds., *First Encounters with Korea* (Seoul: Fragon's Eye Graphs, 1907). 51. 사진의 연도는 예배당이 완공된 해를 말한다.

[사진 19] 내리감리교회, 1901년[10]

[사진 20] 상동감리교회, 1901년[11]

10 G. H. Jones and W. A. Noble, *The Korean Revival: An Account of the Revival in the Korean Churches in 1907* (New York: BFMMEC, 1910), 28.

11 "Mead Memorial Church, Seoul," *Reverend Corwin & Nellie Taylor Collection*, USC. http://digitallibrary.usc.edu/cdm/singleitem/collection/p15799coll48/id/690/rec/242. 2010년

[사진 21] 평양 남산현감리교회, 1902년[12]

[사진 22] 종교감리교회, 1910년[13]

4월 10일 접속.

12 "District Conference in Northern Korea," *World-wide Missions* (March 1906): 12.

13 Jusam Yang ed., *Souther Methodism in Korea: Thirtieth Anniversary* (Board of Missions, Korea Annual Conference, MECS, 1929), "History in Pictures," Page XXVII.

[사진 23] 새문안교회, 1910년[14]

[사진 24] 승동장로교회, 1912년[15]

14 Charles Edwin Bradt, *Around the World; Studies and Stories of Presbyterian Foreign Missions* (Wichita, KS: Missionary Press, 1912), 336.

15 *KMF* (May 1913): cover.

서울에서 벽돌 건물이 많이 지어진 이유 중의 하나는 좋은 목재를 구하기 어려웠고, 목재 가격이 너무 비쌌기 때문이다. 강원도에서 채벌한 나무가 한강을 따라 서울까지 오면 수요 때문에 다 팔렸지만, 운반비가 비싸서 평양에서 2.5달러에 팔리는 목재 한 단이 서울에서는 20달러에 팔렸다.[16] 서울에는 여러 벽돌 건물이 지어지면서 벽돌 공사에 능한 중국인 인부도 쉽게 구할 수 있었다.

### 만주: 중서(中西) 절충형과 ㄱ자형

두 번째 유입 경로인 남진 통로는 조선의 사행로인 서울-북경 도로의 일부인 만주의 뉴촹/선양에서 의주-평양-서울로 연결되는 육로였다. 1872년부터 만주 뉴촹에서 사역하던 스코틀랜드연합장로회의 로스는 1873년에 국경무역이 이루어지던 고려문(高麗門)을 방문하고 한국인 전도를 시작했으며, 1882년부터 출판한 한글 복음서와 소책자를 김청송(金青松)과 서상륜(徐相崙) 등이 서간도 한인촌과 의주에서 서울까지 반포했다.

한국인들이 목격한 첫 개신교 예배당은 [사진 25]의 만주의 첫 교회인 닝코(營口[영구]) 뉴촹(牛藏[우장])장로교회로, 1879년에 이곳에서 백홍준(白鴻俊)과 이응찬(李應贊) 등 4명이 로스의 동료인 매킨타이어에게 세례를 받았다. 뉴촹을 방문한 다수의 한국인 상인들이 이 예배당에서 성경을 공부하고 예배를 드렸다. 예배당은 돌과 벽돌로 지은 장방형으로 아치형 창문을 단 서양식이었지만, 남녀 출입문을 별도로 내고 기와지붕을 얹어 중국인에게 반감을 주지 않는 중서(中西) 절충식이었다.[17] 1890년대부터 한국에

---

16 "The New Century," *KRv* (Feb. 1901): 57.

17 중국의 중서절충식 예배당 건축은 김승배·김정신, "근대 중국 개항지 교회건축양식에 관한 기초연구", 「대한건축학회논문집」(1996년 8월): 145-162를 보라.

서 목재 한옥으로 지은 한양(韓洋) 절충식 혹은 개량 한식의 예배당과 비교해볼 때, 만주의 뉴촹교회는 서양적 요소가 더 많았다.

[사진 25] 만주 뉴촹장로교회, 1872년[18]

[사진 26] 만주 봉천장로교회, 1889년[19]

[사진 27] 봉천장로교회, 1895년 촬영[20]

[사진 28] 봉천장로교회, 1889년[21]

18 John G. Dunlap, "William Burbs, First Missionary to Manchuria," *MRW* (Sept. 661.

19 "Manchuria: The New Church at Moukden," *MRUPS* (Dec. 1, 1892): 418.

20 Duncan McLaren, *Missions of the United Presbyterian Church: The Story of Our Manchuria Mission* (Edinburgh: Office of United Presbyterian Church, 1896), 77.

21 Graham, J. Miller, *East of the Barrier: or, Side Lights on the Manchuria Mission* (New York: Revell, 1902), 170.

[사진 29] 봉천 동관교회, 1907년[22]

첫 개종자인 백홍준과 서상륜이 전도한 결과 1883-84년에 의주와 황해도 장연군 소래에 첫 예배처소가 마련되었다. 이들과 접촉한 서울의 언더우드와 아펜젤러는 북경로를 거슬러 1886년부터 여러 해 동안 매년 서울-소래-평양-의주까지 북한 내륙 지방 전도여행을 감행했다. 스코틀랜드 선교사들에 의해 만주-의주-평양-서울로 진행되던 한국 선교의 남진 방향이 서울 선교사들이 나서면서 서울-평양-의주로 북진하는 방향으로 역전되었다. 이 서울 주도의 북한 진출에 따라 1891년 3월 20일에 마페트와 게일은 서상륜의 안내를 받아 서울을 떠나 평양-의주를 거쳐, 의주에서 백홍준과 함께 500리 떨어진 봉천(선양)의 로스를 방문하고 함흥-원산을 거쳐 서울로 돌아왔다.[23]

마페트와 게일은 선양(瀋陽)에서 로스의 토착교회 방법론과 중국 도교 사당 양식을 가미해서 신축한 [사진 26], [사진 27], [사진 28]의 웅장한 벽

22 "Opening of the New Church at Moukden," *MRUPS* (Sept. 1908): 418.

23 S. A. Moffett, "Evangelical Tour in the North of Korea," *CHA* (Oct. 1891): 320-331; idem, "An Evangelical Tramp Through North Korea," *Christian Herald* (Cincinnati) Jan. 6 & 13, 1892.

돌 건물 예배당을 보고 놀라고 깊은 영감을 받았다.[24] 1889년 10월 27일에 열린 봉천장로교회의 봉헌은 만주 기독교사의 새 장을 열었다. 이는 다른 지역과 달리 로스가 봉천에서 선교를 시작한 지 17년 만에 200명 이상의 교인으로 새 예배당을 신축했기 때문이었다. 이 예배당의 "첫 번째 괄목할 점은 건축 양식에서 중국인의 취향에 적응한" 것이었다. 이 예배당은 부근의 동대문과 문학의 신을 모신 도교의 문묘(文廟) 높이에 필적하면서, 문묘의 양식을 그대로 취함으로써 성 안 사방에서 볼 수 있도록 했다.[25] "모든 것이 철저히 중국식이다. 심지어 지붕 위에 늘어선 고풍스런 용과 상서로운 동물들은 처마 홈통 관에서 내려다보고" 있었다. 예배당은 800명을 수용할 수 있었고, 주위에 담을 둘러 구분했다. 또한 교회 앞뒤로 큰 길이 있어 소통이 쉽게 했다. 특히 앞길은 남자용, 뒷길은 여자용으로 분리했다.[26]

[사진 26]에서 보듯이 주변에 부속 건물들을 함께 지어 각종 모임에 사용하도록 배려했다. 그 결과 남향으로 남자 출입문, 교회 사무실, 남자 대기실, 100명 정도가 들어가는 남자 예배실이 있었고, 반대편 북쪽 끝에는 다른 길로 들어오는 여자 출입문과 100명 여자용 예배실이 있었으며 남동쪽 계단 편에는 200명 여자용 예배실이 있었는데, "여자는 설교자를 볼 수 있지만 본당에 있는 남자는 볼 수 없고 또 남자도 여자를 볼 수 없도록 방향이 정해져 있었다. 자매들은 이렇게 예배실 방향이 정리되어 매우 만족해" 했다.[27] 곧 본당은 일자형이었지만 여자용 예배실을 90도 방향으로 덧붙여 정자형(丁字型, L-shaped) 예배당으로 만들었다. 이 첫 봉천교회는

---

24 S. A. Moffett, "An Evangelical Tramp Through North Korea," Jan. 20, 1892.

25 Duncan McLaren, *Missions of the United Presbyterian Church*, 34; Angier, A. Gorton. *The Far East Revisited* (London: Witherby & Co., 1908), 264.

26 John MacIntyre, "Opening of the New Church in Mukden," *MRUPCS* (May 1, 1890): 153-154; "Manchuria: The New Church at Moukden," *MRUPS* (Dec. 1, 1892): 418.

27 "Manchuria: The New Church at Moukden," *MRUPCS* (Dec. 1, 1892): 418.

1901년 의화단사건으로 불타서 파괴되었기 때문에 [사진 29]처럼 동관교회로 재건축했다.

마페트는 1934년에 열린 한국 장로교 희년 기념식에서 1891년의 선양 방문을 회고하면서 "교회 건물이 중국식으로 지어져 있고, 중국인 목사가 예배를 인도하며, 모든 것이 중국 생활과 관습에 맞게 이루어지는 것"에 깊은 인상을 받았으며 그에게서 "토착 교회를 발전시키는 사상"을 배웠다고 고백했다.[28] 평양의 장대현교회를 비롯한 북한 지역의 한국식 예배당 양식은 로스의 선양장로교회 양식의 영향을 받았다. 따라서 초기 한국교회가 예배당 좌석에서 남녀를 분리하기 위해 휘장이나 병풍을 놓거나 일부 ㄱ자형으로 건축한 것은 기본적으로 만주에서 유래한 것이지, 한국 고유의 방식이나 양식은 아니었다.[29]

## 산둥: 예배당의 자급 원칙

초기 개신교 예배 공간에 지대한 영향을 준 세 번째 통로는 산둥 반도의 지푸(芝罘[지부])에서 제물포를 잇는 해로였다. 1876년 강화도조약으로 개항한 조선은 1884년에 일본이 후원한 개화파의 갑신정변이 실패한 이후 청일전쟁에서 중국이 패배할 때까지 약 10년간 중국의 정치적 지배를 받았다. 이때 지푸-제물포의 기선 항로는 중국의 군사적·경제적 침략 통로뿐만 아니라 중국에서 토착화된 서구 종교인 천주교와 개신교의 유입 통로가 되었다.

---

28 S. A. Moffett, "Fifty Years of Missionary Life in Korea," *The Fiftieth Anniversary Celebration of the Korea Mission of the PCUSA* (Seoul: YMCA Press, 1934), 38-39.

29 기존의 연구들은 모두 ㄱ자형 예배당이 한국 개신교에 독특한 고유의 토착 양식임을 강조하고 있으나 이는 시정되어야 한다. 참고 정창원, "ㄱ자형 교회건축의 탄생 기원과 전개양상에 관한 역사적 연구", 「대한건축학회논문집」(2004년 11월): 175-182.

한국에 온 미국 선교사들은 경험이 부족한 20대들이었으므로 1890년에 산둥의 네비어스 목사 부부를 서울에 초청했다. 이들은 중국에서 40년간의 선교 경험에서 나온 토착 교회 설립론인 '네비어스 방법'을 서울의 후배 선교사들에게 전수해주었다. 이로써 초기 한국 장로교회는 자급 원칙에 따라 선교사의 자금 지원이 필요한 서양식 건물이 아니라 교인들이 스스로 건축할 수 있는 한옥 예배당을 설립해 나갔다.[30]

예배당 자급 건축 원칙은 한국의 개신교 교회에 자립 정신을 불어넣어서 많은 회당들이 교인들의 자발적인 연보와 희생과 기부로 세워졌으며, 교인들에게 규칙적인 헌금 습관이 가르쳐졌고, 토착 양식 건물이 지어져 기독교의 한국화에 기여하는 등 긍정적 결과를 낳았다. 첫 장로교회들인 소래교회와 서울 새문안교회의 예배당 자급 건축 과정은 감동적이다.[31] 비록 서양인의 눈에는 보잘것없고 초라하게 보였겠지만 한국 교인들에게는 "예배당은 모두 우리들의 재산일 뿐만 아니라 우리의 고유한 건축 양식으로 건립되었다"는 자부심과 주인의식을 심어주었다.[32]

그러나 자급 운영을 지나치게 강조한 결과 각 지역 교회는 경제적 자립을 위한 양적 성장과 회당 건축에 대부분의 재정을 지출하는 개교회 중심주의가 정착되는 부정적 결과도 없지 않았다. 곧 "교회 재정은 교회 조직을 운영하는 데만 필요한 것으로 인식되어 사회 복지 같은 것을 위해 재

---

30 네비어스 정책과 예배당 건축은 도선붕·최성연·한규영, "개화기 한국 개신교회 건축의 형성에 대한 연구", 「건설기술 논문집」(충북대 건축기술연구소, 1997); 옥성득, "한국 장로교의 초기 선교정책, 1884-1903", 「한국기독교와 역사」(1998년 1월): 117-188을 참고하라. 산동 선교지부에서는 대개 서양식으로 예배당을 건축했다.

31 H. G. Underwood, "An Object Lesson in Self-Support," *MRW* (June 1900): 443-449.

32 백낙준, 『한국개신교사』, 307. 백낙준은 "당시 인도와 중국에서 논쟁의 근원이 되고 있는 선교사 지배하의 '종교 제국주의'와 '선교단체의 세력 퇴화' 문제가 한국에서는 심각하지 아니하였다. 사실상 자립 운영의 원칙은 한국교회의 신속한 성장의 주요원인이 되었다"고 긍정적으로 해석했다.

정을 쓰는 것은 거의 생각하지 못하게 되었다."[33] 그러나 자급 원리는 자치 원리와 맞물려서, 외형상 장로교회 제도를 가졌으나 내면적으로는 회중교회의 자치 원리가 작동한 것이 초기 한국 장로교회의 특징이었다.

19세기말과 20세기 초 세계 선교회는 토착 교회의 자급을 강조했고 자치를 목표로 했는데, 한국에 온 미국 남북 감리회도 예외는 아니었다. 장로회가 강력한 자급 정책을 취하자 감리회도 서울, 인천을 제외한 지방의 예배당 건축에서 자급 원리를 강조했다. 평양의 경우 북장로회의 대규모 장대현교회가 2/3 정도 자급으로 건축되자 북감리회의 남산현교회도 자급으로 건축했다.[34] 1897년에 한국 선교를 시작한 남감리회도 '네비어스 방법'의 삼자 원리와 사경회 제도를 수용했다. 물론 남북 감리회는 '기독교 문명론'에 따라 도시 예배당은 미국의 고딕 복고 양식을 선호했다.

## 2. 성장: 예배 공간의 양적, 지리적 확산 과정과 특징

### 양적 확산: 전쟁과 부흥운동의 영향

러일전쟁 이후 대부흥운동을 거치면서 개신교 예배당 수는 급증했다. [표 3]의 통계에서 보듯이,[35] 장로교회는 전도를 본격화하던 1893년에는 24개의 예배당을 가지고 있었으나 청일전쟁이 끝난 후 5년간(1895-99) 매년 평

---

33 William Scott, *Canadians in Korea* (Toronto: Board of World Missions United Church of Canada, 1975), 53.

34 1898년에 평양 남산현 교인들은 건축을 위해 희생적으로 1,232엔을 약정했다. 사실 이 회당 건축비는 대한 형제들이 모두 감당했다("평양에유람ᄒᆞᆫ일", 「대한크리스도인회보」, 1898년 4월 6일). 평양 지방 감리회는 자급을 강조하여 1900년의 경우 16개 회당 모두 자급으로 건축했다("Report IV—Pyeng Yang Circuit," *Official Minutes of the Sixteenth Annual Meeting*, Korea Mission, the MEC [Seoul, 1900], 40-41).

35 차재명 편, 『朝鮮예수教長老會史記 上』(기독교창문사, 1928), 20-310.

균 25개의 예배당을 설립하여 1900년에는 200개가 넘었다. 특히 1904년 381개였던 예배당 수가 러일전쟁 이후 5년간(1905-09) 매년 평균 134개가 신축되는 예배당 건립기를 기록하면서, 1910년에는 1,135개의 장로교회 예배당이 신축되거나 증축되었다. 『조선예수교장로회 사기』는 대부분의 예배당이 가정집에서 시작하여, 작은 마을에서는 초가삼간 예배당을 구입하거나 신축했고, 교인이 많은 읍이나 도시에서는 기와지붕을 한 와가(瓦家) 5칸부터 평양 장대현교회처럼 와가 72칸까지 예배당을 건축했다고 기록하고 있다.

**[표 3] 도별 장로교회 설립, 1887-1907년[36]**

| | 평북 | 평남 | 황해 | 함북 | 함남 | 서울 경기 | 충북 | 충남 | 전북 | 전남 | 제주 | 경북 | 경남 | 계 |
|---|---|---|---|---|---|---|---|---|---|---|---|---|---|---|
| 1888 | 1 | | 1 | | | | | | | | | | | 2 |
| 1889 | | | | | | | | | | | | | | 0 |
| 1890 | | | | | | 1 | | | | | | | | 1 |
| 1891 | 1 | | | | | | | | | | | | | 1 |
| 1892 | | | | | | | | | | | | | | 0 |
| 1893 | | 4 | 14 | | 1 | | | | | | | | 1 | 20 |
| 1894 | | 3 | 4 | | | 5 | | | | | | | | 12 |
| 1895 | 1 | 4 | 11 | | | 1 | | | | | | | 1 | 18 |
| 1896 | 1 | 9 | 2 | 2 | 8 | 1 | | | 2 | | | 1 | 1 | 27 |
| 1897 | 3 | 14 | 9 | | 1 | 3 | | | | | | | | 33 |
| 1898 | 6 | 12 | 5 | | 2 | | | | | 1 | | | 1 | 27 |
| 1899 | 4 | 13 | 2 | | | | | | | 1 | | | 1 | 21 |
| 1900 | 8 | 21 | 10 | | 3 | | | | 2 | 1 | | 2 | | 47 |
| 1901 | 10 | 8 | 5 | 3 | 2 | 4 | 2 | | | 3 | | 10 | 5 | 52 |
| 1902 | 4 | 8 | 1 | | | 2 | | | 1 | 4 | | 4 | 2 | 26 |
| 1903 | 2 | 9 | 1 | 1 | 7 | 3 | 1 | | 5 | 4 | | 3 | 1 | 37 |
| 1904 | 7 | 10 | 5 | 1 | 1 | 10 | 3 | 1 | 2 | 5 | | 10 | 2 | 57 |
| 1905 | 25 | 18 | 3 | | 1 | 5 | | 3 | 10 | 12 | | 20 | 24 | 111 |
| 1906 | 18 | 11 | 11 | | 1 | 17 | 5 | 1 | 8 | 9 | | 21 | 21 | 123 |
| 1907 | 19 | 20 | 16 | 4 | 1 | 21 | 5 | | 18 | 15 | | 18 | 14 | 151 |
| 1908 | 22 | 11 | 14 | 13 | | 6 | 0 | | 12 | 19 | 1 | 26 | 19 | 143 |

36 표에서 평북에는 1907년부터 서만주 서간도 지역 교회—1907(1개), 1908(1개), 1909(1개), 1910(2개), 1911(4개)—가 포함되었고, 함북에는 동만주 북간도 지역—1907(1개), 1908(1개), 1909(4개), 1910(4개), 1911(12개)—과 시베리아 지역—1909(1개)—이 포함되었다.

| | 평북 | 평남 | 황해 | 함북 | 함남 | 서울 경기 | 충북 | 충남 | 전북 | 전남 | 제주 | 경북 | 경남 | 계 |
|---|---|---|---|---|---|---|---|---|---|---|---|---|---|---|
| 1909 | 19 | 13 | 1 | 17 | | 6 | 2 | | 9 | 22 | 1 | 29 | 22 | 141 |
| 1910 | 17 | 6 | 1 | 18 | | 6 | 1 | | 4 | 6 | 1 | 16 | 6 | 82 |
| 1911 | 22 | 7 | 1 | 13 | | 6 | 1 | | 1 | 12 | 1 | 16 | 12 | 92 |
| 계 | 190 | 191 | 117 | 72 | 28 | 97 | 20 | 5 | 74 | 114 | 4 | 176 | 133 | 1231 |

이 통계는 또한 서북 지역이 초기 개신교 확장의 주된 공간이었음을 보여준다. 평안도와 황해도에서 1888-1911년에 498개의 장로교회 예배당이 신축됨으로써 전체 1,231개 장로교회의 40.5%를 차지했다. 이를 시기적으로 구분해서 보면 1895년까지 44/64개(68.8%), 1900년까지는 152/219개(69.4%)로 약 70%의 장로교회가 서북 지역에 존재했다. 이 비율은 1905년 이후 전라도와 경상도에 신설 교회가 급증하면서 50% 이하로 감소했지만, 서북 지방의 교세나 교인 비중이 감소한 것은 아니었다. 특히 1905-10년의 부흥기에 서북 지역의 많은 소규모 예배당들이 증축·확장되는 예배당 재건축기를 맞이했다.[37] 이로써 회당 전체 규모나 교인 수는 서북 지역이 2/3 정도를 차지했다.[38]

### 지리적 확산: 서북 지역의 우세

개신교의 예배 공간은 개항장에서 내륙으로, 대도시에서 소도시로, 읍에서 시골 마을로 확산되었다. 서북 지역 예배당이 전체 예배당의 절반 이상을

37 Moffett는 1907년 가을 현재 장로회에 교회 1,022개, 교인 108,470명이 있다고 보고했다("Letter from Samuel A. Moffett," *MRW* [Feb. 1908]: 102). 1910년에 장로회 1,068개, 감리회 323개, 성공회 41개, 천주교 47개의 교회 건물이 있었고, 추가로 1,428개의 예배처소가 있었다("잡보, 션교ᄉᆞ와 교당 수효", 「대한매일신보」, 1910년 7월 1일).

38 1898년에는 장로교인 7,500명 중 평안도와 황해도에 121개 교회에 교인 5,950(79.3%)명이 있었다(*Annual Report of Pyeng Yang Station of Korea Mission for the Year 1897-1898*, Oct. 1898, 31).

차지했으며 이 지역 교인 수는 전체의 2/3를 넘었다. 이는 서구 문명에 개방적이었던 평안도와 황해도의 '신흥 자립적 중산층'인 상인들이 만주로부터 개신교를 수용했고, 청일전쟁과 러일전쟁을 계기로 급성장했기 때문이다.

다음 두 지도는 러일전쟁 전후 가장 빨리 성장한 평북 의주와 선천 지역 교회 상황을 보여준다. 1906년 초 의주 주변 25마일 이내의 교회 분포를 보여주는 [지도 1]을 보면 교인 700명을 보유한 의주교회를 선두로 200명 이상 교회가 8개, 100명 이상 8개, 20-80명의 교회가 8개로, 교인 4,875명이 24개 교회에 모였다.[39] 그리고 교회가 부설한 초등학교 20개와 중학교 1개가 있었다. 만주를 통해 개신교를 수용한 국경 도시 의주를 중심으로 부채꼴로 교회가 발전해 나갔음을 알 수 있다.

1911년의 [지도 2]에는 의주 주변에 50여 개의 장로교회가 있는데, 이는 러일전쟁 이후 5년간 예배당 수가 두 배 이상 급증했음을 보여준다. 특히 용천 지역의 교회가 급성장한 것은 날연보(day offering) 등의 자원 전도를 실천한 결과였다. 1909년에 선천읍 기독교인 인구는 5,000명이었는데 절반이 장로교인이었고 선천군 인구 50,000명 중 5%가 장로교인이었다.[40]

[지도 2]는 예배당 분포에 새로운 양상을 보여준다. 서울-평양-의주의 경의선 발달과 함께 철도가 지나가는 박천-정주-선천-용천-신의주 등의 철도역 도시를 중심으로 교회가 확산되어 나갔다. 근대 문명의 상징인 기차와 철도의 등장은 인위적인 근대의 직선 공간이 풍수사상이 지배하던 전통적 곡선 공간에 침투한 것이었다. 눈에 보이는 자연 산천의 변화는 한국인의 세계관에 충격을 주었고, 한국인의 내면세계에 '근대 문명' 종교인 기독교를 수용하는 공간을 만들었다.

---

39 C. E. Kearns, "Eui Ju Challenge," *KMF* (August 1906): 191.

40 "How Wonderfully God Hath Wrought," *AH* (Nov. 1909): 513.

**의주**
반경 40km.
숫자는 각 교회의
그리스도인 수를
보여준다.

[지도 1] 의주 주변 장로교회, 1906년[41]

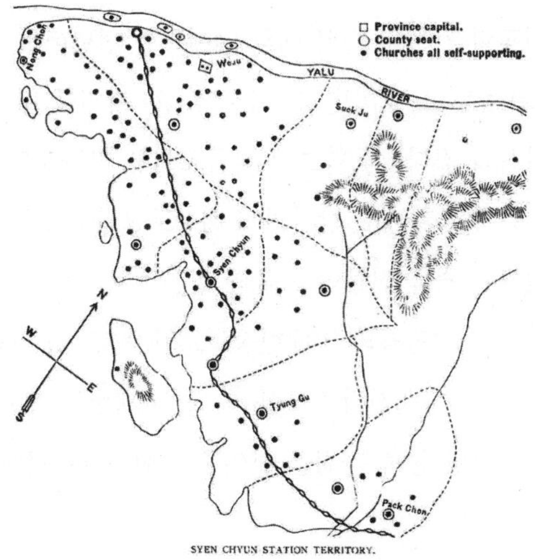


[지도 2] 선천 지부 장로교회, 1911년[42]

41 C. E. Kearns, "Eui Ju Challenge," *KMF* (Aug. 1906): 191; "How Wonderfully God Hath Wrought," *AH* (Nov. 1909): 513.

42 "The Map of the Front Cover," *KMF* (Sept. 1911), Cover, 238-290.

다른 지역에서도 철도역 주변에 개신교회가 증가했다. 서울 새문안교회는 1903년 영등포역에 교회를 개척했다. 1903년에 충청도의 새 선교지부 후보지로 공주와 청주가 거론되었는데, 북감리회가 사업을 해오던 공주를 선택하자, 북장로회는 1905년에 철도역이 있는 청주에 선교지부를 설치했다. 황해도 북감리회 지역에도 신설된 봉산역을 중심으로 1909년까지 10개 이상의 새 교회가 설립되었다.[43] 러일전쟁과 더불어 확장된 철도를 따라 일본군이 한반도를 점령했다면, 철도로 개척된 근대 공간에 새 종교인 개신교가 확장되었다.

## 2. 발전: 대표적인 예배당들의 건축 과정과 특성

초기 한국 개신교회 가운데 다섯 개의 예배당을 선별해서 건축 과정과 특성과 지역별(도시와 농촌), 교파별(장로회와 감리회) 차이를 비교해보자. 그 다섯 예배당은 다음과 같다. 1) 최초의 자급교회요 기와지붕 한식 일자형에서 ㄱ자형으로 증축한 황해도 장연의 소래장로교회(1895, 1896), 2) 첫 미국 고딕 복고식 십자형 벽돌 건물인 서울의 정동감리교회(1897), 3) 개량 한식의 ㄱ자형 대형교회인 평양의 장대현장로교회(1900), 4) 단순한 고딕 복고식 장방형 목재 건물인 원산감리교회(1904), 5) 개신교 예배당의 전형적인 일자형 신축과 ㄱ자형 증축 과정을 보여주는 한식 전주장로교회. 먼저 장로교회부터 살펴보자.

43 Carl Critchett to Dr. Leonard, Sept. 3, 1909.

### 황해도 장연군 소래교회

1884년에 서상륜의 전도로 시작된 소래(松川[송천])교회는 개신교의 요람이자 이후 농촌 교회의 전형이 되었다. 첫 예배처소는 [사진 30]과 같은 서경조의 초가집 사랑채였고, 교인이 늘어나자 작은 초가집을 별도로 구입했다.[44] 1893년에 독립선교사로 내한해 이듬해 2월에 소래에 도착한 캐나다 노바스코샤 출신 맥켄지는 초가에 살면서 한식을 먹으며 주민들과 함께 지내는 전도 방법을 택했다. 이어서 그가 1894년 가을에 황해도에서 발생한 동학 2차 봉기 때 보여준 인내와 용기로 인해 마을 사람들은 감명을 받았다. 교인이 증가하자 자급 원칙에 따라 외국인의 도움을 받지 않고 소래 교인들이 헌금한 17만 냥과 8일 간의 노동으로 8칸의 일자형 기와집 예배당을 건축했다. 이 '맥켄지 예배당'은 1895년 7월 5일에 완공되었다. 이 예배당은 가난 중에서도 희생을 감내하고 지은 교회였다. 언더우드의 1896년 개인 연례보고서를 보자.

> 교회 건축에 외국인의 자금을 사용해서는 안 된다는 것은 그[맥켄지]의 생각이었다. 그는 연보하는 특권을 포기했다. 그는 사람들에게 무엇을 반드시 해야 하는지 말했다. 한 사람은 다른 사람이 낸 12개의 서까래를 제외한 모든 나무를 댔다. 다른 사람들은 쌀을, 많은 사람들은 노동력을 제공했고, 한 가난한 과부는 가진 게 전혀 없었지만 양반 댁 부인임에도 바닷가에 나가 무릎까지 갯벌에 빠지면서 조개를 파서 그 판 돈 전부를 하나님의 집을 돕는 데 연보했다. 내가 가서 보니 이 부인은 매 주일 40리(영국의 13마일) 이상을 걸어서 교회에 오는데, 개종한 후 지난 1년간 비가 오나 눈이 오나 한 주일도 빠지지 않

44 徐京祚, "徐景祚의 信道와 傳道와 松川敎會 設立 歷史", 「神學指南」 7권 4호(1925년), 99.

았다고 한다.[45]

그러나 7월 23일에 심신이 허약하던 맥켄지가 열사병과 정신이상으로 권총 자살하는 비극이 발생했다.[46] 그의 죽음은 한 알의 밀알이 되어 캐나다 장로회가 한국 선교회를 조직하고 선교사들을 파송하는 열매를 맺었다. 완성된 예배당은 서울의 언더우드가 내려와 1895년 7월 7일 일요일에 헌당했다.[47] 이 예배당은 순수 한국 교인의 자금으로 신축한 첫 개신교 예배당이었다.[48] 그러나 회당이 좁아지자 1년 안에 마루와 방 두 개 8칸을 증축하여 [사진 31]과 [사진 32]처럼 T자형으로 만들고, 1896년 6월 23일에 상량식을 거행했다.

소래교회 예배당의 모습은 1898년 11월에 언더우드 부부와 함께 그곳을 방문한 캐나다 장로회의 그리어슨 의사가 남긴 사진 자료와 일기(1898년 11월 19일자)에 잘 나타나 있다.

---

45 옥성득·이만열 편역, 『언더우드 자료집 II』(연세대학교출판부, 2006), 160-161.

46 1895년 6월 23일(토요일) 그의 마지막 일기는 다음과 같다. "…잠을 잘 수도 없고 밖으로 나갈 수도 없다. 너무 약해졌기 때문이다. 오늘 오후에는 전신이 추워지는 것을 느꼈다. 옷과 더운 물주머니가 있어야겠다. 땀을 내야겠다. 조금은 나은 듯하기도 하다. 죽음이 아니기를 바란다. 내가 한국인들과 같은 방식으로 살았기 때문에 이렇게 되었다고 말하게 될 많은 사람들을 위해서다. 내가 조심하지 않았기 때문일 것이다. 낮에는 뜨거운 햇볕 아래서 전도하고 밤이면 공기가 추워질 때까지 앉아 있었기 때문이다.…몸이 심히 고통스러워 글을 쓰기가 너무 힘들다"(Elizabeth A, McCully, *A Corn of Wheat: The Life of Rev. W. J. McKenzie of Korea* [Toronto: Westminster Co., 1904], 221).

47 H. G. Underwood, "An Object Lesson in Self-Support," 389. 1895년 성탄절에 헌당된 새문안교회는 35자x23자의 9칸 규모였고 총공사비 750엔을 전부 한국인이 헌금했다.

48 1895년 4월에 평북 순안장로교회가 외국인의 재정 도움 없이 한국인의 연보만으로 지은 첫 예배당을 완공했다. 그러나 그 절반 이상은 평양의 최치량 등이 헌금했다. 따라서 완전 자급으로 지은 첫 예배당은 1895년 7월에 지은 소래교회였다.

**[사진 30] 맥켄지가 살다가 죽은 집,**[49]
서경조가 서 있다.

**[사진 31] 소래교회, 1896년**[50]
예배실로 들어가는 출입문이 있다.

49 McCully, *A Corn of Wheat*, 102.

50 McCully, *A Corn of Wheat*, 216.

[사진 32] 소래교회, 1898년 11월[51]

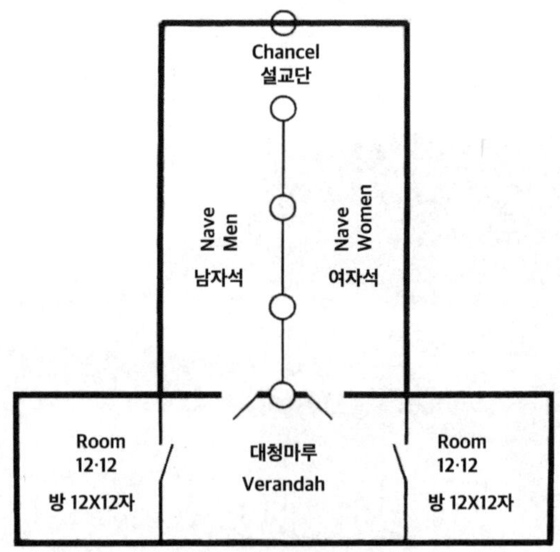


[그림 17] 증축한 소래교회 평면도, 1898년[52]

51 L. H. Underwood, *Fifteen Years among the Top-Knots* (New York: American Tract Society, 1904), 124; idem, *Underwood of Korea* (1918), 160.

52 Dorris Grierson ed., *Diary of Reverend Robert Grierson MD*, 41.

전적으로 한국인들의 기금으로 세워진 한국 최초의 예배당 건물인 맥켄지 목사의 교회는 마을 뒤 언덕 위에 있는 기와집으로, 멋진 나무 울타리가 둘러쳐 있고, 앞에는 높은 깃대가 있으며, 뒤에는 아름다운 나무들이 드리워져 있다. 맥켄지 목사의 무덤은 교회 뒤편으로 약 50야드(45미터) 떨어져 있으며, 단순히 큰 흙무덤 형태로 잔디가 덮여 있다. 맥켄지 목사의 감독 아래 지은 원래 교회 건물은 직사각형 독채로 36자x20자(11x6.2 미터) 크기였으며, 내부에는 한 자 반(50cm) 간격으로 기둥을 세워 지붕을 받쳤다. 기둥들 사이에는 6자(1.8미터) 높이로 칸막이를 설치하여 설교단까지 연결함으로써 남녀 좌석을 구분했다. 가구는 없었고 천장에 매단 미국제 램프들과 난방을 위한 아주 좋은 미국제 난로가 있었다. 설교단과 회중석에는 좋은 방석을 깔았다.[53]

그리어슨 의사가 일기에 그린 [그림 17] 평면도를 보면 예배실은 남녀석이 분리되어 있었고. 대청마루 양쪽의 방은 12x12자 크기였다. 예배실은 뒷부분에 설교단(강단)이 있고, 설교자가 바라보면 오른쪽 남자석과 왼쪽 여자석이 중간의 높은 칸막이로 구분되어 있어 일어섰을 때에도 반대편 좌석이 보이지 않았다. 예배실 출입구는 남녀석 각각 측면에 있었겠지만, 이 평면도에는 표시되어 있지 않다. 1896년에 증축한 앞부분은 12자 크기의 방 두 개와 그 중간에 있는 대청마루로 이루어져 있다. 방은 성경공부 때 여자반과 초등반을 위해서 필요했다. 혹은 예배시간에 어린아이가 있는 부녀자들이 사용할 수 있는 공간이었다. 중간 마루는 예배 시간이나 친교 시간에 이용할 수도 있었다. 마루 앞에서 신발을 벗고 남자석 문과 여자석 문을 통해 각각 예배실로 들어갈 수도 있었다. 당시 마을에는 주민이 280명

---

53 Doris Grierson ed. *Diary of Reverend Robert Grierson MD: Missionary to Korea*, July 16 1898 to March 25 1901(Personally Published, 1998), 41; 도리스 그리어슨 편, 연규홍 역, 『조선을 향한 머나먼 여정: 로버트 그리어슨의 선교 일화와 일기』(한신대, 2014), 272.

정도, 60가구가 있었는데, 대구 서씨와 광산 김씨 두 가문을 중심으로 50여 가구가 개종했다. 자급형 한옥 예배당인 소래교회는 이후 다른 교회의 모범이 되었다.[54]

교회 터는 본래 동제(洞祭)를 드리던 초가 당집이 있던 곳으로, [사진 9]에서 보듯이 마을에서 약간 떨어진 언덕 위였다. 그 소유주인 과부가 개종한 후에 예배당 부지로 기부했다.[55] 성소로서 구별하기 위해 목재 울타리를 설치했다. 그러나 사당 뒤에 있던 느티나무 신목(神木)은 그대로 두었다. [사진 32]에서도 울타리, 창호지 창문, 대청마루를 볼 수 있다. 특히 기와지붕 중앙에 작은 십자가를 세웠는데 이것은 교회 지붕 위에 세운 첫 십자가였다. 십자가보다 더 선명한 것은 [사진 10]처럼 마당 앞 깃대에 게양한 흰 천에 붉은 십자가를 그린 성 게오르기우스(St. George) 십자기였다. 소래교회를 멀리서 보면 언덕 위의 기와 예배당, 집 뒤의 신목들, 나무 울타리, 마당 앞의 높은 깃대와 십자기가 선명했다.[56] 예배당은 마을 제사를 드리던 사당과 유사해 초월성이 약했으므로 마당의 깃대와 십자기로 수직성을 부각시켰다. 아직 철제 종을 구입할 수 없어 종각은 세우지 않았다. 십자기 깃대는 1894-95년의 동학전쟁 때 맥켄지가 게양하면서 다른 교회로 확산되었다. 소래교회에서 중요한 소재는 신목, 깃대, 십자가, 울타리 등에서 보듯이 나무였고, 중요한 상징은 하늘과 땅, 신과 인간을 연결하는 통로로서의 신목/토템을 기독교화한 십자기 깃대와 지붕 위의 십자가였다.

---

54 1897년 황해도의 황주읍교회, 재령읍교회, 소래교회가 개척한 문화군 사평동교회 등이 자급으로 설립되었다("교회 통신", 「그리스도신문」, 1897년 4월 8일, 9월 30일, 10월 7일).

55 H. G. Underwood, "Evangelistic Report, 1896," 이만열·옥성득, 『언더우드 자료집 II』(연세대학교출판부, 2006), 160; McCully, *A Corn of Wheat*, 144; L. H. Underwood, *Fifteen Years among the Top-Knot*, 124.

56 J. S. Gale, "Miss Parsons in Sorai," *KF* (Aug. 1902): 60.

## 평양 장대현교회

장로회는 1900년을 전후하여 급성장과 더불어 기존 예배당들이 좁아지면서 예배당 건축기에 들어갔다.[57] 1894년 1월 마페트 목사가 평양 대동문 안 널다리골(板洞[판동])에 매입한 정자형 가정집에서 한국인 7명에게 세례를 주면서 평양 장로교회가 시작되었다.[58] 청일전쟁 후 대동문 안과 사창골에 두 개의 기와집 예배당을 짓고 남녀가 별도로 모였다. 널다리교회는 ㄱ자로 확장했다.[59] 1898년 3월에 마페트는 세례교인이 천 명을 넘어 급증하자 새 예배당을 "평양 셩닋에 뎨일 놉고 됴흔 터"인 대동문 밖 장대현에 설립하기로 결정했다.[60] 공사비 예상액은 4,000엔(2,000달러)이었고, 공사 기간은 3년이었다. 1898년 4월에 600엔을 작정 헌금했다. 1899년 4월에는 전도부인 이신행(李信行)과 신반석(申盤石)을 중심으로 여전도회가 조직되었다. 이때 네 명의 집사를 선출하고 안수했다. 아울러 작정 헌금을 실시하여 400엔을 약속했다. 1900년 2월 4일 주일의 3차 약정 헌금 때 남녀가 따로 모인 예배에서 400여 명이 3년 안에 3,000엔을 헌금하기로 약속했다.[61]

> 6개월간 우리는 절실히 필요한 새 대형 교회 건물을 착공할 수 있는 충분한 기금을 모으기 위해서 대대적인 노력을 하려고 준비해 왔습니다. 교회 제직들과 건축기금위원회는 계속 만났고, 교인들에게 조용하지만 아주 많은 일을 한

57 *The Sixty-Fourth ARBFMPCUSA* (New York: PCUSA, 1901), 207.

58 1894년 1월 7일에 최치량, 전재숙, 문흥준, 이동승, 조상정, 한태교, 박정국이 세례를 받았다(차재명 편, 『朝鮮예수教長老會史記』 [총회, 1928], 27). 1895년 5월에 이동승이 영수로 임명되었다.

59 S. A. Moffett, "Evangelistic Work in Pyeng Yang and Its Vicinities," Oct. 1895.

60 "교회 통신", 「그리스도신문」, 1898년 5월 19일; "쟝로교회 년환회", 「그리스도신문」, 1898년 11월 3일. 교인들은 1898년 3월에 수 천 량을 헌금했는데 가락지를 바친 여성 교우들이 많았다.

61 1900년에 한국인 조사의 월급이 3엔이었고, 1902년에 길선주 조사의 월급은 6엔이었다.

후에 지난 주일에 작정 헌금을 했습니다. [중략] 발전된 계획은 3년 안에 최소 한 2,000엔에 해당하는 금액을 선의로 작정 헌금하도록 부탁했으며, 그 금액을 받을 수 있다는 확신을 가지고 긴급하게 필요한 건물을 즉시 착공할 수 있기를 바랬습니다. 박사님께서 주일예배에 참석했다면 유익했을 것입니다. 남성 예배에서는 리 목사와 저와 한국인 제직 세 사람이 설명했고, 여성 예배에서는 스왈른 목사와 두 명의 제직이 설명한 후 헌금할 액수를 작정하고 기입했습니다. 은혜의 기적이라고 할 수 있는 한 교인, 곧 1894년 청일전쟁이 일어나기 직전에 제가 세례를 준 7명의 세례교인 중 한 명인 남자[최치량]가 200엔을 헌금했습니다. 이어서 최근에 개종한 남자가 240엔의 헌금을 작정했는데, 이는 개인이 작정한 헌금 중에서 가장 많은 액수였습니다. 그 나머지 작정액은 80엔에서 40전(20센트)까지 다양했으며, 400여 명이 헌금하여 총액이 거의 3,000엔에 달했습니다.[62]

부인들은 은반지나 은비녀도 바쳤다. 자급의 원리를 실천했다. 예배당은 평양 교인들의 것이지 선교사들의 것이 아니라는 주인 의식이 강했다. 1900년 3월에 공사를 시작하여 6월에 지붕을 올렸고, 6월 25일에는 정초식을 거행했다.[63]

건축에서 중요한 문제는 기둥이나 지붕에 사용할 대형 목재를 구하는 것이었다. 오랫동안 땔감용으로 벌목해온 한국의 산에는 큰 건물을 짓는 데 필요한 나무가 없었고, 산들은 대부분 민둥산이었다. 그런 목재는 오직 압록강 상류의 우거진 숲에서만 구할 수 있었다.[64] 이 백두산 소나무는

62 S. A. Moffett to F. F. Ellinwood, Feb. 6, 1900.

63 The Sixty-Fourth ARBFM of PCUSA (1901), 207.

64 "Northern Korea and the War," *KRv* (Sept. 1904): 396.

조선 인삼만큼 세계적인 명성을 얻을 정도로 질 좋은 나무였다.[65] 1896년 8월에 러시아인 브라이어(Jules Bryer)는 조선 정부로부터 압록강 유역 채벌권을 얻었고, 1901년에는 이를 20년 연장했으며, 1903년 4월 서울에 사무소를 개설했다.[66] 그들은 10%인 세금도 납부하지 않고 남벌했다. 리 목사는 "러시아인들은 압록강에 진출하여 한국 정부로부터 압록강 유역에 있는 모든 나무를 채벌할 이권을 양도받았는데 이는 한국의 서북 지역에서 모든 목재, 곧 한국에서 가장 좋은 목재를 가지는 것을 의미했다. 그런 이권을 양도하는 정부는 얼마나 어리석은가!"라고 비판했다. 압록강 벌목권은 러시아가 북한을 차지하기 위한 첫 단계였고, 러일전쟁의 한 요인이 되었다. 다만 러시아는 1903년 봄까지 그 이권을 공식적으로는 행사하지 않았다.[67] 1903년 봄부터 러시아의 채벌권 행사로 리 목사는 목재를 구하는 데 어려움을 겪기 시작했다. 압록강 상류에서 벌목한 통나무를 사서 의주까지 뗏목으로 가지고 오는 데는 문제가 없었으나, 의주 아래 용남포에 기지를 건설한 러시아인들이 통나무를 붙잡고 소유권을 주장했기 때문이다. 리는 서울의 알렌 공사에게 도움을 요청했고, 미국 공사관의 도움으로 목재를 받아낼 수 있었다.[68] 한편 1904년 2월에 시작된 러일전쟁이 끝나자, 일본이 채벌권을 차지하고 예배당 건축기에 들어간 교회들의 각종 공사를 위협했다.[69]

이런 이권 갈등에도 불구하고, 1900년에는 아직 러시아가 벌목권을

65 Péter Vay, *Empires and Emperors of Russia, China, Korea, and Japan*(New York: Dutton & Co., 1906), 194.

66 H. N. Allen, "A Chronological Index Korea," *Korea: Fact and Fancy* (Seoul: Methodist Publishing House, 1904), 198, 215.

67 Graham Lee to Father and Mother, June 21, 1903 (Moffett Papers, PTS); H. B. Hulbert, *The Passing of Korea* (1906), 185.

68 Ibid.

69 "The Japnese in the North," *KRv* (August 1906): 290-292.

행사하지 않았으므로 마페트와 리 두 선교사는 한국 정부로부터 압록강 유역 일부 지역의 채벌권을 얻어 소나무 2,800그루를 벌목했다. 이에 대해서는 마페트가 기록을 남지지 않아 상세한 사항은 알 수 없다. 뒷날 그의 4남 마페트(Samuel Hugh Moffett, 馬三樂[마삼락]) 박사는 "마페트와 리는 압록강에 목재 채벌권(timber concession)을 조직했다"[70]라고 한 줄로만 간단히 언급했다. 이 채벌권이 정확히 언제 이루어진 것인지도 알려져 있지 않다.

리 목사는 필요한 목재 구입을 여관 겸 사채 은행에 해당하던 객주(客主)업을 하던 최치량(崔致良)에게 맡겼다. 그는 구전(口錢, 수수료)을 받고 정직하게 사업했다.

> 어제 우리 그리스도인 중 한 사람인 최 씨와 함께 저녁을 먹었습니다. 그는 사업 문제로 나를 만나기 위해서 왔는데, 저녁 식사 시간이라 식탁에 초대했습니다. 그는 전에도 왔기 때문에 우리의 양식 습관에 따라 먹는 법을 아주 잘 알았습니다. 이 남자는 내가 만나본 사업가 중에서 가장 좋은 한국인입니다. 그는 많은 미국인들에게 외상을 줄 수 있었습니다. 그는 매우 사악하고 도박꾼에 술꾼, 난봉꾼, 모든 나쁜 짓을 하는 사람이었으나, 이제는 완전히 바뀌었고 내가 아는 한국인들 중 가장 친한 친구입니다. 그는 우리를 위해 모든 목재를 사고, 우리가 한국 돈을 사려고 할 때 모든 수표를 팔아줍니다. 사실 그는 우리를 위해서 수천 달러를 처리했으며, 제가 아는 한 그는 모든 거래를 반듯하게 처리했습니다. 물론 그는 수수료를 받는데 이는 완벽하게 정당합니다. 그가 수수료를 받지 않았다면 우리는 그에게 일을 해 달라고 부탁할 수 없었습니다. 제가 말씀드렸듯이 그는 훌륭한 사업가이며 여러 종류의 비즈니스

---

70 Samuel Hugh Moffett, *The Christians in Korea* (New York; Friendship, 1962), 123. 이 채벌권을 1900년에 취득한 것인지, 1903년에 취득한 것인지는 정확하지 않다.

에 관심이 있으며 돈을 빨리 벌고 있습니다. 우리가 처음 교회 건물 기금을 위한 작정 헌금을 요청했을 때 그는 가장 먼저 약정한 사람으로서 그의 첫 약정액은 1,000냥이었습니다. 이것은 약 85달러 가치이지만, 1,000달러에 해당합니다. 미국에서 어떤 상인이 교회 건물을 위해서 약 10만 달러나 15만 달러를 낸 것과 동일합니다. 이는 임금을 비교해서 계산한 것입니다. 본국에서 노동자는 하루에 1.5달러를 받는 반면, 이곳 노동자는 하루에 1.5냥을 받습니다. 1냥은 엽전 100개를 말하는데, 엽전은 노끈으로 꿸 수 있게 중앙에 구멍이 있습니다. 숙련된 노동을 비교해도 마찬가지입니다. 여기서 좋은 목수는 255전에서 275전을 받는데, 이는 2.5냥이나 2.75냥으로, 본국에서 좋은 목수가 하루에 2.5달러나 3달러를 받는 것과 비교됩니다.[71]

선교사들은 토지 매매와 마찬가지로 목재 구입도 한국인 신자를 통해서 처리했다.[72] 최치량은 85달러에서 100달러를 작정했다. 그것은 미국으로 치면 1,000달러로 노동자의 3년치 연봉에 해당했고, 한국에서 일하던 독신 남자 선교사의 한 해 연봉 액수였다. 최치량은 사람을 구해서 아래 [지도 3]에서 보듯이 압록강의 강계(江界) 부근에서 목재를 매입한 후, 압록강-위

71 Graham Lee to Father and Mother, March 31, 1901.

72 1902년 9월 평양의 W. Hunt 목사는 자신의 한국인 집사 전선언을 통해 목재상 이학선으로부터 목재를 구매했으나, 관찰사의 감독인 조좌선이 그 목재를 쓰려고 가져갔다. 관찰사 민영철은 항의하는 전선언을 감옥에 가두고 곤장을 때리고 사형하겠다고 협박하면서 목재와 기독교 신앙을 포기하라고 했으나, 그는 목재가 외국인의 소유이므로 그럴 수 없다고 거부했다. Hunt는 이를 Allen 공사에게 알렸고, Allen의 연락을 받은 외부는 배상금과 목재를 Hunt에게 돌려주었다. 그만큼 목재가 귀했다("美人 所買木材執留 訴에 對한 賠償과 謝過 要求, Oct. 23, 1902", 『舊韓國外交文書, 美安 3』[구한국외교문서고려대학교 아세아문제연구소, 1967], 400-402; "2718. 美人 헌트 買受木材執留事 未解決로 美政府에 請訓을 보냈다는 通告, Dec. 9, 1902", 같은 책, 442-443; "2754. 美人 材木執留 損害賠償金 交付完了通知, 1903년 3월 29일", 같은 책, 468).

원-의주-황해-대동강을 따라 평양까지 수로로 운송했을 것이다.[73] 평양은 서울에 비해 압록강에서 운반하는 거리가 짧았기에 비용도 절감할 수 있었다. 참고로 장대현교회보다 조금 앞서 공사를 시작한 성공회 강화성당도 목재 건물로서 1900년 11월에 완공했는데, 압록강 상류의 소나무를 해로를 통해 운반해서 사용했다. 이는 1898-1902년에는 압록강 유역 채벌이 가능했기 때문이다.

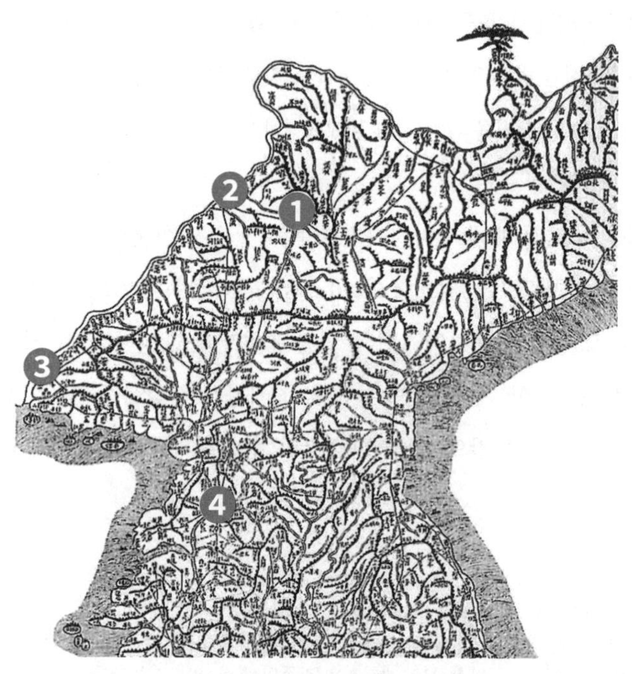

[지도 3] 평양 건축을 위한 목재 운송도 [OAK]
❶ 강계, ❷ 위원, ❸ 의주, ❹ 평양

---

73 1904-05년 Moffett와 Lee는 압록강 강계 부근에서 목재를 구했다. "3-4년 전에 Moffett 박사와 Lee 목사가 평양에 건축할 목재를 구하기 위해 기독교인 강(Tang) 씨를 압록강 상류로 보낸 적이 있다. 그는 [강계]의 버들골 입구에 있는 여관에 묵었다"("The Report of the Korea Northern Presbyterian Church: Kang Kai Mission"에서 발췌함, *KMF*[Sept. 1908]: 139).

마페트는 1891년 여행 후 압록강 상류 지방과 서간도 지역 한인 선교에 대해서도 늘 관심을 가졌는데, 1903년에 와서는 새 선교지부를 강계에 설치할 계획을 세웠다.[74] 압록강 상류 전도는 목재 확보와도 연결되어 있었던 것으로 짐작된다. 평양에 장대현교회, 숭실학당, 제중원 등 대형 건물과 선교사들의 사택을 건축해야 했으므로 목재 확보가 중요했다. 마페트와 리는 1900년대에 건축에 사용할 목재 확보를 위해서도 자성, 후창, 강계, 위원, 초산의 5개 군 지역에 교회를 세우고 목재 사업을 하는 지역 주민들과 관계를 가질 필요가 있었다. 좀 더 작은 나무는 대동강 상류에서 가지고 오기도 했다. 리의 편지를 보자.

> 얼마 전 나는 강을 따라 내려오는 교회에 사용할 목재 문제로 관찰사를 만나지 않을 수 없었습니다. 관리들과 끈이 닿아 있다고 생각한 어떤 사기꾼이 목재를 붙잡아두면서 그 10%를 요구했습니다. 미국이라면 그런 거래를 고속도로 강도라고 부를 것입니다. 여기서는 그것을 '수수료'라고 부릅니다. 관찰사는 목재를 내주라는 명령을 내렸습니다. 나는 자전거를 타고 올라가서 아주 가까이 접근해 목재를 직접 내리려고 했는데, 만일 제가 그렇게 했다면 소위 '수수료'를 먹으려고 하던 그 한국인들은 목재를 들고 비틀거리는 외국인을 보았을 것입니다.[75]

[사진 33]처럼 진행된 공사는 건축 기술을 가진 리(Graham Lee) 목사가 감독하고 목수 실무 경험을 가진 샤록스(A. M. Sharrocks) 의사가 선천에 임명될

---

74 S. A. Moffett to A. J. Brown, Oct. 13, 1903. 이때 초산, 위원, 강계의 3개 군에 신자들이 있었고, 후창과 자성에도 전도가 시작되어, 5개 군에 예배처소 12개, 입교인 147명을 비롯한 325명의 신자가 존재했다.

75 Graham Lee to Father and Mother, June 17, 1900.

때까지 도왔다. 리 목사는 프린스턴 대학교에 입학하기 전에 자립하고 돈을 벌기 위해서 약 3년간 콜로라도주의 농장에서 배관공으로 일하며 건축일을 배웠다. 장대현교회는 당시 서울 밖에서 지은 건물 중에서 가장 큰 건물로, 특히 지붕의 트러스트 구조 기술은 리 목사가 한국 목수들에게 가르치면서 만들었다. 리 목사는 1895-1916년 20년 동안 평양 장로회 선교지부의 모든 건물(남문밖교회, 서문외교회, 산정현교회 등 여러 교회 건물과 숭실학당, 숭의학교, 숭덕학교를 비롯한 여러 학교 등)과 주변 평안도와 황해도의 주요 예배당을 토착적인 양식으로 짓고 감독한 노동자 목수 선교사였다. 그는 건축하는 일꾼들과 함께 매일 정오에 기도회를 드렸고, 이를 통해 수많은 노동자를 기독교인으로 만들었다.[76]

장대현교회를 건축할 당시는 서북 지역이나 만주 지역의 정세가 불안했다. 황해도에서는 해서교안으로 천주교와 개신교가 충돌했고, 만주에서는 의화단사건으로 예배당, 병원, 성서공회 회관, 목사 사택 등이 불타고 배교를 거부하는 교인들이 현장에서 처형되었다.[77] 존 로스 목사는 압록강 연안 서간도에서 대한 사람 중에 예수 믿는 자들도 의화단에 많이 죽었다고 편지로 알렸다.[78]

---

76 S. A. Moffettt, "Graham Lee, D.D.," *KMF* (April 1917): 86; Moffett to Ellinwood, Oct. 22, 1900; Lee to Father and Mother, March 31, 1901. Lee는 1861년 6월 2일 일리노이주 록아일랜드에서 태어나, 1889년에 프린스턴 대학교를 졸업하고 하트포트 신학교에 입학한 후 맥코믹 신학교로 전학하여 1892년에 Moffett, Baird, Moore, Swallen, Tate와 함께 졸업했다. 1892년 9월 서울에 도착했으며, 1894년 1월 Blanche Webb 양과 결혼하고 장모 Margaret Webb 여사와 함께 1894년 5월 평양에 정착했다. 그는 길선주, 김선두, 정명리 등 평양 지역 최고 목회자가 된 이들에게 세례를 주고 제자로 훈련했다. 그는 1907년 평양 대부흥운동을 일으킨 신앙의 신비를 간직한 선교사, 대학 시절 중창단 출신으로 평양 교회에서 찬송을 가르치고 기도와 유머로 한국인의 마음을 움직인 탁월한 설교자, 한국교회에 자전거 순회 전도와 캠핑 방법을 도입한 순회 전도의 달인, Moffett와 길선주를 도와 장대현교회 동사목사로 20년을 섬긴 겸손한 2인자였다.

77 "만쥬 통신", 「그리스도신문」, 1901년 5월 18일.

78 "외국 통신", 「그리스도신문」, 1901년 7월 18일.

만주와는 대조적으로 평양에서는 교인들이 교회로 몰려들었다. 평양 장대현교회에서 한국인 지도자는 1895년에 영수가 된 이동승과 이듬해에 임명된 김종섭, 그리고 김종섭에게 전도받고 1896년에 개종한 길선주 등이었다. 장로로 피택된 이동승과 이영은이 1900년 봄에 병사하여, 김종섭만 장로로 장립되었다. 1901년 5월 15일에 평양을 방문한 브라운 총무는 [사진 34]의 신축 예배당에서 길선주와 방기창에게 장로 안수를 주었다.

마페트는 자급 원리를 강력하게 실천한 자로, 병원과 학교가 교회의 영적 사업을 앞서 나가는 기구주의를 강하게 경계했다.[79] 따라서 장대현교회와 베어드가 감독한 숭실학당은 개량 한식의 이층 건물로 설계했다. 평양 제중원도 한옥을 개조해서 사용했다. 1901년 5월, 브라운 총무는 평양 선교사들이 사택, 교회, 신학교, 학교를 모두 개량 한식으로 건축한 것에 감명을 받고, "평양 선교지부는 내가 지금까지 본 지부 중에서 지혜로운 선교 건물의 가장 좋은 예이다. 나는 미국과 유럽의 여러 선교지부들과 우리의 9개 선교지부를 방문한 후 이것을 쓴다. 건물의 외부 선들이 주변의 한국 토착 건물들과 조화를 이루어 처음 방문하는 사람이 5리 밖의 언덕에서 바라보면 외국 건물이라고 전혀 인식할 수 없다"고 극찬했다.[80] [사진 36]과 [사진 37]처럼 멀리서 바라볼 때 장대현교회는 그 규모에도 불구하고 기와지붕으로 인해 주변과 잘 어울리는 한옥 양식을 취하고 있었다.

79 S. A. Moffett to Dr. Ellinwood, Oct. 22, 1900.

80 J. Hunter Wells, "Northern Korea," *AH* (Nov. 1902): 442-443.

[사진 33] 남자석을 공사 중인 장대현교회, 1900년[81]

[사진 34] 완공된 장대현교회, 1903년[82]
여자석 벽 소년 옆에 현판 "章臺峴會堂"(장대현회당)이 있다.

81 J. S. Gale, *Vanguard: A Tale of Korea* (New York: Revell, 1904), 302.

82 J. S. Gale, *Korea in Transition* (1909), 209.

**[사진 35] 완공된 장대현교회와 종탑, 1903년**
[*Moffett Collections*, PTS] 사진 [34]에 등장한 소년이 종을 치는 줄을 잡고 있다.

**[사진 36] 대동강을 도강하는 일본군, 1904년**[83]
오른쪽 언덕에 장대현교회, 왼쪽 언덕에 종탑이 보인다.

---

83 *Illustrated London News* (April 9, 1904), 531; Richard H. Davis et. als. eds., *The Russo-Japanese War* (New York: Collier & Son, 1904), 40.

**[사진 37] 강변의 대동문과 언덕 위의 장대현교회가 뚜렷이 보이는 평양시, 1904년[84]**

1901년 6월 2일 1,200명이 참석한 가운데 [사진 34]와 같은 72칸의 정자형 기와 개량 한식(韓洋 절충형) 예배당 준공식을 가졌다. 첫 예배였다. 6월 9일 예배에도 동일한 수가 참석했다. 길선주 장로는 일주일 동안 사흘은 목사를 도와 전도하고 사흘은 믿는 사람들을 가르쳤다.[85] 1902년 1월 첫 주에 참석자가 1,500명이 넘자 마페트는 감격했다.

> 어제는 큰 교회에 강단까지 가득 차는 대단한 날이었소. 사경회 참석자로 인해 회중이 크게 늘어났기 때문이오. 소년들로 하여금 여자석에 앉게 했지

---

84 "View over rooftops of riverside city," *Willard D. Straight Collections*, Cornell University, https://digital.library.cornell.edu/catalog/ss:319550, 2015년 10월 5일 접속.

85 "교회 통신", 「그리스도신문」, 1901년 6월 27일.

만 그래도 남자석이 모자라 몇 명의 남자는 여자석에 앉았소. 번하이젤 목사와 블레어 목사는 문 밖으로 나가서 남자 숫자를 세었는데 참석자를 처음으로 제대로 계수한 경우였소. 남자가 863명이었소. 여자석에 간 소년들은 분명 100명이 넘었으므로, 합하면 약 1,000명의 남자와 대략 500명의 여자가 참석했소. 따라서 교회 건물에 사람이 가득 차면 1,500명까지 들어간다고 해도 과언이 아니며 이번 주일에 그렇게 많은 사람들이 참석했소.[86]

빚을 완전히 상환한 1903년에 헌당 예배를 드렸다.[87] 총공사비 7,000여 원(10만 냥) 가운데 한국 교인은 5,000원(엔)을 헌금했다. 이 건물은 지금까지 민간인이 지은 건물 가운데 가장 큰 건물이었다. 리 목사는 [사진 35]처럼 1903년 여름 교회 서쪽 언덕에 종탑을 완공하고 샌프란시스코의 가래트 부인(Mrs. Garratt)이 기증한 종을 걸었다.[88] 한식 정자 양식의 종탑은 교회의 수직성과 정확한 시간성의 상징으로, 청일전쟁 이후 울리지 않던 종로의 인경(人定) 동종을 대신하여 주일 아침마다 아름다운 종소리로 예배 시간을 알렸다.[89]

---

86 S. A. Moffett to Alice Moffett, Jan. 6, 1902.

87 제4교회인 산정현교회는 28칸(58평)으로 1907년에 헌당했다("부인어부", 「예수교회보」, 1913년 6월 10일).

88 S. A. Moffett to A. J. Brown, Aug. 5, 1903; 길진경, 『영계 길선주』(종로서적, 1980), 96; "Keeping the Sabbath," *KF* (Aug. 1903): 121.

89 평양의 동종(銅鐘)은 대동문 건너 동대원리 불교 사찰에서 유래했다. 고려 태조 9년 대동문에 동종을 달았다. 이후 장대현 언덕으로 옮겼다가 다시 대동문으로 환원했으며, 13세기 몽고 침략 때 대동문이 불타고 종도 파손되었다. 조선 영조 2년(1726)에 평양 감사 윤헌주가 부벽루 서편 뜰에서 종을 수리 제작하여 대동관(大同館) 앞에 종각(鐘閣)을 지어서 달고 4대문의 개폐를 알렸다. 곧 새벽 4시에 33번의 파루(罷漏)를 쳐서 성문을 열고, 저녁 10시에 28번의 인경(人定) 종을 쳐서 통행을 금지했다. 용두를 가진 높이 9자, 직경 4자의 대종이었다(현재 한국의 5대 종의 하나이다). 1827년(순조 27)에 종각을 다시 짓고 달았다. 1894년 청일전쟁 때 일부가 파손되면서 이후 종소리를 울리지 못했다. 1903년에 장대현교회 종이 그 역할의 일부를 맡았다. 1927년에 대동문공원으로 이전했다("千餘年 長壽 平壤의 대인경", 「시대일보」, 1927년 2월 7일).

1903년 6월에는 평양 남산현교회도 언덕 위에 벽돌로 예배당을 완공했고, 중국의 무어 감독이 와서 헌당했다. [사진 36]과 [사진 37]의 장대현교회나 [사진 21]의 남산현교회처럼 언덕 위에 지어진 예배당에 앉아서 선교사들은 "어두운 이교의 도시에서 참 빛"인 교회를 10리 밖에서도 볼 수 있다고 자랑스러워했다.[90] 벽돌 건물인 남산현교회에 비해 한양 절충식인 장대현교회는 해방 이전 토착적인 평양 기독교를 대표하는 건물이었다.

장대현교회가 헌당된 1903년에 장로교회는 [표 3]에 의하면 320개가 넘고 미조직 예배처소까지 합하면 1,000개가 넘었다.[91] 장대현교회는 1903년에 5개의 교회를 분립시켰지만 매주일 1,200-1700명이 예배에 참석했고, 수요 기도회에는 1,000-1,200명 정도가 참석했다. 이때 교인 관리를 위해 10명 단위의 권찰(勸察, leader of tens) 제도를 도입했다. 이로써 장대현교회는 외형적 성장기를 지나 내적 성숙과 조직 단계에 접어들었다.[92]

### 전주 서문밖교회

전라도 지역에 개신교가 처음 진출한 전주에서 건축된 장로교회의 예배당 변천사는 한국 개신교 예배당의 전형적인 발전 과정을 보여준다. 1897년 첫 예배처소로 성문 안 은송리 초가집 예배당이 마련되었다가, 교인이 증가하자 1905년 [사진 38]처럼 서문 밖에 개량 한식으로 30칸의 일자형 기와집 예배당을 건축하여 서문밖 예배당 시대를 열었다. 그러나 1907년 부흥운동 이후 교인이 증가하자 1911년에 [사진 39]처럼 정자형(ㄱ자형)으

---

90 Sallie Swallen to Jennie Willison, June 15, 1903 (*Moffett Collections*, PTS).

91 "The Fall Meeting," *KF* (Nov. 1903): 129. 이는 미조직교회의 예배처소를 포함한 숫자였다.

92 "Pyeng Yang City Church," *KF* (Nov. 1903): 130; "The Pyeng Yang City Church," *KF* (Nov. 1902): 74.

로 증축했다. [사진 40]의 광주 북문안 장로교회의 ㄱ자형 예배당은 여자석이 남자석에 비해 지붕이 낮고 규모가 작았으나, 전주에서는 같은 높이와 규모로 지었다.

[사진 38] 전주 서문밖교회, 1905년[93]

[사진 39] 전주 서문밖교회, 1911년[94]

93 100주년 기념사업위원회, 『사진으로 본 전주서문교회 100년, 1893-1993』(1994), 20.
94 위의 책, 33.

[사진 40] 광주 북문안교회, 1910년[95]

## 서울 정동제일교회

1887년 10월 9일에 달성위궁(達城尉宮) 후문 근처 작은 초가집 벧엘 예배당에서 출발한 정동감리교회는[96] 그해 11월 바로 옆에 있는 더 큰 기와집을 매입하여 8x16자의 큰 방 중앙에 병풍을 두고 남녀 좌석을 분리해서 예배를 드렸다.[97] 11월 말 추수감사절에는 예배당이 가득 찼다. 배재학당 학생 유치겸과 윤돈규가 세례를 받았다. 첫 성탄절 예배에서 아펜젤러 목사는 권서 최성균이 받아 적어준 첫 한글 설교문인 "그의 이름을 예수로

95 R. T. Coit, "Good News from Kwangju," *Presbyterian Survey* (August 1912) L 789.

96 1887년 7월 24일 박중상의 첫 세례, 9월의 벧엘 예배처소 구입, 10월 2일 한용경의 두 번째 세례, 10월 9일 벧엘에서 첫 예배, 10월 16일 첫 여자교인 최성균 부인의 세례, 10월 23일 첫 성찬식 등에 대해서는 옥성득, 『다시 쓰는 초대 한국교회사』(새물결플러스, 2016), 235-241을 보라.

97 Scranton 대부인의 달성 사택은 소공동에 있는 저경궁(儲慶宮) 안쪽의 달성위궁(達城尉宮)을 말하는 것으로 지금의 한국은행 바로 뒤편에 있었으며, 길 건너편에 상동교회(현 남창동 1번지)를 짓게 된다. 곧 원래 벧엘 예배처소는 한국인들이 밀집해서 사는 남대문 안 상동에 있었고, 나중에 상동에 교회를 세울 때에도 그 주변을 매입하여 상동교회를 지었다.

하라"를 읽었다.[98] 1888년 봄 명동성당 건축 문제로 정부가 포교 금지령을 내리자 언더우드와 아펜젤러는 평양에서 서울로 돌아왔고, 그때 벧엘 예배당에서의 예배는 중단되었다. 이어 상동에서 정동으로 예배처소를 옮겨 여자는 이화학당에서, 남자는 아펜젤러 사택에서 임시로 모이다가, 이화학당 언덕 밑의 예배실과 배재학당 예배실에서 따로 예배를 드렸다.[99]

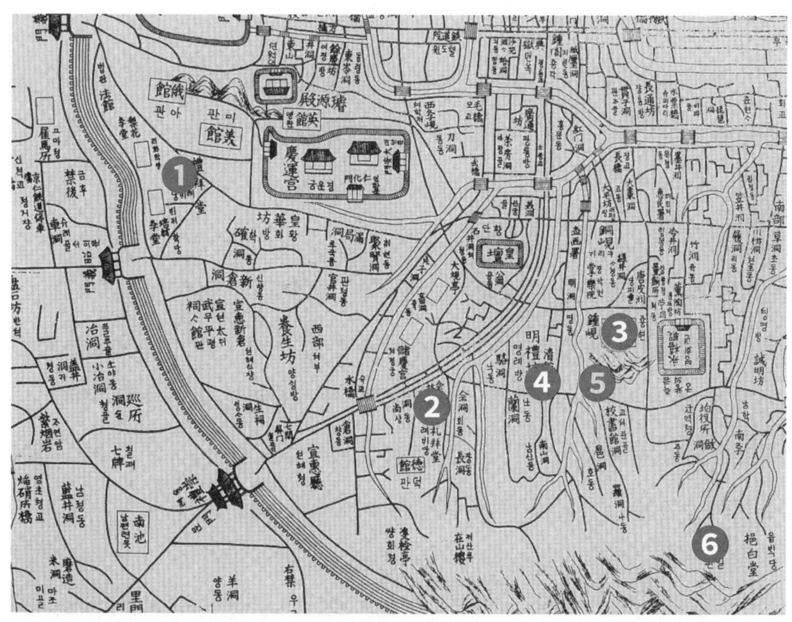


**[지도 4] 벧엘 예배당 위치: 정동제일교회와 진고개 중간, 현 상동교회 근처 [OAK]**

❶ 정동제일교회, ❷ 상동감리교회, ❸ 명동성당, ❹ 중국공사관, ❺ 일본공사관, ❻ 진고개

청일전쟁 이후 교인이 200명을 넘자 1894년 12월 28일 정동, 이화학당, 종로 예배처의 지도자들은 정동 예배당 건축을 결의하고 헌금을 약정했다.

---

98 *Appenzeller Diary*, December 25, 1887.

99 H. G. Appenzeller, "The First Methodist Episcopal Church, Seoul, Korea, read at the District," December 26, 1897.

1895년 8월 7일 [지도 4]의 1번인 현재 정동제일교회 자리에 공사를 시작하고 9월 9일 정초식을 거행했으며, 1896년에 지붕을 얹었고, 1897년 5월과 9월까지 몇 번의 예배를 드린 후 10월 3일에는 입당식을 거행했으며, [사진 41]처럼 마무리 공사를 했다. 마침내 1897년 12월 26일 성탄 주일에 동대문 볼드윈예배당과 함께 헌당했다.[100] 총 건축비 8,048.29엔 중 한국인이 연보한 돈은 693엔($346.5)으로 외국인 헌금과 기부금이 90%를 차지했다.[101]

'회당을 하나님께 바치는 예식'은 주일인 26일 오전 10시에 드렸다. 정동 교인과 달성 교회와 동대문안 교회 교우들과 선교사들이 참석했다. 개회사에 이어 찬미, 기도, 성경 공과(역대하 6장 솔로몬 성전의 헌당, 히브리서 10:19-26) 낭독, 찬미, 시편 122편 교독을 한 후, 스크랜턴 목사가 "이 집은 노래하는 집이 아니요 하나님께 기도하는 집이라"는 주제로 설교하고, 탁사들과 아펜젤러 목사가 스크랜턴 장로사에게 "우리가 이 집으로 장로사에게 드려 전능하신 하나님을 복사(福謝)하고 숭배하기를 위하여 한 예배당으로 하나님께 바치게 하나이다" 하고 회당 열쇠를 드렸다. 교인 일동이 일어나 장로사가 다음 글을 읽을 때 경청하고 축도로 폐회했다.[102]

> 친애하는 붕우여, 우리가 성경에서 배운 바 하나님께 모여 예배함을 위하여 지은 집들을 특별히 구별하여 교를 위하여 씀으로 하나님께 바치는 예절에 합당하고 사리에 옳은 것이라. 이같이 바치는 일을 위하여 우리가 지금 모였는지라. 그러므로 이 예배당 세우신 거룩한 일 하라고 종들에게 특별히 복을 주

100 "Korea," *ARBFMMEC* (New York: 1898), 264.

101 Rosetta S. Hall, "Dedication of the New Methodist Church in Korea," *GAL* (April 1898): 186.

102 "회당을하ᄂᆞ님ᄭᅴ드림", 「대한크리스도인회보」, 1897년 12월 22일; "졍동새회당에셔힝ᄒᆞᆫ일", 「대한크리스도인회보」, 1897년 12월 29일.

시는 이 전능하옵신 하나님께 감사함을 드림으로 우리가 이 집을 바치니, 성경을 강론하는 것과 하나님의 도를 전하는 것과 세례와 만찬례를 행하는 것과 또 모든 예배하는 일과 교중 사무를 위하여 함이니, 이 모든 것은 미이미교회의 강례와 풍속을 의빙하여 함이요, 예배하는 사람들이 공경하는 마음으로 아니 하면 이 성전을 바치는 것이 다만 헛된 일인즉, 나는 지금 모든 사람들이 자기 몸을 하나님께 새로이 바치기를 권하노니, 우리 영혼들을 바쳐 크리스도와 같이 새로이 되게 하고, 우리 몸을 바쳐 성신이 거처할 만한 성전이 되게 하고, 또한 우리의 노력하는 것과 생언[生言]하는 것을 바쳐 하나님의 큰 이름의 영광과 하나님의 나라가 흥왕하는 열매가 되게 하고, 이 공경하는 일을 하나님께서 기쁘게 받으심을 기도합시다.[103]

선교사나 한국인 교인들이 예배당을 구약에서 말하는 성전과 같은 공간으로 인식하고 있었으며, 동시에 성령을 모신 성전인 몸과 마음도 하나님께 바쳐야 한다는 신약적인 이해도 분명히 했음을 알 수 있다. 26일 저녁에는 언더우드 목사의 연설이 있었는데, 그는 10년 전에는 예수를 아는 자가 없더니 이제 경향 간에 구세주의 제자가 만 명 가까이 늘었다고 감사했다. 27일 오후 3시에는 선교사들의 축하회가 열렸다. 28일 오후 3시에는 한국인 축하회와 한국인 연사들의 연설이 있었다.[104]

새 예배당은 앞의 [사진 18] 그리고 [사진 42], [사진 43]처럼 삼각형 박공 지붕과 종탑으로 수직성을 나타냈으며, 평면은 라틴 십자가(Latin cross)형, 내부는 삼랑식(三廊式)으로 주랑(柱廊) 쪽에 설교단을 배치했다.[105] 예배

103 "회당을하ᄂᆞ님ᄭᅴ드림", 「대한크리스도인회보」, 1897년 12월 22일. 미리 헌당식 순서지를 회보에 인쇄하여 예배 때 사용했다.

104 당시 북감리회는 중국에 2만, 인도에 8만, 일본에 3만, 대한에 2천 명의 교인이 있었다("샤셜", 「대한크리스도인회보」, 1898년 1월 26일).

105 Appenzeller는 1894년 미국 북감리회가 발간한 예배당 설계 도안집의 25번을 채택하고,

실은 70x40x25자의 115평 넓이였고, 종탑은 높이 50자였으며, 회당 좌우에 28x14자 방이 있었다.[106] 함석 지붕으로 꾸미고, 위화감을 주지 않도록 낮은 종탑과 전원적인 고딕 복고 양식을 취했다. [사진 44]처럼 사방에 고딕식 큰 유리창을 달아 자연 채광으로 "심이 명랑"했다.[107] 붉은 벽돌 예배실 벽이나 예배당을 둘러싼 흰 회벽 담은 예배당의 거룩성과 보호성을 상징했다. [사진 45]처럼 설교단과 주변 가구는 일본에서 수입해서 1898년 성탄절에 설치했는데 성찬식 탁자는 설교단 앞에 놓았다.[108] 이는 성만찬 때 쉽게 "남녀 교우가 공경한 마음으로 성단 좌우에 엎드려 떡과 포도즙을 먹어 구세주를 기념"할 수 있는 구조였다.[109]

**[사진 41] 교회 입구 길 공사, 1897년[110]**

---

배재학당을 설계한 요시자와에게 설계를 맡겼다(벧엘예배당 발전위원회, 『하늘 사명의 전당, 벧엘예배당』[정동제일교회, 2002], 27-31).

106 1898년 5월 29일에 헌당된 고딕 양식의 종현(명동) 천주교당은 202x90자(60자) 크기였고, 종각 높이는 141자, 공사비는 6만원이었다("텬쥬교당을 하ᄂᆞ님씌 밧친일", 「대한크리스도인회보」, 1898년 6월 8일).

107 "졍동새회당에셔힝ᄒᆞᆫ일", 「대한크리스도인회보」, 1897년 12월 29일.

108 S. L. Baldwin, "Korea," *Christian Advocate* (New York: March 31, 1898): 515.

109 "셰례와셩만찬을힝홈", 「대한크리스도인회보」, 1898년 6월 22일.

110 A. J. Brown, "A Reading Journey Through Korea," *Chautauquan* (Aug. 1905): 574.

[사진 42] 정동제일교회, 1897년 [배제박물관]

[사진 43] 정동제일교회, 1900년 경 촬영,[111]
오른쪽 언덕 위 건물은 영국공사관이다

111 W. E. Griffis, *A Modern Pioneer in Korea: The Life Story of Henry G. Appenzeller* (New York: Revell, 1912), 211.

[사진 44] 정동제일교회에서 열린 북감리회 연회, 1903년[112]

[사진 45] 설교단, 성찬 탁자, 오르간, 1897년[113]
성탄절을 위해 강단 뒤에 "今日大闢城爲爾生救主"를 쓴 현판을 걸었다.

112 이덕주, 『사진으로 읽는 한국 감리교회 역사』, 53.
113 오영교, 『정동제일교회 125년사 제1권 통사편』(정동삼문출판사, 2011), 143

**[사진 46] 정동교회 예배 광경, 1897년 [배재학당 역사박물관]**
중앙에 한국화가 그려진 병풍을 놓았다.

1897년 5월 9일에 열린 제13회 연환회를 위해 내한한 중국의 조이스(Isaac W. Joyce) 감독이 참석한 가운데 첫 예배를 드렸다. 이때 서울 주변 교인을 합해 약 천 명이 참석했는데, 중앙에 휘장을 쳐서 남녀 좌석을 분리했다.[114] 남녀유별의 좌석 분리는 1910년대에 가서 사라진다. 흰색 천 휘장은 기존의 정동 벧엘교회, 상동교회, 동대문안교회에서도 사용했다. 그러나 정동교회의 천장이 높아 휘장을 설치하기 어려웠으므로 곧 [사진 46]처럼 휘장 대신 한국화를 그린 병풍을 사용했다. 다만 병풍의 그림을 남자석으로 향하게 했다. 또한 초대 로마 제국기의 예배당에서처럼 남자는 설교자가 볼 때 우편에 앉았는데, 이는 우편이 더 힘 있고 높은 자리였기 때문이었다. 이미 서양이나 일본에서는 분리하는 병풍이나 휘장은 사라졌고, 좌석도 남

114 "회즁신문", 「죠션크리스도인회보」, 1897년 5월 12일.

녀석이 뚜렷이 구분되어 있지 않았다. 교회의 외형은 서구식이나 안으로 들어오면 이렇게 한국식 공간으로 변해 한양 절충이 이루어졌다. 외형은 서양식이나 내면은 한국식이었다. 문화와 풍속을 바꾸는 데는 시간이 걸렸다. 의식의 변화는 서서히 이루어졌다.

감리교회는 정동제일교회(1897년)를 모델로 하여 동대문교회(1897년), 상동교회(1901년), 인천 내리교회(1901년), 평양 남산현교회(1902년), 서울 종교교회(1910년)를 모두 고딕 복고풍의 붉은 벽돌 건물로 건축했다.[115] 이는 서양식 배재학당(1888)과 이화학당(1902) 건물과 더불어 감리회의 선교 정책인 '기독교 문명' 노선에서 이루어졌다. 아펜젤러가 후원한 독립협회 운동이 시작될 때 봉헌된 정동제일교회는 기독교 문명의 상징이었다.

### 원산감리교회, 1903

남감리회는 장로교회처럼 네비어스 방법을 비공식적으로 채택했고 예배당 건축의 자급을 강조했다. 1904년에 송도 구역에는 송도 남북교회 외에 주변에 15개의 교회가 있었는데, 12개 교회가 자급 예배당이었다. 송도 남감리교회 예배당(1903)은 한옥에 창호지 창문을 가진 소박한 한양 절충식이었다. 1903년에 선교지 분할에 따라 원산이 남감리회의 관할 구역이 되자 북감리회의 맥길(W. McGill) 의사는 공주로 갔다. 1902년 말에 하디(R. Hardie) 목사는 남산동에 새 예배당을 세우기 시작해 1903년에 완공했다. 1903-04년 부흥운동을 거치면서 교회는 크게 성장했다. [사진 47]처

115 평양 남산현교회는 1898년에 건축할 때 방 3개의 십자형으로 설계하고 작은 방 2개는 남자용, 세로로 긴 방 1개는 여자용으로 하였다. 1898년에 미국에서 보내온 오르간과 종을 설치했는데 이는 평양에서는 첫 오르간이었다(*Official Minutes of the Korean Mission, MEC for 1898*, 30).

럼 예배당은 실용적인 미국식 전원풍의 목재 고딕 복고 양식이었다. 이는 교회의 본질이 말씀의 선포와 성도의 교통이라는 인식이 강한 감리교회에서 설교 중심의 예배에 어울리는 강단식 예배당이었다. 함석지붕에 양쪽에 다섯 개의 고딕식 창문을 달았다. 내외를 구분하는 풍습을 따라 두 개의 출입문은 왼쪽이 남자용, 오른쪽이 여자용이었고 예배실 중앙에 병풍을 쳐서 남녀 좌석을 구분했다. 의자 없이 마루에 앉아서 예배를 드렸다. 이는 하나님께 예배할 때 감히 의자에 앉을 수 없다는 경건성과 함께 현지 풍속을 갑자기 바꾸지 않는다는 선교 정책 때문이었다.

캐나다인 건축사 고든이 설계하고 대부흥운동 시기에 공사해서 1907년 12월 8일 낙성한 [사진 48]의 서울 연동교회도 원산감리교회처럼 함석지붕에 서양식 창문을 달았다. 역시 고든이 설계하고 1910년 5월 29일 헌당된 [사진 23]의 서울 새문안교회도 장방형에 출입문을 양쪽으로 내고 벽돌 벽에 아치형 유리창을 넣고 함석지붕을 했는데, 변형된 로마네스크 양식으로 단순하게 지은 것은 재정과 시간을 절약하기 위함이었다.[116]

116 헌당 이전 새문안교회는 남녀가 따로 예배를 드렸다. 가난한 중에도 한국인들은 스스로 건축하길 원했으므로 중국인 건축가 헨리 장(張時英)은 최소 비용으로 단 시간에 공사를 했는데, 한국 교인은 첫 해에 1,655엔을 헌금했다("Dr. H. G. Underwood's Annual Report," *KMF* [Nov. 1910]: 286-287).

[사진 47] 원산감리교회, 1907년[117]

[사진 48] 서울 연동교회, 1907년[118]

117 Cameron Johnson, "When I Went to Church in Korea," *MRW* (March 1908): 201; J, S, Gale, *Korea in Transition*(1909), 195.

118 J. S. Gale, "Building the Church in Seoul," *MRW* (March 1908): 160.

## 4. 외형 특징

### 규모: 자급형

위에서 살펴본 대로 예배당의 자력 건축이 강조되었다. 이 자급 원리에 따라 준공식을 거쳐 모든 건축비를 청산한 후 헌당 예배를 드렸다. 1901년에 설립된 시흥 삼막교회처럼 준공과 헌당을 함께 하면서 회당 문서와 지계 문권을 선교회에 넘기는 경우도 있었다.[119] 그러나 일부 감리교회는 빚을 청산하려고 선교사에게 도움을 청하기도 했는데, 1902년 「신학월보」는 이를 비판하고 자급의 원리를 강조했다.[120]

[표 4]에서 보듯이 북감리회 평양 북지방회의 경우 1902년에 26개의 예배당이 설립되어 있었다.[121] 26개 교회의 총 면적은 261칸이었으며, 총 가치는 65,897량 2푼 9리(당오전으로 229,486량 4푼 5리)였다. 95칸의 평양 남산현교회를 제외하면 읍에는 9-26칸, 작은 마을에는 대개 3-7칸의 예배당을 지었는데, 이는 자급할 수 있는 규모였다.[122]

개인의 연보로 예배당을 짓거나 개인 집을 예배처소로 바꾸는 경우도 있었지만, 대부분 교인들이 협력하여 4-9칸 예배당을 사거나 지었다. 1902년 경기도 이천 광주 감리회 지역은 그 좋은 예였다.[123] 1902년에 황해도 해주 꽃뫼(花山)에서는 두 집을 제외하고 모두 신자가 되었는데, 그 지역 신자들은 150여 원의 연보로 동네에서 가장 큰 집을 사서 감리회 예배

---

119 "시흥 삼막회당 헌봉홈", 「신학월보」(1901년 8월).

120 "부그러운 일", 「신학월보」(1902년 9월).

121 "북방지방 탁사별위원 김선규보단", 「신학월보」(1903년 8월).

122 참고 "새 례배당을 셜립함", 「신학월보」(1904년 7월); "여쥬 범솟교회에 셩당을 셜시함", 「신학월보」(1904년 8월).

123 문경호, "열심으로 례비당을 지음", 「신학월보」(1902년 11월).

당으로 바쳤다.[124]

[표 4] 1902년 북감리회 평양 북지방 예배당

| 교회명 | 규모(칸) | 가치(량) | 교회명 | 규모(칸) | 가치(량) |
|---|---|---|---|---|---|
| 남산현 | 95 | 95,000 | 예성 | 3 | 50 |
| 복룡동 | 7 | 500 | 경천 | 3 | 80 |
| 칠산 | 13 | 980 | 비석거리 | 3 | 30 |
| 강서읍 | 9 | 650.29 | 함종읍 | 23 | 380 |
| 선돌 | 5 | 193 | 증산 | 8 | 250 |
| 줄바위 | 6 | 320 | 월명산 | 3 | 75 |
| 배꽃리 | 4 | 250 | 운산읍 | 3 | 170 |
| 삼화읍 | 26 | 508 | 회천복골 | 4 | 180 |
| 남포 | 21 | 1,390 | 신계읍 | 14 | 300 |
| 덕동 | 7 | 350 | 구성거리 | 4 | 180 |
| 일출리 | 10 | 420 | 요포 | 3 | 80 |
| 대령뫼 | 3 | 90 | 귀엄 | 4 | 350 |
| 돌다리 | 3 | 100 | 접섬 | 3 | 70 |
| | | | 안주 | 12 | 1,200 |

예배당 자급의 원리는 장로회와 감리회 모두 강조하고 실천했다. 다만 북감리회의 대도시 벽돌 건물에서는 외부 보조가 더 많았고, 장로회도 도시의 큰 예배당 건축은 완전 자급 대신 비용의 2/3는 한국인 교인들이 부담하고 1/3은 외부 도움으로 부담하는 경우가 많았다. 평양의 장대현교회가 이 방식으로 건축비를 해결하자 1905년에 전주에서도 동일한 방식을 채택

124 장원근, "황해도 교회 진보함", 「신학월보」(1903년 1월).

했다.[125] 그러나 시골의 작은 회당은 대개 자급으로 건축했다.[126]

### 위치: 풍수, 묘지, 성황당과의 갈등

개신교 예배당의 위치는 성벽을 갖춘 도성과 성벽이 없는 농촌 마을에 따라 차이가 있었다. 먼저 서울과 개항장에서는 신도시 구역인 외국인 거주지에서 예배를 시작했으나 부산, 원산, 목포 등에서 보듯이 일본인이 많은 신도시가 아닌 한국인이 거주하는 구도시 지역으로 진출하여 예배당을 설립했다. 이는 사람(교인)이 있는 곳에 교회(예배당)가 있어야 한다는 단순한 원리에 충실한 것이었지만 이로써 일본인 신도시에 설립된 신도 신사, 여러 불교 사찰 등과 대조되는 기독교 근대성과 기독교 민족주의의 공간이 되었다.[127]

둘째, 내륙의 성벽 도시에서는 일단 성 안의 가정집에서 예배를 시작하여 지방 정부와 주민의 공인을 얻고 필요하면 이를 증축해서 사용하다가 교인이 늘고 교회, 학교, 선교사 사택 등을 신축할 경우 넓은 부지가 필요했으므로 평양, 전주, 광주에서처럼 성문 밖의 산지 언덕을 매입하여 선교 구역을 형성하고 예배당을 건축했다. 공적 종교인 유교의 서원과 사당만 허락되던 성문 안과 달리 성문 밖에는 19세기에 상업이 성장하면서 인구가 성장했고 이 열린 공간에서 민속종교와 신종교가 성행했는데, 개신교는 이 성장하는 틈새 공간에 진출했다. 전통 유교 문화로부터 소외, 차별, 멸시되던 '성문 밖' 민중 공간으로의 진출은 개신교의 민중성, 민주성, 미래

---

125 W. M. Junkin, "Chunju City Work," *KMF* (Dec. 1905): 23-24.

126 E. Bell, "Done by the Native Christians," *KMF* (June 1906): 142. 전라남도 광주 선교지부의 경우 광주시 교회를 제외하고 모두 자급으로 지었다.

127 개항도시 목포의 식민지 근대성과 종교적 이중성은 고석규, "근대도시 목포의 역사 경관과 문화", 「건축역사연구」(2007년 4월): 167-181을 참고하라.

지향성을 드러냈다.

셋째, 성이 없는 작은 마을에서는 가정집에서 시작하여 교인이 증가하면 전망이 좋은 언덕 위에 새 예배당을 건립했다. 가정집에서 신축 예배당 단계로의 이동은 사적이고 가족적인 예배 공간에서 공적이고 공동체적이며 성속이 구분되는 예배 공간을 확보한 것이었다. 또한 '언덕 위의 교회' 유형이 출현한 이유는 위생 때문이기도 했다. 생활 풍수에 따르면 언덕은 장풍득수(藏風得水)에 불리했지만, 전염병이 심하던 당시에 신선한 바람을 얻고 더러운 하수구 물을 피할 수 있는 득풍장수(得風藏水)하는 언덕이 개신교 선교사의 주택, 학교, 병원, 예배당 자리로 선정되었다.

그러나 마을에서 약간 벗어난 언덕은 영계와 속계가 만나는 경계 지역, 곧 전이의 역공간(閾空間)이었다. 그곳에는 대개 성황당이 있었고 주변에는 묘지가 있어서 귀신(신령)과 도깨비가 거주하는 곳이었다. 주민들의 영적 세계의 신경이 예민하게 반응하는 피안과 차안의 문지방에 개신교 예배당이 들어섬으로써, 개신교는 무속의 귀신들을 정복한 강력한 유일신을 섬기는 종교로서 입지를 확보해 나갔다.

1895년에 완성된 황해도 소래교회가 언덕의 동제 사당을 허물고 건축한 첫 경우였다. 또한 1897년 가을에 헌당한 평양 외곽의 봉룡동감리교회의 터는 원래 수백 년간 주변 숲에 거하는 귀신을 섬기던 사당이 있던 곳이었다.[128] 개인 집에서 예배를 드리던 교인들은 당집을 사서 허물고 불태운 후 언덕 위에 자급으로 첫 통나무 예배당을 지었다.[129] 1907년에 신축한 [사진 49]의 함흥신창리교회는 수백 년간 무당이 굿을 하던 언덕에 세

---

128 "평양교회", 「죠션크리스도인회보」, 1897년 11월 17일. 회보는 '마귀당' 주변에 있던 느릅나무로 '성당'을 만들었다고 자랑했다.

129 *Official Minutes of the Korean Mission, MEC for 1898*, 31.

워졌다.[130] 때로는 마을의 신목에 교회 종을 설치하는 경우도 있었다. 전투적인 복음주의로 무장한 개신교는 무교의 사당을 파괴하고 신목을 베고 화상과 주물을 불태웠다.

[사진 49] 함흥 신창리교회, 1910년[131]

물론 개신교의 이런 배타적 파괴와 정복 과정은 주민과의 많은 충돌을 야기했다. 1895년 평북 용천군 양서의 신도 백인걸(白仁傑)이 성황당에 가서 우상의 목을 파괴했는데, 동민이 모두 일어나 그에게 물매를 때리고 다른 신도들을 마을에서 추방하려고 했다. 이 소요 사태는 관리들이 조정에 나서 수습되었다. 같은 해에 선천군 고읍교회가 설립되었을 때 전도인 정익

130 Helen F. MacRae, *A Tiger on Dragon Mountain: The Life of Rev. Duncan M. MacRae, D. D*(Prince Edward Island, CA: Williams & Crue, 1993), 136. 캐나다장로회 한국선교회는 함흥에서 향교의 활 궁터가 있는 언덕을 매입하여 선교지부를 설립했다.

131 Ibid, 150.

로(鄭益魯)가 동네 사당에 들어가 위패를 거꾸로 세워놓았는데 동민이 분기하여 교도들을 구타하고 그들이 마을에서 농사짓는 것을 금지했는데, 이 소동도 관청의 조정으로 무사히 넘어갔다.[132]

중국에서처럼 반기독교 세력들은 풍수를 내세워 마을 입구나 주변 언덕에 서양 종교 건물이 들어서는 것을 반대했다. 특히 예배당 부지 근처에 묘지가 있는 경우 그 후손들과 갈등이 심했다. 예를 들면 1903년에 평북 은산군 추탄리교회 예배당을 신축할 때 한 부자 교인이 1,500냥을 기부하여 전망이 좋은 언덕에 있는 땅을 구입하고 기초 공사를 시작하자, 두 노인이 묘지가 근처에 있다는 것을 이유로 예배당 신축을 결사반대했다.[133] 1905년에 강화도에서도 사당 문제로 주민과 큰 충돌이 있었다.[134] 1908년에 인천의 실미골 교인들이 뱀내장터에 있는 관제묘(關帝廟)를 파괴하자 동민들이 예배당을 파괴하는 일이 있었다.[135]

### 양식: 한양 절충식으로 전통과 근대를 통합함

1910년대 개신교 예배당은 시골 농촌에서는 초가집에서 개량 한식의 기와집으로 옮겨갔고, 읍이나 도시에서는 기와집에서 함석지붕 벽돌집으로 이행했다. 제물포 내리교회가 1891년에 6칸 짜리 초가집 예배당을 마련했을 때,[136] 이 예배당은 다른 한옥처럼 진흙이 주 재료였고 온돌 바닥이라 겨울에 따뜻했으며, 벽에는 창호지 창문을 달았다. 의자나 긴 의자와 설교단은

---

132 차재명 편, 앞의 책, 77.

133 "Building Churches under Difficulties," *KF* (Nov. 1903): 136.

134 "Korea," *ARBFMMEC* (New York: 1906), 327.

135 "피장파장", 「대한매일신보」, 1908년 1월 22일.

136 내리교회는 1892년에 이 회당을 건축했으며 이를 "한국 최초의 자비 교회당 건축"으로 주장한다(http://naeri.org/hist/history.html).

없었고, 모두 작은 둥근 방석 위에 앉았다. 존스는 "우리는 이 교회가 자랑스럽다. 왜냐하면 이것이 한국 곳곳에 하나님의 성소들이 들어설 때까지 계속될 사역의 시작이기 때문이다"라고 말했다.[137] 그런데 큰 읍에서 예배당을 기와집으로 새로 건축할 경우에는 예배실을 밝게 하기 위해 유리창을 곳곳에 넣었다. 또 벽돌로 된 벽에 일본이나 상해에서 구입한 '서양 철'(함석)을 지붕으로 하는 서양식 예배당도 늘어났다. 이렇게 한양(韓洋) 절충식이 자리잡아 나갔다.[138]

초기의 초가집 예배당은 점차 서울 승동교회처럼 절충식인 개량 한식으로 신축되었다. 이때 벽돌, 유리창, 기와 혹은 함석지붕이 사용되었다. [사진 54]의 선천남교회처럼 개량 한옥 지붕 위에 종탑을 설치하는 독특한 양식도 등장했다. 상당수 예배당은 [사진 52]의 선천북교회처럼 ㄱ자로 지었다.

**[사진 50] 서울승동교회, 1905년[139]**

137 "Korea," *ARBFMMEC* (New York, 1894), 893; "Report II--Chemulpo Circuit," *OMKMMEC* (Seoul: 1899), 27.

138 1897년에 「그리스도신문」은 논설에서 한국식 집과 서양식 집을 비교하면서, 일단 지붕을 초가나 기와 대신 서양철(함석)로 할 것을 제안했다("론셜", 「그리스도신문」, 1897년 7월 15일).

139 Anna W. Pierson, "Korea-The Land of Opportunity," *MRW* (April 1911): 271.

[사진 51] 서울승동교회, 1910년[140]
입구에 "예수교례비당 耶穌教禮拜堂" 간판을 세웠다.

[사진 52] 선천북교회, 1910년[141]

140 Charles E. Bradt et als., *Around the World Studies and Stories of Presbyterian Foreign Missions* (Wichita, KS: Missionary Press, 1912), 336.
141 G. S. McCune, "Sunday Morning in Syen Chun," *KMF* (Sept. 1912): 258.

**[사진 53] 선천북교회 내부, 1910년,**[142]
ㄱ자로 지었다.

**[사진 54] 선천남교회, 1912년**[143]

142 Bradt et als., *Around the World Studies and Stories of Presbyterian Foreign Missions*, 338.

143 Ibid.

### 형태: 'ㅡ'자형, 'ㅜ'자형, '十'자형의 공존

많은 회당이 [사진 55]의 목포교회처럼 예배실 한 개로 이루어진 일자형 혹은 장방형이었지만 교인이 증가하면서 예배실을 한 개 더 덧붙이면서 ㄱ자형이 되거나, 처음부터 십자형이나 ㄱ자형으로 짓는 교회가 늘어났다. 한옥에서 보이는 만남의 장소인 대청마루나 툇마루 공간이 회당 내부로 들어와 회당 전체가 마루 공간이 되었다.

[사진 55] 목포 위더스푼 기념교회, 1903[144]

서울 정동감리교회, 인천 내리교회, 평양 남산현교회, 서울 종교교회 등 고딕식 감리교회들은 윗부분이 짧은 라틴십자가 모양의 십자형을 취했다. 평양의 봉룡동감리교회(1897)도 십자형이었는데, 설교단을 중심으로 가로로

144 *Missionary* (June 1904): 284.

양쪽은 남자석, 앞쪽은 여자석, 뒤쪽은 사회자와 설교자 좌석과 오르간을 놓았다. 또한 원산장로교회가 1899년에 "예배당을 십자형으로 신축하니 함경도내에서 최선 건축"이 되었다.[145]

ㄱ자형(정[丁]자형 혹은 L-shaped) 예배당은 앞에서 본 대로 만주 심양에서 시행되던 것을 평양과 전주, 광주, 함흥 등에 도입했다. 평양에서는 장로교와 감리교 교회 모두 정자형으로 많이 설립했다.[146] 스크랜턴과 조명운은 1897년 11월에 평양 서문안 감리교 회당을 방문했는데 "남녀 회원 수백 인이 일심으로 합력하여 큰 예배당을 정자 모양으로 지었는데 간수는 십륙간이나 되고 유리등을 좌우로 여섯 개를 달았"음을 보았다.[147] 1898년에 노병선이 평양을 방문했을 때 개신교 교회는 셋이 있었는데, "둘은 쟝로교회 회당이요 하나는 미이미교회 회당이라. 세 회당을 다 ᄒᆞᆫ 모양으로 뎡ᄶᆞᄀᆞᆺ치" 지은 것을 보았다고 보고했다.[148] 1901년에 완공된 72칸의 장대현교회는 ㄱ자형으로서 입구에서 보면 왼쪽 남자석, 오른쪽 여자석으로 구분했다. 그 내부를 보면 [사진 55]와 [사진 56]과 같았다.

---

145 차재명 편, 앞의 책, 59.

146 ㄱ자형 예배당의 시초는 서울 새문안교회였다. 1886년에 Underwood 목사의 사랑방에서 시작된 이 교회는 남녀가 따로 별도로 모여 예배하다가, 이어서 중앙에 휘장을 치고 함께 예배했는데, 교인이 늘자 1889년 6월에 퇴물림 공사로 방 한 개를 ㄱ자로 덧붙여 개조하고 휘장을 걷고 남녀석을 분리했다(L. H. Underwood to F. F. Ellinwood, July 3, 1889: 이만열·옥성득, 『언더우드 자료집 I』[연세대출판부, 2005], 184). 따라서 1895년에 헌당된 소래교회가 정자형으로 증축된 것은 새문안교회의 예를 따른 것으로 볼 수 있다. 한옥 고유의 ㄱ자형 주택도 많이 있었으므로 소형 ㄱ자 예배당은 한국 고유 양식을 채용한 것으로 볼 수 있다. 그러나 대형 ㄱ자 예배당은 만주교회의 영향이 컸다.

147 "평양교회", 「죠션크리스도인회보」, 1897년 11월 17일.

148 "교우노병션씨열람ᄒᆞᆫ일", 「대한크리스도인회보」, 1898년 9월 21일.

**[사진 56] 장대현교회 남자석에서 바라본 강단, 1915년 1월**

[Moffett Collections] 마페트 선교사 한국 선교 25주년 기념식

**[사진 57] 장대현교회 여자석에서 바라본 강단, 1932년 5월**

[Moffett Collections] Alice Butts 선교사의 한국 선교 25주년 기념식

이후 다른 지역에서도 기존 예배당이 좁아지면 비슷한 크기의 예배실을 ㄱ자로 덧붙여 증축하는 경우가 많았다.[149] 1899년에 설립된 칠산감리교회는 1903년에 주일 출석교인이 260명으로 늘어나자 열심히 연보하여 1,500량을 모아 3칸을 더 넓혔는데 기존 예배당에 덧붙여 기역자 모양으로 지었다.[150] 1904년 새로 설립한 [사진 51]의 서울 승동교회도 1905년에 ㄱ자로 증축했다.[151] 현존하는 ㄱ자 예배당인 전북 김제의 금산교회는 1905년에 5칸으로 신축했으나, 1907년에 이전 증축하면서 기존의 남향 5칸에 동향 2칸을 덧붙여서 ㄱ자로 남녀석을 분리했다.[152] 1910년 완공된 [사진 49]의 함흥장로교회도 ㄱ자였다. 이기풍 목사의 제주 성내교회도 1912년 12월 사경회를 마치고 2주 만에 기존 예배당의 서북쪽에 6칸 예배실을 ㄱ자로 달아 준공하고 첫 성탄절 장식을 하고 예배했다.[153] ㄱ자형은 일자형 교회를 증축할 때 기존 예배실을 두고 다른 예배실을 덧붙일 수 있는 경제적 이점이 있었다. 또한 내외를 구분하는 관습을 따라 남녀석을 분리하는 풍속적 이점이 있었다.

### 십자기: 교권과 교폐의 갈등

제3장에서 살펴본 대로 동학혁명과 청일전쟁 이후 많은 한국교회들은 교회 마당이나 입구에 깃대를 세우고 흰 바탕에 붉은 십자가를 그린 성 게오르기우스 십자기를 게양했다. 깃대와 붉은 십자가를 그린 '예수기'는 다음 네 가지 상징적 의미를 가졌다. 첫째, 선교사의 치외법권의 상징이었다. 중

149 참고 Mrs. E. M. Cable, "More Progress Than We Had Ever Hoped," *KMF* (May 1906): 138.
150 이동식, "평양칠산교회형편", 「신학월보」(1903년 11월).
151 대한예수교장로회 승동교회, 『승동교회 110년사』(2005), 119-120.
152 차재명 편, 앞의 책, 137, 259. 설립 당시 교회명은 두정리교회였다.
153 "리목ᄉᆞ의처음타령", 「예수교회보」, 1913년 1월 21일.

국에서도 선교 병원이나 선교 학교에서는 선교사의 국적기를 걸었고, 한국에서도 미국 선교사가 운영하는 선교 병원이나 학교라면 태극기와 함께 성조기를 걸었다. 붉은 십자기는 1895년 동학전쟁 당시 맥켄지의 경우처럼 처음에는 영국, 호주, 캐나다 선교사들이 자신의 국적을 나타내기 위해서 걸었다. 이것이 선교사의 정치적 힘의 상징으로 인식되면서 한국인들도 따라서 깃대를 세웠다. 둘째, 십자기가 언덕에 건립된 예배당 마당의 높은 깃대에 세워지면서, 한국 고대의 종교적 성소였던 소도(蘇塗)에 세워진 솟대(長竿[장간]), 불교 사찰의 당간지주(幢竿支柱), 무당집의 대나무 깃대의 전통과 맞닿아 있는 종교 성지(聖地)의 상징이 되었다. 목포의 오웬 의사는 일본 신사 앞에 세우는 도리와 유사한 입구 구조물을 병원 앞에 세워서 병원 구역 경계를 분명히 했다.[154] 이천의 덕들교회 교인 150명은 자체로 ㄱ자형 예배당을 세우고 대문에 "이 하나님의 전에서는 담배를 피우지 마시오"라는 간판을 붙여 구별했는데, 십자기도 예배당의 거룩성과 엄숙성을 표시했다.[155] 셋째, 3장에서 살펴본 대로 청일-러일전쟁 중에 게양된 십자기는 정감록에 예언된 '십승지지'를 재해석하여 십자가가 악을 이긴 땅, 곧 말세에 피난할 구원처를 상징했다.[156] 넷째, 독립협회 운동 기간에는 고종 황제의 탄신일이나 기원절과 같은 국경일에 교회 깃대에 태극기를 게양함으로써 애국충군적인 교회의 성격을 나타냈다.

154 Owen, "Korea: Pictures from Mokpo," *Missionary* (March 1901): 118.

155 Wilbur Swearer, "The Teukteul Church—Its Origin and Wonderful Grwoth," *World-wide Missions* (April 1901): 7; "리천덕들교회형편", 「신학월보」(1901년 3월): 164.

156 이승륜, "亞 버금 아ᄌ 속이 십ᄌ가 됨", 「그리스도신문」, 1906년 3월 21일.

[사진 58] 소래교회 깃대, 1895년[157]

[사진 58]처럼 1895년에 소래교회가 깃대를 세운 이후 1897년에는 문화군 사평동교회가 깃대를 세웠다.[158] 1898년에는 교회에서 십자기 사용이 보편화되었다. 서울의 새문안장로교회와 달성감리교회는 성탄절 경축 행사에 수백 개의 등불과 십자기와 태극기를 달았다.[159] 개신교가 십자기를 적극 사용하면서, 십자기는 선교사의 치외법권을 배경으로 점차 고난의 상징에서 남성적인 힘의 상징으로 변했다. 당시는 교회가 이익 단체로 변질되면서 보호와 권력 욕구로 개종하는 자가 늘어나던 시점이었다.[160] 1899년에

157 Malcolm C. Fenwick, *The Church of Christ in Corea* (New York, Hodder & Stoughton, 1911), 44.

158 "교회 통신", 「그리스도신문」, 1897년 4월 8일.

159 "셩탄일경축", "달셩회당경축", 「대한크리스도인회보」, 1898년 12월 28일.

160 C. E. Sharp, "Motives for Seeking Christ," *KMF* (Aug. 1906): 182.

황국협회가 독립협회를 해산한 이후, 각 지방에서는 보부상의 행패에 대항하여 재산 보호 차원에서 교회를 조직하거나 입교하는 자들이 늘었고 이들은 보부상, 화적, 부패 관리의 행악에 대한 경고 표시로 교회에 깃대를 세웠다. 한편 일부에서는 자체 교회를 조직하여 깃대를 세우고 선교사의 힘에 빙자하여 주민의 돈을 강탈했다. 1900년 충남에서 총칼로 무장한 동학 잔당이 러시아 정교회를 빙자하고 "십자기를 앞세우고" 양민을 구타하고 관리를 능욕했던 정길당(貞吉黨) 사건은 대표적인 교폐(教弊) 사건이었다.

십자가 대신 십자기를 게양한 교회는 전쟁과 혼란기에 생명과 재산을 보호하려는 민중의 도피처가 되었다. 특히 1900-03년에 황해, 경기, 강원 지역에 깃대가 유행한 것은 대기근과 무관하지 않았다. 흉년으로 인심이 흉흉해지고 사람들이 의지할 곳이 없을 때, 부랑패류 협잡꾼들이 사람을 모아 세상 권력을 얻기 위해 거짓으로 교회를 세우고 양대인(洋大人)인 선교사의 힘에 의지해서 지방 관청의 세금이나 부역을 피하거나, 자신의 재산을 보호하거나, "성군 작당하여 송사하며 관원을 능멸히 여기며"[161] 남의 산에 몰래 묘를 쓰고 산을 빼앗거나, 여러 명목의 마을 세금을 강제로 징수하는 교폐 사건이 자주 발생했다. 이들은 선교사가 내려와 세례주기를 바라거나 선교사의 임명장을 위조하여 위세를 부렸다.[162] 따라서 개신교 교인들도 천주교도, 지방 관리, 사이비 교인 집단들로부터 재산과 생명을 지키기 위해 교회 입구에 십자기를 게양했다. 교회에서는 "십자가 군병"이라는 말을 공공연하게 사용했다.[163]

정교 분리를 강조하던 게일이 편집하던 「그리스도신문」은 이 문제를

---

161 "편지뎨一(일)ᄎᆞ", 「신학월보」(1901년 9월): 391.

162 고찬익, "칙팔때에본일이라", 「그리스도신문」, 1902년 4월 10일; "임의지난일이라", 「그리스도신문」, 1902년 4월 24일; "교회통신 경긔남방", 「그리스도신문」, 1902년 5월 20일.

163 "년환회일기", 「신학월보」(1901년 5월): 229.

심각하게 다루었다. 게일은 1901년 5월 사설에서 한국 교인들이 십자가에 달린 그리스도는 버리고 십자기만 절하는 것은 마치 모세의 구리 뱀을 우상화하여 절하는 것과 같다고 비유하고, 깃발의 영광을 내세우고 관리와 싸우는 협잡꾼의 소행을 비판했다.[164] 브라운 총무가 방문한 후 1901년 9월 장로회 공의회가 "교회와 정부 사이의 교제할 몇 가지 조건"이라는 목회서신을 각 교회에게 발송하고 「그리스도신문」에 게재하면서 예배당의 정치 공간화를 금지한 것은 십자기 문제와 연관이 있었다. 게일은 깃대 문제를 계속 비판하다가 1902년 3월 사설에서 그 폐지를 주장했다. 이때 "평양 믿음, 서울 찬미, 연백천 깃대"라는 속담이 유행했다. 황해도 연안과 백천의 연백천(延白川) 지역은 "십리 십오 리에 세운 깃대가 합이 이십 가량인데, 그 재목과 기가 심히 굉장하고 볼만한 고로" 이러한 소문이 났다. 게일은 "깃대를 의론하려면 대한 각도에 세운 곳이 더러 있으나" 연백천 지역은 소문이 더욱 많이 났으니 이제부터라도 금하지 아니하면 큰 문제가 발생할 것이라고 경고했다.[165]

'연백천 깃대'라는 말이 유행한 것은 1900-03년에 황해도에서 천주교와 개신교가 무력으로 충돌한 해서교안 사건과 연관되어 있었다. 황해도의 종교 시장을 놓고 두 교회가 경쟁하던 시점에 발생한 1901년의 대기근, 관리들의 과다 징세, 일본인 이민자의 토지 매입, 대한제국의 토지 제도 문란 등은 농민들을 한계 상황으로 몰아넣었다. 성당을 건축하던 천주교인들은 프랑스 신부의 권위를 빙자하여 지방 관리와 국법을 무시하고 개신교인을 포함한 주민들에게 건축 헌금을 강요했으며 불응하는 자는 감금·구타했다.[166] 그러나 해서교안은 언더우드, 마페트, 헐버트 등 미국 선교사들의

164 "긔디의 의론", 「그리스도신문」, 1901년 5월 9일.
165 "밋음과찬미와긔대", 「그리스도신문」, 1902년 3월 6일.
166 참고. 한국기독교사연구회, 『한국 기독교의 역사 I』(기독교문사, 1990), 232-235.

적극 개입으로 1903년 개신교 측의 승리로 결말이 났다. 그 결과 황해도에서 많은 천주교인들이 성당을 떠났고 개신교는 흥왕했다.

1901-03년에 감리교회에서도 깃대를 세우는 교회가 늘었다. 1901년에 경기 광주 노루목교회는 구연영(具然英)의 집을 예배처소로 사용하고 있었는데, 멀리서도 휘날리는 깃발을 볼 수 있었다.

> 마음으로 한탄하고 차차 진보하다가 바라본 즉 울밀한 수림 위에 깃발이 흩날리니 눈을 씻고 자세히 보니 곧 우리 구주의 세상 구원하신 생명 나무 곧 주의 십자기라. 이 기의 기상을 본 즉 온 세상을 이기신 기상이요, 또한 세상을 다스리는 호령 소리도 나오는 듯하며, 바람을 좇아 날리는 모양은 동방에 보이던 별이 박사를 인도하여 유대왕으로 나신 아기 집을 가리키는 것 같이 나를 인도하여 구주의 교훈대로 다시 아기 되기를 공부하는 구연영 씨의 집을 인도하니, 이 집은 수년 전에 주께서 택하고 친히 거하여 계신 성당이라. 기를 보고 기뻐하여 들어가 온 집 식구로 함께 주께 절하였으며…[167]

[사진 59]의 무치내교회에서 보듯이 경기도 수원 지역에서는 1900년을 전후하며 여러 교회가 깃대를 세우고 태극기와 십자기를 게양했다. 1901년 5월 18일에 스웨러 목사가 관할하던 수원의 무치내교회가 무어 감독, 아펜젤러 등이 참석한 가운데 헌당되었는데 언덕 위의 작은 회당 마당에는 십자기와 태극기가 휘날리고 있었다.[168] 또한 "유리창의 십자 출입문을 달

---

167 이은승, "광쥬노로목교회형편", 「신학월보」(1901년 3월):160-161.

168 무치내교회는 기와지붕에 십자형이었다. 3간x5간 크기에 유리창과 십자 출입문을 달았고, 선교사가 거처할 방, 회당지기 방, 여학교를 함께 지었다("뭇지늬새회당을헌봉홈", 「신학월보」(1901년 8월): 351; David H. Moore, "Our Mission in Beautiful, Hospitable Korea," *GAL* (Sept. 1901): 407; "Korea," *ARBFMMEC*[1907], 410).

았으니 마치 당 중에 주께서 유리창으로 내다보시는 것과 같"았다.[169] 수원의 첫 교회인 장지내교회는 1897년 봄에 박효승 등이 자급으로 6칸 ㄱ자형 예배당을 짓고[170] 남녀가 들어가는 입구를 따로 만들었는데, 1900년에 대문 안 마당에 붉은 십자기 깃대(a Red Cross falgpole)를 세웠다. 한 불신자는 높은 깃대를 보며 "언젠가는 너희 모든 예수쟁이들 목을 쳐서 저 장대에 효수하는 날이 올 것이다"라고 공갈을 쳤다.[171] 그만큼 1900년 전후로 지방 정부가 해체되는 상황에서 여러 이익 단체들이 생명과 재산을 지키기 위해 난립했다.

**[사진 59] 수원 무치내교회, 예배당과 목사관, 1902년**[172]
십자기와 태극기가 함께 걸려 있다.

169 "뭇지늬새회당을헌봉홈", 「신학월보」(1901년 8월): 351.

170 "수원장지늬회당세운일", 「대한크리스도인회보, 1897년 7월 28일.

171 Wilbur Swearer, "Korea," World-wide Missions (April 1901): 7.

172 G. H. Jones, *The Korea Mission of the Methodist Episcopal Church* (New York: Board, 1910), 34.

1903년에 해서교안에서 개신교가 승리하자, 깃대를 세우는 교회나 개신교를 이용하려는 집단들이 도처에 일어났다. 1903년 흉년을 당해 어려운 중에서도 황해도의 증산감리교회에서는 수백 냥을 들여 깃대를 크게 만들어 세웠다.[173]

원산에서 하디 목사가 사역 실패를 회개하면서 1903년에 원산 부흥이 시작되었는데, 그가 사역에서 실패한 원인의 하나가 깃대와 관련된 교폐 문제였다. 하디는 1901년 여름부터 1년간 강원도 김화와 철원 지역을 네 번이나 방문하고 전도했다. 이곳 주민들은 독립협회를 해산한 후 세력이 강해진 보부상(황국협회)들이 재물을 강탈하자 보호받기 위해 교회에 들어왔다. 일부 주민은 예배당을 세우고 치외법권 구역을 알리는 십자기를 게양하고 양대인(洋大人) 선교사와의 관련성을 내세워 주민들의 돈을 강탈했고 관리들도 이들을 두려워해서 손을 대지 못했다. 하디는 이 사이비 신자들을 '도적의 소굴'로 규정하고 해산시키려고 노력했다. 그는 관리들에게 교회의 본질과 정교분리 정책을 알렸고, 초여름에는 모든 예배당의 깃대를 없애도록 지시했다. 이를 반대한 속장 한 명은 교회에서 출교되었고 그 속회는 인정되지 않았다. 교회가 깃발을 내리자 관리와 주민들은 진짜 교회와 가짜 교회를 구분하는 방법을 알게 되었으며 재산 보호를 위해 입교하는 문제도 점차 정리되었다.[174]

그러나 한국이 일본의 보호국으로 전락하면서 십자기 게양은 계속되었다. 당시는 백성들이 "의지할 곳 도무지 없소"[175]라고 외치던 때였고, 나라의 희망이 예수교에 있다는 글이 「대한매일신보」에 실리던 때였다.[176]

---

173 장원근, "황해도교회진보함", 「신학월보」(1903년 1월).

174 "R. A. Hardie's Report," *Minutes of the Sixth ARKMMECS, 1902* (Seoul: Methodist Publishing House, 1902), 32-33.

175 "A Great Awakening," *KMF* (Jan. 1906): 51.

176 "新教自强", 「대한매일신보」, 1905년 12월 1일.

"장승은 썩어 무너지고 기독교의 흰 깃발 깃대는 올라간다"[177]는 말도 나왔다. 그래서 정교분리를 주문하던 선교사들은 부정적 사례를 들어 십자기 게양을 반대했다. 인천의 케이블(E. M. Cable) 목사는 한 사이비 신자가 다툴 일이 있으면 차고 있던 십자가를 내 보이며 공갈한다는 예를 들면서 십자가 숭배는 우상숭배와 다름이 없다고 비판하고 형용 없는 십자가를 지는 극기를 강조하며 정교분리를 강조했다.[178]

선교사들의 비정치화 노력으로 인해 깃대와 십자기 게양은 부흥운동이 지나간 1908년에는 거의 사라졌다. 이는 북미 복음주의의 전통인 정교분리 정책을 식민지 선교지에 적용한 결과였다.[179] 정치적 동기 대신 종교적 동기가 강조되고 교회의 비정치화가 추진되면서 깃대에서 휘날리던 십자기 대신 회당 지붕 위나 종각에 고정된 십자가가 뚜렷해졌다.

생존 욕구와 새 시대를 갈망하는 종말론적 열망이 혼합된 십자기가 부흥운동을 거치면서 종교적 구원의 십자가로 정착되었다. 그 십자가는 자유와 정의를 주창하던 개혁적인 교회가 일본 정부를 인정하면서 조직 종교인 제도 교회로 이행되고 있던 측면을 반영했다.

동시에 일제 치하에서 교회 건물에 고착된 '고난의 십자가'는 '십자기의 영광'을 맛본 후에 세워졌기에 언제든지 영광의 깃발로 되살아날 수 있는 십자가였다.

---

177 Miss M. L. Guthapfel, "Bearing Fruit in Old Age," *KMF* (Jan. 1906): 44.

178 케블, "쥬의 십ᄌᆞ가를지는론", 「그리스도신문」, 1906년 5월 31일.

179 정교분리는 미국 기독교의 원칙이지, 유럽이나 아시아 기독교는 정치 참여 전통이 강하다.

### 주련

전통 한옥에서 궁궐, 서원, 사원, 사찰, 고택 등에는 그 집의 이름인 현판(懸板)을 달고 기둥에는 경구를 쓴 주련(柱聯)을 붙였다. 한자로 쓴 현판은 대개 가로로 썼고, 주련은 세로로 썼다. 한자로 쓴 이 주련은 그 공간을 드나드는 사람들이 늘 보고 마음에 새기는 잠언이므로, 그 건물의 성격이나 사용자가 표방하는 사상을 드러내었다. 초기 한국 개신교회나 학교와 병원도 이 전통을 따라 현판과 주련을 다는 경우가 있었는데, 이를 통해 그 교회나 교단의 신학을 알 수 있다.

[사진 60] 소래교회의 주련, 1898년 [Moffett Collection]

1898년에 완공된 [사진 32]의 소래교회를 확대해서 보면 [사진 60]처럼 두 개의 주련을 읽을 수 있다. 언더우드 옆 마루 중앙 기둥에 있는 글씨는 요한복음 3:16의 첫 부분인 "上帝愛世賜獨生子"(상제께서 세상을 사랑하사 독생자를 주셨다)다. 사진 오른쪽 기둥에는 "萬榮光歸天主"(모든 영광이 천주께 돌아가나이다)가 걸려 있는데,[180] 이는 주기도문의 끝(마 6:13)과 고린도전서 6:20 등에 등장하는 구절로, 칼뱅주의의 표어인 "*Soli Deo Gloria*"를 표현한 주련이다. 흥미롭게도 이 두 주련에 신명 상제와 천주가 동시에 사용되었는데 이는 1장에서 보았듯이, 이때 아직 언더우드의 신명이 확정되지 않았기 때문이었다.

한편 1900년에 평양 장대현교회는 '章臺峴會堂'이라는 현판을 걸었다. [사진 51]처럼 서울의 승동교회는 현판 "예수교례비당 耶穌教禮拜堂"을 두 줄로 써서 걸었는데, 국한문 병용으로 한글로 표기한 것은 백정 교회라는 별명처럼 이 교회 교인 중에 하층민이 많았기 때문이었다. 이와 달리 [사진 49]의 함흥장로교회는 정면 지붕 박공에 십자가를 크게 새기고 "上帝愛世賜獨生子"라고 썼는데, 이는 현판과 주련의 중간 형태였다.

스트랜턴 의사가 설립한 서울의 시병원 건물에는 일곱 개의 주련을 걸었는데, [사진 61]처럼 다섯 개의 주련을 읽을 수 있다. 이는 창조와 안식을 강조한 문구로, 기독교 병원이 하나님의 창조 질서와 안식을 회복하는 의료 선교 기관임을 잘 드러내고 있다.

| | |
|---|---|
| 天主創造天地(천주창조천지) | 천주께서 천지를 창조하셨다 |
| 天堂成地獄成(천당성지옥성) | 천당이 이루어지고 지옥이 이루어졌다 |
| 大功成只六日(대공성지육일) | 큰 공사를 다만 6일만에 이루셨다 |
| 第七日做何事(제칠일주하사) | 7일에는 무엇을 지으셨는가? |
| 爲安息傳於世(위안식전어세) | 안식하시고 세상에 전하셨다 |

180 옥성득, 『한반도 대부흥』(홍성사, 2009), 28.

[사진 61] 남대문 상동 시병원과 폴웰 의사, 1901년[181] [Národní Muzeum, Czech Republic]

1900년에 완공된 강화도 성공회 강화성전은 현판으로 "天主聖殿"을 걸었으며, [사진 62]처럼 5개의 주련을 달았는데, 이는 널리 알려진 대표적인 주련이다. 중앙에 있는 주련이 핵심 구절이다.

無始無終先作形聲眞主宰(무시무종 선작형성 진주재)

宣仁宣義聿昭拯濟大權衡(선인선의 율소증제 대권형)

三位一體天主萬有之眞原(삼위일체 천주 만유지진원)

神化周流囿庶物同胞之樂(신화주류 유서물 동포지락)

福音宣播啓衆民永生之方(복음선파 계중민 영생지방)[182]

---

181 서울역사박물관 편, 『1901년 체코인 브라즈의 서울 방문』,(2011). 141.

182 처음과 끝이 없으나 형태와 소리를 먼저 지으신 참 주재시다. 인애와 정의를 선포 규명하고 구제하시니 공평한 큰 저울이다. 삼위일체 천주는 만물의 참 근원이시다. 성신의 감

이 주련들은 자연 만물과 역사와 삶을 통해 자연히 드러나는 창조, 자유, 평등, 기쁨, 영생의 복음으로 그리스도를 증거한다. 첫 주련은 무시무종 알파와 오메가이신 하나님은 보이는 형상과 보이지 않는 소리까지 태초에 먼저 지으시고 다스리시는 참 주재를 말한다.

두 번째 주련의 聿昭(율소)는 '스스로 밝히신다'의 뜻으로 율소는 義(의)에 해당하며, 拯濟(증제)는 구원한다는 뜻으로 앞 구절의 仁(인)에 연결된다. 큰 저울인 大權衡(대권형)과 같이 공평케 하시는 하나님은 사랑과 정의의 양면으로 의로운 자를 구원하고 불의한 자를 벌하셔서 세상을 공평하게 하신다. 의로 심판하고 인으로 구원하시는 하나님은 우주의 큰 저울과 같다.

[사진 62] 강화성공회 천주성전의 현판과 주련, 1901년 [엽서, 옥성득 소장]

---

화가 두루 흘러 만물을 기르시니 동포의 즐거움이다. 복음을 전파하여 민중을 계몽하니 영생의 방도다.

세 번째 주련은 기독교의 핵심이므로 중앙에 두었다. *Ad Fontes*! 근원으로 돌아가자는 뜻이다. 그래서 이를 줄여 성전 안 제단 위에 "萬有眞原"(만유진원)의 편액을 달았다. 이 편액은 서울 정동의 첫 성당인 장림성당에도 걸렸다. 장림성당은 회당 안 기둥에 주련을 걸었다.

네 번째 주련은 창조론에 이은 성령론으로, 성신의 감화가 사방에 물처럼 흘러 넘쳐 만물이 동산 안에 자라는 것이 동포의 즐거움이라고 말한다. 한국교회가 성령의 감동을 흔히 감동적인 설교를 듣고 은혜를 받았다는 뜻으로 사용하지만, 본래 뜻은 성령으로 감화(변화와 변혁 transformation)를 받아 감동(행동, 실천)하는 것이었다. 성령에 의해 만물이 변하고 자라며 인간의 지정의와 인격이 변한다. 신화(神化)는 성령의 불에 의해 일어나지만, 이 주련은 주류(周流)라고 하여 강화도에 어울리는 물의 이미지를 사용했다. 강화도에 밀려오는 한강수처럼, 혹은 쉼 없이 밀려오는 조류처럼 신류(神流)는 부지불식간에 만물과 인격과 관계를 감화 감동시킨다.

다섯 번째 주련의 신자의 '복음선파'는 두 번째 주련의 천주의 '선인선의'와 연결되면서 인과 의를 선포하고 펴는 것이 복음 전도의 핵심이라고 말한다. 방(方)은 방책, 방법의 뜻이다. 대한제국이 위기에 처하자 많은 방술(方術)이 등장했다. 그러나 기독교는 구국 계몽과 영생의 길은 어떤 신비한 영약이나 부적이나 산속의 피난처에 있지 않고 예수 그리스도의 복음에 있다고 선포했다.

각 주련의 끝 글자만 보면 재, 형, 원, 낙, 방이다. 宰(재): 누가 다스리는가? 衡(형): 누가 평등케 하는가? 原(원): 누가 근원인가? 樂(낙): 무엇이 즐거움인가? 方(방): 무엇이 방도인가? 인생과 교회의 활로와 나라의 경영이 이 다섯 가지 물음과 답에 달려 있었다.

이상 5개의 주련에서 강조되지 않고 숨어 있는 것은 기독론이다. 예수 그리스도가 누구이신지는 밝히지 않았다. 그것은 선교 초기에 전도할 때 예수의 십자가 속죄 구원이나 그리스도의 유일성을 전면에 내세우면 배타적이 되어 전도의 문이 열리지 않았기 때문이었다. 대주재요 만물의 근원되신 천주와, 만물을 감화감동으로 기르시는 성신을 통해 자연스럽게 접근하면서 학교와 병원을 통한 인애를 실천하는 방법이 당시 성공회의 선교 정책이었다. 이는 장로교와 감리교에서도 택한 방법이지만, 두 교회는 학교와 병원 외에도 보다 직접적인 전도를 강조했다. 고교회 전통의 한국 성공회는 복음주의 개신교의 직접 전도 방법보다 더 부드럽고 시간이 걸리는 토착화의 방법을 택했다.

## 5. 내부 특징

**휘장과 병풍: 남녀 좌석의 분리**

'남녀칠세부동석'으로 대변되는 조선 시대의 남녀유별 풍속으로 인해 양반 가옥에서는 사랑채 중심의 남자 공간과 안채 중심의 여자 공간이 내외벽(內外壁)과 정원의 나무로 분리되어 있었다. 대개 사랑채는 동쪽(오른쪽), 안채는 서쪽(왼쪽)에 대칭으로 두었으며 외부인은 안채에 들어갈 수 없었다.[183] 초기 개신교 예배당도 설교단에서 바라보면 오른쪽은 남자석, 왼쪽은 여자석으로 정하고 중앙에 휘장이나 병풍이나 나무 칸막이를 설치하여 상대편을 볼 수 없게 했다. 이는 교리에 어긋나지 않는 풍속의 개량은 점진적으로 한다는 선교 정책에 따라 유교의 내외법을 수용하고 타협한 결

183 김광언, 『韓國의 住居 民俗誌』(민음사, 1988), 102-109.

과였다.

예배 공간에서 남녀를 분리하기 위해 다양한 방법이 사용되었다. 1) 한 예배당에서 서로 다른 시간에 모이는 시간차 방식,[184] 2) 가정집을 예배실로 사용할 경우 방문들을 열어 놓고 남녀가 서로 다른 방에 앉아 예배보던 각방 방식, 3) 예배당 중앙에 커튼을 친 휘장 방식, 4) 병풍이나 목재 칸막이를 설치하는 병풍 방식, 5) ㄱ자 예배당 방식, 6) 십자형 예배당에서 설교단을 중심으로 가로로 양쪽에 남자석, 길게 앞 쪽으로 여자석, 뒤쪽에 사회자와 설교자석을 두는 십자형 예배당 방식 등이었다. 마지막 두 방식은 앞에서 다루었으므로 세 번째와 네 번째 방식을 살펴보자.

1887년에 조직된 정동(새문안)장로교회나 아펜젤러의 정동 벧엘교회는 처음부터 휘장으로 남녀석을 분리했다. 앞에서 언급한 대로 새문안교회는 언더우드의 사택에서 처음에는 남녀가 따로 예배를 드리다가, 가운데 휘장을 쳐서 남녀가 동시에 예배를 드렸다. 교인이 늘자 1889년 6월에 예배실을 'ㄱ'자 모양으로 개조하고 휘장을 걷었다.[185]

남녀석 분리는 공간 분리와 시각 분리의 두 가지 방법이 있었는데, 후자는 휘장이나 병풍 설치로 나타났다. 제물포 내리교회는 1891년에 6간의 예배당을 건축했으나, 1894년에 여자 예배당을 별도로 세워서 전자의 방법을 시행했다. 반면 1892년 12월 성탄절에 첫 예배를 드린 동대문 볼드윈감리교회는 중앙에 남녀를 구분하는 칸막이(partition)를 설치했다. 스크랜턴은 설교단에서 바라볼 때 칸막이로 좌우를 분리한 것을 세상을 향한 '쌍발총'(double-barrel)으로 비유했다.[186] 정동감리교회도 1897년에 휘장을

184 대개 예배당을 증축하기 전의 임시방편이었다. 서울의 연동교회는 1894년부터 남녀가 별도로 예배를 드리다가 1896년 10월 7자x14자의 예배당을 헌당하고 처음으로 남녀가 같은 회당에서 예배를 드렸다(대한예수교장로회 연동교회, 『연동교회 백년사』[1995], 111).

185 Lillas Horton to F. F. Ellinwood, July 3, 1889.

186 W. B. Scranton to A. B. Leonard, May 6, 1893.

쳤다.[187] [사진 46]처럼 1898년에는 휘장 대신 병풍으로 좌석을 분리했다.

그러나 종이 병풍은 영구적이지 못해 이후에 다시 휘장을 사용했고, 이후 교회마다 사정에 맞게 휘장이나 병풍을 사용하다가 점차 목재로 만든 견고한 칸막이를 설치했다. 일부 교회에서는 앉았을 때만 보이지 않게 낮은 칸막이를 사용했고, 어떤 교회에서는 서서도 반대편을 볼 수 없게 높은 칸막이를 사용했다. 병풍이나 칸막이는 모두 이동식이었다. 아펜젤러 목사가 1898년 3월 평양을 방문했을 때 그는 새로 지은 남산현 회당 모양에 "남녀 교우가 각각 안ᄂᆞᆫ 쳐소가 분명ᄒᆞ야 서로 혼잡지 안케 되"었다고 긍정적으로 보았다.[188] 1901년 5월 18일에 헌당한 수원의 무치내감리교회도 16자x24자 크기였는데 휘장을 쳐서 남녀석을 구분했다.[189] 일자형 작은 교회에서는 1904년만 해도 "늘 휘장이 회중을 남자와 여자로 분리한다."[190]

휘장은 임시방편이었다. 선교사들은 풍속 개량은 시간이 걸리므로 휘장이 자연스럽게 철거될 날을 기다렸다. 결국 1910년대에 가서야 휘장이 철거되기 시작했고, 1920년대에는 많은 교회에서 휘장이 사라졌다. 1893년에 스크랜턴은 여자 격리 풍습 때문에 이화학당에 여자 예배당을 마련했다고 보고하면서, "이 엄격한 풍습이 우리 기독교인 가운데 무너지는 조짐이 벌써 약간씩 나타나고 있다"고 말하고 성령이 사람들의 마음을 변화시키면 오래된 풍속도 변할 것이라고 희망했다.[191] 1898년 8월에 노병선이 선천을 방문했을 때 남자 회당과 여자 회당이 별도로 있는 것을 보고 섭섭하게 생각하고 "남녀가 다 령혼이 ᄒᆞᆫ가지요 육신이 ᄒᆞᆫ가지"이므로 "ᄀᆞᆺᄒᆞᆫ 방에 안져 ᄀᆞᆺᄒᆞᆫ 학문으로 ᄀᆞᆺ치 의론치 못ᄒᆞᄂᆞᆫ거슬 분히" 여기고 개선할

187 「죠션크리스도인회보」, 1897년 12월 22일.

188 "평양에유람ᄒᆞᆫ일", 「대한크리스도인회보」, 1898년 4월 6일.

189 David H. Moore, "Our Mission in the Beautiful, Hospitable Korea," *GAL* (Sept. 1901): 407.

190 Paul Dolts, "A Visit to Seoul," *AH* (Nov. 1904): 601.

191 "Korea," *ARBFMMEC* (New York, 1893), 251.

것을 권했다.[192] 1904년 봄에 경남 창녕에서 열린 사경회에서 한국 교인의 제안으로 남녀가 함께 참석하여 마가복음을 공부했다.[193] 그러나 예배 때 휘장이 없어진 것은 아니었다.

1906년 초 일본 동경 성서학원에서 공부하던 정빈(鄭彬)은 「그리스도신문」에 쓴 글에서 일본처럼 서울에서도 휘장을 철거하고 남녀가 좌우로 앉아 예배보자고 주장했다. 그는 휘장 때문에 몇 년을 회당에 다녀도 형제자매 간에 알지도 못한다고 지적하고 "이러케 서로 막고 통하ᄂᆞᆫ 졍이 업서셔야 ᄋᆡ졍이 어ᄃᆡ셔 싱기며 교회가 엇지 진보될 수가 잇소?"라고 반문했다.[194]

1908년에 처음으로 휘장이 일시적으로 사라졌다.[195] 1908년 봄에 정동제일교회에서 학무국 국장의 아들과 제물포 시장의 딸 사이에 혼인식이 거행되면서, "한국 역사상 처음으로 남녀 분리 휘장을 걷었다."[196] 그러나 1910년 이전에는 모두 휘장을 친 채 예배를 드렸다.

장로교회는 1912년부터 휘장 철폐를 공식적으로 논의하기 시작했다. 1912년 9월 제1회 장로회 총회에 승동교회의 집사 노기승이 휘장을 없애자고 헌의했다.[197] 서울 안동교회에 부임하고 서울 노회장으로 선출된 한

---

192 "교우노병션씨열람ᄒᆞᆫ일", 「대한크리스도인회보」, 1898년 10월 5일.

193 R. H. Sidebotham, "A Young Church," *KF* (Aug. 1904): 186.

194 정빈, "감샤", 「그리스도신문」, 1906년 3월 8일. 그는 휘장 철거의 세 가지 이유를 제시했다. (1) 성경적 근거는 예수께서 돌아가실 때 예루살렘 성전 휘장이 찢어짐으로써(눅 23:45) 하나님과 인간이 서로 교통하게 되었고, 예수께서 중간에 막은 담을 허신 것(엡 2:14)이다. 우리가 굳이 장막을 칠 필요가 없다. (2) 일본 교회는 남녀 간에 휘장이 없다. 한국의 구습은 지혜롭지 못하다. 오래된 풍속도 옳지 않으면 바꾸어야 한다. (3) 내외 풍속은 교회 운명에 관계된다. 내외를 없애고 서로 피차 전도해야 복음화를 앞당길 수 있다.

195 1907년 10월에 내리교회는 최초로 남녀 칸막이를 철폐했다고 한다(http://naeri.org/hist/history.html. 2007년 9월 20일 접속).

196 "The Social Overturning of Korea," *MRW* (Aug. 1908): 632.

197 대한예수교장로회 승동교회, 『승동교회 110년사』, 149.

석진(韓錫晉) 목사가 교인들은 모두 한 형제자매임을 내세워 휘장을 철거한 것도 1912년 말로 추측된다.[198] 1913년 9월 안동교회에서 열린 제2회 장로회 총회에서는 휘장 문제는 "아직은 모여 예배하는 데 무례할까 조심되는 일이오니 휘장 치고 걷는 것은 각기 그 당회에서 형편대로 조심하여 할 일"이라고 결의했다.[199]

휘장과 나무 칸막이는 1910년대에 사라지기 시작하여 1920년을 전후로 많은 교회들이 철거했으나, 1930년대 초까지 남아 있었다.[200] ㄱ자형 교회의 강단 앞 휘장은 1930년을 전후하여 철거되었다. 장방형 교회에서 휘장과 병풍이 사라진 후에도 출입구 왼쪽의 남자석, 오른쪽 여자석이라는 남녀 좌석의 분리는 1970년대까지 대부분의 교회에서 계속되었다.

### 양반석과 백정석: 신분 분리가 교회 분리로

1895년 4월에 서울 백정 박성춘(朴成春)이 세례를 받고 무어(S. F. Moore) 목사의 곤당골교회에 입교하자 양반 교인들은 귀천(貴賤) 분리의 관습을 내세워 함께 예배를 드릴 수 없다고 항의했다. 무어가 교인 간의 평등을 강조하며 동석을 설득했다. 그러나 양반들은 교회 출석을 중지했다가 예배당 앞에는 양반 좌석을, 뒤에는 백정석을 마련해서 풍속을 해치지 말자는 타협안을 제시했다. 이들은 "이것도 들어 줄 수 없다면 더 이상 교회에 오지 않

198 이덕주, 『나라의 독립 교회의 독립』(기독교문사, 1988), 167.

199 조선예수교장로회, "죠션예수교쟝로회 총회 뎨二회 회록"(승동교회, 1913), 29-30. 1911년 한국에 진출한 일본 조합교회에서도 1913-4년에 휘장을 철거하기 시작했다.

200 전주서문교회, 청주제일교회, 경북 의성, 칠곡의 교회들이 1920-21년에 휘장을 철거했다. 서울 신촌의 창천감리교회도 1923년에 휘장을 철거했다. 1923년에 대구 남성정교회에서는 휘장 철거 문제로 분규가 일어났다. 전북의 ㄱ자형 금산교회는 1930년에 휘장을 철거했다.

겠다"고 말했다. 이는 남녀통색(男女通色)의 오해를 풀기 위해 휘장으로 분리했듯이 귀천시혼(貴賤始混)의 비판을 좌석 구분으로 해결해야 한다는 압력이었다.[201]

무어는 교회에서 계급을 구분하는 것은 복음의 정신에 어긋난다고 주장하고 양반들의 예배 분리 요구나 상하 좌석 분리 제안을 거절했다. 이에 천민 교인은 급증하고 양반 교인은 줄었다. 결국 1895년 여름 양반 교인들은 창덕궁 근처에 따로 홍문수골교회를 세웠고 곤당골교회는 '백정 교회'가 되었다. 이들은 백정 신분 철폐 운동을 전개했고, 개화 내각은 1895년 6월 6일 백정 신분을 철폐했다. 백정도 양인(良人)으로 해방되어 망건과 갓을 쓰는 평민 노동자가 되었다. 그러나 백정에 대한 인식이 바뀌는 데는 많은 시간이 필요했다.[202]

1905년에 승동교회가 설립되고 클라크(C. A. Clark)가 담임목사로 부임했지만 양반들이 연동교회로 옮겨가면서 백정 문제가 현안이 되었다. 을사조약 이후 양반층의 입교가 늘어나면서, 결국 1909년에 승동교회와 연동교회에서 나온 양반들을 위해 안동교회와 묘동교회가 설립되었다. 이는 양반을 얻기 위한 방책이었으나 예배당 분립에 의한 계급 분리였으므로 휘장에 의한 남녀 분리보다 교회 일치나 사회 개혁에 더 부정적인 영향을 미쳤다. 왜냐하면 당시는 선교사나 목사가 교회의 최고 벼슬로 인식되고 사회에서 양반으로 불리기 시작하면서[203] 교회가 점차 서열 구조를 형성하던 때였기 때문이다.[204]

---

201 옥성득, "무어의 복음주의 신학", 「한국기독교와 역사」(2003년 8월): 49-59.

202 1904년에 Moore목사가 관할하던 경기도 배천교회(조사 유치홍)에서 백정 방씨의 딸과 양반의 아들이 혼인하는 일이 있었다. 이는 500년 조선 역사에서 처음 있는 일이었다(S. F. Moore, "The Cost of a Church," *KF* [May 1904]: 168).

203 W. Carl Rufus, "Occupying a Confucian Stronghold," *World-wide Missions* (May 1909): 68.

204 이광수는 개신교회가 조선 시대의 'caste system' 4색 당파를 유지하고 있으며, 세속사에

## 결론: 개신교 근대성과 토착성의 병존

위에서 개항기 한국 개신교 예배당에 대한 다양한 양식의 수용 경로와 이들이 합류하면서 발전한 과정, 정착한 예배당의 외부와 내부 특징을 역사적 상황을 고려하면서 일차 사료를 중심으로 살펴보았다. 이는 기존의 건축학 논문이 많이 있지만 한국 근대사에서 개신교 예배당이 가지는 의미를 역사학 입장에서 정리할 필요를 느꼈기 때문이다.

초기 개신교 예배당은 로스-네비어스 방법을 따라 한옥 양식과 한양(韓洋) 절충식인 개량 한옥을 많이 채용했고 자급 원칙에 충실함으로써 기독교의 한국화를 진전시켰다. 특히 서북 지역과 내륙 지방에서는 대개 교인들의 자발적인 희생적 연보와 개인의 기부로 외국인의 도움 없이 스스로 예배당을 건축했다. 이 자급 원리는 자전, 자치와 연결되면서 한국교회의 토착화에 기여했고 나아가 한국인의 자원주의와 민주주의를 고양했다.

한편 초기 예배 공간은 서구 기독교와 한국 전통 종교 간의 대결의 장이었다. 마을 입구의 '언덕 위의 교회'는 풍수 사상과 갈등했고, 성황당이나 사당 터에 세워진 교회는 '미신'에 대한 정복과 승리를 상징했다. 또한 남녀평등과 계급평등을 추구한 개신교는 여자를 공개적인 예배 공간에 불러내어 남자와 함께 예배드리고 성경을 읽도록 했으며, 백정도 양반과 함께 예배드리는 자유와 해방과 평등의 공간을 창출했다.

그러나 유교와 농경문화와 결합되어 형성된 수평-분리-안정-서열적 유교 공간이 개신교 예배당에 들어오면서 차별과 분리 관습이 예배당에서 재현되었다. 곧 남녀유별에 따라 예배당 내부의 휘장이나 병풍에 의한 예

대한 교회의 우위성을 믿는 권위적인 목사/장로와 평신도 사이가 지배자-피지배자 관계가 되었다고 비판했다(Kwang-su Yi, "Defects of the Korean Church Today," *KMF* [Dec. 1918]: 256-257).

배 공간의 시각적 구분, 정자형이나 십자형 예배처소 혹은 남녀가 별도로 모이는 예배처소를 통한 공간적 분리가 정착되었고, 유교 사회의 반상(班常)과 양천(良賤)의 신분계급 구별에 따라 백정 교회와 양반 교회의 분립 현상이 나타났다. 이들은 개신교가 주류 종교문화인 유교 윤리와 풍습에 타협한 결과였다.

한편 수직-일치-변화-초월적 공간을 추구한 무속과 민간신앙의 영향은 예배당에서 깃대와 십자기로 표현되었다. 청일-러일 전쟁 기간에 등장한 교회 마당의 깃대와 성 게오르기우스 십자기에는 다음과 같은 여러 의미가 있었다. 첫째, 고난과 부활을 상징하는 기독교 고유의 상징을 전쟁 시기에 게양함으로써 불의에 대한 한국인의 저항과 고난에 공감하면서도 비폭력 평화를 지향하는 개신교의 차별성을 천명했다. 둘째, 기독교의 상징을 한국의 기존 종교들이 성소로 표시하기 위해 사용한 솟대, 당간지주, 깃대 등의 전통을 따라 깃대와 십자기로 표현함으로써 예배당을 종교적 성소로 구분했다. 셋째, 십승지지를 상징하는 십자기는 정감록의 메시아 사상에 맥이 닿아 있는 종말의 구원처에 대한 상징이었다. 곧 십자기는 임박한 재림을 믿는 세대주의 전천년설이 세기말적 전환기를 경험하던 한국에 정착하면서 등장한 개신교 종말론의 상징이었다. 넷째, 깃대에는 십자기와 함께 태극기도 함께 게양함으로써 개신교 복음주의와 민족주의가 통합되었다. 다섯째, 십자기는 선교사의 치외법권에 의지해서 정치적 힘을 추구한 교폐의 상징이었다. 여섯째, 우승열패의 혼란기에 지방에서 여러 집단 이기주의적인 단체들이 일어나 생존경쟁을 하는 상황에서 교인들이 자기방어를 위해 게양한 지역 공동체정신의 상징이었다. 일곱째, 선교사들은 십자기로 나타난 교회의 정치화에 반대하고 정교분리 원칙에 따라 교회의 비정치화를 시도했는데, 대부흥운동을 거치면서 십자기는 사라졌다. 1907년을 전후하여 사라진 십자기는 선교회의 정교분리 정책, 곧 한국교회의 비정치화의 상징이었다.

한편 예배당 건축에 정성을 다한 한국인들의 희생의 배후에는 자원주의가 작동했지만 물신 숭배라는 무교의 종교성도 적지 않게 작용했다. 1900년에 평양 남산현교회의 노블은 한국인들이 예배당을 큰 건물로 건축하는 이유를 다음과 같이 피력했다.

> 첫째, 동양인들은 장대한 종교를 선호한다. 한국인들은 진지하지만, 만질 수 없는 존재에 대한 믿음은 새로운 사상이다. 한국인은 감각에 다가오는 것을 자주 갈망하고 쉽게 의식주의로 나아간다. 그 감정의 한 표현이 예배당 건축인데, 일단 회중이 새 건물에 입주하게 되면 선교사는 그들의 생각을 그 건물로부터 어떤 건물로도 가두어둘 수 없는 하나님께로 인도하기 위해 끊임없는 경계와 노력을 해야 한다.[205]

노블은 무교의 부적이나 불교의 불상과 같이, 한국인은 손으로 만지고 눈으로 볼 수 있는 감각적 신앙 대상에 대한 물신주의와 의식주의를 선호하므로 이것이 장대한 대형 예배당 건물로 표출, 전이될 위험이 있다고 지적했다. 노블은 예배의 대상이 건물이 아니라 하나님께 초점이 맞추어지도록 노력해야 한다고 권했다. 세브란스병원과 선교사 주택 등을 짓기 위해 1901년 내한하기 직전에 캐나다의 건축사 고든(Henry Bauld Gordon)도 한국 그리스도인에게 보내는 편지에서, 외형적 건물보다 내면적인 영과 삶이 더 중요하다는 원리를 강조했다.[206]

---

205 W. A. Noble, "The Building of Korean Chapels," *GAL* (Jan. 1900): 39.

206 "건축ᄉᆞ 꼬으던의 편지", 「그리스도신문」, 1901년 8월 1일. Gordon의 기독교적 봉사 정신과 "美의 설계, 眞의 공사"(Design with beauty, Build with truth)라는 건축 정신, 그리고 그가 설계한 서울의 여러 서양식 건물은 김정동, 『남아 있는 역사, 사라지는 건축물』(대원사, 2000), 126-157을 보라.

대한제국기(1897-1910)의 근대화 이념은 동도서기에서 구본신참(舊本新參)으로 수정되었는데, 한국 사회는 갑오·을미 두 개혁의 실패를 거울삼아 고유의 전통 문화와 사상·제도를 유지하면서 점진적으로 서구 문물을 받아들이자는 광무개혁을 추진했다. 개신교는 예배당 외형에서 주로 개량 한옥 양식을 택함으로써 구본신참의 원리를 구현했다. 개신교는 예배당 건축 측면에서 한국 전통을 무시하거나 정복하는 승리주의 노선을 따르지 않고, 전통문화에 적극적인 토착화를 시도하고 정부의 서구화·근대화 노선과 보조를 맞추는 적응주의를 실천했다.

한편 예배당 내부 구조를 보면 남녀 공동 참여와 설교 중심의 강당식 예배를 지향했음에도 불구하고 서양식 건물에서도 의자를 넣지 않고 마루에 방석만 놓아 선도와 불교식으로 무릎을 꿇고 기도하거나 가부좌로 예배하고,[207] 유교의 내외법과 신분법을 수용하고 휘장, 병풍, ㄱ자로 남녀석을 분리하며, 귀천석을 분리하거나 교회를 분리하여 전통 공간과 타협했다. 또한 예배당이 마을 입구 언덕 위 성황당 자리에 위치함으로써 갈등하는 측면이 있었지만, 전쟁과 기근과 국망의 위기에 정감록의 십승지지를 상징하는 십자기를 깃대에 게양함으로써 무교와 민간신앙의 물신숭배와 정치적 메시아주의를 일정 부분 수용했다. 즉 개신교는 구본신참 원리의 토착화를 기본으로 하면서 서구화를 진행하는 과정에서 구본(舊本) 측면인 전통 종교의 요소를 외면하지 않았다.

이러한 한양 절충형 예배당 외형에 전통 종교와 타협한 내부 구조는 대한제국이 의욕적으로 근대화를 추구하고 가시적 성과를 거두었음에도 여전히 의식과 의례 측면 등에서 보수성을 극복하지 못한 점과 비교되는 한국 개신교의 근대성과 토착화의 균형 잡힌 성과였다. 1903-07년에 전개

---

207 교인 의자석은 1910년 이전에는 도입되지 않았다.

된 개신교의 대부흥운동은 예배 공간에서 깃대를 없애고 휘장 철거를 논의하고 양반석을 폐지하는 등 동도·구본에서 부정적인 요소를 정화하는 과정이었다. 1910년 전후에 서울의 새문안교회와 승동교회가 로마네스크 복고 양식으로 건축되고 안동교회 등에서 휘장을 철거함으로써 서울에서는 장로회까지 구본신참을 너머 기독교 문명화 방향으로 전환해 나갔다. 그러나 평양을 비롯한 지방 교회들은 개량 한옥 양식을 고수하고 문화적·신학적으로 보수화의 길을 갔다. 진보적이고 서구화된 서울 대 보수적이고 토착화된 (서북)지방이라는 개신교의 이중 구조는 1910년대에 심화되었고, 일제 총독부가 문명화 의제에 우위를 점하면서 새 국면을 맞이했다.

# 제6장

# 서적

한문 문서와 한글 번역

천인 관계가 최우선에 있으므로 인륜인 오륜은 순서상 이차적이다. 천륜은 집의 기초와 같아서 이 기초 위에 모든 기둥과 들보를 세워야 하고 그래야 집이 안전하고 견고해진다. 오륜이 흠 없는 값진 진주들이라면, 최우선적인 천륜은 이 진주들을 잃어버리지 않도록 꿰어서 일이관지하는 금줄이라고 할 수 있다.

윌리엄 마틴, 1854년

근대 개신교 선교 시대는 성경 번역과 한글 기독교 문서가 폭발적으로 증가한 시기와 맞아 떨어졌다. 18세기까지 성경은 74개 언어로 번역되었는데, 19세기에 446개 언어가 추가되었다. 아시아에서 본토어로 번역된 성경을 갖게 된 국가는 인도, 파키스탄, 중국, 버마, 일본 그리고 마지막으로 한국이었다. 1887년에 존 로스가 번역한 최초의 한글 신약전서가 만주의 선양에서 출판되었고, 1900년에 성서번역자회의 한글 『신약젼셔』 임시본이 서울에서 출판되었으며, 1911년에는 번역자회의 첫 공인역인 『셩경젼셔』(구역본)가 출판되었다.[1]

그런데 한국 근대의 한 현상으로서 한글 개신교 문서와 기독교 인쇄 문화가 출현한 이면에는 기독교 서적 출판과 번역을 둘러싼 강력한 한중 관계가 존재하고 있었다. 1880-90년대에 걸쳐 재중 선교사와 한문 서적 그리고 재한 선교사와 한글 번역 서적 사이에는 그물망 조직이 형성되어서, 다수의 한문 서적이 한국에서 번역되거나 한문본이 그대로 사용되었다. 한국이 한문 문화권에 속했기 때문에 교육 받은 한국인 기독교인은 번역 없이 한문으로 된 신약전서와 성경전서, 찬송가, 서적, 소책자 등을

1 Joshua Marshman의 한문 성경은 1822년에 인도에서 출판되었고 Robert Morrison의 한문 성경은 1823년에 출판되었으며 문리본(Delegates' Version)은 1854년에 출간되었다. 일본어 신약전서는 1879년에 출판되었고 일본어 성경전서는 1888년에 출판되었다. 참고. William A. Smalley, *Translation as Mission* (Macon: Mercer University Press, 1991), 33-40.

바로 읽고 사용할 수 있었다. 비록 1906년에 공인역 한글 신약전서가 출판되었고 1911년에는 성경전서가 출판되었지만, 지식층은 한문 신약전서와 성경전서를 사용했다. 선교사들은 한글 찬송가를 편찬하면서 미국 찬송가뿐만 아니라 중국 찬송가에 있는 곡을 다수 번역했다. 한문 주석서, 한문 신학서, 한문 소책자도 그대로 사용했다. 1882년부터 1910년까지 60권 이상의 한문 소책자와 서적이 한국에서 번역 없이 한문 그대로 사용되었고, 60권 이상의 한문 소책자가 한글로 번역되었다.

이 장은 한문 기독교 문서가 초기 한국 개신교 형성에 끼친 영향을 고찰한다. 첫 번째 주제는 앞서 언급한 대로 한문 기독교 문서 독자층의 사회적 배경이다. 두 번째 주제는 한문 성경이 한글 성경에 끼친 영향인데, 이것이 한국 개신교 형성에 미친 영향은 주목하지 않을 수 없다. 세 번째 주제는 한문 소책자와 서적이 타종교에 대한 한국 개신교의 신학 방향에 끼친 영향이다. 동아시아 종교에 관한 한문 기독교 변증서는 대부분 유럽과 북미 출신의 재중 선교사가 저술한 것인데, 한국 개신교는 이를 전면적으로 사용함으로써 19세기 유럽-중국 개신교와 북미-중국 개신교의 신학과 선교학 일체의 영향 아래에 있었다. 마지막 주제는 한문에서 번역된 찬송과 한국인이 작곡한 찬송이다. 한국교회는 한문 문서를 다량으로 사용하면서 교리와 실천의 다양한 요소를 자신의 용도에 맞게 걸러서 통합시켰는데, 이는 전통적으로 유교와 불교 등 다른 한국 종교와 관련해서도 중국으로부터 차용한 것을 통합해서 한국에 맞는 형태로 고안해내는 전통적인 방식과 흡사했다. 이러한 번역·출판을 통해 서구 기독교는 중국 기독교를 거쳐 한국 기독교로 정착하게 된다.

## 1. 동아시아의 기독교 인쇄 문화와 선교사들의 그물망 관계

세 가지 역사적 요인이 한국의 한문 기독교 문서 수입을 촉진시켰다. 첫째, 19세기 중국 중심의 동아시아 문화권에서 한문은 통용 문어였다. 적어도 1904년까지는 한국 지식인들은 한문 서적을 통해서 근대 서구 문명을 이해했고 오직 소수의 지식인만이 일본어나 영어를 읽을 수 있었다. 조선의 공문서는 고전 한문으로 기록되었고 1895년에 국한문 혼용체가 도입되었기 때문에, 교육을 받은 한국인 기독교인은 한문 또는 국한문체 서적을 선호했다. 심지어 한글 기독교 서적이 출판되었더라도 식자층과 교회 지도층은 한문이나 국한문체 판을 사용했다. 1910년대까지도 고전 한문은 가장 중요한 문어였다. 한 예로 기독교 초등학교나 서당에 다니는 한국인 학생들의 대부분은 한문으로 된 유교 고전을 배웠다. 1911년에 일제 조선총독부가 사립학교 규칙을 발표하고 1915년에는 서당도 규제했지만, 1910년대에 서당의 수는 증가했다. 지푸-제물포 또는 상하이-나가사키-부산으로 이어지는 증기선 운행 노선으로 한문 기독교 문서가 유입되고 한글로 번역되었는데, 그 결과 당시 전도 사역에 몰두해 있던 선교사와 한국인 지도자는 전도나 변증을 목적으로 하는 한글 서적을 새롭게 집필해야 할 필요를 느끼지 못했다. 따라서 초기 한국 개신교는 한문 서적을 번역 없이 사용하거나 한글로 번역된 서적을 사용하면서 적어도 1910년까지는 중국 개신교의 문학적·신학적 영향을 강하게 받았다. 1910년에는 한국이 일본의 식민지가 되면서 일본 기독교 문서가 한국인 사이에 퍼지기 시작했다.

[도표 2]는 개신교 문서가 영어 또는 중국어에서 한국어로 번역될 때 언어들 간의 연관 관계를 보여준다. 히브리어 구약과 그리스어 신약은 성경 원어로서 기본적으로 영향을 주었다. 영어 문서가 한글로 번역될 때 그 중간에 한문 문서가 매개체 역할을 함으로써, 영미 개신교 문서가 바로 한

국에 오지 않고 중국에서 두 세대에 걸쳐 한문화된 기독교 문서가 한국에 유입되었다. 한문 문서를 번역 없이 사용하는 층도 있었지만 조선 유학서의 전통을 따라 일부 국한문본도 사용되었는데, 영국 성공회 문서도 국한문이 선호되었다. 그러나 개신교의 주된 문서는 일반인을 위한 한글 문서였고, 한문 교육층은 중국에서 수입된 한문본을 그대로 사용했다. 천주교의 프랑스어는 참고용 언어이면서 천주교와 개신교 사이에 차별을 유발했다. 천주교도 신자들을 위해서는 순한글 문서를 사용했다. 일본어는 1905년부터 번역에 영향을 끼치기 시작했다. 크게 보면 기독교는 유교 한문 경전과 차별되는 민중의 문자인 한글을 사용함으로써 민중의 종교로 자리잡았다.

**[도표 2] 한문 기독교 서적의 한글 번역 과정**

실선은 직접 영향, 점선은 간접 영향을 나타낸다.

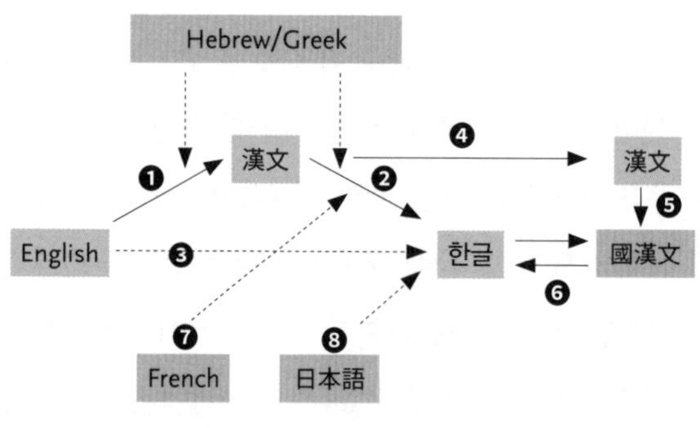


❶+❷ 주 과정
❸ 부속 과정
❹ 번역 없이 한문 교육층이 사용한 한문 기독교 문서
❺❻ 참고 요인(한문 교육층을 위한 국한문본)
❼ 차별 요인(천주교 용어)
❽ 증가 요인(1905년부터)

둘째, 미국 감리교회와 장로교회에서 한국 선교회의 청년 선교사들을 인도하고 고문 역할을 했던 이들은 중국과 만주의 선임 선교사들과 중국에서 선교 활동을 하다가 일본으로 옮겨간 선임 선교사들이었다. 앞에서 언급한 동아시아의 기독교 문서 시장과 번역의 망조직 환경이 중국 선교사들과 한국 선교사들을 쉽게 연결시켜주었다. 매클레이(Robert S. Maclay)는 1848년 중국 푸저우(福州)에서 사역을 시작했는데, 1873년에 도쿄(東京)로 전임되었고, 1884년에 탐색 차 서울을 방문한 후 1885년에는 북감리회 한국 선교회가 설립되도록 도왔다. 올링거(Franklin Ohlinger) 또한 1870년에 푸저우에서 사역을 시작했다가, 1887년에 서울로 전임되어 1893년까지 서울에서 사역했다. 올링거는 아펜젤러, 스크랜턴, 존스 등 감리회의 후배 선교사들에게 큰 영향을 끼쳤다. 매클레이와 올링거가 저술한 한문 서적, 소책자, 찬송가 중 다수가 한국에 전래되어 한글로 번역되었을 뿐만 아니라, 기독교 문명과 영어 교육에 관한 이들의 선교 이론 역시 서울에서 활동하던 젊은 선교사들이 받아들였다. 장로회의 경우에는 만주 선양의 로스(John Ross, 1842-1915), 지푸의 네비어스(John L. Nevius, 1829-93), 요코하마의 헵번(James C. Hepburn, 1815-1911) 등이 언더우드와 마페트의 멘토였으며, 이 시기 한국의 다른 젊은 선교사들은 로스가 번역한 한글 성경과 네비어스 부부가 만든 소책자와 찬송가를 사용했을 뿐 아니라, 이들의 선교 정책인 '네비어스-로스 방법'을 채택하여 토착 교회 설립과 신속한 복음화를 도모했다.

셋째, 개종자 중에는 고전 한문과 국한문 혼용체로 된 기독교 문서를 읽을 수 있는 지식인이 다수 포함되어 있었다. 한국의 초기 기독교인은 노동 계층 외에도 학식이 있는 중산층으로 이루어져 있었다. 1907년 무렵 서울에는 이미 수백 명의 양반 기독교인이 있었고, 교회 지도자 중 다수는 교육 받은 양반이나 도시의 중산층 그리고 새롭게 부상하던 상인 계층 출신이었다. 이들이 한문 기독교 문서를 사용했기 때문에, 이를 통해 중국에서 시행착오를 거쳐 현지화된 개신교 선교 이론과 방법론이 한국에 소개되었다.

## 2. 초기 한국 기독교인 지식인층

초기 개신교회 내의 사회 계층, 특히 한자를 읽을 줄 알며 교회 지도층이 된 부류에 대한 연구는 초기 개신교의 교회적 특징뿐만 아니라 사회경제적 차원도 보여준다. 아래에서는 주로 하층 계급과 교육받지 못한 대중이 초기 한국 개신교를 구성했다는 일반적인 인식에 의문을 제기하고, 지식층이 초기 개신교 형성에 기여한 역할을 강조할 것이다.

### 지적인 중산층

조선 사회 신분은 이론적으로 양천제로 양민과 천민의 두 계급으로 구분되었는데, 양민은 자유인으로 태어난 자요, 천민은 태생적으로 천한 자들로서 노비와 일곱 종류의 사회 하층으로 구성되어 있었다. 양민은 다시 수직적으로 세 개 계급으로 구분되었는데, 양반은 문관과 무관으로 구성된 관료 지식층이었다. 중인(中人)은 중간 계급인 전문가들로, 서울 중심가에 살던 역관(譯官), 의관(醫官), 산관(算官), 율관(律官), 음양관(陰陽官), 사자관(寫字官), 화원(畫員), 역관(曆官) 등 기술관을 총칭하는 협의의 중인과, 향리(鄕吏), 서리(胥吏), 서얼(庶蘖), 토관(土官), 장교(將校), 역리(驛吏), 우리(郵吏), 목자(牧子) 등 지방의 행정 실무자들을 총칭하는 광의의 중인이 있었다. 끝으로 상민(常民)은 농민, 공인, 상인을 지칭했다.

조선은 임진왜란 후 17-18세기에 집약노동을 통한 생산성향상을 이룬 '근면 혁명'(industrious revolution)으로 '초기 근대'가 꽃 피고 안정된 소농 사회를 만들었다. 그러나 이 '선진 유기 사회'(advanced organic society)는 서양과 달리 석탄 사용을 알지 못했기 때문에 유기 에너지(인간과 동물의 근육과 화목)의 한계로 인해 산림이 황폐되고, 기후 변화로 흉년이 반복되고, 전염병 유행으로 인구가 감소하여 19세기에 접어들면서 점차 붕괴되었다.[2] 영국과 다른 유럽 국가들은 동아시아의 근면 혁명과 달리 노천 석탄 광산이 대도시 부근에 있어 쉽게 증기 기관으로 가동되는 공장을 건설하여 18세기에 산업혁명(Industrial Revolution)으로 근대화하고 초기 근대 사회에 접어들었으며, 그 비약적 발전은 해외 식민지 개척으로 연결되었다. 그러나 조선은 위에 거론한 한계와 상황 변화로 19세기에 퇴락하고 관리의 부패로 민란의 한 세기를 지내다가 그 정점인 동학혁명을 계기로 일본에게 한반도를 침략할 기회인 청일전쟁의 빌미를 주었다.[3]

19세기 조선에는 몰락한 양반의 수가 늘고 적출과 서출 자손의 구분이 모호해졌다. 전체 인구의 4분의 1 이상을 차지하던 노비의 수는 1894년

2 Jack A. Goldstone, "The Problem of the 'Early Modern' World," *Journal of the Economic and Social History of the Orient 41: 3* (1998), 249-284.

3 1908년 전후 동학에 대한 부정적 인식이 강했다. 「대한매일신보」는 동학이 한국 민중을 세 번 미혹했다고 보았다. 첫째는 갑오년에 동학당은 척양척왜와 보국안민을 내세우고 궐기했으나, 동양 정세를 바꾼 청일전쟁의 빌미를 주는 우를 범해 백성을 도탄의 참화를 겪게 하는 미혹에 빠트렸다. 둘째, 1894-1903년 10년간 동학잔당과 천도교는 매달 '봉상전'을 모아 두령에게 바쳤는데, 그들은 민중을 미혹하기를 한 량을 내면 후일에 백량을 주고, 백량은 만량이 되고, 많이 바친 자는 대신과 협판과 관찰과 군수를 준다고 꾀었다. 이에 민중은 "소를 팔며 집을 팔고 전토를 팔아서 달달이 봉상"하였다. 필경 몇 십만 인의 재산이 손병희, 이용구, 송병준 몇 사람의 활동 자본만 공급하고 많은 이들이 파산하며 유리하게 되었다. 세 번째 미혹은 1904-05년 러일전쟁 때 일진회 회원들이 일인에게 잘 보이기 위하여 철도를 수축하고 군량을 수운하기에 수고를 아끼지 않고 사역한 것이었다. 그들은 을사조약이 강제로 맺어지자 환영하는 선언서를 반포했는데, 이는 큰 상급을 바랐기 때문이었다. 그러나 송병준만 공을 독차지하고 부를 차지했다(일진회는 1904년 말 회원이 약 38만 명에 이르렀다). 이 신문은 그들이 몇 십만 명의 생명을 잡아서 일개 송병준을 먹이고 살찌게 했다고 비판했다("미혹혼 무리를 익석홈", 「대한매일신보」, 1908년 10월 1일).

갑오개혁의 노비제 철폐 이후로 점차 사라졌고,[4] 일부 부유한 농민, 상인, 광부는 일용직 노동자를 고용해 자본을 축적했다. 19세기 후반 외국인의 눈에는 일반적으로 세 개 계층이 존재하는 것으로 비춰졌는데, 상류층은 서울의 양반과 중인, 도시나 지방 관청의 하급 관리로서 세습직인 향리(아전)로 이루어졌고, 중산층은 자영 상인과 자영 농민이었으며, 하류층은 양인 중 소작인·갓쟁이·갖바치·짐꾼, 계급적 천민인 노비와 사회적 천민인 백정·승려·무당·광대가 포함되었다.[5]

초기 개신교인은 대부분 농민, 공인, 상인 등의 상민이었다. 이는 부분적으로 네비어스 정책 때문인데, 장로회가 1887년부터 1897년까지 채택한 이 방법론은 상류층이나 하류층이 아니라 '노동 계층'과 여성을 목표로 삼았다.[6] 전체 인구의 90% 이상이 문맹인 상황에서 네비어스 정책은 한글 성경과 소책자를 읽을 수 있는 독서 능력을 강조했다. 하지만 '노동 계층'이 전부 문맹은 아니었다. 그중에는 '신흥 중산층'이 포함되어 있었는데, 이들은 교육 받은 도시 노동자나 상인으로서 개항장이나 북쪽 변방 도시에서 국제 무역에 종사했다. 동시에 전문직에 종사하는 중류나 상류 지식층의

4 James B. Palais, "A Search for Korean Uniqueness," *Harvard Journal of Asiatic Studies* (Dec. 1995): 414-18.

5 C. W. Campbell, "Report by Acting Vice-Consul Campbell of a Journey in North Corea in September and October 1889," *British Documents on Foreign Affairs I-6*(Washington, DC: University Publications of America, 1989), 209-211. 중요한 계층이 지방의 관청에서 일하는 세습직인 아전(향리, 향반, 향척)이었다. 참고 H. B. Hulbert, "The Ajun," *KRv* (Feb. 1904): 63 그리고 (June 1904): 255; Hwang Kyong Moon, *Beyond Birth: Social Status in the Emergence of Modern Korea* (Cambridge: Harvard University Press, 2004), 161-207.

6 전도 기회는 평민(농민, 공인, 상인) 중에서 가장 쉽게 발견되었다. 양반 관리를 포함한 고위층은 자신의 유학에 만족했으며 외국 종교에 대한 편견이 강했다. 하층 계급은 교회에 참석하기에는 너무 바빴고, 일상생활에서 생존하기 위해 분투했다. 격리된 상류층 여성과 편견을 가진 상류층 남성과는 달리 소위 중산층(자기 토지를 가진 농민, 상점을 가진 상인, 일부 장인)은 쉽게 접근할 수 있었다. 참고. O. R. Avison, "Response to the Commission I. Carrying the Gospel to All the World of the World Missionary Conference, 1910."

일부도 1895년 이전에 개신교회에 가담했다. 네비어스 정책은 한글 문서만을 사용할 것을 채택하였으나 글을 읽을 줄 아는 이들 사이에서 한문 기독교 문서가 널리 사용되었고, 지식인층을 위해서 성경과 기타 서적이 국한문 혼용체로 출판되었다.

새롭게 부상하던 계층 중에는 북쪽 지방의 상인이 있었다. 선교사는 이들을 '중산층'의 일부 또는 '자영 중산층'으로 여겼다. 만주의 로스는 한국인을 세 개 계층으로 분류했는데, 중산층은 상인이나 노동자를 고용할 수 있는 사업가를 가리켰다.[7] 로스가 1870-80년대에 만난 한국인 상인들은 한중 국경에서 상업에 종사하던 자들이었다. 로스는 이 상인들이 중국어를 유창하게 말하며 한문을 알고, 외국인이나 문화에 대해 마음이 열려 있으며, 심지어 정부의 금지령을 두려워하지 않고 외국 선교사를 만나 한문 기독교 문서를 받아들인다는 사실을 발견했다.[8]

미국 선교사들은 한국 북방의 상인 계층에 대해 로스가 한 발언을 긍정했다.[9] 1887년 봄에 아펜젤러가 평양을 두 번째로 방문했을 때, 그는 북쪽 사람들에 대해 이렇게 언급했다. "이곳 사람은 한국의 몇몇 지역 사람보다 더 독립적이다. 이곳에는 커다란 선교지가 있기 때문에, 나는 항구가

---

7 John Ross, "The Christian Dawn in Korea," *MRW* (April 1890): 242.

8 참고. Chull Lee, "Social Sources of the Rapid Growth of the Christian Church in Northwest Korea: 1895-1910" (Ph.D. 학위논문, Boston University, 1997), 98-181. 19세기에는 북한의 많은 상인들이 부를 축적해 거상이 등장했다. 그들은 경제력에 비례하는 사회적 지위를 갖고 싶었다. 일부는 돈을 주고 몰락한 양반의 족보에 이름을 삽입하여 양반 지위를 샀다. 일부는 서울의 중앙 정부 관리들을 후원자로 삼고 상권의 보호를 받는 대신 상납금을 주었고, 다른 사람들은 로마 가톨릭이나 개신교에 가입하여 지방 관리의 가렴주구로부터 자신의 생명과 재산을 보호했다. Ross의 한국인 개종자들의 대부분이 글을 읽을 수 있는 상인 계급에서 나왔기 때문에, Ross는 한문 성경을 한국어로 번역할 때 그들 중 일부를 고용할 수 있었다.

9 근대 초기 북한의 신분 변화에 대해서는 Hwang Kyong Moon, *Beyond Birth*, 248-289을 보라.

열리게 된다면 즉시 선교본부를 세워야 한다고 믿는다."[10] 1889년 4월 언더우드는 평양을 거쳐 의주로 가서, [한국에서] 세례를 주지 않겠다는 [주한미국] 공사와의 약속을 지키기 위해 의주 교인들을 데리고 압록강을 건너가 중국 영토에서 세례를 주었는데, 이들은 압록강 북쪽 중국 지역에서 로스의 전도인들이 로스 역본으로 전도한 자들이었다. 이들은 "모두 남자에다 다양한 계층 출신인데, 전에 이 도시의 부사였다가 지금은 이곳에서 10마일 떨어진 곳에서 부윤을 하고 있는 자부터,[11] 이 지역의 순검과 파발도 있었다."[12] 이들은 관리, 세관원, 의사, 상인, 교사, 농부였다. 1890년 마페트는 황해도 장연에 가서 50명에게 세례를 주었다. 세례를 받은 이 중 다수가 '중산층'에 속했는데, 마페트는 "이 계층은 이 나라의 도덕적·정치적 부패에서 가장 자유로우며, 새로운 한국의 중추가 될 것이 분명하다"고 평가했다.[13] 1897년 봄에는 부산에 있다가 평양으로 배치된 베어드가 위트모어와 함께 서울에서 의주까지 여행을 했다. 베어드는 "나는 북쪽 지방의 사역을 보고 매우 기뻤다. 열렬하고, 적극적이고, 성경적이고, 분별력 있다는 이런 말들이 그곳의 교회 사역에 적절할 것 같았다. 그곳 사람은 대부분 글을 읽을 줄 알고, 성경 읽기를 매우 갈망한다"고 보고했다.[14] 그는 북쪽 산간 지방 사람들의 독립적이고 남자다운 기백에 감명을 받았다. 그는 북부지방 사람과 남부지방 사람을 비교했다.

10 H. G. Appenzeller to E. W. Gilman, August 8, 1887

11 의주 부윤은 관찰사와 동격인 종2품 문관직이었다.

12 L. H. Underwood to F. F. Ellinwood, May 5, 1889.

13 S. A. Moffett to F. F. Ellinwood, October 20, 1890. Gifford는 "남부지방 사람들은 북부지방 사람들보다 열등한 인종으로 보이기" 때문에 그리고 "북부지방 사람들이 장로교를 더 잘 수용할만한 사람들이기" 때문에 북쪽에서 선교활동을 벌여야 한다고 제안했다(D. L. Gifford to F. F. Ellinwood, October 21, 1890).

14 W. M. Baird, "Letters from Rev. W. M. Baird, Seoul, Korea, May 14, 1897," *CHA* (Aug. 1897): 126.

남쪽보다 북쪽 지방의 남자가 더 남자다워 보인다. 나는 그 이유를 찾다가 소위 '양반' 계층의 현저한 부재에서 그 이유를 발견했다. 남쪽에서는 중간 계층은 상류층과 하류층 사이에서, 즉 점잔을 빼고 걸으며 으스대는 '양반'과 굽실대며 움츠러드는 노비라는 두 맷돌 사이에서 부서지기 쉽다. 북쪽은 독립적인 중간 계층이 지배하고 있어서 보다 희망적인데, 이들은 자신의 생계를 위해서 일하고 결과적으로 더 많은 근육과 두뇌를 가지고 있다.[15]

베어드는 북쪽에 논이 더 적은 까닭에 그곳 사람들이 남쪽에 비해 더 '지적이고, 활동적이고, 활기찬 종류의 사람'이 되었다고 생각했다. 그는 북쪽 지방에 '독립적인 중간 계층'이 지배적이라는 사실이 선교 사역의 전망을 밝게 한다고 보았다.[16] 개신교 선교 초기에 서북인은 기독교 공동체를 세우는 일에 가장 활발했다. 이들은 예배를 드리기 위해 모였고, 성경을 읽고, 예배당을 짓고, 교회를 조직했다. 이들에게 부족한 것은 한글 성경뿐이었다. 한글 성경이 희귀했기 때문에 한자를 읽을 수 있는 일부 사람은 한문 성경을 사용해야 했다.

1876년 한일 강화도조약 이후, 중국의 기독교인들은 한국 선교에 대한 관심을 표명하고 한문 성경과 소책자를 직접 배포하려고 시도했다. 서론에서 언급한 『朝鮮策略』(조선책략, 1880)을 쓴 황쭌셴(黃遵憲, 1848-1905)은 한국 정부가 개신교에 대해 유화 정책을 펼 것으로 예상했는데, 이는 중국

15 Baird, "Notes on a Trip into Northern Korea," *Independent*, May 20, 1897.

16 W. M. Baird to F. F. Ellinwood, May 22, 1897. 1912년에 Greenfield는 남한에서 교회가 천천히 발전하는 이유의 하나는 "경상도 사람과 평안도 사람의 정신적·육체적 인종 차이"라고 말했다. 그는 또한 "하지만 때가 되면 느리고 굼뜬 남부인들이 강하고 독립적인 북부의 형제들을 따라잡을 것이다. 북부인들의 영혼은 아직 전쟁이나 기근이나 박해에 길들여지지 않았다"고 말했다(M. W. Greenfield, "Personal Report to Korea Mission, 1912-13," *Minutes and Reports of the Twenty-Ninth Annual Meeting of the Korea Mission of the Presbyterian Church in the USA* [Kobe: Fukuin, 1913]).

의 기독교인들을 고무시켰다. 임오군란 후 대원군을 중국으로 납치한 리훙장(李鴻章, 1823-1901)은 해관 업무를 위해 조선에 묄렌도르프(Paul Georg von Möllendorff, 1848-1901)를 파견했고, 이어서 1883년 8월에 그의 측근으로 총리군국아문 참의가 된 마건상(馬建常, 1840-1939)과 그 수하인과 왕시창(王錫鬯, 1861-1921)을 파송했다. 두 사람은 기독교인이었는데, 왕시창은 고종 황제에게 한문 신약전서 한 부와 십여 권의 예수교 서적을 바치려고 시도했다.[17]

1883년 말 스코틀랜드성서공회 소속의 권서로 임명 받은 중국내지선교회의 다우스웨이트(William Douthwaite, 稻惟德[도유덕], 1848-1899)는 지푸에서 한국을 방문하고, 부산·원산·제물포·서울에서 6주간 다수의 한문 성경을 반포하고 한국 방문 보고서를 출판했다.[18] 다우스웨이트는 또 한 중국인 병사에게 한문 성경과 소책자들을 공급해주었다. 이들의 활동은 한국 선교에 대한 열의를 자극했다. 1884년 4월 지푸의 리드(Gilbert Reid)는 의료 선교와 교육 선교를 가지고 "한국을 점령은 아니지만 즉각 선점"해야 한다고 주장했다.[19]

알렌(H. G. Allen) 의사는 1884년 12월 갑신정변 때 중상을 입은 왕비의 조카 민영익을 수술로 치료해주고 화타(華佗, 145-208)보다 나은 천의(天醫)라는 말을 들었는데, 그는 이를 계기로 왕실의 호의를 얻어 1885년 4월에는 첫 근대 정부병원인 광혜원(제중원)을 개원했다. 뿐만 아니라 알렌

17 "王錫鬯 送耶蘇教 繙書十二本 悉焚之", 『舊韓國外交關係付屬文書 3: 統緒日記 1』(고려대학교출판부, 1972), 1883년 8월 26일. 마건상은 예수회 신부와 신학박사 출신으로서 환속한 천주교인이었고, 왕석창은 예수교인이었다.

18 Douthwaite의 1883년 한국 성서반포 활동에 대해서는 옥성득, "개항장과 서울을 방문한 첫 개신교 선교사 다우스웨이트," 『첫 사건으로 본 초대 한국 교회사』(2016), 81-91을 보라. 그의 보고서는 *Notes on Korea*(Shanghai: Star in the East, 1884)로 출판되었다,

19 Gilbert Reid, "The Prospect in Corea," *FM* (Aug. 1884): 131-132.

은 부상당한 중국 군인도 여러 명 치료해주면서 위안스카이(袁世凱[원세개], 1859-1916)와 가까워졌다. 위안스카이는 외교와 통상 관계를 담당하는 조선 주재 청국 공사로서 한국의 모든 정치 문제에 권력을 행사하고, 서울과 지방에서 활동하는 중국 상인을 보호했다. 1884년 12월 일본의 지원을 받은 갑신정변이 실패로 돌아간 후 10년간 중국이 한국 내정을 장악했다. 이런 배경에서 한문 기독교 문서가 중국으로부터 한국의 항구와 도시를 통해 수입되어 배포되었다.

서울에서 초기 기독교인 중 일부는 중류층과 상류층 출신이었다. 1882년 10월에 로스는 서상륜을 영국성서공회 소속 권서 자격으로 선양에서 의주와 서울로 파견했는데, 이때 그는 한글 복음서와 소책자 500권을 가지고 왔다. 서상륜은 의주에서 석 달간 사역한 뒤, 서울에 와서 전도했다. 1883년과 1884년에도 서상륜은 로스로부터 한문 성경과 한글 성경, 소책자를 100권 이상 받았다. 1883년 말 경에는 서상륜의 친구 13명이 "교회를 조직하기를 원했다." 서상륜은 로스에게 몇 차례 서신으로 요청한 뒤 1884년 그를 찾아가 서울에 세례 지원자가 70명 넘게 있으니 와서 심사해 달라고 부탁했다.[20] 이들은 중류층과 상류층에 속한 자들이었다. 1886년 말 로스가 봉천에서 쓴 편지를 보자.

> 올해 나는 먼 한인촌까지 가서 수세자들을 굳게 세우고 수많은 세례지원자를 문답할 수 없었다. 특별히 아쉬운 일은 한국의 수도에 있는 세례지원자들을 문답하러 가지 못한 것이다. 현재 이들의 수는 100여 명이 넘는다고 하며, 모두 중류층과 상류층에 속해 있는데 그 권서도 그 계층에 속한다. 그 권서는 다

20 John Ross to W. Wright, March 8, 1885; J. Orr, "The Gospel in Corea," *UPMR* (June 2, 1890): 188.

른 사람이 아니라 자신의 목사인 내가 와주기를 바랬는데, 그의 말에 의하면 그 이유 때문에 최근에 그곳에 정착한 미국 선교사들에게 아직까지 가서 보고하지 않았다고 한다.[21]

비록 서상륜은 미국 선교사들과 접촉하려고 하지 않았지만 서울의 선교사들은 그 공공연한 상황을 감지할 수 있었다. 언더우드는 1887년 6월에 자신이 본 놀라운 상황을 증언하지 않을 수 없었는데, "사역이 너무나 놀랍게 열려서 우리가 감당할 수 있는 수준보다 할 일이 정말 더 많다"고 고백했다.[22] 1887년 9월 언더우드는 로스를 서울로 초청했는데, 이때 최초의 한국 장로교회가 14명의 세례교인과 함께 조직되었다. 이는 서상륜이 로스의 예수성교본으로 전도한 열매였다. "하지만 나[로스]에게 가장 흥미로웠던 점은 그 도시의 신도 가운데 여러 가지 이유로 인해 아직 공개적으로는 교회에 가입할 준비가 되어 있지 않은 그 계층에 속한 남자가 300명 이상 있다는 확신이었다."[23] 만약 이와 같은 진술을 인정한다면 미국 선교사가 서울에 정착한 직후 그들이 사역한 결과 때문이 아니라, 한 명의 한국인 권서(서상륜)가 사역한 결과로 1887년 서울에 수백 명의 구도자와 신도가 있었던 셈이다. 더욱이 이들은 중류층이나 상류층에 속한 자들로 한문 성경과 소책자를 읽을 수 있었다.

미국 선교사들이 개혁 성향의 고종이나 민비와 좋은 관계를 맺자 일부 관료들이 기독교에 관심을 갖게 되었다. 선교사는 이런 관리들에게 한문 기독교 문서를 주었고, 관리 중 몇 명은 언더우드의 정동장로교회에 출석하기 시작했다. 1888년 3월 언더우드는 "일주일 전 지난 주일에 나는 감

21 "Mr. Ross's Report," *UPMR* (June 1, 1887): 226.

22 H. G. Underwood to F. F. Ellinwood, June 17, 1887.

23 Ross, "Christian Dawn in," 247.

사하게도 두 명의 한국인에게 또 세례를 베풀 수 있었는데, 한 명은 궁궐의 환관이었다.…우리가 관심을 갖고 있는 환관이 몇 명 더 있는데, 그중 서너 명이 이번 주 중에 나를 보러 오기로 했다"고 보고했다.[24] 1888년 8월에 언더우드는 "한동안 기독교를 공부하다가 이제 세례를 받고 싶어하는 한국인 관리 두 명"을 만났다.[25] 1889년 5월에 정부의 제중원 의학교 학생이던 조씨가 기독교인이 되었다. 한국인 병원장은 그의 개종을 가로막지 않았다.[26] 1890년에 언더우드는 그동안 만났던 모든 군수에게 한문 신약전서를 한 부씩 보냈다.[27]

북감리회 한국 선교회 역시 '중산층' 개종자들의 유입을 경험했다. 1886년 아펜젤러가 서울에 배재학당을 설립했을 때, 다수의 중류층과 상류층 자제들이 영어를 배워서 '출세'하려는 생각으로 학교에 왔다. 학생의 대다수는 곧 기독교 예배에 자발적으로 참여했고, 일부는 감리교인으로 개종했다. 정동의 제일감리교회 교인 중 상당수가 배재학당과 이화학당의 학생, 정부 관리, 도시 신흥 중산층이었다. 1891년 올링거는 모든 계층에 접근하기를 바라면서도 '지적인 노동자'를 사로잡는 것이 사역 초기에는 가장 중요하다고 생각했다. "어느 곳에서나 지식층이나 양반층이 주도하는 교회에서는 다른 계층을 전도하기 어렵다. 하지만 반대로 만약 노동자가 주도하는 교회라면 양반들은 언제나 그곳에 편안히 참여할 수 있을 것이다."[28] 올링거는 정동제일교회의 학습교인 중에 '지적인 노동자'나 '도시 신흥 중

---

24 Underwood to Ellinwood, March 12, 1888 .

25 Underwood to Ellinwood, August 25, 1888. 1888년 12월 23일 일요일에 Underwood는 11명의 청년에게 세례를 주었다. 50명의 한국인이 예배당을 가득 채웠다. 1889년 1월부터 매주일 예배당은 차고 넘쳤으며, 정기적인 참석자는 약 30명이 되었다(H. G. Underwood to F. F. Ellinwood, April 30, 1889).

26 Underwood to Ellinwood, May 26, 1889.

27 Underwood to Ellinwood, Oct. 21, 1890.

28 *ARMSMEC for 1892*, 287.

산층'이 증가하는 것을 환영했다. 존스는 이 '도시 중산층'을 구성하는 부류를 "상인, 부동산 중개인, 농부, 거간, 정부의 하급 관리, 주사, 필사, 서기, 왕실의 하위 관리, 고위 관리 집에 거하는 식객" 등으로 분류했다. 그리고 하류층을 구성하는 자는 "노동 계층, 숙련된 장인, 목수, 석공, 도배장이, 대장장이, 장롱 제작자, 가구 수리공, 인쇄업자, 가게 주인, 미숙련 노동자, 하인, 군인, 주막 주인, 범죄자, 노비, 백정, 승려" 등이었다.[29] 1894년 스크랜턴 의사는 남대문 근처의 달성 상동교회는 "전형적인 하류층이나 관료도 어느 정도 존재하지만, 상인과 중산층이 대부분을 차지한다"고 보고했다.[30] 1898년 스크랜턴은 "우리 교회에 전 관찰사나 전 군수가 있지만, 성도들은 대체로 중산층으로 대표되고 그중에 부자는 없다"고 다시 보고했다.[31]

미국 선교사의 한국어 어학교사는 지식인층이었는데, 이들 상당수가 시간이 지나면서 기독교로 개종했다. 언더우드는 1885년 천주교 학자인 송순용을 고용했다. "송순용은 프란체스코회 신부 7-8명을 가르친 적이 있고 『한불ᄌᆞ뎐 韓佛字典』(1880) 편찬에도 관여했었기 때문에 외국인을 가르쳐 본 경험이 풍부했다."[32] 송순용은 탁월한 언어학자였다. 그는 천주교가 한글 소책자와 성경을 번역하면서 습득한 경험, 방법론, 원리 등을 개신교 선교사에게 소개했다. 송순용은 한국어의 권위자로서 언더우드와 여러 해 동안 함께 일했다. 제중원 관리였던 신낙균(申樂均)은 정부의 영어 학교

29 G. H. Jones, "The People of Korea," *GAL* (Oct. 1892): 465-466.

30 *ARMSMEC for 1895*, 244.

31 *OMAR* (Seoul: Methodist Printing House,1898), 45.

32 H. G. Underwood to F. F. Ellinwood, July 6, 1885. Underwood는 천주교인이었던 德祚 宋淳容을 고용하여 한국어와 한문을 배우고 그를 권위로 삼아 번역하고 사전 작업을 했다. Underwood가 프랑스 신부들을 프란체스코회 소속으로 본 것은 실수였다. 아무튼 그들의 설득과 박해에도 불구하고 송순용은 Underwood와 함께 일했다. 송순용은 "본토어 언문의 사용에 대한 해박한 지식을 갖고 있었고 한문에도 숙달해 있었다"(H. G. Underwood, *An Indtroduction to the Korean Spoken Language* [Yokohama: Seishi Bunsha, 1890], Preface).

를 졸업한 뒤 1885년부터 헤론과 알렌 의사에게 한국어를 가르쳤다. 신낙균의 친구 노춘경(盧春京)은 외국인과 기독교를 알기 위해서 알렌의 한국어 교사가 되었다. 노춘경(일명 노도사)은 한문 복음서를 읽다가 언더우드를 만났고, 언더우드는 그에게 한문 신약전서와 주석과 함께 게네르(Ferdinand Genähr)의 『廟祝問答』, 맥카티(Divie Bethune McCartee)가 쓴 『救靈魂說』과 『眞理易知』 등의 전도 소책자를 주었다. 1886년 7월 18일 언더우드는 노춘경에게 세례를 베풀었는데, 이는 서울에서 이루어진 첫 번째 한국인 개종자에 대한 세례식이었다. 이 세례 직전에 언더우드는 다음과 같은 편지를 보냈다. "한문 성경 몇 권과 한문 주석, 그리고 한문 소책자 몇 권이 필요할 듯합니다."[33]

### 양반층의 개종

1893년 서울에서 처음으로 양반 두 명이 세례를 받았는데, 그들은 존스의 어학교사 최병헌과 무어의 어학교사 한 씨였다. 두 사람은 입교하기 전에 한문 성경과 소책자를 읽었다. 이들이 제사를 거부하자 서울 양반 사회가 소동했다. 이 두 사람의 개종 이야기는 초기 양반 기독교인이 겪어야 했던 시련을 잘 보여준다. 1888년 가을에 최병헌은 존스의 개인 교사가 되었는데, 그때는 마침 영아소동이 끝난 직후였다.[34] 한국인의 기준으로 볼 때 최병헌은 교육을 잘 받은 젊은이였다.[35] 존스는 최병헌에게 기독교인이 되어

---

33 Underwood to Ellinwood, July 9, 1886.

34 최병헌은 Jones에게 왔지만 여전히 외국인을 의심했다. Jones가 차를 대접했을 때 그는 목사(선교사)가 '마술과 끔찍한 주문'으로 자기를 사로잡으려고 한다고 생각하고 차나 떡에 손도 대지 않고 돌아가곤 했다(Jones, "My Language Teacher," *UTS*, G. H. Jones Papers, ca 1902).

35 최병헌은 1896년에 본처전도인에 임명되었고, 1902년에 집사 목사로 안수 받았으며,

한국 민족에게 참 하나님에 대한 지식과 더 나은 삶을 전하는 일에 함께 일하자고 권면했다. 하지만 최병헌은 조상 숭배를 버릴 수 없었다. 시간이 가면서 차츰 최병헌의 내면에는 '오래된 책'(유교)을 치우고 '새로운 책'(기독교)을 취해도 예의에 어긋나지 않는다는 생각이 자리 잡았다. 최병헌은 원수를 향한 예수님의 사랑과 가난하고 병든 자를 향한 선교사들의 친절한 관심에 깊은 감동을 받았다. 어느 날 최병헌은 존스에게 말했다. "목사님, 저는 전혀 다르게 생각합니다. 제가 깨달은 바에 의하면 만약 조상이 저승에서 제게 말씀하신다면 이렇게 말씀하실 것입니다. '예수를 따르라. 예수를 따르라. 우리는 생전에 예수에 대해 알지 못했지만, 오늘 우리가 살아 있다면 예수의 제자가 되었을 것이다. 그러니 너는 예수를 따라도 된다.'"[36]

최병헌은 조상이 전해준 오래된 종교와 지난 3년간 선교사가 전해준 새로운 종교 사이에서 고심하다가 기독교인이 되기로 결심했다. 그는 유교로부터 개종했다는 분명한 표시로 조상의 위패를 불살랐다. 최병헌이 입교하기로 결심하자 동료 양반들은 크게 놀라고 실망했다. 최병헌이 세례 받기로 한 일요일 아침에 그의 친구 몇 명이 최병헌의 집에 가서 그의 겉옷·갓·신발을 몰래 가져간 다음, 문지기를 세워 하루 종일 그의 의관을 지키게 했다. 다음날 최병헌은 존스를 찾아가 자기가 전날 나오지 못한 이유를 설명했다. 두 사람은 공개적인 발표 없이 세례식을 수요 기도회 때 거행하기로 약속했다. 결국 최병헌은 1893년 2월 8일 수요일에 세례를 받았다. 이어서 며칠 동안 양반 친구들과 친지들을 찾아다녔다. 최병헌은 자신이 기독교인이 됐다는 사실이 친구나 친지들과의 관계에 아무런 영향을 미치지 않을 것이라고 믿고 그 사실을 이야기했는데, 그들은 한결같이 그

1909년에 집례까지 할 수 있는 장로 목사로 안수 받았다.

36 Jones, "My Language Teacher."

를 비웃고 조롱하고 모욕을 주었다. 세례식은 그와 친구들 사이에 놓여 있던 다리를 없앴다. 최병헌이 존스에게 한 말을 빌리면, 그는 '조상을 버린 자'였고 '그리스도인과 그리스도 외에는 어떤 친구도' 그에게 남아 있지 않았다.[37]

한 씨는 1893년 서울의 장로교회에서 '어느 누구보다 지위가 높은 자'였다. 그는 31세로 정6품 무관 벼슬을 지낸 자였다. 신자가 된 지 얼마 후 한 씨는 무어 목사와 함께 기독교 서적을 팔면서 서울 거리에서 복음을 전파하기 시작했다. 어느 날 한 씨가 소책자를 읽으며 '우상과 귀신 숭배가 어리석은 일이라는 것을 설명'하고 있는데 청중이 그에게 돌을 던졌다. 또 어느 날은 사람들이 책을 파는 그를 양반이 아니라 상놈이라고 생각하고 때렸다. 하지만 한 씨는 예수의 고난을 생각하며 그런 박해를 견뎠다.[38] 당시 양반은 상놈이라면 누구든 잡아다가 매질할 권리가 있었다. 상놈은 양반에게 말할 때 깍듯이 존대해야 했다. 상놈이 양반을 때리거나, 양반이 노동을 하거나, 상놈에게 존대어를 사용하는 일은 한국에서는 금시초문이었다. 그런데 1893년부터 한국에서 새로운 광경이 벌어지기 시작했다. 양반이 거리에서 전도하며 책을 파는 일을 하고, 일반 평민에게 존댓말을 사용했다.[39]

37 Jones, "My Language Teacher." 1909년에 최병헌은 자신의 개종과 관련된 여러 고뇌 경험을 바탕으로 비교종교학 신소설 『聖山明鏡』을 출판했다. 참고. Mattie W. Noble, *Victorious Lives of Early Christians in Korea* (Seoul: Christian Literature Society in Korea, 1927), 119.

38 S. F. Moore, "Welcome to Korea," *CHA* (Jan. 1893): 33.

39 다음 문헌들을 보라. S. F. Moore, "The Butchers of Korea," *KR* 5(April 1898): 127-132; Moore, "A Gospel Sermon Preached by a Korean Butcher," *CHA* (August 1898): 115-116; C. A. Clark, *First Fruits in Korea* (1921), 310-312; A. D. Clark, *Avison of Korea: The Life of Oliver R. Avison, M. D* (Seoul: Yonsei University Press, 1979), 97-103.

### 한성감옥 도서관의 한문 기독교 서적과 양반층의 집단 개종

1904-05년 러일전쟁 후 상당수의 양반 지식층이 교회로 들어왔다. 일부 개혁 성향의 정치인과 전직 고위 관료들이 감옥에서 개종한 후 석방되자 입교했다. 1899년 1월에 이승만(李承晩, 1875-1965)이 체포된 이후, 약 30명의 고위 관료와 개화 인사들이 한성감옥에 갇혔다. 이승만은 탈옥 시도가 실패한 후 중죄인으로 죽음의 공포 앞에서 성경을 읽고 기도하면서 1899년 성탄절 무렵에 개종했다.[40] 감옥서장 김영선의 배려로 도서관이 설치되고, 선교사들의 도움을 받아 이승만이 옥중 학당을 운영했다. 이승만은 '유약하고 몽매한' 고종 황제를 폐위시키고, '전제 정치'를 혁파하고 대신 의화군 이강(義和君 李堈)을 입헌 군주로 추대하고 '헌법 정치'와 강력한 개혁 정부를 수립하기 위해 박영효(朴泳孝) 일파의 쿠데타 음모인 무술정변에 가담했다가 체포되어 1904년 8월까지 5년 7개월간 한성감옥에서 지냈다.[41]

---

40 1899년에 典獄을 수리할 때 임시 한성감옥이 남대문과 배재학당 중간 지점인 宣惠新倉 자리에 설치되었다. 이승만은 이 임시 한성감옥에 투옥되었다가, 1월 말에 탈옥하여 성벽을 넘어 밖으로 나가 배재학당으로 가려고 했으나 성벽을 넘지 못하고 체포되었다. 다만 최정식이 주도하여 최학주가 가지고 온 총으로 탈옥을 시도했기 때문에 최정식은 교수형에 처해졌고, 이승만은 목숨은 구할 수 있었다. 한성감옥은 1903년에 종로의 전옥 자리로 옮겨졌다. 도서관과 옥중 학당은 종로 전옥 자리에 신축한 벽돌 건물의 한성감옥에 설치되었다("法部에서 平理院 裁判長 洪鍾宇의 質稟書에 따라", 『日省錄』, 光武 3[1899]年 6月 20日). 그의 개종에 대한 첫 기록들은 Syngman Rhee, "Korea's Humiliation, Christianity's Opportunity,"*The Church and Missionary Education: Addresses Delivered at the First International Convention under the Direction of the Young People's Missionary Movement of the United States and Canada*, Pittsburgh, PA, march 10-12 (New York: YPMM of US and Canada, 1908), 109; E Sung Man, "Appeal of Native Christians," *KMF* (June 1908): 96; Sherwood Eddy, *The New Era in Asia* (New York: Missionary Education Movement of the United States and Canada, 1913), 80-81 등을 보라.

41 이승만은 감옥에서 읽은 여러 한문 서적과 영문 서적으로 『독립정신』을 완성하고 그 서문을 1904년 6월 29일에 썼다. 교열은 감옥 안의 이상재가 했고, 후서는 하와이의 박용만과 문양목이 썼다. 이승만은 국가의 흥망성쇠가 정치제도에 있다고 주장하고 전제정치를 버리고 헌법정치나 민주정치로 변혁해야 한다고 역설했다. 리승만, 『독립경신』(로스앤젤레

**[사진 63] 한성감옥의 이승만(맨 왼쪽)과 죄수들, 1903년**
이승만만 종신형 죄수라 방갓을 쓰고 쇠사슬을 목과 가슴에 매고 있다.

**[사진 64] 한성감옥에서 개종한 전직 관료들, 1904년**[42]
왼쪽에서 세 번째가 이승만, 그는 이 무렵에는 훨씬 자유로운 모습으로 언더우드 등을 면회했다.

---

스, 대동신서관, 1909), 98-99.

42 유영익, 『이승만의 삶과 꿈』(중앙일보사, 1996), 31.

광무 78년(1903-1904년) 『舊韓末 獄中圖書 貸出名簿』(구한말옥중도서대출명부, 약 150쪽)에 실린 "감옥서 서적 목록"에는 한문 서적 223종, 한글 서적 52종, 영문 서적, 20종, 기독교 신문과 잡지 4종(「신학월보」, 「그리스도신문」, 「만국공보」, 「서회월보」) 등 약 300권의 서적이 비치되어 있었다. 이들을 보면 당시 한국에서 구할 수 있었던 중요한 기독교 서적이 모두 포함되어 있었음을 알 수 있다. 한문 서적을 가나다순으로 정리하면 다음과 같다.

『格物探原』(격물탐원), 『經學不厭精』(경학불염정), 『廣學類編』(광학류편), 『教士列傳』(교사열전), 『教化階梯衍義』(교화계제연의), 『教訓喩說』(교훈유설), 『教會政治』(교회정치), 『舊新約全書』(구신약전서), 『救靈先路』(구령선로), 『救世教益』(구세교익), 『救世有道』(구세유도), 『救世成全儒教』(구세성전유교), 『救主行述』(구주행술), 『近代教士列傳』(근대교사열전), 『基督本紀』(기독본기), 『基督實錄』(기독실록), 『基督之聖神』(기독지성신), 『男女皆宣立教說』(남녀개선입교설), 『德慧入門』(덕혜입문), 『道原晢義』(도원석의), 『來就耶蘇』(래취야소), 『路得改教記略』(로득개교기략), 『論復新之理』(론복신지리), 『馬可福音日課』(마가복음일과), 『馬太福音』(마태복음), 『望向耶蘇』(망향야소), 『慕翟先生行述』(모적선생행술), 『廟祝問答』(묘축문답), 『保羅垂訓』(보라수훈), 保羅悟道傳』(보라오도전), 『福音輯訓』(복음집훈), 『備立天國記』(비입천국기), 『譬喩要旨』(비유요지), 『四教考略』(사교고략), 『師徒記略』(사도기략), 『四福音目錄合編』(사복음 목록합편), 『祀先辨論』(사선변론), 『祀先探原』(사선탐원), 『三要錄』(삼요록), 『西方歸道』(서방귀도), 『西學有益於中華』(서학유익어중화), 『聖書綱目』(성서강목), 『聖經類書』(성경류서), 『聖經問答』(성경문답), 『聖經釋義』(성경석의), 『聖經溯原』(성경소원), 『聖經要道』(성경요도), 『聖教功效論略』(성교공효론략), 『聖教彙參』(성교휘참), 『性理探原』(성리탐원), 『聖書衍義』(성서연의), 『聖人說』(성인설), 『聖海淵源』(성해연원), 『聖會史記』(성회사기), 『誰不肯求』(수불긍구), 『崇實係

要』(숭실계요), 『信道揭要書』(신도게요서), 『信探三剛』(신탐삼강), 『新約記略』(신약기략), 『新約聖書』(신약성경), 『十戒註解』(십계주해), 『安仁車』(안인거), 『耶蘇教要理問答』(예수교요리문답), 『耶蘇教要旨』(예수교요지), 『耶蘇基督寶訓』(예수기독보훈), 『耶蘇基督實訓』(예수기독실훈), 『耶蘇紀要』(예수기요), 『耶蘇山上垂訓』(예수산상수훈), 『耶蘇聖教入華』(예수성교입화), 『耶蘇終身大略』(예수종신대략), 『如何得眞福』(여하득진복), 『禮拜模範』(예배모범), 『喩道要旨』(유도요지), 『二約釋義叢書』(이약석의총서), 『益壽奇方』(익수기방), 『引家歸道』(인가귀도), 『引君改道』(인군개도), 『人心交與上帝』(인심교여상제), 『自西徂東』(자서조동), 『張袁兩友相論』(장원량우상론), 『正道啓蒙』(정도계몽), 『主禱文注解』(주도문주해), 『重生之道』(중생지도), 『證眞秘決』(증진비결), 『眞道喩言』(진도유언), 『眞理課選』(진리과선), 『眞理易知』(진리이지), 『眞道廓正』(진도곽정), 『創世記之理』(창세기지리), 『天國振興記』(천국진흥기), 『天道興國淺說』(천도흥국천설), 『天道溯原』(천도소원), 『天路指南』(천로지남), 『天良明鏡』(천량명경), 『天倫論』(천륜론), 『天恩論』(천은론), 『太平洋傳道錄』(태평양전도록), 『恒心守道』(항심수도), 『鄕訓』(향훈), 『孝敬父母』(효경부모).

대출 명부의 한글 기독교 서적은 다음과 같다. 완전하지는 않지만 1903-04년에 이용할 수 있었던 책들 50여 종이 거의 모두 한문 소책자에서 번역한 것들이다.

신약젼셔, 요한공부, 복음요ᄉᆞ, 텬로력뎡, 훈ᄋᆞ진언, 라병론, 구셰진쥬, 릐취예수, 원입교인규됴, 미이미교회문답, 장원량우샹론, 인가귀도, 싓별젼, 예수힝젹, 성공회문답, 텬로지귀, 누가복음대지, 묘축문답, 성경대지문답, 셩ᄉᆞ춍론, 고린도젼셔쥬셕, 쥬일직희ᄂᆞᆫ론, 삼요록, 구셰론, 샹뎨진리, ᄒᆡ업ᄒᆞᄂᆞᆫ사ᄅᆞᆷ이라, 셩경문답, 셩교촬리, 쇽죄지법, 쟝ᄌᆞ로인론, 요합삼십륙, 구셰진젼, 파혹진션론, 병인ᄉᆞ쥬, 의원의힝젹, 쟈셔형님의드리노라, 찬미가, 어린아히문답, 셩경강목, 방탕ᄒᆞᆫᄌᆞ식이 아비에게로 도라온 것, 요한복음젼, 셩경도셜, 신도게요문답, 셩경도리.

이런 기독교 서적들이 1세대 한국 기독교 지도자들의 신학과 신앙을 형성했다. 옥중 도서관 이용자 중 15명 정도가 위의 한문과 한글 기독교 문서를 꾸준히 읽고 기독교로 개종했다.[43] 그 대표적인 인물이 이상재, 김정식, 유성준, 홍재기, 안국선 등이었다. 이들은 1903년 1월에 도서관이 개관하자 위에 열거한 다양한 서적을 읽고 예수교에 관심을 가졌다.[44] 감옥 도서관 도서대여장부를 보면 1903년 1월부터 20개월 동안 229명이 2,020권의 책을 빌려보았다. 1903년 1-3월에 이상재는 『파혹진션론』(1월 17일-2월 1일), 『聖敎功效論略』(1월 31일-2월 8일), 『三要錄』(2월 8-9일), 『經學不厭精』(2월 13-14일; 2월 15-20일; 3월 10-11일, 3월 13-23일)을 읽고 개종 단계에 접어들었고, 김정식은 『텬로력뎡』(2월 5-7일), 『신약젼셔』(2월 7일-3월 2일), 『舊新約全書』(3월 16-4월 7일)를 읽은 것으로 보아 이상재보다 약간 먼저 깊이 성경을 읽고 신심을 굳힌 듯하다. 유성준도 같은 기간에 성경을 많이 읽었다. 이상재를 비롯한 여러 전직 고관들이 가장 많이 읽은 책의 하나인 파베르의 『經學不厭精』에 대해서는 아래에서 다루겠다.[45]

43 이능화, 『朝鮮基督教及外交史』, 조선기독교창문사, 1928), 203-204; 이광린, "구한말 옥중에서의 기독교 신앙", 『한국 개화사의 제문제』(일조각, 1986), 218-222; Lee Kwangnin, "Christian Belief in a Prison during the Latter Yi Dynasty in Korea," *Journal of Social Sciences and Humanities* 63(June 1986): 1-20.

44 참고. Frank Brockman, "Mr. Yi Sang Chai," *KMF* (Aug. 1911): 217-219. Brockman은 이 글에서 이상재는 어느 날 꿈에 '위대한 임금이 보낸' 기인이 나타나 그에게 호통을 친 것이 계기가 되어 1903년 6월에는 한 달 사이에 신약성경를 세 번이나 빌려 읽고 개종했다고 정리했다. 그러나 『舊韓末獄中圖書貸出名簿』를 보면 그는 1903년 1월부터 성경과 기독교 서적을 읽고 있었다.

45 이상재는 옥중에서 쓴 글을 개인적으로 모아서 필사본 『共嘯散吟』을 편집했다. 내용은

이들은 1904년에 석방되자 다수가 게일의 연동교회에 출석하면서 YMCA 운동에 참여했다. 이들의 개종은 다른 지식인층의 입교를 자극했다. 1905년 12월 연동교회에는 600명 이상의 교인이 있었는데, 그중 3/4이 양반이었다.[46] 이들은 1905-10년에 전개된 기독교 애국계몽운동에 기여했다.

요약하자면, 1882년부터 한문 기독교 성경과 소책자가 다양한 수단과 통로를 통해 한국 중류층과 상류층 사이에 널리 보급되었다. 북쪽 지방에서는 한글 성경이 희귀했기 때문에 '자영 중산층'은 이 한문 서적을 사용했다. 서울에서는 초기 신자의 다수가 교육 받은 '중산층'과 상류층 출신이었다. 일부 정부 관료도 교회에 출석했고, 이들은 한문 기독교 서적을 원했다. 1893년 개종한 최병헌과 한 씨 두 양반이 서울 거리에서 전도 사역을 한 것은 양반 중심의 유교 사회에 깊은 인상을 남겼다. 1903년 한성감옥에 도서관과 학당이 설치되면서 전직 관료들과 양반들이 한문과 한글로 된 기독교 서적들을 읽고 옥중 개종하는 사건이 발생했다. 러일전쟁 전후 서울의 양반 사회에서 집단 개종이 일어났다.

## 3. 한국에서 사용된 한문 성경

1882년 조인된 한영수호통상조약의 한 항목에서 조선 정부는 수입을 불허한 도서나 기타 인쇄물에 대해 수송을 금지할 권한이 있음을 주장했다.

---

1902년 6월 이후 1904년 3월까지 작성한 논설 5편과 서간문 4편, 상소문 초고 1편, 투옥 동지들인 이원긍, 김정식, 안국선, 이승만 등과 주고받은 시 43편이었다(이상재, 『共嘯散吟』 [숭실대 한국기독교박물관, 2012]).

46 C. A. Clark to A. J. Brown, December 8, 1905.

이 항목을 명시하려고 했던 주된 이유는 이른바 '사악한' 기독교 성경과 소책자 등 종교 서적 때문이었다.[47] 하지만 이 조약에는 중국에서 한국으로 기독교 서적을 반입하거나 밀수하는 것을 금하는 항목은 없었다. 예를 들어 영국성서공회가 고용한 권서 서상륜이 1889년 한 해 동안 서울에서만 배포한 기독교 문서는 한문 신약전서 200권, 한문 성경전서 39권, 한글 신약전서 315권, 신약 단권 성서 1,431편이었다.[48] 또한 1884년에 미국성서공회는 이수정의 훈점 한문 사복음서와 사도행전을 일본 요코하마에서 출판하여 1892년까지 서울에서 각각 1,000부를 반포했다.[49] 1892년 루미스는 두 서적의 판매와 관련해 다음과 같이 썼다. "번역판이 나올 때까지는 이수정이 만든 훈점 한문판이 상당히 팔릴 것입니다. 지금 저희는 어느 정도 재고를 가지고 있고, 인쇄 원판도 가지고 있어서 언제든 원하실 때 더 찍어낼 수 있습니다."[50]

북쪽 지방에서도 한문 성경이 팔렸다. 1888년 12월 영국성서공회 북중국지부 총무인 브라이언트는 "지식인들은 한문을 선호하기 때문에" 한글 성경이 시급하게 필요하지는 않다고 보고했다.[51] 한글 성경이 필요하다는 말은 일반 대중이 눈에 띄게 교회로 나온 1890년부터 등장하기 시작했다. "되도록이면 빨리 번역을 서둘러 달라는 간절한 요구가 있다. 한문으로 된 것을 제외하면, 성경의 아주 적은 부분만 한글로 번역되어 있기 때문이다."[52] 1898년 평양에서도 "신약젼셔를 왼통 번역훈 거슬 셔울셔 나려

---

47 *Annual Report of the BFBS* (London: BFBS, 1884), 249.

48 *Annual Report of the BFBS* (London: BFBS, 1887), 435; *Annual Report of the BFBS* (London: BFBS, 1890), 239, 415. 단권 성서란 마태복음, 요한복음처럼 각 권으로 출판된 성서다. 선교 초기에는 값싼 단권 복음서들이 반포되었다.

49 참고. 옥성득·이만열, 『대한성서공회사 I』(대한성서공회, 1993), 120-176.

50 H. Loomis to Dr. Gilman, September 6, 1892, ABS Archives.

51 E. Bryant to W. Wright, December 4, 1888, BFBS Archives.

52 *Annual Report of the Missionary Society of the Methodist Episcopal Church* (New York:

오기를 갈으는 째에 비 기다리는 것ᄀᆞᆺ치" 갈망했다.[53] 1900년 신약전서 임시본이 출간되고 1906년에 그 공인본이 출판되었지만, 교회의 급성장으로 일이 늘어난 선교사들은 구약 번역에 매진할 수 없었고, 한글 『성경젼셔』의 출현은 1911년까지 지체되었다. 번역이 부진한 동안 한문 성경, 특히 한문 구약전서가 하나님의 말씀 전체를 갈망하는 한국 기독교인의 요구를 달래주었다. 1910년까지 한국의 일반 신자들은 구약성경 없이 한글 신약전서만 가지고 신앙생활을 하는 '신약 기독교인'으로 살았다.

### 대표자 역본과 한글 성경

한문 성경의 번역과 출판은 19세기 개신교 선교의 결과물이었다. 한문 성경은 문리(深文理[심문리], high Wenli), 쉬운 문리(淺文理[천문리], easy Wenli), 관화(官話, Mandarin)의 세 가지 문체로 번역, 인쇄되었다.[54] 대표자 역본은 1854년 문리체로 출판되어 중국에서 가장 널리 읽히는 성경이 되었는데, 이는 탁월한 고전 문체가 상류층의 구미를 만족시켰기 때문이었다. 대표자 역본은 직역이 아니라 70인역처럼 의역이었다.[55] 대표자 역본은 원문에 충실하기보다는 한문의 관용적 표현에 더 신경을 썼는데, 이는 중국 문학이 내용보다는 풍미를 더 중시한 탓이었다. 그 결과 어떤 단어나 구절은 다른 표현으로 대치되거나, 변경되거나, 삭제되었다.

---

MSMEC, 1891), 274.

53 노병선, "교유노병션씨 열람ᄒᆞᆫ일", 「대한크리스도인회보」, 1898년 9월 21일.

54 1890년 5월 상하이에서 개최된 선교사대회에서 문리본(wenli, 고도의 고전체), 쉬운 문리본(easy wenli, 간략한 고전체) 그리고 관화(guanhua, Mandarin)의 3종 표준 번역본을 제작할 세 그룹의 개정자들을 선정하기 위한 세 개의 위원회를 지정했다. Edwin M. Bliss, ed., *Encyclopaedia of Missions* (New York: Funk & Wagnalls, 1891), 277을 보라.

55 70인역은 יהוה(YHWH)를 κύριος(the Lord)로 번역했고, 독자의 이해를 위해서 일부 단어를 더하거나 생략했다.

문학적인 이 대표자 역본(문리본)은 한글 성경 번역자들에게 영향을 주었다. 최초의 한글 역본은 로스와 그의 한국인 조사들이 만주에서 번역한 것인데, 이들은 문리본을 저본으로 삼아 초벌 번역을 했다. 로스는 흠정역, 비잔틴 그리스어역, 1881년 옥스퍼드 판 그리스어 신약전서 등 다양한 역본과 원문을 참조했지만, 그의 저본은 문리본이었다.[56] 하지만 일상어를 사용한다는 로스의 원칙에 따라 [표 5]처럼 새로운 한글 어휘도 다수 창작되었다.

[표 5] 로스 역본에 채택된 한글 용어, 1887

| KJV | 문리본(1852) | 로스본(1887) | 구역본(1904) |
|---|---|---|---|
| God | 上帝 | 하나님 | 하ᄂᆞ님 |
| the begotten son | 獨生子 | 외아달 | 독싱ᄌᆞ[獨生子] |
| Passover | 踰越節 | 넘넌졀 | 유월졀[踰越節] |
| the righteous | 義人 | 올운쟈 | 의인[義人] |
| prophesy | 預言 | 밀이말홈 | 예언[預言] |
| prayer | 祈禱 | 빌다 | 기도[祈禱] |

로스는 되도록 한글 어휘를 많이 사용함으로써 성경을 일반 대중의 언어로 번역하려는 노력을 그치지 않았다. 그럼에도 최종 인쇄본에는 많은 한문 전문 용어, 한문 신학 용어, 한문 관용구와 관용적 표현을 사용하지 않을 수 없었다. 시간, 화폐, 무게 단위는 한자 어휘를 그대로 사용했다. 신학 용어는 한글과 한자를 섞은 조어를 만들어 사용했다. [표 6]은 로스가 요한

56 Ross는 영어 개역본 신약전서(1881), 옥스퍼드 그리스어 신약전서(1881), 북경 관화본(1861)을 사용했다(Choi Sung Il, "John Ross and the Korean Protestant Church" [University of Edinburgh 박사학위 논문, 1992], 125-128, 173-85).

복음 1장을 번역할 때(1887년) 사용한 한자 용어를 보여준다.

[표 6] 한글 역본에 채택된 한문 문리본 용어

| 절 | KJV | 문리본(1852) | 로스본(1887) | 구역본(1904) |
|---|---|---|---|---|
| 1 | the Word | 道 | 도[道] | 말솜 |
| 7 | witness | 證 | 간증[干證] | 증거[證據] |
| 9 | the true Light | 眞光 | 진광[眞光] | 빗 |
| 14 | glory | 榮 | 영화[榮華] | 영광[榮光] |
|  | truth | 眞理 | 진니[眞理] | 리치[理致] |
| 17 | the law | 律法 | 늅법[律法] | 률법[律法] |
| 18 | hath declared | 彰明(창명) | 표명[表明] | 붉히 나타내다 |
| 19 | priests | 祭司 | 제사[祭司] | 졔ᄉᆞ장 [祭司長] |
| 21 | prophet | 先知 | 션지[先知] | 션지자[先知者] |
| 32 | the Holy Spirit | 聖神 | 셩령[聖靈] | 셩신[聖神] |
| 47 | guile | 詭譎 | 궤휼[詭譎] | 간샤[奸邪] |
| 51 | the angels | 使者 | 사쟈[使者] | ᄉᆞ쟈[使者] |
|  | the Son of man | 人子 | 인ᄌᆞ[人子] | 인ᄌᆞ[人子] |

서울에서 활동하던 선교사들 역시 문리본으로부터 많은 한문 신학 용어와 표현을 차용했다. 문리본과 1904년 한글 구역본 신약전서의 로마서 첫 세 장을 비교해보면, 다음과 같은 한문 용어가 한글 성경에 사용되었다.

> 제사제장(祭祀諸長), 회당(會堂), 율법(律法), 안식일(安息日), 우상(偶像), 할례(割禮), 유월절(踰越節), 장막절(帳幕節), 오순절(五旬節), 수전절(修殿節), 선지자(先知者), 사도(師徒), 복음(福音), 도(道), 성경(聖經), 성신(聖神), 보혜사(保慧師), 은사(恩賜), 인자(人子), 독생자(獨生子), 십자가(十字架), 은혜(恩惠),

속죄(贖罪), 중보(中保), 신약(新約), 구원(救援), 평강(平康), 회개(悔改), 세례(洗禮), 교회(敎會), 집사(執事), 장로(長老), 안수(按手), 찬송(讚頌), 묵시(默示), 금식(禁食), 천사(天使), 마귀(魔鬼), 종말(終末), 심판(審判), 천당(天堂), 지옥(地獄), 천국(天國), 내세(來世), 영생(永生)

한글 성경은 또 한문 성경에 있는 용어를 약간 변형하거나 의미를 명확하게 해주는 글자 하나를 덧붙여 사용하기도 했다. 예를 들면, 문리본의 부생(復生)은 부활(復活)로, 전(殿)은 성전(聖殿)으로, 구세자(救世者)는 구세주(救世主)로 바꾸었다. 한글 신약전서가 대표자 역본과 비교해 완전히 다른 구조와 용어(上帝→하나님, 沈淪[침륜]→멸망)를 가지고 있고, 또 번역자가 원문에 충실하려고 했을 뿐 아니라 일상어를 더 많이 차용하려 노력했지만, 문리본에서 가져온 한문 용어를 사용하지 않을 수 없었다.

한편 교육 받은 한국인 신자와 목회자는 한문 문리본을 사용했다. 대부분의 설교자는 국한문 혼용체로 설교 원고를 적었는데, 이때 인용한 성경은 문리본이었다. 그 과정에서 목회자들은 자연스럽게 한문 용어를 받아들였고, 이것이 그들의 신학적 사고를 형성했다. 예를 들면, 목회자들은 설교나 저술에서 하ᄂᆞ님 대신 上帝를 사용했다. 여러 한글 성경 역본이 하ᄂᆞ님에 대해 어떤 용어를 사용하든지 상관없이, 한문 성경과 관련해서 上帝는 한국에서 별도의 공인된 신명이었다. 1904년 이후 한글 성경에서는 하ᄂᆞ님으로 고정되었지만, 문리본의 上帝도 병존했다.

서울에서 활동했던 개신교 번역 선교사들은 본문의 축자영감,[57] '전체 의미, 가감 없이'(whole meaning-no more no less)의 원리, 직역된 첫 번역본의

57 축자영감설에 따른 축자적 직역(literal translation)은 내용의 동등성을 추구하는 풀어쓰기 대신 형식의 동등성을 추구하는 것으로, 당시 대두된 문서설과 고등비평에 대한 저항이었다.

이점을 믿었다. 그럼에도 이들 번역 선교사들은 관용어구를 채택했는데, 이는 당시 문학적 표현 문체가 뛰어난 문리본을 좋아했던 한국인과 한국인 번역자들이 본문의 원래 의미에 충실할 뿐만 아니라 세련된 문학성도 원했기 때문이었다. 그 결과 레널즈(W. D. Reynolds)와 김정삼, 이승두(1907년까지는 이창직) 세 명의 번역위원이 전주에서 완성한 최초의 한글 구약전서(1911)는 레널즈의 작업 때문에 "때때로 매우 문학적이고 매우 화려한" 번역이 되었다.[58]

그러나 한글 성경 안의 한문 문학체와 용어는 무의식중에 지식인층 기독교인 사이에 '파당 의식'(clique spirit)을 만들었다. 학자나 양반 계층 출신이었던 한국인 번역 조사는 기독교 문서 저작 과정에서 중요한 역할을 했다. 이들은 문학체와 함께 "구어의 평이함이나 간결함 대신 한자가 섞인 어휘의 모호한 표현"을 살리고 싶어 했기 때문에, 한글 성경은 일반 대중에게는 다소 이해할 수 없는 글이 되어버렸다. 한문 문서를 이용하는 자들은 교회에서 엘리트 의식을 가지고 있었다. 프린스턴 대학교 출신의 빈턴(Cadwalladen C. Vinton, 1856-1936) 의사는 이것이 중국에 대한 '민족의식의 결여' 또는 지배층의 '변형된 봉건주의'를 보여주는 증거라고 주장했는데, 지배층은 그들의 배타적 지위와 전통적 유교 가치라는 특권을 지키려고 했다.[59] 하지만 다음 단락들이 보여주는 것처럼, 문리본이 계속해서 사용되고 지식인층을 위해 국한문 병용본이나 혼용본 성경이 출판된 또 다른 이유가 있었다.

58 "R. Kilgour's Interview with Mr. Hung Miller, January 22, 1917," BFBSA, CBFBS; 옥성득 외, 『대한성서공회사 II』(대한성서공회, 1994), 131.

59 C. C. Vinton, "Obstacles to Missionary Success in Korea," *MRW* (Nov. 1894): 840-841.

### 국한문 병용본과 국한문 혼용체본

문리본이 지식인층의 요구를 만족시켜 주었지만, 대부분의 한국어 성경은 일반 대중을 위해 한글로 인쇄되었다. 하지만 1890년대에 두 종류의 성경이 한문-한글 2개 국어 병용 방식으로 발행되었는데, 펜윅의 『요한복음젼』(1891)과 트롤로프의 『죠만민광 照萬民光』(1894)이 한한 병용본(漢韓 併用本)이었다. 그리고 국한문 혼용본 신약전서가 1906년에 출판되었다. 두 문자를 혼합한 이런 두 가지 토착 양식은 번역자가 한국인 지식인층의 언어와 문학을 존중하려고 노력한 결과물이다.

**펜윅의 『요한복음젼』(1891)**: 1891년 7월에 영국성서공회의 지원으로 서울의 한미화활판소는 국한문 병용(diglot) 요한복음서 3,000부를 발행했다. 이 역본은 1889년 내한한 침례교 독립 선교사인 펜윅(Malcom C. Fenwick, 片爲益[편위익], 1863-1935)이 서경조의 도움을 받아 소래에서 번역했다.[60] 한문은 문리본의 본문을 가져왔고, 각 행의 옆에 세로로 한글 로스본의 개정 본문을 병기했다. 1장 1절만 보자.

元始有道 道與上帝共在 道卽上帝

처음에도가잇ᄉᆞ되도가하ᄂᆞ님과함ᄭᅴᄒᆞ니도ᄂᆞᆫ곳하ᄂᆞ님이라[61]

이렇게 두 언어를 병기하는 체계는 한국에서 전통적으로 유학 경전에 사용하던 방법이었다. 이 토착 체계를 적용한 것은 지식인층을 향한 실험적

60 Fenwick은 1889년 9월 서울에 도착한 캐나다인 선교사였다. 그는 한국인들과 함께 살면서 언어를 배우기 위해 소래에 갔다. 그는 Ross의 예수셩교젼셔을 읽고 서경조의 도움으로 그것을 문리본 및 영어 개역과 비교했다. 요한복음 병용본은 그러한 성경 읽기의 결과였다.

61 본문의 道(도)는 한국인에게 유불선의 도를 포함, 초월하는 도이신 하ᄂᆞ님이었다.

시도였다. 지식인층은 한자만 사용하고 '저속한' 언문은 경시했기 때문에, 2개 언어의 병용판은 한글 역본에 대한 지식인층의 비난을 완화하고 한글 역본이 기독교 문서로 수용되도록 하는 목적도 있었다. 하지만 이 실험은 성공하지 못했다.[62] 지식인층은 한자를 고수했고, 교육 받지 못한 대중은 한글 역본을 선호했으며, 국한문 병용판은 책 부피도 늘어났기 때문이다. 1893년 성서위원회, 감리교회와 장로교회 선교회는 한글판만 출판하기로 결정했다. 지식인층의 요구는 이미 문리본으로 해소되었기 때문에, 선교회는 한글판에 대한 긴급한 요구에 최대한 빨리 대응할 필요가 있다고 판단했다. 펜윅은 선교회의 이런 견해에 동의했다. 그래서 1893년 자신의 『요한복음젼』을 순한글로 개정해서 출판했다.[63]

**트롤로프의 『죠만민광 照萬民光』(1894)**: 1894년 영국 국교회 선교회도 병용판을 출판했는데, 이들은 프랑스 천주교 선교회와 미국 개신교 선교회 양쪽으로부터 독립된 중도 노선 정책을 표방했다. 성공회는 이 정책을 성경 번역에 적용했다.[64] 1889년 캔터베리 대주교는 코르프(Charles John Corfe,

62 W. B. Scranton to H. Loomis, February 3, 1892, ABS Archives.

63 이 『약한의긔록혼ᄃᆡ로복음』은 1891년 판본보다 더 많은 한문 용어를 채용했다.

64 Corfe 주교의 정책은 다음과 같았다. 1) 직접 전도하기 전에 한국어와 문화를 배운다. 2) 서두르지 않고 천천히 가되, 초기에는 한국인 개종자를 지원하고 전도 수단인 학교 등을 지원한다. 3) 문명론을 지지한다. 학교와 병원과 인쇄소를 이용하되 서양식이나 일본식 문명을 강요하지 않으며, 한국인에게는 영어 교육도 실시하지 않는다. 4) 정교분리로 양대인화를 추진하지 않지만, 영국 정부나 해군과 긴밀하게 유대하면서 해로를 이용한다. 5) 선교사들은 선교 구역 공동체를 형성하고 주변지역으로 점차 전도를 확대한다. 6) 영국 제국 정신으로 중국 성공회 및 일본 성공회와 긴밀하게 협력한다. 이런 중도 노선은 성공회 고교회 전통에 속한 선교사들이 한국에 와서 문화를 연구한 후 직접 선교에 나설 수 있도록 준비시켰다. 이는 천주교의 반정부적 태도나 개신교의 지나친 행동주의적 선교와 다른 제3의 길이었다. 그 결과 그는 선교 사업이 시작된 지 7년 만인 1897년 11월에 한국인 개종자에게 첫 세례를 주었다. 참고. "Editorial Notes," *Independent*, August 7, 1897; "Correspondence, M. N. *Trollope to the Editor*," *Independent*, August 19, 1897.

高요한, 1843-1921)를 한국 선교회의 초대 선교사 주교로 임명했다.[65] 코르프는 1890년 9월 미국인 의사 랜디스(Eli B. Landis)와 함께 서울에 도착했다. 곧 복음전도회(SPG) 소속 트롤로프(Mark N, Trollope 趙馬可[조마가], 1862-1930)가 합류해서 한글과 한문 공부에 착수했다. 그리스어 학자이자 한국어를 빠르게 습득했던 트롤로프는 영국 선교회 자체 성경을 편찬하는 일의 책임을 맡았고, 한국인 조사의 도움을 받아 한한(漢韓) 대조판을 만들었다. 번역 저본으로는 문리본, 버든(Burden) 주교 역본, 그리피스 존의 쉬운 문리본을 혼용했다. "간혹 이 세 역본을 모두 제쳐두고 새로운 번역을 채택했는데, 한국인이 이해하기 더 쉽거나 한글로 쉽게 번역할 수 있는 경우에 그렇게 했다."[66]

책의 내용은 교회력에 따라 예수의 생애를 중심으로 성경을 발췌해서 편찬했다. 전반부는 강림절부터 삼위일체주일까지 6개월은 복음서를 주로 하고 서신서를 보충으로 읽도록 하고, 후반부는 서신서를 주로 하고 복음서를 보충으로 읽도록 편찬했다. 이는 설교와 예배에 낭독하는 전례용 성서성구집(lectionary)이나 성구독서집으로 사용할 수 있었고, 기독교의 기본 진리를 담고 있어 주일 교육 공과(工課, lesson)로도 사용할 수 있었다.[67] 이 책은 서론, 수태고지, 탄생, 현현, 세례, 유혹, 활동, 수난, 부활, 승천, 오순절, 사도행전, 결론 등 13항목으로 구성했다. 서문 첫 부분을 보자.

> 夫創造宇宙萬物之 天主乃天地主不居人手造之殿亦無有所需不爲人手所事乃以生命氣息萬物予衆

65 Corfe는 1866년에 사제로 서품을 받고 영국 해군 군목으로 22년간 일했다. 1890년에 영국교회 한국선교회 초대 주교로 내한했다.

66 "Lumen ad Revelationem Gentium," *MC* (May 1897): 42.

67 John Corfe, "The Bishop's Letter," *MC* (Dec. 1893): 174.

우쥬와만물을비로소ᄆᆞᆫᄃᆞ신 텬쥬ᄂᆞᆫ이에하ᄂᆞᆯ과땅을쥬쟝ᄒᆞ시니사ᄅᆞᆷ의손으로지은집에거ᄒᆞ지아니ᄒᆞ시고또ᄒᆞᆫᄇᆞ라ᄂᆞᆫ바업ᄉᆞ며사람의손으로셤김을위ᄒᆞ지아니ᄒᆞ시고이에목숨과긔운과만물노써뭇사ᄅᆞᆷ을주시니라

서론은 '이방인을 향한 모든 선교사들을 위한 본문'인 사도 바울의 아레오바고 설교(행 17:24-31)로 시작했다. 이 설교는 창조 개념으로 아테네인에게 접근했다. 한국인은 정령과 조상을 믿고 있었으므로 코르프 주교는 한국인이 예수 그리스도를 배우기 전에 성부 하나님의 존재부터 배워야 한다고 생각했고, 따라서 첫 번째 가르침은 창조 교리였다.[68]

『죠만민광』은 "한국인이 학교에서 가르치는 중국 경전을 인쇄할 때와 같은 방식으로, 나란히 배치된 두 개의 행에 절 단위로 한문과 언문을 병기하여 2개 언어로" 인쇄되었다.[69] 이런 병용 방식을 채택한 이유는 한문이 한국인이 이해하고 존중하는 언어였기 때문이다.[70] 한글 병기를 통해 모든 계층이 이 책에 접근할 수 있었고, 한문을 통해 낯선 기독교 용어를 이해할 수 있었다. 또한 영국 국교회 한국 선교회가 중국 선교회와 밀접한 관계를 맺고 있었기 때문에 자연스럽게 중국의 경험을 수용했다. 만주 개항장도 코르프 주교의 관할하에 있었기 때문에, 그는 산둥이나 톈진을 거쳐 뉴촹(잉꼬우)을 방문했고 그곳 동료들을 만나 생각을 교환했다.

따라서 『죠만민광』은 중국 성공회와 한문 성경, 특히 문리본의 용어를 채용했다. 예를 들면, 성신(聖神), 마귀(魔鬼), 부활(復活), 승천(昇天), 교회(教會), 안식일(安息日), 문도(門徒, 제자), 종도(從徒, 사도) 등이 문리본에서 채용

68 "The Bishop's Letter," *MC* (May 1897): 37.
69 "The Bishop's Letter," *MC* (Dec. 1893): 175.
70 이덕주, "성공회 발췌 성서 조만민광 연구", 『그리스도와 겨레문화』(기독교문사, 1987), 282.

된 용어였다. 한편 대부분의 문장 구조와 일부 용어는 로스 역본을 따랐다. 또 한문이든 한글이든 중간에 텬쥬(天主), 예수, 성신과 같은 용어가 나오면 뒤에 한 칸을 띄워서(영어의 대문자 용법과 같이) 그 단어에 대한 존중을 표시하는 대두법도 로스본을 따랐다.

『죠만민광』은 번역, 문체, 용어에서 한문 성경과 한글 성경을 절충한 문서였다. 그 용도는 전도를 위한 소책자, 가르침을 위한 교훈, 예배 때의 성구집 등이었다. 하지만 실제 사용은 소수의 성공회 신자들에게 국한되었다. 성공회 한국 선교회는 "프랑스 천주교 선교사와 미국 개신교 선교사가 한문을 거의 완전히 경시하는 것"에 대해 안타까움을 표명했다.[71] 이들은 선교회가 구어인 한글을 활용할 뿐 아니라 문어인 한문도 활용해야 한다고 믿었다. 하지만 다른 개신교 선교회는 1892년부터 1905년까지 계속 한글 성경을 출판했다.[72]

**국한문 신약성경(1906)**: 기독교인 가운데 지식인의 수가 늘어나면서 이들은 국한문 혼용체로 된 신약전서를 요청했다. 이들은 한문이나 국한문 혼용체에 익숙했기 때문에 이를 한글판보다 더 쉽게 읽을 수 있었다. 1898년에 서울에서 몇 명의 기독교인들이 국한문 혼용체 신약전서 원고를 언더우드에게 가져와서 출판을 문의했다. 같은 시기에 원산의 게일은 사도행전을 9장까지 국한문 혼용체로 번역했다. 게일은 여러 부를 인쇄한 뒤 한 부를 언더우드에게 보내어 의견을 물었다. 언더우드와 게일은 국한문 혼용체의 필요에 대해서 의견을 같이했지만, 선교사 다수는 "그런 시도가 모든 한

71 "Lumen ad Revelationem Gentium," *MC*(May 1897): 42.

72 다음 세 권만 漢韓 병용본으로 출간되었다. B. McCartee, 『眞理易知』(1895); Gale and Yi, 편 『訓蒙千字』(1907); G. John, 『眞理便讀三字經』(1908).

국인이 자기 문자를 받아들이도록 돕는 일을 가로막을 것"으로 우려했다.[73] 선교회는 언더우드와 게일에게 3년을 기다리도록 했다.

1903년에 한국인 신자들은 국한문 신약전서의 초고를 완성하고 출판을 위한 모금 활동을 벌였다. 게일과 언더우드는 그것을 출판하기를 원했는데, 이는 "한글판을 대체하거나 한글판과 경쟁할 수 있는 것도 아니고 단지 하나의 대안 매체로서" 국한문 혼용체 판본이 필요하다고 생각했기 때문이다. 하지만 영국성서공회 한국 지부 총무였던 켄뮤어(Alexander Kenmure)는 이 출판에 반대했다.[74] 1903년 10월에 장로회선교회공의회는 "언문 문서가 발달하고 있는 현 단계에서 성경 출판에 '국한문체'를 사용하는 것은 바람직하지 않다"는 결정을 내렸다.[75] 그럼에도 1903년 12월에 언더우드는 성서공회들에게 국한문 혼용체 판본을 출판해줄 것을 요청했다. 갑오개혁 이후 한국 정부의 공식 문서는 국한문체를 채택했고, 대부분의 상류층과 중류층에서 국한문체를 사용했으며, 가장 많이 발행되는 신문·학교 교과서가 국한문체를 사용했다. 언더우드는 다음과 같이 주장했다. "이런 상황에서 모두가 인정하듯이 국한문체 성경은 한자나 한글로는 접근할 수 없는 거대한 계층의 대중에게 다가갈 매체가 될 것이다."[76]

1903년에서 1906년 사이에 일어난 몇몇 사건으로 인해 선교회와 성서공회는 국한문체 성경 출판을 수용하게 된다. 첫째, 앞에서 본대로 상류층과 학자층 다수가 기독교로 개종했다. 1905년에 게일의 서울 연동교회에는 수백 명의 양반이 출석하고 있었다.[77] 둘째, 1904년 7월에 영국성서공

73 H. G. Underwood to J. H. Ritson, December 23, 1903.

74 A. Kenmure to J. H. Ritson, March 27, 1903.

75 A. Kenmure to John Sharp, October 16, 1903.

76 H. G. Underwood to J. H. Ritson, December 23, 1903.

77 C. A. Clark to A. J. Brown, December 8, 1905; Council of Presbyterian Missions in Korea, "Report of Committee of Mixed Script," *Minutes of the Thirteenth Annual Meeting of the*

회는 실험적으로 복음서와 사도행전의 국한문체 출판을 허락했다.[78] 이 결정은 지식인층의 필요에서 비롯된 것이었다. 셋째, 1905년 봄에 켄뮤어는 신경쇠약으로 인해 영국성서공회를 사임하고 런던으로 돌아갔다. 그의 후임으로 온 밀러(Hugh Miller, 閔休[민휴], 1872-1957)는 원래 언더우드의 서기였으므로 그와 좋은 관계를 유지했다. 마지막으로, 1905년 11월 유성준은 게일과 그의 조수들과 함께 국한문 신약전서 초고를 완성했다. 일부 한국인 신자는 출판 기금을 모금해서 전체 비용의 3분의 1을 제공했다.

1906년 4월에 국한문 신약전서 2만 부가 요코하마의 후쿠인인쇄회사에서 발행되었다. 번역 저본은 문리본과 1906년에 출판된 최초의 공인 한글 신약전서였다. 구문은 한국어를 따르되 모든 명사, 동사, 형용사는 한자로 표시했다. 또 격을 표현하는 어미, 시제, 화법 표시, 접속사, 전치사, 의문부호, 일부 대명사, 존대법 등은 한글로 표기했다.[79] 결과적으로 한자는 전체 본문의 40% 정도를 차지했는데, 일부 모호한 용어의 경우 한글로 적었을 때보다 한자가 의미를 더 명확하게 파악할 수 있도록 해주었다.[80] 이 신약전서 국한문은 1908년, 1909년, 1910년, 1911년에 재판 발행되었다. 1912년부터는 국한문 복음서 개정판이 인쇄되었고, 전체 개정판은 1916년에 출판되었다.

한문 성경이 한국교회에 끼친 영향은 다음과 같다. 한문 역본들, 특히 문리본은 한글 성경 번역에 사용된 저본 중 하나였다. 로스가 1877년부터 10년간 한글 번역본을 만들 때, 로스의 조사들은 초고 번역 때 문리본을

---

*Council of Presbyterian Missions in Korea*, 1905 (Seoul: YMCA Press, 1905), 38.

78 R. Kilgour to H. Miller, August 9, 1904; J. Sharp to H. G. Underwood, August 30, 1904; *Annual Report of the BFBS* (London: BFBS, 1905), 381.

79 A. Kenmure to John Sharp, October 16, 1903.

80 1906년 4월 25일에 Underwood, Avison, Miller는 이 『新約全書 국한문』 2부를 고종 황제에게 헌증했다.

사용했다. 로스 역본에 한문 관용구와 어휘가 다수 포함된 것은 당연한 일이었다. 서울에서 활동한 젊은 선교사들은 영어, 그리스어, 히브리어, 독일어, 프랑스어 등 다양한 성경 역본을 사용했음에도 그들이 번역한 한글 성경에는 많은 한문 어휘가 들어가 있었는데, 이는 지식인층에서 선발된 선교사의 번역 조사들이 한문 관용구를 선호했고 문리본을 일종의 공인된 본문으로 받아들였기 때문이었다.

심문리본과 천문리본 한문 성경이 지식층에게 반포되었다. 초기 기독교 지도자, 전도인, 목회자는 한문 성경과 한문 서적과 소책자를 읽었다. 그들은 한문 신학 용어와 표현을 수용했는데, 이러한 용어와 표현들은 초기 한국교회를 지배했을 뿐 아니라 오늘날에도 한글 어휘와 함께 공존하고 있다. 여러 한국 선교회와 성서공회의 정책은 한글 성경을 출판하는 것이었지만, 지식인층을 위한 국한문 성경 출판도 수용했다. 그들은 국한문판을 요구했을 뿐만 아니라, 직접 번역하고 출판을 도왔다. 국한문판에는 소수의 계층만이 이해할 수 있는 한문 어휘가 너무 많았다. 하지만 지식인층은 한글판보다 국한문판을 더 쉽게 읽고 더 명료하게 이해할 수 있었다.

1895년까지 영국성서공회와 스코틀랜드성서공회는 중국 지부를 통해서 한국 사역을 펼쳤다. 이 성서공회의 총무들은 간혹 한국을 방문하여 성경 사업을 감독했다. 이들 성서공회는 한국에서의 성경 번역, 출판, 반포에 관한 정책과 수단에 영향력을 행사했다. 1895년 서울에 영국성서공회의 한국 지부가 설립되었을 때, 초대 총무인 켄뮤어는 중국에서 근무하다가 전임되었다. 켄뮤어의 정책은 중국에서의 경험과 연결되어 있었다.

끝으로, 1882-93년에 만주에서 첫 한글 성경이 출판되었다. 이 로스 역본은 한국인 권서와 전도인을 통해서 반포되었으며, 10여 년간 서울뿐만 아니라 북부 지방에서 최초의 구도자와 개종자를 만들었다. 최초의 미국인 주재 선교사가 1884년 한국에 도착하기 이전에, 만주의 스코틀랜드 선교사들은 1879년부터 한국인 개종자를 훈련시켜 한국 북부 지방과 평양과 서울에서 전도 활동을 시작하도록 파송했다. 이들의 수고 덕분에 압록강 이북 만주 쪽에 위치한 한인촌에서 수백 명의 한국인이 기독교인이 되었다. 1884년 12월에 로스는 이들 중 75명에게 세례를 베풀었고, 1885년 여름에는 25명에게 추가로 세례를 주었다. 1884년 말 국경 도시 의주에는 18명의 신도와 예배를 드리는 설교당이 있었다. 황해도 소래에는 이미 1885년 봄부터 20여 명의 세례 지원자가 모이는 한국인 교회 공동체가 주일마다 은밀하게 정기 예배를 드리고 있었다. 이처럼 한국 개신교를 시작한 것은 미국 선교사가 아니라 로스 역본과 한국인 권서들이었다.[81]

교회가 국한문체와 같은 토착 양식을 채택한 것은 한국의 지식인들에게 그들의 언어와 문학을 존중하는 태도를 보여주는 노력이었다. 한문 기독교 문서는 엘리트 의식을 조장하기는 했지만, 성경과 기독교 메시지를 한국에 맞게 토착화하는 데 도움을 주었다. 동시에 일반 한국어에서는 일본어가 근대 용어로 수용되었으나, 기독교에서는 한문 용어가 먼저 수용되어 정착되는 결과를 낳았다.

## 4. 한국에서 사용된 한문 소책자

19세기 말 기독교 메시지는 동아시아 종교에 대해 우상파괴와 적응이라는 혼합된 태도를 취했다. 전자는 조상의 신령과 우상에 대한 '미신적인' 숭배와 아편, 전족, 도박, 일부다처제와 같이 유해하고 '잔인한' 관습을 공격했다. 후자는 보다 진보적인 태도로서 기독교와 전통 종교 간의 유사한 접

81 옥성득·이만열, 『대한성서공회사 I』, 23-119.

촉점을 강조하고, 이를 '복음의 준비'로 받아들였다. 그럼에도 그동안 한국 개신교 역사에 관한 대부분의 연구는 마치 성서 문자주의로 무장하고 한국 종교를 파괴하려 했던 보수적이고 근본주의적인 선교사가 언제나 한국 기독교 운동을 이끌었던 것으로 묘사했다.

이 절에서는 그런 획일적인 해석에 의문을 제기하고, 한국 종교를 향한 역동적인 변증론을 서술할 것이다. 여기서의 연구 주제는 개신교 한문 문서가 초기 한국 개신교에 미친 영향이다. 이를 위해 일차적으로 1900년까지 한국 지식인층 사이에 번역 없이 반포되어 읽힌 40권 이상의 한문 서적과 소책자를 검토하고, 또 일반 대중을 위해 한글로 번역된 50권 이상의 한문 소책자를 살펴볼 것이다. 초기 한국 개신교회는 전도 책자를 별도로 만들지 않고 거의 전적으로 이들 한문 소책자를 수입하여 사용했기 때문에, 초기 한국 개신교의 신학 형성에 가장 큰 영향을 준 자료는 한문 서적과 소책자였다. 두 번째 주제는 동아시아 종교에 관한 변증론에 초점을 맞추어, 이들 소책자에 담긴 타종교에 대한 메시지를 분석하는 것이다. 이 절의 끝에서는 초기 한국 기독교 안에 한국 전통 종교의 유산에 대한 평화적 융합(irenic fusion)의 전통이 있음을 밝힐 것이다. 기존에 소수의 연구자가 한글로 번역된 소책자를 조사하고 그 메시지를 분석했지만, 이들 연구는 한국인 지식인층과 기독교 지도자 사이에 널리 읽힌 한문 서적과 소책자 전반에 대해서는 조사하지 않았다.[82] 이 절에서 주목하는 점은 한문 전도문서와 서적이 초기 한국 기독교 형성에 기여한 역할이다. 이 한문 문서를 분석해보면, 표면상으로는 우상파괴적인 한글 기독교 문서가 두드러졌으나 그 이면에는 적응적이고 융합적인 다른 신학적 흐름이 있었음을 확인할 수 있다.

82 참고 이만열, 『한국 기독교 문화운동사』(대한기독교출판사, 1987), 302-344; 이만열, "한말 기독교 사조의 양면성 시고", 『한국 기독교와 민족의식』(지식산업사, 1991), 221-229.

### 번역 없이 보급된 한문 전도문서와 서적

중국의 초기 개신교 선교사들은 출판물의 힘을 중시했다. 중국인은 인쇄물을 존중했기 때문에 전도문서와 서적은 기독교와 서구 문명을 소개하는 가장 효과적인 수단이 되었다. 기독교 서적과 소책자는 중국의 전통 종교의 경전, 주석, 소책자의 문체와 양식을 빌려서 사용했다. 근대적인 선교회의 인쇄소는 수백 만 부의 서적을 대량으로 찍어냈고, 이를 순회전도와 권서 체제를 통해 중국 전역에 반포했다. 1892년 5월 영국성서공회 중국 지부의 총무 켄뮤어는 주석·찬송가·기도서는 제외하고 중국 교회에서 가장 널리 읽는 기독교 소책자와 서적을 조사했는데, 그 결과는 다음과 같았다.[83]

[표 7] 1893년 중국 기독교에서 가장 인기 있는 소책자와 서적[84]

| | | |
|---|---|---|
| 天道溯原 | Martin's *Christian Evidences* | 32 |
| 張袁兩友相論 | W. Milne's *Two Friends* | 31 |
| 天路歷程 | Burns' *The Pilgrim's Progress* | 24 |
| 德慧入門 | John's *Gate of Virtue and Knowledge* | 18 |
| 引家歸道 | John's *Leading the Family in the Right Way* | 16 |
| 正道啓蒙 | Burns' *Peep of Day* | 12 |
| 眞道衡平 | Genähr's *Chinese and Christian Doctrines Compared* | 11 |
| 自西徂東 | Faber's *Chinese and Christian Civilization* | 11 |
| 格物探原 | Williamson's *Natural Theology* | 8 |
| 喩道傳 | Martin's *Religious Allegories* | 6 |
| | | 계 169표 |

83 Kenmure는 1895년 서울로 전임되어 1905년까지 영국성서공회 한국 지부 총무로 일했다.

84 A. Kenmure, "The Ten Best Christian Books in Chinese," *CR* (July 1893): 340. 그는 여러 선교사에게 회람 서신으로 조사했다.

이들 서적은 한국에 소개되었고, 대부분은 한글로 번역되었다. 1894년과 1895년 봄에 레널즈는 전라도를 여행하면서 '순회전도 용으로 가장 좋은 책'을 알아보았는데, 마틴의 『天道溯原』, 그리피스 존의 『덕혜입문』, 밀른의 『쟝원량우샹론』, 저드슨(Adoniram Judson, 1788-1850)의 『텬로지귀』, 존의 『인가귀도』, 매클레이의 『신덕통론』 등이었다.[85] 부산에 거주하던 베어드(William M, Baird, 1862-1931)는 『텬로지귀』와 함께 그리피스 존의 『구세진쥬』를 번역하여 사용했다.[86]

한문 소책자는 '양귀'의 책이라 꺼리는 자도 있었으나, 서양 잉크 냄새가 스며든 인쇄물은 책을 귀하게 여기던 한국인들에게 접근할 수 있는 강력한 도구가 되었다. 이 서적들의 기본적인 두 가지 목적은 비기독교인에게 복음을 제시하고 기독교 신자의 신앙을 돕는 것이었다. 그 내용은 복음적이고 성경적이었는데, 하나님의 존재, 창조, 타락, 예수 그리스도를 통한 구속, 성령을 통한 회심 등의 근본 교리를 다루었다. 대부분의 간단한 소책자들은 십계명, 주기도문, 사도신경과 더불어 비교적 교육 수준이 낮은 사람들을 위한 기도문의 모범 등을 담고 있었으나, 일부 서적은 분량도 많고 내용도 학구적이어서 지도자 훈련용으로 사용되었다.[87]

한국 선교회들은 중국에서 널리 읽히고 꾸준히 팔리는 기독교 전도문서와 서적을 수용했다. 이런 소책자는 만주와 일본에 있는 한국인에게 먼저 소개되었고, 이어서 한국에 수입되었다. 예를 들어, 마틴의 『天道溯

---

85 W. D. Reynolds, "Diary, 1894-95," *W. D. Reynolds Papers*, Presbyterian Historical Center, Montreat, N.C.

86 William M. Baird, "Evangelistic Report of Pusan Station for 1893-94."

87 참고. T. W. Pearce, "Christianity in China, Native Heathen Opponents and Native Christian Defenders," *CR* (Nov.-Dec. 1884): 457. 1877년 상하이 선교대회에서 1810-1875년에 총 1,036권의 한문 기독교 서적과 전도문서가 출간되었는데, 그중 83권만 성경이었고 43권만 주석이었다고 보고했다. 참고. S. L. Baldwin, "Christian Literature—What Has Been Done and What Is Needed," GCPMC, *RGC* (1878), 206.

原』은 1879-82년에 만주에서 로스 역본을 읽고 회심한 한국인들이 읽었고, 1882-84년에는 일본에서 이수정, 손붕구, 김옥균, 기타 한인 학생과 개종자들이 읽었다.[88] 유교 지식인층은 서양 문명에 관한 서적을 환영했는데, 이런 서적은 19세기 개신교 자연 신학이나 계몽주의의 과학적 세계관을 선전했다.

[표 8]에 있는 40권 이상의 한문 기독교 문서와 서적들이 1900년까지 한국의 지식인층 사이에 번역 없이 반포되었다. 이들 문서는 지식인층의 개종뿐만 아니라, 초기 기독교 지도자의 신학적 방향에 커다란 영향을 주었다. 나아가 이 서적들의 대다수가 감리회와 장로회의 신학반 수업에서 필독서로 읽혔다. 앞에서 거론했듯이 1903-04년에 15명 정도의 전직 고위 관료와 정치 지도자들이 한성감옥에서 이 한문 서적과 소책자를 읽고 개종했다. 이 책들에 대한 분석은 초기 한국교회 신학이 온건한 복음주의와 성취론을 기반으로 이루어져 있었음을 드러내어 줄 것이다.

**[표 8] 번역 없이 사용한 한문 서적과 전도 소책자, 1880-1900년[89]**

| I. 기독교 서적(신학, 자연 신학, 변증론, 비교종교학) |
|---|
| Burns, William. 正道啓蒙 *Peep of Day*. Beijing: 1864. |
| Corbett, Hunter. 聖會史記 *Church History*. Shanghai: 1894. |
| Edkins, Joseph. 釋敎正謬 *Correction of Buddhist Errors*. Shanghai: 1857. |
| Faber, Ernst. 自西徂東 *Civilization: West and East*. Hong Kong: 1884, 1902. |
| James, F. H. 兩敎合辨 *A Comparison of the Two Religions: Protestantism and Romism*. 1894. |

88 "Power of the Word in Corea," *Quarterly Report of the NBSS* (Oct. 1880): 633-634; H. Loomis, "Rijutei, the Corean Convert," *Missionary Herald* (Dec. 1883): 481-483; Harry A. Rhodes, "Presbyterian Theological Seminary," *KMF* (June 1910): 149-151.

89 Sung-Deuk Oak, *Sources of Korean Christianity, 1832-1945* (Seoul: Institute of Korean Church History, 2004), 96.

John, Griffith. 天路指明 *Clear Indication of the Heavenly Way*. Hankou: Shengjiao shuju,1862.

_______. 訓子問答 *Child's Catechism.* Shanghai: 1864.

Lambuth, James W. 天道總論 *Compendium of Theology* [Binney's]. Shanghai: 1879.

_______. 神之原道 *Elements of Divinity* [T. N. Ralston's]. Shanghai: 1879.

Martin, William A. P. 天道溯原 *Evidences of Christianity*. Ningbo: 1854.

_______. 喩道傳 *Religious Allegories*. Ningbo: 1858.

_______. 救世要論 *Important Discourse on Salvation*. Ningbo: 1860.

_______. 格物入門 *Elements of Natural Philosophy and Chemistry*. Beijing: 1868.

McCartee, D. Bethune. 耶蘇教要訣 *Fundamental Truth of Christianity*. Ningbo: 1849.

_______. 救靈魂說 *Discourse on the Salvation of the Soul*. Ningbo: 1852.

_______. 西士來意略論 *Western Scholars' Reasons for Coming to China*. Zhengzhou: 1863.

Medhurst, William. 淸明掃墓之論 *On the Custom of Repairing the Graves*. Batavia: 1826.

Muirhead, William. 眞教權衡 *Balance of the True Religion*. Shanghai: 1864.

_______. 眞教論衡 *Balance of the True Religion*. Shanghai: 1868.

Nevius, John L. 天路指南 *Guide to Heaven*. Ningbo: 1857.

_______. 祀先辨謬 *Errors of Ancestral Worship*. Ningbo: 1859.

_______. 宣道指歸 *Manual for Evangelists*. Shanghai: 1862.

_______. 天牖二光 *The Two Lights*. Shanghai: 1864.

_______. 神道總論 *Compendium of Theology*. Shanghai: 1864.

_______. 兩教辨正 *The Two Religions Set Right: Romism and Protestantism*. Shanghai: 1890.

Nevius, Helen S. 聖徒堅忍 *Christian Perseverance*. Ningbo: ca 1880.

Williamson, Alexander. 格物探原 *Natural Theology*. Shanghai: 1876.

_______. 基督實錄 *Life of Christ Jesus the Light and Life of the World*. Shanghai: 1879.

## II. 일반 서적(역사, 국제법, 정치, 과학)

Martin, William A. P. 萬國公法 *International Law* [H. Wheaton's]. Beijing: 1864.

_______. 公法會通 *International Law* [J. C. Bluntschli's]. Beijing: 1880.

Muirhead, William. 大英國志 *History of England*. Shanghai: 1856.

Sheffield, Devello Z. 萬國通鑑 *Universal History*. Shanghai: 1892.

Sites, Nathan. 天文學 *Elementary Principles of Astronomy*. Shanghai: ca 1880.

Way, Richard Q. 地球略說 *Compendium of Geography*. Ningbo: 1856.

| III. 장로교회 서적 |
|---|
| Synodical Committee. 信道揭要 *Confession of Faith.* Shanghai: Presbyterian Press, 1877. |
| ________. 禮拜模範 *Form of Worship.* Shanghai: Presbyterian Press, 1877. |
| ________. 敎會政治 *Form of Church Government.* Shanghai: Presbyterian Press, 1877. |
| ________. 耶蘇敎要理問答 *Shorter Catechism.* Shanghai: Presbyterian Press, 1877. |
| ________. 耶蘇敎要理大問答 *Larger Catechism*. Shanghai: Presbyterian Press, 1877. |
| ________. 敎會勸懲條例 *Book of Discipline*. Shanghai: Presbyterian Press, 1877. |
| ________. 婚喪公禮 *Marriage and Burial Forms*. Shanghai: Presbyterian Press, 1877. |
| IV. 감리교회 서적 |
| Maclay, Robert S. 受洗禮之約 *The Baptismal Covenant*. Fuzhou: 1857. |
| ________. 美以美敎會禮文 *Ritual of the Methodist Episcopal Church*. Fuzhou: 1865. |
| 계 43권 |

### 한글로 번역된 한문 전도문서

[표 9]는 1881년부터 1896년까지 50권 이상의 한문 전도 소책자가 한글로 번역, 출판되었음을 보여준다. 이들 대부분은 서울에서 인쇄되었다. 한문판이 주로 교육 받은 지식인층을 대상으로 한 반면, 이 한글 소책자는 일반 대중과 부녀자들을 대상으로 했다. 1889년에 장로교·감리교 연합으로 '조션셩교셔회'가 조직되었고, 같은 해에 북감리회 선교회는 배재학당 안에 한미화활판소를 설립하고 중국에서 오랫동안 사역한 올링거가 책임을 맡아 전도문서와 서적들을 대량으로 출판하기 시작했다.

최신 인쇄기와 활자를 일본에서 수입한 서울의 한미화활판소(Trilingual

Press)[90]는 1893년 6월부터 1894년 7월까지 복음서 6,000부, 전도지 36,700장, 소책자 44,000권(1,355,300쪽), 영어 서적과 소책자 1,385권 그리고 총 52,185권(1,801,440쪽)에 달하는 기타 출판물을 찍어냈다.[91] 청일전쟁이 끝난 직후인 이후 몇 년간 인쇄된 부수는 더 많았다. 만약 위에서 언급한 한문 소책자가 각 5,000부씩 인쇄되었고 최소 2판까지 출판되었다면, 1897년까지 인쇄되어 배포된 소책자 수는 약 600,000권에 달했을 것이다. 또 만일 한문 소책자나 서적이 평균 각 1,000부씩 한국에 수입되었다면, 1900년까지 대략 100,000권이 배포되었을 것이다.

이 소책자의 반포는 주로 한국인 권서와 전도인을 통해서 이루어졌다. 한국인 전도인은 19세기 초 미국 감리회의 순회 목사처럼 방방곡곡을 돌아다녔다. 출판할 글을 번역하고 저술할 권한은 선교사에게 있었지만, 그 메시지를 전하는 말을 하는 자는 한국인 권서와 순회 전도인들이었다. 복음을 듣고 소책자를 구입한 이들에게 책의 메시지와 메신저인 전도인은 분리된 별개가 아니었다. 한국인 전도인은 기독교 대중 전도 운동에서 상황에 혁신적으로 대응하는 일종의 종교적 창업가였다. 시간이 흐르면서 이들은 점차 지역 교회의 집사, 영수, 장로 목사로 성장했다. 전도 과정에서 민중의 실제 삶을 목격하고 기울어가는 국운을 체험하면서, 이들 전도인 중 다수가 일본 제국주의에 대항하는 독립 운동에 참여했다. 이것은 기독교 소책자가 만든 한국 기독교 민족주의와 민주주의의 한 열매

---

90 당시 이름은 삼문출판소가 아닌 한미화(韓美華) 활판소였다. 이는 한글, 영어, 한문으로 인쇄하였기 때문이다. 영어로는 The Trilingual Press로 불렸다.

91 *Annual Report of the Missionary Society of the Methodist Episcopal Church* (New York: MSMEC, 1894), 249. 따라서 소책자가 모든 인쇄물의 75%를 차지했다. 1897년 6월부터 1898년 7월까지 한미화활판소는 5,157,195페이지를 인쇄했다. 소책자의 일부는 일본 요코하마와 Underwood의 개인 활판소에서 인쇄되었다. 참고. George C. Cobb, "Report VII. Trilingual Press," *Journal of the Fourteenth Annual Meeting of the Korea Mission of the MEC* (Seoul: Trilingual Press, 1898), 41; 이만열, 『한국기독교 문화운동사』, 309-318.

였다.

한문 소책자와 서적들이 학교나 신학교의 교과서로 사용되거나 지식인층에게 읽혔던 반면에 한글 소책자는 직접적인 전도를 목적으로 일반 대중에게 반포되었다. 간결한 일상어로 기록된 소책자의 전제는 진리란 자명한 것이라는 계몽주의와 상식 철학의 신념이었다. 즉 선교사와 전도인들은 일반 대중은 진리와 미신을 분별할 인지적 능력인 상식이 있기 때문에, 바른 정보를 제시받고 읽으면 기독교를 받아들일 것이라고 생각했다.

[표 9] 번역, 출판된 한문 전도 소책자, 1881-1896년[92]

| 발행 연도 | 한문 저자 | 한문 책명 | 한글 책명 | 영어 책명 | 번역자 |
|---|---|---|---|---|---|
| 1881 | J. Ross | 聖經問答 | 예수셩교문답 | Bible Catechism | 이응찬, Ross |
| | J. MacIntyre | 新約要領 | 예수셩교요령 | Summary of the NT | 이응찬, MacIntyre |
| 1885 | Legge, Maclay | 浪子悔改 | 랑ᄌᆞ회기 | Prodigal Son | 이수정 |
| | R. S. Maclay | 美以美敎會問答 | 미이미교회문답 | Methodist Catechism | 이수정 |
| 1889 | R. S. Maclay | 美以美敎會問答 | 미이미교회문답 | Methodist Catechism | F. Ohlinger |
| | ? | 聖敎撮要 | 셩교촬요 | Summary of the Holy Teaching | H. G. Appenzeller |
| | Griffith John | 濟世論 | 졔셰론 | Salvation of the World | H. G. Underwood |
| | Griffith John | 贖罪之道 | 속죄지도 | Redemption | H. G. Underwood |
| 1890 | G. John | 聖敎撮理 | 셩교촬리 | Salient Doctrine of Christianity | H. G. Underwood |
| | F. Ohlinger | 癩病論 | 라병론 | Sin Like Leprosy | F. Ohlinger |
| | R. S. Maclay | 信德統論 | 신덕통론 | General Discourse on Faith | F. Ohlinger |
| | R. S. Maclay | 美以美敎會綱禮 | 미이미교회강례 | Articles of Religion | W. B. Scranton |
| 1891 | Mrs. Holmes | 訓兒眞言 | 훈ᄋᆞ진언 | Peep of Day | Mrs. M. F. Scranton |
| | A. Judson | 天路指歸 | 텬로지귀 | Guide to Heaven | W. M. Baird |
| | G. John | 勸衆悔改 | 권즁회기 | Exhortation to Repentance | H. G. Underwood |
| | G. John | 上帝眞理 | 샹뎨진리 | True Doctrine of God | H. G. Underwood |

92 Sung-Deuk Oak, *Sources of Korean Christianity*, 99.

| 발행 연도 | 한문 저자 | 한문 책명 | 한글 책명 | 영어 책명 | 번역자 |
|---|---|---|---|---|---|
| | W. H. Medhurst | 三字經 | 삼ᄌ경 | Three Character Classic | Ohlinger/ Moffett |
| 1892 | W. Milne | 張袁兩友相論 | 쟝원량우샹론 | Two Friends | S. A. Moffett |
| | Mrs. S. Sites | 聖經圖說 | 셩경도셜 | Bible Picture Book | Miss L. C. Rothweiler |
| | ? | 救世要言 | 구셰요언 | Essentials of World's Salvation | W. B. McGill |
| 1893 | G. John | 德惠入門 | 덕혜입문 | Gate of Virtue and Wisdom | H. G. Underwood |
| | G. John | 重生之道 | 즁싱지도 | Regeneration | H. G. Underwood |
| | G. John | 信者所得之眞福 | 신ᄌ소득지진복 | True Way of Seeking Happiness | H. G. Underwood |
| | W. C. Milne | 眞道入門問答 | 진도입문문답 | Entrance to Truth Doctrine | F. Ohlinger |
| | F. Ohlinger | 依經問答 | 의경문답 | Nast's Larger Catechism | F. Ohlinger |
| | ? | 四福音合書 | ᄉ복음합셔 | Harmony of the Gospels | W. B. Scranton |
| | Helen Nevius | 耶蘇敎問答 | 예슈교문답 | Christian Catechism | H. G. Underwood |
| 1894 | G. John | 引家歸道 | 인가귀도 | Leading the Family in the Right Way | F. Ohlinger |
| | G. John | 福音大旨 | 복음대지 | Great Themes of the Gospels | H. G. Underwood |
| | ? | 地球略論 | 지구약론 | Geography | Mrs. M. F. Scranton |
| | Ernst Faber | 舊約工夫 | 구약공부 | Study of the Old Testament | G. H. Jones |
| | W. Martin | 三要錄 | 삼요록 | Three Principle | H. G. Underwood |
| | J. MacKenzie | 救世眞詮 | 구셰진젼 | True Plan of Salvation | S. A. Moffett |
| | ? | 天主耶蘇兩敎不同問答 | 텬쥬예슈량교부동문답 | Romism and Protestantism | S. F. Moore. |
| 1895 | Burns | 天路歷程 | 텬로력뎡 | The Pilgrim's Progress | J. S. Gale |
| | D. McCartee | 眞理易知 | 진리이지 | Easy Introduction to Christian Doctrine | H. G. Underwood |
| | G. John | 大主之命 | 대주지명 | Order of the Lord | H. G. Underwood |
| | ? | 靈魂問答 | 령혼문답 | Catechism on the Soul | H. G. Underwood |
| | G. John | 救世眞主 | 구셰진쥬 | True Savior of the World | W. M. Baird |
| | ? | 救世論 | 구셰론 | Discourse on Salvation | S. A. Moffett |
| | C. W. Foster | 福音要史 | 복음요ᄉ | Story of the Gospel | Mr. & Mrs. D. L. Gifford |
| | F. Genähr | 廟祝問答 | 묘축문답 | Dialogue with a Temple Keeper | H. G. Appenzeller |
| | R. S. Maclay | 洗禮問答 | 셰례문답 | Baptismal Catechism | W. B. Scranton |
| | ? | 主日禮拜經 | 쥬일례비경 | Wesleyan Sunday Worship | W. B. Scranton |
| | W. Muirhead | 來就耶蘇 | 릭취예슈 | Come to Jesus | W. L. Swallen |

| 발행 연도 | 한문 저자 | 한문 책명 | 한글 책명 | 영어 책명 | 번역자 |
|---|---|---|---|---|---|
| | F. Ohlinger | 德丁傳記 | 틴들뎐긔 | The Life of William Tyndale | F. Ohlinger |
| | J. L. Nevius | 爲原入敎人規條 | 위원입교인규됴 | Manual for Catechism | S. A. Moffett |
| | G. John | 擻世論 | 경세론 | Warning to the World | W. L. Swallen |
| 1896 | ? | 敎會史記 | 교회ᄉ긔 | Church History | W. L. Swallen |
| | ? | 新約問答 | 신약문답 | The New Testament Catechism | W. B. Scranton |
| | ? | 舊約問答 | 구약문답 | The Old Testament Catechism | W. B. Scranton |
| | ? | 復活主日禮拜 | 부활쥬일례뷔 | Easter Sunday Worship | H. G. Underwood |
| | Helen Nevius | 救世敎問答 | 구셰교문답 | Christian Catechism | H. G. Underwood |
| | 계 | 53권 | | | |

## 한문 전도 책자의 메시지

기독교 한문 서적은 초기 한국교회의 전도, 타종교에 대한 변증론, 교리 형성, 문화에 대한 관점 등에 결정적인 영향을 주었다. 다섯 명의 재중 선교사가 저술한, 한국에 가장 많은 영향을 미쳤고 널리 읽힌 여섯 권의 서적을 분석하면 기독교가 한국인에게 전파한 기본적인 메시지의 주요 논점을 알 수 있다. 뿐만 아니라 중국에서 두 세대 동안 발달한 복음주의적 변증론이 초기 한국 기독교 신학 형성에 기여한 점도 알 수 있다. 선교사들의 눈에는 한글 소책자가 대상으로 삼은 일반 민중은 귀신숭배의 샤머니즘과 우상숭배의 불교의 '미신적' 주술에 사로잡힌 존재였기 때문에 한글 전도문서는 우상파괴적 메시지가 강했다. 반면에 번역되지 않고 지식인들이 읽었던 마틴의 『天道溯原』(천도소원), 파베르의 『自西徂東』(자서조동) 등과 같은 다수의 한문 서적은 유교에 대해서 온건한 성취론적 태도를 취했다. 이러한 전통 종교에 대한 이중적 태도가 초기 한국 개신교의 종교 담론을 형성했다.

**『張袁兩友相論』(1819)**: 스코틀랜드회중교회 신자였던 밀른(William Milne, 1775-1822)은 1813년에 런던선교회 소속으로 중국 남부에 도착했다. 밀른은 1819년에 말라카에서 『張袁兩友相論』(장원양우상론)을 출판했는데, 이 소책자는 1906년까지 최소 17개 판본으로 출판되었고, 약 200만 권이 유통되었다. 그의 아들 밀른(W. C. Milne)은 용어를 보다 정확하게 다듬어서 1851년과 1857년에 각각 개정판을 출판했고, 이 책은 한 세기 동안 중국에서 가장 많이 팔리는 소책자가 되었다. 이 책은 1892년에 마페트가 번역한 이후 1905년까지 최소 4개의 한글 판본이 출판되었다. 중국 기독교 역사가 베이즈(Daniel Bays, 1942-2019) 교수는 이 책이 중국에서 인기를 끈 이유를 쉬운 문리로 쓴 준고전 문체, 두 친구 사이의 대화체, 중국의 상황 등으로 설명했다.[93]

『張袁兩友相論』은 19세기 초의 주류 개신교를 대표하는 기독교 신학을 명료하게 제시한다. 밀른은 기독교인과 비기독교인, 예수 그리스도와 중국 현인들, 일상의 삶과 영원한 복, 그 밖의 주제들 간의 차이를 비교하면서 기독교의 기본 교리를 중국인에게 분명하게 설명했다. 한편 이 책은 통상적으로 쓰이는 중국 종교의 용어를 채용했는데 특히 죄(罪), 선인(善人), 악인(惡人), 회개(悔改), 신(信), 천당(天堂), 지옥(地獄), 금생(今生), 내생(來生), 영생(永生), 영복(永福), 영벌(永罰) 등의 불교 용어를 사용했다. 또한 유교의 윤리와 가치를 불완전하다고 비판하면서도 유교의 중심 가치인 효와 순종을 취해서 그 대상을 하나님께 확장했다. 밀른은 하나님을 섬기는 것이야말로 진정한 효도(眞孝道[진효도])라고 주장했다. 『張袁兩友相論』은 중국인의 대화 형식, 전통 종교 용어, 문학 양식 등을 차용함으로써 문화 적응의 좋

93 Daniel H. Bays, "Christian Tracts: The Two Friends," *Christianity in China: Early Protestant Missionary Writings*, eds., Suzanne W. Barnett and John K. Fairbank (Cambridge, Mass.: Harvard University Press, 1974), 19-34.

은 예가 되었다. 그러나 동시에 우상숭배, 혼합주의, 다신론은 분명하게 반대했다.

**『廟祝問答』(1856)**: 라인선교회(Rhenish Missionary Society)의 게네르(Ferdinand Genähr)는 1847년 홍콩에 도착했다. 복한회(福漢會)와 관련된 귀츨라프가 게네르의 감독자로 배정되었기 때문에, 게네르는 광둥성의 타이핑에 정착했다. 1848년 게네르는 홍콩 가까이에 선교지부를 세우고 그곳에 학교를 설립했다. 게네르는 평민과 가까이 지내면서 중국의 대중적인 종교를 이해하려고 노력했다. 그 결과 게네르는 불교와 도교를 비롯해 그와 연관된 풍수, 조상 숭배, 정령 숭배를 비판했는데, 『廟祝問答』(묘축문답)은 이들에 대한 정면 공격이었다. 이 책은 "우상숭배의 어리석음을 질책하는 맥락 안에서 기독교 교리를 설명하기 위해 당시 유행하던 대화 형식"을 사용했다.[94]

게네르의 『廟祝問答』은 19세기 복음주의와 지성주의에 나타나는 전형적인 우상파괴적 태도를 보여준다. 그는 불교의 불상, 도교의 화상, 유교의 위패, 샤머니즘의 정령 등 모든 형태의 중국 종교의 의례 대상을 우상으로 비난했다. 이 책은 이런 것들은 무지에서 비롯된, 거짓된 미신이며 하나님에 대해서는 불충의 표시라고 주장했다. 선교사들은 서구 계몽주의의 이성이라는 무기를 사용해서 아시아의 우상과 '거짓' 종교를 파괴하려고 시도했다.[95] 이 책에 천주교에 대한 언급은 없지만, 모든 형태의 우상숭배에 대

94 Alexander Wylie, *Memorials of Protestant Missionaries to the Chinese* (Shanghai: American Presbyterian Mission Press, 1867), 161-163; Ralph R. Covell, *Confucianism, the Buddha, and Christ: A History of the Gospel in Chinese* (Maryknoll, N.Y.: Orbis, 1986), 95.

95 개신교 선교회는 인쇄된 종이의 2차원적 문자와 선형 기호로써 가시적인 3차원의 종교적 상징물과 우상을 공격했다. 그러나 그들은 19세기에 구축한 '급진적인 지성주의적 우상 파괴'를 위해서 현대의 기계와 발명품(예, 환등기), 예배당과 학교, 예수의 그림, 십자가와 십자기와 같은 시각 매체를 20세기까지 사용했다. 참고. Kenneth Cracknell, *Justice, Courtesy and Love: Theologians and Missionaries Encountering World Religions, 1846-1914*

한 맹렬한 비판으로 미루어볼 때 이 책은 천주교의 거짓과 오류를 전제하고 있었다. 사실 이 책의 한글판 발문을 쓴 아펜젤러는 우상파괴적인 개신교와 십자고상을 목에 걸거나 예수의 그림을 숭경하는 천주교의 관습을 대조하고 두 교회 사이의 차이점을 강조했다.[96] 19세기 복음주의의 우상파괴적 태도는 16세기 천주교에 대해 반기를 들었던 유럽 종교개혁의 유산이었다.

중국의 거의 모든 종교 의식이 우상숭배와 미신이라는 비난은 종교의 영역에 국한되지 않았다. 이는 종교적 우상파괴가 중국을 부유하고 강한 나라로 바꿔줄 것이라고 믿었던 기독교 선교사들의 사회개혁 운동에도 영향을 미쳤다. 한국에서는 우상파괴의 메시지가 충효 사상에 기반을 둔 유교의 사회정치 체제를 공격했다. 개신교의 우상파괴는 궁극적으로 옛 한국의 종교, 윤리 체계뿐만 아니라 사회 구조 전체를 개혁하는 것이 목표였다.

**『天道溯原』(1854)**: 윌리엄 마틴(William Alexander Parsons Martin, 丁韙良[정위량], 1827-1916)은 중국에서 66년간 사역했다. 그는 1850-1860년에는 닝보(寧波[영파])에서, 그리고 1916년까지는 베이징에서 사역했다.[97] 마틴이 닝보장로교회의 지식층을 대상으로 강연했던 내용을 바탕으로 만든 『天道溯原』(천도소원)은 중국에서 가장 널리 읽힌 기독교 서적이었다. 이 책은 1912년에 이미 40쇄 가까이 발행되었고, 일본에서도 다수의 판본이 출간되었다. 중국

---

(London: Epworth Press, 1995), 14-20.

96 Appenzeller는 1893년에 이 소책자를 한국어로 번역했다. 그는 1895년에 한미화활판소를 통해 2판을 출판했는데 그 분량은 35매였다. 3판은 1899년에 출판되었다.

97 Martin의 생애와 중국 사역에 대해서는 Ralph R. Covell, *W. A. P. Martin, Pioneer of Progress in China* (Washington, D.C.: Christian University Press, 1978), 10-19를 보라. Martin은 同治維新(1862-74)의 지도자였고, 1869-95년에는 제국대학인 同文館의 외국인 학장이었다.

기독교서회가 1907년에 실시한 투표에서 『天道溯原』은 중국 '최고의 단행본'으로 선정되었다.[98] 이 책은 다른 변증서와 마찬가지로 기독교가 진리요 우월하다는 증거를 제시하는 것이 목적이었다. 다만 마틴은 중국인의 학자적 정신에 다가가기 위해서 19세기 복음주의라는 토대 위에 서구 과학, 스코틀랜드 상식 철학, 페일리(William Paley, 1743-1805)의 자연 신학 등을 곁들여 논지를 전개했다. 스코틀랜드의 철학적 실재론은 외부 세계와 인과 관계가 객관적으로 존재한다고 논증했는데, 마틴은 이를 통해 하나님의 존재를 주장했다. 마틴은 하나님이 역사와 우주를 인격적으로 운행하신다고 믿었다. 이 칼뱅주의적 섭리관이 그의 철학적 실재론을 강화시켰다.

**[사진 65] 윌리엄 마틴, 1901년**[99]

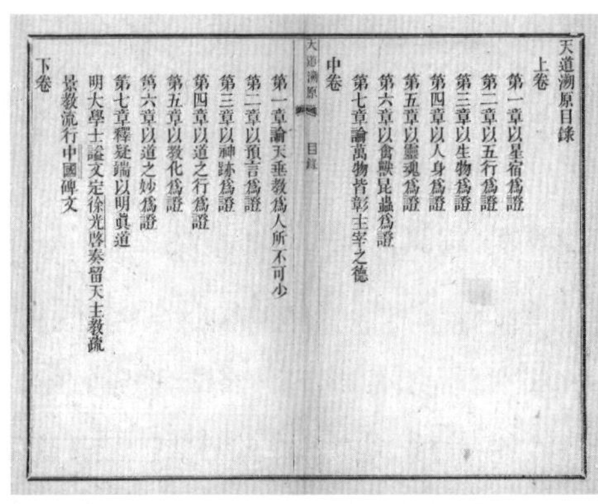

天道溯原目錄

上卷

第一章以星宿爲證

第二章以五行爲證

第三章以生物爲證

第四章以人身爲證

第五章以靈魂爲證

第六章以禽獸昆蟲爲證

第七章論萬物皆彰主宰之德

中卷

天道溯原 目錄

第一章論天垂教爲人所不可少

第二章以預言爲證

第三章以神跡爲證

第四章以道之行爲證

第五章以教化爲證

第六章以道之妙爲證

第七章釋疑端以明眞道

明大學士諡文定徐光啓奏留天主教疏

景教流行中國碑文

下卷

**[사진 66] 「天道溯原」(寧波: 華花書局, 1860), 목록**

마틴의 『天道溯原』은 마테오 리치의 『天主實義』(천주실의, 1603)와 여러 면에

98 A. J. Brown, "The Death of the Rev. W. A. P. Martin," *Minutes of the Board of the Foreign Missions of the PCUSA* (New York: BFMPCUSA, 1916), 321. 1885년에 Underwood는 이 책을 한글로 번역하기 시작했다. 1906년에 최병헌은 이 책의 일부를 번역하여 「신학월보」에 게재했다. 그러나 책 전체 번역판은 출판되지 않았다.

99 https://en.wikipedia.org/wiki/William_Alexander_Parsons_Martin.

서 유사했다.[100] 그래서 중국 관리들은 한때 마틴을 제2의 리치라고 생각했다. 두 책은 모두 중국 역사에서 위기의 시기에 출판되었는데, 리치의 책은 명말 임진왜란(1592-99) 직후에, 마틴의 책은 태평천국의 난(1850)과 아편전쟁(1858) 사이에 출판되었다. 따라서 『天道溯原』은 19세기 중엽 유학계에서 무의미한 탁상공론과 학문적 형식주의를 버리고 중국 고전을 실증적으로 연구하려던 지식인층의 관심을 사로잡았다. 이들은 과학적 사실과 실재적 증거에 기반한 마틴의 방법론과 태도를 환영했다.[101] 두 책은 모두 철학과 신학의 용어로 기독교를 변증하고 기독교 신앙을 지성적으로 변호했다. 리치와 마틴은 유교의 도덕이 기독교의 윤리와 조화될 수 있다고 믿었다. 두 선교사는 기독교를 유학자들이 수용할 수 있는 신앙 체계로 제시했고, 하나님을 현지 언어로 선포할 수 있다고 주장했다. 그러나 두 사람은 불교에 대해서는 극단적으로 비판적이었다. 이들이 역설한 기독교와 유교 간의 연속성과 적응의 방법론으로 인해 새로 도착하는 선교사들은 유교의 지성 체계 안으로 들어가기 위한 훈련이 필요하다는 것을 깨달았다. 두 사람 모두 지식인층에 다가가기 위해서 인쇄물과 자연 신학을 사용했다. 한편 리치는 16세기 이탈리아 천주교 인본주의에 젖어 있었기 때문에, 그에게는 천주교 인본주의와 유교 인본주의를 연결시키는 것이 자연스러웠다.[102] 반면에 마틴은 18세기 영국의 자연 신학과 스코틀랜드의 상식 철학을 유교의 자연 신학, 실재론, 도덕과 연결시켰다. 이들이 한국에 끼

100 2장의 부록에서 Martin은 Matteo Ricci에게 세례를 받은 서광계(徐光啓, 1562-1633)가 1616년에 황제에게 제출한 천주교에 관한 상소와 781년에 세워진 경교 기념비의 본문을 소개했다. 이는 중국인들이 전통을 존중하기 때문이었다. Martin은 경교 기념비가 서양인이 기독교를 창건한 것이 아니라 당나라 때 아시아인들이 중국에 전파했음을 증명한다고 주장했다.

101 吉田寅, 『中國キリスト教傳道文書の研究: 「天道溯原」の研究·附訳註』(東京: 汲古書院, 1993), 103-104.

102 Andrew C. Ross, *A Vision Betrayed* (Maryknoll, N.Y.: Orbis, 1994), 142-150.

친 영향을 살펴보면, 두 책은 한국에서 유학 지식인 가운데 독자층을 확보했다. 19세기로 넘어가던 시기에 소수의 실학자들은 원시 유학에 대한 리치의 해석을 받아들이고 천주교로 개종했다. 마찬가지로 20세기로 넘어가던 때에 일부 한국인 유학자들은 기독교가 유학의 완성이요 성취라는 마틴의 주장을 받아들였다. 하지만 나중에 온 신참 선교사들은 이런 적응의 메시지를 폄하했는데, 천주교의 경우에는 보수적인 프란체스코회 선교사들이 예수회 선교사들을 부정했고, 개신교의 경우에는 1920년대 미국 근본주의 선교사들이 1세대 온건한 복음주의 선교사들의 태도를 부정했다.

마틴은 서구 문명의 진보가 선교의 도구라고 생각했다. 마틴은 기독교 신앙과 서구 문명을 동일시하고, 전자의 정당성을 입증하는 증거로 후자를 사용했다. 마틴의 중국 선교 사역은 기독교와 문명, 전도와 교육을 긴밀하게 연결시켰다. 마틴이 속한 19세기의 선교회와 선교 방법론이 계몽주의와 스코틀랜드 상식 철학의 깊은 영향 아래 있었음은 의심의 여지가 없었다. 마틴은 이성을 높이 평가했다. 페일리의 자연 신학은 성경의 계시에 관한 주장을 뒷받침하는 중요한 역할을 했다. 뉴턴(Isaac Newton, 1642-1726)의 세계관은 우주가 하나님이 부여하신 자연 법칙을 따라 운행하는 조화로운 체계라고 선언했다. 이 자연 법칙은 물리뿐만 아니라 도덕에도 적용되어, 자연계를 결정할 뿐만 아니라 역사의 진로도 좌우했다.

마틴은 하나님의 섭리 개념도 차용했는데, 이는 그의 복음주의적 세계관 형성에 성경의 영향과 계몽주의의 영향이 공존했음을 보여주는 예였다. 역사는 하나님의 통치와 그리스도의 주권하에 있는 질서정연한 과정이며, 하나님이 원하시는 목적을 성취하기 위해 앞으로 나아간다는 관점이었다. 영미권 선교사들은 자신들이 복음을 온 세계에 전해야 하는 하나님의 특별한 위임을 받았다고 믿었다. 마틴 역시 이런 신적인 위탁을 인정했기 때문에, 자신이 기독교 문명(기독교와 영어권 문명의 혼합체)을 중국에 전파

하기 위해서 섭리 가운데 부름을 받았다고 확신했다.[103]

그럼에도 불구하고 마틴은 자신의 책을 중국인의 사고방식과 참고점을 따라 저술했다. 마틴은 접촉점을 찾기 위해 중국인의 어휘, 예시, 개념을 활용했다. 또 중국 고전의 양식인 문답체와 적응 방법론으로 기독교를 서술했다. 당시 선교사 다수는 그들이 새로운 신을 중국에 모셔왔다고 믿은 데 반해, 마틴은 하나님이 이미 중국인의 철학, 윤리, 종교 체계 안에서 일하고 계셨다고 믿었다. 마틴은 비록 우상숭배와 조상 숭배를 비난하고 음양오행설은 부분적으로 비판했지만, 그 외에 풍수, 아편, 일부다처제와 같은 사회적 관습은 비난하지 않았다. 그는 선교란 그리스도와 공자 중 택일의 문제가 아니라, 그리스도와 공자를 함께 고려해야 하는 문제로 보았다.

『天道溯原』 중권 5장에서 마틴은 유교와 기독교의 관계를 집과 목걸이의 비유를 통해 정의했다. 기독교는 "집의 기초와 같아서, 이 기초 위에 모든 기둥과 들보를 쌓아올려야 하고 그래야 집이 안전하고 견고해진다. 오륜이 흠 없고 값진 진주라면, 최우선적인 하나님과의 관계는 금실과 같아서 진주를 꿰어서 잃어버리지 않도록 한다."[104] 이상적인 것은 기독교 신앙과 유교의 가르침을 조화시키는 일이관지다. 기독교는 유교를 완성으로 이끌며, 결정적인 부분을 보충하여 중국인의 목에 걸어줄 아름다운 목걸이를 만든다. 중요한 것은 우선순위로서, 천부이자 창조주이신 하나님을 경배하는 관계가 효나 기타 인간관계보다 먼저인 수륜(首倫)이다. 마틴은 유교인들이 가진 기독교를 향한 일반적인 의구심, 곧 "만약 이 도를 따른다면 공자를 저버려야 하는가?"라는 잠재적 개종자들이 직면하는 가장 중요한

---

103 19세기 복음주의와 계몽주의의 관계에 대해서는 다음을 참고하라. Brian Stanley, *The Bible and the Flag* (Leicester: Apollos, 1990), 61-78; Stanley, ed., *Christian Missions and the Enlightenment* (Grand Rapids: Eerdmans, 2001).

104 丁韙良, 『天道溯原』(寧波: 華花書局, 1854), 中卷, 47a. "如屋基有磐石萬椽架乎其上方得安固. 五倫譬如珠寶不可缺少首倫譬如金索貫串無遺."

질문에 대해서 다음과 같이 대답했다.

> 유교가 인간관계를 말하는 것처럼 예수교도 인간관계에 대해서 말하지만, 오륜 위에 사람과 하나님과의 관계를 더하는 것을 어찌 알지 못하는가? 하나님과 인간의 관계가 먼저 조화로운 상태에 있어야 오륜도 자연히 각각 그 질서를 얻게 된다.…유교는 효와 제를 말하는데, 예수의 도는 사람으로 하여금 천부를 효경하고, 부모를 효도로 공양하고, 형제애의 도로 다른 사람과 더불어 수작하며, 다만 동일한 사랑으로써 효와 제의 근원을 찾는다. 하나님과 인간이 이미 사랑한다면, 효와 제의 문제는 바로 천하에 달할 수 있다. 이로써 말한다면 유교와 예수교는 그 도가 넓고 좁음에서 차이가 나지, 사악과 정통에서 차이가 나는 것이 아니므로, 어찌 배교라고 말할 수 있겠는가?[105]

57쪽 끝 줄에 있는 서광계의 말처럼 "참 도인 기독교는 참된 유학자를 상하지 않는다"(眞道不傷眞儒[진도불상진유])는 마테오 리치의 적응주의를 수용한 마틴은 한 걸음 더 나아가 십자가 대속의 은혜로 구원하시는 그리스도의 최종성과 우월성을 분명히 선포했다. 마틴의 메시지는 19세기 미국 복음주의의 메시지와 표현 방식에서 다를 뿐 내용은 다르지 않았다. 그가 실천한 장로회 신앙은 상식 철학과 어우러져 중국 사회의 역사, 윤리, 사회, 종교에 영향을 줄 원인은 바로 하나님이라는 사실을 강조했다. 마틴은 중국인 내면에 깊이 자리 잡고 있는 종교적 욕구가 중국 종교를 통해서는 완전히 해소되지 않는다고 믿었다. 마틴이 전하고자 했던 핵심 메시지는 그리스도의 구속과 성령의 회개를 통해 사람이 하나님과 바른 관계를 회복하고, 그 변화된 그리스도인이 유교 전통을 새롭게 하고 중국을 변화시킬 수

---

105 丁韪良, 『天道溯原』中卷, 57a-57b. "儒教與耶蘇 其道分廣狹 不分邪正 安得云背."

있다는 것이었다. 그가 집필한 『天道溯原』은 중국인과 같은 유교 문화권의 한국인과 일본인에게 기독교 신앙을 수용할 수 있는 접촉점을 제공한 명저였다.

筆之於書、傳於後世、以爲證、蒙天眷佑、其道傳於天下、從之者愚
化爲智、惡化爲善。人能於聖書、細察其道、疑端自釋、不啻以匙啓
鑰也。其道惟一、悉衷乎理、其言惟誠、不涉於僞。且以天父之盛德、
導人修善、人能知此確證、焉得不信而從之乎。從之之道無他、悔
己之罪、求神赦宥而已。且己既得救、又當傳道以救他人、是卽愛
人如己之深心也。或曰、信從此道、得毋背於孔子乎。不知儒教言
五倫、而耶穌之道、以神人加於五倫之上、神人既和、而五倫之人、
自各得其序矣。儒教言誠正、而耶穌之道、賴祈禱以端誠正之本、
祈禱既切、而誠正之功、自無或懈於心矣。儒教言孝悌、而耶穌之
道、令人孝敬天父、孝養父母、以悌道與人相酬酢、且以一愛探孝

天道溯原　釋疑端以明眞道　五十七　中卷

弟之原、神人既愛、而孝悌之事、直可達於天下矣。以是言之、儒教
與耶穌、其道分廣狹、不分邪正、安得云背。況耶穌言神與人、本末
始終、直達道原、超乎政俗、引人咸歸於一途、其爲天降之師、以一
道統攝乎萬邦、非諸國端本出治之聖賢、所可擬也、明矣。且耶穌
不第爲化俗之師、亦爲救世之主。不第以口代天宣道、亦曾以身
爲人贖罪。既兼師主兩位、又合神人兩性、以成化民贖罪之兩功。
則仰救主之妙身、巍巍乎功莫與京、懷上天之至道、蕩蕩乎民無
能名矣。有志之士、曷弗牖其性靈、祛其俗論、究其實據、核其確憑、
是道則進、非道則退、知其眞而心無不信、庶從其教而福無不獲
乎。明相國徐光啓有言曰、眞道不傷眞儒。伊川程先生曰、自暴者

[사진 67] 丁韙良, 「天道溯原」 中卷 (寧波: 華花書局, 1860), 57a-57b[106]

**『德慧入門』(1879)**: 그리피스 존(Griffith John, 楊格非[양격비], 1831-1912)은 자신이 기존에 썼던 여러 소책자들을 편집하고 새 장을 덧붙여 학자들을 대상으로 한 『德慧入門』(덕혜입문)을 완성했다. 이 책은 출판되자마자 중국 기

106 https://nla.gov.au/nla.obj-46130315/view?partId=nla.obj-46136628#page/n63/mode/1up. National Library Australia, 2009년 8월 1일 접속.

독교 문학의 고전이 되었다. 중국인이 이 책을 좋아한 이유는 "이 책에 담긴 훌륭한 가르침뿐만 아니라, 쉽고 세련된 한문 문체 때문이기도 했다. 이 책은 중국인이 '풍미'라고 부르는 것을 갖고 있었는데, 이 '풍미' 없이는 어떤 책도 널리 그리고 오래 읽힐 수 없을 것이다."[107] 곧 중국인에게 널리 익히려면 논리적인 산문이지만 운문적 요소인 아름다운 언어와 형식미를 갖춘 문체라야 했다. 사실 『德慧入門』이 유명해진 계기는 1879년에 치러진 정부의 과거 시험 때 응시생들에게 이 책 1만 부가 배포되었기 때문이다.[108] 이어서 수만 부가 다른 지역의 학자들에게 반포되고, 다양한 선교회에 속한 다양한 국적의 선교사들이 이 책을 이용하게 되었다.

이 책은 모두 18장으로 되어 있다. 처음 1-5장은 창조론으로 천지 만물의 유래와 근원, 자연 신학을 다루었다. 6-8장은 신론으로 하나님의 속성, 이름, 삼위일체가 주제였다. 9-10장은 기독론으로 예수 그리스도와 속죄에 대해서, 11장은 성령과 회심을 논했다. 나머지 12-18장은 믿음으로 얻는 구원, 부활, 그 밖에 성경, 기독교인의 삶, 영복, 회개와 같은 교회 생활과 종말론을 설명했다.[109]

존은 서문에서 참된 도(道)란 온 우주를 덮는 것으로서 동서양의 구분이 없다고 주장했다.[110] 기독교는 서양이 아니라 하나님께로부터 유래한 것이므로 영혼의 구원을 위한 참된 종교이며, 모든 사람을 위한 우주적인 종

---

107 Nelson Bitton, *Griffith John: The Apostle of Central China* (London: Sunday School Union, 1912), 126.

108 과거 제도가 한국에서는 1894년 갑오경장으로 폐지되었으나, 중국에서는 1905년에 폐지되었다. 이로써 유학 공부는 쇠퇴하게 되었다.

109 최소한 다음 9개 장을 기존 소책자에서 가져왔다: 6장 上帝眞理, 9장 救世眞主, 10장 贖罪之法, 11장 重生之道, 12장 信者救福, 13장 復生之道, 14장 聖經大旨, 15장 信者所得之眞福, 18장 勸衆悔改. 이 각각의 소책자들은 거의 Underwood가 한글로 번역하여 출판했다.

110 한국에서는 이 말이 최병헌의 독창적인 생각인 것처럼 설명하나 이는 당시 보편적인 생각이었다.

교라고 논했다. 존은 기독교가 병원과 학교 설립, 가난한 자와 아편 중독자를 위한 구호, 민중 계몽, 근대식 교육과 문명의 발달 등 많은 유익을 중국에 가져다줄 것이라고 강조했다. 그는 중체서용(中體西用)론의 위험성을 지적하면서, 이는 마차를 말 앞에 두는 식이라고 비판했다. 기독교와 서양 문물 사이의 관계는 '뿌리와 가지' 같아서, 기독교와 서양 문물을 분리할 수 없다는 것이었다.

처음 다섯 장은 마틴의 『天道溯原』 첫 부분을 따르고, 윌리엄슨의 『自然神學』(자연신학) 일부를 가져왔다. 세상의 기원과 자연 신학에 관한 두 책의 논의가 중국인 학자에게 호소력이 있었기 때문에, 존은 이를 요약하는 한편 보다 정확하고 설득력 있는 사상으로 이 주제를 다듬었다. 1장은 창조주의 신묘한 설계와 운행을 설명하기 위해 시계와 시계공, 집과 목수, 인간 영혼과 조물주의 유비를 사용했다. 2장은 물질적인 우주와 하나님 간의 관계가 집과 목수, 인간의 몸과 혼의 관계와 같다고 주장했다. 존은 유교의 무극태극(無極太極) 사상과 리(理) 사상을 비판했다. 우주의 궁극적 원리인 무극이나 리는 지각도 없고 영지(靈知)도 없으므로 하나님이 될 수 없으며, 왕이 나라를 법으로 다스리듯이 하나님은 세상을 그분의 본성과 의지와 리(理)인 자연법에 따라 다스리신다. 존은 도(道)나 태극은 하나님이 아니라 공허한 혼돈일 뿐이라고 결론을 내렸다. 3장은 음양오행 사상을 원소와 화합물에 관한 서양의 화학 이론을 토대로 비판했다. 존은 원자와 분자 이론을 획을 조합해서 글자를 만드는 한자의 구성 원리로 비유하며 설명했다.

[사진 68] 그리피스 존, 1888년[111]

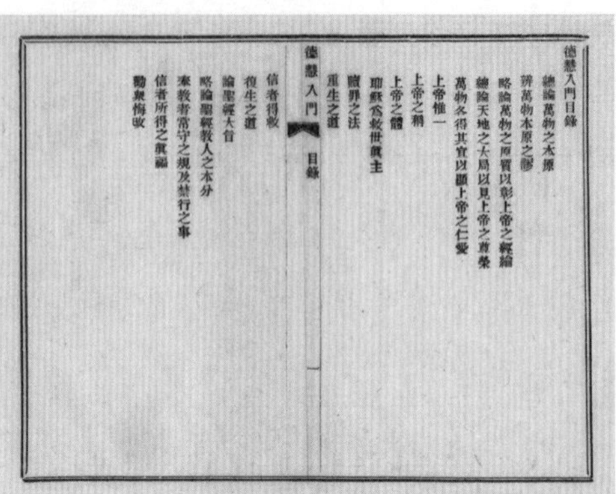

德慧入門目錄
總論萬物之大原
辨萬物本原之謬
略論萬物之原質以彰上帝之經綸
總論天地之大局以見上帝之尊榮
萬物各得其宜以顯上帝之仁愛
上帝惟一
上帝之稱
上帝之體
耶穌爲救世眞主
贖罪之法
重生之道
德慧入門 目錄
信者得救
復生之道
論聖經大旨
略論聖經教人之本分
奉教者常守之規及禁行之事
信者所得之眞福
勸衆悔改

[사진 69] 『德慧入門』(漢口, 聖敎書局, 1882), 목록

9-10장의 예수의 생애와 교훈에서는 중국사에서 관련된 참고점을 보여주려고 했는데, 예를 들면 예수는 동방 유대국에서 한나라 평제(平帝) 1년에 태어났다고 설명했다. 10장에서는 또 다른 참고점으로 고대 중국의 성군들이 백성을 위해서 드린 희생제사를 언급했다. 하지만 이들 성군과는 달리 예수는 자신이 직접 속제물이 되어 십자가에서 죽었을 뿐 아니라 한 나라를 위해서가 아니라 온 세상을 위해서 제사를 드렸다고 비교했다.

중국인에게 원죄 교리나 성령에 의한 죄인의 회심을 이해시키는 것이 어려웠기 때문에, 존은 11장에서 시계 유비를 다시 언급했다. 시계의 한 부품이 망가지면 비록 다른 부품이 온전하다고 해도 시계는 올바로 작동하지 않듯이, 인간의 선한 품성이 원죄로 인해 타락했기 때문에 비록 인간이 오상(五常)을 지니고 있어도 쉽게 악해지고 그 결과 인간은 옳다고 생각하는 바를 행하지 못한다고 설명했다. 존은 또 유교의 격물치지(格物致知) 방법

111 William Robson, *Griffith John: Founder of the Hankow Mission, Central China* (New York: Revelle, 1888), Iner cover.

론은 지식에만 관여하기 때문에 사람의 심성을 바꿀 수 없고, 성령의 권능이 사람을 회심시킬 수 있다고 주장했다.

마지막 장에서 존은 전도 과정에서 사람들이 흔히 제기하는 이견에 대해 변증적인 답변을 제시했다. 다수의 사람들이 기독교가 동방에서 유래하지 않은 외국 종교인 점을 문제 삼았다. 모든 민족마다 각각의 종교가 있기 때문에, 각자 자신의 전통 종교를 따르고 외국 종교는 피하는 것이 옳다고 주장했다. 어떤 사람은 자신의 말과 행실을 수양하면 충분하지, 하나님을 경외하거나 섬길 필요는 없다고 말했다. 또 다른 사람은 하나님을 경외하는 것은 옳지만 예수를 믿는 것은 틀렸다고 말했다. 혹자는 사람이 죽으면 혼이 흩어지기 때문에 혼을 구원하는 종교는 쓸모없다고 생각했다. 이처럼 대부분의 거부감은 중국의 원래 인본주의나 물질주의, 혹은 인종주의적 국수주의와 관련이 있었다. 따라서 존은 선교사는 서양에서 왔지만 기독교는 하나님으로부터 왔다고 변호했다. 위대한 도(道)는 어느 한 나라에 국한되지 않고 그 참된 원리는 동양이나 서양이나 막론하고 온 세상에 통한다는 것이 존의 주장이었다. 전통 종교든 외래 종교든 어떤 한 종교가 참되고 개인과 세상에 이롭다면 그것은 중국인을 포함한 모두에게 받아들일 만한 것이라는 논리였다. 존은 기독교와 유교의 관계는 태양과 달의 관계와 같다고 보았다. 그는 유교가 비록 훌륭하기는 하지만 사람으로 하여금 하나님께로 가는 길을 알게 해줄 만큼 그 가르침이 충분하지는 않다고 주장했다. 이는 기독교가 유교를 파괴하는 것이 아니라 완성하러 왔다는 성취론적 입장이었다. 존의 여러 소책자들은 언더우드에 의해 번역되고 출판되어 널리 사용되었으므로, 존의 입장은 초기 한국 개신교의 입장으로 자리를 잡았다.

**『自西徂東』(1884)**: 바젤 복음선교회의 에른스트 파베르(Ernst Faber, *花之安*[화지안], 1839-1899)는 1865년에 중국에 도착했다. 그가 집필한 여러 책 중에서 가장 유명한 것이 『自西徂東』(자서조동)이다.[112] 이 책은 1879-1883년에 걸쳐 「萬國公報」(만국공보)에 일부(주로 禮集[예집]과 智集[지집])가 연재되었던 글을 확대했다. 1888-1911년에 상하이의 廣學會(광학회, The Society for the Diffusion of Christian and General Knowledge Among the Chinese)는 이 책 54,000부를 발간했다. 1898년 광서 황제가 129종의 서양서를 주문했을 때, 그 첫 책이 『自西徂東』이었다. 이 책은 영어 제목인 *Civilization, Western and Chinese*에서 보듯이 서양의 기독교 문명과 중국의 유교 문명을 비교하고 기독교 문명의 우월성을 논했다.[113] 유교에 관한 파베르의 기본 입장은 유교가 '기독교의 동맹'이 되어야 한다는 것이었다.[114] 이 책의 목적은 당면한 위기 상황에서 중국을 개혁하기 위해서는 기독교 문명이 꼭 필요하다는 것을 설명하고 중국인을 계몽하여 기독교와 기독교 문명을 수용하게 하는 것이었다.

책 서문에서 밝혔듯이 파베르의 방법론은 접목론(接木論)이었다. 중국인들이 일찍부터 서양에 유학하여 서구 문명을 수용하려 했으나 실패한 이유는 서양 과학 기술의 꽃과 가지만 잘라서 중국에 가져왔기 때문에 중국에서 그 나무가 자라지 못하고 죽었으니, 중국의 원래 우수했던 문명을 대목(臺木)으로 삼아 유기적으로 원질이 동일하고 우수한 기독교 문명이라는 접수(接穗 scion)를 삽입하고 접붙여서 개량한 우량주로 자라게 해야 한다는 입장이었다. 그 원질의 근본 핵심이 유일신 숭배였다.

---

112 Ernst Faber, 『自西徂東 Civilization Chinese and Christian』(香港: 聖教書會, 初版, 1884); 『自西徂東 Civilization, the Fruit of Christianity』(上海: 廣學會, 4版, 1902).

113 『詩經』大雅편 제일 문왕지십에 나오는 '자서조동'은 서에서 동까지 천하가 태평하다는 상징어였지만, Faber의 책에서는 "서양에서부터 동양으로" 기독교 문명의 지식과 종교가 전파되고 수용되어야 중국이 부강한 문명국이 될 수 있다는 지식 교류와 전파의 논리와 방향의 표현이었다.

114 Faber의 유교 이해는 1893년 시카고에서 열린 만국종교회의(Parliament of Religions)에서 발표한 논문 "Confucianism"을 보라. 그 전문은 *CR* 33 (April 1902): 159-175에 실려 있다.

내가 중국에 온 지 약 20년이 되었다. 중국을 바라보니 하나의 아름다운 과수와 같다. 본래 가지와 잎이 잘 발달하여 전체 나무가 무성하고 아름다우며 과일은 성숙하고 향기롭고 맛있었다. 오늘에 이르러 잡다한 잎과 잡다한 가지가 있어 이를 따라 나무가 자라고, 말라 죽은 가지도 심히 많다. 이 과수를 재배하는 자는 그 나무가 잘 생장하지 못하는 장소를 알아야 하고, 잡다한 가지와 잡다한 잎이 있으면 먼저 베어서 제거하고, 메마른 가지가 있으면 잘라야 한다. 반드시 향과 맛이 좋은 과일을 구하되, 나무의 원질(原質)에 합치하는 좋은 나무가 있으면 더해서 접속(接續)해야 하고 또 그 근본을 잘 배양해야 한다. 시간이 지나면 성능이 발영하여 무성하게 되어 과거 때보다 낫게 되고, 더불어 과수의 원질이 모두 변하여 아름답고 향기가 좋게 되지 않을 수 없으니, 접속한 가지 때문에 향기롭고 아름다운 나무가 된다. 그렇지 않고 사람들이 그 나무 보기만 원하고 기생하는 것을 그대로 두거나 근본에 있는 것을 좋은 것으로 배양하지 않고, 또 지극히 감미로운 것을 더하지 않으면 그 과수는 비록 살았으나 그 맛은 반드시 시고 떫으며 그 나무는 마침내 말라버릴까 두렵다. 이는 인력을 다 하지 않은 탓이니, 어찌 크게 애석하지 아니하리오. 나는 중국인들이 서국의 서적을 자세히 살펴서 크게 각성하고, 타인의 도끼로 그 나무를 베지 못하게 하고 기생하는 것을 제거하고 아울러 그 근본을 상하게 하지 못하도록 노력해왔다. 그러므로 중국이 서국의 아름답고 좋은 것을 구하려면 반드시 그 근본(根本)이 어디에서 비롯되어 나왔는지 알아야 하고, 그 이치를 어디에서 얻을 것인지 알아야 한다. 예수의 도리를 따르지 않으면 어찌 이를 이룰 수 있겠는가? 대개 서국은 예수의 도리를 따르므로 마치 하나의 지극히 아름답고 활기 있게 자라는 나무와 같다. 그 성질이 심히 장대하고 그 근본이 심히 깊어서 베어지고 손상될 염려가 전혀 없다. 예수의 도리는 실로 살리는 기운이 있어서 도처에 관통한다(耶蘇道理 實有生活之氣 到處貫通[예수도리 실유생활지기 도처관통). 중국이 만일 그 도리인 진실로 하나의 지극히 아름다운 나무를 얻으면, 생기가 관통하여 이르지 못할 곳이 없으니, 어찌 퇴폐의 걱정이 있을까 근심하겠는가?[115]

이는 세월이 흐르면서 중국 문명에서 타락하고 메마른 가지는 전지(剪枝)하고 중국 고유의 대목에 기독교 문명이라는 좋은 새 가지를 접붙여 새 나무를 만들자는 논리였다. 파베르는 서양의 기술과 세속 학문을 중국 문명에 접붙이려는 시도는 새로운 줄기를 죽어가는 가지에 접붙이는 것으로 일시적이고 결국에는 헛된 수고이기 때문에, 원질이 동일한 기독교를 접붙여 중국의 문화라는 뿌리를 되살리는 것이 보다 중요하다고 주장했다. 곧 그는 중국 지식인들의 중체서용(中體西用)적 입장을 비판했다. 또 다른 유비로서 파베르는 기독교가 태양이나 비와 같아서 중국이라는 나무를 자라게 할 수 있다고 설명했다. 기독교 없이 서양 기술만 받아들이는 것은 중국의 전국(戰國)시대 양주(楊朱)가 주장했던 이단적 물질주의와 쾌락주의적 이기주의, 또는 묵자(墨子)가 주장했던 공리주의와 같다. 유교는 사람에게 천명을 따르라고 가르치고 기독교는 사람에게 하나님의 뜻을 따르라고 가르친다. 그는 따라서 두 종교는 중요한 공통점을 가지고 있으며 서로에게 적응하려고 노력해야 한다고 주장했다.

---

115 Ernst Faber, 『自西徂東』(上海: 美華書館, 1902), 序. "予到中國約二十年, 睹中國如一至美之果樹, 本可枝葉發榮, 全樹茂美, 果實成熟而香甜, 今則雜葉雜枝從此樹而生, 且枯枝亦已太多. 栽培此果樹者, 必貴知其樹之難生長處, 有雜枝雜葉則先刈去之, 有枯枝則亦刪去之, 必求美好香甜之物, 合乎樹之原質者, 則加上接續之, 且善培養其根本, 日後性能發榮茂盛, 勝于昔時, 並不難將果樹之原質盡變為美好香甜, 緣接續者為甜美之物也). 不然, 徒欲其樹好看而惟寄生是存, 不求根本之所在以善其培養, 而且續上者盡甜美之物, 其果樹雖生, 而味必酸澀, 且恐其樹終枯矣. 此不盡人力之咎也, 豈不大可惜哉. 予所以欲中國人細看西國之書, 大爲匹配, 不至令他人之斧斤戕敗其樹, 以除其寄生並傷其根本也. 然則中國欲求西國之美好者, 須知其從根本而出, 其理于何而得乎, 非從耶穌道理, 何以致此乎. 蓋西國從耶穌道理, 如一至美生活之樹, 其質甚壯, 其根甚深, 固無憂其戕敗矣. 耶穌道理實有生活之氣, 到處貫通, 中國若得其道理, 真一至美之樹, 生氣貫通, 無處不有, 何至有頽廢之患耶."

『自西徂東』은 모두 5부 72장으로 구성되어 있는데, 각 부분의 제목은 유교의 전통 덕목인 오상(五常)에서 따왔다. 3부 예집(禮集)에서 파베르는 의례를 논하면서, 길례(吉禮)는 진실로 돌아가고, 흉례(凶禮)는 중용을 귀하게 여기고, 법정의 가례(嘉禮)는 공정을 구하고, 손님례(殯禮[빈례])는 공경을 주로 하고, 군례(軍禮)는 권위를 드러내는 것이 의례의 기초라고 설명했다. '잘못된 의례의 오류 지적'(假禮指謬[가례지류]) 장에서는 조상 숭배를 비판했다. 파베르는 부모를 정성을 다해 모시는 효의 정신, 적절한 의식으로 망자를 장사지내는 일, 조상에 대한 기억을 소중히 여기는 것은 지지했다. 반면 행운을 바라며 제사 지내는 것, 사당을 짓고 위패를 모시는 것, 동물 제사를 드리는 것, 형편에 넘치게 사치스러운 제사를 지내는 것 등은 공격했다. 파베르는 또 풍수를 매섭게 비판했다. 그는 일부 중국 의례에 담긴 허영과 허위를 서양 기독교 의례의 실용성과 진실성에 견주면서, 후자에 비추어 전자를 혁신하거나 보충할 것을 제안했다.

[사진 70] 에른스트 파베르, 1901년[116]

技藝、徒倚賴於人、此無根本之學、亦猶寄生之暫時好看、日久必
害其樹、是知無本之學、必害其國也、予到中國約二十年、覩中國
如一至美之果樹、本可枝葉發榮、全樹茂美、果實成熟而香甜、今
則雜葉雜枝、從此樹而生、且枯枝亦已太多、栽培此果樹者、必貴
知其樹之難生長處、有雜枝雜葉、則先刈去之有枯枝、則亦刪去
之必求美好香甜之物、合乎樹之原質者、則加上接續之、且善培
養其根本、日後必能發榮茂盛、勝於昔時、幷不難將果樹之原質、
盡變爲美好香甜、緣接續者爲甜美之物也、不然徒欲其樹好看、
而惟寄生是存、不求根本之所在、以善其培養、而且續上者、盡非
甜美之物、其果樹雖生、而味必酸澀、且恐其樹終枯矣、此不盡人
力之咎也、豈不大可惜哉、予所以欲中國人細看西國之書、大爲

自西徂東 序 二

[사진 71]「自西徂東」, 序, 2a

116 Ernst Faber,『自西徂東』(上海: 美華書館, 1902), 속표지.

5부 신집(信集)에서는 여러 선교회, 성경공회, 종교서회, 금주회 등 기독교 단체와 사역을 상세히 소개했다. 마지막 73장 "西法何能行於中国说"(서법하능행어중국설, 서법의 중국에서 실천 가능설)에서 파베르는 서양 문명에 눈을 뜨고 정통한 자를 뽑아서 낡은 법을 개혁할 것을 권했다. 파베르에 의하면 현재 중국이 약한 이유는 우상과 귀신을 숭배하고 하나님의 계명을 외면한 결과다. 강한 나라가 약하고 병든 나라를 고쳐주어야 한다. 하지만 만약 약한 나라가 의사의 진단을 받지 않으면 강한 열강이 와서 세를 징수할 것이요, 그러면 약한 나라는 낫지 못하고 더 가난해질 뿐이다. 따라서 약한 중국은 서양 문명을 취해 부강의 길을 모색해야 하고, 중국인은 개혁의 가능성을 믿고 개혁을 위해 노력해야 한다. 파베르는 중국인이 하나님을 경외하고 하나님의 도우심을 구하면 친절한 서양인, 곧 선교사들은 중국의 개혁을 도울 것이라고 주장했다. 『自西徂東』은 기독교 소개서를 넘어 동아시아 유교 문명을 개혁하려는 문명종교론이었다.

따라서 「萬國公報」를 읽고 있던 한국의 지식인들은 파베르의 『自西徂東』이 나오자 비판과 수용의 논조로 분리되었다. 예와 속(풍속)을 분리할 수 없다는 척사위정의 보수적인 유학자들은 서구 문명을 완전히 배척하는 입장을 취했다. 일진회와 같이 서구 문명을 수용하는 측에서도 교와 법을 분리하여 서양 종교는 배척하고 과학 기술의 물질문명만 받아들이자는 입장이었다. 세 번째 태도는 공진회 등에서 취한 것으로, 불법적인 통감부 주도나 소수 일진회 인사에 의한 일방적인 문명개화적 진보가 아니라, 동양 고유의 인의예지신에 바탕을 둔 관민이 함께 근대화를 이루자는 구본신참(舊本新參)의 정책이었다. 지식인 가운데 네 번째 태도를 보인 이들은 입헌군주제까지 수용하던 이승만 등의 과격파로서, 정부로부터 탄압을 받아 한성감옥에 투옥되었던 자들이었다. 이들은 감옥에서 광학회가 보낸 수백 종의 근대 한역서들을 읽던 중, 이 장 서두에서 보았듯이, 파베르의 논리인 교와 법을 분리할 수 없으며 서양 문명의 뿌리인 기독교를 수용해야 온전히 근대화될 수 있다는 데 동의하고 기독교인으로 개종했다.

1897-1905년에 한국에서 가장 널리 읽히고 논쟁이 된 책이 『自西徂東』이었다. 1899년에 「독립신문」은 예수교 선교사들이 서적 전파를 위해 운영하는 광학회를 소개하면서 이 책을 언급했다. 이를 현대어로 옮긴다.

> 상해에 한 회가 있으니 이름은 광학회[廣學會]라. 원래 교중 사람들이 추렴하여 창설한 지가 12년쯤 되었는데, 그 목적은 예수교의 도덕을 근본 삼아 풍속을 바로 잡고 지식을 넓히는 일이라. 수년 내에 구미 각국 사람들의 보조금이 근 2만원이요, 서책 방매한 돈이 근 3만원이라 하니, 그 사업의 성취가 속하고 광대함을 보겠도다. 광학회 사무에 각 장 명예 있는 사람 중에 미인 정위량[丁韋良, W. Martin]은 북경대학교의 교장이요 공법회통(公法會通) 등 서책을 번역하였고, 미인 임낙지[林樂知, Young John Allen]는 만국공보(萬國公報) 주필이요 중동전기(中東戰記) 등 서책을 저술하였고, 영인 이제마태(李提摩太, Timothy Richard)는 광학회 서기로 저술한 책이 많으나 대한에 많이 팔리기는 태서신사(泰西新史)요,[117] 덕인 파벌(花之安[화지안], E. Faber) 씨는 자서조동(自西徂東)등 책을 저술하고, 기 외에도 이 회에서 번역 저술하여 청국 전국에 전파하는 서책이 1년에 여러 10만 권씩이더라. 책의 공효는 무형한 물건이라. 하나로 작정하고 예산할 수 없으나, 근년 청국 개화당의 운동과 광서(光緖) 황제의 문명하신 정치도 많이 광학회 서책의 힘이라 하더라. 대한에는 이런 회사를 새로 창설할 수 없으면 상해 광학회의 서책을 골라서 많이 번역하여 관민 간에 전파하였으면 좋을지라.[118]

117 영국인 Robert McKenzie의 저서를 Richard가 1895년에 漢譯 출판했고, 이를 1897년에 대한제국 학무국이 한문 원문 그대로 복간하여 『泰西新史 要覽』으로 출판하였다.

118 "광학회 ᄉᆞ긔", 「독립신문」, 1899년 2월 6일.

서재필과 윤치호 등은 한국에서 이미 널리 읽히고 정부에서도 권하는 『公法會通』, 『萬國公報』, 『中東戰記』, 『泰西新史』를 언급하면서, 파베르의 『自西徂東』도 함께 읽을 것을 권했다.

반면 위정척사파 유학자 전우(田愚, 1814-1922)는 1901년에 "자서조동변 自西徂東辨"을 지어 서교의 전파를 비판했다. 그는 죄로 잃어버린 본원 지성을 구주의 속죄로 회복하고 내세의 영생을 이룬다는 기독교 교리에 대해, 인간이 선을 행하면 예수를 믿지 않아도 복을 누린다고 주장하고 과거 예수를 알지 못하고 죽은 자들이 다 지옥에 갈 수 없다는 말로 반박했다. 상제의 창조론에 대해서는, 공자가 말한 하늘은 상제가 아니라 우주의 원리이며 천지가 생기기 전에 상제가 어찌 만물을 창조할 수 있는지 의문을 표했다. 기독교의 영생관은 도교의 장생불사나 불교의 윤회와 다를 바 없는 요설이라고 격하했다. 당시 김윤식(金允植) 등 동도서기(東道西器)론자들은 도에서 교(불변의 종교)와 법(時務[시무]에 따라 변할 수 있는 법률과 제도)을 분리하고 있었으므로, 『自西徂東』이 주장하는 서양의 만국공법에 대해 전우는 그 제국주의의 침략적인 요소, 곧 공법이 아니라 서양 국가에만 유리한 사법(私法)적 요소를 지적했다. 그는 예수교가 조상의 사당과 유불선의 사원을 허물고 대신 예배당을 짓는 것이 어찌 상호 공동의 이익을 추구하는 행동인가를 질문했다. 교와 법을 분리할 수 없다는 전우의 입장은 3부 예집에 드러난 예(禮)와 속(俗)의 분리를 기초로 하는 예수교의 서례(西禮)에 대한 비판으로 이어졌다. 파베르에게 극기복례(克己復禮)란 상제를 믿고 예배하는 것으로, 이를 통해 사람은 공효를 얻게 된다. 반면 전우에게 극기복례는 소아를 극복하는 것으로서 하늘의 복에 의지하지 않으며, 기독교인처럼 사적인 공효를 탐하지 않는다. 기독교는 제사를 폐지하고 군주에게 절하지 않으며 남녀가 악수하는 등 중국의 풍속을 교화하려고 하는데 이는 중국 풍속을 야만의 풍속으로 비하하는 것으로, 중국에 일부 타락한 풍속이 있지만 서례로 대체할 것이 아니라 극기복례로 원래 예를 회복할 수 있다고 전우는 주장했다. 즉 전우는 서학을 서교, 서법, 서례, 서속 등으로 세분화하여 이해하고 이들이 조선의 교, 법, 례, 속과 이질적이라는 인식을 도출하고 무분별한 수용을 경계했다.[119]

그러나 1902년 8월 황성신문은 동서양 각국의 종교를 비교하는 글을 9회에 걸쳐 연재했는데 그 논설자의 기본 입장은 파베르의 자서조동을 비판하는 것이었다.[120] 22일자 논설은 각국 종교를 비교하는 리처드(Timothy Richard)와 파베르의 글을 요약했다. 리처드는 유교·인도교·유태교·도교는 지역 종교요, 선교 종교인 불교·회교·기독교 가운데 불교는 공언이 되고 회교는 병력을 의지하므로 폐단이 많고 기독교만 세상을 구하는 종교라고 주장한다. 파베르는 "도교는 허무에 돌아가고, 불교는 공언(空言)으로 돌아가니 오직 예수의 도만이 상제께 이를 수 있다"고 주장한다.[121] 그러나 대한은 단군에서 문명이 시작되었고 하은주 성왕 때에 이미 도가 성립되었으므로, 비록 동방의 도가 쇠약해졌지만 일방적으로 서양의 도만 구하지 말자고 주장했다.[122] 이 논설 시리즈의 저자는 유교의 입장에서 『自西徂東』을 비판했다.[123]

1904년 12월 이준(李儁) 등은 일진회에 대항하는 공진회(共進會)를 조직하고 일본식 문명화에 반대하고 한국 고유의 인의예지신에 입각한 근대

---

119 이종록, "田愚의 西學認識과 斥邪論—『自西徂東辨』과 『梁集諸說辨』을 중심으로", 「조선시대사학보」 80(2017년 3월): 264-271.

120 허재영, "지식 교류의 관점에서 본 한국에서의 『자서조동』 수용 양상", 「아세아연구」 173(2018): 24-26.

121 "東西洋各國 宗敎源流(續)",「皇城新聞」, 1902년 8월 22일.

122 "統論宗敎源流之說",「皇城新聞」, 1902년 8월 23일.

123 황성신문은 천주교에 대해서는 비판적이었다. 이에 1899년 4월에 천주교인 李宅夏 등 10여 인이 보도 내용을 문제 삼아 신문사에 난입하여 남궁억 사장을 구타하며 끌고 가는 사건이 일어났다("日昨本社社長이 天主敎人에게 無理를 當훈 事로", 「皇城新聞」, 1899년 4월 26일).

화를 주장했다. 즉 그들은 문명으로 나아가되 일본에 의한 일방적 '일진'이 아니라 "東亞固有之文明(동아고유지문명)이요 决非今日自西徂東者(결비금일자서조동자)"인 인의예지의 문명을 권위를 가진 황실과 법치하는 정부와 자유권을 가지고 각자 의무를 다하는 인민이 함께 '공진'해야 한다고 상소했다.[124]

그러나 일진회의 홍긍섭은 1905년 4월에 서양 학문이 거스를 수 없는 대세이며 이를 따라 문명화하는 것이 독립의 지름길이라고 주장했다.

> 병인년(1866년) 이래로 서양의 새 학풍이 서너 차례 불며 도래하다가 오늘에 이르러서는 풍세가 대단하오. 이 바람이 自西徂東에 順수용이 가하며 逆수용은 불가하다. 현재 일본은 순수용하여 문명하고 우리나라는 역수용하여 곤고하고 초췌하니 한탄하지 않을 수 있으랴. 본 一進會는 이 학문풍을 먼저 수용하여 개화진보에 열심하는데, 정부와 다른 인민은 반대운동을 야기하니 그 근거가 어디에 있는가.[125]

공진회나 일진회도 '자서조동'을 보통명사로 사용했다. 곧 서양 학문을 수용하고 문명화하는 것을 자서조동으로 통용했다. 1906년에 광무학교와 동해의숙을 설립한 지사들도 학교는 "자서조동의 권리를 위하고" 교육만이 국가 독립의 길이라고 설파했다.[126] 1905년 을사조약 이후 국가관과 문명관이 비등하면서 교육 구국 운동인 애국계몽운동이 일어났고, 이 과정에서

---

124 "共進請願",「皇城新聞」, 1904년 12월 19일

125 "教育方針 演說 ",「皇城新聞」, 1905년 4월 12일. 원문은 다음과 같다. "自丙寅年 以來로 泰西新學風이 三四次吹到라가 至於 今日ᄒᆞ야ᄂᆞᆫ 風勢大段ᄒᆞ오. 此風이 自西徂東에 可爲順受오 不可逆受라. 現者 日本은 順受而文明ᄒᆞ고 我國은 逆受而困瘁ᄒᆞ니 可勝歎哉아. 本一進會ᄂᆞᆫ 此學問風을 先受ᄒᆞ야 開進에 熱心ᄒᆞᄂᆞᆫᄃᆡ 政府와 他人民은 反對運動을 惹起ᄒᆞ니 其據何在오."

126 "光武學校",「대한매일신보」, 1906년 3월 18일. 참고 "無名氏出捐",「대한매일신보」, 1908년 5월 20일.

한역 기독교 서학서들의 기독교 문명론을 수용한 기독교 지사들과 학생들이 항일 독립운동과 애국계몽운동에 적극 참여하였다.

**『經學不厭精』(1896)**: 청일전쟁에서 패한 중국에서는 유교에 대한 반성이 일어나고, 유교 경전에 대한 해석을 놓고 여러 학파 간에 전쟁이 벌어졌다. 캉유웨이(康有爲)는 유교 개혁을 통해 부국강병을 추구했다. 기독교계에서는 파베르가 『經學不厭精』(경학불염정, 上海: 廣學會, 1896)을 출판하여, 전통 유교 경전으로 널리 사용된 십삼경(十三經)에 대한 기존 해석을 비판하면서 기독교 관점을 제시했다. 영어 제목 "Unsatisfied Appetite for What is Fine in Studying the Confucian Classics"에서 보듯이 유교 고전을 해석하는 새 입문서를 쓴 셈이었다. 이 책의 결론부는 유교와 도교, 유교와 불교, 유교와 기독교를 비교하여 그 차이점을 논하고 있는데, 이는 일종의 비교종교학 책이었다. 독일인 파베르는 선교사 중에서 유교를 가장 많이 연구하고 유교와 기독교의 관계에 대해 가장 많은 저술을 남긴 학자 중의 한 명이었기에, 그의 저술은 큰 반향을 일으켰다. 그는 공자의 기본 태도인 술이부작(述而不作)으로는 개혁이 어렵기 때문에 개혁적인 예수의 가르침을 수용해야 하며, 중국 고전만으로는 근대 지식을 습득할 수 없다고 주장했다.

한편 1903년 1월에 한성감옥에 설치된 도서관에서 이상재를 비롯한 수감자들이 읽었던 책 중에서 마틴의 『天道遡原』과 더불어 파베르의 이 책이 가장 널리 읽히면서, 유학자들의 사고에 전환을 일으켰다. 이상재는 도서관이 개관한 첫날부터 『파혹진선론』을 빌려 읽었고, 이어서 『聖經功效論略』(성경공효론략), 『三要錄』(삼요록), 『經學不厭精』을 읽었다. 그는 2월에 집중적으로 『經學不厭精』 두 권을 읽었다. 다른 죄수들도 유교와 기독교를 비교한 이 책을 탐독했다. 일반 교인들은 읽기 어려운 이 책을 유학자들은 관심을 가지고 읽었고, 이를 통해 기독교인으로서 과거에 읽었던 유교의 경전을 이해하는 틀을 형성했다.

파베르는 인간의 윤리를 천지인 삼재의 관점에서 하나님과의 관계인 천륜(天倫), 자연과의 관계로서 물륜인 지륜(地倫), 사람과의 관계인 인륜으로 구분했다. 그는 중국인들이 상제와의 관계인 천륜을 잊어버리고 다신과 우상숭배로 갔기 때문에 하나님과 인간 간의 조화가 파괴되었고, 그 결과 나머지 두 가지 윤리도 허물어졌다고 주장했다.[127] 고전을 자세히 읽으면 하나님이신 상제와 성령인 신에 대한 언급을 찾을 수 있다. 그러나 후대의 경전에서 상제는 하늘 위에 멀리 계신 통치자로서 보통 사람이 접근할 수 없게 되었고 인격신의 개념도 사라졌다. 불교의 영향으로 신유교에서는 상제나 신 대신 우주를 움직이는 원리인 리(理)로 철학화되면서, 중국인들은 상제와의 인격적인 관계를 맺을 수 없게 되었다.

지륜(地倫)에서 파베르는 격물치지하는 격치지학(格致之學)으로서의 유학이 낙후한 원인을 탐구하고 격치지학을 비판했다. 인륜에서 파베르는 인간의 지성이 작동하는 네 가지 양식을 물질적, 이상적(인문적), 신비적(운명론적), 종교적(인간의 운명을 하나님과 그 중보자인 그리스도의 관점에서 인식) 방식으로 구분한 후, 공자는 인문주의적(도덕적, 이상적) 관점을 제공하며 따라서 현세를 넘어서는 신비적, 종교적 관점을 제공하지 못한다고 비판했다. 그는 유교의 입장에서는 현세 인간 사이의 관계가 윤리의 핵심 문제라면, 기독교의 윤리는 인간의 뜻과 하나님의 뜻의 조화와 갈등을 핵심 문제로 삼고, 인륜까지 확대된다고 주장했다.

위에서 살펴본 6권을 중심으로 한국에서 읽은 한문 소책자의 메시지를 요약하면 다음과 같이 아홉 가지로 정리할 수 있다. 첫째, 고대 황금기에 중국인은 한 분 하나님인 상제를 섬겼다. 그들이 섬긴 상제, 혹은 하늘

---

127 花之安, 『經學不厭精』(上海: 美華書館, 1898), 27-31.

은 성경의 하나님과 다르지 않다. 하나님을 섬기는 위대한 천도(天道)에는 서양이나 동양의 구분이 없다. 둘째, 눈에 보이는 하늘은 그 자체가 하나님이 아니고, 하나님의 피조물 가운데 하나다. 이것은 식탁과 목수의 관계와 같다. 셋째, 우상·부처·조상·귀신을 숭배하는 것은 외부에서 침투해 온 사상이거나, 본래의 하나님 숭배가 타락한 것이다. 이런 우상숭배는 거짓되고 기만적이며 미신적이다. 넷째, 7세기에서 17세기에 걸쳐 경교와 천주교 선교회를 통해 하나님 예배 전통이 일시적으로 부활한 시기가 있었다. 따라서 기독교는 서양에서 유래한 것이 아니라 동양에서 유래했으며, 궁극적으로 하나님께로부터 온 것으로서 기독교는 현대 서양의 종교가 아니라 전 세계의 종교다. 다섯째, 선교사는 서양의 하나님을 모시고 온 것이 아니고, 중국인으로 하여금 그들의 철학·윤리·종교 체계 안에서 일하고 계시는 하나님을 더 확실하게 발견하도록 가르쳐주기 위해서 왔다. 여섯째, 기독교는 전통적인 성현을 매도하는 것이 아니라, 그들을 존경하지만 신인이신 예수가 모든 성현들보다 뛰어나다고 주장한다. 예수의 가르침은 공자나 부처를 비롯한 다른 성현의 가르침에 비해 완전한데, 이는 다른 이들은 앞으로 도래할 세상, 사후 세계, 구속의 방법, 부활의 진리, 심판, 영복, 영벌 등에 대해서 거의 가르치지 않았기 때문이다. 유교의 윤리는 기독교와 조화될 수 있다. 비록 유교의 가르침이 훌륭하고 아름답기는 해도, 이들은 불완전하고 불충분하다. 이는 유교의 가르침이 하나님과의 관계인 천륜(天倫)을 바로 맺기 위해서 거의 노력하지 않기 때문이다. 기독교는 인륜(人倫)보다 이 우선적인 천륜을 앞세운다. 하나님을 숭배하는 것이야말로 진정한 효도다. 일곱째, 따라서 기독교가 말하고자 하는 바는 유교를 파괴하는 것이 아니라 완성하는 것이다. 여덟째, 기독교 문명은 중국이 부강한 나라가 되도록 도울 것이다. 기독교는 서양 문명의 뿌리이기 때문에, 기독교 없이 서양 문명을 받아들이는 중체서용이나 동도서기 정책은 뿌리가 없는 나무와 같아서 문명개화를 통한 부국강병의 열매를 맺지 못할 것이다. 아홉째, 기독교적인 삶의 가장 근본적인 모습은 죄를 회개하고 마음을 새롭게 하고, 그리스도의 대속을 믿고, 성령에 의해 변화되는 것이다. 이렇게 그리스도 안에서 새 마음을 갖게 된 자는 가족과 이웃을 사랑하고 국가와 세계 평화를 위해서 일할 것이다.

20세기가 열릴 때 일부 한국인은 왜 개신교를 기꺼이 수용했을까? 한 가지 이유는 19세기 말 성리학 체계가 여전히 지배하던 문화 속에서 근대적이고 개화된 문명을 추구했던 한국 상황에—번역 여부와 상관없이—한문 소책자의 메시지가 적절하게 다가갔기 때문이었다. 한문 소책자는 한국 개신교가 전할 복음의 내용을 구성하는 데 결정적인 역할을 했다. 한국 선교사들은 중국에서 널리 읽히고 그 효과가 검증된 한문 기독교 문서를 사용할 수 있었기 때문에 새로운 소책자나 서적을 쓸 필요가 없었다. 한국에 전해진 많은 주요 한문 서적과 소책자는 그리피스 존, 윌리엄 마틴과 같은 온건하고 진보적인 중국 선교사가 집필했다. 이들은 유교의 도덕이 기독교 윤리와 조화될 수 있다고 믿었고, 원시 유교의 상제 숭배가 곧 유일하신 하나님을 숭배한 것이라고 주장했다.

한글로 된 대부분의 간결한 소책자는 복음적인 메시지를 전달하면서 유교의 조상 숭배, 일부다처제, 불교의 우상숭배, 샤머니즘의 정령 숭배, 도교의 미신 숭배, 풍수 등을 비난했다. 반면 한문 소책자와 서적은 전통 종교에 대해 보다 관용적이고 적응적인 태도를 보였다. 이들은 기독교가 모든 전통 종교들의 유산을 파괴하는 것이 아니라, 그들의 열망과 영적인 갈망을 성취한다고 주장했다. 보수적인 노 선교사 그리피스 존조차도 후기 소책자에서는 '성취'라는 진화적 개념을 인정했다. 한국인은 동아시아 문화에 토착화된 메시지를 잘 처방된 약처럼 수용할 수 있었다. 한국 종교의 토대를 이루는 요소들을 기독교화하여 수용하는 온건한 복음주의 변증론으로 인해 많은 한국인은 새로운 서양 종교인 기독교를 좀 더 쉽게 받아들일 수 있었고, 그 우위성을 확신하게 되었다.

한문과 한글로 된 소책자는 그 내용, 문체, 언어에서 접근하기 쉬웠을 뿐 아니라 대량 생산으로 인한 저렴한 가격도 도움이 되었다. 일반 평민은 한글 번역판을 읽었고, 지식층은 원본인 한문판을 읽었다. 이들 소책자의 대량 인쇄와 반포로 문맹률이 감소하고 교회의 민주성이 제고되었는데, 이는 19세기 수용자 중심적인 복음주의 기독교의 특징이었다. 고유한 한글의 재발견과 보급은 민주 의식의 성장과 한국 전통 문화의 재발견에 기여했을 뿐만 아니라 기독교의 보급과 성장을 촉진시켰다.

한국에 보급된 초기 한문과 한글 소책자에 담긴 신학적, 문화적 전제는 다음과 같은 논쟁점을 제기한다. 1) 한국 종교들을 성취하는 기독교라는 담론은 한국의 원시 종교성이 유일신론적이었다고 주장한다. 2) 이들은 개신교 선교에 미친 계몽주의의 의미를 성찰하게 하는데, 선교사들은 이성의 활용, 일반 대중의 상식과 이해 능력, 인류가 황금기를 향해 진보한다는 사상 등을 믿었다. 3) 선교사들은 기독교 변증론에 자연 신학과 상식 철학을 광범위하게 차용했고, 미래 천국과 영혼 구원 사상을 이 땅에서의 문명 진보와 혼합했다. 여러 소책자들의 논증 이면에는 이러한 기독교 세계관과 이성주의적 우상파괴를 전제하고 있었다. 따라서 복음주의 선교사들의 동아시아 종교에 대한 태도와 초기 한국인 기독교인이 한국 종교에 대해 취한 태도를 이해하려면 초자연적인 현상에 대한 믿음, 기독교 문명 이데올로기, 원시 유일신론 사상, 성취론 등의 핵심어를 이해해야 하는데, 한문 소책자는 그 세계로 들어가는 문이었다.

## 5. 찬송가: 번역과 토착화

1890년대에 최초로 출판된 한국어 찬송가로는 1892년에 존스가 편역한 감리회의 첫 『찬미가』, 1894년에 언더우드 개인이 편역한 장로회 최초의 『찬양가』, 1895년에 평양 선교사들이 엮은 장로교의 최초 공식 찬송가인 『찬셩시』 등이 있다. 마지막에 언급한 찬송가는 다시 1905년에 장로회 정치를 쓰는 선교공의회가 엮은 최초의 공인 찬송가인 『찬셩시』로 발전했다. 이어서 1908년에 감리회와 장로회의 연합 기구인 한국복음주의 선교회연합공의회가 『찬미가』와 『찬셩시』를 하나로 엮어 『찬숑가』를 발행했다. 1905년에 엮은 『찬셩시』의 경우 모두 151곡이 있었는데, 그중 89곡은 미국 찬송가 *New Laudes Domini*(1892)에서, 24곡은 *Gospel Hymns Consolidated*(1883)에서, 8곡은 *Gospel Hymns No.5*(1887)에서 가져왔다.[128] 『찬숑가』 역시 유사한 영국과 미국의 찬송가를 사용했다.

### 중국 찬송의 번역

따라서 지금까지 초기 개신교 찬송에 대한 연구는 선교사들이 영미 찬송가와 찬양집에 있던 곡을 번역했다고 결론을 내렸다.[129] 하지만 기존의 이런 연구는 초기의 찬송이 애초에 한문 찬송가에서 번역되었다는 역사적 사실

128 조숙자, "한국 최초의 장로교 찬송가 찬셩시 연구", 「교회와 신학」(1994): 498-675.

129 참고. 김병철, "개화기(1890-1900) 시가 사상에 있어서의 초기 한국 찬송가의 위치", 「아세아연구」(1971년 6월): 49-106; 조숙자, "한국 최초의 장로교 찬송가 찬셩시 연구"; 오선영, "찬송가의 번역과 근대 초기 시가의 변화", 「한국 문학 이론과 비평」(2009년 3월): 143-210. 이 연구들은 찬송가의 음악적 요소인 음율 형식(8-8-8-8 운보 혹은 8-6-8-6 운보), 음계(서양의 7음계나 한국의 5음계), 리듬(서양의 약강조 장보격 혹은 한국의 전통적인 강약조 8보격) 등에 초점을 맞추었다.

을 간과했다. 물론 한문 찬송가들 역시 영미 찬송가에 있던 곡들을 번역하고, 중국 기독교인과 재중 선교사가 작곡한 찬송을 추가해서 편집했다.[130] 감리회의 『찬미가』(1892-1905)에는 중국 푸저우(福州[복주])의 감리교회 선교회의 매클레이, 올링거, 베르사 올링거(Bertha Ohlinger) 부인 등이 편역한 한문 찬송가 곡들이 다수 들어갔다. 이와 대조적으로 언더우드의 『찬양가』(1894)에는 산둥(山東)의 장로교회 선교회의 네비어스와 마티어(Calvin W. Mateer)가 엮은 『讚神聖詩』(찬신성시, 1877, 1893)의 곡이 다수 번역되었다. 언더우드의 『찬양가』에 실린 117곡 중 110곡이 한문 찬송가에서 번역한 곡이라서 한자 제목이 표기되어 있었고, 나머지 7곡은 한국인이 작곡했다. 그리고 151번 곡 "배단씨십신가"(培端氏十信歌)는 맥카티(D. B. McCartee, 麥嘉締, 培端은 字)의 '十信歌'를 번역한 것이었다. "만셰반셕"의 제목과 첫 소절을 비교해보면 한문 찬송가가 한글 찬송가에 끼친 영향을 확인할 수 있다.

[표 10] "만세 반석"(The Rock of Ages) 가사 비교

**"304 The Rock of Ages," *Presbyterian Hymnals*(1874)**[131]

Rock of ages, cleft for me! Let me hide myself in thee;
Let the water and the blood From thy riven side which flowed,
Be of sin the double cure; Cleanse me from the guilt and power.

---

130 중국 찬송가의 역사에 대해서는 다음을 보라. Fang-Lan Hsieh, *A History of Chinese Christian Hymnody: From Its Missionary Origins to Contemporary Indigenous Productions* (Lewiston, N.Y.: Edwin Mellen, 2009).

131 Joseph T. Duryea ed., *The Presbyterian Hymnals* (Philadelphia: Presbyterian Board of Publication, 1874), 135.

**"28 基督爲盤石", 『讚神聖詩』(1878)**[132]

萬古盤石爲我開　　讓我藏身在余懷

求用被刺筋肋旁　　流的寶血效無彊

消沒罪惡免公刑　　洗掉骯髒變爲淸

**"36 基督爲盤石", 언더우드 편, 『찬양가』(橫濱: 橫濱製紙分社, 1894)**

날위ᄒᆞ야열닌반셕　　날곰초아줍쇼셔

륵방에셔샹ᄒᆞ야　　물과피가나온것

죄의효험겹되게　　악과능업시ᄒᆞ게

**"11 만셰반셕열니니", 장로회찬셩시위원회 편, 『찬셩시』(서울: 1895)**

만셰반셕열니니　　우리드러가겟네

허리창에샹ᄒᆞ여　　물과피가흐롬은

우리가효험밧어　　ᄆᆞᆷ씻고죄샤ᄒᆞ네

**"36 예수우리반셕", 존스 편, 『찬미가』(서울: 1900, 4판)**

만셰반셕열니니　　우리드러가겟네

허리창에샹ᄒᆞ여　　물과피가흐롬은

우리가효험밧어　　ᄆᆞᆷ씻고죄샤ᄒᆞ네

**"36 만셰반셕열니니", 존스 편, 『찬미가』(서울: 1905, 8판)**

만셰반셕열니니　　내가드러감ᄂᆡ다

132 John L. Nevius and Calvin W. Mateer eds., 『讚神聖詩』(上海: 美華書館, 1878), 52. 참고. Fang-Lan Hsieh, op. cit., 70-71.

챵에허리샹ᄒᆞ샤　　물과피흘니심을
내가효험밧으니　　졍결케ᄒᆞ옵쇼셔

**"73 만셰반셕," 공의회 찬송가위원회 편, 『찬숑가』(횡빈: 1908)**

만셰반셕열니니　　내가드러감ᄂᆞ다
창에허리샹ᄒᆞ야　　물과피를흘닌것
내게효험되여셔　　졍결ᄒᆞ게홉쇼셔

[표 10]에 비교되어 있는 번역들은 미국 찬송이 한국에 들어올 때 통과한 타협과 현지화 과정을 보여준다. 1894년에 언더우드가 번역한 가사에는 영어 원문과 한문 번역이 모두 반영되어 있다. 구체적으로, 언더우드는 한문 제목 "基督爲盤石"과 반석(盤石), 허리(肋旁[륵방])와 같은 한자어를 차용했다. 하지만 세 번째 줄은 영어 가사에 근거해서 새로 번역했는데 이는 한문의 관용적 표현이 들어간 한문 가사를 한국인이 이해할 수 없었기 때문이었다. 1895년 『찬셩시』는 보다 나은 한글 가사와 적절한 운율을 보여준다. 존스는 이 새로운 번역을 자신의 『찬미가』에 채택해 7판과 8판에서 좀 더 다듬었고, 이것이 다시 약간의 수정을 거쳐 1908년 통일 『찬숑가』에 채택되었다. "만셰반셕"의 한글 가사는 한문 가사와 매우 달라졌고, 본래 영어 가사의 의미도 일부 상실했다. 첫째 줄 후반부는 "나를 당신 안에 숨겨 주소서"라는 뜻 대신 "내가 들어갑니다"로 바뀌었고, 마지막 줄 후반부는 "나를 죄의식과 악의 권세에서 씻어달라"는 의미 대신 단순히 "정결하게 하소서"로 바뀌었다. 한국교회는 지금도 1908년 가사를 사용하고 있다.

[표 11] "예수 사랑하심은"의 여러 번역본 비교

**"68 Jesus Loves Me, This I Know"(1868)**[133]

| | |
|---|---|
| Jesus loves me! This I know, | For the Bible tells me so. |
| Little ones to Him belong; | They are weak, but He is strong. |
| Yes, Jesus loves me! | Yes, Jesus loves me! |
| Yes, Jesus loves me! | The Bible tells me so. |

**"34 耶蘇愛我," 『讚神聖詩』(1878)**

| | |
|---|---|
| 耶蘇愛我萬不錯 | 因有聖書告訴我 |
| 小人朋友他肯當 | 我雖軟弱他强壯 |
| 耶蘇救主愛我 | 耶蘇救主愛我 |
| 耶蘇救主愛我 | 有聖書告訴我 |

**"21 耶蘇愛我", 『찬양가』(1894) & 『찬셩시』(1895)**

| | |
|---|---|
| 예수나를ᄉᆞ랑ᄒᆞ오 | 셩경에말솜일셰 |
| 어린ᄋᆞ희임쟈요 | 예수가피로샷네 |
| 예수놀ᄉᆞ랑ᄒᆞ오 | 예수놀ᄉᆞ랑ᄒᆞ오 |
| 예수놀ᄉᆞ랑ᄒᆞ오 | 셩경말솜일셰 |

**"8 예수ᄉᆞ랑ᄒᆞ심은", 『찬셩시』(1898) & 『찬미가』(1900)**

| | |
|---|---|
| 예수ᄉᆞ랑ᄒᆞ심은 | 거륵ᄒᆞ신말일네 |
| 어린거시약ᄒᆞ나 | 예수권셰만토다 |

133 W. B. Bradbury, *The Golden Shower* (New York: Ivison, Phinney & Co., 1862), 68.

날ᄉᆞ랑ᄒᆞ심　　　　　　날ᄉᆞ랑ᄒᆞ심

날ᄉᆞ랑ᄒᆞ심　　　　　　셩경에쓰셧네

**"190 날ᄉᆞ랑ᄒᆞ심", 『찬숑가』(1908)**

예수ᄉᆞ랑ᄒᆞ심은　　　　거륵ᄒᆞ신말일네

우리들은약ᄒᆞ나　　　　예수권셰만토다

날ᄉᆞ랑ᄒᆞ심　　　　　　날ᄉᆞ랑ᄒᆞ심

날ᄉᆞ랑ᄒᆞ심　　　　　　셩경에쓰셧네

[표 11]에서 잘 알려진 다른 찬송인 "예수 ᄉᆞ랑ᄒᆞ심은"의 가사를 비교해 보자. 초기 한글 찬송은 한국인 조사들에 의해 한문 찬송에서 번역되었으나, 성경보다 더 자유롭게 번역했음을 알 수 있다. 선교사 편집자는 영어 원곡을 참조해서 가사를 수정했고, 이후 찬송가 위원회가 계속해서 수정하면서 한국어 운율에 맞도록 개선했다. 1908년 통일 찬송가를 보면 많은 찬송에 새로운 한글 제목이 붙고 가사는 한국어법에 맞게 고쳐졌다. 이 찬송 가사로 한국교회는 한 세기 동안 찬양했다.

개신교 선교회들은 한국 선교 개시 약 30년 만에 장로회와 감리회가 함께 쓰는 찬송가를 가질 수 있었다. 반면 중국의 경우에는 한 세기 동안 작업 후 1905년에 통일 찬송가가 완성되었다. 그 이유를 보면 첫째, 중국의 편집자들은 찬송이 잘 이해될 뿐만 아니라 지식인들 사이에서 존중받을 수 있도록 운취 있는 가사의 문체에 초점을 두고 번역하려고 노력했다. 그 때문에 중국에서는 찬송가 편집자가 번역하고, 교사가 전달하고, 회중이 수용하는 과정에서 수많은 언어적, 시적, 음악적 문제들과 씨름했다. 이런 중국어 찬송 번역자의 선행 노력과 시행착오가 한국어 찬송 번역에 도움이 되었다. 둘째, 한문 운문과 시는 화려한 문체와 엄격한 운율 규칙을 요구하지만, 일상어로 된 한글 가사는 좀 더 자유롭게 번역할 수 있었다. 1세대 선교사와 한국인들은 1908년에 실제적으로 한글 찬송가의 번역을 마무리했다. 이후 한 세기 동안 한국교회는 이때 번역한 가사를 크게 수정하지 않았다. 그만큼 1세대의 찬송가 번역은 탁월했다.

더 중요한 사실은 기독교 찬송의 토착화로, 이는 한국 기독교인들이 전통적인 5음계를 바탕으로 한국의 시문 형식과 기독교 선율을 섞어 한국적 찬송을 만드는 것을 의미했다. 1908년에 출판된 윤치호 편역 『찬미가』는 제한적인 토착화 시도였다. 『찬미가』에는 15곡만 수록되어 있으며, 그 중 세 곡은 애국심을 고취하는 노래였다. 윤치호는 스코틀랜드 고전 노래인 "올드 랭 사인"의 곡조에 콘트라팍툼 방식으로 이 새로운 곡들을 편곡했는데, 그중 하나인 '동해물과 백두산이'는 그동안 배재학당과 기독교 행사에서 부르던 곡을 수록한 것으로, 뒷날 애국가가 되었다. 윤치호는 개정 철자법을 채택했다.

동해물과 백두산이 말으고 달토록
하나님이 보호하사 우리 대한 만세
무궁화 삼천리 화려 강산
대한사람 대한으로 길이 보전하세.[134]

134 윤치호 편역, 「찬미가」(광학서원, 1908), 15. 샌프란시스코에 본부를 둔 대한국민회가 1910년부터 발행한 「新韓民報」는 이 노래를 "국민가"로 부르면서 그 가사의 작가를 '윤티호'로 적었다("국민가", 「新韓民報」, 1910년 9월 21일). 1958년에 샌프란시스코의 이영수는 작사자는 윤치호, 수정자는 안창호라고 주장했다(이영수, "애국가와 곡조에 관하여", 「국민보」, 1958년 4월 9일). 애국가 가사는 1897년부터 만들어지기 시작해서 1907년 이전에 완성되었다. 1910년부터 윤치호를 저작자로 한 것은 그가 찬미가에 그 가사를 온전히 수록했기 때문이다. 애국가는 개화기 때 여러 지사들이 함께 만들었고 국운이 기울 때 대한제국을 살리고, 근대 독립 국가를 건설하자며 학생과 교회와 민중이 함께 불렀던 노

3-4행의 후렴은 1899년 전후로 배재학당에서 부르던 "무궁화 노래"에서 차용했다.[135] 사실 기독교인들의 애국가 작사 운동이 정점에 달한 것은 1897년으로, 창립된 독립협회가 발행한 「독립신문」에 다양한 애국가가 거의 매주 실렸다. 기독교인들의 애국가는 기독교 민족주의를 상징했다. 윤치호의 다른 애국송인 "성자신손 천만년은"의 가사는 황제에 대한 충성, 백성의 기쁨과 슬픔을 함께하는 황제, 나라의 평화 독립, 계급에 상관없이 모든 인민의 책임을 말했다. 윤치호는 전통적인 유교의 이상인 왕의 주권과 백성의 충성을 상호적, 민주적인 책임으로 재해석하고, 각자 맡은 바 본분을 다하는 것이 충국이며 기독교 교사들이 그 뜻을 바로 가르쳐줄 수 있다고 주장했다.[136] 이런 민주주의와 민족주의를 결합한 한국 기독교인들이 함께 만든 애국가는 나라를 사랑하는 '대한 사람'의 기상과 충성과 일편단심을 강조했다.

## 한국 찬송가: 불교 용어의 사용

한편 개신교는 불교의 모든 실천적 현상을 비판했다. 선교사들은 불교의 '우상숭배', 부도덕한 승려, '미신적인' 신도를 비난했다. 하지만 이론적인 비평 차원에서는 불교의 모든 교리와 설법을 부정하기보다는 좀 더 미묘한 관점을 제시했다.[137] 불교는 지옥, 죄, 회개, 예배 등 상당히 적절한 종교적

---

래였다. 윤치호는 찬미가를 펴내면서 그 작사자를 밝히지 않았다. 애국가는 당대의 공공재였기 때문에 단독 작사자설은 성립하기 어렵다.

135 "방학례식", 「독립신문」, 1899년 6월 29일; "무궁화가", 「대한매일신보」, 1907년 10월 30일. 후렴의 첫 구절은 1920년 상해임시정부가 첫 기원절을 기념할 때 부른 기원절 노래 3절에 "삼천리 강산 무궁화 강산 / 너의 화려함은 세계에서 제일이네"로 들어갔다. 무궁화를 대한민국의 국화로 인식했음을 알 수 있다.

136 "대군쥬 폐하", 「죠션크리스도인회보」, 1897년 8월 25일.

137 1892년에 서울의 Ohlinger는 불교가 유교보다 많은 점에서 기독교의 진리에 더 가깝다고

용어들을 제공했기 때문에 올링거는 이 '한국화된' 개념과 용어를 연구해서 "중국에서 현지화된 이 모든 용어가 한국에서도 순화되었는지, 그리고 그 반대의 경우도 있는지를 확인할" 것을 제안했다.[138] 올링거는 유교에 대해서는 편견을 갖고 있었지만, 한국에 온 개신교 선교사 중에서 불교를 가장 긍정적으로 평가하고 불교와 기독교의 연속성을 찾으려고 노력했다.

존 로스가 '지옥'이라는 용어를 채택한 이후 한글 번역본들은 이 용어를 사용했다.[139] 천당과 지옥 외에도, 한문 성경도 채택한 용어로서 한글 성경과 소책자가 채택한 불교 용어는 다음과 같다.[140] 마귀(魔鬼), 유혹(誘惑), 죄(罪), 벌(罰), 악(惡), 영혼(靈魂), 생령(生靈), 회개(悔改), 중생(重生), 은혜(恩惠), 금생(今生), 내생(來生), 말세(末世), 예배(禮拜), 예배당(禮拜堂), 찬양(讚揚), 강생(降生), 화신(化身), 선인(善人), 악인(惡人), 신(信), 영생(永生), 영복(永福), 영벌(永罰), 대자대비(大慈大悲), 계명(戒名), 천사(天使), 공덕(功德), 인내(忍耐), 신행(信行).[141]

---

주장하면서 불교는 유교에서 발견되는 무신론의 형태가 전혀 없다고 주장했다. "유교는 조상 숭배에서 불멸의 교리에 대한 단순한 암시만 준다. 반면 불교는 적멸을 약속한다.… 유교는 본성을 회복시킬 수 있는 중재자나 구주를 선포하지 않는다. 불교는 본성의 회복을 원하지 않지만, 고통 받는 마음에서 나쁜 인성을 지워 없애려고 한다. 유교는 절대 기도하지 않지만, 불교는 모든 경우에 기도한다. 유교는 여성과 어린이를 노예로 만들지만, 불교는 만인을 평등하게 만든다. 유교는 이생에서 모든 보상을 기대하고 그에 따라 야망과 야심을 키우지만, 불교는 자기 포기와 이타심을 심어 준다. 유교는 처첩제를 전제하고 관용하지만, 불교는 독신제를 칭송한다. 유교의 체면은 속이지만, 불교의 8정도의 3번은 "거짓말하지 말라"고 말한다(F. Ohlinger, "Buddhism in Korean History and Language," *KR* [April 1892]: 107-108).

138 Ohlinger, "Buddhism in Korean History and Language," 108.

139 개신교는 죽은 자를 위한 불교 의식을 채택하지 않았다. 그것은 죽은 자를 위한 천주교의 미사와 비슷했기 때문이다.

140 중국의 경교는 당 불교의 용어들을 수용했는데, 阿羅訶(하나님), 羅漢(성자), 分身(성육신), 慈航(자비의 배), 明宮(낙원), 地獄, 彌施訶(메시아) 등이 그런 용어였다.

141 W. A. P. Martin, "Is Buddhism a Preparation for Christianity?," *CR*(May 1889): 193-203; William E. Soothill and L. Hodous, comps., *A Dictionary of Chinese Buddhist Terms*(London: Oxford, 1934).

불교 신자 중 기독교로 개종한 이들은 그리스도의 공덕을 통한 죄의 용서나 악한 세상에서의 해방과 같은 기독교 사상에 감명을 받았다.[142] 일평생 깨끗하고 죄 없는 마음을 찾아 헤맨 그들에게 기독교의 복음이 해답을 주었기 때문이었다.[143] 기독교와 불교의 또 다른 접촉점은 천당 개념이었다. 한국인 기독교인은 종종 죽음을 묘사할 때 이 고해(苦海)를 건너 저 피안(彼岸)으로 옮겨지는 것으로 표현했다. 또 이 세상에서 천당으로 옮겨갈 때, 교회를 예수가 선장이신 생명선으로 이해했다.[144]

언더우드는 자신의 1894년 『찬양가』에서 "높은 이름 찬송하고"의 4절과 5절을 번역했다. 원곡의 5절 가사는 다음과 같다. "그때에 나는 보고 듣고 알게 되리 / 내가 아래 땅에서 원하고 바랐던 모든 것을 / 모든 힘은 멋진 일을 찾으리 / 저 영원한 기쁨의 세상에서." 언더우드가 자유롭게 번역한 한글 가사는 다음과 같았다. "닦은 마음과 착한 행실 / 영생 세계 가리로다 / 이 세상을 떠난 후에 / 천만 사를 통달하리."[145] 한국인 조사의 초안에 기초한 이 번역은 주의 은혜로 정화된 마음이 아니라, 수양으로 닦은 마음과 선행의 공덕이 천국의 영복을 얻는다는 불교적 사고를 드러낸다. 4번 찬송은 주님의 선한 마음을 표현하기 위해 불교 용어인 '대자대비한 마음'을 차용했다. 13번 찬송은 '엿새 동안의 일'을 '엿새 동안의 공부'로, '거룩한 의무'를 '선행'으로 번역했다. 이로 인해 불교의 '자비'나 '선행'과 같은 개념

---

142 불교도들은 "죄는 그 자체로 문제가 아니라 욕망이 일어나면서 문제가 따라온다. 욕망을 죽이면 죄 자체는 중단될 것이다"라고 생각했다("Buddhist Chants and Processions," *KR* [April 1895]: 125).

143 참고. 「신학월보」(1901년 8월). 불교에서 개종한 한 신자는 성경에서 다음 구절들을 뽑아서 자신의 신앙의 기준으로 삼았다. 그 구절들은 롬 5:6; 8:21; 3:25; 고후 5:21; 갈 1:4; 고전 15:17; 벧전 1:21; 히 9:28; 롬 6:6; 갈 2:20이었다. 이 구절들은 그리스도의 구속을 통해 옛 자아와 죄 많은 세상에서 개인적 구원과 우주적 구원을 증거했다.

144 "찬미", 「그리스도신문」, 1901년 5월 9일.

145 Underwood, ed., 『찬양가』(橫濱: 製紙分社, 1894), 3.

이 자연스럽게 기독교 찬송가에 자리 잡게 되었다.[146]

더 나아가 한국인이 작곡한 초기 찬송은 불교와 도교의 용어와 표현을 담고 있었다. "113. 義怒難避(의노난피) 이 셰샹의 츈밍들은" 찬송은 언더우드의 1894년 찬송가에 실린 한국인이 작곡한 일곱 곡 중 하나다. 여기에서 죄인이 "사후 지옥 들어가서 저 형벌을 어찌할꼬?", "태산 같은 중한 형벌 가지가지 다 겪으니"라고 묘사하여 불교의 지옥 묘사를 연상시킨다.[147] 반대로 다른 한국인 작사의 "61. 聞耶蘇聖名更生(문예수셩명갱생) 예수의놉흔일흠이"에는 천당과 육체에 관한 불교 개념이 들어 있다. 2절의 가사는 다음과 같다. "사람 육신 생긴 근본 생어토 귀어토하네 / 가련하다 천한 몸을 조금도 생각지 말세."[148] 이런 찬송이 상상하는 천당 본향은 사후에 무가치한 육체를 벗어 버리고 고결하고 신실한 영혼이 가는 곳이었다. 영어 찬송에 자주 언급되는 '하나님 나라'가 한글 찬송에서는 이 고해의 세상 너머에 있는 '천당'이나 '천궁'으로 번역되었다. 이런 이원론과 내세를 갈망하는 염세주의는 1894년 청일전쟁의 결과였으나, 천당과 지옥에 관한 대중 불교 사상을 기독교인들에게 심어주었다.

---

146 나중에 Underwood는 불교의 법(달마)이 아시아인들에게 "행위를 측정하는 기준을 제공했으며, 천당의 보물과 지옥의 공포가 동기를 부여했다"고 주장했다. 그는 또한 불교가 아시아인들에게 새로운 차원의 삶을 가져다주고, 자아 부정, 묵상, 성찰, 영성, 거룩함, 남녀평등, 자비로운 보살, 아미타불에 대한 절대적 신앙 등의 종교적 이상을 풍요롭게 했다고 보았다. 참고. H. G. Underwood, *The Religions of Eastern Asia* (New York: Macmillan, 1910), 187-188, 214.

147 Underwood, 『찬양가』, 124. 영어 제목은 "The Day of Wrath That Dreadful Day"이다.

148 Underwood, 『찬양가』, 58. 영어 제목은 "Jesus Thy Name I heard and Lived"이다.

## 결론: 우상 파괴론과 성취론의 공존

이상의 논의를 요약해보자. 19세기 개신교의 메시지는 동아시아 문화와 종교에 대해 우상파괴와 토착화라는 이중적인 태도를 취했다. 전자는 조상의 정령과 우상의 '미신적인' 숭배 그리고 아편, 전족, 일부다처제 등 악습을 공격했다. 후자의 진보적인 태도는 기독교와 전통 종교 사이에 있는 유사한 접촉점을 강조하고, 전통 종교를 '복음의 준비'로 받아들였다. 적응과 토착화라는 방법론을 채택한 결과 한문 개신교 소책자는 한국에서 풍성한 열매를 맺었다. 역사적으로 이와 유사한 사례는 한 세기 전, 유교에 적응한 마테오 리치의 한문 천주교 문서를 한국 유학자가 받아들일 때 발생했다. 천주교의 경우에는 박해와 핍박으로 꽃피지 못했으나, 개신교는 시행착오를 줄이면서 상대적으로 많은 종교의 자유 속에서 급성장하면서 토착화의 열매를 거둘 수 있었다. 중국 기독교의 신학과 문서가 서구 영미 기독교와 한국 종교 문화 사이에 가교 역할을 했다.

이를 원예의 이미지로 비유하자면, 미국 개신교 선교사들은 북미에서 이미 성장한 기독교라는 꽃나무를 화분에 담아 와서 한국의 종교 정원에 심거나, 한국 종교라는 돌길에 뉴잉글랜드의 복음의 씨앗을 흩뿌린 것이 아니었다. 영미 선교사들은 중국의 모판에서 잘 토착화되고 성장한 나무 가운데 가장 잘 자란 나무의 종자를 받고 골라서 한국인의 비옥한 영적 토양에 정성스럽게 심었다. 헐버트의 비유를 빌리자면, 한국인은 뿌리 없는 일본의 화려한 꽃꽂이 문화가 아닌 서양 기독교 문명이라는 나무 전체를 가져왔다. 일본 문명은 꽃이 핀 서양의 나무에서 꽃만 잘라서 꽃꽂이를 한 꽃과 같았다. 이는 일본이 "서양 문명의 중심에 놓여 있는 기독교가 없는" 서양의 방법과 기술만을 채택했기 때문이었다. 뿌리가 없는 서양의 방법이라는 꽃은 아름답고 향기롭지만 곧 시들고 과일을 맺지 못한 채 죽을 것이다. 한국은 서양 문명의 언덕으로 가서 "뿌리째 나무를 파서 한국 사회의 토양에 심었기 때문에 시간이 지나면 꽃과 열매를 모두 확보하게 될 것이다."[149] 이를 과학과 관련된 비유로 표현하자면, 영미중(英美中)의 기독교를 한국 상황에 적응시키는 화학 반응에서 한문 서적과 소책자는 촉매 역할을 함으로써 중국에서 활동하던 노련한 서구 선교사들의 지혜와 한국에서 활동한 젊은 북미 선교사의 열정을 혼합시켰다. 근대 한국 선교라는 실험실에서 북미 선교회는 새로운 발명품인 한국산 기독교를 만들어냈다.

149 H. B. Hulbert, "The Needs of a National Ideal for Korea," *KMF* (January 1910): 24.

제7장

# 부흥

평양의 선도와 새벽기도

이제 한국인들은 [선교사들에게] 이렇게 말한다. "여러분은 신앙의 근원을 찾기 위해서 일부는 장 칼뱅에게, 일부는 존 웨슬리에게로 돌아가겠지만 우리는 주 예수 그리스도를 처음으로 진실로 알게 된 1907년 이전으로 돌아갈 수 없습니다."

윌링·존스 공저, 『한국의 매력』(1914)[1]

1 Jennie Fowler Willing and Margaret B. Jones, *The Lure of Korea* (Boston: Woman's Foreign Missionary Society, MEC, 1913), 21.

평양은 1907년 전후 부흥을 거치면서 한국 기독교의 중심지가 되었고, 1920년대에 '조선의 예루살렘' 또는 '기독교의 서울'로 불렸다. 이 장은 1907년 부흥의 주역인 길선주 장로의 영성을 한국의 선도와 미국 복음주의의 결합으로 보고, 그 형성 과정과 영향력을 통해 한국적 개신교가 만들어졌음을 주장하려고 한다. 곧 1903-1908년의 대부흥운동을 통해 한국 개신교에 토착화된 기독교 의례와 영성이 형성되었으며, 평양을 중심으로 형성된 한국인 교회 지도자군에 의해 한국 장로교회와 나아가 한국 개신교회의 영성의 원형이 창출되었다. 부흥운동을 통해 회개하고 성령의 충만함으로 능력을 받은 한국인들은 전국적인 전도 운동을 전개했으며, 대한제국을 기독교 국가로 만들려는 전망을 가지고 교육 계몽 운동에 참여했다. 대부흥운동의 직접적인 결과는 자급, 자전, 자치하는 복음주의 한국 개신교회의 형성이었고, 그 장기적인 결과는 한국 개신교회가 일제 식민지 기간(1910-1945)의 핍박과 난관을 충분히 인내할 수 있는 영적인 힘과 거룩한 기억을 제공받은 것이었다. 한국 종교사의 관점에서 보면 대부흥운동을 통해 개신교는 외국 종교에서 벗어나 새로운 한국 근대 민족 종교로 변형되어 한국인의 영혼에 뿌리를 내렸다.

1907년 평양 대부흥운동의 중심에는 민중 도교인 선도(仙道)에서 개종한 길선주(吉善宙, 1869-1935)가 있었다. 1903년 2월 웰번(Arthur Garner Welbon, 1866~1928) 목사가 인도한 황해도 배천교회 사경회 때 일어난 작은 부흥과 1903년 여름에 중국에서 활동하던 여자 선교사 화이트(Mary C. White) 양의 기도와 강원도 지역에서 활동하던 하디(Robert Hardie) 목사의 회개로 원산에서 시작된 개신교의 대부흥운동은 정미년 1907년 1월 평양 장대현교회에서 열린 겨울 사경회에서 회개 운동으로 그 절정에 이르렀는데,[2] 이를 전국으로 확산시킨 주역의 한 사람이 길선주였다. 그는 1907년 9월에 장로회 최초의 7인 목사 중 한 명으로 안수를 받고 장대현교회에서 시무하면서 평양을 중심으로 한 북한 지역에 선도적 영성과 의례를 기독교적으로 토착화하고 이를 정착시킨 목회 지도자였다.

이 장은 복음주의가 강조하는 중생 체험이 평양의 도교적 기독교인들, 특히 길선주에게서 전범(典範)의 형태로 나타나고, 그것이 대부흥운동 시기에 다른 신자들의 중생과 회개 체험에서 재현되었음을 논증한다.[3] 이어서 길선주를 중심으로 도교(선도)에서 기독교로 개종한 평양 장로교인들이 발전시킨 토착적인 기도 운동인 새벽기도, 통성기도, 철야기도, 금식기도를 통해서 도교적 영성과 의례가 기독교회 안에 토착화하는 과정을 살펴본다. 그리고 1907년의 평양 대부흥과 길선주가 주도한 서울 부흥회가 가지는 한국 교회사적 의미, 곧 한국교회에 선교사의 영성을 능가하는 한국인 지도자 출현과 서울 지도자를 능가하는 평양 출신 지도자 군의 출현이

---

2 장대현교회의 주소는 평양부 관후리 254번지였다. 1972년 평양을 방문한 적십자단 일행은 장대재에 학생소년궁전이 세워져 있는 것을 발견했다. 현재 그 광장에 김일성, 김정일의 대형 동상이 세워져 있다. 1997년 탈북한 이용운(해방 이전 평양 성화신학교 재학생이었으며 탈북여성박사 1호 이애란 씨의 부친)은 장대현교회를 비롯하여 여러 교회들이 6.25 전쟁 후 김일성이 평양시를 재건하는 과정에서 철거되었다고 증언했다.

3 '복음주의'란 광의로는 천주교, 정교회나 영국 성공회와 구별되는 개신교를 뜻하지만 이 글에서는 협의로 19세기 말과 20세기 초 북미의 주류 개신교인 장로교와 감리교와 침례교를 지칭하며, 그 가운데 성경의 권위, 그리스도의 대속적 죽음과 육체적 부활, 그리스도의 유일성, 중생 체험, 성령 세례, 성화와 성결, 부흥운동, 전도와 세계선교 등을 강조하는 초교파적인 운동을 뜻한다. 참고. A. Scott Moreau ed., *Evangelical Dictionary of World Mission* (Grand Rapids: Baker Books, 2000), 337-341.

가지는 역사적 의미를 분석한다. 길선주와 김종섭의 개종, 평양 대부흥과 새벽기도의 시작 등에 대해서는 기존의 연구가 있으나,[4] 이 글에서는 새로운 자료를 바탕으로 수정 보완 작업을 하면서 재해석을 시도한다.

## 1. 19세기말 민간 종교와 선도

19세기 말 당시 대부분의 한국인은 유불선 삼교와 샤머니즘을 상황에 따라 선별적으로 실천한 다종교(多宗教) 정체성을 가지고 있었다. 이 글에서 선도인 혹은 도교인이란 배타적으로 도교만 신봉한 자가 아니라 상대적으로 도교적 종교 의례를 많이 실천한 자를 뜻한다. 여기서 도교란 철학적 도교가 아닌 민간신앙으로서의 종교적 도교, 곧 내단수련(內丹修鍊)을 중시하고 불로장생(不老長生)의 이상향인 신선 세계를 지향한 선도(仙道)로 불린 느슨한 소규모 조직을 가진 민중 종교를 말한다.[5]

조선 중기까지 지식인들은 공직에 나가거나 권력과 재산이 있을 때는 유교적 입장을 취했지만 야인으로 물러날 때나 세속적으로 실패했을 때에는 '좌도'(左道)인 도교에서 위안을 찾는 자들이 많았다. 조선 시대에 중요한 도교적 흐름은 양생법(養生法)을 강조하는 수련 도교였다. 이들 선도 수련자들은 일정한 민족 주체의식을 가졌다. 한무외(韓無畏, 1517-1610)의 『海東傳道錄』(해동전도록, 1610)은 단학 수련 도교의 한국 도맥을 보여준다. 또한

---

4 대표적으로 길진경, 『靈溪 吉善宙』(종로서적, 1973); 이덕주, 『한국 그리스도인의 개종 이야기』(전망사, 1990); 이덕주, 『한국 토착교회 형성사 연구』(한국기독교역사연구소, 2000) 등이 있다.

5 참고. 이능화, 『朝鮮 道教史』(보성, 1986); 이강오, "한국 신흥종교에서 보이는 도교와 불로장생", 『도교와 한국사상』(범양사출판부, 1988); 김태곤, "민간신앙과 도교적 경향", 철학종교연구실, 『한국사상사대계』5(한국정신문화연구원, 1993).

허균(許筠 1569-1618) 등은 불로초가 있는 이상향인 삼신산(三神山)이 중국뿐만 아니라 금강산, 묘향산, 지리산 등에도 있다고 주장하고 선계(仙界)를 조선의 고유 공간으로 만들었다. 도인들의 이적을 기술한 홍만종(洪萬宗, 1643-1725)의 『海東異蹟』(해동이적)이나 도교의 변증설을 수록한 이규경(李圭景, 1788-?)의 『五洲衍文長箋散稿』(오주연문장전산고) 등 도교 관계 저술들이 계속 출판된 것으로 볼 때 지식인들은 선도에 관심이 많았고 수련법도 꾸준히 그 맥을 이어갔음을 알 수 있다. 조선 후기에는 금강산과 같은 명산선경을 찾아 수련하는 탈주자학적 도인들이 증가했다.[6]

조선 시대의 도교는 민간신앙과 윤리도덕과 의학에도 많은 영향을 미쳤다.[7] 도교가 민간신앙에 미친 가장 큰 영향은 북극성을 중심으로 한 성수신앙(星宿信仰)으로, 민간에서 어린이의 생명과 가족의 번영을 다스리는 가신(家神)으로 숭배한 칠성신은 바로 이 도교적 성수신앙의 직접적인 산물이었는데, 칠성신을 의인화한 노인 남성 7명의 칠성신도(七星神圖)를 모신 사당이 많이 세워졌다. 북두칠성 신령에 대한 토착 신앙이 도교와 불교에 접목되면서 여러 불교 사찰들에 칠성각(七星閣)이 지어졌다.[8] 일부 지식인들은 칠성신에게 기도하면서 내단을 실천했고, 일반인들은 칠성신에게 기도할 때 『칠성경』을 사용했다.[9] 도교의 『玉樞經』(옥추경)은 치병을 위한 주문과 부적과 관련해 일반인은 물론 불교인들도 널리 읽었다. 허준(許浚)의 『東醫

---

6 한국도교사상연구회 편, 『도교사상의 한국적 전개』(아시아문화사, 1989).

7 Byun Kyuyong, "Daoism and Daoists—Its Essence and Development," *Korea Journal* (May 1986): 1-12; Song Hangnyong, "A Short History of Daoism in Korea," *Korea Journal* (May 1986): 13-18; 차주환, "한국 도교의 종교 사상", 『도교와 한국 문화』(아세아문화사, 1989), 465-478.

8 참고. 이능화, 『조선 도교사』 26장. 이능화는 칠성신 숭배와 불교 관습의 혼합을 논했다.

9 참고. 김낙필, "해동전도록에 나타난 도교 사상", 『도교와 한국 사상』(범양사, 1987), 164; 김낙필, "조선 후기 민간 도교의 윤리", 『한국 도교의 현대적 조명』(아세아문화사, 1992), 358-360.

寶鑑』(동의보감)은 도교의 양생법을 수용했다.

한편 선행을 권장하는 선서(善書)가 조선 초기부터 대한제국 시기까지 널리 보급되었다. 도교 서적인 『抱朴子』(포박자)에서 초록한 『太上感應篇』(태상감응편)은 천상에는 사과지신(司過之神)이 있어 수시로 모든 사람들의 언행을 기록하기 때문에, 결국 선악으로 사람의 수명과 화복이 결정된다고 설명한다. 『功過格』(공과격)은 선행[功]과 악행[過]을 각각 점수로 매기는 체계를 수록했는데, 이 책이 널리 유포되어 민간에 일종의 죄 의식이 심어졌다. 그러나 대부분의 선서는 유교화되어 유교적 윤리 덕목과 권선징악을 강조했다. 한편으로 선행에 대한 보응이 물질적 복으로 이해되면서 기복신앙이 발전했다.[10]

조선 시대 풍수지리는 유교, 불교, 도교의 사상이 함께 만나는 자리였다. 고려 시대에는 불승과 도교의 지관이 풍수지리설로 사찰 터나 묘지터를 선정했다. 조선 시대에는 유교의 풍수와 효 사상이 지배하면서 불교와 도교의 풍수는 주변화되었으나, 민간신앙 차원에서 보면 1890년대 풍수 지관(地官)에는 유학자도 있었지만 유교와 선도와 불교를 함께 공부한 자도 있어서 전적으로 유학만 공부한 자는 드물었다. 한의사나 지관은 자연과학과 의료과학을 다룰 때 유교와 도교를 종합했다. 16세기에 나타난 유명한 예언서인 정렴(1506-49)의 『북창비결』, 남사고(1509-71)의 『남사고비결』, 이지함(1517-78)의 『토정비결』 등은 도교의 풍수지리와 연결되어 있었다.[11]

한국 종교사에서 19세기 말-20세기 초는 시의성이 사라진 유교를 대

---

10 Boudewijn Walraven, "Religion and the City: Seoul in the Nineteenth Century," *Review of Korean Studies* 3:1 (June, 2000): 193; 김호덕, "도가와 도교", 한국브리태니커, 『브리태니커백과사전』(2001).

11 참고. 최준식, 『한국 종교 이야기』(한울, 1995), 437.

신해 유불선과 기독교를 통합하거나 변혁한 동학(이후 천도교로 발전), 증산교, 대종교, 원불교 등의 신종교가 등장하는 종교 개혁기요 신종교 발흥기였다.[12] 이때 한국인들의 사유와 종교성에 뿌리잡고 있던 선도(仙道)가 되살아났고 그 일부는 항일 단체인 대종교로 부활했다. 19세기에 지방 차별을 받았던 북한 지역에서는 유교에 대한 대안으로서 반체제적 특성을 가진 선도를 실천 수행하는 자들이 등장하였다. 그 가운데는 선경을 찾아 입산하여 은거하며 수련하는 자들도 있었고, 도시에 거주하면서 생업을 꾸리다가 일시적으로 수련하기 위해 입산하는 자들도 있었다. 후자 가운데 청일전쟁 전후에 신종교로서 미국 종교인 개신교를 받아들인 자들이 나타났는데, 이들이 평양의 장로교인들이 되었고, 이들에 의해 개신교도 다른 신종교들이 가진 다종교 융합의 한 형태로서 선도와 습합했다.

19세기에 도시 상업의 발달과 더불어 주민이 증가한 도성 밖에서는 일종의 종교의 자유가 관용되었다. 제물포 등의 항구와 한강 변의 수로를 따라 공동체를 형성한 동일 직종의 상인 조합들은 관우 숭배를 후원했고, 무당을 초청하여 선박의 무사 운행을 비는 굿판을 열었다. 한강변에 형성된 용산 보광동의 무후묘(武侯廟)는 원래 서낭당이었으나 중국 상인들의 항해 안전을 빌기 위해서 도교의 신인 제갈공명(諸葛孔明)을 모시는 보광사를 설립했다. 또 서빙고동에는 나중에 부군당과 민비선황 등 민간신앙 공간이 추가되었다.[13] 장을 따라 돌아다닌 보부상이나 천민인 재인(광대)들에게도 그들이 섬기는 조상이나 그들 자체의 종교 의례가 있었다. 이러한 사적인 집단 소수종파(private corporate cult)들이 19세기 말 서울과 평양 등 대도시의

---

12 Ro Kil-myung, "New Religions and Social Change in Modern Korea History," *Review of Korean Studies* (June 2002): 31-62.

13 보광동(普光洞)은 불교식 이름이다. 현재 제갈공명을 모신 보광사의 의례는 무교의 굿이 아닌 유교의 제사나 불교의 예불에 가깝다. 이는 유불선이 하나로 융합된 형태다. 보광사 북문은 현무문으로 죽은 자를 위한 공간이다. 사당 안에는 산신과 여신도 모시고 있다.

전문 직업 종사자들에게 유행했다.[14]

19세기 후반에 공식적인 국가 종교인 유교가 쇠퇴하면서 그 대안으로서 사적 공간에서는 일반 민중과 상업 종사자들에 의해 무교와 선도가 성행했는데, 특히 무당과 판수의 종교 활동이 증가했다. "여러 이질적 요소가 만나 융합하면서 오래된 상징들이 새 의미를 획득했다."[15] 16세기 말 중국에서 도입한 도교 계통인 관제(關帝)는 전쟁의 신이지만 문학과 부(富)의 신으로서 불교와 도교 사찰의 수호신이자, 상인, 사당패, 비밀 결사체의 보호자로 숭배되었다. 화약을 만드는 염초청(焰硝廳) 관리나 군인은 자체 사당을 짓고 관우를 섬겼으며, 서울의 상인들은 남묘에서 부의 신인 관제를 숭배했고 육의전(六矣廛) 안에 작은 관제 사당을 설치하고 그에게 기원했다. 선도인들은 관성제군(關聖帝君)을 전쟁과 부의 신뿐만 아니라 사후 세계를 다스리는 신으로 숭배했다. 그는 또한 관보살로 불리기도 했다. 이처럼 관우 숭배는 도교, 불교, 샤머니즘이 혼합된 신앙이었는데, 지방 상인들도 이를 실천했다. 예를 들면 1901년 경북 안동의 기름장수들은 서옥사(西嶽寺)에 만수등(萬壽燈)을 설치하고 대황제 폐하의 만수무강의 복을 빌고 관성제군 신령을 섬기기 위해 좋은 기름을 바치고 있었다.[16]

사실 기복신앙은 현세적 번영을 중시한 유교, 치병 구복을 추구한 샤머니즘, 보살을 통해 치병구복하는 민간 불교, 사신구복(事神求福)하는 민간 도교가 만나 형성되었다.[17] 복록을 이끌어 들이기 위해서 "제석(帝釋) 앞에 기도한다. 성황(城隍) 앞에 기도한다. 칠성(七星) 앞에 기도한다. 관왕(關

14 Boudewijn Walraven, "Religion and the City," 187-197.

15 Boudewijn Walraven, "Shamans and Popular Religion around 1900," *Religions in Traditional Korea* (Copenhagen: SBS Monographs, 1995), 127.

16 "油商等訴", 「皇城新聞」, 1901년 6월 25일.

17 "事神求福", 「皇城新聞」, 1899년 3월 24일.

王) 앞에 기도한다"는 혼합적 신앙이 별로 이상하지 않았다.[18] 언론은 선도나 민간신앙을 어리석은 일이라고 계속 비판했다. "명산대천(名山大川)이니 후토신령(后土神靈)이니 북두칠성(北斗七星)이니 관성제군(關聖帝君)이니 제불제천(諸佛諸天)이니 하고 기도에 열난 사람 하나도 효험은 못 보아도 무당 판수라면 미쳐 발광하는 일 어리석다고."[19] 언론은 맹인 판수와 점복가들이 청산, 백운, 학, 선경, 신선 등의 단어를 수사법에 사용하면서 사기를 치는 일도 비판했다.[20]

민비는 불교와 샤머니즘은 물론 도교의 후원자였다. 1882년 임오군란 때 민비가 장호원으로 도망갔을 때 과부 무당인 박 소사가 민비가 곧 궁으로 돌아갈 것이라고 예언하고 그대로 되자 민비는 박 소사의 관우 사당에 머물면서 매사를 그녀와 상의했다. 1898년에는 민비가 후원하던 진령군이 다시 올라와 동관왕묘 근처에서 머물렀다.[21] 1899년 2월에는 남대문 밖 남관왕묘에 불이 나서 전각이 소실되었고, 그 중건이 시작되자 "서울 문안 문밖 각 동리에 사는 사람들이 관성제군을 숭봉하는 성심으로 자원 출의들하여 모두 부역"을 했다.[22] 그러나 고종 황제가 중건비로 국고 4만원을 사용하자 여론은 곱지 않았다. 더욱이 중건 과정에서 일부 관리들이 돈을 착복하고 사욕을 채우자 신문들은 이들을 성토하고 관묘에서 우상숭배하는 자들을 비판했다.[23]

대한제국은 미신적 우상숭배는 척결한다는 정책을 유지했다. 무당

---

18 "巫瞽의呼冤", 「皇城新聞」, 1909년 10월 8일.

19 "어리셕더고", 「皇城新聞」, 1907년 8월 20일.

20 "쟝님랑패", 「독립신문」, 1899년 9월 16일.

21 "진령군이 다시 올나와", 「협성회회보」, 1898년 3월 19일.

22 "어제 남관왕묘에 불이 이러나매", 「제국신문」, 1899년 2월 15일; "이돌십ᄉ일 황혼에", 「제국신문」, 1899년 2월 16일; "ᄌ원부역", 「독립신문」, 1899년 2월 20일.

23 "관왕묘 즁건", 「독립신문」, 1899년 2월 24일; "厚斂瀆神", 「皇城新聞」, 1899년 3월 1일.

중에는 보살을 모신 자도 있었으나 옥황상제나 관우상을 모신 자들도 많았다. 1899년만 보아도 서울 쌍림동에 거주하는 무녀 김 씨가 "옥황존전(玉皇天尊)을 모셨다 하고 집안에 신상(神像)을 설위하고 우매한 부녀자들을 화복의 설로 유인하여 사람을 속이고 재물을 취"하자 경무청에서 그녀를 체포하여 조사했다.[24] 또 삼청동에서 무녀가 "관왕의 제자라 칭하고 신상을 스스로 그려 방 안에 걸어 놓고 아침저녁 수라를 진공(進供)하고 신성(神聖)이 지극하면 화복을 반드시 보리라 하고 시내의 부녀들을 유혹하여 다수 복차전(卜次錢)을 바치게" 하자 경무청이 그녀를 체포했다.[25] 그러나 관우 숭배는 사라지지 않았다. 1904년에 경찰은 서울의 모든 집을 수색하고 관우의 그림 3,000장 이상을 압수했다.[26] 무당과 관우를 섬기는 자들이 500명이 넘었다.[27] 정부가 1904년부터 관우 숭배를 강력하게 탄압했지만, 1908년까지 107개의 관우 사당이 있었다. 1905년 정부는 훈령을 강화하고 경무청이 나서서 기인취물(欺人取物)하는 무복잡술배(巫卜雜術輩) 10여 명을 체포했는데, 옥황상제를 모신 사직동 거주 소청상(小靑裳) 무녀도 한성재판소에 이송되었다.[28] 무당 이 씨는 자신이 관제의 성육신이라고 주장하고 사람들에게 자신의 집에 세운 사당에서 숭배하도록 유도했다.[29] 1910년까지 옥황상제나 관성제군을 섬기는 민간 신앙이 강력하게 존재하고 있었음을 알 수 있다.[30]

동시에 선도 수행자들은 도시를 떠나 명산대천에 나가 신체 훈련, 호

---

24 "妖巫被捉", 「皇城新聞」, 1899년 5월 13일.
25 "關王弟子", 「皇城新聞」, 1899년 10월 23일.
26 "요술 둔장," 「皇城新聞」, 1904년 8월 17일.
27 "통금 잡술", 「대한매일신보」, 1904년 8월 23일.
28 "巫術被捉", 「皇城新聞」, 1905년 4월 25일.
29 "기언취물", 「대한매일신보」, 1905년 5월 5일.
30 "요괴한 인물", 「대한매일신보」, 1910년 7월 9일.

흡 기술, 약초 식이 요법과 금식, 부적 이용, 경전 공부, 명상 기도를 통해 내면의 활력을 길러 나갔다.[31] 황해도, 평안도나 강원도 지방에는 중앙 정부로부터 차별을 받는 종교 단체들이 존재했다. 이들 중 일부는 은둔자가 되어 산에서 수련했다. 도시 거주민들은 때때로 세속 생활에서 물러나 산에서 40일이나 100일 동안 명상했다. 1872년 서울 삼각산에 도교-불교 수련자 100여 명이 묘련사(妙蓮寺)를 설립했다. 창립 회원의 한 명인 최성환은 1856년에 발췌 도교 경전집인 『각세신편팔감 覺世新編八鑑』을 편집했다. 그 후 여러 도교 계통의 도덕서와 경전이 출판되었다.[32] 민간 도교의 도덕주의와 기복주의는 조선 사회의 지배적인 윤리적 사고의 한 중요한 부분을 형성했다. 19세기 말 선도 신봉자들은 혼탁한 사회를 보면서 깊은 산에서 내단을 수양하면서 신령과 보살에게 기도하고 신령한 복을 받기 위해서 윤리적 삶을 살려고 했던 종교인들이었다. 평양 지역에서 이들 중 일부가 청일전쟁의 혼란기에 유교를 대신하는 새로운 종교로서 개신교를 수용했다.

19세기에 대부분의 중국 선교사들은 도교의 옥황상제를 2-3세기 후한(後漢) 시대의 도인을 신격화해서 송(宋)대에 숭배하기 시작한 것이라고 비판했다. 『상뎨진리』나 『묘축문답』을 비롯해 한국에 도입된 한문 전도문서들은 모두 이 입장을 취했고 도교에 대해서 비판적이었다.[33] 최병헌의 『聖山明鏡』(성산명경, 1909)까지 한국 개신교는 중국 개신교의 주류 타종교

---

31 참고. "楓嶽嗟無一仙一佛", 「皇城新聞」, 1900년 7월 14일.

32 참고. 이능화, 『조선 도교사』(보성, 1986), 27장. 이 책은 1920-30년대에 한문으로 쓰였고 1977년에 한글판이 나왔다. 묘련사 회원은 관음보살의 영감으로 쓰였다는 『濟衆甘露』를 1878년에 출판하여 사용했다. 이들은 19세기 후반 불교, 도교, 민간신앙을 혼합한 토착 신종교를 형성한 여러 종교 집단의 하나였다.

33 Griffith John, 언더우드 역, 『상뎨진리』(1891), 6-7; F. Genähr, 아펜젤러 역, 『묘축문답』(1894), 11b; "옥황 상뎨의 래력", 「대한크리스도인회보」, 1899년 8월 23일.

신학의 영향을 받아 도교를 우상숭배 종교로 비판하고 배척했다. 최병헌은 민간 도교의 신선론이 주장하는 인간의 불로장생설이나 둔갑설을 "실로 어리석은 자를 속이는 거짓말"이라고 비판했다. 반면 최병헌은 노자 『道德經』(도덕경)의 도는 기독교의 도와 일치한다고 주장했다.

> 션도를 존슝ᄒᆞ는 쟈 ᄒᆞᆼ샹 로ᄇᆡᆨ양으로 스승을 삼나니 그가 져슐ᄒᆞᆫ 도덕경에 갈ᄋᆞᄃᆡ 하놀에 도는 다토지 아니하여도 이긔기를 잘 ᄒᆞ시고 말ᄉᆞᆷᄒᆞ지 아니ᄒᆞ여도 응ᄒᆞ기를 잘 ᄒᆞ시며 부르지 아니ᄒᆞ여도 스ᄉᆞ로 온다 ᄒᆞ엿스며 ᄯᅩᄀᆞᆯᄋᆞᄃᆡ 텬도는 친ᄒᆞᆷ이 없서 ᄒᆞᆼ샹 션ᄒᆞᆫ 사ᄅᆞᆷ을 친ᄒᆞᆫ다 ᄒᆞ엿스니 일노 ᄌᆞᆺ차 보건ᄃᆡ 로ᄌᆞ의 셩인으로도 현묘ᄒᆞᆫ 리치를 말ᄉᆞᆷ하면 ᄒᆞᆼ샹 하ᄂᆞ님의 도를 칭도ᄒᆞᆫ지라. 동셔양 셰계에 종교를 말ᄒᆞᆯ진ᄃᆡ 호호탕탕ᄒᆞ시고 혁혁광명ᄒᆞ시며 광대무졔ᄒᆞ신 하ᄂᆞ님의 도가 뎨일 큰지라[34]

최병헌이 민간 도교를 비판하고 철학적 도교를 수용한 것과 달리, 만주의 로스(John Ross)는 만주 도교의 최고신인 상제를 기독교의 하나님과 유사하다고 보았고, 한글 성경 번역에 도교의 상제와 동등어인 순수 한국어 '하나님'을 채용했다. 로스는 만주 도교의 고위 사제와 요한복음을 놓고 서신 대담을 나누었는데, 그 사제는 요한복음 1장에 나오는 '道', '上帝', '光', '黑暗', '生命' 등의 개념이 도교의 개념과 유사함을 길게 논하면서, 도교의 상제도 창조주요 조화옹이며 무시무종하고 전지전능하다고 주장하고, 신유교의 이기(理氣) 개념을 비판했지만 원시 유교의 상제와 천 개념은 지지했다.[35]

---

34 최병헌, 『聖山明鏡』(大同廣智社, 1909), 54.

35 John Ross, "Corean New Testament," *CR* (Nov. Dec., 1883): 494; idem, "Shang-ti: By the Chief Taoist Priest of Manchuria," *CR* (March, 1894): 123-129.

로스의 한글 성경과 선교 신학이 1890년대 북한 교회와 마페트를 비롯한 평양 장로교 선교사들에게 일정한 영향을 미쳤다고 할 때, 그들이 도교와 개신교의 접촉점에 대해 우호적일 수 있는 여지는 없지 않았다. 19세기 말 만주와 북한 지방의 도교인들은 영원자인 (옥황)상제께 기도했는데, 평양의 초기 개신교 신자 가운데 도교에서 개종한 자들은 도교의 상제에 대한 기도를 기독교의 하나님에 대한 기도로 연결시켰다.[36] 19세기 말 평양 지역에는 유교의 대안으로서의 선도를 실천하는 소집단들이 있었고, 그들 가운데 신종교로서의 개신교를 수용할 수 있는 관용적 공간이 형성되어 있었다. 특히 도시의 신흥 자립 중산층이었던 상인, 한의사, 객주, 서기 등은 지식인 독서 계층이었고, 신흥 종교에 대해 열린 자세를 취하고 있었다.

## 2. 청일전쟁과 평양 선도인들의 개종

평양에 개신교 선교가 시작된 1890년대 초에 일군의 선도 수행자들—송인서, 김종섭, 길선주, 김성택, 옥경숙, 정익로, 이재풍, 김찬성 등—이 기독교로 개종했다. 이들은 평양 장로교회의 지도자들이 되었고, 1907년까지 대부분 장로나 목사로 안수를 받았다. 이들의 영적 지도력은 평안도와 황해도 지방에서 개신교의 급성장과 부흥운동과 전도 운동의 확산에 크게 기여했다. 따라서 이들의 개종과 영성을 살펴보는 것은 초기 한국 개신교회의 복음주의 영성을 규명하는 한 관건이다. 동시에 이들이 설정한 전통 종

36 Ross의 선교 방법과 선교 신학에 대해서는 옥성득의 "한국장로교의 초기 선교 정책"; 같은 저자, "해제; John Ross, Mission Method in Manchuria", (한국기독교역사연구소, 1999 복간본); 같은 저자, "초기 한국교회의 일부다처제 논쟁", 「한국기독교와 역사」(2002년 2월): 7-34를 참고하라.

교에 대한 기독교의 관계는 초기 개신교인들의 타종교 신학을 예시한다는 점에서 중요하다.

평양의 선도(仙道) 실천자들은 1890년대 한국 사회의 총체적 위기 상황에서 기독교로 개종했다. 갑오 동학혁명으로 촉발된 청일전쟁은 동아시아의 정치 지형뿐만 아니라 종교 지형도 바꾸었다. 1894년의 한국은 무정부 상태였고, 9월의 평양 전투로 도시는 황폐해졌다. 대부분의 주민은 피난길에 올랐다. 북감리회의 스크랜턴 의사는 "한국의 소돔은 그 사악성과 불친절로 인해 천벌을 받았다. 20,000명의 오합지졸인 중국 군인들이 두 달간 도시를 점령하면서 가옥을 약탈하고 쌀과 솥을 빼앗아 갔으며 부녀자들까지 겁탈했다. 일본군이 도시를 점령했을 때 80,000명의 주민 가운데 남은 자는 수백 명에 불과했다"고 보고했다.[37] 전쟁과 더불어 상륙한 일본 콜레라는 수많은 생명을 앗아갔다. 평양을 초토화시킨 세 번째 침략 세력은 일본 상인들이었다. 그들은 값싼 상품으로 전통 경제 체제를 와해시켰다.[38] 주민들은 실존적 불안 속에서 의지할 곳을 찾았으나 전통 종교는 더 이상 위로가 되지 못했다. 서양 문명을 수용한 일본의 승리는 한국인들이 가진 전통 종교에 대한 최면을 각성시켰고, 서양 종교인 기독교에 대한 반감을 해제시켰다. 중국이 세계의 중심이라는 화이관(華夷觀)에 바탕을 둔 전통 세계관이 해체되는 '일종의 정신적 혁명'이 진행되었다.[39] 1897년 한국을 방문한 북장로회 총무 스피어 목사는 "중국에 대한 일본의 승리는 한국인에게 깊은 인상을 남겼고 서양 문명과 종교를 한층 더 높이 평가하도록 만들었다. 그것은 또한 귀신 숭배의 사기를 저하시켰고, 중국 신들의 숭배를

---

37 *Annual Report of the Board of Foreign Missions of the Methodist Episcopal Church for 1894*, 241. 다음을 보라. William B. Scranton, "Missionary Review of the Year," *KR* (Jan. 1895): 15; Graham Lee, "A Visit to the Battle Field of Pyeng Yang," *KR* (Jan. 1895): 14.

38 Samuel A. Moffett, "The Transformation of Korea," *CHA* (Aug. 1895): 136.

39 Horace G. Underwood, "The 'Today' from Korea," *MRW* (Nov. 1893): 817.

죽였으며, 남아 있던 불교의 일부 버팀목들도 잘라버렸다"[40]고 평가했다.

평양의 선도인들은 더 이상 과거의 방식으로 신앙생활을 할 수 없음을 깨달았다. 대부분의 한국인은 유불선 삼교와 샤머니즘을 상황에 따라 선별적으로 실천한 다종교 정체성을 가지고 있었다. 대중 도교를 실천하는 선도인이란 배타적으로 도교만 신봉한 자가 아니라 상대적으로 도교적 종교 의례를 많이 실천한 자를 뜻한다. 이들은 철학적 도교가 아닌 민간신앙으로서의 도교 혹은 종교적 도교를 실천했는데, 도교는 당시에는 선도로 불린 느슨한 소규모 조직을 가진 민중 종교였다. 그들은 유교 주류 양반 사회에 속하지 않았고 도시의 독립적인 신흥 중산층에 속했는데 이 계층에는 상인과 객주, 하급 관리와 몰락 양반과 한의사가 포함되었다.[41] 이들은 서구 사상과 문화에 개방적이었고 서구 종교에 좀 더 관용적이었다. 이들은 반일 감정이 강했으므로 일본 종교인 불교나 신도(神道)로 가지 않았고, 여전히 무부무군(無父無君)의 종교로 낙인이 찍힌 프랑스 종교인 천주교로도 가지 않았으며, 미국 종교인 예수교로 개종했다. 그들은 1900년대 교육과 종교 계몽 운동에 적극적으로 참여했다. "지적·정치적·사회적 세력으로서 연합하기 시작한" 많은 "북한 지역의 계몽 운동가"들은 점증하는 교육 민족주의 운동에 참여하기 위해서 개신교를 '발판'으로 삼았으며,[42] 선도 기독교인들은 이 종교 운동가들 가운데 한 무리였다.

---

40 Robert E. Speer, "Christian Mission in Korea," *MRW* (Sept. 1898): 681.

41 G. Heber Jones, "The People of Korea," *GAL* (Oct. 1892): 465-466.

42 Hwang Kyung Moon, *Beyond Birth: Social Status in the Emergence of Modern Korea* (Cambridge, MA: Harvard University Press, 2004), 280.

[사진 72] 청일전쟁 중 환자를 돌보는 홀 의사, 마페트와 리 목사, 1894년[43]

## 평양의 첫 기독교인들

1893-94년 평양에서 처음 개종한 자들은 신흥 중산층에 속한 상인과 객주였다. 1893년 5월 마페트는 선교지부를 개설하기 위해 평양에 갔다. 조사 한석진(韓錫晋, 1868-1939)은 선교 기금으로 대동문 안에 조용히 집을 매입했으며, 마페트는 6월 4일 그곳에 모인 약 20명의 사람들에게 전도했다.[44] 마페트는 서울에 갔다가 9월 1일에 되돌아왔다. 그가 없는 동안 한석진이 두세 명의 구도자와 함께 주일 예배를 드렸다. 첫 개종자는 여관 겸 사립 은행 운영자에 해당하던 객주(客主) 최치량(崔致良)이었는데, 주색잡기를 끊은 그의 변화된 삶을 보고 많은 사람들이 복음에 관심을 가졌다.[45] 친구들이 그를 옛 삶의 방식으로 되돌리기 위해 여러 방면으로 노력하고 비

---

43 "Treatment of War Prisioners," *World-wide Missions* (Feb. 1895): 3.

44 S. A. Moffett to F. F. Ellinwood, June 6, 1893. 다음을 보라. S. A. Moffett, "Annual Report for 1893"; 이덕주, "한국 기독교와 근본주의: 한국 교회사적 입장", 『한국 기독교 사상』(연세대학교출판부, 1998), 24-29.

45 *ARBFMPCUSA for 1894*, p. 159; S. A. Moffett to F. F. Ellinwood, Jan. 12, 1894.

방했기 때문에 그의 개종은 쉬운 일이 아니었다. 마페트는 새 집을 매입하고 조직적으로 가르치는 학습교인 반을 시작했다. 그는 의주를 방문한 후 1893년 10월 서울에서 열린 연례 회의에 참석해서 평양에 선교지부를 아직 '개설'하지는 못했지만 '점령 중'이라고 보고했다.[46] 11월에 마페트는 자신의 사랑방을 주야로 개방하고 전도했다. 그가 주민들 가운데 살면서 '참 하나님'을 알기 원하는 한국인들의 영적 갈망을 파악하고 이를 채워준 것이 선교가 성공한 비결이었다.

[사진 73] 평양의 첫 장로교회 널다리[판동]교회 건물, 1894년[47]

46 S. A. Moffett, "Report of Work in Pyeng An Province: Pyeng Yang, Eui Ju, Kou Syeng, Oct. 1893," *Minutes of the Korea Mission*, PCUSA for 1893.

47 Harry A. Rhodes, *History of the Korea Mission, Presbyterian Church, USA, 1884–1934* (Seoul: Presbyterian Church of Korea, Department of Education, 1934), 146.

마페트는 1894년 1월 7일에 첫 교인들에게 세례를 베풀었다. 이로써 평양 널다리장로교회는 8명의 세례 교인(최치량, 이동승, 전재숙, 조상정, 음봉태, 한태교, 박정국)과 2명의 학습 교인으로 1894년 1월에 설립되었다. 그중 2명은 40대였고 나머지는 20대와 30대였다. 마페트는 1894년 9월 평안도에 52명의 세례 교인이 있으며, 10월에 21명이 추가로 세례를 받았다고 보고했다. 혁명과 전쟁의 칼날은 한국인의 마음을 찢어 오래된 전통 종교의 고름을 짜냈고, 복음은 그들의 영혼의 상처를 치유하는 약이 되었다.[48]

[사진 74] 한석진, 1894년 [Moffett]

[사진 75] 최치량, 1898년[49]

48 *ARBFMPCUSA for 1894*, 158-159; S. A. Moffett to F. F. Ellinwood, Jan. 12, 1894; S. A. Moffett, "Evangelistic Work in Pyengyang and Vicinity, Pyeng Yang Station, October 1895"; *Minutes of the Korea Mission, PCUSA for 1895*; 정진경, 『영계 길선주』, 43. 1895년 5월 이동승이 첫 영수에 선임되었다. 한태교는 황해도 안악 출신으로 황해도 북부 지방에서 전도에 힘썼다(Daniel L. Gifford, *A Forward Mission Movement in North Korea* [New York: Foreign Missions Library, 1898], 10).

49 "What the Gospel Did to One Man in Korea," *Bible Society Record* (March 1904): 42.

### 선도인들의 개종

두번째 개종한 그룹은 선도인들로서 송인서(宋麟瑞, 1867-1930?)와 김종섭(金鍾燮, 1862-1940)이 그 첫 개종자였다. 두 사람은 어려서 유학의 경서를 공부했으나, 부친 사망 후인 10대 후반부터 20대에 인생의 의미를 찾아 여러 곳을 방황하면서 불교와 도교에 심취했다. 그러나 완전한 도의 경지를 경험하지 못하다가 청일전쟁 전에 기독교를 접하고 전쟁을 거치면서 깊은 신앙 체험을 하고 1895년에 세례를 받았다. 송인서는 1907년에, 김종섭은 1911년에 목사 안수를 받았다.

송인서는 1893년에 예수교가 평양에 들어왔고 서양 종교를 받아들인 친구도 있다는 말을 듣고 미국 선교사를 욕보이기 위해 예배당을 찾았으나 친절히 대해주는 마페트로부터 소책자 몇 권을 받았고, 장마철에 심심풀이로 읽어 본 소책자들을 통해 기독교 진리에 관심을 가지게 되었다. 그러나 차력(借力)을 가르치던 선생은 그에게 예수교는 쓸데없고 차력 단련에 집중하라고 권했다. 그는 단약을 먹으며 차력을 했지만, 술을 마시면 주먹을 휘두르는 자신을 보면서 차력으로는 자신이 변하지 않는다는 것을 발견했다. 한석진은 여러 달 그를 찾아가서 예수를 믿으라고 전도했다. 한석진은 죄와 심판에 대해 이야기하면서 죄를 회개하지 않으면 영벌을 받아야 한다고 설명했다. 송인서는 점차 진리로 나아갔고 1894년 초에 예수 그리스도를 영접했다. 그는 숭상하던 불교와 차력하던 문서를 다 버리고 항상 이렇게 말했다. "이전에 하던 것은 모두 죽을 공부만 하였다." 그는 이제 사람을 만나면 다른 말은 아니 하고 다음과 같이 전도했다. "우리 주 예수 그리스도의 십자가를 지고 잠시라도 벗지 말라. 그 십자가가 우리를 구하되 육신과 영혼이 다 지옥에 빠진 것을 건져 주셨으니, 너희도 믿으면 구하여 주시리라." 송인서는 도교와 불교 신자였기 때문에 죄와 영벌과 심판의 문제가 그리스도의 십자가에서 해결되고, 장생불사를 초월하는 그리스도 안에서 "영원한 복락을 받아 무궁하게 사는" 부활과 종말론적 소망을 바라보게 되자 개종했다.[50] 1894년 5월에 평양감사 민병석의 명령으로 한석진, 김창식 등 평양 기독교인들이 체포되어 매를 맞고 사형 직전에 석방되는 사건이 발생했을 때 송인서도 박해를 받았다. 관리들은 그의 이름을 교인 명부에서 발견하고 그를 심하게 매질한 뒤 투옥했고, 사형수임을 나타내는 붉은 줄에 묶었다. 1894년 전쟁이 발발하자 그는 한천으로 피난을 가서 전도했는데, 몇 년 후 믿는 자가 늘어나 예배당을 짓고 교우가 100여 명이 되었다. 송인서는 1895년 마페트에게 세례를 받고 마페트의 조사로 영유, 강서, 용강, 중화에서 순회전도에 힘썼다.[51]

김종섭은 유교와 도교를 신봉하다가 청일전쟁 전후 마페트와 한석진의 전도를 받고 성경과 소책자를 읽으면서 기도하던 중 "부지불식(不知不識) 간에 무위이화(無爲而化)"의 과정으로 기독교인이 되었다. 그는 서당 훈장인 부친 밑에서 한학을 배웠으나. 15세 때 부친이 사망하자 인생의 슬픔을 맛보고 18세에 가출하여 불교와 도교에 심취했다.[52] 그는 23세에 혼인하고 가정을 꾸렸으나 3년 안에 아이들과 아내와 모친이 차례로 죽자, 스스로 지은 86자의 도교 주문을 매일 외우고 '하ᄂᆞ님'께 기도하며 죄를 회개하고 사람답게 사는 길에 대한 구도의 길에 들어섰다.[53] 그가 도인(道人)에

---

50 Robert E. Speer, *Missionary Principle and Practice* (New York: Revell, 1902), 390; 이영은, "교회 통신", 「그리스도신문」, 1897년 12월 9일.

51 이영은, "교회 통신", 「그리스도신문」, 1897년 12월 9일; S. A. Moffett, "An Educated Ministry in Korea," *Men and the Modern Missionary Enterprise,* 140; Speer, *Missionary Principle and Practice*, 392. 송인서는 1902년에 신학교에 입학했고, 1907년에 목사로 안수받았으며, 평양 남문교회에서 목회하면서 Swallen의 지도를 받으며 방기창과 함께 서 시찰을 관할했다. William L. Swallen, "Narrative Report of Rev. W. L. Swallen for Oct., Nov., Dec., 1907," *KMF* (March 1908): 43을 보라.

52 김종섭의 생애는 이덕주, 『새로 쓴 한국 그리스도인의 개종 이야기』, 59-72를 보라.

53 주문은 다음과 같다. "娑婆世界 南滿部洲 東海朝鮮國 平安南道 平壤城內居住 金鍾燮 壬戌生身 至誠百拜 昭告于 天地神明地下 雖有前罪 旣覺旣悔 改過遷善 伏乞神明 愛而憐之

서 기인(奇人)으로 소문이 나자 도를 추구하는 자들이 모여 들었다. 그는 재혼하여 생활이 안정되었으나, 바라던 도의 경지나 신명의 순간은 체험하지 못했고 절이나 산을 찾아가 천지신명께 기도하는 노력을 계속했다.

1891년 김종섭은 여관에 있는 마페트와 서상륜을 찾아가 그들의 학식 수준을 타진해 보고 예수교인이 최소한 무식한 자들은 아니라는 인상을 받았다. 1893년 마페트가 유교에 조예가 있는 한석진을 조사로 데리고 오자, 김종섭은 그와 대화를 나누며 널다리골 예배당에도 탐색 차 참석하기도 하고 전도책자를 읽어 보기도 했다. 처음에 전혀 이해할 수 없고 허무맹랑하게 보이던 기독교 교리와 성경 내용이 조금씩 이해되면서 그는 널다리골 교회의 단골손님이 되었다. 그가 복음의 진리를 체험한 것은 청일전쟁 와중이었다. 한석진은 수안으로 피난을 갔고, 서문 밖 감리교회만 일본군의 보호 속에 예배를 드리고 있었다. 김종섭은 정식 교인은 아니었지만 김창식과 오석형의 부탁으로 피난처인 교회당에서 마태복음을 강해했다. 성경을 연구하고 기도하는 과정에서 신앙이 자리 잡게 되었는데, 특히 김창식의 부탁으로 예배 시간에 첫 공중 기도를 하면서 느낀 성령 체험은 그가 기독교인이 된 증거였다.[54] 그는 자신이 도교를 통해 평생 추구했던 신과의 신비적 합일을 통한 신명과 초자연적 황홀경을, 예수교 교회당 안에서 이미 알고 경외하던 하나님께 무릎을 꿇고 겸손히 지성으로 기도할 때 성령의 감동을 체

---

願降福祿 以成人道 始是發願 惶恐悚慄 庶幾格斯 夜靡寧." 여기서 한국 도교인들의 천지신명에 대한 기도, 죄 의식과 회개 개념, 개과천선하려는 윤리 의식, 복록을 바라는 기복 신앙, 신명 앞에 늘 떨며 지내는 경건성을 볼 수 있다.

54 "내가 본래 지고지성하신 하나님, 부소부재, 부소불능하신 신을 알고 경외하는 마음이 많은 터이라, 처음으로 무릎을 꿇고 기도하게 되니 마음이 황송하고 몸이 떨리며 진심진성으로 기도하니, 나의 몸이 하늘에 있었는지 땅에 있었는지 알 수 없고 영감에 충만하여 태산에 눌린 듯하였다. 기도를 마치고 일어나니 몸에는 열기가 나고 음성이 다 변하였다. 이때에 나는 성신의 감동을 경험하였다. 나에게는 기쁨이 충만하였다. 그 후부터 때때로 기도의 열심은 있었으나 이러한 경험은 다시 보지 못하였다"(김화식, "김종섭 목사 약전", 「신앙세계」, 1940년 8월: 36-37; 이덕주, 『새로 쓴 한국 그리스도인의 개종 이야기』, 69).

험함으로써 실현했다. 그의 끝없는 도와 진리를 향한 추구는 기독교 안에서 완성되고 성취되었다.[55] 김종섭은 1895년 마페트에게 세례를 받고 널다리골 장로교회 교인이 되었고, 학질(말라리아)을 비롯해 만병통치약으로 알려진 키니네(金鷄蠟[금계랍]) 장사를 하면서 소책자와 복음서를 판매하며 전도하는 전도인이 되었다. 그는 1896년에는 영수로 임명 받았고, 자신을 따르던 도교 그룹의 이재풍, 김성택, 정익로, 옥경숙, 정윤조, 백원국, 길선주에게 전도하여 그들로 하여금 모두 장로교인이 되게 했다.

청일전쟁을 겪고 기독교인이 된 이들과 대다수 교인들의 신앙의 일면—도교적 영성의 기독교화—을 보여주는 찬송이 언더우드의 『찬양가』(1894)에 실린 후 평양 선교사들의 주도로 만든 『찬셩시』(1895)와 감리교의 『찬미가』(1897)에 재수록 되었는데, 이는 청일전쟁 후에 가장 애송된 찬송으로 한국인이 만든 곡이었다.[56] 그 1절만 보자.

> 하놀엔 곤찬코 쟝싱불로 신톄가 쾌ᄒᆞ야 쟝싱불로
> 괴롭고 힘드러 셰샹사룸 짐졌네 하놀엔 즐거워 쟝싱불로[57]

55 김종섭이 개종한 후 도교가 추구한 신비한 신인합일의 체험 사례를 보자. 1901년 어느 날, 그는 그리스도의 수난을 읽고 묵상하다가 잠이 들었는데 꿈에 수백 명이 모인 집회에서 열심히 설교했다. 새벽에 깬 그는 꿈을 기억하고 기쁨의 눈물을 흘리며 뜰에 나가 "마음이 기쁨이 충만하고 몸이 늠실늠실하여 견딜 수가 없어 덩실덩실 춤을 추었는데, 이 날은 그의 기념할 만한 담배를 끊은 날이었다"(김화식, 위의 글, 38; 이덕주, 앞의 책, 71). 김종섭은 또한 인격 완성을 위한 수양(修養)에 정진했다. 그는 하늘이 부여해 준 의롭고 선한 인간 본성(天命)이 물욕(物慾)과 욕심으로 인해 흐려졌다는 유교의 가르침을 수용하고, 이를 성령의 感化感動(인성 변화와 행동 실천)으로 해결할 것을 주장했다(김종섭, "사셜", 「그리스도신문」, 1897년 10월 4일; "학식의 요긴ᄒᆞᆫ 론", 「그리스도신문」, 1987년 12월 2일 & 9일; "사셜", 「그리스도신문」, 1898년 9월 1일).

56 1898년 조사에 의하면 서울 감리교인들이 가장 애송한 찬송의 하나가 이 "하놀엔 곤찬코 쟝싱불로"였는데, 장로교인과 감리교인 공히 이 찬송을 애송했다("찬미가를 택명ᄒᆞᆫ 일", 「대한크리스도인회보」, 1898. 7. 27).

57 H. G. Underwood, 『찬양가』(예수셩교회당, 1894), #110; 재판, 1895, #110; Committee of Presbyterian Mission, North 『찬셩시』(1895), 16a; 미이미교회, 『찬미가』(1897), #78.

기독교의 '영생' 개념을 도교의 '장생불로'에서 빌어 사용한 이 찬송은 도교의 기독교화가 진행되던 1890년대 후반 한국 교인들의 타종교에 대한 성취론적 영성을 증명한다.

[사진 76] 서상륜 조사, 1890년[58]

[사진 77] 김종섭 장로, 1902년 [Moffett]

[사진 78] 조선예수교장로회 안에 "조선어를 쓰는 회", 1903년 [Moffett]
중앙에 서경조가 앉아 있다.
앞 줄 왼쪽 두 번째부터 양전백, 송인서, 이기풍, 한석진, 길선주, 방기창이 앉아 있다.

58 S. A. Moffett, "Our Korean Evangelists," *CHA* (Aug. 1892): 143.

그러나 1897년부터 「그리스도신문」은 기독교의 영생과 도교의 장생불사 개념은 다르다는 기사들을 실었다. 곧 이 신문은 중국이나 한국에서 불사약을 먹고 신선이 되어 장생불사한 자는 없으므로 도교의 약속이 허황되다고 비판하고, 영생을 주는 약은 신약과 구약밖에 없으며 그리스도 안에서 부활의 영생이 있다고 주장했다.[59] 한편 의료 선교사들과 교회 지도자들은 건강과 장생을 위해서 위생과 청결과 근대 의학을 강조하고, 술·담배·아편 등을 금했다. 그 신학적 기초는 인간의 몸이 성령을 모신 거룩한 성전이라는 인간 몸과 영혼의 유기적 개념이었다.[60] 이 유기적 영육 개념은 도교적 전인 구원 개념, 곧 신체적 장생과 영적 불사 개념과 연속성을 가지는 것으로, 기독교는 신체적 건강은 근대적인 청결·위생·의약이라는 개념으로 대체하고, 영적 불사 개념은 그리스도 안에서의 부활과 사후 천국에서의 영생 개념으로 대체했다.

### 3. 길선주의 개종: 도교의 사적 구원에서 기독교의 공적 구원으로

청일전쟁을 전후 한 평양 도교인들의 개종은 19세기 말 북미 복음주의 개신교가 한국 상황에서 산출한 전형적인 한국 교인들의 영성을 보여주었다. 그것은 길선주(吉善宙, 1869. 3. 15-1935. 11. 25)의 개종에서 더욱 분명하게 드러났다. 길선주의 개종은 한국인의 개종에 대해서 상세한 설명이 있는 경우로서 그 내용이 풍부하고, 다른 이들의 개종을 이해하는 데 도움이 되

59 "션도의 허망혼 론", 「그리스도신문」, 1897년 8월 26일; "불사약론", 「그리스도신문」, 1898년 4월 7일. 이와 함께 평양 지부에서 1898년에 재판으로 발간한 『찬셩시』에는 "하놀엔 곤찬코 쟝싱불로" 찬송이 누락되었다. 이는 아마도 도교 용어가 오해를 불러일으켰기 때문일 것이다.

60 "장생불사 ᄒᆞ는 법", 「신학월보」(1903년 12월): 521-522.

므로 자세히 살펴보자.

## 개종 동기

길선주의 개종 동기는 다른 사람들처럼 종교적인 이유와 세속적인 이유가 섞여 있었다. 그는 1897년 29세 때 기독교로 개종하기 전 약 10년간 도교에 심취해 있었다. 따라서 도교적 영성이 그가 기독교를 수용하는 데 몽학교사 역할을 했다. 그가 어릴 때부터 신봉해온 유교를 버리고 도교에 몰두한 이유는 17세 때 고향 안주(安州)에서 반죽음 상태까지 이른 무고한 폭행을 당하고 느낀 사회 부정의와 19세 때 평양에서 상업 실패를 통해 경험한 풍진 세상에 대한 환멸이 계기가 되었다. 아래에서 살펴보겠지만, 그는 도교에서 추구하던 신인합일을 개신교 기도에서 성취하면서 기독교로 개종했다.

두 번째 계기는 1894-95년 청일전쟁 기간 중 주택 소실과 천주교 신부에 의한 토지 점탈 사건이었다. 이는 길선주의 개종을 서술할 때 여러 사학자들이나 목회자들이 거론하지 않았던 일이자, 법정 소송이 걸린 문제이므로 이에 대해 좀 더 자세히 살펴보자. 길선주는 평양 장대현 언덕에서 살고 있었는데 평양 전투 전에 평양을 떠났다가 병신년 1896년 봄에 피난에서 돌아와 보니, 집은 모두 불타고 집터만 남아 있었다. 이웃인 최치량의 집도 파손되어 있었다. 문제는 평양에 새로 부임한 프랑스인 천주교 신부 르 장드르(Louis Le Gendre, 崔昌根[최창근], 1866-1928)가 1896년 봄에 평양성 밖 평천리에 세운 성당을 1898년 5월에 관후리(館後里) 251번지로 이전하고 관후리성당(1900년 완공)을 건축하기 위해서 불탄 장대현 지역을 매입하면서, 길선주의 집터 800평과 최치량의 집터 일부를 '무단으로 점유'한 일이었다. 아마도 그곳이 화재가 난 지역이고 당시는 토지대장도 부실하던 때라 다른 한국인이 계약서나 문서 없이 그 지역 토지를 팔았거나, 아니면 천주교회 측에서 주인이 살고 있는 집은 매입하되 부지만 남아 있고 주인을 알 수 없는 경우에는 무단 점유한 것이었을 수도 있다. 장로교회도 1899년 [지도 5]에서 L로 표시한 장대현 관후리 245번지에 장대현교회 공사를 시작했으므로, 당시 장대현 지역 토지의 매매나 소유 문제가 중요하던 때였다. 아무튼 두 사람은 프랑스 신부에게 토지 반환이나 토지 수용 대가를 요구했으나 신부는 이를 거절했다. 길선주는 소송을 하려면 돈이 필요했기에 침술과 양약을 겸한 한방 약국을 개업했다.[61] 최치량과 길선주는 여러 차례 소송을 했으나, 신부와 천주교회 측은 교회 토지 문서를 서울의 뮈텔 주교가 소유하고 있으므로 공사관과 협의할 사안이라는 이유로 재판에 협조하지 않았다. 이 소송이 본격화되기 전에 이미 널다리교회 교인이 된 최치량과 김종섭은 길선주에게 개종을 권했고, 아래에서 서술하는 대로 길선주는 기독교 서적을 읽고 특별한 개종 경험을 한 후 1897년에 세례를 받았다.

길선주의 개종 동기에는 소유했던 토지 문제로 프랑스 선교사 르 장드르 신부와 대항할 수 있는 미국 선교사 마페트의 힘에 의지하려는 세속적인 요소가 전혀 없지는 않았지만, 이것이 주된 동기는 아니었다. 사실 길선주는 개종 후에도 1904-05년 러일전쟁 때 경의선 부지 용도로 보통문 밖의 토지를 징용 당했고, 칠성문 토지는 1916년에 평양신사 부지로, 만수대는 관청 부지로, 만달산은 군용지로 각각 징용되는 피해를 입었다.[62] 천주교 신부들과 달리 미국 선교사들은 교인들의 민사 소송이나 정치에 직접 개입하지 않는 정책을 취했는데 길선주는 이 사실을 알았고, 실제로 그가 개신교인이 되었다고 해서 천주교 신부와의 소송에서 쉽게 이기지는 못

61 길진경, 『영계 길선주』, 82.

62 길진경, 『영계 길선주』, 82-83.

했다. 일제의 토지 몰수와 군용지화 때문에 평양의 많은 주민들이 피해를 입었다. 선교사들의 노력에도 불구하고 외성에 있던 남문밖교회의 경우 교회 부지 전체를 조계지로 지정된 평양역 부지와 군용지의 일부로 내주어야 했다.[63] 최치량과 길선주는 관후리 부지에 대해 이후 10년 동안 여러 차례 소송을 제기하고 청원했으나, 프랑스 공사관이 관련된 외교 사안이라 쉽게 해결되지 않았다. 따라서 토지 문제는 길선주에게 정당한 사유 재산권을 찾기 위한 노력과 연관되었으며, 이것이 그의 개종 동기였다기보다는 그로 하여금 개종 후 세속적인 부 대신 신앙에 좀 더 관심을 갖고 인격을 단련하게 하는 가시와 같은 주제였다고 하겠다.

1907년 5월 길선주와 최치량은 서울 의정부 참정대신에게 청원서를 보내어 사건을 호소했다. 원래 소송을 접수한 평양 감리서는 "十五間(십오간) 家基(가기)를 法人(법인) 李敎師(이교사)가 勒奪(늑탈)ᄒᆞ온 事(사)"에 대해 진상을 조사하고, 원고 길선주와 최치량과 피고 천주교회 측 대표인 곽희붕과 배용철을 불러 대질 심문도 하고, 관후리 현장도 답사한 후 "프랑스인의 비리를 나무라고 바로 배상금을 지불하도록"(責其法人之非理[책기법인지비리]ᄒᆞ고 當場出給[당장출급]) 지시했으나 그들은 응하지 않았다. 이에 길선주와 최치량은 외부에 진정서를 보냈고, 외부가 사건을 조사하던 중 을사조약으로 외부가 폐지되었다. 1906년 9월 통감부는 사건을 처리해주겠다고 약속했으나 수십 일이 지나도 아무런 처분이 없었다. 두 사람은 재소송했고 교섭 중이라는 대답만 받자, 의정부에 청원서를 제출했다.[64] 1907년 5월 외사

---

63 외성(外城) 지역에서 한국인 가옥 400채와 많은 농지가 조계지로 차압당했으나, 일본 정부는 그 배상을 한국 정부에 넘겼고, 한국 정부는 보상해 주지 않았다. 첫 남문밖교회는 약 2,000냥의 가치가 있었으나 선교사들의 노력에도 불구하고 635냥만 받았다(S. A. Moffett to H. N. Allen, July 14, 1904).

64 "請願書: 발신자 平安南道平壤郡居 請願人 吉善宙 崔致良 等, 수신자 議政府叅政大臣, 발신일 1907년 5월", 『各司謄錄, 各觀察道(去來)案 5』

국장은 통감부에 공함을 보내어 프랑스 총영사 측에서 해결해 줄 것을 요청했으나 처리가 지연되자, 평양 관찰사 박중양(朴重陽)에게 여러 해 끌어온 이 사건을 해결하기 위해서 해당 토지에 대한 계약서 유무, 당시 지가, 관련 증거 등을 조사하여 처리하도록 지시했다.[65] 1907년 11월 총리대신 이완용(李完用)은 여러 해 끌어온 이 현안을 처리하고자 관찰사 박중양에게 프랑스 총영사와의 교섭은 많은 시간이 필요하므로 평양 이사청 이사관과 관찰사가 사안을 조사하고 타협안을 만들어 협정을 맺는 것이 편리하겠다고 훈령했다.[66] 관찰사는 조사 후 1908년 3월 16일에 이완용 총리대신에게 보고서를 올렸다.[67]

박정양 관찰사나 키구치 다케시(菊池武一) 이사관도 뮈텔 신부가 모든 증빙서류를 가지고 있으므로 서울에서 처리하라는 양대인 프랑스 선교사의 말에 속수무책이었다. 다만 관찰사는 보고서에 당시 장대현 주민 한산현과 이만형의 증언을 담은 청취서 2통을 첨부하여, 길선주와 최치량의 소유권을 인정했다. 한산현은 청일전쟁 전에 길선주 가옥 건너편에 살았으며, 전쟁 중에 길선주와 최치량과 함께 피난을 했고, 귀가 후에 집이 불타서 대지만 남았기에 최치량에게 매매했으며, 해당 가옥은 최치량과 길선주

65 "公函: 발신자 內閣外事局長 李建春, 수신자 平安南道觀察使 朴重陽, 발신일 1907년 6월 29일", 『各司謄錄, 各觀察道(去來)案 5』.

66 "訓令 第四十四號제44호, 발신자 太子少師內閣總理大臣 李完用, 수신자 平平安南道觀察使 朴重陽, 발신일 隆熙元年 十一月 二十八日(1907년 11월 28일)", 『各司謄錄, 各觀察道(去來)案 5』.

67 "吉善宙 崔致良 等의 所有家基를 平壤駐在 佛國宣教師 루메루에게 被奪事件을 當地理事廳理事官 菊池武一과 協議ᄒᆞ와 訓令辭意를 該宣教師에게 通知ᄒᆞ엿ᄉᆞᆸ더니 同宣教師의 回答을 據ᄒᆞ온즉 該事件이 乃是 十餘年之事 而凡係證憑書類ᄂᆞᆫ 現下 京城에 在ᄒᆞᆫ 天主教總監督이 保管ᄒᆞ엿ᄉᆞᆸ고 且該地段 家屋等 處置事件도 該監督에게 直接交涉ᄒᆞᆯ지오 宣教師ᄂᆞᆫ 現無關係이라 ᄒᆞ온즉 本觀察使ᄂᆞᆫ 其主張에 對ᄒᆞ야 處置ᄒᆞᆯ 方法이 無ᄒᆞ오니 特爲參燭辦理ᄒᆞ심을 伏望ᄒᆞ오며", "報告書 第三號: 발신자 平安南道觀察使 朴重陽, 수신자 內閣總理大臣 李完用, 발신일 隆熙二年 三月十六日(1908년 3월 16일)," 『各司謄錄, 各觀察道(去來)案 5』.

의 소유였다고 증언했다. 이만형도 해당 가옥에 최치량과 길선주가 거주하고 소유했으며, 전쟁 중 소실된 자신의 가옥 대지는 1896년에 프랑스 신부에게 매각했다고 증언했다. 결국 길선주와 최치량 두 사람은 관찰사와 이사관의 조정을 통해 장대현교회 종각 위치를 중심으로 한 800평의 토지를 대신 받았고, 이들은 그 토지를 장대현교회에 기부했다.[68]

그의 세 번째 개종 동기와 계기는 1894년 청일전쟁 앞에 무력한 선도의 한계성에 대한 깨달음이었다. 길선주는 개종 전에 도교 서적을 통해 신비한 종교 세계에 입문했고, 어딘가에 있는 상제와 직접 교통하는 길이 있을 것이라는 믿음으로 선도 수련에 몰두했다. 선도에 입문한 그는 먼저 관제(關帝)를 섬기는 관성교의 보고문(譜告文)을 만독(萬讀)하면서 환상을 보고, 김순호에게서 산신 차력(借力) 주문을 받아 일주일간 외우면서 심신이 유쾌해지는 경험을 했다. 이어서 그는 선도에 뜻을 굳히고 장득한으로부터 옥경(玉經)에 나오는 구령삼정(九靈三精) 주송법과 삼령(三靈) 주문 등을 배워 기도 수련에 들어갔다. 그가 수련했던 도장은 여러 사찰과 암자였다.[69] 길선주와 가까웠던 선교사 게일의 글을 인용해보자.

> "부를 수 있는 이름은 '영원한 이름'이 아니며, 걸어갈 수 있는 길은 '영원한 길'이 아니다." 이와 같은 구절에 이끌려 그[길선주]와 두 친구는 도교인이 되었다.…그들은 거룩한 의식을 행하면서 자주 산에 가서 100일 기도를 드렸다. 이 세 영혼은 계곡 물가의 조용한 소나무 아래 한 몸이 되어 하나님을 찾기 위한 불굴의 노력을 기울였다. 이들은 백 일 동안 겨우 생존할 정도의 영양만 취하고 금식했다. 이들은 여위고 창백하고 수척했지만 어떻게 하든지 하나님을

---

68 길진경, 『영계 길선주』, 81-82.

69 길선주의 도교 수련은 길진경, 『영계 길선주』, 29-39; 이덕주, 『새로 쓴 한국 그리스도인의 개종 이야기』, 399-401을 보라.

찾기 위해 쉬지 않고 기도했다. 영원한 신에게 다가가려면 길고 긴 밤에 잠을 자지 않고 기도를 계속해야 했다. 마음에 고통을 느끼지 않는 평정의 경지에 조금씩 다가가기 위해 그들은 살을 에는 찬바람 속에서 미동도 하지 않고 기도했다. 길선주는 이 치열한 영혼 수련의 지도자였다. 그는 자신도 모르는 사이에 찾아오는 잠을 쫓아내기 위해 머리에 자주 찬물을 끼얹었다. 그들은 밤마다 졸음과 싸우면서 부르짖었다. "오 하나님! 오 하나님! 오 하나님!" 그것은 절망스런 고투였다. 사실 그들의 영혼이 평정에 이르고 평안한 때도 있었으나, 그들이 찾는 것은 여전히 그 너머에 있었다. 그렇게 백일이 다 갈 때까지 철야 기도는 이어졌다.[70]

여러 차례에 걸친 21일, 49일 혹은 100일 수련 기간 동안 길선주는 주문을 외우며 금식기도, 철야기도, 통성기도, 새벽기도를 했다. 그 과정에서 그는 방 안에 진동하는 신비한 옥피리 소리나 폭발하는 총소리를 듣는 강령(降靈) 체험도 했다.[71] 이어서 그는 운동과 단약 복용을 통한 차력으로 몸을 단련했으며, 정좌법, 도인법, 호흡법을 체득함으로써 웬만한 냇물은 건너뛰고 목침을 주먹으로 부수며 정좌한 채 공중부양을 하는 등 초인적 힘을 얻어 '도인'의 칭호를 얻었다. 이제 그는 하늘의 영들과 대화를 나눌 수 있었다. 그는 아내에게도 도교 주문을 가르치고 한밤에 함께 경건히 기도했다. 그들은 육체가 건강해지고 마음이 신령해졌으며 영웅을 낳기 위한 부부 생활도 실천했다.[72] 김찬성(金燦星)을 만나 새로운 기도와 수련법을 배운 후, 두

---

70 James S. Gale, "Elder Kil," *MRW* (July 1907): 493.

71 길진경, 『영계 길선주』, 30.

72 선도에서 중요한 한 분야가 보정(寶精)하는 방중술(房中術)이었다. 길선주는 양기(정력)를 잘 보전하여 노년까지 건강하게 살았으며 부인에게도 방중술을 가르쳐 행복한 성생활을 유지했다. 동시에 자녀들에게도 가정에 내려오는 춘화도와 설명서를 통해 철저한 성교육을 실시하여 음양의 조화를 통한 행복한 성생활을 할 수 있도록 했다. 길선주 목사는

사람은 매일 새벽에 칠성 제단에서 상제에게 기도를 올렸다.

그러나 1894년 청일전쟁이 발발하자 피난민 대열에 합류한 길선주는 약소국의 처량한 운명을 체험하고 국제 분쟁으로 도탄에 빠진 민중을 도와줄 수 없는 무력한 자신을 발견했다. 그는 1년 이상 성천 영대산에 은거하며 도교를 가르치고 수련을 하면서도, 현실 세계에 대한 염세주의와 개인적 영성을 넘어서는 종교의 민족적 차원을 찾기 시작했다. 그는 도교에는 이 국가적 차원이 미약함을 깨달았다.[73]

### 개종 과정

1896년 봄에 피난 생활을 마치고 평양으로 돌아온 길선주는 두 가지 사실에 놀랐다. 그것은 일반인들의 미신 숭배가 더욱 성행하고, 친구 김종섭을 비롯한 소수의 지인들이 예수교인이 된 것이었다. 폐허와 절망의 도시에서 민중은 무교에서 위안을 찾고 극소수 도인들은 새 종교에서 진리를 찾아 나섰던 것이다. 길선주는 김종섭에게 물었다. "우리가 그렇게 오랫동안 수련하던 도를 버렸단 말인가?" 김종섭은 "우리가 찾던 것을 예수교에서 찾았다"고 말했다. 그러나 길선주는 서양 종교는 거짓이며 자신과는 아무 상관이 없다고 단정했다. 말이 적은 김종섭은 다만 『장원량우샹론』(張袁兩友相論)을 주면서 읽기를 권했다.[74]

---

성 교육 분야를 더 연구하여 자타가 공인하는 성 교육 전문가가 되었으며 교회와 사회에서 이를 가르쳤다. 그는 이를 '영웅 낳는 법'이라고 했다. 이는 건강한 자녀를 통해 민족과 나라를 세워야 한다고 보았기 때문이다. 성 교육이 부족했던 1910-20년대에 길선주 사경회가 청년들에게 인기가 있었던 이유 중 하나는 성 교육이었다. 비록 길선주 사경회에서 중요한 주제가 말세론이었지만, 또 하나의 주제가 행복한 성 생활이었다(길진경, 『영계 길선주』, 37-38).

73 위의 책, 48-65.

74 Gale, "Elder Kil," 494.

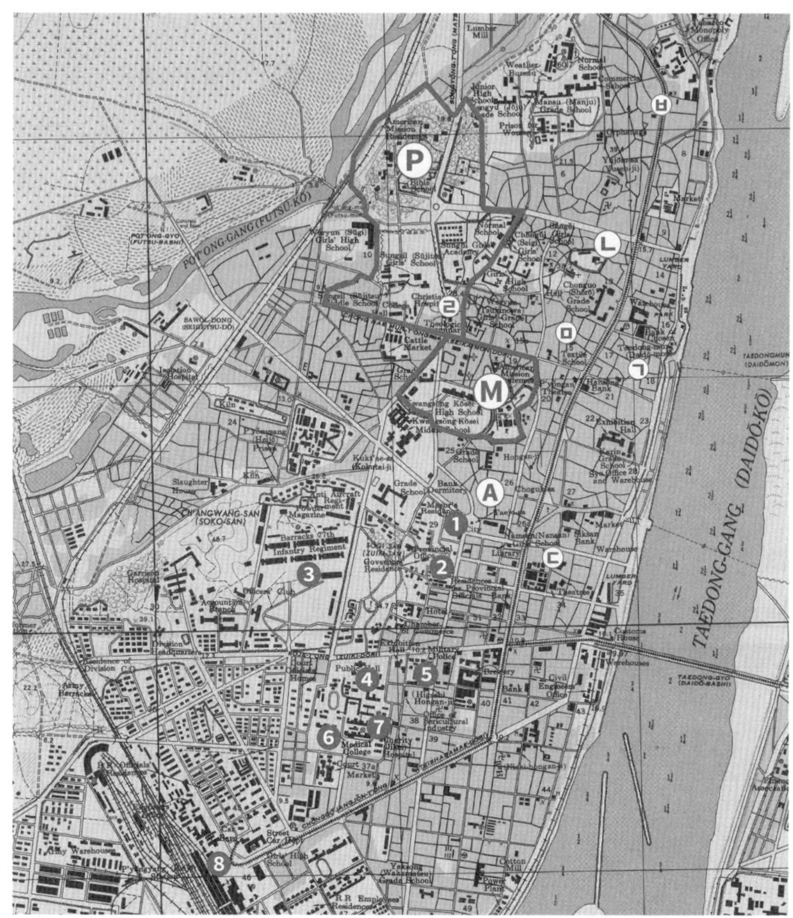


**[지도 5] 1946년 평양 지도에 표시한 장로회와 감리회 선교지부, 교회, 주요 시설**

장로교회: ㉠ 널다리(1893), ㉡ 장대현(1900), ㉢ 남문밖(1903), ㉣ 서문밖(1909), ㉤ 산정현(1906), ㉥ 창전

감리교회: Ⓐ 남산현

Ⓟ 장로회 선교지부(선교사 사택, 신학교, 성경학교, 외국인학교, 제중원, 숭의여중, 숭실중, 숭실대 등)

Ⓜ 감리회 선교지부(광혜의원, 기홀병원, 광성중 등)

❶ 시청, ❷ 도청, ❸ 77연대, ❹ 공의회, ❺ 군병원, ❻ 평양의학전문학교, ❼ 자혜병원, ❽ 평양역

얼마 후 이 책을 읽고 그 안에 다소 진리가 있음을 발견한 길선주에게 김종섭은 하나님께 기도하라고 권했다. 길선주는 자신이 그 동안 삼령 주문

과 구령 주문으로 늘 기도하며 삼천존(三天尊)의 성호를 높였는데, 이는 예수교의 삼위일체 신과 다름이 없으므로 굳이 예수교의 하나님께 기도할 필요가 없다고 주장했다. 김종섭은 그렇다면 섬겨온 삼령신군(三靈神君)에게 기도해서 예수교가 진리인지 거짓인지 알게 해 달라고 기도하라고 권했다. 매일 도교의 삼신에게 기도하던 길선주는 도교와 기독교 중 어느 것이 참 종교인지 갈등하게 되었다. 김종섭이 준 『텬로력뎡』은 감동적이었으나, 길선주는 기독교의 하나님이 누구인지 알 수 없었고 예수를 믿을 수 없었으며 번뇌만 더해갔다. 김종섭은 예수교의 천부(天父)인 하나님께 기도하라고 권했다. "지존막대하신 상제님을 어찌 아버지라고 부를 수 있는가?"라는 길선주에게 그는 "그러면 상제님이라고 부르고 상제께 기도해 보라"고 충고했다.[75]

길선주는 점점 변해가는 친구와 그에게서 발견하는 영혼의 평정과 깊이에 깜짝 놀랐다. 길선주는 김종섭에게서 눈을 뗄 수 없었다. "나는 그의 모든 행동, 그가 앉고 일어서는 것, 잠자리에 드는 것, 걷는 것을 눈에 불을 켜고 주시했다. 여러 날이 지나면서 공포가 엄습했는데, 이는 그가 나를 이긴 것을 알았기 때문이었다. 내가 할 수 있는 일은 옛 방법인 기도뿐이었다. 그러나 이번에는 예수의 이름으로 기도했다."[76]

길선주는 1896년 가을에 깊은 밤과 이른 새벽마다 겸손히 상제께 기도했다. 진리를 알면 마음의 평정을 찾고 자유하게 될 것이므로 그는 예수교가 진리인지, 예수가 인류의 구세주인지를 상제께 묻는 순수한 진리 탐구의 기도를 '예수의 이름으로' 드렸다. 게일이 전하는 길선주의 고백을 옮겨보자.

---

75 길진경, 『영계 길선주』, 70-71.

76 Gale, "Elder Kil," 494.

> 점차 나는 그렇게 완강히 붙잡고 있던 밧줄을 놓기 시작했고, 밧줄은 한 가닥씩 풀렸으며, 내 영혼은 심연 위의 허공에 매달려 있었다. 이어 나는 상실의 늪 속으로 빠져들었는데, 그 고뇌는 이루 다 형언할 수 없었다. 일곱 째 되던 날 지치고 절망한 나는 반 혼수상태에 빠져 있었다. 시간이 얼마나 지났는지 모른다. 그러나 어둠 속에서 나는 갑자기 "길선주야!"라고 크게 내 이름을 부르는 소리에 깨어났고, 그 소리는 반복해서 울렸다. 어리둥절한 채로 일어나 앉아 있는데 내 앞에 신비한 무엇이 있는 것을 보았다. 그것을 무엇이라고 부를까? 방 자체가 변형되었고 영광스러운 빛이 내 주변을 환하게 비추었다. 내 영혼에 안식과 용서와 애정이 자리 잡았고, 하염없이 흐르는 눈물이 이를 증명했다. 지금 와서 뒤돌아보면 이렇게 말할 수 있다. "오, 얼마나 기뻤던가! 모든 기도가 응답되고, 내가 수년간 고뇌하며 찾았던 하나님을 드디어 발견하게 되었다. 나는 '아버지'의 집에서 죄 사함을 받고 용서받은 자가 되어 마음이 편했다."[77]

길선주는 도교의 '상제'를 처음으로 기독교의 '아버지'로 불렀다.[78] 그는 자

---

77 Ibid. 김인서는 다음과 같이 썼다. "萬籟俱寂한 가을 밤 새로 한 時쯤 꿇어 업디어 '예수가 참 救主이신지 알게 하여 주시옵소서' 懇切히 祈禱하는 중에 玉笛 소래와 갓흔 淸朗한 소래가 房안에 들니드니 이에 銃소래 갓치 擾亂한 큰 소래가 잇서 空氣를 振動하는지라. 先生이 크게 놀내 잠잠하니 空中에서 '吉善宙야 吉善宙야 吉善宙야' 三次 부르거늘 先生이 더욱 두렵고 떨며 敢히 머리를 들지 못하고 업디어 '나를 사랑하는 나의 하나님 아버지시여! 나의 罪를 赦하여 주시고 나를 살려 주시옵소서!' 祈禱하면서 放聲大哭하니 그때 先生의 몸은 불덩이처럼 다라서 더욱 힘써 祈禱하엿다"(김인서, "靈溪先生 小傳(上)", 「신앙생활」[1932. 12]: 30).

78 Gale의 글은 1907년 초에 쓴 것이므로 길선주의 회고는 개종한 지 약 10년 후의 것이다. 따라서 이는 길선주의 원래의 개종 체험에 10년 후 Gale과 길선주의 재해석이 덧붙여졌다고 볼 수 있다. 게일의 인용문에는 길선주가 기도할 때(1896년) 상제를 '아버지'로 불렀다는 말이 없으나, 이 장 각주 77) 김인서의 글에는 '아버지'로 불렀다고 했다. 그러나 Gale의 인용문 끝에 길선주가 기도 후에 '아버지'의 집에서 죄 사함을 받고 용서받아 마음이 편안해졌다고 함으로써 Gale은 길선주가 하나님 '아버지'를 발견하고 개종한 것으로 보았다.

신의 죄 때문에 통곡했다. 도교의 상제께 기도함으로써 성경의 하나님 아버지를 만난 것은 신비한 중생 체험이었다. 그것은 10년간 수련하며 한 눈이 거의 먼 지경이 될 때까지 찾았던 바로 그 상제님이 직접 영광의 빛으로 찾아오셔서 자신의 이름을 불러주시고 죄를 용서하시고 위로해주시고 자녀로 받아주셨기 때문에, 이제 아버지의 집에 편안히 거하게 된 아들로서 아버지를 부르는 기쁨과 감사의 고백 언어였다. 그것은 하나님과의 신비한 연합, 신명의 경험이었지만, 동시에 하나님의 거룩한 빛 앞에서 자신의 죄가 불타는 경험이기도 했다. 그것은 죄를 소멸하시는 성령의 불로 온몸이 뜨겁게 타는 회개의 체험, 거듭나는 중생 체험이었다. "그는 맹목적인 애처로운 도교적 추구와 굶주린 마음만 가지고 하나님께 갔으나, 즉시 하나님의 존전 내실까지 '깊이' 안내되었다."[79]

그것은 다메섹 도상에서 영광의 빛으로 찾아오신 그리스도를 대면한 바울의 경험과 유사했다. 진리의 빛이 길선주의 영혼 안으로 들어가자, 그의 시력은 더 나빠졌고 그는 맹인이 되었다. 그는 바울처럼 잠시 외부 세계와 단절되고 가시 세계와 분리되었는데, 이는 하나님과 함께 그 안에 갇히기 위함이었다. 사람들은 "과거에 그는 볼 수 있었지만 이제 눈이 멀었다"고 말했지만, 그는 "과거에 나는 눈이 멀었지만 이제 본다"고 말했다.[80]

길선주는 1897년 8월 15일에 28명의 교인들과 함께 널다리교회에서 리(Graham Lee) 목사에게 세례를 받았다.[81] 그리고 1898년 봄에 영수로 선출,

---

79 Gale, "Elder Kil," 494. 서울의 초기 신자 중에 이런 체험을 한 대표적인 신자는 이상재였다. 그는 1904년 한성감옥에 다시 투옥되었을 때 요한복음을 읽던 중 그 앞에 나타난 그리스도를 만나고 그의 신성을 인정하게 되었다(J. S. Gale, "Yi Sang-Jai of Korea," *MRW* [Sept. 1928]: 734-735).

80 Gale, "Elder Kil," 494.

81 길진경, 『영계 길선주』, 87; H. H. Wells to F. F. Ellinwood, Aug. 17, 1897. 그러나 Bernheisel은 길선주가 세례받은 날을 1897년 7월 12일로 적었다(C. F. Bernheisel, "Rev. Kil Sunju," *KMF* [Feb., 1936]: 29). 길선주는 R. E. Speer와 W. Grant 총무가 평양을 방문

임명받았다. 그의 영성과 설교는 교회의 예배, 주일 성수, 연보, 성경 공부와 묵상, 기도 생활에 지대한 영향을 주었다. 동시에 그는 한석진, 김종섭, 양전백, 안창호 등과 함께 독립협회 평양지부를 창립하고 회원으로 활동했다. 독립 기원절에는 그는 안창호와 함께 대표 연설자가 되어 민족의 장래를 위해 단합과 각성을 촉구했다. 그의 민족 독립에 대한 관심은 1911년 105인 사건과 1919년 3.1운동 참여 때까지 지속되었다.[82] 이는 그의 개종 동기에 민족 구원에 대한 관심이 있었기 때문이다. 그의 기독교 신앙은 위기에 처한 민족을 향한 경건주의와 애국심이 합성된 새로운 단약이었다. 민족에 소망을 주는 기독교를 상징한 장대현에 건립된 1,500석 규모의 예배당에서 길선주는 방기창과 함께 1901년 5월 15일 주일에 평양을 방문한 북장로회 선교회 총무 브라운 목사로부터 장로로 안수를 받았다.[83] 길선주는 1901년에 세워진 평양 장로회신학교에 1903년에 입학했다.

길선주의 개종에 나타난 도교와 기독교 간의 연속성과 불연속성은 사도행전에 나오는 바울의 개종에 나타난 유대교와 기독교의 관계에 비유될 수 있을 것이다. 예수는 산상수훈에서 "내가 율법이나 예언자들의 말을 폐하러 온 줄로 생각하지 말라. 폐하러 온 것이 아니라 완성하러 왔다"(마 5:17)고 말씀하시고, 옛 종교의 율법과 예언을 재해석하고 새 언약의 복음으로 대체했다. 다메섹 도상에서 바울은 극적인 경험을 통해 180도 돌아서는 개종 체험을 했지만, 동시에 그의 전통 종교에 대한 태도는 성취론적 입장에 있었다. 길선주가 취한 전통 종교에 대한 성취론적 태도는 그의 기독교

---

한 주일에 세례를 받았다. Lee 목사는 길선주를 비롯한 한국인 지도자를 양육했고 교회당 건축에 능했으며 찬송가를 잘 불렀고 서양 음악을 도입한 공이 컸다.

82 길진경, 『영계 길선주』, 95. 이덕주는 길선주의 생애를 민족기독교 형성기(1896-1919년)와 말세학과 재림을 강조한 대중부흥운동기(1920-1935)로 구분했다(이덕주, 앞의 책, 406-407).

83 "Extracts from Letter of Mrs. Alice Fish Moffett to her Parents," *KF* (Nov. 1901): 8.

영성과 설교와 저술에 드러나는데, 이를 아래에서 확인하려고 한다.[84]

앞에서 보았듯이 평양의 상인을 중심으로 하는 '신흥 중산층'이 1893-94년에 기독교로 개종했으며, 이어 선도를 실천하던 송인서, 김종섭, 길선주 등이 입교했다. 그들은 평양을 중심으로 한 북한 지역에서 급성장하던 장로교회의 핵심 인사들이 되었다. 개종한 선도적 기독교인들은 초기 한국교회의 주요 지도자가 되었다. 동시에 온건한 마페트와 신비주의적인 리(G. Lee) 목사는 이 선도인들을 교회에 받아들여 지도자로 훈련시켰다. 비록 마페트와 리가 음주, 흡연, 처첩제, 조상 숭배, 귀신 숭배를 엄격하게 금지했지만 선도인들은 그런 청교도적 도덕성을 선호하고 제사나 귀신 숭배를 배척하고 있었으므로 크게 갈등이 없었다. 마페트는 기독교와 선도 사이에 선을 긋는 선교학자나 신학자가 아니라, 한국인 구도자와 개종자들의 영적 성장을 도우려고 노력한 탁월한 선교사 목회자였다. 여러 역사가들이 마페트를 한국에서 가장 보수적인 선교사로 여겼지만 그는 적어도 평양에서는 한국 종교에 대해 관용적인 태도를 보였다. 그의 열린 마음으로 인해 한국 선도인들은 기독교에 관심을 가지게 되었고 마침내 한국 기독교의 지도자가 되었다.

84 1920년대 초에 기록한 것으로 보이는 "猶太 風俗과 朝鮮 風俗이 同一亨 事", 『別大旨丹』(필사본, 길선주 자료, 장로회신학대학교 도서관) 48항에서 길선주는 "神賜力, 鮮 神借力法"이라고 기록해 놓고 있다. 길선주는 도교의 차력법이 성경에 나오는 '신사력'(하나님이 주시는 힘)과 동일한 것으로 보았다. 그는 삼손의 힘과 같은 특별한 능력을 차력의 일종으로 보았다.

## 4. 길선주의 새벽기도: 개인 기도에서 공동체 기도로

길선주의 기도 생활은 장대현교회에서 전형으로 주형되었고, 그가 토착화한 새벽기도와 통성기도, 금식기도의 틀에서 이후 한국교회의 기도와 영성이 재생산되었다고 해도 과언이 아니다. 이 단락에서는 새벽기도의 유래와 새벽기도를 교회의 정기 모임으로 정착시킨 그의 공헌을 살펴보고, 지금까지 일부 잘못 알려진 사실들을 수정하려고 한다.

한국 개신교의 한 특징을 이루는 새벽기도회의 유래에 대해 대부분의 책들은 1906년 가을이나 1907년 1월 평양 대부흥운동이 일어났을 때 길선주 장로가 시작한 것으로 기록하고 있다.[85] 그러나 첫 새벽기도회는 1898년 평양에서 가까운 황해도의 수안군 강진교회에서 열린 사경회에서 초보적 형태로 시작되었고, 1904년 1월에 평양 장대현교회에서 열린 겨울 사경회에서 정식 프로그램으로 시행되었다. 그 후 다른 지역 교회의 사경회 순서로 확장되었다. 1907년 1월의 평양 대부흥운동도 사경회 기간에 일어난 것을 감안하면 '성경 공부'와 '새벽기도회'와 '부흥운동'이 삼위일체가 된 사경회가 한국 초대교회 영성의 맥을 형성하는 데 큰 역할을 했음을 알 수 있다.

85 다른 오해는 1906-07년에 시작된 새벽기도회가 한국교회에 정착되어 1910년대에는 대부분의 교회가 매일 새벽기도를 드린 것으로 보는 견해다. 그러나 1910년대에도 사경회 때처럼 일주일이나 보름 동안 특별 새벽기도회로만 모였다. 1920년대 후반에는 일부 교회에서 일정 기간 매일 새벽기도회로 모이기 시작했다. 그러나 현재와 같이 연중 매일 모이는 새벽기도회는 아직 정착되지 않았다. 참고. 윤은석, "스스로 새벽을 깨우는 초기 한국 개신교회: 새벽기도의 발전과 특징", 「영산신학저널」(2018): 387-434.

## 개인 아침 묵상, 신경

1세기 그리스도인들은 유대인 회당 전통과 예수의 모범을 따라 매일 이른 아침에 기도했다(막 1:35). 그들은 3세기부터 해가 뜰 때와 질 때 교회에 모여 빛 되신 예수 그리스도를 찬양하며 공동 기도를 드렸다. 이 의례는 중세 시대 수도원에서 보존되었다. 누르시아의 베네딕트(480-547)는 하루에 8번 기도하는 의무를 부과했고, '이른 아침 기도'(martins, lauds)와 저녁 기도(vespers)를 수도자의 가장 중요한 의무로 간주했다. 유럽의 종교개혁 이후 교회 개혁자들, 지도자들, 부흥운동가들은 아침 기도와 묵상의 중요성을 강조했지만 개신교와 성공회에서 아침 기도는 개인화되었다.

19세기 후반부터 영미에서 기독교인들은 아침 일찍 개인적으로 기도하고 말씀을 묵상하는 '아침 묵상'(Morning Watch) 운동을 전개했다. 해외선교자원운동과 국제 YMCA의 지도자 모트(John R. Mott)가 1898년에 쓴 안내서 *The Morning Watch*가 중국과 한국에서도 번역되어 널리 사용되었고, 선교사들도 하나님께 쓰임 받고 효과적으로 일하기 위해서 매일 아침에 조용히 기도하고 묵상하는 경건의 시간(Quiet Time)을 가졌다. 이상재는 황성기독교청년회(YMCA) 청년들의 개인 경건을 위해서 그 한문본인 『晨更』(신경)을 한글로 편역하여 1911년 6월에 출판했다.[86] 『晨更』을 공부한 청년들은 각자 영적 성장을 위해서 매일 새벽 성경을 읽고, 묵상하고, 반성하는 경건운동을 시작했다. 그러나 이는 개인적으로 실천한 아침 성경 묵상과 기도로서 그 중심은 성경 묵상에 있었다.[87]

---

86 木德先生 著作, 李商在 飜譯, 『晨更』(동문관, 1911). 원저는 John R. Mott, *The Morning Watch* (International Committee of YMCA, 1898), 17이었다.

87 참고로 중국에서는 수경(守更)이라고 했다. 수경이란 근신하여 지킨다는 뜻인데, 전통적으로 유학자나 선도인은 밤에 자기 전에 하루를 반성하는 시간을 가졌다. 이 전통이 한국에서는 새벽으로 고쳐 신경이 되었다. 수도 수신의 첫 걸음이 晨更(새벽 신, 고치고 새롭게 될 경)이었다.

[사진 79] 모트의 The Morning Watch의 한글판 『晨更』, 1911년 [Yale]

따라서 한국 기독교의 회중적 새벽기도회는 19세기 말 영미 개신교의 '신경' 전통이 한국 종교 전통과 만나면서 시작되었고, 한국에서 개인적인 경건의 시간 갖기 운동이 일어나기 전에 먼저 형성되었다. 또한 새벽기도회는 흔히 알고 있듯이 불교 사찰의 새벽 예불이나 민간 신앙에서 부녀자들이 새벽에 정화수를 떠놓고 칠성신이나 조왕신에게 기도하던 데서 유래한 것이 아니라, 선교계에서 일어나고 있던 아침 경건의 시간 운동과 아래에서 보듯이 사경회 새벽기도회와 선도의 새벽기도 전통이 만나서 이루어진 것이다.

## 장로교회 사경회에서 새벽기도회 시작

문서에 기록된 한국인 기독교인들의 첫 새벽기도회는 1892년 겨울 서울에서 열린 신학반 사경회 때 이루어졌다.[88] 마페트 목사와 기퍼드는 11월 28일부터 12월 25일까지 한 달 동안 18명의 한국인 지도자들을 가르쳤다. 참석자는 서상륜, 백홍준, 한석진과 여러 지역의 유망한 기독교인인 의주의 양전백, 선천의 김관근, 서울의 김규식 등이었다. 그들은 기초적인 성서신학, 예수의 생애, 요한복음서 등을 공부했고, 선교사 사택에 모여 한문본 『天路歷程』을 읽었다. 기퍼드는 다음과 같이 보고했다. "남자들은 모임 시작부터 하루 한 번이 아니라 여러 번, 곧 새벽과 자정에 자신과 사역과 교사와 가정을 위해서 기도하는 습관을 형성한 것이 사경회의 뚜렷한 특징이었다."[89] 한국인 지도자들은 한 달 동안 매일 새벽과 깊은 밤에 자발적으로 기도회로 모였다. 기퍼드는 만나는 장소를 밝히지 않았지만, 기도회 장소는 아마도 그들이 머무르고 있던 숙소였을 것이다. 당시 사경회가 열리던 때에는 추운 겨울이라 난방이 없는 정동교회 예배당에서 매일 새벽에 만나기는 어려웠을 것이다.

서울에서는 당시 새벽 4시에 종각에서 파루(罷漏)로 33번 종을 쳐서 성문을 열고 밝아오는 산천을 보면서 하루를 시작하고, 밤 10시에는 인경(人定)으로 28번 타종하여 성문을 닫고 우주의 일월성신 28개 별자리를 쉬게 하면서 사람도 행적을 끊었다. 파루를 33번 친 것은 불교의 세계관이 반영된 것으로, 수미산 정상에 있는 33개의 하늘을 여는 의미였다. 그러나 사찰처럼 새벽 3시나 5시가 아니라 도성에서 4시에 파루를 친 것은 해가

88 제1회 신학반 사경회는 1890년 12월부터 1891년 1월까지 서울의 Underwood 목사의 사랑방에서 열렸다. 서울의 서상륜, 정공빈, 홍정후, 의주의 백홍준과 김관근, 소래의 서경조와 최명오가 참석했다. 그것은 네비어스 방법에 기초한 한국인 지도자 훈련을 시작한 것으로, 1901년에 평양 신학교로 발전했다.

89 C. C. Vinton, "Presbyterian Mission Work in Korea," *MRW* (September 1893): 670.

뜨기 전에 일어나 노동을 해야 했던 농경 시대의 산물로, 수천 년간 그때 일어나 일하던 인간의 생체 리듬에 맞춘 것이었다. 따라서 첫 새벽기도회도 참석자들이 습관대로 4시 파루 종소리에 맞추어 일어나 준비해서 4시 반이나 5시에 시작했을 것이다. 서울 정동에서는 불교 사찰의 종소리는 들리지 않았고 가까운 종각의 종소리는 뚜렷이 들렸다. 사찰의 새벽종은 세속 도시의 하루를 시작하는 파루 종소리와 전혀 다른 성격의 종으로, 속세를 떠난 수도승의 정좌와 묵상과 예불을 위한 시공간을 만들었다. 그 피안의 공간에서 매일 자정과 새벽 3시에도 일어나 육체성을 거부하고 전문 종교인 집단의 집회를 만든 점에서 불교 수도승의 새벽기도는 기독교 평신도들의 새벽기도회와 달랐고, 따라서 둘 사이의 연관성은 적었다.[90]

지방에서의 첫 새벽기도회는 1898년에 황해도 수안 강진교회에서 열린 사경회 때 시행되었다. 1894년 7월에 아산만에서 청일전쟁이 시작되고 9월에 평양 전투가 발발하자 8만 명의 평양 시민은 수백 명을 제외하고 모두 피난길에 올랐다. 이때 한석진 조사와 최치량은 평양에서 약 40km 떨어진 황해도의 북쪽에 위치한 수안군(遂安郡) 공포면(公浦面) 강진(降眞)으로 피난을 갔다. 그들은 몇 개월간 그곳에서 지내면서 복음을 전했고, 원정환, 윤두하 등 주민 9명이 한석진의 집에 모여 성경을 배우고 예배를 드렸다. 전쟁이 지나간 후 두 사람은 평양으로 돌아갔고, 3년 후인 1897년 마페트 목사가 순회할 때 교인들이 힘써 초가 3간 집을 매입하여 회당으로

90 사찰에서는 하루에 다섯 번 범종을 울리고 예불을 드렸다. 예불 시간은 초경(저녁 8시), 2경(10시), 3경(자정, 108번), 4경(새벽 3시, 다섯 번), 5경(새벽 5시, 28번 타종으로 28세계가 깨달음을 얻기를 기원함) 등이었다. 사찰의 승려 공동체는 성 안에 있지 않고 산속에 떨어져 있었기 때문에 새벽 3시에 예불, 그리고 다시 새벽 5시에 운판(나무판)을 치고 목어(목탁)를 울리고, 법고(북)를 울린 다음에 범종(梵鍾)을 28번 치고 승려들이 함께 모여 부처님께 예를 올리고 중생들이 깨달음을 얻어 해탈하기를 구했다.

사용하고 교회를 설립했다.[91] 1897년에 약 30명의 기독교인 공동체가 형성되었을 때, 그들은 복음을 전하고 교회를 발전시키기 위해 성경에 대한 바른 지식과 지도력이 필요했고, 타 종교인보다 더 탁월한 도덕성과 영성이 필요했다. 그래서 교인들은 선교사를 초청하고 일주일간 사경회를 열었다. 1898년 2월(음력 1월) 강진교회에서 31명의 한국인 교인이 참석한 가운데 겨울 사경회가 열렸을 때, 리(G. Lee) 목사와 휘트모어(Norman C. Whittemore) 목사를 초빙했다. 이들의 보고서를 보자.

> 이 사람들의 열심은 놀랍다. 이 사경회에서 새벽기도회가 시작되었다. 아침 해가 올라오기 훨씬 전에 찬송하고 기도하며 성경을 공부하는 소리가 옆방에서 들렸다. 같은 찬송들을 하루 종일 밤늦게까지 들을 수 있다. 모든 비용은 본토인 그리스도인들이 부담했는데, 그들은 선교사들을 돕는 한국인 수행자들의 식비까지 부담했다.[92]

수안은 서울과 의주 중간 지점에 있는 전략적 군사 도시였다. 불교가 왕성했던 고려 왕조(918-1392) 때 인근 산에 불교 수도원이 설립되었다. 또 1871년에 대원군의 명령에 의해 폐지되었지만 고려 충신 정몽주(鄭夢周, 1337-1392)를 모시는 유교 서원이 있었다. 따라서 소수의 예수교인 회중이 모이자 그들은 강력한 지도력, 성서에 대한 지식, 다종교 상황에서 확고한 믿음이 필요함을 느꼈다. 그들은 선교사들을 초대하고 일주일 동안 성경을 공부했다. 그들은 해가 돋기 전에 일어나 자발적으로 찬양하고 기도하며 성경을 공부하는 모임을 시작했다. 선교사들은 잠결에 옆방에서 들리는

---

91 차재명, 『조선예수교장로회사기(상)』(창문사, 1928), 43. 피난 때 최치량과 길선주가 같이 갔다면 길선주가 한석진의 전도를 받았을 수도 있다.

92 *ARBFMPCUSA for 1899*, 168.

한국 교인들의 찬양 소리를 들었다. 이는 한국 기독교사에 기록된 첫 지방 새벽기도회였다. 이 기도회도 1892년의 신학반처럼 한국인들이 주체적으로 시작했다. 신학반과 다른 점은 선발된 조사들이나 교회 지도자들이 아니라, 지방의 교회 공동체 일반 신자들이 성경 공부를 중심으로 새벽에 모여 찬송과 기도를 드렸다는 것이었다.

이후 여러 지역의 사경회에서 비슷한 새벽기도회가 간헐적으로 열렸다. 1901년 2월에 번하이젤(C. F. Bernheisel) 선교사는 황해도에서 열린 사경회들을 인도했다. "밤에 많은 자들이 예배당 안에서 잠을 잤다. 거의 매일 아침 4시 경에 우리는 성경 공부를 시작하는 소리에 잠을 깼다. 저녁에도 동일한 과정이 계속되어 밤 10시까지 계속되었다."[93] 이 보고에서도 보듯이 사경회에서 한국 교인들은 선교사의 지시를 받지 않고 자발적으로 새벽 4시에 성경 공부와 기도회를 시작했다.

새벽기도회는 1903년 12월 31일부터 1904년 1월 13일까지 2주일간 평양 장대현교회에서 개최된 사경회에서 정식 순서로 포함되었다. 이때 9명의 선교사들이 등록한 610명의 한국인 신자들을 가르쳤다. 미국 북장로회 평양 선교지부의 보고서를 보자.

> 사경회의 통상 순서는 어느 집에서 잠을 자든지 참석자는 모두 숙소에서 새벽기도와 찬양 예배를 드린다. 아침을 먹은 후 30분간 경건회로 모이고 이어 오전 성경 공부를 한다. 오후에는 성경 공부 한 시간, 찬송 배우기 한 시간, 그리고 오후에는 믿지 않는 가정을 방문해서 전도하는 시간을 자주 가진다. 저녁에는 모두 한 곳에 모여 토론을 하거나 전도 집회를 연다.[94]

---

93 C. F. Bernheisel, "Classes in Whang Hai Province," *KF* (Nov. 1901): 2.

94 "Our Training Class System: From Annual Report of Pyeng Yang Station, September, 1904," *KF* (Feb. 1905): 234; *ARBFMPCUSA for 1905*, 246-247.

이 사경회에서 기도와 찬양의 새벽 예배는 기도의 필요를 느낀 참석자들을 위해 공식 순서로 마련되었다. 그들은 혼란한 사회와 기울어져 가는 국운을 보면서 영적인 진리와 성서 지식에 굶주리고 목말랐다. 그들은 죄를 회개하고 용서의 기쁨을 맛보고, 기독교 사역을 위한 능력을 위해서 기도했다. 해가 돋을 때 그들은 전날에 배운 진리를 묵상하고 새로운 수업을 준비했다. 다만 겨울이라 숙소에서 그룹별로 모여서 새벽기도회를 열었다.

평양 사경회의 새벽기도회는 1904년 나라가 위기에 처했을 때 시작되었다. 1904년에 부흥의 불이 교회를 휩쓸기 시작했다.[95] 사경회 직후 1904년 2월 8일에 제물포 해전으로 러일전쟁이 발발했다. 1903-04년에 서울에서 전직 관리와 개화파 교육자와 학생 100여 명이 황성기독교청년회에 가입했다. 그들은 근대 종교인 기독교와 기독교 교육이 나라의 유일한 희망이라고 주장했다.[96] 황해도 해주의 김구(金九, 1876-1949)도 1904년 1월에 숭실중학교 학생인 오순형과 함께 평양 사경회에 참석하여 성서와 기독교 교리를 공부했다.[97] 김구는 구국 계몽을 위해서 교육 운동에 헌신했다. 그는 황해도와 평안도에서 새로운 교육 운동이 개신교를 통해서 발전되고 있다고 말했다. "신문명의 발전을 추진한 자들은 기독교에 헌신했다.…그러므로 애국자의 대다수는 기독교인이라는 것은 부인할 수 없는 사실이다."[98] 김구의 교육 계몽운동과 개신교의 사경회 운동이 만나고 있었다.

95 See J. F. Preston, "The Sah Kyeng Hoi," *Missionary* (Nov. 1904): 546-547; E. Wade Koons to A. J. Brown, February 16, 1904.

96 개신교의 민족 운동은 장규식, 『일제하 한국기독교 민족운동』(혜안, 2001), 69-101을 보라.

97 "Country Evangelistic Work: From Annual Report of Pyeng Yang Station, September 1904," *KF* (Nov. 1904): 217; "Progress at the Academy: From Personal Report of Dr. W. M. Baird, September 1904," *KF* (Nov. 1904): 229; "A Reminiscence of a Year: Personal Report of Rev. Sharp, July 1905," *KF* (August 1905): 269; 옥성득, "백범 김구의 개종과 초기 전도 활동", 「한국기독교역사연구소소식」(2001): 27-28.

98 김구, 『백범일지』(역민사, 1997), 175.

신자와 불신자를 명확히 구분하는 표시는 성경 공부였다. 그리스도인들은 공동의 적에 대한 공동의 무기가 성경이라는 것을 믿었다. 그러나 신자 간에는 연령과 계층과 지방의 구별을 없애고 다 함께 한 자리에 모여 성경을 공부함으로써 모든 신자가 전도의 용사, 자비량 전도자, 복음의 지도자가 되었다. 이들은 사경회에 참석하고 새벽기도회, 오전 오후 성경공부, 저녁 부흥회에서 받은 열심과 영감으로 자신의 고향에서 더 나은 방법으로 전도하고 교회를 세웠다. 당시는 "대한의 희망은 기독교 밖에 없다"는 말이 확산되던 시점이었다. 평양의 새벽기도회는 러일전쟁과 이후 계속된 국난 속에서 형성되었다. 개인과 교회와 민족을 위한 새벽기도회는 평양 장대현교회 사경회에서 이후 정식 순서로 운영되었다.

[사진 80] 화이트(Mary Cutler White)[99]

[사진 81] 하디(Robert A. Hardie) 목사[100]

99 *Woman's Missionary Advocate* (August 1908): cover.

100 George T. B. Davis, *Korea for Christ* (London: Christian Worker's Depot, 1910), 60.

## 감리교회 부흥운동과 새벽기도회

1903년 여름에 열린 원산 여자선교사들의 모임에 참석한 중국 남감리회 선교사 화이트 양은 중국 의화단사건 때 교회가 겪은 핍박과 어려움을 동료들에게 이야기했다. 이를 들은 하디 목사는 자신의 영적 나태와 영성의 함량 부족("메네 메네 데겔 우바르신", 단 5:25)을 깨닫고 깊이 기도하던 중 성령 체험을 했다.[101] 하디에 의해 시작된 남감리교회의 부흥운동은 1904-05년에 송도(개성)와 서울로 확산되었다. 1904년 9월에 서울 정동제일교회에서 부흥 집회가 열릴 때 먼저 이화학당과 배재학당 학생들을 위한 특별 부흥회를 개최했다. 급변하는 국내외 정세 속에서 위기를 느끼던 서울 선교사들은 9월 19일 개학일을 앞두고 학생들로 하여금 2주일간의 부흥회를 열고 매일 세 번 하디(R. A. Hardie) 의사의 집회에 참석하도록 했다. 하디의 "성신 충만" 메시지는 죄의 회개와 중생에 초점을 맞추고 성결, 흥왕, 전도의 삶을 강조했다. 집회 마지막 주에 이화학당 교사 페인(Josephine O. Paine) 양과 프레이(Lulu E. Frey) 양은 매일 자정까지 학생들이 속마음을 털어놓고 죄를 회개하는 것을 들었다. "우리는 이른 아침 여학생들이 하나 둘씩 몰래 빠져나가 예배당에 기도하러 가는 것을 보았다. 그들에게 언제 어디서 그들의 죄가 용서함을 받았다고 느꼈는지 물었더니, 대부분의 여학생들은 예배당에서 새벽에 홀로 기도할 때였다고 말했다. 부흥회의 영향을 한 해 동안 계속 느낄 수 있었다."[102] 이화학당의 여학생들은 1904년 9월 학생 부흥회 기간에 자발적으로 이른 아침에 정동 예배당에 가서 기도하면서 자신의 죄와 기울어 가는 국운을 보며 눈물을 흘렸다. 그들은 홀로 새벽 제단에서

---

101 Robert A. Hardie, "R. A. Hardies Report," *Minutes of the Seventh Annual Meeting of the Korea Mission of the MEC, South, 1903* (Seoul: Methodist Publishing House, 1903), 25.

102 Lulu. E. Frey, "Ewa Haktang-Seoul," *Reports Read at the Seventh Annual Session of the Korea Woman's Conference of the Methodist Episcopal Church*, 1905, 5.

하나님을 만나고 죄의 용서와 구원의 확신을 얻었다.

새벽기도회가 선교사의 지시가 아닌 한국인들의 자발적인 행동으로 주도된 것을 보여주는 다른 예는 1905년 4월 송도에서 열린 부인 사경회였다.[103] 연 1회 열리는 1주일간의 부인 사경회에 참석하기 위해 송도 주변의 여자 교인들 38명이 수십 리씩 걸어서 4월 첫 주에 송도에 도착했다. 교인들의 집이 좁아서 이들을 다 수용하지 못하자, 대부분은 교회당에서 잠을 잤는데 휘장을 경계로 한 쪽에 10-14명이 잤다. 나흘째 되던 날 이들 가운데 일부가 아침 6시나 4시에 일어나 찬송과 기도의 시간을 가지고 간절히 기도했다. 캐롤 선교사의 보고서를 보자.

> 아침 여섯시가 되자 마치 아침을 알리는 시계처럼 건넌방에 있던 [여자] 교인들이 일어나 찬송을 부르며 기도를 하는 바람에 나도 일어나야 했다. 그런데 다음날에는 새로 몇 사람이 오더니 새벽 4시에 사람들을 깨워 무려 한 시간 반 동안이나 그런 식으로 대화를 나누는 것이었다.[104]

새벽기도회는 여자 교인들과 여자 선교사에게 영적인 도움을 주었고 서로 어울릴 수 있는 교제의 시간을 제공했다. 그런데 새벽에 정화수를 떠놓고 천지신명과 조왕신을 향해 기도하던 한국 여성의 습관이 사경회 중에 새벽기도로 승화되었다고도 볼 수 있을까?[105] 조왕신 기도나 칠성신 기도에는 함께 모여 나누는 대화나 찬양이나 경전 읽기가 없었다. 송도 부인 사경회 자료에 나오는 일시적인 새벽기도회와 무속의 조왕신 치성 사이에는 시공간, 성격, 의례 모든 면에서 연속성을 찾기 어렵다.

---

103 이덕주, 『한국 토착교회 형성사 연구』(한국기독교역사연구소, 2000), 368.
104 Arrena Carroll, "Songdo Woman's Class," *Korea Methodist* (June 1905): 103-104.
105 이덕주, 『한국 토착교회 형성사 연구』, 348-350.

### 길선주의 새벽기도회

이러한 종교 간의 접목과 기독교적 형태로의 변화는 길선주 목사에게서 분명히 드러났다. 그는 개종 이전에 선교(仙教)의 도인으로 수행하면서 하루 세 차례(새벽, 정오, 밤) 기도했고, 100일간의 금식 산 기도를 하면서 통성 기도를 했다. 그는 개종 후에도 하루 세 번 기도했고, 새벽기도 후에는 선도 수련식 체조로 몸을 단련했다. 그는 개인적으로 하던 새벽기도를 교회 차원으로 발전시킨 장본인이었다.[106] 사실 앞에서 언급한 1904년 1월의 장대현교회 사경회의 한국인 지도자는 길선주 장로였으므로 그가 새벽기도회를 사경회의 정식 순서로 만들었을 가능성이 높다. 1904-05년의 기록에 나타난 새벽기도회는 사경회나 부흥회 기간 중에 한두 주일 동안 계속된 기도회였다.

좀 더 장기적인 교회 단위의 새벽기도회는 1906-07년 가을과 겨울에 압록강 유역의 국경 도시인 강계의 장로교회에서 매일 열렸다. 장로회 선교사들은 미국 부흥사 존스턴(Howard A. Johnston) 목사를 1906년 9월에 평양 장대현교회에서 열린 연례 회의에 초대했다. 존스턴은 인도 카시아 지방에 일어난 성령의 부으심에 대해서 이야기했다. 강계에서 사역하던 한 권서가 존스턴 박사의 말을 들었다. 그는 고향에 돌아가서 250명의 신자들에게 다른 모든 하나님의 선물처럼 성령이 그들에게 무료로 임할 것이 약

106 길선주는 선교에 있을 때 새벽에 북두칠성 모양으로 일곱 걸음을 걸으면서 칠성신에게 일곱 번 절하는 기도를 실천했고 이를 아내에게도 가르쳤다. 조선 시대에 여성 민간 신앙으로 새벽에 정화수를 떠놓고 도교의 신인 七星神에게 소원을 비는 칠성 신앙은 보편적이었으며, 玉樞經(雷聲神 경서)과 七星經이 널리 읽혔는데, 이 두 신은 민중 도교의 他力信仰의 대상이었다. 도교의 뇌성신인 九天應元雷聲普化天尊은 불교의 미륵불처럼 종말의 구세주로 신봉되었다. 불교 사찰들은 七星閣을 짓고 장수와 과거 시험을 관할하는 칠성신을 모셨는데, 이는 전형적인 불교의 민간 신앙 수용 사례였다. 참고로 1909년에 기독교로 개종한 한 여자는 예수를 믿게 해 달라고 칠성신에게 빌었다(J. J. Ritson, "It is Jesus that We Want," *MRW* [July 1909]: 552-553).

속되어 있다고 말했다. 그들은 1906-07년 가을과 겨울에 매일 아침 5시에 교회에서 만나 성령을 선물로 받기 위해 기도했다. "그들은 6개월간 기도로 성령 하나님께 영광을 돌렸다. 그리고 성령께서 그들에게 홍수처럼 몰려왔다. 이후 교회 교인 수는 몇 배로 늘었다."[107] 강계교회에서 열린 6개월간의 새벽기도회는 1904-06년 평양 장대현교회 사경회 때 시행된 새벽기도회에 영향을 받았다.

이보다 좀 더 장기간 매일 새벽기도회로 모인 경우는 1909년 여름에 평양 장대현 장로교회에서 길선주 목사의 주도로 열린 새벽기도회였다. 길 목사는 대부흥운동의 물결이 지나간 2년 후 평양 교회를 차가운 신앙이 뒤덮고 있다고 느끼고 박치록(朴致祿) 장로와 함께 매일 새벽기도회를 드리기로 했다.

> 겸손하고 신실한 믿음을 가진 이 두 사람은 4시가 약간 지난 시각에 누구에게도 말하지 않고 두 달간 매일 기도를 계속해서 드렸다. 사실 그들은 누구도 이에 대해 몰랐다고 생각했다. 그러나 어떻게 해서 점차 한두 사람에게 알려졌고 이삼십 명이 함께 이 새벽기도를 드렸다. 길 목사는 다른 사람들도 함께 기도하기를 원하는 것을 보고 주일 아침 광고 시간에 기도하고 싶은 자는 와도 좋으며, 4시 30분에 종을 울릴 것이라고 말했다. 다음 날 아침 새벽 1시부터 사람들이 오기 시작했고, 2시까지 수백 명이 모였다. 교회 종이 울렸을 때는 사오 백 명의 교인들이 참석했고, 며칠 후에는 이 이른 시간에 온 자들이 육칠백 명이 되었다. 나흘째 아침 기도할 때 모든 회중이 갑자기 무관심, 냉담, 사랑과 사역에서 열심이 부족한 죄를 고백하면서 울기 시작했다. 그리고 용서의

---

107 Jonathan Goforth, *When the Spirit's Fire Swept Korea* (Grand Rapids: Zondervan, 1943), 16-17.

기쁨이 찾아 왔고, 하나님을 위해 일할 방법과 수단을 알려는 마음이 강하게 들었다. 그래서 나흘 동안 더 기도하면서 찬양하고 하나님의 지시를 기다렸다. 길 목사는 무엇인가 할 때가 되었다고 느꼈고, 하루 동안 나가서 믿지 않는 자에게 전도하고 그들을 그리스도에게 인도하기로 지원하는 자는 얼마나 되는지 물었다. 모든 사람들이 손을 들었다. 3일간 전도할 자를 묻자 일부가 손을 내렸지만 그래도 많은 자들이 손을 들었다. 4일, 5일, 6일 순서로 올라가자 점점 손을 드는 수가 줄어들었다. 그러나 7일간 전도하겠다고 손을 든 자도 상당히 많았다.[108]

이 1909년의 새벽기도회는 전 교회 차원에서 이루어진 것이었다. 이는 신앙의 열정이 식은 것을 느낀 길선주 목사가 교인들의 재각성을 목적으로 두 달 이상 새벽기도를 드린 후 전체 교인에게 동참을 허락하면서 시행된 것으로, 첫날부터 4시 30분에 약 600명이 모였고, 8일째 되는 날 '날연보'를 드린 점이 특징이었다. 이때 전도하기로 연보한 날을 합하면 3,000일, 곧 6년이 넘었다. 길선주 목사의 새벽기도회 방법은 교회의 냉담과 무관심을 치유하고 전도 사역의 열심을 다시 불러일으켰다.[109]

---

108 W. L. Swallen, "A Story of Korean Prayer," *KMF* (Nov. 1909): 182.

109 여러 한국 교회사 책은 길선주 목사와 박치록 장로의 새벽기도회가 1906년에 이루어진 것으로 기록했다. 그것은 1936년에 김인서 목사가 길선주의 전기를 쓰면서 다음과 같이 언급했기 때문이다. "선생은 자기 혼자만 기도할 뿐 아니라 새벽기도회는 선생이 처음으로 창시하였다. 1906년 가을에 장대현교회 조사 시무할 때에 박치록 장로와 함께 새벽기도회를 시작한 지 월여에 크게 은혜 됨으로 이를 당회에 청원한 지 수차 만에 당회 결의로 전 교회가 새벽기도회를 계속할 새 교인들이 새벽 종소리만 들어도 울면서 예배당에 나왔다. 이리하여 시작한 새벽기도가 1907년 대부흥에 준비 기도가 되었던 것이니 전세계에 새벽기도는 선생으로부터 비롯한 거시다"(김인서, "靈溪先生 小傳(續一)," 「신앙생활」(1936년 1월): 28). 이 글은 여러 가지 점에서 오류가 있으므로 바로 잡아야 한다. 새벽기도회를 도입한 것은 길선주 장로이지만 그가 정착시킨 것은 아니다. 박치록과 함께 새벽기도회를 연 것은 1906년이 아니라 1909년이었다.

요약하면 새벽기도회는 기록상 1898년 2월에 황해도 수안 강진교회 사경회에서 처음 시작되었고, 이후 다른 사경회에서 시행되다가, 1904년 1월 평양 장대현교회 사경회에서도 공식적인 사경회 순서에 들어갔다. 1904년 2월에 발생한 러일전쟁 이후 1904-05년 부흥회 기간 중에 이화학당 여학생들과 개성의 여자 교인들이 새벽기도회를 자발적으로 시작했다. 그리고 1909년 여름에 길선주 목사의 주창으로 장대현교회에서 500-600명이 교회 차원의 새벽기도회를 두 달 이상 열고 전도를 위한 날 연보를 작정했다.

[사진 82] 길선주, 김종섭, 정익로, 1907년[110]

[사진 83] 길선주 가족, 1909년[111]

110 Harry A. Rhodes, *History of the Korea Mission*, 306.

111 George T. B. Davis, *Korea for Christ* (New York: Revell, 1910), inner cover. 장남 진형은 105인 사건 때 고문의 후유증으로 1917년에 사망했다.

[사진 84] 장대현교회 남자 교인들, 1909년[112]

'길선주 방법'으로 불린 이 새벽기도회는 백만명구령운동과 함께 전국으로 확산되었다. 1909년 가을에서 1910년 초에 열린 사경회 때 전국의 많은 교회가 새벽기도회로 모였다. 당시 한국을 방문했던 데이비스(G. T. B. Davis) 부흥사는 1909년 가을 "재령에서는 매일 아침 5시 30분에 여러 한국인들이 내가 묵고 있는 선교사의 집으로 와서 한 시간 동안 함께 기도했다"고 보고했다.[113] 1910년 1월에 남장로교 선교지부들에서도 새벽기도회로 모이기 시작했다.

> "나는 군산에서 남녀 학생들이 전도열에 불타고 있는 것을 발견했다. 남학교의 청소년 30명이 매일 5시에 성경공부와 기도를 하기 위해서 일어나기로 결

112 George T. B. Davis, *Korea for Christ*, 21.

113 "Korea," *Missionary* (May 1910): 212-213.

심했고, 다른 여학교의 소녀와 여자들은 하나님의 성령의 부으심과 그 지역의 영혼을 개종시키는 승리를 위해서 끝까지 기도하기로 결심했다는 말을 들었다."[114]

1910년 6월 22일부터 27일까지 서울 진관사(眞觀寺)에서 첫 YMCA 수양회가 열렸을 때 수양회 참석자들은 매일 6시에 일어나 한 시간 동안 경건의 시간을 가졌다.[115]

기도의 한 중요한 형태는 국가를 위한 회개와 중보의 기도였다. 한국 기독교인들은 국가의 멸망과 식민지화가 조상과 자신들의 축적된 적폐와 죄의 결과라고 고백했다. 그들은 나라의 운명에 대해 엄중한 책임감을 가지고 있었고, 민족의 대표자로서 하나님 앞에서 모든 죄를 회개했다. 그들은 하나님께 나라의 독립을 간청했다. 공동의 죄에 대한 예언적이고 집단적인 깨달음은 대부흥운동과 백만인구령운동 기간에 기독교 민족주의로 표현되었다. 이러한 운동을 통해 한국 기독교인들은 '기독교 한국'을 건설하겠다는 비전을 공식화했으며, 그들의 기도는 국가적·민족적 차원을 강하게 품게 되었다.

요약하자면 1890년대에 시작된 초기 한국교회의 새벽기도회는 다음과 같은 특징이 있었다. 1) 한국인들이 자발적으로 시작한 '자원' 기도 운동이었다. 선교사들은 아침 개인 경건의 시간은 가졌으나 회중 단위의 새벽기도회는 한국인이 시작했다. 2) 사경회 기간에 시작한 '특별' 기도 운동이었다. 농한기인 겨울에 1주일이나 2주일 동안 열린 사경회에서 새벽에는

---

114 George T. B. Davis, "Progress of the Million Movement: A Visitor's Impressions," *Missionary* (August 1910): 398.

115 W. A. Venable, "Korea's First YMCA Student Conference," *Missionary* (Nov. 1910): 558-559.

기도회, 저녁에는 부흥회를 열었고, 이것이 1930년대까지 지속되어 한국교회의 영성을 유지했다. 3) 전통 종교, 특히 선도에 있던 새벽기도 형태를 기독교화한 '토착' 기도 운동이었다. 4) 날 연보와 성미와 함께 진행된 '전도' 기도 운동이었다. 백만인구령운동 기간에 여러 교회가 실천하면서 확산되었다. 5) 국난의 위기 속에서 나라를 위해 기도한 항일 '애국' 기도 운동이었고, 민족의 죄를 회개하는 공동체 기도였다. 따라서 6) 개인적이고 사적인 소원을 빌었던 도교의 칠성신 새벽기도나 부녀자들의 새벽 조왕신 기도와 비교하면, 개신교의 새벽기도는 교회와 민족 공동체를 위한 공공성을 지니고 있었다. '새벽기도회'는 100년 전 기도할 수밖에 없는 상황에서 현실을 직시하며 무릎으로 나아간 한국교회에 내려진 하나님의 선물이었다. 새벽기도회와 더불어 발전한 통성기도, 철야기도, 산기도, 날연보 등은 한국 기독교 의례의 대표적인 토착화 사례들이었다. 신학 이전에 의례가 토착화되면서, 한국교회 고유의 색깔과 자태가 아름답게 드러났다.

## 5. 길선주의 평양 부흥회: 부흥의 주역이 선교사에서 한국인 목회자로

20세기 초 10년간 호주, 뉴질랜드, 일본, 한국, 중국, 버마, 인도, 페르시아, 우간다, 필리핀, 불가리아, 영국, 웨일즈와 미국의 캔자스시티, 몬태나 미주리, 캘리포니아 로스앤젤레스 등 여러 지역에서 진행된 전 세계적인 부흥운동의 결과 중 하나는 평신도 가운데 새로운 지도자들이 등장하고 일반 교인들이 각성하면서 그들의 권리가 강화된 것이었다. 전통적인 사회의 경계가 흐려지고, 여성의 리더십과 지위가 향상되었다. 평민 가운데 교회 지도자들이 출현함으로써 민주주의가 발전했다.[116] 평양 대부흥운동은 안에서 밖으로 나가는 동시에 밑에서 위로 올라가는 운동이었다.[117]

## 길선주의 부흥 설교와 영성

1906년에 "한국에서 가장 달변의 설교자요 가장 뛰어난 영적 능력을 지닌" 자로 인정받은 길선주 장로는 1907년 1월 14일부터 시작된 평양 대부흥운동을 실제적으로 이끌어 갔다. 매일 저녁 부흥 집회가 진행되던 중, 1월 20일 주일 오후 예배 때 행한 그의 강력한 설교는 회중들의 회개를 불러 일으켰다.

> 주일 오전 중앙 교회[장대현교회]에서 우리는 평소대로 성경 공부반을 열었다. 오후에 다른 위대한 능력이 나타났다. 길선주가 설교했는데 그는 매우 생생한 예화로 설교를 마감했다. 그는 한 손으로 밧줄을 잡고 한 손을 밧줄로 허리에 묶은 뒤, 한 영수에게 밧줄을 잡아 달라고 부탁하고, 맥큔에게는 설교단에서서 자신을 오라고 불러달라고 했다. 길 씨는 이것은 죄에 묶인 죄인이 밧줄을 끊고 하나님께 가려는 것을 보여준다고 설명했다. 그는 양심의 가책을 받은 자처럼 나아가려고 하면서 몸부림치기 시작했고, 마침내 손에서 밧줄을 풀고 강단을 가로질러 달려가, 그와 맥큔은 두 팔을 벌려 서로 끌어안았다.…길 씨가 밧줄을 풀려고 할 때 회중은 숨을 죽였다. 그러다가 손이 풀리고 두 사람이 서로를 포옹했을 때 그 효과는 형용할 수 없었다. 많은 사람들이 즉시 일어

116 Oak Sung-Deuk, "The Azusa Street Revival, 1906-1909: Its Characteristics and Comparison with the 1907 Great Revival in Korea," *Protestant Revivals in the 20th Century and Pyongyang Great Awakening Movement* (Seoul: Presbyterian College and Theological Seminary, 2005), 353-411.

117 H. M. Bruen to A. J. Brown, March 1907.

나서 죄를 고백하겠다고 외쳤고, 다른 사람들은 울면서 너무나 괴로워서 몸부림치면서 바닥에 뒹굴었다. 길 씨는 그들에게 집에 가서 그들의 죄를 사람들에게 말하고 저녁 집회에 다시 오라고 말했다.[118]

[사진 85] 1907년 1월 평양 대부흥운동 당시의 길선주 장로[119]

게일은 대부흥 직후에 길선주를 다음과 같이 평가했다. "그는 지적으로 대단한 경험을 하지 못했지만, 사람의 마음에 다가가는 미묘한 무엇인가를 가지고 있어서 하나님은 사람들에게 영향을 주기 위해 그를 사용하신다.

---

118 Graham Lee, "How The Spirit Came to Pyeng Yang," *KMF* (March 1907): 37. 정익로 장로는 이 장면을 다음과 같이 회고했다. "길선주 목사의 얼굴은 위엄과 능력이 가득 찬 얼굴이었고 순결과 성결로 불붙은 얼굴이었다. 그는 길 목사가 아니었고 바로 예수님이었다. 그는 눈이 소경이어서 나를 보지 못하였을 터이나 나는 그의 앞에서 도피할 수 없었다. 하나님이 나를 불러 놓은 것으로만 생각되었다. 전에 경험하지 못한 죄에 대한 굉장한 두려움이 엄습했다. 어떻게 하면 이 죄를 떨어버릴 수 있고 도피할 수 있을까 나는 몹시 번민하였다. 어떤 사람은 마음이 너무 괴로워 예배당 밖으로 뛰어 나갔다. 그러나 전보다 더 극심한 근심에 쌓인 얼굴과 죽음에 떠는 영을 가지고 예배당 안으로 돌아와서 '오! 하나님 나는 어떻게 했으면 좋겠습니까?'라고 울부짖었다"(김양선, 『한국기독교사연구』[기독교문사, 1971], 87).

119 *MRW* (Oct. 1907): Cover.

설교가로서 그는 듣는 자를 미소 짓게 만들고, 사역자로서 그는 신앙의 대상에게 강철처럼 단단히 붙잡혀 있는 법을 알고, 기도의 사람으로서 그는 어린이처럼 단순해지는 법을 안다." 길선주는 집 벽에 작은 통을 달아 놓고 적은 돈이라도 받아 오면 늘 십일조를 떼어 넣었고, 주일 아침에 전 가족이 통 주변에 모여 함께 기도한 후 돈을 꺼내 각자 연보할 돈을 받아 교회로 갔다. 길선주는 이 통을 '희락과 즐거움의 통'이라고 불렀다. 언제나 주님을 섬기기 위한 돈이 쌓여 있기 때문이었다. 그는 "귀신을 쫓아냈고 병자를 고쳤으며, 사람들을 구원에 이르게 하고, 죄를 없앴으며, 봉사와 돈을 구별해서 바쳤고, 평화와 기쁨이 넘쳤다."[120]

> 그래서 그는 비록 말할 만한 시력·돈·사회적 지위도 없고 과학적 교육을 받지 않았고 그리스어나 히브리어를 모르고 넓은 세계에 대한 지식이 없지만, 즐거이 생명에서 생명을 구원하는 자로 살고 노력한다. 교양 있고 세련되고 부자요 지혜롭고 모든 종류의 의견을 가질 권리가 있는 우리가 하나님의 궁전의 계단 바깥에서 찬바람을 맞으며 앉아서 영광의 희미한 모습만 바라보며 '영원하신 하나님의 목소리'의 불분명한 속삭임만 듣고 있을 때, 그는 맹목적인 애처로운 도교적 추구와 굶주린 마음만 가지고 하나님께 갔으나 즉시 '하나님의 존전' 내실까지 '깊이' 안내되었다.[121]

게일은 길선주가 선교사들이 가지 못한 하나님의 존전의 안방 깊은 곳에 들어가서 하나님의 음성을 듣고 대화를 나눈 자로 높이 평가했다. 길선주의 영성이 선교사들의 영성보다 더 깊고 강력한 것을 인정한 것이다. 그의

---

120 J. S. Gale, "Elder Keel," 495.
121 Ibid.

설교에 동반되는 강력한 성령의 역사를 보면서 "그의 입에서 하나님의 말씀이 살아 있고 강력하며 검의 두 날보다 더 날카롭다"고 칭송하고 그의 설교를 웨슬리와 휘트필드의 강력한 설교에 비교한 자도 있었다.[122] 게일은 길선주의 설교는 "혀에서 멈추거나 더듬는 적이 전혀 없고 부드러움, 자신감, 직접성의 놀라운 메시지라서 마음을 녹이고 몸을 전율시킨다"고 칭송했다.[123] 게일은 한국인이 겉으로 종교가 부족해 보인다고 해서 안으로 종교성이 부족한 것은 아니라고 말했다.[124] 선교사들은 부흥운동을 통해 한국인 지도자들의 깊이 있는 영적 세계를 더 잘 이해하게 되었다. 게일이 길선주를 영적 지도자로 존경했기 때문에 1911년 자신의 아들 조지의 유아세례를 선교사가 아닌 길선주 목사에게 부탁했다.[125]

### 모국어 설교와 한국인 지도자들의 부상

도교에서 개종한 평양의 신자들은 1907년 평양 부흥운동의 주역이 되면서 교회 지도자(영수와 장로, 장로와 목사)로 부상했는데, 길선주는 그 중심인물이었다. 1903년부터 1906년까지 감리교회가 주도한 부흥운동에서는 선교사가 주역이었지만, 1907년 장대현장로교회 부흥회를 계기로 길선주를 비롯한 한국인 목회자와 부흥사가 그 주역이 되었다. 대부흥과 '한국의 스펄전'(the Spurgeon of Korea) 길선주의 등장으로 인해 선교사들은 한국인 지도자들의 영성을 인정했고, 그들의 영성 체험이 선교사들의 체험보다 더 심오함을 인정하게 되었다.

---

122 "Recent Work of the Holy Spirit in Seoul," *KMF* (March 1907): 41.

123 Gale, "The First Presbytery in Korea," *MRW* (Jan. 1908): 43-44.

124 Gale, *Korea in Transition*(1909), 67.

125 Gale, "The Baptism of Georgie," *WWW*(Nov. 1911): 243-244.

부흥운동 기간에 구어와 모국어가 한국 지도자들의 등장에 중요한 역할을 했다. 소수의 선교사만이 한국어를 잘 구사할 수 있었고, 부흥 집회에서 사람의 심령을 어루만지고 찌르는 설교를 할 수 있는 선교사는 거의 없었다. 목포장로교회는 송도의 감리교 선교사 저딘(Joseph L. Gerdine) 목사를 초청했는데, 이는 그가 "한국어를 아주 편안하게 구사하고, 모든 사람들의 마음을 사로잡으며 직접적으로 단순하게 말했기" 때문이었다.[126] 그는 예외였다. 대부분의 선교사들은 말을 더듬었고, 그래서 사람들의 영혼 속으로 침투하기가 어렵다는 것을 알게 되었다. 위에서 인용한 바와 같이 길선주의 입에서 나오는 "하나님의 말씀은 양날을 가진 검보다 빠르고 강력하고 날카로웠다." 그의 부드러우면서도 자신감 있고 직접적인 말은 마음 속 깊이 들어가서 비밀스러운 죄와 영혼의 숨겨진 암을 드러내었다.

한국 지도자들의 모국어와 방언은 유명한 미국인 부흥사들의 통역된 말이나 선교사들의 외국어 억양으로는 도달할 수 없는 그 어두운 곳에 다가가서 한국인들의 미묘한 감정을 만지고 견책하고 공감하면서 죄의 회개에까지 이르게 할 수 있었다. 작은 읍과 마을에서 이루어진 대부분의 지역 부흥회, 사경회, 일요일 예배는 한국인 지도자들이 인도했다. 그들의 조직은 풀뿌리 수준에서 시작하여 위로 올라갔다. 이 지역 교회의 전도인인 집사, 영수, 장로들은 1년에 한두 차례 순회 방문하는 목사 선교사를 위해서 세례 후보자를 사전에 문답하고 거르는 작업을 통해 최종 후보자를 추천했다. 비록 세례는 선교사가 주었지만 이는 요식 행위였고, 실제 교인으로 등록하고 입교인으로 만들고 치리하는 자들은 지역 교회의 한국인 지도자들이었다. 이 점에서 지방의 개교회(個敎會)는 자치했다고 하겠다.

한편 길선주는 흉내만 내고 언행이 일치하지 않는 외형적 신앙을 강

---

126 J. F. Preston, "A Notable Meeting," *KMF* (Oct. 1906): 228.

하게 비판했다. 그는 축음기에서 나오는 기계적인 소리나 앵무새처럼 뜻도 모르고 스스로 생각지 않고 하는 말을 예로 들고, 이를 "쥬를 밋는 쟈가 셩신의 신령ᄒᆞᆫ 은혜를 밧지 못ᄒᆞ고 다만 학문과 말ᄌᆡ조만 배와셔 혹 강도(講道)를 ᄒᆞ거나 연셜을 ᄒᆞ거나 혹 신문샹에 론셜을 ᄒᆞᄂᆞᆫ 거시니 실로 말긔계와 잉무새 ᄀᆞᆺᄒᆞᆫ지라"라고 하여 성령을 받은 신령한 자를 언행이 일치하는 성실한 인격자로 보았다.[127] 게일은 몇 년 후 미국 기독교의 행동주의에 대한 한국 기독교인의 비판을 다음과 같이 소개했는데 이는 아마도 길선주의 비판인 듯하다. "동양인들이 기독교 선전에서 발견하는 대단히 부족한 것 중에 하나는 영원을 추구하는 평정일 것이다. 최근에 한국교회 지도자의 한 사람은 다음과 같이 말했다. '이것은 종교가 아니다. 위원회와 총회와 같은 장치들에서 나오는 이 모든 시끄러움과 혼잡을 보라. 그것은 영혼을 피곤하게 하고 명상의 정신을 흩어버린다. 하나님과 홀로 있자.'"[128]

마페트는 대부흥 당시 미국에서 안식년을 보내며 1906년 말 현재 75,000명에 달한 한국 장로교회를 소개하면서 그 토착성을 강조했다.[129] 그는 한국교회는 이국적이지 않고, 이식된 서구 교회가 아니라 한국인의 삶에 적응한 한국교회로 발전했다고 보았다. 즉 한국교회는 "한국인의 삶과

---

127 길선주, "말ᄒᆞᄂᆞᆫ 긔계와 잉무ᄉᆡ라", 「그리스도신문」, 1906년 2월 15일. 1905년 12월 성탄절 행사 후 장대현교회는 1) 감옥에 갇힌 자 위문단, 2) 70인 전도단, 3) 구제단으로 각각 나누어 출발했는데, 어린 아이들은 구제를 위해 성미(誠米)를 연보했다(길선주, "교회 통신", 「그리스도신문」, 1906년 2월 22일).

128 J. S. Gale, "Convictions of the East," *MRW* (Sept. 1913): 689-690.

129 Moffett는 1901년에 평양신학교를 세운 후 교장으로서 신학을 더 공부할 필요를 느끼고, 안식년 휴가 때 프린스턴 신학교의 Warfield 교수 밑에서 개인적으로 배울 계획을 세웠다. 그 기회가 1906년에 왔고, 그는 Warfield 교수의 허락을 받아, 1906년 11월부터 4개월간 조직신학 전반에 걸쳐 장로회 신학과 최신 신학을 공부하며 개인지도를 받았다. 즉 이 당시 프린스턴 신학교의 신학이나 맥코믹 신학교의 신학에 큰 차이가 없었다. 아직 Machen이 등장하기 전이었고, 1917년에 근본주의 책들이 출간되기 전이었음을 기억할 필요가 있다.

풍속이 성경과 충돌하지 않는 범위 내에서 한국적 기초 위에 세워졌다." 예배당은 한국적 건축 양식으로 스스로 지을 수 있는 규모로 실용적으로 지었으며, 600개가 넘는 예배당 가운데 소수를 제외하면 미국의 도움을 받지 않고 건축했다. 성찬식에는 한국 떡과 한국 포도즙을 사용했는데, "이 동일한 개념이 가능하면 모든 영역에 시행되어 한국인으로 하여금 교회가 한국 기관이라고 느끼게 만들고, 그래서 그것은 한국인의 교회요, 교회를 관리하고 지원하는 것은 그들의 의무라고 느끼게 만든다."[130] 그는 토착 교회의 세 요소 가운데 자급과 자전은 이미 이루어졌고, 1907년에 있을 한국인 목사 안수는 이미 시행해온 한국인 장로 장립과 더불어 한국교회의 자치(自治)를 위한 획기적 조치라고 소개했다.[131] 목사 후보생 가운데 길선주에 대해서 마페트는 다음과 같이 소개했다.

> 일곱 명 중 세례를 가장 늦게(1897년에) 받은 자는 길선주 장로로, 그는 한국에서 가장 달변의 설교가요 가장 위대한 영적 능력을 지닌 자이다. 좋은 집안 출신인 그는 전직 관리의 아들로 고전 교육을 잘 받았으며, 한의사였고, 진리의 구도자로 자주 산에 가서 여러 날 명상과 기도를 했다. 그는 졸음이 장시간의 연속 기도를 방해하지 않도록 맨발로 눈 속에 서서 벗은 웃통에 찬 물을 끼얹었다. 그의 절친한 친구들(김종섭과 정익로 장로)처럼 그는 인생의 신비에 대한 빛을 찾고 있었다. 김종섭이 먼저 그리스도를 발견하고 길선주를 빛으로 인도했다. 그는 현재 한국의 '스펄전'이요 강력한 힘으로, 장대현교회 1,500명 회중에게 설교하고 사경회에서 가르치고, 서울이나 다른 지방에 가서 전도 집회를 인도한다. 화이팅 의사가 백내장 수술을 해서 완전 맹인이 되는 것을 막

130 S. A. Moffett, "An Educated Ministry in Korea," *Interior* (Feb. 14, 1907): 3.

131 평양 대한장로회신학교의 설립과 교육과정과 첫 7인 목사의 안수에 대해서는 옥성득, 『첫 사건으로 본 초대 한국 교회사』(짓다, 2016), 365-376을 보라.

았는데, 현재 보이지 않는 한 쪽 눈의 수술을 위해서 전 교회가 기도에 동참하고 있다. 그는 생각이 깊고, 영적 진리에 대한 분명한 인식과 아름다운 영을 가졌고, 보기 드물게 바른 판단을 하는 자이다. 우리는 그가 한국에서 제일 큰 교회의 목사가 되는 날을 고대하고 있다.[132]

토착 교회 형성에서 핵심인 한국인 목회자의 형성이 평양의 길선주를 중심으로 이루어지고 있음을 지적한 마페트는 길선주의 영성과 지혜를 신뢰하면서 그가 한국에서 제일 큰 교회의 목사가 될 날을 고대했다.

### 통감부의 계몽과 선교사들의 계몽

한편 대부흥운동의 결과 중 하나는 한국인의 영성에 대한 선교사들의 인식 전환과 오리엔탈리즘에 대한 반성이었다. 대부흥운동이 1903년에 하디 선교사가 영성 부족과 인종적 우월성을 한국교회 회중 앞에서 공개 회개하는 데서 시작하여, 1907년 1-3월에 성령의 불이 강렬하게 붙었을 때 선천의 컨즈(Carl E. Kearns) 선교사가 심각한 죄를 고백하고 선교사직을 사임하는 사태까지 야기했듯이, 성령의 검은 선교사들의 영혼을 찔러 쪼개었다.[133] 평양 감리교회의 무어 목사는 "동양은 동양이요 서양은 서양이며, 동서양 사이에 진정한 유사성이나 만날 수 있는 공동 기반은 있을 수 없다는, 타개

132 위의 책. 당회장 Moffett가 길선주를 전적으로 신뢰하고 목회 동역자로 인정하고 있음을 알 수 있다.

133 Kerns 목사는 선교사들에게 자신의 심각한 죄를 고백했다. 선교사들의 서신과 보고서는 그 내용을 언급하지 않았지만, 아마도 한국인 여성과 성적인 죄를 범한 듯하다. 참고. A. M. Sharrocks to A. J. Brown, March 12 & 21, 1907; J. Samuels to A. J. Brown, April 8, 1907.

해야 할 관념"에서 해방되었다고 고백했다.[134] 선교사들은 영적 부흥을 통해 문화적 제국주의와 종교적 온정주의를 회개하기 시작했다. 한때 그들은 한국인들을 수준 높은 기독교인의 생활로 인도하는 것은 불가능하다고 생각했다.[135] 그러나 이제 그들은 "우리는 그들이 기도를 통해 심연까지 내려갔다가 정상까지 올라갈 수 있음을 직접 보았고 알고 있다"고 고백했다.[136] 부흥을 통해 선교사들은 한국인들도 서양인과 같은 종교적 체험을 할 수 있음을 발견했다. 그들은 한국인도 '고상한 단계의 도덕 생활'을 할 수 있는 진면목을 발견했는데, 이는 회개와 중생의 열매인 거룩한 윤리 생활을 통해 한국인의 영성과 인격의 가장 좋은 점을 보았기 때문이었다.[137] 나아가 선교사들은 한국 교인의 경건한 생활과 어린아이와 같은 순진한 믿음으로 드리는 기도와 깊이 있는 영성은 배워야 할 점이라고 깨달았다.[138]

통감부가 설치되면서 일본은 영어권에 한국은 소망이 없는 나라며, 정부는 무능하고 부패했으며, 한국인은 게으른 백성이라는 이미지를 조작했다. 대표적으로 두 명의 조지가 친일 기사를 썼다. 종군기자 케난(George Kennan)은 1904-07년에 수많은 친일적인 기사를 기고했는데, 그는 한국을 '자포자기한 나라'(desperate state)로 묘사했고 한국인을 '부패한 문명의 산물'(the product of a decayed civilization)로 비판했다.[139] 예일 대학교의 래드(George

134 John Z. Moore, "The Great Revival Year," *KMF* (August 1907): 118.

135 William A. Noble and G. Heber Jones, *The Religious Awakening of Korea* (New York: Board of Foreign Missions of the Methodist Episcopal Church, 1908), 28.

136 Edith F. MacRae, "For Thine the Power," *KMF* (February 1906): 74.

137 John Z. Moore, "A Changed Life," *KMF* (Oct. 1907): 159.

138 Edith F. McRae, "For Thine is the Power," *KMF* (Feb. 1906): 74; John Z. Moore, "The Great Revival Year," 118; idem, "The Fullness of the Gospel," *KMF* (Dec. 1907): 178; Noble and Jones, *The Religious Awakening of Korea*, 28, 40; 이덕주, 앞의 책, 148-149.

139 George Kennan, "Korea: A Desperate State," *Outlook* (Oct. 7, 1905): 307-315; Kennan, "The Korean People: The Product of a Decayed Civilization," *Outlook* (Oct. 7, 1905): 307-315; Kennan, "What Japan Has Done in Korea," *Outlook* (Nov. 18, 1905): 669-673.

T. Ladd) 교수도 한국의 식민지화를 적극 지지했다. 1907년 봄에 이토 통감의 초대로 한국을 두 달간 방문한 그는 절망적으로 부패하고 무능한 한국을 일본이 보호국화해서 계몽해야 한다고 주장했다. 래드는 부흥운동에서 드러난 조선 교인들의 죄 자백을 보면, 조선인이 얼마나 미개하고 원시적이고 미신적이며 엉망인지 알 수 있다고 말했다. 기독교는 부흥으로 약간의 계몽적 역할을 할 수 있으나, 종교만으로는 부족하며 정치 교육 등 총체적 계몽, 곧 식민 통치가 필요하다는 논리였다. 그는 조선인의 계몽 프로젝트를 위해 선교사들이 동참해줄 것을 주문했다. 래드는 부흥을 조선인 계몽의 한 프로그램으로 이해했다.[140] 부흥을 야만적인 한국인을 계몽하는 기제로 보는 관점은 기독교 문명화를 추구했던 일부 선교사들도 지지하는 입장이었다. 이 문제는 이 장의 끝 부분에서 재론하겠다.

그러나 다수 선교사들은 부흥을 통해 일제 식민지 통치하에 들어간 한국교회의 희망을 발견하고, 한국교회를 "동양을 비추는 기독교 등불"이라고 칭송했다.[141] 선교사들이 본 한국의 이미지는 벌레에서 나비가 된 것처럼 변태를 겪었다. 그들은 일본이 만든 이미지를 배격하기 시작했다. 안식년을 맞아 미국이나 캐나다의 고향으로 돌아간 선교사들은 한국에 대한 악선전과 일본의 식민지화를 정당화하는 친일 기사들을 접하고 이를 반박하는 글들을 발표했다. 자급·자전·자치하는 토착교회를 세우고 부흥하는 한국교회는 그 좋은 반증이 되었다. 노블은 와이오밍 연회의 교회와 평양 지역의 교회를 자급, 자전, 구제 연보 등의 면에서 비교하고 후자의 실적이 더 좋은 것을 자랑하면서, "이 여러 가지 사실은 인내, 자기 부정, 지

---

140 George T. Ladd, *In Korea with Marquis Ito* (New York: Scribner, 1908), 296-297. 참고 Lillias H. Underwood, "Min Yong Whan," *KR* (Jan., 1906): 8.

141 John Z. Moore, "The Vision and the Task," *KMF* (April, 1906): 108. 물론 이 수사법이 의미하는 한국교회의 비정치화 의도를 읽어야 할 것이다.

적 행위, 기독교적 열정에서 그들이 누구에게도 뒤지지 않음을 증명한다"고 결론을 내렸다.[142] 1907년에 한국을 방문한 미국 교회 지도자들은 한국교회의 영성을 칭송했다. 볼티모어 여자대학 학장 가우처(John F. Goucher)는 한국 선교사들의 일치 정신과 가는 곳마다 발견하는 영적으로 충만한 분위기에 깊은 감명을 받았다. 맨틀(Gregory Mantle)은 한국교회가 일본과 중국에 기독교를 통역해줄 수 있는 '독특한 선교의 사명'을 지녔다고 말했다.[143]

부흥운동으로 등장한 안수 받은 한국인 목회자의 설교가 선교사보다 더 강력한 하나님의 도구가 되어 한국인의 심령을 찔러 쪼개고 내면 깊은 곳에 있는 영성의 옥토에 말씀의 씨를 뿌렸을 때 풍성한 성령의 열매가 맺혔다. 그 가시적 결과는 부흥을 동반한 토착적인 한국교회의 설립이었고, 그 대표적 지도자는 길선주였다. 평양의 대부흥은 선교사의 영적 지도력을 능가하는 한국인 목회자를 등장시켰다. 아직 장로교회에는 한국인 목사가 없는 상황이라 여전히 선교사들이 교회를 통제하고 다스렸지만, 1907년 대부흥에서 성령 세례를 체험한 7명의 첫 신학교 졸업생이 9월에 목사 안수를 받으면서, 점차 교회 지도력은 한국인에게 넘어오기 시작했다. 1907년에 한국 장로교회는 한국인 목사 7인과 장로 53인, 교회 980개, 세례교인 19,000명, 전체 교인 70,000명으로 미국, 캐나다, 호주 노회에서 독립된 독(獨)노회를 조직했고, 1912년 총회를 조직할 때는 총대에 한국인이 다수를 차지했다. 다른 선교지와 달리 한국교회는 급성장했기 때문에 선교사들이 지방의 세세한 사항을 모두 간섭하거나 통제할 수 없는 상황, 곧 외형은 장로교회 정치이지만 실제로는 회중교회 정치가 작동하는 체계를 만들었다. 한국인들이 네비어스 정책에 따라 개 교회를 자급, 자전, 자치하는

142 William A. Noble, "Korean Decadence," *KMF* (July, 1906): 176.
143 "What Prominent Men Have Said," *KMF* (Oct. 1907): 158-159.

주도권을 가지게 되면서 급성장한 결과로 자치와 한국화의 정도가 심화된 1920년대에 한국인들은 장로교회가 토착화된 한국인의 교회라고 선언하고, 일부는 반선교사 자치교회 운동까지 나아갔다.

## 6. 길선주의 서울 부흥회: 교회의 무게 중심이 서울에서 평양으로

1907년 대부흥운동은 한국 개신교의 무게 중심과 지도력을 평양으로 고정시켰고, 이후 개신교의 주류는 해방 이전까지 평양을 중심으로 한 북한에 있게 되었다. 물론 부흥운동 이전부터 개신교인의 대다수가 북한 지역에 있었지만, 대부흥운동 결과 평안도와 황해도 출신을 중심으로 한 한국인 목회자 군(群)이 형성되면서 개신교 주류는 북한으로 넘어갔는데, 길선주의 영적 지도력은 그 흐름을 고정시키는 교회사적 의미가 있다. 동시에 개신교에서 평양 지도력의 우위 확보는 한국사에서 조선 왕국에서 500년간 그 지도력을 행사해 온 서울 양반층과는 다른 새로운 지도층의 형성이라는 사회사적 의미를 지니는 것이기도 했다.

1906년 초에 평양 교인 김원근은 "서울 사람들이 제일 업신여기는" 평양이 "제일 하나님의 은혜를 많이 받"고 교회가 흥왕하는 것을, 죄악이 많은 곳에 은혜가 풍성하며 교만한 자를 낮추시고 겸손한 자를 쓰시는 하나님의 섭리로 보았다.

> 갑오 일청전쟁에 평양 성중에서 크게 접전하였고 갑진년 봄 일아전쟁 때에 또 평양에서 충돌하였으니 이 평양은 이천 사오백 년 이래로 전쟁이 그치지 아니하여 대적의 침략함과 병화의 참혹함은 보지 아니하여도 가히 알지라. 그러므로 우리나라 오백 여 년에 서관은 특별히 활이나 쏘고 말이나 달리는 곳으로

대접하여 업신여기고 그곳 사람은 나라 일에도 참여치 못하게 하였으니 통틀어 말하면 오백년 이래로 우리나라 정부의 교육과 사랑은 받지 못하였으므로 그 백성은 바라고 믿을 데가 없어 점점 죄악에만 침륜되었더니…교회가 흥왕함이 한일청 삼국에 으뜸이 되었으니 세상 사람은 오백년을 업신여기고도 오히려 교만한 마음이 남았거늘, 저 사람에게 교만과 업신여김을 받던 사람들이 회개하고 하나님을 믿은 후 십년 동안에 하나님의 사랑과 은혜 받은 것을 말다 할 수 없도다.[144]

그는 평양이 오백 여 년간 세상의 사랑을 받지 못하였으나 이제 하나님의 사랑을 받게 되었다고 보고, 나아가 "서울 믿지 아니하는 양반들이 평양 가서 하나님이 주시는 벼슬은 얻어 하기 어려울지라"고 자랑했다. 러일전쟁 이후 급성장한 서북 평양 개신교인들의 정체성과 자존심이 개신교 안에서 확립되고 있음을 볼 수 있다.

그런데 1907년 1월의 평양 대부흥 후에 길선주는 초청을 받아 서울 사경회에 강사로 갔는데, 2월 17일부터 3월 초까지 3주일간 열린 그의 서울 3개 장로교회 연합 사경회는 한국 교회사에서 또 다른 획을 긋는 사건이 되었다. 길선주의 설교에 첫날부터 감동을 받은 회중에게 "그다음 날 성령이 모두에게 임했다."[145] 그의 부흥회를 보고한 어떤 선교사는 다음과 같이 기록했다. "그의 설교는 강력했고 성령의 능력이 나타났다. 그의 입에는 하나님의 말씀이 날카롭고 강력하게 역사해서 검의 두 날보다 더 날카로웠다. 그의 기도는 놀라웠다. 사람들은 죄의 짐에 눌려 무너져서 울었다. 심지어 교회의 지도자들도 엄청난 죄를 지었다고 고백했다. 나는 웨슬리와

144 김원근, "하놀 벼슬이 사롬의 벼슬보다 나흠", 「그리스도신문」, 1906년 2월 8일.
145 C. A. Clark to A. J. Brown, March 1, 1907.

휘트필드의 강력한 설교 후에 일어난 결과를 기록한 역사가 생각났다."[146] 서울 사경회를 마치고 3월 9일 토요일으로 평양으로 돌아온 길선주는 일요일 예배 시간에 교인들에게 "서울이 평양보다 더 많은 은혜와 복을 받았다"고 기쁘게 말했다.

> 길 장로가 양반에 대해서 이야기하는 것을 듣는 것은 흥미로웠습니다. 연못골 교회에서 집회가 시작되기 전에는 양반은 방의 한편에 앉고 '상놈'은 다른 편에 앉았는데, 집회가 끝나기 전에 양반과 상놈이 형제애 안에서 함께 앉게 되었다고 합니다. 서울의 일부 여자들도 길 씨의 전도와 기도를 통해 큰 복을 받았는데, 어떻게든 감사함을 표시하기 위해서 그들 다수는 돈을 모아서 그가 떠나오기 전에 그에게 옷 한 벌을 만들어 선물로 주었습니다. 그는 기쁘게 장대현교회에 그 옷을 입고 나타났습니다. 어디서 그런 멋진 옷을 얻었느냐고 교인들이 묻자, 그는 웃으면서 "이전에 만일 내가 이런 좋은 옷을 입고 왔으면 여기 있는 여러분은 내가 그 옷을 사기 위해 돈이라도 훔치지 않았을까 하고 생각했을 것입니다"라고 말했습니다. 그는 매우 지쳐서 돌아왔고, 리 목사는 그를 도시 밖으로 보내서 며칠 간 쉬게 할 것입니다. 그는 지난 두 달 이상 밤낮으로 계속 자신을 혹사해왔습니다. 우리는 그런 강력하고 아름다운 영의 사람에 대해 하나님께 감사합니다. 다른 지도자들도 우리가 경험하고 있는 이 기적적인 시기에 놀랍게 발전하고 있습니다.[147]

1890년대 중반에 무어 목사의 백정 선교 결과로써 일시적으로 서울에서 양반과 상놈이 교회 예배당에 동석한 적은 있었지만, 그로 인해 교회 분열

146 "Recent Work of the Holy Spirit in Seoul," *KMF* (March 1907): 41.

147 Margaret Best to A. J. Brown, March 12, 1907. 부흥 강사에게 옷을 선물하는 풍속이 길선주의 서울 부흥회에서 시작되었다.

까지 일어나자 게일 목사의 연동교회나 클라크 목사의 승동교회는 좌석에서 반상의 차별을 허용하고 있었다. 그런데 1907년에 서울 양반들이 상놈과 동석했다는 것은 반상 차별의 벽이 무너진 의미가 있는 상징적 사건이었다.[148] 또한 그들이 평양에서 온 길 장로의 설교와 기도로 회개했다는 것은 교회 지도력의 무게 중심이 평양으로 이동했음을 보여주는 것이기도 했다. 서울 교회 여자 교인들이 만들어준 옷을 입고 평양 교인들 앞에 자랑스럽게 서 있는 길선주의 모습은 조선 500년 간의 서울-평양의 지역 차별이 무너지고 그 역전이 시작되었음을 상징했다. 특히 러일전쟁 전후에 서울에서 전직 고위 관리들을 비롯해 수백 명의 양반들이 연동교회 안으로 들어왔는데, 이들이 부흥회에서 평양의 선도 한약사 출신의 길선주 장로를 통해 회개하고 기독교의 본질을 체험함으로써, 평양 지도자의 발언권이 교회 안에서 우위를 점했음을 보여주었다. 대부흥 후 평양은 어떤 모습으로 변했을까? 계속해서 베스트 양의 편지를 인용해보자.

> 평양은 점점 더 거의 기독교 도시로 변해 가고 있습니다. 이제 도시에서 무당의 북 소리를 거의 들을 수 없는데, 제가 선교지부 근처 마을에서 그런 소리를 들은 지가 오래 되었습니다. 한국 설날 아침에 저의 방 옆방에서 잠을 잔 저의 전도부인이 아침에 일어나더니 큰 소리로 외치고 창문에 "새 세상이오"라는 말을 써 붙였습니다. 저는 밖에 있는 그녀를 불러 무슨 뜻이냐고 물었습니다. 그녀는 "모든 이웃 집 굴뚝에서 연기가 피어오르고 있어요. 몇 년 전 사람들은 밤을 새며 제사를 지내고 이어서 희생에 바친 음식으로 잔치를 했지요. 그런 낭비를 한 후 깊이 잠 들었기 때문에 이른 아침에 밥을 하려고 불을 피우는 사

148 부흥운동의 열기가 식은 1912년 서울에서는 다시 양반과 백정 출신 교인 사이에 갈등이 일어나 양반 교회인 묘동교회가 분리되었다.

람은 없었습니다." 이 여자에게 설날 새벽에 굴뚝에서 올라오는 연기는 과거에는 이교 가정이었으나 이제는 기독교 가정이 된 것을 웅변적으로 말해 주었고, 흥미롭게도 그녀의 입에 나온 말은 "새 세상이오"였습니다.[149]

대부흥이 휩쓸고 지나간 1907년 설날(구정) 아침에 평양의 많은 집 굴뚝에서 올라가는 밥 짓는 연기는 평양이 거의 '기독교 도시'가 된 것을 상징했다. 평양 주민들은 제야에 제사를 지내지 않았기 때문에 밤에 희생제물을 먹지 않았고, 그래서 새해 첫 날 새벽에 일어나 밥을 지었다. 길선주와 그가 입은 새 옷과 설날 아침의 굴뚝 연기는 한국 개신교의 주류를 형성한 평양 교회 지도력의 상징물이었다.

卒業證書
本學校生徒吉善宙
隨課程而竣工仍賜
證書者
主後一千九百七年六月二十日
大韓長老會神學校
校長 蘇安倫
敎師 馬三悅
裵緯良
韓緯廉
方緯良
片夏薛
全衛廉
李訥瑞
具禮善
王吉志

**[사진 86] 길선주의 장로회신학교 졸업증서, 1907년 6월 20일 [독립기념관]**
마페트가 안식년 중이라 교장은 스왈른(Swallen)이었다. 교사는 Moffett, Baird, Hunt, Blair(북장로회), Reynolds(남장로회), Grierson(캐나다장로회), Engel(호주장로회)이었다.

149 Margaret Best to A. J. Brown, March 12, 1907.

## 결론: 대부흥의 해석사

주제를 조금 바꾸어 부흥운동에 대한 평가와 해석의 역사를 정리해보자. 지난 110년 동안 여러 교계 그룹이 평양 부흥의 영맥을 계승하거나 단절하기 위해서 다양한 해석을 제시하고 경쟁했다. 대표적으로 1950년대 심령부흥회의 민족 복음화론, 1960년대 토착화신학의 무교 담론, 1970년대 대형 전도대회의 교회 성장론, 1980년대 민중신학의 비정치화(친정부·친일·친독재·친미·선교사 중심) 비판, 1990년대부터 2007년 100주년까지 구국기도회로 대변되는 정치화(반정부·반공·친미) 담론과 세계 기독교(국제적 연결성) 담론을 통한 자기 교파 신학의 계보 확보, 2010년대 오순절 신학 담론(방언·축귀·치유)과 탈식민주의 비신화화론과 계몽으로서의 부흥운동 등이 교차하고 혼재해왔다. 이러한 신학적 진영주의와 교파주의적 해석이 대립하므로 이들 간의 화해는 어려운 실정이다.

가장 큰 논쟁거리인 부흥과 비정치화의 관계만 보자. 그 동안 최소한 세 가지 관점이 서로 경쟁해왔다. 독립협회가 해산되고 고종과 대한제국이 보수화되면서 개혁의 동력은 사라졌다. 선교사들도 정교분리 입장을 취하면서 한국 정부에 대한 기대를 접었다. 1901년의 대기근으로 인한 농촌 몰락과 국가 재정의 고갈, 부패한 지방 관료의 무능 속에 천주교회 교폐가 확대되는 가운데 하디를 비롯한 '신비파' 선교사들이 1903-07년 부흥운동을 주도하자, 서울의 선교사들과 평양의 교육 선교사들로 이루어진 소위 '문명파' 선교사들은 이에 방조했다. 정리하면 (1) 교회의 비정치화는 신비파가 주도했다. (2) 문명파 선교사들은 부흥을 계몽(문명개화)운동의 일부로 수용하기 시작했다; (2-a) 이 계몽을 1905-10년의 애국계몽운동의 일환으로 보면 부흥운동을 민족주의 성격을 가진 것으로 볼 수 있다; (2-b) 이토 히로부미의 식민정책을 지지한 친일파 래드(G. T. Ladd) 교수처럼 부흥운동의 '계몽'을 미개한 한국인을 깨우치고 회개시켜 일본의 문명통치를 수용할 준비를 시킨 것으로 보면 비정치화가 된다. 1980년 광주항쟁 이후 민중신학 1세대는 (1)번을 비판하다가 2세대에 와서 (2-b)를 추가했다. 민족주의 실증주의 교회사가들은 (1)번과 (2-a) 사이를 오갔다. 최근 탈식민주의 신학이 (2-b)를 주장한다. 그러나 이는 새로운 해석이 아니고 이미 1908년에 일본 정부로부터 훈장을 받은 래드가 주장한 내용이었다.[150]

앞에서 살펴본 대로 래드는 부흥운동에서 드러난 조선국 교인들의 죄 자백을 보면, 조선인이 얼마나 원시적, 미신적, 비도덕적인지 알 수 있다고 했다. 곧 미개한 조선인을 일본이 통치하면서 계몽하여 근대인으로 만들어야 한다고 주장했다. 이는 서양인이 지고 있던 '백인의 짐'을 아시아에서 일본인이 지니는 문명화의 사명으로 번역한 것이었다. 그는 여기에 기독교는 약간의 계몽적 역할을 할 수 있으나, 정치, 교육 등 총체적 계몽을 위해서는 식민 통치가 필요하다고 보았다.[151] 그는 이 계몽 프로젝트에 선교사와 기독교가 동참할 것을 주문했다. 이를 적극 동조한 자가 일본 주재 친일파인 북감리회 감독 해리스(Merriman Colbert Harris, 1846-1921) 목사였다. 그것은 사실 이토 히로부미가 정교 분리의 표어인 "정치는 통감부가, 도덕은 기독교가"를 내세우며 기독교를 비정치화한 논리였다. 그들에게 부흥운동은 조선인 계몽과 식민화에 도움이 되는 프로그램이었다. 부흥운동을 비정치화 계몽운동으로 보는 탈식민주의 학자는 기실 110년 전 일본 관리나 친일파의 식민주의 해석을 수용하는 셈이다.

교회의 부흥을 영성 강화(비정치화), 부흥과 애국계몽운동의 결합(토착화와 민족화), 식민 계몽 프로그램(식민화)으로 보는 세 가지 관점이 지난 40년간

---

150 옥성득, "1907년 평양대부흥운동 다시 읽기", 「基督敎思想」(2019년 5월): 162-171.

151 Ladd, *In Korea with Marquis Ito*, 296-297.

경쟁해왔지만, 이 관점들은 실제로는 1907년부터 경쟁을 이어왔다. 그러나 이들 논의가 간과한 다음 네 가지 점을 고려한 연구가 필요하다. 첫째, 선교사들의 다양성과 정치성과 신학에서의 비동질성. 특히 일부 목회 선교사와 교육 선교사와 의료 선교사들은 부흥운동과 거리를 유지하거나 이 운동을 비판했다. 둘째, 부흥을 통한 계몽의 범주 확인. 종교적 각성과 문명적 계몽은 구분해야 한다. 셋째, 1907년 장로회 부흥에서 중심지인 평양과 변두리인 서울의 차이 고려. 넷째, 한국인 기독교인들의 반응과 운동 전개.

민중신학은 비정치화를 강조하지만 이는 일면만 본 것이다. 평양 부흥의 긍정적 결과로 복음주의 영성 형성, 문명개화와 민족운동에 기여, 한국적 기독교의 토착화, 급성장을 통한 한국 개신교의 기원이 된 점이 거론된다. 그러나 부흥회를 거치면서 비정치화되고 일제에 협력하면서 외형 성장과 물질주의로 경도되는 현실 도피적이고 비민족적인 교회가 된 부정적 결과도 발생했다. 김용복, 서남동 등 1세대 민중신학자들에 이어 2세대 민중신학자들은 평양 부흥을 보수주의의 뿌리요 초석적인 사건으로 보고 한국전쟁과 유신체제를 거치면서 개신교가 힘 숭배, 성장주의, 배타적 도덕주의, 친미, 반공의 길을 걷게 되었다고 주장한다.[152] 하지만 이런 해석에는 1907-10년이나 1911-23년의 역사에 대한 연구가 결여되어 있다. 1907년에서 중간 과정을 생략하고 바로 해방 후로 비약해서 건너뛰면 곤란하다.

평양 부흥에는 비정치화와 정치화가 혼재했고 양자가 아직 분화하지 않았다. 앞의 (2-a) 관점, 즉 한국인에 의한 부흥운동과 애국계몽운동의 결합에 주목해야 한다. 1907년도의 「대한매일신보」를 보면 예수교에 대한 긍정적인 기사와 논평을 계속 볼 수 있다. 1월 부흥 후 동경 유학생들이 조국을 위해 단지동맹(斷指同盟)을 하자 평양 교인들은 의연금을 모아 보냈

152 "평양 대부흥은 기독교 보수화 뿌리: 민중사학자들 좌담", 「경향신문」, 2007년 7월 5일.

고,[153] 선천의 신성중학교는 사범 과정을 개설하여 초등학교 교사를 배출해 평북 지역 국권회복 교육운동을 지원했으며,[154] 평양의 7세 어린이가 국권 회복 연설 후에 나라를 위해서 3일간 금식하자, 이를 성신 감화의 결과로 보도했다.

> 성신 감응: 평양 예수교회 중에 7세 어린이가 개신교주의와 시국 형편과 국가와 인민의 곤란한 정황을 원통하고 비참하게 여겨 연설하고 3주야에 먹고 자는 것을 중지하니 그 교회 중 여러 사람이 함께 말하기를 이는 성신 감응 때문이라 하니 대개 정성을 다하게 되면 신명이 감응하는 것은 당연한 이치니 평양 인민의 진심어린 신앙과 열심 진보는 실로 천지신명의 감응이 있는 것이며 한국의 문화를 새롭게 하는 것은 반드시 이에 기초를 두는 것이 확연이라 하노라.[155]

이 신문은 나라를 위해서 정성을 다하면 천지신명도 감응하고, 어린아이까지 구국 금식 기도를 하게 하여 어른을 깨우치므로, 부흥을 통해 국권 회복의 기초가 마련될 것으로 기대했다.

국채보상운동에 적극 나섰던 「皇城新聞」은 예수교인들의 의연금 참여를 칭찬했다. 이 신문은 인천 기독교인 부인들이 부흥운동 후 단연회(斷煙會)에 이어 국미적성회(鞠米積誠會)를 조직해 성미로 국채보상운동에 참여한 것을 칭송했다.[156] 부흥이 진행되던 의주에서는 부자 교인들도 보상운동에 참여하자 신문은 신학문을 하는 예수교라야 유익하다고 칭찬했다.[157] 철

153 "斷指同盟의 實況", 「대한매일신보」, 1907년 1월 22일.
154 "追想遞尹", 「대한매일신보」, 1907년 2월 8일.
155 "聖神感應", 「대한매일신보」, 1907년 2월 19일.
156 "夫人의 愛國誠", 「皇城新聞」, 1907년 3월 7일.
157 "義府多義", 「皇城新聞」, 1907년 3월 28일.

산의 정반석은 과부로 가난한 중에 10원을 국채보상에 의연금으로 바쳤다. 재령읍의 가구 수는 800 미만이었지만 신문과 잡지 구독 가구 수는 100을 넘었고, 그곳에 네 개의 학교가 세워졌으며, 재령읍에서 모아진 의연금도 수천 원에 달했다. 삼화 비석동교회는 국채 보상에 부녀자들이 패물과 식기와 비녀와 바느질한 옷을 팔아 30원을 기부했고, 남녀 학생들도 의연금을 바쳤으며, 국채보상을 해야 강토가 국토가 되며 국채 보상을 하지 못하면 매국적이라는 토론회까지 개최했다.[158]

이것이 대부흥을 겪은 교회의 실상이었다. 사실 평양의 최대 문제는 일제에 의한 토지와 주택의 강점이었다. 평양역 주변의 광대한 토지가 군용지로 수용당해 수천 명이 농지와 주택을 잃었고, 남문밖장로교회도 부지를 잃었다. 1907년 초에는 평양 강동군과 상원군 일대에 만주의 안동영사관 자작 오카베(岡部三郎) 영사가 목축장 건설안을 발표했다. 방대한 부지 안에는 교회만 15개가 있었다. 수만 명이 집을 잃고 수만 개의 묘지가 사라질 처지에 놓이자 주민들은 항의운동에 들어갔다.[159] 이 상황에서 한국 교회가 비정치화했다고 보는 것은 단선적 해석에 불과하다.

1909년 백만인구령운동 때 신비파 남감리회 선교사들과 서울의 문명파 선교사들이 일시적으로 결합했지만, 일제 총독부는 한국인 교인들을 정치 집단으로 보았다. 1911년에 105인 사건을 조작해 서북 교회를 핍박한

---

158 "三和港 碑石洞 耶蘇教 信人들이 國債報償에 對ᄒᆞ야 爲先 夫人班列에셔 忠憤心이 激起ᄒᆞ야 放賣 銀飾佩物ᄒᆞ며 或賣食鼎器皿 或賣月子等物ᄒᆞ며 或賣針工洗衣 等雇ᄒᆞ야 爭相義捐ᄒᆞᄂᆞᆫᄃᆡ 現額이 金三拾餘圓에 達ᄒᆞ얏고 ᄒᆡ教會 小學校 男女生徒들 各其父兄의 或一個月 或二個月 學費請求ᄒᆞ야 義金 募集ᄒᆞᆫ 거시 現額이 金二拾餘圓에 達ᄒᆞ얏ᄂᆞᆫᄃᆡ 待其優收ᄒᆞ야 都合上 送코ᄌᆞ 姑爲封留ᄒᆞ고 男女 學徒들이 三路通街나 市場에 日三出往ᄒᆞ야 國債報償 然後에 大韓 彊土가 爲韓民土地란 問題와 爲國臣民者 不報國債면 近於賣國賊 一例이란 問題로 互相演說ᄒᆞ야 激起民志ᄒᆞ얏다더라"("爲國皿誠", 「대한매일신보」, 1907년 4월 24일).

159 "西民將訴", 「대한매일신보」, 1907년 2월 20일. 참고. 오카베는 의주에 삼림회사 기지를 설치하려고 했다("森林會社基地", 「皇城新聞」, 1907년 5월 16일).

것은 부흥운동이 가장 강했던 그 지역의 교회가 정치화되어 있었기 때문이었다.[160] 교육령도 서북의 선교 학교들을 대상으로 했다. 그 결과 교회와 기독교 학교는 1919년까지 쇠퇴했다. 또한 만주로 간 이동휘의 예에서 보는 것처럼 부흥과 민족운동이 결합된 기독교가 간도에서 꽃피기 시작했다. 제1차 세계대전의 영향으로 세대주의 종말론이 들어오고 근본주의가 유입되기 시작하면서 교회가 비정치화되는 흐름도 만들어졌다. 그럼에도 교회는 3.1운동에 적극 참여했는데, 따라서 1919년까지 교회가 비정치화되었다고 보기 어렵다.

한편 비정치화된 부흥운동과 대비하여 3.1운동에 참여한 결과로 1920년대 초에 교회가 성장했다는 해석은, 1) 3.1운동에 적극 참여한 북감리회가 1920년대에 쇠퇴한 이유, 2) 참여하지 않은 천주교나 소극 참여한 불교의 성장 이유, 3) 소극 참여한 남감리회의 소폭 성장, 4) 적극 참여한 북장로회의 급성장, 5) 3.1운동에 반대한 조합교회의 몰락, 6) 적극 참여한 동학의 쇠퇴 등을 일관성 있게 설명하지 못한다. 이들 여러 집단 중 북장로회의 급성장에서는 3.1운동 참여 여부가 아니라 다른 요인 곧 김익두의 부흥운동이 중요한 요인이었다. 1920-23년 통계에서 한국교회 전체가 성장한 점만 보면 3.1운동의 결과로 오해할 수 있으므로 조심해야 한다.

이상의 논의를 요약해보자. 평양의 도교적 기독교 영성이 한국(장로)교회의 주류를 형성했고 그 중심에 도교(선도)에서 개종한 길선주의 영적 지도력(설교와 기도)이 있었다. 19세기 말에서 20세기 초 평양의 선도 수행자들에게 일어난 미미한 영적 지각 변동은 한국 전역에 파문을 일으키며 번져가서 한국교회의 복음주의 영성을 형성했을 뿐만 아니라 한국 종교의 전체 지형을 변화시키는 엄청난 파급 효과를 일으켰다. 일군의 도교인

---

160 옥성득, "기독교 민족주의와 105인 사건", 「기독교사상」(2019년 7월): 185-196.

들—송인서, 김종섭, 길선주, 김성택, 옥경숙, 정익로, 이재풍, 김찬성 등—은 청일전쟁 전후에 개종하고, 평양 장로교회의 첫 지도자들이 되었으며, 1907년까지 대부분 장로나 목사로 안수를 받았다. 이들에게 일어난 작은 지각 변동은 이후 북한 개신교의 급성장과 부흥운동, 나아가 한국교회의 성장과 부흥에 영향을 미쳤다. 길선주의 개종은 복음주의가 강조하는 중생 체험이 뚜렷한 전형적인 사례였다. 그러나 1895년 청일전쟁 후 그의 개종 체험은 부흥운동 당시 한국인들의 기독교에로의 개종이 과거 신앙과의 완전한 단절이 아니라, 무교-선교-불교-유교로 발전되어온 한국인의 종교성이 근대 종교인 개신교를 수용함으로써 보다 완전한 종교로 성취되는 연속성을 유지하는 진화 과정을 보여주는 사례였다. 동시에 그의 개종 동기였던 도교적 개인 구원관을 극복하는 대안으로서의 기독교의 사회 구원관은, 당시 북미 개신교의 근대 복음주의가 가졌던 기독교 문명론이 민족적 위기 속에서 근대 자주 국가 형성을 모색하던 한국 사회에 접목된 사례를 예시했다.

길선주가 중심이 되어 도교에서 기독교로 토착화한 새벽기도와 통성기도는 1910년 이전에 거의 한국교회에 정착하기 시작했는데, 사적인 소원을 빌었던 도교의 칠성신 새벽기도나 다른 기도와 비교하면 개신교의 기도는 민족의 위기 앞에서 교회와 민족 공동체를 위한 공공성을 지니고 있었다. 1907년 대부흥운동은 한국 개신교의 무게 중심과 지도력을 평양으로 고정시켰고, 이후 개신교의 주류는 해방 이전까지 평양을 중심으로 한 북한에 있었다. 물론 부흥운동 이전부터 개신교인의 대다수가 북한 지역에 있었지만, 대부흥운동 결과 평안도와 황해도 출신을 중심으로 한 한국인 목회자 군이 형성되면서 개신교 주류는 북한으로 넘어갔고, 길선주의 영적 지도력은 그 흐름을 고정시키는 교회사적 의미가 있었다. 동시에 개신교에서 평양 지도력의 우위 확보는 한국사에서 500년간 조선 왕국에서 그 지도력을 행사해 온 서울 양반층과는 다른 새로운 지도층의 형성이라는 사회사적 의미가 있었다.

한편 평양의 도교 영성의 기독교 토착화에는 개인 구원 중심으로 축소될 위험성이 내포되어 있었다. 그것은 정미년 대부흥운동의 주역 길선주에게서도 드러났다. 1907년 7월에 고종이 강제 퇴위된 것을 계기로 전국에서 정미 의병이 분연히 일어난 게릴라식 항일 투쟁에 나서자, 길선주는 기독교인들의 참여를 반대했다. 그는 "권세는 하나님께서 부여하신 것이다"(롬 13:1)는 성경 구절을 근거로 한 선교사들의 정교 분리 원칙을 수용했는데, 이는 실제로는 일본 통감부에 대한 충성을 의미했다.[161] 불의한 정권에 대한 이러한 지지는 이후 민족적 과제에 대한 예언자적 목소리의 상실이라는, 한국교회가 극복해야 할 근본 문제를 고착시키는 시발점이 되었다.

그러나 이 장 마지막 부분에서 다룬 부흥 해석사에서 밝혔듯이, 1907년 부흥 후의 한국교회는 민족 현안에 대해 적극적으로 참여한 애국적인 정체성을 유지했다. 비정치화로 나아가는 모습은 105인 사건 이후 총독부의 무단정치가 강화되고 1913년부터 세대주의 종말론이 적극 소개되면서 나타나기 시작했다. 그러나 105인 사건 때 투옥되었던 서북 기독교인들이 1919년 3.1독립운동을 지역별로 주도한 사실에서 보듯이 서북 지역의 기독교 민족주의는 대부흥운동 이후 비정치화되지 않고 활발하게 살아 있었다. 정치적으로도 한국 기독교는 한국 민족의 고난과 함께 하며 독립을 위한 투쟁에 적극 참여했다.

---

161 *ARBFMPCUSA for 1908*, 269.

**[사진 87] 길선주 목사, 1911년**[162]
장남 길진형이 105인 사건으로 투옥된 후의 모습이다.

162 Sherwood Eddy, *New Era in Asia* (New York: Missionary Education Movement of the United States and Canada, 1913), 72. 함석 우수관이 설치된 대리석 벽돌 건물의 숭실대학 앞에서 멋진 수입품인 검은 우산을 들고 흰 한복 두루마기에 갓을 쓴 길선주 목사의 모습은 한국화된 개신교의 상징이었다.

# 결론

## 한국적 기독교의 토착화

사람들은 한국은 근대 선교의 기적이라고 불러왔다. 현재 약 30만 명에 가까운 교회 공동체의 급속한 성장, 한국 환경에 일찍 귀화한 기독교, 그리고 독특하고 독창적인 민족적 형태의 표현은 기독교 세계가 관심을 기울이도록 도전해왔다.

존스, 1912년[1]

1 G. H. Jones, "Presbyterian and Methodist Missions in Korea," *International Review of Mission* 1, no. 4 (September 1912): 412.

세계 기독교는 문화와 민족과 국가와 종교의 경계를 넘어 이주를 계속한다. 20세기 초 개신교의 한국화에 대한 연구는 태평양을 건너온 영미계 기독교의 전달뿐만 아니라, 중국화된 개신교가 황해와 압록강을 건너 한반도에 확산된 역사도 고려해야 한다. 중국 개신교는 한국으로 전달되기 이전에 두 세대에 걸쳐 다양한 유럽과 북미의 요소를 축적했다는 사실을 유념해야 한다. 하지만 이러한 다각도의 문화화 과정을 고려할 때, 한국 기독교인의 능동성(agency)을 밝히기 위해서 세 번째 통합, 곧 한국 종교와의 접목도 면밀히 조사해야 한다. 이 책의 주 논지는 초기 한국 개신교는 선교사와 한국인이 전통적인 한국 종교 문화, 중국 개신교, 영미 개신교를 통합해서 만든 특별한 혼성체였다는 것이다. 이를 그림으로 표시하면 다음과 같다. 이 혼성물을 구성한 세 개의 주요 요소는 한국 종교, 영미(미국·캐나다·호주·영국) 개신교, 중국 개신교였으며, 세 개의 부수적 요소는 영국 성공회, 프랑스 천주교, 일본 종교였다. 그러나 1910년 이전에 일본 기독교의 영향은 크지 않았다.

[도표 3] 혼종체 한국 개신교의 구성

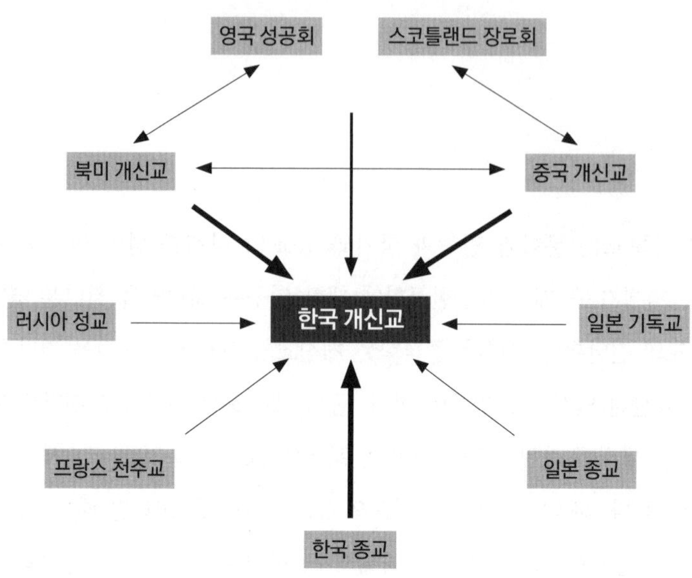


이 책의 서론은 식민지 시기 이전인 1884년에서 1910년까지 개신교 선교사와 한국 기독교인이 생산한 한국 종교에 대한 담론과 북미 선교사들과 한국 종교 간의 초기 만남에 대한 비판적인 탈식민주의의 거대 담론을 살펴보았다. 이 두 분야를 분석하면, 한국 개신교의 첫 세대가 가졌던 타종교에 대한 태도와 한국전쟁 이후 해석사가 가진 편견의 발전 양상을 이해할 수 있고, 동시에 지금은 잊힌 한국 종교와 영-미-중 기독교 간의 유의미한 만남들을 통한 상황화의 지층을 확인할 수 있다. 이 숨겨진 유산은 지층 안에 화석으로 굳어진 것도 있지만, 원석처럼 가공을 통해 빛나는 보석으로 사용될 수도 있다. 앞에서 살펴본 한국 교회사의 여러 유동적이고 출렁이는 지층에 살아 있는 전통들은, 1세대 북미 선교사들과 한국 기독교인들이

전통 종교를 파괴한 십자군이요 문화 제국주의자였다는 고정 관념에 도전한다. 본론의 여러 장들은 중국 개신교라는 매개를 통해 영미 기독교가 한국에서 현지화한 역사를 강조했다. 1919년에 브라운 총무가 초기 내한 개신교 선교사들을 비판하면서 쓴 일종의 패러다임이 된 풍자—그들이 매우 보수적인 선교사요 한국 기독교인들은 그 모방에 불과하다는 평가—를 이후 보수파는 자신의 근본주의 입장을 정당화하기 위해서 거듭 사용했고, 자유파는 반선교사 입장을 정당화하기 위해서 이를 인용하며 비판했다. 그러나 보수파와 진보파의 양극단적인 해석이나 '매우 보수적인 초기 선교사'라는 오용된 말은 초기 한국 개신교의 신학적 좌표를 제대로 확정하지 못한다. 초기 개신교를 한국 종교의 파괴자로 매도하는 역사적 편견은 토착적인 한국 기독교를 창출하려고 노력했던 다양한 노력을 보여주는 역사적 증거들과 양립할 수 없다.

## 1. 태평양 횡단 확산: 북미 복음주의의 전파

18세기에 교육을 잘 받은 기독교인은 거의 선교사가 되지 않았다. 1813년까지 개신교 선교사들은 주로 농민과 장인 계급 출신의 독일인이었으며, 영국인이 후원금을 지불했다. 천주교의 경우 19세기 해외 선교사의 2/3가 프랑스인이었는데, 프랑스혁명 이후 트리엔트 공의회(1545-63) 유형의 엄격한 영성을 지닌 20대 시골 청년들이 한국에 와서 순교했다. 그러나 19세기 말에는 새로운 유형의 선교사들이 등장했다. 북미 개신교가 한국에 파송한 선교사들은 대학이나 신학교 또는 성경학교를 졸업한 엘리트들이었다. 사회적으로 그들은 선교 기금을 지원한 앵글로색슨 백인 중산층의 자본주의와 도덕적 가치에 영향을 받았다. 문화적으로 그들은 과학 기술을 포함한 서구 '기독교 문명'의 우월성을 확신했다. 해외에 거주하는 동안 그들은 치외법권과 서구 제국주의의 깃발 아래 보호를 받았다. 여성 선교사의 증가는 이 새로운 유형의 선교사의 또 다른 특징이었다. 20세기 초 독신 여성을 포함한 여성 선교사의 수가 남성 선교사보다 더 많았다. 여성 선교사들은 빅토리아 시대의 가정을 중심으로 하는 여성관을 포기하지 않았지만, 선교 학교와 병원에서 독신 직업인으로 일하는 독립적인 여성 선교사의 존재는 한국 여성의 교육과 여권 신장에 혁명적인 변화를 일으켰다. 주류 북미 교단 장로회와 감리회 출신의 교육을 잘 받은 선교사들이 한국 개신교 선교회들의 절대 다수를 차지했다. 1910년까지 미국의 남북 장로회와 남북 감리회 선교부가 한국에 파송한 선교사는 재한 개신교 선교사의 80% 이상을 차지했다. 그들은 19세기 말에서 20세기 초에 발생한 미국 기독교, 곧 공격적인 행동주의, 사회 개혁과 해외 선교 운동에서의 초교파적 연합, 천년왕국설, 민주주의적 지향성 등을 특징으로 하는 북미 복음주의가 전 세계로 확산된 물결의 일부였다. 1910년까지 내한한 개신교 선교사 중 55% 이상이 미국의 초교파 해외선교운동을 일으킨 미국신학교선교연맹과 대학교의 해외선교학생자원봉사운동에 의해 선교 지망생이 된 자들이었다. 한국에 오기 전에 그들은 신속하게 땅끝까지 복음을 전하는 세계 선교 운동이 그리스도의 전천년설적 재림을 앞당길 것이라고 믿었다. 신학적으로 그들은 동아시아 종교에 대한 기독교의 우월성을 확신했다.

그러나 선교사들의 인종, 종교, 문명에서의 우월감은 한국 선교 현장이라는 새로운 상황에서 조정과 적응의 과정을 거쳐야만 했다. 예를 들면 윤치호는 1902년에 새로 도착한 남감리회 선교사 저딘(Joseph L. Gerdine)의 아랫사람을 다루는 듯한 온정주의와 인종주의를 비판했다.[2] 그러나 시간

2 윤치호, 『윤치호 일기』, 1902년 12월 4일.

이 흐르면서 저딘은 한국어와 한국 문화를 배웠고, 1903-08년 부흥운동의 지도자가 되었으며, 1913년에 조작된 조선음모사건(105인 사건)으로 수감된 윤치호를 비롯한 한국인 기독교인들을 위한 변호사로서 봉사하는 인물로 변화해 나갔다. 선교사들이 가진 민주주의적 성향 때문에 그들은 현지인들의 필요에 민감하게 반응했다. 무엇보다 19세기 말과 20세기 초 타종교에 대한 복음주의 선교 이론은 온건한 성취론을 받아들일 수 있는 개방성이 있었는데, 성취론은 타종교에도 진리가 존재하며 계시의 흔적이 있다고 인정했다.

한국의 개신교 선교사들은 엘린우드, 브라운, 레너드와 같은 신학적으로 온건하고 초교파적인 선교 기구의 중도 노선의 지도자들이었던 장로교와 감리교 선교부 총무들의 지도와 조언을 받았다. 재한 복음주의 선교사들은 아펜젤러, 존스, 헐버트, 언더우드, 게일, 마페트, 엥겔처럼 선교에 대한 보수적이고 진보적인 접근 방식을 유연하게 통합했다. 그들은 개인 구원과 사회 개혁, 개인 성결과 사회 성결, 전천년설의 긴급성과 후천년설의 총체적 접근, 정통 교리와 정통 실천을 결합하고 양자의 균형을 유지하려고 노력했다. 복음화에서 실용성과 효과는 원칙과 교리만큼 중요했다. 종교의 타락과 성취라는 개념이 그들의 관점을 형성했는데, 그들은 그 두 관점으로 한국 종교 안에 있는 이교성을 이해했다. 기독교 비교종교학 분야에서 가장 영향력이 컸던 책은 학생자원운동이 교재로 사용한 그랜트(G. M. Grant)의 『세계 종교』(*The Religions of the World*, 1895)였다. 게일과 존스와 같은 지도적인 선교사들은 하ᄂᆞ님을 기독교의 하나님으로 만들고 확정하기 위해서 성취론을 적극적으로 활용했다. 본질적으로 재한 북미 선교사들은 엄격한 보수주의자나 전투적 근본주의자가 아니라, 온건한 주류 복음주의자들이었다.

## 2. 황해 횡단 확산: 중국 개신교의 수용

1장, 4장, 5장, 6장은 한국 개신교 형성에 미친 중국의 영향을 강조했다. 중국 개신교의 한국 확산은 다른 세계 종교(불교와 유교)가 전파된 통로를 따랐는데, 이는 중화주의를 중심으로 하는 동아시아 세계의 전통적인 문화 전파 유형이었다. 천주교도 베이징-서울의 북경로를 통해 한국에 왔다. 그러나 중국에서 한국으로 전파된 개신교는 이전 종교들과 달리, 1876년 개항 이후 지푸-제물포, 상하이-나가사키-부산의 노선을 따라 운행된 기선의 속도만큼 가속화되고 물량도 증가했다. 특별히 중국과 일본의 근대 출판 문화는 개신교의 전파를 용이하게 했다. 조선에서 천주교는 아시아에서 제국을 확장하던 프랑스의 종교로서 무부무군의 종교로 낙인이 찍히고 한 세기 동안 심각한 박해를 받았기 때문에 비록 충효나 정절과 같은 유교적 가치는 실천했으나, 한국 종교와 의미 있는 토착화를 위한 협상에 나서지 못했다. 반면 개신교는 근대화, 국가 건설, 인민 계몽을 위한 미국의 종교로 수용되었다. 한국인들의 일반적인 반일 감정과 중국의 정치적 영향력이 확대된 1883-94년의 12년 동안 중국 개신교는 한국인 개종자와 미국 선교사들에 의해 한국에 적극 수입되었다. 수많은 중국 기독교 소책자와 서적을 한국에서 사용했으며, 이후 수십 년간 중국의 선교 방법과 정책이 수용되어 정착했다. 즉 동일 한자 문화권인 중국에서 두 세대 동안 토착화된 개신교가 한국에 유입된 점은 다른 선교지에서 발견하기 어려운 초기 한국 선교의 장점이자 특징이었다.

한반도로 넘어온 중국의 선교 문서와 선교 정책과 선교 방법은 북미 복음주의 선교회들을 도와 풍성한 열매를 맺었다. 선교사들의 망조직, 선교대회, 한국에 거주하는 젊은 선교사들에 대한 노련한 재중 선교사들의 멘토링, 상호 방문 등을 통해 중국 기독교의 생산품이 한국으로 넘어왔다.

중국에서 개발된 선교 정책과 선교 방법은 재한 선교사들에게 현장에서 일할 수 있는 작업 도구가 되었다. 1장과 4장에서 설명한 것처럼, 천주교의 전례 논쟁, 개신교의 용어 논쟁, 그리고 1877년, 1890년, 1907년에 개최된 상하이 선교대회의 토론과 결정은 한국의 선교 정책 수립에 큰 영향을 미쳤다. 중국의 상제 관념은 중국인의 원시 종교가 유일신교였음을 보여준다는 레그, 로스, 마틴 등 진보적인 선교사들이 주장한 이론을 근거로 한국의 영미 선교사들은 기독교 유일신인 하ᄂᆞ님이라는 용어를 발명했다. 한국 민속 종교의 최고신인 하느님은, 1893년부터 10년간의 용어 논쟁을 거친 후, 신조어인 삼위일체 유일신 하ᄂᆞ님으로 재탄생했다. 재한 복음주의 선교사들은 천주교의 천주와 구별되는 하ᄂᆞ님을 개신교의 하나님으로 만장일치로 수용했다. 장로교인들은 자급, 자전, 자치하는 토착적인 한국교회를 세우기 위해서 네비어스-로스 방법을 채택했으며, 감리교인들은 매클레이-가우처-올링거의 총체적 기독교 문명 방법을 지지했다. 그러나 전도, 교육, 의료, 문서, 여성 사역이라는 5대 선교 사업에 협력하기 위해서 선교사들은 이 두 가지 선교 방법을 적절히 종합했으며, 상황에 따라 변용해 나갔다. 예를 들면, 두 선교회는 몇 년간의 토론을 거친 후 학습교인 제도를 강화하고 세례 후보자에게 제사, 무당 굿, 주색잡기, 처첩제를 금지하는 정책을 채택했다. 3장에서 보았듯이 네비어스는 선교 방법에만 중요한 기여를 한 것이 아니라, 선교 이론에도 큰 영향을 미쳤다. 곧 산동의 귀신들림과 축귀에 대한 네비어스의 연구서는 유사한 종교 문화를 가진 한강 이북에서 무당의 샤머니즘 치병굿과 판수의 축귀 의식을 대신하는 전도부인에 의한 기독교식 축귀 의례를 가능하게 하는 촉매제가 되었다.

5장에서도 중국 기독교의 영향이 선교회와 지역에 따라 다르게 나타났으며, 1905년 이후에는 서울을 중심으로 서양식 건물이 증가했다고 정리했다. 예배당 양식 가운데 남녀석 분리를 위한 ㄱ자 형태나 휘장도 중국에서 왔다. 예배당의 위치 선정과 관련해서 지역 주민의 풍수 사상과의 갈등 양상은 중국에서도 빈번히 일어난 일이었다.

6장은 초기 한국 개신교가 거의 모든 문서와 서적을 중국에서 수입해서 사용했음을 지적하고, 그 영향을 분석했다. 고품질의 한문 서적과 소책자들은 한국에서 바로 사용될 수 있었다. 문화적으로 비슷한 한국에서 중국 문화와 종교에 적응된 그 문서들은 매우 효과적인 전도 도구요 신학 교재였다. 따라서 재한 선교사들은 스스로 전도 문서를 저술할 필요를 느끼지 못했다. 한문 전도 소책자와 그 한글 번역본은 한국인들에게는 기독교 입문서였지만, 젊은 재한 선교사들에게는 한국어와 동아시아 문화와 종교를 배우는 교재였다. 중국의 소책자와 서적을 연구하고 번역하는 과정에서 젊은 선교사들은 한국 종교에 대한 진보적인 태도를 취하기 시작했다. 레그(James Legge), 마틴(William A. P. Martin), 파베르(Ernst Faber), 로스(John Ross)와 같은 중국의 진보적 복음주의 선교사 학자들이 재한 선교사들에게 영향을 주었다. 보수적인 선교사 작가인 존(Griffith John)도 유학자 계층을 위해서 쓴 후기의 책에서 온건한 성취론을 채용했는데, 초기 한국 선교는 그의 소책자를 널리 사용했다. 마틴의 『천도소원』(1854)은 유학 경전을 읽고 성장한 교육 받은 한국인 기독교인 계층에게 가장 큰 영향을 준 한문 서적의 하나였다. 한문으로 된 성경, 전도 소책자, 찬송가, 변증서, 비교종교서, 신학서 등이 한글로 번역되거나 한문 그대로 사용됨으로써 한국 선교는 단시간에 양적 성장을 이룰 수 있었으나, 자기 신학을 위한 저술과 신학적 작업은 상대적으로 무시됨으로써 질적 성숙에는 장애가 발생했다.

이 책에서는 다루지 않았지만 한국 개신교의 형성에 큰 영향을 준 다른 중요한 중국 기독교 문서는 중국선교백주년기념성경주석서, 한문 설교집, 예식서 등이었다. 이런 문서들을 통해 초기 한국 개신교는 중국 개신교의 용어와 신학 개념을 수용했는데, 한국 개신교와 중국 개신교 간의 언어-신학적 연속성은, 초기 근대 한국에서 일본의 과학(특히 의학)과 일반 학문 용어를 수용함으로써 발생한 한일 간의 언어-이론적 연속성과는 완전히 상이한 현상이었다. 이 차이는 일본 식민주의에 대항하는 한국 기독교 민족주의의 형성에 부분적으로 기여했다. 초기 한국 개신교의 신학의 주류(主流)는 영미 복음주의였으며 진보적인 개신교 복음주의가 해방 이전까지 강력한 저류(低流)로 흐르면서, 1910년 이후 등장한 신류(新流)인 자유주의 일본 신학과 대결했다.

## 3. 한국 종교와 혼종: 한국 개신교 형성

한국 개신교의 가장 중요한 통합은 북미 복음주의와 중국 개신교와 한국 종교에 있는 동질적 접촉점의 삼중 융합이었다. 이 역동적인 통합은 조선이 망하고 신유학이 국가 이데올로기의 지위를 상실하던 대전환기를 배경으로 독특한 한국 개신교를 형성했다. 제국주의가 판을 치던 세기말의 묵시론적 용광로에서, 한국인의 종교 사상과 영성의 깊은 지층에 있던 광맥에서 채굴한 광석은 제련, 정화, 연화, 주물의 과정을 거쳐 영미-중국 개신교와 융합되었다. 이전의 모든 장들이 이러한 통합의 사례를 조사했지만 1장, 2장, 3장, 7장에서 한국 개신교 형성에 일정한 역할을 한 한국 고유의 요소들을 논의했다.

1장에서 검토한 신조어 하ᄂᆞ님의 계보에서, 1905년 경 서울에서 채택된 하ᄂᆞ님은 1880년대 심양에서 출판된 존 로스의 한글본의 하느님(하나님)과는 다른 새로운 삼중 의미—초월성·위대성·유일성—를 획득한 용어였다. 로스의 하느님은 국경 무역에 종사하던 한국인 상인들로부터 채용한 것으로 고대 중국의 원시 유일신으로서의 상제 이해에 기초한 중국 개신교의 한문 용어인 上帝와 동등어인 한국의 고유 토착 신명이었다. 반면 1904년 이후 서울에서 공인본 한글 성경에 사용한 하ᄂᆞ님은 한국의 샤머니즘·불교·도교의 신관이 채색된 건국 신화인 단군 설화에 대한 헐버트와 언더우드의 연구, 그리고 게일과 주시경의 한글 어원과 맞춤법과 사전 연구에 근거를 두었다. 헐버트를 비롯한 선교사들은 단군이 환인-환웅-단군 삼일신의 제3위의 신인으로서, 신의 계시를 통해 하늘의 유일신 환인 하나님을 숭배한 첫 한국인 종교인이며, 한국인들은 여전히 그 유산과 잔존물을 유지한다고 생각했다. 선교사들의 이 혁신적이고 자유로운 신학적 해석 뒤에는 하ᄂᆞ님을 개신교 용어로 사용하자는 한국 기독교인들의 일관된 주장이 있었다. 중국의 상제가 문서에만 남아 있는 죽은 전통을 살리려는 노력이었다면 한국의 하ᄂᆞ님은 한국 민중의 영성 속에 살아 있는 신앙을 되살리는 용어였으므로, 한국인의 영혼에 파고 들어가 종교심의 불꽃을 재생시켰다.

한국 개신교의 신조어 하ᄂᆞ님에는 다음과 같은 고유한 요소가 존재했다. (1) (유교 고전의 상제와 유사한) 원시 유일신론, (2) (한문 상제와 달리) 당대에 살아 있는 유일신론의 흔적, (3) 새로운 어원적 의미인 삼위일체론적 유일신성. 이는 하ᄂᆞ님이 가진 원래 어원 요소인 '하늘'의 초월성에 위대성과 유일성의 의미를 추가하되, 단일성이 아닌 삼위일체적인 유일성으로서의 '하나'를 더한 것이었다. 이 고대성과 근대성의 결합은 일반 한국인뿐만 아니라, 1908-10년을 전후하여 종교 구국론의 민족주의자들에게도 영감을 주었다. 그들은 나라의 독립을 위해서 새로운 민족 종교를 조직하고 단군의 하ᄂᆞ님을 자신들의 하나님으로 채택했는데, 개신교의 하ᄂᆞ님 창출 방법론을 모방하여 단군의 하ᄂᆞ님(한울님)에 근대성인 유일신 사상을 가미했다. 따라서 그들이 주장하듯이 개신교가 민족 고유의 하ᄂᆞ님을 훔친 것이 아니라, 민족 신종교들이 개신교의 신조어를 차용해 간 것이다.

한편 지식인 계층을 위한 한문 기독교 문서에 중국의 용어인 上帝가 사용되고 일반인을 위한 한글 문서에는 하ᄂᆞ님이 사용되는 두 용어의 공존 현상으로 인해, 한국 천주교가 중국 천주교의 용어인 天主를 수용한 사례와 동일하게 한국 개신교에서도 중국 기독교의 문화와 신학이 지속적으로 영향을 미쳤다. 그러나 하ᄂᆞ님/하나님이라는 본토 순한글 용어는 한국 복음주의 개신교가, 天主/텬쥬를 사용하는 천주교 및 성공회와 차별되는 정체성을 유지하도록 했을 뿐만 아니라, 上帝/神을 사용하는 중국 개신교와 神/かみ를 사용하는 일본 기독교와도 차별되는 고유한 정체성을 갖도록 했다. 초기 선교사들은 나아가 동아시아 종교를 이해하는 개신교의 신론적 패러다임을 한국에 적용하여, 비록 불교와 도교와 샤머니즘의 영향으로 고대의 원시 유일신론이 타락했지만 기독교가 그 타락한 부분을 정화하고 원래의 유일신 신앙으로 회복할 수 있다고 주장했다. 그들은 개신교가 한국 종교의 결함을 치유하고 완성하기 위해서 한국에 왔다고 선언했으며, 애벌레가 나비로 변태 우화(羽化)되듯이 샤머니즘의 최고신인 하느님 신앙은 기독교 유일신인 하ᄂᆞ님 신앙으로 변화할 수 있다고 변증했다.

2장은 기독론의 핵심에 있는 십자가를 한국의 예언과 종말론 전통은 어떻게 해석하고 수용했는지를 토론했다. 1910년까지 네 개 집단이 십자가를 서로 다른 종말론과 구원론의 상징으로 해석했다. 십자가는 천주교인에게는 종교적 순교와 영혼의 내세적 구원, 개신교인에게는 속죄 구원의 방법과 현세 환란기의 피난처, 친일 문명론자에게는 일본의 제국 문명에 의한 구원과 번영, 기독교 민족주의자에게는 독립을 위한 정치적 순교를 의미했다. 첫째, 천주교는 한 세기 동안 박해 속에 십자고상을 수난과 순교의 영성으로 수용했다. 그곳에는 로마 정부에 의해 처형된 예수처럼 조선 정부에 처형된 순교자들이 겹쳐졌다. 둘째, 1894년부터 1910년까지 역사상 유례가 없는 국가 위기 속에서 일부 한국인 기독교인들은 성경 구절과 예수의 십자가 형상을 참조하여 정감록이 예언한 새 왕조를 창건한 메시아에 대한 풍수도참적 예언을 해석하되, 전통적인 파자의 방법을 이용했다. 토착적인 묵시록 문학의 수수께끼 같은 해결되지 않던 구절에 대한 기독교의 규범을 넘어서는 새로운 수사학은 대환난 후에 왕조의 교체와 개벽된 신천신지를 기다리던 종교 집단들과 전쟁, 기근, 역병, 관리의 가렴주구에 억눌리던 가난한 민중에게 호소력이 있었다. 사회학자들이 주장하듯이 민중은 사회경제적 이유만으로 교회에 출석하는 것은 아니다. 때때로 그들은 더 강력한 종교적 요소나 파자(破字)를 통한 설득력 있는 천기누설적 예언 풀이의 단서가 주어졌을 때, 메시아 왕국의 출현에 관한 예언이 기독교에 의해 성취되었다고 믿고 개종했다. 그들은 기독교 성서의 구절과 십자가의 상징을 구왕조의 개벽을 상상하는 한국의 천년왕국설인 정감록의 예언 구절과 혼합시킬 때 전통적인 파자법을 채용했었다. 1899년부터 1910년까지 전염병(백마), 전쟁(적마), 기근(흑마), 사망(녹마) 등 4종의 묵시적론 말을 탄 자들(계 6장)이 지나간 경기, 황해, 강원도 북부 지역의 사람들에게 논리적으로 타당하지는 않지만 강력한 호소력이 있는 예언 풀이는 많은 농민들에게 충분하고 강력한 개종 동기를 부여했다. 그들은 구세주인 예수가 정감록의 십승지지와 궁궁을을의 예언을 성취하기 위해서 한국에 왔다고 믿고, 그것을 상징하는 붉은 십자기를 교회 마당 깃대에 게양했다. 세 번째 십자가는 러일전쟁 때 한반도에 진출한 일본군의 적십자병원이 사용한 적십자로, 이는 곧 일본의 군사력을 뒷받침하는 서구 과학 물질문명의 상징이었다. 한국의 친일 지식인들은 일본의 문명적 시혜를 누리기 위해 일본의 식민 통치를 수용했다. 이는 일본 제국주의가 내세운 동아주의 구원론이었다. 넷째, 한국인 기독교 민족주의자들은 의병 운동을 통해 국제 공법과 천도인 기독교의 이름으로 일본의 제국적 침략을 심판하기 위해서 십자가를 내세웠고, 체포되어 십자가 틀에 매달려 피 흘리며 총살당했다. 세 번째 친일 적십자기가 영광의 십자가였다면, 네 번째 항일 십자가는 수난의 십자가였다. 이 두 개의 친일(번영과 영광)과 항일(수난과 처형)의 십자가 사이에 개신교회가 게양한 십자기가 있었다. 이는 전쟁과 혁명에 반대하는 십자기였지만, 재산과 생명을 지키는 현실적 욕망을 지닌 십자기였고, 동시에 민족 독립을 염원하는 십자기였다. 선교사들은 부흥의 열기로 그 깃대를 없앴지만, 한국 교인들은 마음속에 십자기와 태극기를 걸고 개인 구원과 나라 구원을 위해 뜻을 모았다.

3장에서 살펴보았듯이 한국 개신교의 성령론과 귀신론은 신약에 나오는 예수의 축귀 치유 이야기를 한국 샤머니즘의 치병굿과 통합했다. 모든 한국 종교 경험의 기층에 놓여 있는 샤머니즘은 휴화산처럼 보이지 않게 용암을 달구면서 다른 종교들과 혼합주의적 관계를 통해 생존했다. 이 유형은 믿음 치유와 번영 추구의 영성에서 개신교와 함께 지속되었다. 다른 한편 일부 북미 선교사들은 교회법과 합리적 지성주의에 어긋나는 전근대적 세계관인 한국 샤머니즘의 귀신론을 수용했다. 그러나 이는 복음주의의 성서 문자주의에 기반한 복음서에 나오는 축귀 이야기가 당대 한국 선교지에서도 기적적으로 일어난다는 은사 지속론과, 한국 현지 문화는 원시적인 상태에 정체해 있다는 선교사의 오리엔탈리즘이 조합되면서 만든 한국 종교 담론이기도 했다. 그 결과 일부 복음주의 선교사들은 근대 이성주의를 버리고 기독교 축귀 의식을 행하거나, 무당 출신 전도부인들에게 귀신들린 여성을 치유하도록 허용했다.

그러나 1910년대에 안수 받은 한국인 남자 목회자들이 증가하고 축귀까지 행하게 되면서 전도부인의 역할과 영적 권위도 낮아졌고 샤머니즘적 요소도 감소했다. 1920년대 초 부흥사 김익두 목사의 신앙 치유 운동에 대해서 그 지지자들은 이적증명회를 만들고 은사지속론을 헌법 조항에 넣으려고 했으나 실패했다. 사회주의자들과 청년 세대는 김 목사의 부흥회와 치유 사역을 비과학적인 무당의 미신적 행위로 비난했다. 총독부는 그의 기적적인 치유 사역을 불법적인 무면허 의료 행위로 벌금형에 처했는데, 이는 집회 때 모금한 헌금이 상하이 임시정부의 독립 자금으로 흘러들어 간다고 의심했기 때문이었다. 1920년대에 이러한 새로운 발전이 있었으나, 귀신을 쫓아내는 강력한 기독교의 성령의 힘 때문에 초기부터 일반인이 가진 기독교의 이미지는 영적인 힘의 종교였다.[3]

한국인이 기독교 메시지에 흥미를 느끼도록 만들기 위해서 1세대 북미 선교사들과 한국 지도자들은 기독교를 한국 사회와 종교를 변화시킬 예언자적 종교일 뿐만 아니라, 한국인의 열망을 성취시키는 종교로 제시했다. 그들의 주요 방법은 중국 기독교 문서 번역이었다. 그러나 한국교회는 한문 신학서들을 소화한 후 한국의 김치 맛이 나는 영적 음식을 요리하여 1897년에 창간된 첫 개신교 신문에 게재하기 시작했다. 이때 서울에는 교육 받은 기독교인 지도자와 작가의 한 무리가 형성되어 있었으므로, 그들은 기독교를 한국 종교라는 오래된 나무에 원기를 회복시키는 봄의 햇볕으로 그렸다. 그들은 기독교가 문명의 기술 과학적 측면인 나무의 잎과 가지를 새롭게 할 뿐만 아니라, 나무의 뿌리인 영적·도덕적 근거를 재활성시키는 것을 목표로 한다고 논술했다. 그들은 서구의 합리주의와 우상 파괴적 복음주의를 채용하여 귀신 숭배, 조상 숭배, 처첩제 등의 마른 가지를 잘랐다. 그러나 이 외부 정화와 전지의 다른 측면은 뿌리를 강하게 만들기 위해 땅을 파고 거름을 주는 것이었다. 그들은 하ᄂᆞ님에서 원시 유일신 사상을 재발견하고, 정감록의 예언을 재해석하고, 귀신 들린 자를 치유하기

3 정신 질환자에 대한 심리 치료는 1930년 세브란스병원에 정신병동을 설치한 호주 선교사 Charles I. McLaren 의사가 시작했고, 총독부 의원에서도 1920년대 정신과 환자 치료를 시작했으므로, 1910년대까지 정신 질환자나 귀신 들린 자의 치료는 교회의 축귀나 기도, 무당의 치병굿, 판수의 주문에 의존했다.

위해 기독교적 축귀 의례를 채택하고, 조상을 위한 추도회를 발명했으며, 영적 의사소통과 각성을 위해 토착적인 기도를 채용하여 기독교화했다.

이런 접촉점들로 인해 "기독교는 진리의 전차를 몰고 거대한 세계무대에서 삶의 핵심 안으로 들어갈 수 있는 위대한 관문을 구축했다. 이 접촉점들은 한국인으로 하여금 그 황금 전차를 타고 온 사자들을 알아볼 수 있도록 준비시켰다."[4] 물론 일부 한국인들은 기독교가 제공한 서구 문명의 혜택이나 선교사들이 소유한 정치경제적 힘에 매료되었다. 그러나 더 깊은 수준에서 한국인이 "서구의 위대한 종교를 환대한 것은 한국 종교와 대부분의 선교사의 종교 간의 접촉점에서 나왔다."[5] 물질적 자원이나 정치적 힘이 아니라, 영적 성취가 초기 한국 기독교 성장의 근본 원인이었다. 이 현지화 과정을 통해 서양 기독교는 한국 종교에 접목되었고, 신품종의 나무에서 토착적인 한국 기독교가 꽃을 피웠다.

한국 개신교의 나무에서 핀 꽃 가운데, 1900년대 부흥운동 기간 중 평양의 선도 기독교인들이 교회 프로그램으로 발전시킨 새벽기도회가 있었다. 한국 기독교라는 범선이 바다로 출범하자 강한 정치적·영적 바람이 불었고 파도는 높았다. 배에서 제일 중요한 돛은 기도회였고, 키는 사경회였다. 한국 교인들은 교회와 국가의 미래를 위해서 새벽기도, 통성기도, 금식기도, 수요일 저녁기도, 철야기도를 드렸으며 이 기도를 통해 하늘의 소리를 듣고, 하늘의 바람(성령)을 받아 세파를 헤쳐 나갔다.

마틴의 책이 묘사한 이미지처럼 개신교 선교사들은 한국 종교에 흩어져 있는 진주들을 모아서 하ᄂᆞ님이라는 유일신 개념의 황금 줄로 꿰어서

4 G. H. Jones, *The Rise of the Church in Korea* (Typescript, UTS, G. H. Jones Papers, 1915), chap. 5.

5 Louis O. Hartman, *Popular Aspects of Oriental Religions* (New York: Abingdon Press, 1917), 20.

아름다운 목걸이를 만들었다. 한국 교인들과 선교사들은 일생 동안 도덕심을 기르기 위해 마음 수양에 헌신하는 태도, 효도, 구원과 영생에 대한 갈망, 메시아 대망, 의례에서의 정성을 다하는 경건한 태도 등 한국 종교에 파편적으로 흩어져 있는 많은 요소들을 채택하여 하나의 토착적인 기독교 체계 안으로 통합했다. 존 로스의 비유를 사용하자면, 메마른 뼈같이 계곡에 널려 있던 한국의 종교적 유산들이 기독교의 바람이 불자 살아나서 뼈에 살이 붙어 살아 있는 사람이 되었다. 로스가 사용한 다른 이미지는 함께 쟁기질하는 한 겨리의 소였다. 기독교는 한국인의 영성의 밭을 일구기 위해 한 겨리의 소처럼 전통 종교와 함께 그 멍에를 메는 동반자가 되었다. 기독교와 한국 종교의 접목, 거름주기, 통합, 활성화, 함께 멍에메기 등은 모두 성취의 개념을 보여주는 다양한 표현이었다.

개신교는 하나님의 한국어 용어인 하ᄂᆞ님을 발명함으로써 단군신화에 나타난 한국인의 원형적인 삼위일체적 영성을 성취했다. 개신교는 말세에 유리하는 피난민을 위한 천년왕국적 구원의 장소로서 교회를 세우고, 십자가를 통한 구원의 방법을 주는 '승리한 그리스도'(Christus Victor)를 통해 정감록의 예언을 성취했다. 개신교 문서, 특히 고유한 한글로 출판된 서적과 신문과 잡지는 일반 한국인들의 지적 요구를 충족시켰다. 개신교는 조상, 가족, 귀신들린 자, 영적으로 배고픈 이들에게는 다양한 개신교 의례를 마련해 주었다.

북미 선교사들은 한국의 종교와 문화에 대한 개방성과 더불어, 한국의 전통 종교 문화에서 많은 요소들을 배제하면서 동시에 특정 요소들을 기독교 안으로 수용하는 놀라운 능력을 보여주었다. 그들의 복음주의 선교신학은 한국 종교에 대한 그리스도의 우위성과 최종성을 견지했다. 그러나 그들은 한국 종교와의 접촉점을 모색하고 그 안에 있는 '복음의 준비'를 환영했다. 기독교 초월성과 문화화의 통합, 또는 비관용과 적응의 결합은 초기 한국 복음주의 기독교가 급성장한 주요인의 하나였다. 다시 말하면 미국 선교사들의 타문화에 대한 감수성과 온건한 성취론은 한국 기독교인을 도와서 토착적인 한국 기독교의 급성장을 북돋웠다.

따라서 한국에서 북미 선교사의 선교 사역은 단순한 개종주의나 문화 제국주의의 수준을 넘어섰다. 그들은 특별한 한국의 종교 상황에서 고유하고 토착적인 한국 기독교를 만든 선구자들이었다. 그들은 한 종족의 문화에서 다른 종족의 문화로 경계를 넘어간 자들로서, 외국 땅에서 개방과 조화의 정신을 배웠다. 그것은 현지인을 개종시키려 온 자들이 스스로 '개종'해야 하는 고통스런 과정이었다. 그것이 성육신적 선교요, 바울이 말한 모든 이를 위해 모든 것이 되는 자세였다. 그들은 기독교 메시지와 그리스도인의 삶에서 무엇이 필수적이며, 무엇이 버려도 되는 부수적인 것인지를 숙고하고 상대화하는 과정을 거쳤다. 그들은 한국인의 언어를 배우고, 사고방식을 이해하고, 유교 고전을 학습하고, 한국의 고대 역사와 종교적 유산을 존중하는 학생이 되어야 했다. 그들의 맥락에 맞는 메시지, 복음주의 선교 정책과 방법, 성취론은 기독교와 한국의 종교 전통 사이의 실질적인 접촉점을 찾도록 인도했고, 그들 사이의 갈등점을 식별할 수 있게 해주었다. 한국 종교에 있는 기독교와 동질적인 요소를 영미 기독교에 융합시키는 과정에서 선교사들은 한국인들의 결정적인 도움을 받아 토착적인 한국 기독교를 만들었다. 기독교가 한국에 와서 전통 종교를 파괴하는 것이 아니라 그것을 완성하고 성취한다는 것이 한국인들에게 가장 호소력 있는 메시지 중의 하나였으며, 많은 사람들이 기독교를 수용하는 기초가 되었다.

1927년 예일 대학교 박사논문에서, 그리고 그것을 1929년 한국에서 영어 책으로 출판하면서, 백낙준은 그 총 결론의 마지막 페이지를 베이컨(Fancis Bacon)의 다음 말로 맺었다. "사람이 개선하지 않으면 위대한 혁신자인 시간은 개악할 것이다."[6] 백낙준은 개신교가 한국에 온 지 25년 만인 1910년에 나라가 망해 식민지가 되었고, 3.1운동의 열기도 사라진 1920년대 후반 사회주의의 반기독교 운동 등으로 개신교가 쇠퇴하던 위기를 보면서, 그런 개악이 일어난 이유가 기독교 때문이 아니라 사람들의 개혁 부족 때문이라고 보았다. 로마의 멸망을 기독교 때문으로 본 기번(Edward Gibbon)과 달리 1910년대에는 조선의 멸망을 기독교 때문으로 보는 자는 거의 없었다. 그러나 1920년대에 교회가 보수화되고 노령화되자 국가 독립과 사회 개혁 운동의 대안으로 떠오른 사회주의(공산주의) 측에서는 기독교를 반시대적 종교로 공격했다. 그때 백낙준은 아우구스티누스의 역사관을 따라, 조선은 그 적폐와 개악으로 망했으나 기독교 때문에 새 국가, 새 민족, 새 문명, 새 신앙, 새 공동체인 교회가 태어났으며, 그 초기 역사가 증명하듯이 개신교가 한국 사회를 새롭게 개선할 미래의 희망이라고 주장했다.

> 서양 각국과의 접촉은 우리 민족에게 새로운 국가의식을 각성시켜 주었다. 기독교 이상의 보급은 이 나라를 신생하게 하였다. 실국의 치욕과 침략자의 억압은 오직 신생의 진통이다. 민족의 장래는 소생한 기독교 사회에 달렸다. 기독교 사회는 비록 국민의 소수이지만 그들이 지닌 백절불굴의 정신은 비기독교인 사회에서도 부정하지 못할 것이다. 동북아시아의 중앙에 신생 국가의 출생과, 한때 동아의 정신적 지도 민족이었던 이 민족에게 새 영도력을 불러일으키고, 새로 얻은 정열의 불이 타올라옴을 억제하지 못하여 새 신앙을 사방에 퍼치지 않으면 안 되었던 것이 바로 한국 개신교 초기 발전사이다.[7]

---

6 L. George Paik, *The History of Protestant Missions in Korea, 1832-1910* (평양: 숭실전문학교출판부, 1929), 413. "If man does not change things for the better, Time, the great innovator, will change them for the worse."

7 Ibid.; 백낙준, 『韓國改新教史』(1973), 449.

이 짧은 글에 탄생, 재탄생, 새로운, 신이라는 단어가 무려 9번이나 등장할 정도로 백낙준은 기독교를 신종교요 사회 개혁의 동력으로 보았다. 그것은 1920년대 한국 개신교가 내재적 보수성과 노령화, 사회적 적응력 결여, 낮은 지적 수준의 문제를 안고 있었기 때문이었다. 백낙준은 이 약점들은 영구적인 것이 아니라 유동적 결함이므로 교육과 지식 보급으로 개선할 수 있다고 보았다.

그러나 해방 이후 60년간 개신교의 급성장에도 불구하고 한국 사회는 자유와 평등과 정의가 그만큼 확대되지 않았고, 타자에 대한 무례, 배타적 차별, 불공정한 대물림, 약자를 돌보지 않는 불의가 여전히 득세하고 있다. 교회는 전자가 아니라 후자의 요인으로 공격을 받는 실정이다. 베이컨의 말처럼 사람이 교회를 개선하지 않으니 위대한 혁신가인 시간이 교회를 개악하고 폐기처분하고 있다. 백낙준이 유학을 떠날 때 교회는 한국 미래의 소망이었다. 그러나 그가 귀국하여 책을 출판하던 때와 그에 이은 15년간 교회는 타락했고 개악의 길을 갔다. 교회는 물질주의와 교권주의에 매몰되면서 사회 지도력을 상실하고 대세에 떠밀려 마침내 신사참배와 태평양전쟁을 지지하는 무기력한 존재가 되었다.

1910년까지의 통사인 백낙준의 저서와 달리, 이 책은 개신교와 한국 종교 간의 초기 만남의 역사를 살펴보았다. 이는 지난 90년간 한국 사회와 교회가 여전히 민족의 정치적 과제들과 씨름하지 않을 수 없었으므로 그 주제를 깊이 논의하기에는 여력이 부족했으나, 이제 한 세기 후 타종교와 타문화와 타언어가 이웃이 된 현실에서 문화와 종교에 대한 건전한 기독교적 담론이 필요하고, 그 자료가 우리 땅에서 산출된 경험과 성찰이면 더 도움이 되기 때문이다. 초기 한국 기독교사를 문화 제국주의나 종교 민족주의를 넘어 문화 교류의 관점과 자기 신학화의 관점에서 해석하려는 균형 잡힌 노력은 계속되어야 한다. 전자는 세계 기독교와의 대화이며 후자는 한국적 기독교의 창출로서, 이 두 측면은 고정된 것이 아니라 시대에 따라 창조적으로 변형되고 발전되어야 한다. 미국 종교사의 관점에서 보면, 초기 한국 기독교는 주류 미국 개신교(복음주의)의 확장과 미국 자본주의와 미국 중산층 문화가 이식된 한 형태일지도 모른다. 동아시아의 지정학적 관점에서 보면, 그것은 20세기 초반 서구 제국주의와 그 도덕적 등가물인 서구 기독교 선교의 협력 사례로 보일 것이다. 그러나 세계 기독교와 한국 종교의 통합된 관점으로 본다면, 그것은 독특한 한국 기독교의 형성 과정이었다. 한국 종교와 개신교의 상호 합류 과정에서 후자는 토착화의 방향으로 이동하여 전통성을 보유한 반면, 전자는 개신교의 자극을 받아 근대화의 방향으로 이동하면서 근대성을 확보하려고 했다. 한국 개신교 1세대의 기독교 토착화 노력에 대한 유산의 발굴은 현 한국교회가 역사적 연속성과 정체성을 견지하면서 다양한 사회적, 종교적 문제에 활발히 참여할 수 있는 역사적 틀을 제공한다. 기독교의 정체성과 보편성의 원칙(수직적 초월)과 이민화와 문화화의 원칙(수평적 적응)의 창조적 조합을 통해 한국 기독교는 정체성과 적실성을 유지하면서 미완의 과제인 한국적 기독교를 형성해 나갈 수 있다.

# 참고문헌

## 1. 유럽 언어


### ARCHIVAL COLLECTIONS

American Bible Society Archives, New York. Correspondence of the Japan Agency, 1882-1910.

British and Foreign Bible Society Archives, Cambridge University Library, London. Correspondence of the British and Foreign Bible Society, Inwards, 1879-1910

_______. Correspondence on Korean Bible Translation, 1895-1955.

New York Public Library, New York. George Clayton Foulk Papers, 1883-1887.

_______. Horace Newton Allen Papers, 1883-1909.

Presbyterian Historical Society, Philadelphia. Adams Family Papers, 1897-1935. RG 251.

_______. Annie Laurie Adams Baird Papers, 1890-1916. RG 172.

_______. Baird Family Papers, 1900-1964. RG 316.

_______. Charles F. Bernheisel Diary, 1900-1907.

_______. Correspondence and Reports of the Korea Mission, 1884-1910. RG 140. The Board of Foreign Mission, PCUSA. Microfilm series, reels 174-81, 224, 280-85.

_______. Korea Mission Records, 1903-1957. Microfilm series, 31 rolls.

_______. William Davis Reynolds Jr. Collection.

_______. William Martyn Baird Papers, 1885-1931. RG173.

Princeton Theological Seminary Library, Princeton, N.J. Robert Elliot Speer Collection.

_______. Samuel Austin Moffett Collection, 1884-1940.

Rutherford B. Hayes Presidential Center, Fremont, Ohio. Reverend Franklin Ohlinger Papers, 1880-1925. GA-36.

Union Theological Seminary Burke Library, Columbia University, New York. George Heber Jones Papers, 1898-1918.

_______. Henry Gerhard Appenzeller Papers, 1883-1902.

_______. John Franklin Goucher Papers, 1845-1922.

_______. John R. Mott, Addresses and Papers, 1865-1955.

_______. John Raleigh Mott Papers, 1865-1955.

_______. World Missionary Conference Records, Edinburgh, 1910, 1908-1918.

United Methodist Historical Center, Drew University, Madison, N.J. Missionary Files of the Korea Mission, Methodist Episcopal Church Missionary Correspondence, 1884-1912 (MFiles). Microfilm reels 111-15. Wilmington, Del.: Scholarly Resources, 1999.

Yale Divinity School Library, New Haven, Conn. Arthur Judson Brown Papers, 1864-1967. Special Collections, RG 2.

_______. Franklin and Bertha S. Ohlingerm Papers.

_______. John Raleigh Mott Papers, 1865-1955. Special Collections, RG 45.

_______. Records of the Foreign Missions Conference of North America, 1913-1950. HR 1203.

_______. World Missionary Conference Records, Edinburgh, 1910, 1908-1918.

**PERIODICALS** (　)은 약자

*All the World.* New York, 1905-1919.

*Assembly Herald(AH).* New York, 1899-1918.

*Bible in the World(BW).* London, 1905-1920.

*Bible Society Record(BSR).* New York, 1882-1920.

*China Medical Journal(CMJ).* Shanghai, 1896-1920.

*China's Millions.* London, 1882-1910.

*Chinese Recorder and Missionary Journal(CR).* Shanghai, 1877-1920.

*Christian Advocate.* New York, 1882-1902.

*Christian Work and the Evangelist.* New York, 1882-1910.

*Church at Home and Abroad(CHA).* New York, 1883-1920.

*Church Missionary Intelligence and Record.* London, 1885-1920.

*Foreign Missionary(FM).* New York, 1884-1900.

*Gospel in All Lands(GAL).* New York, 1885-1902.

*Heathen Woman's Friend(HWF).* New York, 1885-1895.

*Illustrated Christian Weekly.* New York, 1883-1885.

*Independent.* New York, 1884-1911.

*Independent.* Seoul, 1896-1899.

*International Bulletin of Missionary Research(IBMR).* New Haven, Conn., 1984-2010.

*Journal of the American Medical Association(JAMA).* Chicago, 1888-1920.

*Korea Field(KF).* Seoul, 1902-1905.

*Korea Journal.* Seoul, 1973-1999.

*Korea Magazine.* Seoul, 1917-1919.

*Korea Methodist(KM).* Seoul, 1900-1904.

*Korea Mission Field(KMF).* Seoul, 1906-1943.

*Korea Review(KRv).* Seoul, 1901-1906.

*Korean Repository(KR).* Seoul, 1892, 1895-1898.

*Missionary.* Nashville, Tenn., 1892-1911.

*Missionary Herald.* New York, 1883-1897.

*Missionary Record of the United Presbyterian Church of Scotland*(*MRUPCS*). Edinburgh, 1872-1915.

*Missionary Review*. Princeton, N.J., 1880-1887.

*Missionary Review of the World*(*MRW*). New York, 1888-1911.

*Missionary Survey*. New York, 1911-1923.

*Seoul Press*. Seoul, 1907-1910.

*Student Volunteer*. New York, 1893-1898.

*Transactions of the Korea Branch of the Royal Asiatic Society*(*TKB*). Seoul, 1901-1930.

*Woman's Missionary Advocate*(*WMA*). New York, 1896-1910.

*Woman's Missionary Friend*(*WMF*). New York, 1896-1914.

*Woman's Work for Woman*(*WWW*). New York, 1891-1916.

*Woman's Work in the Far East*(*WWFE*). Shanghai, 1895-1912.

*World Wide Missions*(*WWM*). New York, 1889-1912.

*World's Work*. New York, 1901-1910.

## REPORTS, ARTICLES, AND BOOKS (개인 서신은 제외)

Addison, James Thayer. "Chinese Ancestor-Worship and Protestant Christianity." *Journal of Religions* 5, no. 2 (March 1925): 140-149.

_______. *Chinese Ancestor Worship: A Study of Its Meaning and Its Relations with Christianity*. Taiwan: Chung Hen Sheng Kung Hui, 1925.

Allen, Horace Newton. "Our First Letter from Korea." *FM* 43 (December 1884): 303.

_______. *The First Annual Report of the Korean Government Hospital, Seoul for the Year Ending April 10, 1886*. Yokohama: U. p., 1886.

_______. "Report of the Health of Seoul for the Year 1886." Yokohama: U. p., 1886.

_______. "Korea and Its People." *GAL* 16 (September 1891): 419.

_______. "The Mootang." *KR* 3 (April 1896): 163-64.

_______. *A Chronological Index: Some of the Chief Events in the Foreign Intercourse of Korea from the Beginning of Christian Era to the 20th Century*. Seoul: Methodist Publishing, 1901.

_______. *Korea: Fact and Fancy*. Seoul: Methodist Publishing, 1904.

_______. *Things Korea: A Collection of Sketches and Anecdotes, Missionary and Diplomatic*. New York: Revell, 1908.

_______. *Horace Newton Allen Diary*. Edited and translated by Kim Won-mo 김원모. Seoul: Dankook University Press, 1991.

American Bible Society(ABS). *The Annual Report*. New York, 1882-1915.

American Tract Society(ATS). *The Annual Report*. New York, 1870-1915.

Anderson, Gerald H., et al., eds. *Missions Legacies: Bibliographical Studies of Leaders of the Modern Missionary Movement*. Maryknoll, N.Y.: Orbis, 1995.

Appenzeller, Alice Rebecca. "William Elliot Griffis, D.D., L.H.D.: An Appreciation." *KMF* (April 1928): 78-79.

Appenzeller, Henry Gerhard. "Our Mission in Korea." *GAL* 10 (July 1885): 328.

_______. "The Korean King at Seoul." *GAL* 11 (January 1886): 7.

_______. "A Trip in Korea by a Missionary." *GAL* 12 (September 1887): 396.

_______. "Woman's Work in Korea." *GAL* 16 (December 1891): 424.

_______. "Korea—What Is It Worth?" *HWF* 24 (March 1892): 230-231.

_______. "Ki Tza." *KR* (March 1895): 83-84.

_______. "Notes from the Stations." *KMF* 6 (January 1910): 8.

Australasian Association for the Advancement of Science. *Corea*. Brisbane: N.p., 1895.

Avison, Oliver R. "Cholera in Seoul." *KR* 2 (September 1895): 339-344.

_______. "Disease in Korea." *KR* 4 (March 1897): 90-94. (June 1897): 207-211.

_______. "Severance Memorial Hospital. Seoul, Korea." (1903): 513-516.

_______. "Sickness and Rumor of Sickness: From Annual Report of Dr O. R. Avison." *KF* (June 1903): 126-127.

_______. "Response to the Commission I. Carrying the Gospel to All the World of the World Missionary Conference, 1910." UTS, G. H. Jones Papers.

Baird, Annie Laura Adams. "General Report of Pyeng Yang Station to the Korea Mission, June 1903." In KMPCUSA. *Minutes and Reports*, 1903. PHS. CRKM. reel 232.

_______. *Daybreak in Korea: A Tale of Transformation in the Far East.* New York: Revell, 1909.

_______. *Inside View of Mission Life*. Philadelphia: Westminster, 1913.

Baird, William Martyn. "Notes on a Trip into Northern Korea." *Independent*, May 20, 1897.

Baker, Donald L. "Hananim, Hanûnim, Hanullim, and Hanollim: The Construction of Terminology for Korean Monotheism."*Review of Korean Studies* 5, no. 1 (June 2002): 105-131.

_______. "The Korean God Is Not the Christian God: Taejonggyo's Challenge to Foreign Religions." In Buswell.. *Religions of Korea in Practice*. 464-475.

_______. *Korean Spirituality*. Honolulu: University of Hawaii Press. 2008.

Baldwin, Stephen L. "Christian Literature—What Has Been Done and What Is Needed." In GCPMC, *RGC*. 1878. 206.

_______. "Self-Support of the Native Church." In GCPMC, *RGC*. 1878, 287.

Barnett, Suzanne Wilson and John King Fairbank, eds. *Christianity in China: Early Protestant Missionary Writings*. Cambridge, Mass.: Harvard University Press, 1974.

Barrett, T. H. "Chinese Religion in English Guide: The History of an Illusion." *Modern Asian Studies* 29. no. 3 (2005): 509-533.

Bays, Daniel H. "Christian Tracts: The Two Friends." In Barnett and Fairbank. *Christianity in China*, 19-34.

BCK(Bible Committee of Korea). "Annual Report of the Bible Committee of Korea for 1906." Seoul, 1906.

Beale, David. *In Pursuit of Purity: American Fundamentalism Since 1850*. Greenville, S.C.: Unusual Publications, 1986.

Beaver, R. Pierce, ed. *To Advance the Gospel: Selections from the Writings of Rufus Anderson*. Grand Rapids: Eerdmans, 1967.

Bebbington, David W. *Evangelicalism in Modern Britain: A History from the 1730s to the 1980s*. London: Hyman, 1981.

Bernheisel, Charles F. "Classes in Whang Hai Province." *KF* 1 (November 1901): 2.

_______. "The Korean Church a Missionary Church." *Woman's Work* (November 1910): 250-251.

_______. *The Apostolic Church as Reproduced in Korea*. New York: BFMPCUSA, 1912.

Best, Margaret. "Courses of Study and Rules of Admission of the Pyeng Yang Presbyterian Women's Bible Institute." *KMF* 6 (June 1910): 152-54.

BFBS(British and Foreign Bible Society). *Annual Reports*. London: BFBS, 1876-1911.

_______. *Correspondence with the Missions Regarding the Distinct Missionary Responsibility of the Presbyterian Church*. New York: BFMPCUSA, 1907.

BFMPCUSA(Board of Foreign Missions of the Presbyterian Church, USA). *Annual Reports*. New York: BFMPCUSA, 1883-1911.

_______. *Presentation of Difficulties Arisen in the Chosen Mission, Presbyterian Church, U. S. A. Because of a Lack of Definition between the Foreign Board and Itself Concerning Their Mutual Responsibilities in the Administration of Field Work*. New York: BFMPCUSA, 1919.

Bishop, Isabella Bird. *Korea and Her Neighbors*. London: John Murray, 1898.

Bitton, Nelson. *Griffith John: The Apostle of Central China*. London: Sunday School Union, 1912.

Blackstone, William R. *Jesus Is Coming*. Chicago: Moody Press, 1908.

Blair, William Newton. *The Korea Pentecost: And Other Experience on the Mission Field*. New York: BFMPCUSA, 1910.

Bliss, Edwin M. ed. *Encyclopaedia of Missions*. 2 vols. New York: Funk & Wagnalls, 1891.

Blodget, Henry. "The Attitude of Christianity toward Ancestral Worship." In GCPMC, *RGC*, 1890. 631-654.

_______. *The Use of T'ien Chu for God in Chinese*. Shanghai: American Presbyterian Mission Press, 1893.

Boone, William Jones. *An Essay on the Proper Rendering of the Words of Elohim and Theos into the Chinese Language*. Canton: Chinese Repository, 1848.

_______. *Defense of an Essay on the Proper Rendering of the Words of Elohim and Theos into the Chinese Language*. Canton: Chinese Repository, 1850.

Bosch, David J. *Transforming Mission: Paradigm Shifts in Theology of Mission*. Maryknoll, N.Y.: Orbis, 1992.

Boxer, C. R. *The Christian Century in Japan: 1549–1650*. Berkeley: University of California Press, 1951.

Bradt, Charles Edwin. *Around the World Studies and Stories of Presbyterian Foreign Missions*. Wichita, Kans.: Mission Press Company, 1912.

Brereton, Virginia L. *Training God's Army*. Bloomington: Indiana University Press, 1990.

Brown, Arthur Judson. *Report of a Visitation of the China Missions*. New York: BFMPCUSA, 1902.

_______. *Report of a Visitation of the Korea Mission of the Presbyterian Board of Foreign Missions*. New York: BFMPCUSA, 1902.

_______. *Report on a Second Visit to China, Japan, and Korea*. New York: BFMPCUSA, 1909.

_______. "The Death of the Rev. W. A. P. Martin." In *Minutes of the Board of the Foreign Missions of the PCUSA*, 321-322. New York: BFMPCUSA, 1916.

_______. *The Mastery of the Far East: The Story of Korea's Transformation and Japan's Rise to Supremacy in the Orient*. New York: Scribner, 1919 .

Bryant, Elliot. Letter to William Wright, December 4, 1888. BFBSA, CBFBS.

Bucknell, Roderick S., and Paul Beirne. "In Search of Yŏngbu: The Lost Talisman of Korea's Tonghak Religion." *Review of Korean Studies* 4, no. 2(2001): 201-22.

Bunker, Dalzell A. "Pai Chai High School." *BFMMECAR for 1905*, 75-78.

Bunyan, John. *ThePilgrim's Progress: From This World to That Which Is to Come*. London: W. Johnston, 1757.

_______. *ThePilgrim's Progress: From This World to That Which Is to Come*. London: Cassell, Petter, Galpin & Co., 1863.

_______. *ThePilgrim's Progress: From This World to That Which Is to Come*. Philadelphia: Henry Altemus, 1890.

Burdick, George M. "Conversion of a Mountain Spirit House Keeper." *KMF* 2 (March 1906): 88.

Buswell, Robert E. Jr., ed. *Religions of Korea in Practice*. Princeton, N.J.: Princeton University Press, 2007.

Buswell, Robert E. Jr., and Timothy S. Lee, eds.*Christianity in Korea*. Honolulu: University of Hawaii, 2006.

Byun Kyuyong 변규용. "Daoism and Daoists—Its Essence and Development." *Korea Journal* 26 (May 1986): 1-12

Cable, Elmer M. "Choi Pyung Hun." *KMF* (April 1925): 88-89.

Carroll, Arena. "Songdo Woman's Class." *KM* (June 1905): 103.

_______. "Songdo, Korea." *WMA* 26 (May 1906): 410-411.

*CHA*. "Foreign Mission Notes by the Secretaries." *CHA* 3 (August 1889): 117.

_______."What Is the Religion of Korea?" *CHA* 6 (August 1892): 139.

*China's Millions*. "Corea." *China's Millions* 10 (February 1884): 25.

Choi Hyaeweol 최혜월. *Gender and Mission Encounter in Korea: New Women, Old Ways*. Berkeley: University of California Press, 2009.

Choi Jai-Keun 최재건. *The Origin of the Roman Catholic Church in Korea*. Cheltenham: Hermit Kingdom Press, 2006.

Choi Kil Sung 최길성. "Male and Female in Korean Folk Belief." *Asian Folklore Studies* 43 (1984): 227-233.

Choi Sung Il 최성일. "John Ross and the Korean Protestant Church." Ph.D. diss., University of Edinburgh, 1992.

Christie, Douglas. "Pioneers: The Rev. John Ross, Manchuria." *Life and Work* 5 (1934): 76-78.

Chun Sung Chun 전성천. "Schism and Unity in the Protestant Churches of Korea." Ph.D. diss., Yale University, 1955.

Chung Chai-sik 정재식. "Confucian-Protestant Encounter in Korea: Two Cases of Westernization and De-Westernization." *Ching Feng* 34, no. 1 (1991): 51-81.

Chung Chinhong 정진홍. "The Episteme of Body and the Problem of Environment Concerning the Early Protestant Medical Mission in Korea." 『종교학연구』 17 (1998): 167-180.

_______. "Early Protestant Medical Missions and the Epitome of Human Body in Late Nineteenth Century Korea: Concerning Problems of Environment." In *Korea between Tradition and Modernity: Selected Papers from the Fourth Pacific and Asian Conference on Korean Studies*, edited by Chang Yun-Shik et al., 308-16. Vancouver: Institute for Asian Research, University of British Columbia, 2000.

Chung, David 정대위. "Religious Syncretism in Korean Society." Ph.D. diss., Yale University, 1959.

Clark, Allen D. *Avison of Korea: The Life of Oliver R. Avison, M. D.* Seoul: Yonsei University Press, 1979.

Clark, Anthony E. "Early Modern Chinese Reactions to Western Missionary Iconography." *Southeast Review of Asian Studies* 30 (2008): 5-22.

Clark, Charles Allen. "The Destroying of a Household God." *KF* 3 (November 1903): 133.

_______. "Stood Firm." *KF* 5 (August 1905): 266.

_______. "Three Incidents." *KMF* 5 (February 1909): 18.

_______, comp. *Digest of the Presbyterian Church of Korea.* Seoul: Religious Book and Tract Society, 1918.

_______. *First Fruits in Korea*. New York: Revell, 1921.

_______. *The Korean Church and the Nevius Methods*. New York: Revell, 1930.

_______. *Religions of Old Korea.*New York: Revell, 1932.

_______. *The Nevius Plan for Mission Work, Illustrated in Korea*. Seoul: Christian Literature Society Korea, 1937.

Clark, Donald N. *Christianity in Modern Korea*. Lanham, Md.: University Press of America, 1986.

_______. *Living Dangerously in Korea: The Western Experience 1900–1950*. Norwalk, Conn.: EastBridge, 2003.

Clark, James Hyde. *Story of China and Japan with a Sketch of Corea and the Coreans, and the Causes Leading to the Conflict of 1894*. Philadelphia: Oriental Publishing, 1894.

Cobb, George C. "Report VII. Trilingual Press." In *Journal of the Fourteenth Annual Meeting of the Korea Mission of the MEC*, 41-42. Seoul: Trilingual Press, 1898.

Cohen, Paul. *China and Christianity: The Missionary Movement and the Growth of Chinese Antiforeignism, 1860–1870*. Cambridge, Mass.: Harvard University Press, 1963.

Collyer, Charles T. "A Day on the Songdo Circuit." *KF* 1 (November 1901): 12-13.

Conn, Harvie M. "Studies in the Theology of the Korean Presbyterian Church: An Historical Outline, Part I & II." *Westminster Theological Journal* 29-30 (November 1966-May 1967): 24-57, 136-184.

Corfe, C. John. "The Bishop's Letter II." *Morning Calm* (May 1897): 37-40.

_______. *The Anglican Church in Corea*. London: Livingstones, 1906.

Council of Presbyterian Missions in Korea. "Report of the Pyeng An Committee of Council." In *The Minutes of the Twelfth Annual Meeting of the Council of Presbyterian Missions in Korea, Seoul, Sept. 13–19, 1904*. Seoul: Methodist Publishing House, 1904.

_______. "Report of Committee of Mixed Script." In *Minutes of the Thirteenth Annual Meeting of the Council of Presbyterian Missions in Korea, 1905*. Seoul: YMCA Press, 1905.

Courant, Maurice. *Bibliographie coréene*: é2 vols. Paris: E. Leroux, 1894, 1896.

Covell, Ralph R. *W. A. P. Martin, Pioneer of Progress in China*. Washington, D.C.: Christian University Press, 1978.

_______. *Confucianism, the Buddha, and Christ: A History of the Gospel in Chinese*. Maryknoll, N.Y.: Orbis, 1986.

Cracknell, Kenneth. *Justice, Courtesy and Love: Theologians and Missionaries Encountering World Religions, 1846–1914*. London: Epworth Press, 1995.

Cram, William Gliden. "Rescued after Years of Bondage."*KM* (September 10, 1905): 148.

_______. *Korea, the Miracle of Modern Missions*. Nashville, Tenn.: Publishing House of Methodist Episcopal Church, South, 1922.

Criveller, Gianni. *Preaching Christ in Late Ming China: The Jesuits' Presentation of Christ from Matteo Ricci to Giulio Aleni*. Taipei: Ricci Institute for Chinese Studies, 1997.

Curzon, George Nathaniel. *Problems of the Far East, Japan-Korea-China*. 3rd ed. London: Longman, 1894.

Dallét, Claude Charles. *Histoire de l'Eglise de Corée*. Paris: Librairie Victor Palmé, 1874.

Davies, Daniel M. *The Life and Thought of Henry Gerhard Appenzeller (1858–1902), Missionary to Korea*. Lewiston, N.Y.: Edwin Mellen, 1988.

Davis, George T. B. *Korea for Christ*. New York: Revell, 1910.

Dennett, Tyler. "Early American Policy in Korea, 1883-87." *Political Science Quarterly* (March 1923): 82-84.

Dennis, James S. *Christian Missions and Social Progress*. 3 vols. New York: Revell, 1897-1906.

_______. "Union Movement in Mission Fields." *Congregationalist and Christian World* (November 4, 1905): 627-628.

Deuchler, Martina. *The Confucian Transformation of Korea: A Study of Society and Ideology*. Cambridge, Mass.: Harvard-Yenching Institute, 1992.

Diosy, Arthur. *The New Far East*. London: Cassell, 1904.

Dock, Lavinia L. "Foreign Department: Korean News." *American Journal of Nursing* 7 (1907): 34-35.

Doty, Elihu. Some *Thoughts on the Proper Term to Be Employed to Translate Elohim and Theos into Chinese*. Shanghai: Presbyterian Mission Press, 1850.

Dwight, Henry Otis et al., eds. *Encyclopedia of Missions*. London: Funk & Wagnalls, 1904.

Dyer, S. Letter to W. Wright, December 21, 1894. BFBSA, CBFBS. In Oak, *Sources of Korean Christianity*, 275.

Eber, Irene. "Translating the Ancestors: S. I. J. Schereschewsky's 1875 Chinese Version of Genesis." *Bulletin of the School of Oriental and African Studies* (1993): 219-33.

_______. "Interminable Term Question." In Eber et al., *Bible in Modern China*, 135-164.

Eber, Irene et al., eds. *Bible in Modern China: The Literary and Intellectual Impact*. Monumenta Serica Monograph Series 43. Nettetal, Germany: Institut Monumenta Serica, 1999.

Eddy, Sherwood. *New Ear in Asia* (New York: Missionary Education Movement of the United States and Canada, 1913), 72.

Edkins, Joseph. "Buddhism and Tauism in Their Popular Aspects." In *Records of the General Conference of the Protestant Missionaries in China*. 71-72. Shanghai: American Presbyterian Mission Press, 1877.

Engel, George O. "Native Customs and How to Deal with Them." *KF* 4 (November 1904): 205-206.

Erdman, Walter C. "Korea: 'Unto the Church In.'" *All the World* (April 1908): 43-46.

Ewy, Priscilla Welbon. *Arthur Goes to Korea: The Early Life of Arthur Garner Welbon and His First Years as Missionary to Korea, 1900–1902*. Tucson, Ariz.: Self-published, 2008.

Faber, Ernst. "A Critique of the Chinese Notions and Practice of Filial Piety." *CR* 9 (March-April 1878): 94.

Fairbank, John King, ed. *Chinese Thought and Institutions*. Chicago: University of Chicago Press, 1957.

_______, ed. *The Missionary Enterprise in China and America*. Cambridge, Mass.: Harvard University Press, 1974.

Fang-Lan Hsieh. *A History of Chinese Christian Hymnody: From Its Missionary Origins to Contemporary Indigenous Productions*. Lewiston, N.Y.: Edwin Mellen, 2009.

Federal Council of Protestant Evangelical Missions in Korea. *Minutes of the Annual Meeting*. 1905-1911.

Fenwick, Malcolm C. *The Church of Christ in Corea*. New York: Hodder & Stoughton-Doran, 1911.

Férron, Stanisals, ed. *Dictionnaire Français-Coréen*. 1869. Reprint, Seoul: Han'guk Kyohoesa Yŏn'guso, 2004.

Fisher, J. Earnest. *Democracy in Mission Education in Korea*. New York: Columbia University Press, 1928.

_______. *Pioneers of Modern Korea*. Seoul: Christian Literature Society, 1977.

*FM (Foreign Missions)*. "The Hour for Korea." *FM* 44 (September 1885): 153.

Frey, Lulu E. "Ewa Haktang—Seoul." In *Reports Read at the Seventh Annual Session of the Korea Woman's Conference of the Methodist Episcopal Church*, 5. Seoul: Methodist Printing House, 1905.

Fridman, Eva Jane N., and Mariko N. Walter, eds. *Shamanism: An Encyclopedia of World Beliefs, Practices, and Culture*. Santa Barbara, Calif.: ABC-CLIO, 2004.

Friesen, J. Stanley. *Missionary Responses to Tribal Religions at Edinburgh*. New York: Peter Lang, 1996.

*Gospel in All Lands*. "Customs in Korea." *GAL* 13 (August 1888): 366.

_______. "Gathering Notes on Korea." *GAL* 16 (September 1891): 429.

Gale, James Scarth. "Korea." *CHA* 7 (September 1893): 211.

_______. "Korea—Its Present Condition." *MRW* 16 (September 1893): 658-665.

_______. *Korean Grammatical Forms*. Seoul: Trilingual Press, 1893.
_______. "Korea-Old Kim with His Savior." *CHA* (July 1894): 33-34.
_______. "Korean History." *KR* (September 1895): 321.
_______. "Letters: Korea." *CHA* (September 1895): 230.
_______. *A Korean-English Dictionary*. Yokohama: Kelly & Walsh, 1897.
_______. *Korean Sketches*. New York: Revell, 1898.
_______. "The Influence of China upon Korea." *TKB* (1900): 1-24.
_______. "Korean Beliefs." *Folklore* 11, no. 3 (September 1900): 325-332.
_______. "Korean Ideas of God." *MRW* (September 1900): 697.
_______. *The Vanguard: A Tale of Korea*. New York: Revell, 1904.
_______. "The Gospel Levels Ranks." *KF* 5 (August 1905): 263-64.
_______. "Elder Kil." *MRW* (July 1907): 493-95.
_______. "The First Presbytery in Korea." *MRW* 31 (January 1908): 43-44.
_______. *Korea in Transition*. New York: Young People's Missionary Movement of the US and Canada, 1909.
_______. "The Baptism of Georgie." *WWW* (November 1911): 243-244.
_______. *A Korean-English Dictionary*. Yokohama: Fukuin, 1911.
_______. "Korea's Preparation for the Bible." *KMF* (March 1912): 86.
_______. "Convictions of the East." *MRW* 36 (September 1913): 689-690.
_______, trans. *Korean Folk Tales: Imps, Ghosts, and Fairies*. New York: E. P. Dutton, 1913.
_______. "The Korean's View of God." *KMF* (March 1916): 66-70.
_______. "Tan-goon." *Korea Magazine* (September 1917): 404-5.
_______. "A History of the Korean People, Chapter I." *KMF* (July 1924): 134-136.
_______. "Address to the Friendly Association, June 1st, 1927, Chosen Hotel Seoul." Gale Papers.
General Conference of the Protestant Missionaries in China. *Records of the General Conference of the Protestant Missionaries in China, Held at Shanghai, May 10–24, 1877* (*RGC*). Shanghai: American Presbyterian Mission Press, 1878.
_______. *Records of the General Conference of the Protestant Missionaries in China, Held at Shanghai, May 7–20, 1890* (*RGC*). Shanghai: American Presbyterian Mission Press, 1890.
_______. *China Centenary Missionary Conference Records; Report of the Great Conference, Held at Shanghai, April 5th to May 8th, 1907*. Shanghai: American Tract Society, 1907.
General Conference on the Protestant Missions of the World. *Reports*. New York: Revell, 1888.
Gentry and People. *A Record of Facts to Ward Off Heterodoxy* (Translation of *Bixie jishi* 辟邪紀實). Shanghai, 1870.
Gifford, Danile. "Ancestral Worship as Practiced in Korea." *KR* 1 (June 1892): 169-76.
_______. *Everyday Life in Korea: A Collection of Studies and Stories*. New York: Revell, 1898.
_______. *A Forward Mission Movement in North Korea*. New York: Foreign Mission Library, 1898.

Gilmore, George William. *Korea from Its Capital; With Chapter on Mission.* Philadelphia: Presbyterian Board of Publication and Sabbath School Work, 1892.

_______. *Corea of Today*. London: T. Nelson and Sons, 1894.

Girardot, Norman J. *The Victorian Translation of China: James Legge's Oriental Pilgrimage*. Berkeley: University of California Press, 2002.

Goforth, Jonathan. *When the Spirit's Fire Swept Korea*. Grand Rapids: Zondervan, 1943.

Grant, George Monro. *The Religions of the World*. New York: Anson Randolph, 1895.

Grayson, James Huntley. "The Manchurian Connection: The Life and Work of the Rev. Dr. John Ross." *Korea Observer* 15, no. 3 (Autumn 1984): 345-360.

Greenfield, M. W. "Personal Report to Korea Mission, 1912-13." In *Minutes and Reports of the Twenty-Ninth Annual Meeting of the Korea Mission of the Presbyterian Church in the USA*. Kobe: Fukuin, 1913.

Doris Grierson ed. *Diary of Reverend Robert Grierson MD: Missionary to Korea, July 16 1898 to March 25 1901*. N.p: Personally Published, 1998.

Grierson, Robert G. "The Place of Philanthropic Agencies in the Evangelization of Korea." *KF* (November 1904): 200.

Griffis, William Elliot. *Corea, the Hermit Nation.* New York: Scribner, 1882.

_______. *Corea, Without and Within*. Philadelphia: Presbyterian Board of Publication, 1885.

_______. "Korea and Its Needs." *GAL* 13 (August 1888): 371.

_______. "Korea and the Koreans: In the Mirror of Their Language and History." *Journal of American Geographical Society of New York* 27, no.1 (1895): 1-20.

_______. *A Modern Pioneer in Korea: Henry G. Appenzeller.* New York: Revell, 1912.

Guthapfel, Margaret L. "Bearing Fruit in Old Age." *KMF* (January 1906): 41-44.

Gützlaff, Karl F. A. *Journal of Three Voyages along the Coast of China in 1831, 1832, & 1832 with the Notices of Siam, Corea and the Loo-Choo Islands*. London: Westley & Davis, 1834.

Hall, Rosetta Sherwood. "Women's Medical Missionary Work." *CR* (April 1893): 167.

_______. *The Life of Rev. William James Hall, M. D., Medical Missionary of the Slums of New York; Pioneer Missionary to Pyeng Yang, Korea*. New York: Eaton & Mains, 1897.

Habermas, Jürgen. *The Structural Transformation of the Public Sphere: An Inquiry into a Category of Bourgeois Society. tr. by* Thomas Burger and Frederick Lawrence. Cambridge, MA: MIT Press, 1991,

Hardie, Robert A. "Religion in Korea." *MRW* 20 (December 1897): 927.

_______. "R. A. Hardie's Report." In *Minutes of the Sixth Annual Meeting of the Korea Mission of the MEC, South*, 32-33. Seoul: Methodist Publishing House, 1902.

Harrington, Fred Harvey. *God, Mammon and the Japanese: Dr. Horace N. Allen and Korean-American Relations, 1884–1905*. Madison: University of Wisconsin Press, 1944.

Hedges, Paul. *Preparation and Fulfillment: A History and Study of Fulfillment Theology in Modern British Thought in the Indian Context.* Bern: Peter Lang, 2001.

Hounshell, C. G. "The Lord Blessing His People." *KM* (May 10, 1905): 83.

Hulbert, Homer Bezaleel. "A Sketch of the Roman Catholic Movement in Korea." *MRW* 13 (October 1890): 730-35.

_______. "The Korean Almanac." *KR* (February 1895): 67-73.
_______. "The Origin of the Korean People." *KR* (June 1895): 220.
_______. "Things in General: Demoniacal Possession." *KR* (January 1897): 24-25.
_______. "Ancient Korea." *KR* (December 1897): 458-63.
_______. "Korea and the Koreans." *Forum* 14 (April 1899): 215-219.
_______. "Korean Survivals." *TKB* 1 (1900): 25-50.
_______. "Part I. Ancient Korea Chapter I." *KRv* (January 1901): 33-35.
_______. "Exorcising Spirits." *KRv* (April 1901): 163.
_______. "Hungry Spirits." *KRv* (March 1903): 111-112.
_______. "The Korean Mudang and P'ansu." *KRv* (April 1903): 145-49; (May 1903): 203-208; (June 1903): 257-260; (July 1903): 301-305; (August 1903): 342-346; (September 1903): 385-389.
_______. "The Ajun." *KRv* (February 1904): 63-70; (June 1904): 249-255.
_______. "Editorial Comments." *KRv* (March 1905): 144-148.
_______. *History of Korea.* 2 vols. New York: Hillary, 1905.
_______. *The Passing of Korea*. London: Heinemann, 1906.
_______. "The needs of A National Ideal for Korea." *KMF* (January 1910): 23-24.
Hunt, Everett N. *Protestant Pioneers in Korea*. Maryknoll, N.Y.: Orbis, 1980.
Hunt, William B. "The Essential for Korea's Uplifting." In *Students and Modern Missionary Crusade: Addresses Delivered before the Fifth International Convention of the Student Volunteer Movement for Foreign Missions*, 407-408. New York: SVM, 1906.
Huntley, Martha. *Caring, Growing, Changing: A History of the Protestant Mission in Korea*. New York: Friendship Press, 1984.
_______. *To Start a Work: The Foundations of Protestant Mission in Korea (1884-1919)*. Seoul: Presbyterian Church of Korea, 1987.
Hutchison, William R. *Errand to the World: American Protestant Thought and Foreign Missions*. Chicago: University of Chicago Press, 1987.
_______. "Evangelization and Civilization: Protestant Missionary Motivation in the Imperialist Era." In *Missions and Ecumenical Expressions*, edited by Martin E. Marty, 91-124. Munich: K. G. Saur, 1993.
Hwang Kyung Moon. *Beyond Birth: Social Status in the Emergence of Modern Korea*. Cambridge, Mass.: Harvard University Press, 2004.
*Independent*. "Editorial Notes." *Independent*, August 7, 1897.
Isay, Gad C. "A Missionary Philosopher in Late Qing: Ernst Faber and His Intercultural Synthesis of Human Nature." *Sino-Western Cultural Relations Journal* 23 (2001): 22-49.
*JAMA (Journal of American Medical Association)*. "Cholera Threatened." *JAMA* (December 20, 1890): 906.
_______. "Public Health: Smallpox." *JAMA* (May 1899): 1012, 1072.
_______. "The Public Service: Smallpox—Foreign." *JAMA* (April 14, 1900): 958.
_______. "The Public Service: Plague—Foreign and Insular." *JAMA* (August 11, 1900): 395.
_______. "The Public Service: Smallpox—Foreign." *JAMA* (February 23, 1901): 536.

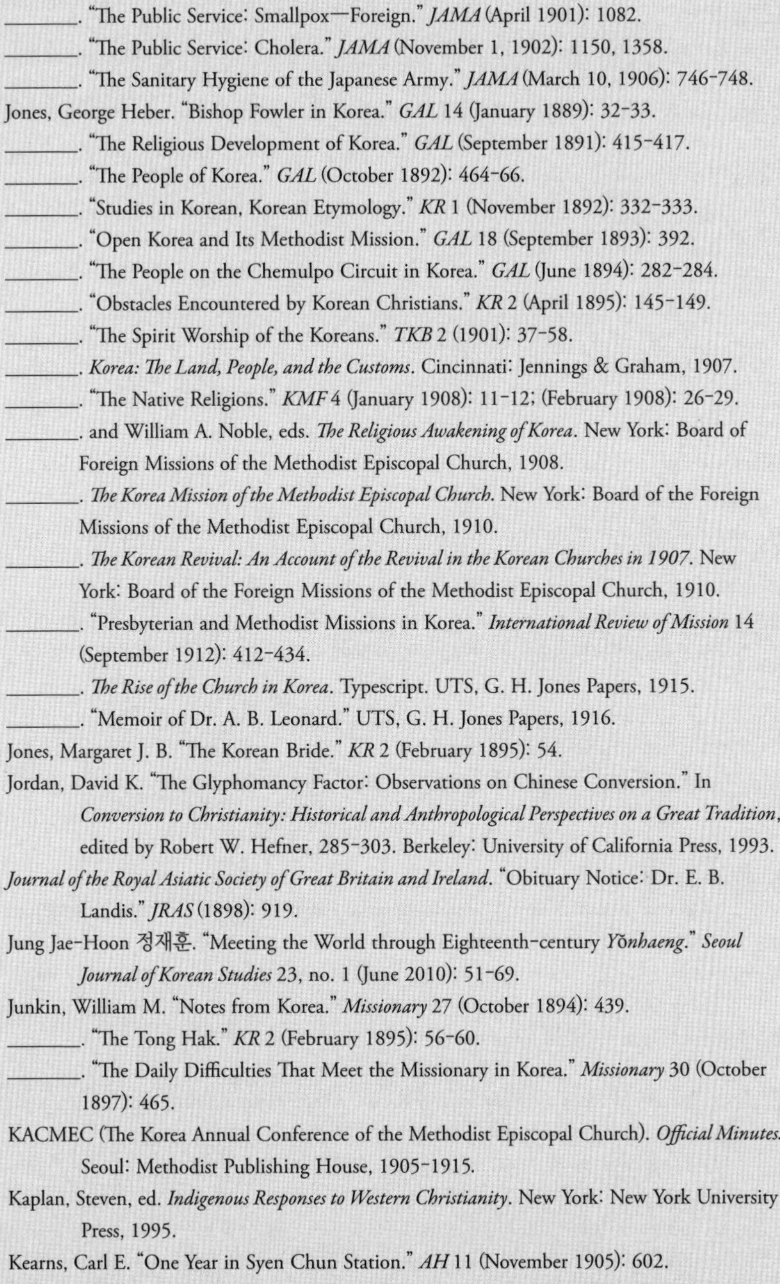


________. "The Public Service: Smallpox—Foreign." *JAMA* (April 1901): 1082.

________. "The Public Service: Cholera." *JAMA* (November 1, 1902): 1150, 1358.

________. "The Sanitary Hygiene of the Japanese Army." *JAMA* (March 10, 1906): 746-748.

Jones, George Heber. "Bishop Fowler in Korea." *GAL* 14 (January 1889): 32-33.

________. "The Religious Development of Korea." *GAL* (September 1891): 415-417.

________. "The People of Korea." *GAL* (October 1892): 464-66.

________. "Studies in Korean, Korean Etymology." *KR* 1 (November 1892): 332-333.

________. "Open Korea and Its Methodist Mission." *GAL* 18 (September 1893): 392.

________. "The People on the Chemulpo Circuit in Korea." *GAL* (June 1894): 282-284.

________. "Obstacles Encountered by Korean Christians." *KR* 2 (April 1895): 145-149.

________. "The Spirit Worship of the Koreans." *TKB* 2 (1901): 37-58.

________. *Korea: The Land, People, and the Customs*. Cincinnati: Jennings & Graham, 1907.

________. "The Native Religions." *KMF* 4 (January 1908): 11-12; (February 1908): 26-29.

________. and William A. Noble, eds. *The Religious Awakening of Korea*. New York: Board of Foreign Missions of the Methodist Episcopal Church, 1908.

________. *The Korea Mission of the Methodist Episcopal Church*. New York: Board of the Foreign Missions of the Methodist Episcopal Church, 1910.

________. *The Korean Revival: An Account of the Revival in the Korean Churches in 1907*. New York: Board of the Foreign Missions of the Methodist Episcopal Church, 1910.

________. "Presbyterian and Methodist Missions in Korea." *International Review of Mission* 14 (September 1912): 412-434.

________. *The Rise of the Church in Korea*. Typescript. UTS, G. H. Jones Papers, 1915.

________. "Memoir of Dr. A. B. Leonard." UTS, G. H. Jones Papers, 1916.

Jones, Margaret J. B. "The Korean Bride." *KR* 2 (February 1895): 54.

Jordan, David K. "The Glyphomancy Factor: Observations on Chinese Conversion." In *Conversion to Christianity: Historical and Anthropological Perspectives on a Great Tradition*, edited by Robert W. Hefner, 285-303. Berkeley: University of California Press, 1993.

*Journal of the Royal Asiatic Society of Great Britain and Ireland*. "Obituary Notice: Dr. E. B. Landis." *JRAS* (1898): 919.

Jung Jae-Hoon 정재훈. "Meeting the World through Eighteenth-century *Yŏnhaeng*." *Seoul Journal of Korean Studies* 23, no. 1 (June 2010): 51-69.

Junkin, William M. "Notes from Korea." *Missionary* 27 (October 1894): 439.

________. "The Tong Hak." *KR* 2 (February 1895): 56-60.

________. "The Daily Difficulties That Meet the Missionary in Korea." *Missionary* 30 (October 1897): 465.

KACMEC (The Korea Annual Conference of the Methodist Episcopal Church). *Official Minutes.* Seoul: Methodist Publishing House, 1905-1915.

Kaplan, Steven, ed. *Indigenous Responses to Western Christianity*. New York: New York University Press, 1995.

Kearns, Carl E. "One Year in Syen Chun Station." *AH* 11 (November 1905): 602.

Kellogg, Samuel Henry. *The Genesis and Growth of Religion*. New York: Macmillan, 1892.

_______. *A Handbook of Comparative Religion*. Philadelphia: Westminster, 1899.

Kemeny, Paul C. "Princeton and the Premillennialists: The Roots of the *Marriage de Convenance*." *Journal of Presbyterian History* 71 (Spring 1993): 17-30.

Kendall, Laurel. *Shamans, Housewives, and Other Restless Spirits: Women in Korean Ritual Life*. Honolulu: University of Hawaii Press, 1985.

Kenmure, Alexander. "The Ten Best Christian Books in Chinese." *CR* (July 1893): 340.

Kennan, George. "The Japanese Red Cross." *Outlook* (September-December 1904): 27-36.

*KF* (*Korea Field*). "The Famine Wolf in Korea." *KF* (May 1902): 33.

_______. "Country Evangelistic Work: From Annual Report of Pyeng Yang Station, September 1904." *KF* (November 1904): 217.

_______. "Progress at the Academy: From Personal Report of Dr. W. M. Baird, September 1904." *KF* (November 1904): 229.

_______. "A Reminiscence of a Year: Personal Report of Rev. Sharp, July 1905." *KF* (August 1905): 269.

Kim Chongsuh 김종서. "Early Western Studies of Korean Religions." In *Korean Studies New Pacific Currents*, edited by Suh Dae-Sook, 141-57. Honolulu: Hawaii University Press, 1994.

Kim Haboush, Jahyun, and Martin Deuchler, eds. *Culture and the State in Late Chosŏn Korea*. Cambridge, Mass.: Harvard University Press, 1999.

Kim In Soo 김인수. *Protestants and the Formation of Modern Korean Nationalism, 1885-1920: A Study of the Contributions of Horace G. Underwood and Sun Chu Kil*. New York: Peter Lang, 1996.

Kim Ku 김구. *Paekpŏm ilch: Autobiography of Kim Ku*. Translated by Lee Jongsoo. Lanham, Md.: University Press of America, 2000.

Kim Kyoungjae 김경재. *Christianity and the Encounter of Asian Religions: Method of Correlation, Fusion of Horizons, and Paradigm Shifts in the Korean Grafting Process*. Zoetermeer, Netherlands: Uitgeverji Boekencentrum, 1995.

Kim Paul Hyoshin 김효신. "Korean Christology in the Making: The Impact of Socio-Political Context on Early Korean Christologies (1885-1910) of George Heber Jones and Ch'eo Pyŏnghŏn." Ph.D. diss., Princeton Theological Seminary, 2004.

Kim Yunseong 김윤성. "Protestant Missions as Cultural Imperialism in Early Modern Korea: Hegemony and Its Discontents." 39, no. 4 (Winter 1999): 205-234.

*KMF* (*Korea Mission Field*). "A Great Awakening." *KMF* (January 1906): 51.

_______. "Revival at Ewa." *KMF* (May 1906): 133.

_______. "Recent Work of the Holy Spirit in Seoul." *KMF* 3 (March 1907): 41.

_______. "What Prominent Men Have Said." *KMF* 3 (October 1907): 158-159.

_______. "Notes from the Stations." *KMF* (January 1910): 8.

_______. "Kil Moxa." *KMF* (April 1910): 118.

_______. "Editorial." *KMF* (July 1924): 133.

KMMEC (Korea Mission of the Methodist Episcopal Church). *Official Minutes of the Annual Meeting*. Seoul, 1893-1910.

KMMECS (Korea Mission of the Methodist Episcopal Church, South). *Minutes of the Annual Meeting*. Seoul: 1899-1910.

KMPCUSA (Korea Mission of the Presbyterian Church of the USA). *Minutes and Reports of the Annual Meeting*. Seoul: KMPCUSA, 1893-1915.

_______. *Quarto Centennial Papers*. Pyongyang: KMPCUSA, 1909.

Koons, E. Wade. "The Power of Christ Demonstrated." *KMF* (July 1910): 181-182.

Korea University. 舊韓國外交文書 [Dispatches between the Korean Government and the Legations in Seoul]. 20 vols. Seoul: Korea University Press, 1962.

*KR (Korean Repository)*. "Buddhist Chants and Processions." *KR* 2 (April 1895): 125.

_______. "Christian Missions and Social Progress." *KR* 5 (February 1898): 68-69.

KRTS (Korean Religious Tract Society). *Annual Reports*. Seoul: KRTS, 1894-1916.

*KRv* (*Korea Review*). "Editorial Comment." *KRv* (September 1902): 406-407.

_______. "News Calendar." *KRv* (September 1902): 409-415.

_______. "A Leaf from Korean Astrology." *KRv* (November 1902): 491.

_______. "A Leaf from Korean Astrology." *KRv* (January 1903): 16.

_______. "Our Training Class System: From Annual Report of Pyeng Yang Station, September, 1904." *KRv* (February 1905): 234.

Ladd, George Trumbull. *In Korea with Marquis Ito*. New York: Scribner, 1908.

_______. "Economic and Social Change in Korea." *Journal of Race and Development* 1 (July 1910): 248-253.

Lambuth, David K. "Korean Devils and Christian Missionaries." *Independent*, August 1, 1907, 287-288.

Lambuth, James W. "Standard of Admission to Full Church Membership." In GCPMC, *RGC*, 1878, 241-246.

Lancashire, Douglas, and Peter Kuo-chen Hu. "Introduction. *The True Meaning of the Lord of Heaven* (*T'ien-chu Shih-I*). By Matteo Ricci S. J." In *Jesuit Primary Sources in English Translations*,no. 6, edited by Edward J. Malatesta, 3-53. St. Louis: Institute of Jesuit Sources, 1985.

Landis, Eli Barr. "Notes on the Exorcism of Spirits in Korea." *Chinese Review* 21, no. 6 (1895): 399-404.

_______. "Mourning and Burial Rites of Korea." *Journal of the Anthropological Institute* (May 1896): 340-361.

_______. "Notes from the Korean Pharmacopoea." *China Review* 22, no. 3 (1896): 578-588.

_______. "A Royal Funeral." *KR* (April 1897): 161.

_______. "The Capping Ceremony of Korea." *Journal of the Anthropological Institute* (May 1898): 525-531.

Latourette, Kenneth Scott. *A History of the Expansion of Christianity*. 7 vols. New York: Harper, 1937-1941.

Lawrence, Edward A. "Missions in Korea." *GAL* 12 (June 1887): 273.

_______. *Modern Missions in the East: Their Methods, Successes, and Limitations*. New York: Harper, 1895.

________. *Introduction to the Study of Foreign Missions*. New York: Student Volunteer Movement, 1901.
Lee, Chull 이철. "Social Sources of the Rapid Growth of the Christian Church in Northwest Korea: 1895-1910." Ph.D. diss., Boston University, 1997.
Lee, Graham. "General Report of the Pyeng Yang Station for 1894." PHS, CRKM, reel 180.
________. "A Visit to the Battle Field of Pyeng Yang." *KR* 2 (January 1895): 14.
________. "Korean Christians." *MRW* (November 1896): 866.
Lee Jung Young 이정용. *Korean Shamanistic Rituals*. New York: Mouton, 1981.
________, ed. *Ancestor Worship and Christianity in Korea*. Lewiston, N.Y.: Edwin Mellen, 1988.
Lee Kwang Kyu 이광규. "The Concept of Ancestors and Ancestor Worship in Korea." *Asian Folklore Studies* 43 (1984): 199-214.
Lee Kwangnin 이광린. "Christian Belief in a Prison during the Latter Yi Dynasty in Korea." *Journal of Social Sciences and Humanities* 63 (June 1986): 1-20.
Legge, James. *An Argument for Shangte as the Proper Rendering of the Words Elohim and Theos in the Chinese Language with Strictures on the Essay of Bishop Boone in Favour of the Term Shin*. Hong Kong: Hong Kong Resister Office, 1850.
________. *The Notions of the Chinese Concerning God and Spirits: With an Examination of the Defense of an Essay, on the Proper Rendering of the Words of Elohim and Theos, into the Chinese Language*. Hong Kong: Hong Kong Register Office, 1852.
________. *The Land of Sinim: A Sermon Preached in the Tabernacle, Moorfields, at the Sixty-Fifth Anniversary of the London Missionary Society*. London: John Snow, 1859.
________. *Confucianism in Relation with Christianity*. Shanghai: Kelly & Walsh, 1877.
________. *Religions of China: Confucianism and Taoism Described and Compared with Christianity*. New York: Revell, 1880.
________. *The Nestorian Monument of Hsi-an Fu in Shen-hsi, China*. London: Trubner, 1888.
Lew Young Ick 류영익. "Late Nineteenth-Century Korean Reformers' Receptivity to Protestantism: The Case of Six Leaders of the 1880s and 1890s Reform Movements." *Asian Culture* 4 (1988): 153-196.
Lewis, Ella A. "A Holocaust of Fetishes." *KMF* (May 1906): 134-135.
Loomis, Henry. "Rijutei, the Corean Convert." *Missionary Herald* (December 1883): 481-83.
Lowell, Percival. *Chosen: The Land of the Morning Calm*. London: Trubner, 1886.
Lü Zongli. *Power of the Words: Chen Prophecy in Chinese Politics AD 265-618*. Oxford: Peter Lang, 2003.
________. "Apocrypha in Early Medieval Chinese Literature." *Chinese Literature: Essays, Articles, Reviews* 30 (2008): 93-101.
Machen,J. Gresham. *Christianity and Liberalism*. Grand Rapids: Eerdmans, 1956.
MacIntyre, John. "Baptism at Moukden, Haichang, and Seaport." *UPMR* (January 1, 1880): 14-15.
________. "Mr. MacIntyre's Report." *UPMR* (July 1, 1880): 278-279.
Maclay, Robert S. *Life among the Chinese*. New York: Carlton & Porter, 1861.
________. "Corea." *Missionary Herald* 80 (December 1884): 523.

MacRae, Edith F. "For Thine Is the Power." *KMF* 2 (February 1906): 74.
MacRae, Helen F. *A Tiger on Dragon Mountain: The Life of Rev. Duncan M. MacRae, D. D.* Charlottetown, Canada: A James Haslam, Q. C., 1993.
Marsden, George M. *Religions and American Culture*. San Diego, Calif.: Harcourt, 1990.
Martin, William Alexander Parsons. "Is Buddhism a Preparation for Christianity?" *CR* 20 (May 1889): 193-203.
_______. "Ancestral Worship: A Plea for Toleration." In GCPMC, *RGC*, 1890, 619-31.
Mateer, Calvin W. *A Review of Methods of Mission Work*. Shanghai: American Presbyterian Mission Press, 1900.
*MC* (*Morning Calm*). "The Bishop's Letter." *MC* 42 (December 1893): 174-175.
_______. "The Bishop's Letter." *MC* 46 (May 1897): 37-38.
_______. "Lumen ad Revelationem Gentium." *MC* 46 (May 1897): 42-44.
McCully, Elizabeth A. *A Corn of Wheat or the Life of Rev. W. J. McKenzie of Korea*. Toronto: Westminster, 1904.
McKenzie, Frederick Arthur. *The Unveiled East*. London: Hutchinson, 1907.
_______. *The Tragedy of Korea*. London: Soughton, 1908.
Medhurst, Walter Henry. *A Dissertation on the Theology of Chinese with a View to the Elucidation of the Most Appropriate Term for Expressing the Deity, in the Chinese Language*. Shanghai: American Presbyterian Mission Press, 1847.
_______. *An Enquiry into the Proper Mode of Rendering the Word God in Translating the Sacred Scriptures into the Chinese Language*. Shanghai: Mission Press, 1848.
Miller, Lula A. "The Conversion of a Sorceress." *KMF* 2 (February 1906): 65.
*Missionary*. "Korea." *Missionary* (May 1910): 212-213.
Moffett, Samuel Austin. "Evangelism in Korea." *GAL* 17 (September 1892): 446.
_______. "Report of Work in Pyeng An Province: Pyeng Yang, Eui Ju, Kou Syeng, Oct. 1893." PHS, CRKM, reel 176.
_______. "Life at a Korean Outpost." *CHA* 8 (May 1894): 374.
_______. "The Transformation of Korea." *CHA* 9 (August 1895): 136-37.
_______. "Evangelistic Work in Pyengyang and Vicinity, Pyengyang Station, October 1895." PHS, CRKM, reel 178.
_______. "An Educated Ministry in Korea." In *Men and the Modern Missionary Enterprise*, 139-140. Chicago: Winona, 1907.
Moffett, Samuel Hugh. *The Christians of Korea*. New York: Friendship Press, 1957.
_______. "The Life and Thought of Samuel Austin Moffett, His Children's Memories." In *The Centennial Lecture of Samuel A. Moffett's Arrival in Korea*, 17-23. Seoul: Presbyterian Theological College and Seminary, 1990.
Moody Bible Institute. *The Coming and Kingdom of Christ: A Stenographic Report of the Prophetic Bible Conference Held at the Moody Bible Institute of Chicago, February 24–27, 1914*. Chicago: Bible Institute Colportage Association, 1914.
Moore, David H. "Our Mission in Beautiful, Hospitable Korea." *GAL* (September 1901): 407.
Moore, John Z. "The Vision and the Task." *KMF* 2 (April 1906): 108.

________. "The Great Revival Year." *KMF* 3 (August 1907): 118.
________. "A Changed Life." *KMF* 3 (October 1907): 159.
________. "The Fullness of the Gospel." *KMF* 3 (December 1907): 178.
Moore, Samuel F. "Welcome to Korea." *CHA* 7 (January 1893): 33.
________. "Report of Session, 1893." PHS, CRKM, reel 176.
________. "Personal Annual Report, 1896." PHS, CRKM, reel 179.
________. "The Butchers of Korea." *KR* 5 (April 1898): 127-132.
________. "A Gospel Sermon Preached by a Korean Butcher." *CHA* 12 (August 1898): 115-116.
________. "Report of S. F. Moore, 1898." PHS, CRKM, reel 180.
Moorhead, James H. "Searching for the Millennium in America." *Princeton Seminary Bulletin* 9 (1988): 17-33.
Moose, J. Robert. "Sacrifice to the Dead." *KM* 1 (December 10, 1904): 15.
________. *Village Life in Korea*. Nashville, Tenn.: Publishing House of the Methodist Episcopal Church, South, 1911.
Moreau, A. Scott, ed. *Evangelical Dictionary of World Mission*. Grand Rapids: Baker Books, 2000.
*MRW (Missionary Review of the World)*. "Corea, the Hermit Nation." *MRW* 6, no. 6 (December 1883): 409-421.
________. "Korea, the Hermit Nation." *MRW* 12 (September 1889): 655.
________. "Korea—The Changes of Seven Years." *MRW* (February 1911): 144.
MSMEC (Missionary Society of the Methodist Episcopal Church). *Annual Report of the Missionary Society of the Methodist Episcopal Church*. New York: MSMEC, 1885-1912.
MSMECS (Missionary Society of the Methodist Episcopal Church, South). *Annual Reports of the Missionary Society*. Nashville, Tenn.: MSMECS, 1896-1912.
Mungello, D. E. *Curious Land: Jesuit Accommodation and the Origins of Sinilogy*. Honolulu: University of Hawaii Press, 1989.
________. *The Great Encounter of China and the West, 1500–1800*. Lanham, Md.: Rowman & Littlefield, 1999.
Myers, Mamie D. "Poktaigee." *WMA* (December 1909): 269-270.
National Bible Society of Scotland. *Annual Reports of the National Bible Society of Scotland*. Edinburgh: National Bible Society of Scotland, 1880-1911.
Nevius, Helen S. Coan. *Our Life in China*. New York: Robert Carter & Brothers, 1876.
________. *The Life of John Livingston Nevius: For Forty Years a Missionary in China*. New York: Revell, 1895.
Nevius, John L. *China and the Chinese*. New York: Harper, 1869.
________. *The Planting and Development of Missionary Churches*. Shanghai: American Presbyterian Printing House, 1889.
________. *Demon Possession and Allied Themes*. New York: Revell, 1896.
Noble, Martha H., ed. *Journals of Mattie W. Noble, 1892–1934*. Seoul: Institute for Korean Church History, 1993.
Noble, Mattie Wilcox. "After the Cholera-Native Testimonies in a Korean Prayer Meeting." *WMF* (January 1903): 4.

_______, comp. and trans. *Victorious Lives of Early Christians in Korea*. Seoul: Christian Literature Society Korea, 1927.

Noble, William A. *Ewa: A Tale of Korea*. New York: Eaton & Mains, 1906.

_______. "Korean Decadence." *KMF* 2 (July 1906): 176.

_______. "George Heber Jones: An Appreciation." *KMF* (June 1919): 146.

*North China Herald*, ed. *The Anti-Foreign Riots in China in 1891*. Shanghai: North China Herald Press, 1892.

Noyes, George C. "Review of *Corea, the Hermit Nation*." *Dial* 3 (1882): 167.

Oak, Sung-Deuk 옥성득. "North American Missionaries' Understanding of the *Tan'gun* and *Kija* Myths of Korea." *Acta Koreana* 5, no. 1 (2002): 51-73.

_______. *Sources of Korean Christianity*. rev. ed. Seoul: Institute for Korean Church History, 2004.

_______. "The Azusa Street Revival, 1906-1909: Its Characteristics and Comparison with the 1907 Great Revival in Korea." In *Protestant Revivals in the 20th Century and Pyongyang Great Awakening Movement*, edited by Won-mo Suh, 353-411. Seoul: Presbyterian College and Theological Seminary, 2005.

_______. "Edinburgh 1910, Fulfillment Theory, and Missionaries in China and Korea." *Journal of Asian and Asian American Theology* 9 (March 2009): 29-51.

_______. "Healing and Exorcism: Christian Encounters with Shamanism in Early Modern Korea." *Asian Ethnology* (July 2010): 99-132.

_______. "Competing Chinese Names for God: The Chinese Term Question and Its Influence upon Korea," *Journal of Korean Religions* 3, no.2 (October 2012):1-27.

_______. "Major Protestant Revivals in Korea, 1903-1935." *Studies of World Christianity* 18, no. 3 (October 2012): 269-290.

_______. "Presbyterian Mission Methods and Policies in Korea, 1876 -1910" in Wonsuk Ma and Kyo Seong Ahn eds., *Korean Church, God's Mission, Global Christianity*, 32-47. Oxford: Regnum Books, September 2015.

_______. "A Genealogy of Protestant Theologies of Religions in Korea, 1876-1910: Protestantism as the Religion of Civilization and Fulfillment," in Anselm Kyungseok Min ed. *Korean Religions in Relation: Buddhism, Confucianism, Christianity: Essays in Honor of Professor Wi Jo Kang*, 35-55. Albany, NY: State University of New York Press, 2016.

_______. "Protestantism Comes East: the Korean Case," in Thomas A. Howard and Mark K. Noll eds. *Protestantism After 500 Years*, 228-257. Oxford: Oxford University Press, 2016.

Oak, Sung-Deuk and Yi Mahn-yol. *Documents of Korean Bible Society. Vol. 1. Correspondence of John Ross and Correspondence of Henry Loomis, 1880–1911*. Seoul: Korean Bible Society, 2004.

_______. *Horace Grant Underwood and Lillias Horton Underwood Papers*.5 vols. Seoul: Yonsei University Press, 2005-2010.

_______. *Documents of Korean Bible Society. Vol. II. Correspondence of Alexander Kenmure, 1900–05*. Seoul: Korean Bible Society, 2006.

Ohlinger, Franklin. "How Far Should Christians Be Required to Abandon Native Customs?" In GCPMC, *RGC*, 1890, 603-609.

_______. "Buddhism in Korean History and Language." *KR* 1 (April 1892): 107-108.

_______. *Thoughts, Words, Deeds and Other Sermons*. Seoul: Trilingual Press, 1893.

_______. "Response to the Commission IV of the World Missionary Conference 1910." Typescript. New London, Conn.: Yale Divinity School Library, 1910.

Oppert, Ernst. *A Forbidden Land, Voyage to Korea*. London: Sampson Low, Marston, Searle & Livingston, 1880.

Orr, James. "The Gospel in Corea." *UPMR* (June 2, 1890): 188.

Owen, Georgiana. "Burning of the Fetishes." *Missionary* 41 (March 1908): 133-34.

Paik, George L. 백낙준. *The History of Protestant Missions in Korea, 1832–1910*. Pyeng Yang: Union Christian College Press, 1929.

Paik Jong-Koe 백종구. *Constructing Christian Faith in Korea: The Earliest Protestant Mission and Ch'oe Pyŏng-hŏn*. Zoetemrmeer: Uitgeverij Boekencentrum, 1998.

Palais, James B. "A Search for Korean Uniqueness." *Harvard Journal of Asiatic Studies* 55, no. 2 (December 1995): 414-18.

Palmer, Spencer J. *Korea and Christianity*. Seoul: Hollym Corporation, 1967.

Park Yong Gyu 박용규. "Korean Presbyterianism and Biblical Authority: The Role of Scripture in the Shaping of Korean Presbyterianism 1918-54." Ph.D. diss., Trinity Evangelical Divinity School, 1991.

Parker, Michael. *The Kingdom of Character: The Student Volunteer Movement (1886–1926)*. Lanham, Md.: University Press of America, 1998.

Pearce, T. W. "Christianity in China, Native Heathen Opponents and Native Christian Defenders." *CR*15 (November-December 1884): 457.

Pfister, Lauren F. "Discovering Monotheistic Metaphysics: The Exegetical Reflections of James Legge (1815-1897) and Lo Chung-fan (d. circa 1850)." In *Imagining Boundaries: Changing Confucian Doctrines, Texts, and Hermeneutics*, edited by Chow Kai-wing et al., 213-256. Albany: State University of New York, 1999.

_______. *Striving for "The Whole Duty of Man": James Legge and the Scottish Protestant Encounter with China*. 2 vols. New York: Peter Lang, 2004.

Pierson, Arthur T. "Spiritual Movements of the Half Century." *MRW* (January 1898): 21.

Preston, J. F. "The Sah Kyeng hoi." *Missionary* (November 1904): 546-547.

_______. "A Notable Meeting." *KMF* (October 1906): 228.

Pyŏn Sŏnhwan 변선환. "Other Religions and Theology." *East Asian Journal of Theology* 3 (1985): 327-353.

Rawlinson, Frank. *Naturalization of Christianity in China: A Study of the Relation of Christian and Chinese Idealism and Life*. Shanghai: Presbyterian Mission Press, 1927.

_______. *Chinese Ideas of the Supreme Being*. Shanghai: Presbyterian Mission Press, 1928.

Reid, Gilbert. "The Prospect in Corea." *FM* 43 (August 1884): 131-132.

Reinders, Eric. *Borrowed Gods and Foreign Bodies: Christian Missionaries Imagine Chinese Religion*. Berkeley: University of California Press, 2004.

Religious Tract Society. *The Annual Report*. London: Religious Tract Society, 1870-1911.

Residency-General. *Recent Progress in Korea*. London: Bradbury, Agnew, 1910.

Reynolds, William D. "Diary, 1894-95." William D. Reynolds Papers, Presbyterian Historical Center, Montreat, N.C.

_______. "Enemies of the Cross in Korea." *Missionary* 32 (October 1899): 464-466.

Rhee Syngman 이승만. *The Spirit of Independence: A Primer for Democratic Reforms in Korea*. Translated by Han-Kyo Kim. 1904. Honolulu: University of Hawaii Press, 2000.

Rhodes, Harry A. "Presbyterian Theological Seminary." *KMF* 6 (June 1910): 149-151.

_______. *History of the Korea Mission, Presbyterian Church, USA, 1884–1934*. Seoul: Presbyterian Church of Korea, Department of Education, 1934.

Ricci, Matteo. *China in the Sixteenth Century: The Journals of Matthew Ricci, 1583–1610*. Translated by Louis J. Gallagher. New York: Random House, 1953.

Richards, Erwin H., et al. *Religions of Mission Fields*. New York: Student Volunteer Movement, 1905.

Ritson, J. H. "It Is Jesus That We Want." *MRW* 32 (July 1909): 552-553.

Ro Bongrin 노봉린, ed. *Christian Alternatives to Ancestor Practices*. Seoul: Word of Life Press & Asia Theological Association, 1985.

Ro Kilmyung 노길명. "New Religions and Social Change in Modern Korea History." *Review of Korean Studies* 5, no. 1 (June 2002): 31-62.

Robert, Dana L. "'The Crisis of Missions': Premillennial Mission Theory and the Origins of Independent Evangelical Missions." In *Earthen Vessels*, edited by Joel A. Carpenter and W. R. Shenk, 30-32. Grand Rapids: Eerdmans, 1990.

_______. "The Methodist Struggle over Higher Education in Fuzhou, China, 1877-1883." *Methodist History* 34 (April 1996): 173-189.

_______. *American Women in Mission: A Social History of Their Thought and Practice*. Macon, Ga.: Mercer University Press, 1997.

_______. *"Occupy Until I Come": A. T. Pierson and the Evangelization of the World*. Grand Rapids: Eerdmans, 2003.

Robson, William. *Griffith John: Founder of the Hankow Mission Central China*. London: S. W. Partridge, 1910.

Rockhill, William Woodville. *China's Intercourse with Korea from the XVth Century to 1895*. London: Luzac and Company, 1905.

Ross, Andrew C. *A Vision Betrayed*. Maryknoll, New York: Orbis Books, 1994.

Ross, Cyril. "Personal Report of Rev. Cyril Ross, September 1903." *KF* (May 1904): 173-176.

Ross, John. "Visit to the Corean Gate." *CR* (May 1874): 347-354.

_______. "Obstacles to the Gospel in China." *MRUPCS* (January 1877): 409-411.

_______. *The Corean Primer: Being Lessons in Corean on All Ordinary Subjects, Transliterated on the Principles of the Mandarin Primer*. Shanghai: American Presbyterian Mission Press, 1877, 2nd edition 1878.

_______. "Manchuria Mission." *MRUPCS* (October 1, 1880): 333-334.
_______. *The Manchus: Or, the Reigning Dynasty of China: Their Rise and Progress*. Paisley, Scotland: J. and R. Parlane, 1880.
_______. *History of Corea: Ancient and Modern*. Paisley, Scotland: J. and R. Parlane, 1881.
_______. *Korean Speech, with Grammar and Vocabulary*. Shanghai: Kelly & Walsh, 1882.
_______. "Corean New Testament." *CR* (November-December 1883): 491-97.
_______. "Mr. Ross's Report." *UPMR* (June 1, 1887): 226.
_______. "The Gods of Korea." *GAL* (August 1888): 368-370.
_______. *Old Wang: The First Chinese Evangelist in Manchuria*. London: Religious Tract Society, 1889.
_______. "The Christian Dawn in Korea." *MRW* (April 1890): 241-248.
_______. *History of Corea: Ancient and Modern*. London: Elliot Stock, 1891.
_______. "Shang-ti: By the Chief Taoist Priest of Manchuria." *CR* 23 (March 1894): 123-124.
_______. *Mission Methods in Manchuria*. New York: Revell, 1903.
_______. *The Original Religion of China*. New York: Eaton and Mains, 1909.
_______. *The Origin of the Chinese People*. Edinburgh: Oliphants, 1916.
Rutt, Richard. *James Scarth Gale and His History of the Korean People*. Seoul: Taewon, 1972.
Ryang, Chusam 양주삼, ed. *Southern Methodism in Korea, Thirtieth Anniversary*. Seoul: Methodist Episcopal Church South, 1934.
Ryu Tongsik 류동식. "Korean Religious Culture and Christianity." *Korea Journal of Systematic Theology* 3 (1999): 225-248.
Sands, William Franklin. *Undiplomatic Memories: The Far East, 1896–1904*. New York: Whittlesey House, 1930.
Schereschewsky, Samuel I. J. "Terminology in the China Mission." *Churchman* 57, no. 6 (January 14, 1888): 34-35.
Schlesinger, Arthur M. Jr. "The Missionary Enterprise and Theories of Imperialism." In *The Missionary Enterprise in China and America*, edited by John K. Fairbank, 336-73. Cambridge, Mass.: Harvard University Press, 1974.
Scott, Mrs. Robertson. "Warring Mentalities in the Far East." *Asia* 20, no. 7 (New York: August 1920): 693-701.
Scott, William. *Canadians in Korea: Brief Historical Sketch of Canadian Mission Work in Korea*. Self-published, 1975.
Scranton, Mary F. "A Social Advance." *HWF* (September 1895): 65.
_______. "Day Schools and Bible." *KMF* (April 1907): 53.
Scranton, William B. "Missionary Review of the Year." *KR* (January 1895): 15-16.
Sharp, Charles E. "Famine along the River: From January Report of Rev. C. E. Sharp." *KF* (August 1902): 59-60.
_______. "Motives for Seeking Christ." *KMF* 2 (August 1906): 182-183.
Sharpe, Eric J. *Not to Destroy but to Fulfil*. Uppsala: Swedish Institute of Missionary Research, 1965.

Shin Ik-Cheol 신익철. "The Experiences of Visiting Catholic Churches in Beijing and the Recognition of Western Learning Reflected in the Journal of Travel to Beijing." *Review of Korean Studies* 9, no. 4 (December 2006): 11-31.

_______. "The Western Learning Shown in the Records of Envoys Traveling to Beijing in the First Half of the Nineteenth Century—Focusing on Visits to the Russian Diplomatic Office." *Review of Korean Studies* 11, no. 1 (March 2008): 11-27.

Shin, Junhyoung Michael. "The Supernatural in the Jesuit Adaptation to Confucianism: Giulio Aleni's *Tianzhu Jiangsheng Chuxiang Jingjie* (Fuzhou, 1637)." (May2011): 329-361.

Smalley, William A. *Translation as Mission*. Macon, Ga.: Mercer University Press, 1991.

Society for the Propagation of the Gospel in Foreign Parts. *Annual Reports*. London: SPG, 1890-1911.

Soltau, T. Stanley. *Korea, the Hermit Nation and Its Response to Christianity*. New York: World Dominion Press, 1932.

Song Hangnyong 송항룡. "A Short History of Daoism in Korea." *Korea Journal* 26 (May 1986): 13-18.

Soothill, William E., and L. Hodous, comps. *A Dictionary of Chinese Buddhist Terms*. London: Oxford, 1934.

Speer, Robert Elliot. *Report on the Mission in Korea of the Presbyterian Board of Foreign Missions*. New York: Board of the Foreign Missions, PCUSA, 1897.

_______. "Christian Mission in Korea." *MRW* 21 (September 1898): 681.

_______. *Mission and Politics in Asia*. New York: Revell, 1898.

_______. *Missionary Principles and Practice*. New York: Revell, 1902.

_______. *Christianity and the Nations*. New York: Revell, 1910.

Spelman, Douglas G. "Christianity in Chinese: the Protestant Term Question." *Papers on China* 22A (May 1969): 25-52.

Spence, Martin. "The Renewal of Time and Space: The Missing Element of Discussions about Nineteenth-Century Premillennialism." *Journal of Ecclesiastical History* (January 2012): 81-101.

Stanley, Brian. *The Bible and the Flag*. Leicester: Apollos, 1990.

_______, ed. *Christian Missions and the Enlightenment*. Grand Rapids: Eerdmans, 2001.

_______. *The World Missionary Conference, Edinburgh 1910*. Grand Rapids: Eerdmans, 2009.

Stokes, Charles D. "History of Methodist Missions in Korea, 1885-1930." Ph.D. diss., Yale University, 1947.

Suh Kwangsun 서광선. "American Missionaries and a Hundred Years of Korean Protestantism." *International Review of Mission* 74 (January 1985): 5-18.

Swallen, William L. "Narrative Report of Rev. W. L. Swallen for Oct., Nov., Dec., 1907." *KMF* 3 (March 1908): 43.

_______. "Korean Christian Character." *AH* (November 1908): 511.

_______. "A Story of Korean Prayer." *KMF* (November 1909): 182.

Takahashi, Aya. *The Development of the Japanese Nursing Profession*. London: RoutledgeCurzon, 2004.

Taylor, Charles. *Modern Social Imageries*. Durham and London: Duke University Press, 2004.

Thompson, Ralph W. *Griffith John: The Story of Fifty Years in China*. London: Religious Tract Society, 1906.

*TKB* (*Transactions of the Korea Branch of the Royal Asiatic Society*). "Discussion." *TKB* (1900): 48-49.

Torrey, Deberniere Janet. "Separating from the Confucian World: The Shift Away from Syncretism in Early Korean Catholic Texts." *Acta Koreana* (June 2012): 127-145.

Trollope, Constance. *Mark Napier Trollope: Bishop in Corea 1911–1930*. London: Society for Promoting Christian Knowledge, 1936.

Trollope, Mark N. "Correspondence, M. N. Trollope to the Editor." *Independent*, August 19, 1897.

_______. "Introduction to the Study of Buddhism in Corea." *TKB* (1917): 1-3.

Turley, Robert T. Letter to William M. Paul, November 26, 1894. In Oak, *Sources of Korean Christianity*, 270-73.

Tylor, Edward Burnett. *Primitive Culture: Researches into the Development of Mythology, Philosophy, Religion, Language, Art, and Custom*. 2 vols. London: John Murray, 1871.

Underwood, Elizabeth. *Challenged Identities: North American Missionaries in Korea, 1884–1934*. Seoul: Royal Asiatic Society, Branch, 2003.

Underwood, Horace Grant. "Romanism Wide Awake." *FM* 45 (May 1886): 567.

_______. "A Powerful Appeal from Korea." *MRW* (March 1888): 209-211.

_______. *A Concise Dictionary of the Korean Language in Two Parts: Korean-English & English Korean*. 2 vols. Yokohama: Kelly & Walsh, 1890.

_______. *An Introduction to the Korean Spoken Language*. Yokohama: Seishi Bunsha, 1890.

_______. "Romanism on the Foreign Mission Field." In *Reports of the Fifth General Council of the Alliance of the Reformed Churches Holding the Presbyterian System*, 409-415. Toronto: Hart & Riddell, 1892.

_______. "Religious Changes in Korea." *GAL* (December 1893): 557.

_______. "The 'Today' from Korea." *MRW* 16 (November 1893): 817.

_______. *The Call of Korea*. New York: Revell, 1908.

_______. "Korea's Crisis Hour." *Korea Mission Field* 4 (September 1908): 130.

_______. *The Religions of Eastern Asia*. New York: Macmillan, 1910.

Underwood, Horace Horton. *Modern Education in Korea*. New York: International Press, 1926.

Underwood, Lillias Horton. *Fifteen Years among the Top-Knots, or Life in Korea*. New York: American Tract Society, 1904.

_______. *With Tommy Tompkins in Korea*. New York: Revell, 1905.

_______. "Woman's Work for Women in Korea." *MRW* (July 1905): 491-500.

_______. *Underwood of Korea*. New York: Revell, 1918.

Venable, W. A. "Korea's First YMCA Student Conference." *Missionary* (November 1910): 558-559.

Vinton, Cadwallader C. "Presbyterian Mission Work in Korea." *MRW* (September 1893): 670.

_______. "Obstacles to Missionary Success in Korea." *MRW* 17 (November 1894): 837-843.

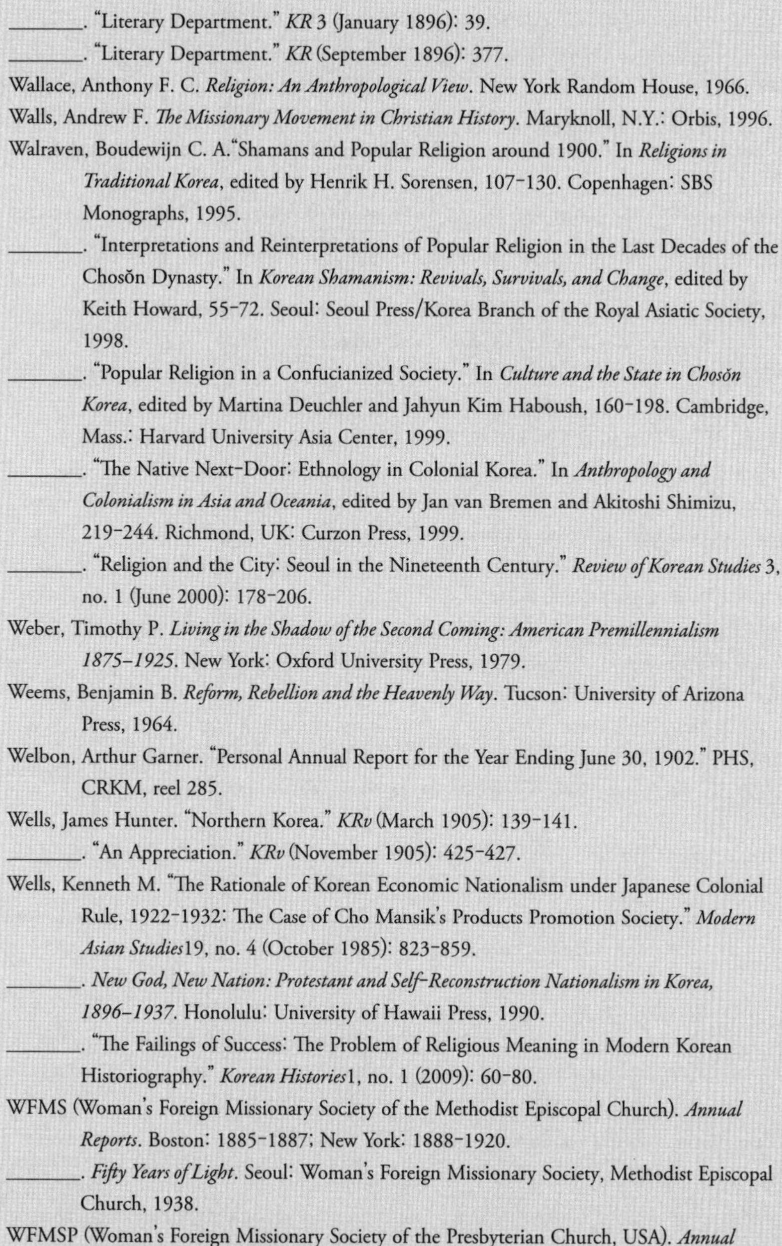


_______. "Literary Department." *KR* 3 (January 1896): 39.

_______. "Literary Department." *KR* (September 1896): 377.

Wallace, Anthony F. C. *Religion: An Anthropological View*. New York Random House, 1966.

Walls, Andrew F. *The Missionary Movement in Christian History*. Maryknoll, N.Y.: Orbis, 1996.

Walraven, Boudewijn C. A."Shamans and Popular Religion around 1900." In *Religions in Traditional Korea*, edited by Henrik H. Sorensen, 107-130. Copenhagen: SBS Monographs, 1995.

_______. "Interpretations and Reinterpretations of Popular Religion in the Last Decades of the Chosŏn Dynasty." In *Korean Shamanism: Revivals, Survivals, and Change*, edited by Keith Howard, 55-72. Seoul: Seoul Press/Korea Branch of the Royal Asiatic Society, 1998.

_______. "Popular Religion in a Confucianized Society." In *Culture and the State in Chosŏn Korea*, edited by Martina Deuchler and Jahyun Kim Haboush, 160-198. Cambridge, Mass.: Harvard University Asia Center, 1999.

_______. "The Native Next-Door: Ethnology in Colonial Korea." In *Anthropology and Colonialism in Asia and Oceania*, edited by Jan van Bremen and Akitoshi Shimizu, 219-244. Richmond, UK: Curzon Press, 1999.

_______. "Religion and the City: Seoul in the Nineteenth Century." *Review of Korean Studies* 3, no. 1 (June 2000): 178-206.

Weber, Timothy P. *Living in the Shadow of the Second Coming: American Premillennialism 1875–1925*. New York: Oxford University Press, 1979.

Weems, Benjamin B. *Reform, Rebellion and the Heavenly Way*. Tucson: University of Arizona Press, 1964.

Welbon, Arthur Garner. "Personal Annual Report for the Year Ending June 30, 1902." PHS, CRKM, reel 285.

Wells, James Hunter. "Northern Korea." *KRv* (March 1905): 139-141.

_______. "An Appreciation." *KRv* (November 1905): 425-427.

Wells, Kenneth M. "The Rationale of Korean Economic Nationalism under Japanese Colonial Rule, 1922-1932: The Case of Cho Mansik's Products Promotion Society." *Modern Asian Studies*19, no. 4 (October 1985): 823-859.

_______. *New God, New Nation: Protestant and Self-Reconstruction Nationalism in Korea, 1896–1937*. Honolulu: University of Hawaii Press, 1990.

_______. "The Failings of Success: The Problem of Religious Meaning in Modern Korean Historiography." *Korean Histories*1, no. 1 (2009): 60-80.

WFMS (Woman's Foreign Missionary Society of the Methodist Episcopal Church). *Annual Reports*. Boston: 1885-1887; New York: 1888-1920.

_______. *Fifty Years of Light*. Seoul: Woman's Foreign Missionary Society, Methodist Episcopal Church, 1938.

WFMSP (Woman's Foreign Missionary Society of the Presbyterian Church, USA). *Annual Reports*. New York, 1885-1920.

_______. *Historical Sketches of the Missions under the Care of the Board of Foreign Missions of the Presbyterian Church*. Philadelphia, 1886, 1891.

WFMSS (Woman's Missionary Society of the Methodist Episcopal Church, South). *Annual Reports*. Nashville, 1897-1920.

White, James T., ed. *The National Cyclopaedia of American Biography*. Vol. 18. New York: James T. White, 1922.

Williams, S. W. "The Controversy among the Protestant Missionaries on the Proper Translation of the Words God and Spirits into Chinese." *Bibliotheca Sacra*3 5 (October 1878): 732-778.

Williamson, Alexander. *Journey in North China, Manchuria and Eastern Mongolia with Some Account of Korea*. Vol. 2. London: Smith Elder, 1870.

Willing, Jennie Fowler, and Mrs. George Heber Jones. *The Lure of Korea*. Boston: Woman's Foreign Missionary Society, Methodist Episcopal Church, 1913.

WMC (World Missionary Conference). *Report of Commission I. Carrying the Gospel to All the Non-Christian World*. Edinburgh: Oliphant, Anderson and Ferrier, 1910.

_______. *Report of Commission IV.The Missionary Message in Relation to Non-Christian Religions.* Edinburgh: Oliphant, Anderson and Ferrier, 1910.

Wylie, Alexander. *Memorials of Protestant Missionaries to the Chinese*. Shanghai: American Presbyterian Mission Press, 1

Yang Lihui et al. *Handbook of Chinese Mythology*. Santa Barbara, Calif.: ABC-CLIO, 2005.

Yates, Matthew Tyson. "Ancestral Worship." In GCPMC, *RGC*, 1878, 367-387.

Yates, Timothy. *Christian Mission in the Twentieth Century*. Cambridge: Cambridge University Press, 1994.

Yun Ch'iho 윤치호 "Confucianism in Korea." *KR* 2 (November 1895): 401-404.

_______. "The Whang-Chei of Dai Han, or the Emperor of Korea." *KR* (October 1897): 385-390.

_______. *Yun Ch'iho Ilgi*. 8 vols. Seoul: National Institute of Korean History, 1973-1986.

Zetzsche, Jost Oliver. *The Bible in China: History of the Union Version or the Culmination of Protestant Missionary Bible Translation in China*. Monumenta Serica Monograph Series 45. Nettetal, Germany: Monumenta Serica, 1999.

_______. "The Work of Lifetime: Why the *Union Version* Took Nearly Three Decades to Complete." In Eber et al., *Bible in Modern China*, 77-100.

_______. "The Missionary and the Chinese 'Helper': A Re-appraisal of the Chinese Role in the Case of Bible Translation in China." *Journal of the History of Christianity in Modern China*3 (2000): 5-20.

Zhang Qiong. "About God, Demons, and Miracles: the Jesuit Discourse On the Supernatural in Late Ming China." *Early Science and Medicine* 4, no. 1 (1999): 1-36.

## 2. 동아시아 언어

### 정기간행물

「그리스도신문」. 서울, 1897-1906.
「기독교사상」. 서울, 1957-2019.
「대한매일신보」. 서울, 1904-1910.
「대한크리스도인회보」. 서울, 1899-1900.
「뎨국신문」. 서울, 1898-1903.
「독립신문」. 서울, 1896-1899.
「東亞日報」. 서울, 1919-1935.
「神學世界」. 서울, 1900-1908.
「신학월보」. 서울, 1900-1908.
「예수교신보」. 서울, 1907-1910.
「예수교회보」. 서울, 1912-1913.
「朝鮮日報」. 서울, 1919-1935.
「죠션크리스도인회보」. 서울, 1897-1899.
「한국 기독교와 역사」. 서울, 1991-2010.
「皇城新聞」. 서울, 1898-1910.
「협성회회보」. 서울, 1898-1899.

### 논문과 서적 (번역 소책자는 생략)

#### 서양인 저자

Anderson, Benedict. 『상상의 공동체: 민족주의의 기원과 전파에 대한 성찰』. 윤형숙 역. 서울: 나남, 2002.
Bunyan, John. 『天路歷程 官話』. William Burns 역. 上海: 美華書館, 1852, 1869.
_______. 『天路歷程 意譯』. 佐藤喜峰 譯. 東京: 十字屋書, 1879.
_______. 『텬로력뎡』. James S. Gale 역. 서울: 조선셩교서회, 1895.
Cable, Elmer M. 케블, "쥬의 십ᄌ가를지ᄂ론". 「그리스도신문」, 1906년 5월 31일.
_______. "제사 근원을 의논홈". 「예수교신보」, 1908년 11월 30, 12월 15일.
_______. "사롬은 만물의 신령훈 거시됨". 「그리스도신문」, 1906년 8월 2일.
_______. "宗教上 比較學." 「神學世界」1권 4호(1916년 10월): 51-62.
Faber, Ernst. 『經學不厭精』. 上海: 美華書館, 1898.
_______. 『自西徂東』. 上海: 美華書館, 1902.
Fenwick, Malcolm C.:서경조 편역, 『요한복음젼 約翰福音傳』. 서울: 한미화활판소, 1891.
Gale, James Scarth. "단군죠션". 「그리스도신문」, 1901년 9월 12일.
_______. "고구려". 「그리스도신문」, 1901년 10월 17일.
_______. "리마도의사적". 「그리스도신문」, 1901년 10월 17일.
_______. "元牧師 行狀." 「신학세계」(1916년 10월): 156-158.

Gale, James Scarth, 이창직 편, 『훈몽천ᄌ 訓蒙千字』. 서울: 예수교서회, 1907.
Grant, George Monro. "世界宗教比觀". 백남석·Alfred W. Wasson 역. 「神學世界」(1924년 5월): 83-92; (1924년 10월): 60-70; (1924년 12월): 62-74.
Grayson, James Huntley. 『라약한 John Ross』. 대구: 계명대학교출판부, 1982.
Hulbert, Homer Bezaleel. "교육". 「그리스도신문」, 1906년 7월 12일.
Jones, George Heber. "증거론". 「신학월보」(1907): 46-53; 139-171; (1908): 6-18, (1909): 246-268.
_______. 『한국교회 형성사: 한국 개신교의 여명』. 옥성득 역. 서울: 홍성사, 2013.
Jones, George Heber, and Noble William A. 편. 『찬미가』. 서울: 한미화활판소, 1900; 2판 1905.
Jones, Margaret J. B. 『초학언문』. 서울: 조선성교서회, 1895.
Mutel, Gustave Chares Marie. 『뮈텔주교일기 4(1906-1910)』. 서울: 한국 교회사연구소, 1998.
Nevius, John L. and Mateer, Calvin W. eds., 『讚神聖詩 찬신성시』. 上海: 美華書館, 1878.
Ridel, F. C., ed. 『한불ᄌ뎐 韓佛字典』. 橫濱: Levy, 1880.
Ross, John, 『예수셩교문답』, 심양: 문광서원, 1881.
_______. 『예수셩교요령』. 심양: 문광서원, 1881.
_______. 『예수셩교누가복음젼셔』. 심양: 문광서원, 1882.
_______. 『예수셩교요안니복음젼셔』. 심양: 문광서원, 1882.
_______. 『예수셩교신약젼셔』. 심양: 문광서원, 1887.
_______. 『셩경문답』. Mary F. Scranton 수정. 서울: 한미화활판소, 1895.
Trollope, Mark N. 『죠만민광 照萬民光』. 서울: 낙동활판소, 1894.
Underwood, Horace G. "셩경강론회". 「그리스도신문」, 1898년 10월 6일.
_______ 편. 『찬양가』. 橫濱: 製紙分社, 1894.
Vinton, C. C. 『의원의행적』. 서울: 조선성교서회, 1896.
Wells, James Hunter. 『위생』. 서울: 대한예수교서회, 1907.

**동아시아인 저자**

강희남. "운아삽(雲亞翣)이 가지는 意義". 「기독교사상」(1968년 7월): 144-146.
龔道運. "理雅各與基督教至高神譯名之爭". 「清華學報」 37, no. 2(2007年 12月): 467-489.
고려대학교아세아문제연구소 편. 『舊韓國外交文書, 美安 3』. 서울: 연구소, 1967.
고찬익. "칙팔때에본일이라". 「그리스도신문」, 1902년 4월 10일.
공립신보. "논설: 대호국혼". 1907년 6월 28일.
권민신. "송도교우의밋음". 「신학월보」 3(1904년 11월): 439.
그리스도신문. "교회통신". 1897년 4월 8일, 9월 30일, 10월 7일, 12월 9일.
_______. "충효론". 1897년 5월 27일.
_______. "홍문셔골교회". 1897년 7월 8일.
_______. "우샹의허혼론". 1897년 7월 29일, 8월 26일.
_______. "론셜: 세가지요긴혼말". 1897년 9월 9일, 16일.
_______. "론셜". 1897년 10월 14일, 28일.
_______. "학식의요긴혼론". 1897년 12월 9일

_______. "리치의쇼연훈론". 1897년 12월 16일.
_______. "셰시변쳔ᄒ논론". 1897년 12월 31일.
_______. "셩경강론회". 1898년 3월 10일.
_______. "교회통신". 1898년 3월 31일, 5월 5일, 5월 19일.
_______. "불사약 론". 1898년 4월 7일.
_______. "새문안교회 통신". 1898년 7월 21일.
_______. "쟝로교회 년환회". 1898년 11월 3일.
_______. "큰화롤자구홈". 1898년 11월 24일.
_______. "량교가표리가되논론". 1898년 12월 15일.
_______. "달셩회당경축". 1898년 12월 28일.
_______. "찬미". 1901년 5월 9일.
_______. "긔디의의논". 1901년 5월 9일.
_______. "만쥬 통신". 1901년 5월 18일.
_______. "교인의 권셰". 1901년 6월 6일.
_______. "교회의 여러 모양". 1901년 6월 13일.
_______. "교회통신". 1901년 6월 27일.
_______. "죽은 밋음". 1901년 6월 27일.
_______. "외국 통신". 1901년 7월 18일.
_______. "젼도실". 1901년 8월 1일.
_______. "건츅ᄉ 쇼으던의 편지". 1901년 8월 1일.
_______. "론셜". 1901년 8월 8일.
_______. "장례문답". 1901년 8월 15일.
_______. "장로회 공의회 일긔". 1901년 10월 3일.
_______. "각쳐에 잇는 지교회와 교우의게 편지ᄒ노라". 1901년 10월 3일.
_______. "수원상구면이물이교회". 1902년 1월 2일.
_______. "믿음과찬미와긔대". 1902년 3월 6일.
_______. "임의지난일이라". 1902년 4월 24일.
_______. "의인의구제". 「그리스도신문」, 1902년 5월 1일.
_______. "교회통신 경긔남방". 1902년 5월 20일.
_______. "우상에졔물을먹지말 것". 1906년 9월 13일.
_______. "론셜". 1906년 9월 20일.
그리스도교와겨례문화연구회. 『그리스도교와겨레문화』. 서울: 기독교문사, 1987.
금장태. 『유교 사상의 문제들』. 서울: 여강출판사, 1990.
길진경. 『영계 길선주』. 서울: 종로서적, 1980.
길선주. 『해타론』. 대한성교서회, 1904.
_______. "猶太風俗과 朝鮮風俗이 同一ᄒᆫ 事". 『別大旨丹』. 길선주 자료, 장로회신학대학 도서관.
_______·崔致良. "請願書". 『各司謄錄, 各觀察道(去來)案 5』, 1907년 5월.
김광식. 『宣敎와 土着化』. 서울: 한국신학연구소, 1975.
김광언. 『韓國의 住居 民俗誌』. 서울: 민음사, 1988.
김구. 『백범일지』. 이만열 역. 서울: 역민사, 1997.

김기범. "고씨부인별세훈일". 「대한크리스도인회보」, 1898년 1월 26일.
_______. "졔물포교우 쟝경화씨별세홈". 「신학월보」(1904년 11월): 435.
김낙필. "해동전도록에 나타난 도교 사상". 『도교와 한국사상』. 서울: 범양사, 1987.
_______. "조선후기 민간도교의 윤리사상". 한국도교사상연구회 편, 『한국 도교의 현대적 조명』, 355-372. 서울: 아세아문화사, 1992.
_______. 『조선시대 내단 사상』. 서울: 한길사, 2000.
김성례, 『한국 무교의 문화인류학』. 서울: 소나무, 2018.
김성환, "대종교 관련 필사본 『포명본교대지서(佈明本教大旨書)』에 대하여". 「고조선단군학」(2006년 6월). 155-210.
김승배·김정신, "근대 중국 개항지 교회 건축 양식에 관한 기초 연구". 『대한건축학회논문집』(1996년 8월): 145-162.
김승태, "일본 신도의 침투와 1910·1920년대의 '신사문제'". 『한국사론』16(1987): 275-343
김양선, 『한국기독교사연구』. 서울: 기독교문사, 1971.
김옥희. 『曠巖 李蘗의 西學 思想』. 서울: 카톨릭출판사, 1979.
김용주 편, 『鄭鑑錄』. 서울: 한성주식회사, 1923.
김용휘, "동학의 성립과 성격규정에 대한 일고찰: 삼교와의 관계와 신비체험을 중심으로". 「동학연구」(2009년 9월): 35-67.
김원근. "하늘 벼슬이 사람의 벼슬보다 나음". 「그리스도신문」, 1906년 2월 8일.
김원모 편역. 『알렌 일기 *Horace Newton Allen Diary*』. 서울: 단국대학교출판부, 1991.
김인서. "朝鮮 初代 教會의 偉傑 靈溪 先生 小傳 上". 「신학지남」(1931년 11월): 35-40.
김재준. "대한기독교장로회의 역사적 의의". 「십자군」 25 (1956): 35-37.
김점동. 『남아 있는 역사 사라지는 건축물』. 서울: 대원사, 2000.
김종서. 『서양인의 한국 종교 연구』. 서울: 서울대학교출판부, 2006.
김진소. "신유박해 당시 서양 선박 청원의 특성". 『신유박해와 황사영백서 사건』, 127-136. 서울: 한국순교자현양위원회, 2003.
김창식, "상례는맛당훈것만힝홀 것". 「신학월보」(1907년 2월): 59-62.
김호일. "참사랑홀 것". 「예수교신보」, 1908년 1월 15일.
김화식. "김종섭 목사 약전". 「신앙세계」(1940년 6월): 22-37.
김흥수, "교회사 서술 방법의 새로운 시각". 「한국기독교사연구회 소식」 24 (1989): 6-10.
노대준. "1907년 개신교 대부흥 운동의 역사적 성격". 「한국기독교사연구」 15-16 (1989년 2월): 4-18.
노병선. 『파혹진션론』. 서울: 셩교서회, 1897.
_______. "다시 사는 리치". 「대한크리스도인회보」, 1897년 4월 7일.
_______. "강화사경회 정형". 「신학월보」5 (1907년 2월): 78-82.
鈴木信昭. "朝鮮後期 天主教 思想と 鄭鑑錄". 「朝鮮史研究會 論文集」 40 (2002): 60-97.
대한매일신보. "統禁雜術". 1904년 8월 23일.
_______. "잡보: 포살삼인". 1904년 9월 21일.
_______. "欺言取物". 1905년 5월 5일.
_______. "新教自强". 1905년 12월 1일.
_______. "光武學校". 1906년 3월 18일.
_______. "불교의 츄됴회". 1907년 8월 16일.

_______. "투셔". 1907년 9월 19일.
_______. "무궁화가". 1907년 10월 30일.
_______. "피장파장". 1908년 1월 22일.
_______. "미혹ᄒᆞᆫ 무리를 ᄋᆡ석ᄒᆞᆷ". 1908년 10월 1일.
_______. "敬義會追悼". 1909년 11월 3일.
_______. "雜報". 1909년 12월 23일.
_______. "요괴한 인물". 1910년 7월 9일.
_______. "安氏追悼將設". 1910년 4월 9일.
_______. "妖怪한人物". 1910년 7월 9일.
대한예수교장로회 승동교회. 『승동교회 110년사』. 서울: 승동교회, 2005.
대한예수교장로회 연동교회. 『연동교회 백년사』. 서울: 연동교회, 1995.
대한크리스도인회보(← 죠션크리스도인회보). "론셜뎐졔론". 1897년 2월 10일.
_______. "만물의근본". 1897년 3월 3일, 10일, 17일.
_______. "회즁신문". 1897년 3월 3일.
_______. "손슌옥별세ᄒᆞᆫ일". 1897년 3월 24일.
_______. "연셜". 1897년 3월 31일.
_______. "우상론". 1897년 4월 14일.
_______. "령혼론". 1897년 4월 21일.
_______. "천당지옥론". 1897년 4월 28일.
_______. "회즁신문". 1897년 5월 12일.
_______. "론셜". 1897년 7월 15일.
_______. "미력의ᄇᆡᄒᆞᆷ이라". 1897년 7월 21일.
_______. "수원장지ᄂᆡ회당세운일". 1897년 7월 28일.
_______. "룡산장의슌의모친장ᄉᆞᄒᆞᆫ일". 1897년 8월 4일.
_______. "회즁신문". 1897년 8월 11일.
_______. "대균쥬 폐하". 1897년 8월 25일.
_______. "대죠션뎨일경ᄉᆞ". 1897년 10월 14일.
_______. "평양교회". 1897년 11월 17일.
_______. "독립경축회". 1897년 11월 24일.
_______. "회당을하ᄂᆞ님ᄭᅴ드림". 1897년 12월 22일.
_______. "정동새회당에셔힝ᄒᆞᆫ일". 1897년 12월 29일.
_______. "샤셜". 1898년 1월 26일.
_______. "고씨 부인의 장례식". 1898년 1월 26일.
_______. "평양에유람ᄒᆞᆫ일". 1898년 4월 6일.
_______. "뎐쥬교당을 하ᄂᆞ님ᄭᅴ 밧친일". 1898년 6월 8일.
_______. "셰례와셩만찬을힝ᄒᆞᆷ". 1898년 6월 22일.
_______. "찬미가를퇵명한일". 1898년 7월 27일.
_______. "교우노병션씨열람ᄒᆞᆫ일". 1898년 9월 21일, 10월 5일.
_______. "감독의 젼도ᄒᆞ심". 1898년 10월 5일.
_______. "통샹교회의게ᄒᆞᆫ편지". 1898년 11월 2일.
_______. "셩탄일경축". 1898년 12월 28일.

_______. "인천담방리교회성탄일경축". 1899년 1월 4일.
_______. "강화교항동교회성탄일경축". 1899년 1월 4일.
_______. "부평굴재회당에서성탄일경축". 1899년 1월 4일.
_______. "내보". 1899년 3월 1일.
_______. "동방셩인들도 하ᄂᆞ님을 공경ᄒᆞ엿소". 1899년 6월 14일.
_______. "긔우졔론". 1899년 6월 31일.
_______. "옥황 샹뎨의 래력". 1899년 8월 23일.
_______. "츙츄가졀일". 1899년 9월 27일.
_______. "희한ᄒᆞᆫ일". 1900년 5월 23일.
_______. "밋친병이나은것". 1900년 5월 23일.
도선붕·최성연·한규영. "개화기 한국 개신교회 건축의 형성에 대한 연구". 「건설기술 논문집」(1997): 153-165.
독립신문. "잡보". 1897년 7월 27일, 8월 19일.
_______. "고ᄇᆡᆨ 故駐米公使徐光範氏 追悼會". 1897년 9월 2일.
_______. "광학회 ᄉᆞ긔". 1899년 2월 6일.
_______. "ᄌᆞ원부역". 1899년 2월 20일.
_______. "관왕묘 즁건". 1899년 2월 24일
_______. "방학례식". 1899년 6월 29일.
_______. "쟝님랑패". 1899년 9월 16일.
동학농민전쟁백주년기념사업준비위원회. 『동학농민전쟁사료총서 I』. 서울: 사예연구소, 1996.
류대영. 『초기 미국 선교사 연구』. 서울: 한국기독교역사연구소, 2001.
_______. 『개화기 조선과 미국 선교사』. 서울: 한국기독교역사연구소, 2004.
류동식. 『한국종교와기독교』. 서울: 대한기독교서회, 1965.
_______. "한국교회의 토착화 유형과 신학". 「신학논단」 14(1980년 7월): 2-22.
_______. 『한국 신학의 광맥』. 서울: 전망사, 1982.
_______. "초기 한국 전도인들의 복음 이해. 「한국기독교와 역사」 1(1991년 7월): 68-83.
리승만, 『독립정신』. 로스앤젤레스, 대동신서관, 1909.
만세보. "追悼會連說". 1906년 10월 12일.
萬朝報. "宣教師の 洗禮". 1910년 3월 21일.
매일신보. "弓弓乙乙 眩惑用 怪印". 1937년 4월 13일.
村山智順. 『朝鮮의 占卜과 豫言』. 김희경 역. 서울: 동문선, 1990.
문경호. "열심으로 례비당을 지음". 「신학월보」(1902년 11월).
민경배. "韓國 初代教會와 西歐化의 問題". 「기독교사상」 14(1971년 12월): 44-50.
_______. 『韓國 民族教會 形成史』. 서울: 연세대학교출판부, 1974.
_______. 『教會와 民族』. 서울: 대한기독교서회, 1981.
_______. 『한국기독교회사』. 서울: 대한기독교출판사, 1984.
_______. 『大韓예수教長老會 百年史』. 서울: 장로회총회, 1984.
_______. 『韓國基督教 社會運動史』. 서울: 대한기독교서회, 1990.
_______. 『韓國基督教會史』. 서울: 연세대학교출판부, 1994.

박계리. “이화여자대학교박물관 소장 〈명성황후발인반차도〉 연구”. 「美術史論壇」(2012년 12월): 91-115.
박세창. “인내로이김”. 「신학월보」3(1904년 8월): 341.
박종천. “단군신화의 상생 이념에 대한 신학적 해석”. 「기독교사상」(1990년 7월): 104-124.
박중양. “報告書 第三號”. 『各司謄錄, 各觀察道(去來)案 5』, 1908년 3월 16일.
박형룡. 『교의신학』. 서울: 은성문화사, 1964.
_______. “이교에 대한 타협 문제”. 「신학지남」 134(1966년 9월): 3-8.
방원일. “초기 개신교 선교사의 한국 종교 이해”. 서울대학교 종교학과 박사논문, 2011.
백승종. “18세기 전반 서북지방에 출현한 정감록”. 「역사학보」(1999년 9월): 99-124.
_______. “정감록 산책(21): 숨은 키워드 궁궁을을”. 「서울신문」, 2005년 6월 2일.
_______. “조선후기 천주교와 정감록”. 「교회사연구」(2008년 6월): 5-46.
백종구. 『한국 초기 개신교 선교운동과 선교신학』. 서울: 한국 교회사학연구원, 2002.
변선환. “기독교 밖에도 구원이 있다”. 「월간목회」 13(1977년 9월): 69-74.
_______. “타종교와 신학”. 「신학사상」 47(1984년 겨울): 687-717.
벧엘예배당 발전위원회. 『하늘 사명의 전당, 벧엘예배당』. 서울: 정동제일교회, 2002.
서경조. “徐景祚의 信道와 傳道와 松川教會 設立 歷史”. 「神學指南」7권 4호(1925년): 87-106.
서남동. 『民衆新學의 探求』. 서울; 한길사, 1984.
서대석 편. 『巫黨來歷』. 서울대학교 규장각, 1996.
서영대. “한말의 檀君運動과 大倧教”. 「한국사연구」(2001년 9월): 217-264.
소요한. “헐버트(Homer Bezaleel Hulbert) 선교사의 한국사 연구-새로 발굴된 『동사강요(東史綱要)』를 중심으로”. 「대학과 선교」 30(2016): 103-124.
시대일보. “前丙寅 天主教徒의 虐殺과 羅馬의 諡福式”. 1926년 3월 4일.
_______. “千餘年 長壽 平壤의 대인경”. 1927년 2월 7일.
신광철. 『천주교와 개신교』. 서울: 한국기독교역사연구소, 1998.
신선영. “箕山 金俊根 風俗畵에 관한 研究”. 「美術史學」 20(2006년 8월): 105-141.
신익철. “18-19세기 연행사절의 북경 천주당 방문 양상과 의미”. 「교회사연구」(2014년 6월): 143-183.
신학월보. “사도신경 론리”. (1901년 2월): 106.
_______. “년환회일기”. (1901년 5월): 229.
_______. “문감목씌셔 평양교회에 오심”. (1901년 6월): 239-242.
_______. “뭇치내 새회당을 헌당홈”. (1901년 8월): 351.
_______. “시흥 삼막회당 헌봉홈”. (1901년 8월): 352.
_______. “쳐사 회개”. (1901년 8월): 357-358.
_______. “죄와 쇽죄의 시작”. (1901년 8월): 365-369.
_______. “편지뎨一ᄎᆞ”. (1901년 10월): 388.
_______. “하ᄂᆞ님 안전에 행ᄒᆞ심”. (1901년 10월): 389.
_______. “만사문답”. (1901년 10월): 433-436.
_______. “셔방뎨일ᄎᆞ 디방회”. (1901년 12월): 480-481.
_______. “경동셔 신학을 공부홈”. (1902년 3월): 116-117.
_______. “교보: 그리스도인 애휼회 광고”. (1902년 3월): 115.
_______. “김상림씨 별세ᄒᆞ심”. (1902년 6월): 253-254.

________. "츄도회". (1902년 8월): 360-361.
________. "부그러운 일". (1902년 9월): 153.
________. "김상태씨의 열심". (1903년 5월): 194.
________. "북방지방 탁사별위원 김선규보단". (1903년 8월).
________. "새 례배당을 셜립함". (1904년 7월).
________. "여쥬 범솟교회에 셩당을 셜시함". (1904년 8월).
________. "졔물포교우쟝경화씨별세홈". (1904년 11월): 376-378.
________. "장생불사 ᄒᆞ는 법". (1903년 12월): 521-522.
________. "졔ᄉᆞ근본을의론홈". (1908년 4월): 184-191.
신한민보. "세인의 의혹: 동양교회 감독 해리스 관계". 1908년 5월 6일.
________. "대한일관계지한인관". 1909년 9월 15일.
________. "국민가". 1910년 9월 21일.
赤松智城·秋葉隆.『朝鮮 巫俗의 硏究연구 下』. 심우성 역. 서울: 동문선, 1991.
안병무. "기독교화와 서구화".「기독교사상」163(1971년 12월): 58-63.
안춘근 편.「鄭鑑錄 集成」. 서울: 아세아문화사, 1981.
楊光先.『不得已 1권』. 1664.
양주국. "사람이 귀한 근본을 알고 의를 행홀 일".「신학월보」3 (1904년 11월): 430-431.
예수교신보. "린졔군 교회 김학모". 1908년 11월 30일.
예수교회보. "리목ᄉᆞ의처음타령". 1913년 1월 21일.
________. "부인어부". 1913년 6월 10일.
오선영. "찬송가의 번역과 근대 초기 시가의 변화".「한국문학 이론과 비평」(2009년 3월): 143-210.
오영교.『정동제일교회 125년사 제1권 통사편』. 서울; 정동삼문출판사, 2011.
옥성득. "한국 장로교의 초기 선교정책, 1884-1903".「한국기독교와 역사」(1998년 9월): 117-188.
________. "초기 한국 북감리교의 선교 신학과 정책".「한국기독교와 역사」(1999년 10월): 7-40.
________. "한일합방 전후 최병헌 목사의 시대인식".「한국기독교와 역사」(2000년 9월): 43-72.
________. "백범 김구의 개종과 초기 전도 활동".「한국기독교역사연구소소식」(2001): 25-28.
________. "초기 한국교회의 단군신화 이해". 이만열,『한국기독교와 민족통일운동』. 295-318. 서울: 한국기독교역사연구소, 2001.
________. "초기 한국교회의 일부다처제 논쟁".「한국기독교와 역사」(2002년 2월): 7-34.
________. "선교사 무어의 복음주의 선교 신학".「한국기독교와 역사」(2003년 9월): 31-76.
________. "초기 한국 개신교와 제사문제".「동방학지」125(2004년 9월): 33-68.
________. "평양대부흥과 길선주 영성의 도교적 영향".「한국기독교와 역사」25 (2006년 9월): 7-35.
________. "초기 한국 개신교 예배당의 발전과정과 특성, 1896-1912".「동방학지」141 (2008년 3월): 267-321.
________.『한반도 대부흥: 사진으로 보는 한국교회 1900-1910』. 서울: 홍성사, 2009.

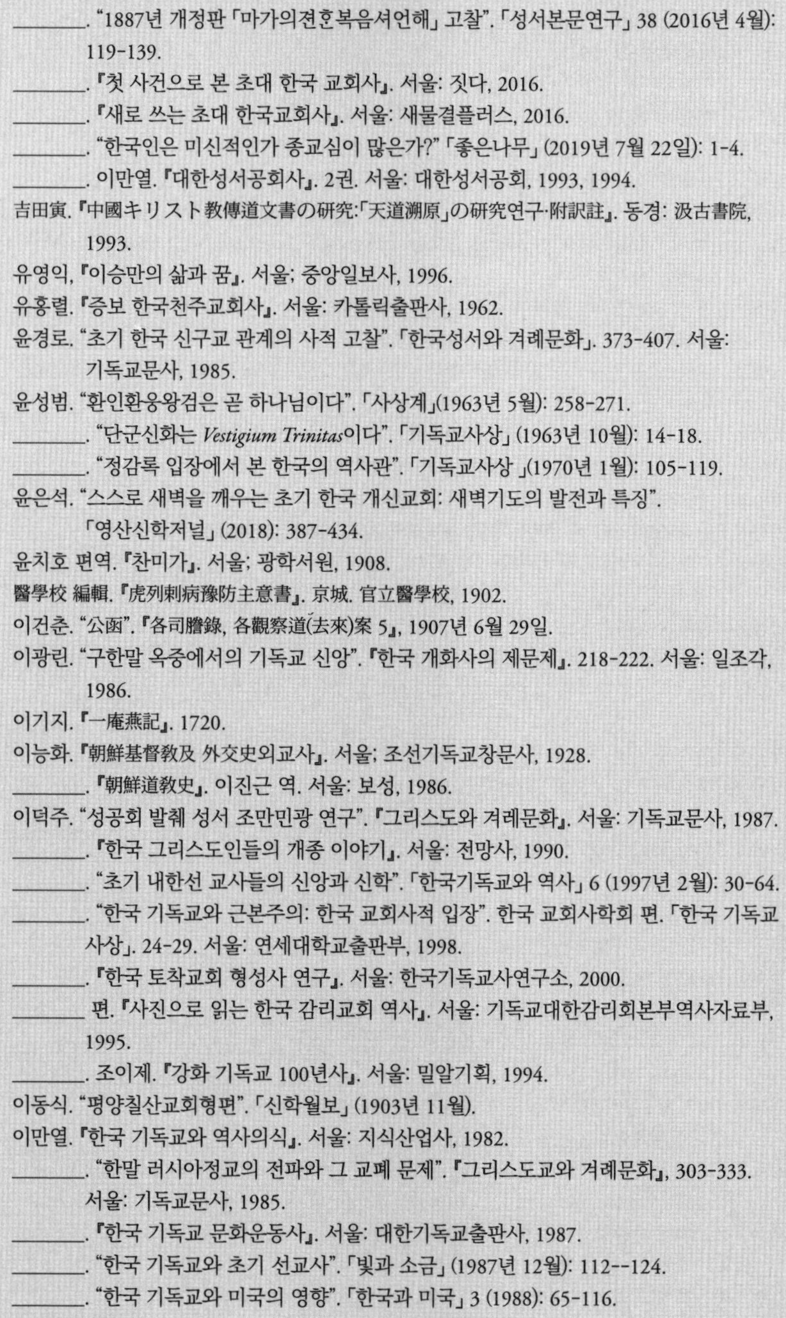


________. “1887년 개정판 「마가의젼흔복음셔언해」 고찰”. 「성서본문연구」 38 (2016년 4월): 119-139.

________. 『첫 사건으로 본 초대 한국 교회사』. 서울: 짓다, 2016.

________. 『새로 쓰는 초대 한국교회사』. 서울: 새물결플러스, 2016.

________. “한국인은 미신적인가 종교심이 많은가?” 「좋은나무」 (2019년 7월 22일): 1-4.

________. 이만열. 『대한성서공회사』. 2권. 서울: 대한성서공회, 1993, 1994.

吉田寅. 『中國キリスト教傳道文書の研究:「天道溯原」の研究연구·附訳註』. 동경: 汲古書院, 1993.

유영익, 『이승만의 삶과 꿈』. 서울; 중앙일보사, 1996.

유홍렬. 『증보 한국천주교회사』. 서울: 카톨릭출판사, 1962.

윤경로. “초기 한국 신구교 관계의 사적 고찰”. 「한국성서와 겨레문화」. 373-407. 서울: 기독교문사, 1985.

윤성범. “환인환웅왕검은 곧 하나님이다”. 「사상계」(1963년 5월): 258-271.

________. “단군신화는 *Vestigium Trinitas*이다”. 「기독교사상」 (1963년 10월): 14-18.

________. “정감록 입장에서 본 한국의 역사관”. 「기독교사상 」(1970년 1월): 105-119.

윤은석. “스스로 새벽을 깨우는 초기 한국 개신교회: 새벽기도의 발전과 특징”. 「영산신학저널」 (2018): 387-434.

윤치호 편역. 『찬미가』. 서울; 광학서원, 1908.

醫學校 編輯. 『虎列剌病豫防主意書』. 京城. 官立醫學校, 1902.

이건춘. “公函”. 『各司謄錄, 各觀察道(去來)案 5』, 1907년 6월 29일.

이광린. “구한말 옥중에서의 기독교 신앙”. 『한국 개화사의 제문제』. 218-222. 서울: 일조각, 1986.

이기지. 『一庵燕記』. 1720.

이능화. 『朝鮮基督教及 外交史외교사』. 서울; 조선기독교창문사, 1928.

________. 『朝鮮道教史』. 이진근 역. 서울: 보성, 1986.

이덕주. “성공회 발췌 성서 조만민광 연구”. 『그리스도와 겨레문화』. 서울: 기독교문사, 1987.

________. 『한국 그리스도인들의 개종 이야기』. 서울: 전망사, 1990.

________. “초기 내한선 교사들의 신앙과 신학”. 「한국기독교와 역사」 6 (1997년 2월): 30-64.

________. “한국 기독교와 근본주의: 한국 교회사적 입장”. 한국 교회사학회 편. 「한국 기독교 사상」. 24-29. 서울: 연세대학교출판부, 1998.

________. 『한국 토착교회 형성사 연구』. 서울: 한국기독교사연구소, 2000.

________ 편. 『사진으로 읽는 한국 감리교회 역사』. 서울: 기독교대한감리회본부역사자료부, 1995.

________. 조이제. 『강화 기독교 100년사』. 서울: 밀알기획, 1994.

이동식. “평양칠산교회형편”. 「신학월보」 (1903년 11월).

이만열. 『한국 기독교와 역사의식』. 서울: 지식산업사, 1982.

________. “한말 러시아정교의 전파와 그 교폐 문제”. 『그리스도교와 겨레문화』, 303-333. 서울: 기독교문사, 1985.

________. 『한국 기독교 문화운동사』. 서울: 대한기독교출판사, 1987.

________. “한국 기독교와 초기 선교사”. 「빛과 소금」 (1987년 12월): 112--124.

________. “한국 기독교와 미국의 영향”. 「한국과 미국」 3 (1988): 65-116.

_______. “한말 기독교 사조의 양면성 시고”. 『한국기독교와 민족의식』. 221-229. 서울: 지식산업사, 1991.
_______. 『한국기독교와 민족통일운동』. 서울: 한국기독교역사연구소, 2001.
_______ 편. 『아펜젤러』. 서울: 연세대학교출판부, 1985.
이석풍. “북청래신”. 「그리스도신문」, 1906년 1월 18일.
이상재. 『共嘯散吟』. 서울; 숭실대 한국기독교박물관, 2012.
이승륜. “뎨 버금 아ᄌᆞ 속이 십ᄌᆞ가 됨”. 「그리스도신문」, 1906년 3월 21일.
이승해·안보연. “조선시대 회격·회곽묘 출토삽에 대한 고찰”. 「문화재」 42:2 (2008년 12월): 43-59.
이영수. “애국가와 곡조에 관하여”. 「국민보」, 1958년 4월 9일.
이영은. “교회통신”. 「그리스도신문」. 1897년 12월 9일.
이영호. “랜디스(Eli Barr Landis)의 의료활동과 ‘한국학’ 연구”. 「한국학연구」 44 (2017년 2월): 543-572.
이완용. “訓令 第四十四號” 『各司謄錄, 各觀察道(去來)案 5』. 1907년 11월 28일.
이은승. “광쥬노로목교회형편”. 「신학월보」 (1901년 3월): 160-161.
市島謙吉. 『政治原論』. 안국선 역. 서울: 皇城新聞社, 1907.
이장식. “한국 교회사의 제 문제”. 「한국기독교사연구회 소식」 (1985): 5-6
이종록. “田愚의 西學認識과 斥邪論—『自西徂東辨자서조동변』과 『梁集諸說辨』을 중심으로”. 「조선시대 사학보」 80(2017년 3월): 257-288.
이종은. “한국 소설상의 도교 사상 연구”. 『도교와 한국사상』. 서울: 범양사, 1987.
이종철. 『중국 불경의 탄생』. 서울: 창비, 2008.
장경남. “조선후기 연행록의 天主堂 견문기와 西學 인식”. 「우리문학연구」 (2009년 2월): 77-117.
장규식. 『일제하 한국 기독교 민족운동』. 서울: 혜안, 2001.
장원근. “황해도 교회 진보홈”. 「신학월보」 3 1903년 1월): 11.
_______. “노다부인 별세혼 날을 긔렴홈”. 「신학월보」 3 (1903년 7월): 296.
전역호. “우상을 폐홀 것”. 「신학월보」 3 (1904년 6월): 243-245.
전주서문교회 100주년 기념사업위원회. 『사진으로 본 전주서문교회 100년, 1893-1993』. 전주: 1994.
정빈. “감샤”. 「그리스도신문」, 1906년 3월 8일.
정순만. “講和를 傍聽ᄒᆞ고 獨立을 鞏固케 홈”. 「대한매일신보」, 1905년 9월 7일.
정약종. 『主敎要旨』. 하성래 역. 서울: 성황석두루가서원, 1995.
정은주. “燕行使節의 西洋畵 인식과 寫眞術 유입: 北京 天主堂을 중심으로”. 「명청사연구」 (2008년 10월): 157-199.
정창원. “ㄱ자형 교회 건축의 탄생 기원과 전개 양상에 관한 역사적 연구”. 「대한건축학회논문집」 (2004년 11월): 175-182.
정형호. “기산 김준근의 풍속화에 나타난 민속적 특징”. 「中央民俗學」 3 (2008년 2월): 179-223.
제국신문. “어제 남관왕묘에 불이 이러나매”. 1899년 2월 15일.
_______. “이돌십ᄉᆞ일 황혼에”. 1899년 2월 16일
조광. “황사영 백서의 사회사적 배경”. 「사총」 21/22(1977): 347-371.

_______. 『조선후기 천주교사 연구』. 서울: 고려대학교민족문제연구소, 1988.
조동걸, "韓末史書와 그 啓蒙主義的 虛實". 『한국 민족주의의 성립과 독립운동사 연구』. 169-173. 서울: 지식산업사, 1989.
조선예수교장로회. 『婚喪禮式書』. 경성: 창문사, 1925.
조선일보. "鷄龍山의 新都". 1921년 5월 6일.
_______. "邪敎의 王國 伏魔의 殿堂 '新都' 鷄龍山의 秘密(二2)". 1931년 1월 23일.
_______. "3義士 金聖三 李春勤 安順瑞씨". 1986년 3월 26일.
조숙자. "한국 최초의 장로교 찬송가 『찬셩시』 연구". 「교회와 신학」 26 (1994): 498-675.
조현범. 『조선의 선교사, 선교사의 조선』. 서울: 한국 교회사연구소, 2010.
주재용. 『先儒의 天主思想과 祭祀問題』. 서울: 경향잡지사, 1958.
주재용. "韓國基督教 百年史: 民衆史觀의 立場에서의 分析과 批判". 「신학사상」(1979): 199-216.
_______. 『한국 그리스도교 신학사』. 서울: 대한기독교서회, 1998.
重燮중섭. 『東史綱要』. 7권. 서울. 필사본, 1884.
차재명. 『朝鮮예수教長老會 史記』. 경성. 창문사, 1928.
차주환. "韓國 道教의 宗教思想". 한국도교사상연구회 편. 『도교와 한국문화』. 465-478. 서울, 아세아문화사, 1989.
_______. "道教의 永生과 그리스도교의 永生의 問題". 천주교한국문화아카데미 편. 『한국전통사상과 천주교』. 301-319. 서울. 탐문당, 1995.
채필근. "東洋思想과 그리스도". 「기독교사상」 (1958년 1월): 52-57; (1958년 2월): 17-23, 65.
최병헌. "사람의큰병통". 「죠션크리스도인회보」, 1897년 8월 30일.
_______. "고집불통". 「대한크리스도인회보」, 1899년 3월 8일.
_______. "즁츄가절일". 「대한크리스도인회보」, 1899년 9월 27일.
_______. "삼인문답(2)". 「대한크리스도인회보」, 1900년 3월 28일.
_______. "셩산유람긔". 「신학월보」 (1907): 30-35, 83-88, 126-132, 229-237.
_______. 『聖山明鏡』. 서울: 황화서재, 1909.
_______. "四教較略". 「신학월보」 (1909): 48-77;(1909): 73-93;(1909): 31-48.
최봉기 편. 『펜윅』. 서울: 요단, 1996.
최정훈. 『한국인의 탄생』. 미지북스, 2013.
최준식. 『한국 종교 이야기』. 서울: 한울, 1995.
탐원자. "졔사근본을의논홈". 「신학월보」 4 (1908): 184-191.
한국기독교역사연구회. 『한국기독교의 역사』. 3권. 서울: 기독교문사, 1989, 1990, 2009.
협성회회보. "진령군이 다시 올나와". 1898년 3월 19일.
홍대용. 『湛軒書』. 서울: 한국고전연구회, 1974.
홍순명·홍대형. "한국 기독교 교회의 건축 형식에 관한 비교 연구". 「대한건축학회논문집」 (1990년 8월): 125-133.
황사영. 『黃嗣永帛書』. 서울: 정금문고, 1975.
황성신문. "厚斂瀆神". 1899년 3월 1일
_______. "日昨本社社長이 天主教人에게 無理를 當훈 事로". 1899년 4월 26일.
_______. "妖巫被捉". 1899년 5월 13일.
_______. "關王弟子". 1899년 10월 23일.

_______. "鄭勘錄 不足信". 1899년 12월 19일.
_______. "東西洋各國 宗教源流(續)". 1902년 8월 22일, 8월 23일.
_______. "楓嶽嗟無一仙一佛". 1900년 7월 14일.
_______. "培堂追悼". 1902년 6월 28일.
_______. "妖術遁藏". 1904년 8월 17일.
_______. "共進請願". 1904년 12월 19일.
_______. "教育方針 演說". 1905년 4월 12일.
_______. "巫術被捉". 1905년 4월 25일.
_______. "寄書: 李漢應行狀과 追悼會實情". 1905년 8월 10일.
_______. "興化追悼". 1906년 11월 29일.
_______. "어리셕더고". 1907년 8월 20일.
_______. "閔忠正公의 第二回追悼會". 1907년 12월 1일.
_______. "我同胞난 切勿迷信虛荒". 1908년 2월 9일.
_______. "韓日赤十字社合併". 1909년 7월 25일.
_______. "社說: 我檀君子孫의 民族과 疆土와 教化의 歷史". 1910년 8월 9일.
黃遵憲. 『朝鮮策略』. 東京: 手筆本, 1880.
황현. 『梅泉野錄』. 서울: 교문사, 1994.
_______. "수필 갑신". 『梧下記聞』. 42-43. 서울: 사예연구소, 1996.
허재영. "지식 교류의 관점에서 본 한국에서의 『자서조동』 수용 양상". 「아세아연구」 173 (2018): 9-31.

# 색인

## 인명

ㅂ



ㅅ

ㅇ

## 서명

ㄱ

ㅇ

### ㅋ



### ㅌ



### ㅍ



### ㅎ

## 개념어, 지명, 사건명, 단체명

# 한국 기독교 형성사

## 한국 종교와 개신교의 만남 1876-1910



**1쇄 발행** 2020년 2월 27일
**4쇄 발행** 2022년 8월 31일

**지은이** 옥성득
**펴낸이** 김요한
**펴낸곳** 새물결플러스

**편　집** 왕희광 정인철 노재현 정혜인 이형일 나유영 노동래
**디자인** 박인미 황진주
**마케팅** 박성민 이원혁
**총　무** 김명화 이성순
**영　상** 최정호 곽상원
**아카데미** 차상희

**홈페이지** www.holywaveplus.com
**이메일** hwpbooks@hwpbooks.com
**출판등록** 2008년 8월 21일 제2008-24호
**주　소** (우) 04118 서울시 마포구 마포대로19길 33
**전　화** 02) 2652-3161
**팩　스** 02) 2652-3191

ISBN 979-11-6129-142-0 93230

책값은 뒤표지에 있습니다.